U0690996

国家社会科学基金重点项目"经典作家关于落后国家社会发展的重要著作和基本理论研究"(11AKS002)结项成果

江苏省高校优势学科建设工程二期项目(马克思主义理论)研究成果

经典作家东方落后国家社会发展的重要著作和基本理论

俞良早 徐 芹 著

人民出版社

目　录

第三篇　关于东方落后国家社会发展的基本理论

序　言

　　本书是作者承担的 2011 年国家社会科学基金重点项目——"经典作家关于落后国家社会发展的重要著作和基本理论研究"（11AKS002）——的结项成果。下面几千字的文字内容，是作者在该项目结项时所写的成果简介。现在作为本书的序言，呈献给读者，请大家不吝赐教。

　　本书分为三篇。第一篇研究马克思主义经典作家关于俄国社会发展的重要著作。马克思、恩格斯阐述俄国社会发展的理论——研究俄国向社会主义社会发展以及俄国人民社会主义运动的理论——的重要著作主要有《论俄国的社会问题》、《给维·伊·查苏利奇的复信》（包括初稿、二稿、三稿、四稿、复信）、《〈论俄国的社会问题〉跋》。

　　本书对马克思《给维·伊·查苏利奇的复信》的研究，得出结论：马克思对俄国社会发展道路持两种设想。一种设想由他研究理论和研究历史而形成，用他自己的话来说是"从理论上说"的和"从历史的观点来看"的。这一设想的内容是：俄国能够以农村公社为基础和出发点建立起社会主义制度。另一种设想由他考察和研究俄国的现实而形成，用他自己的话来说是"我们必须从纯理论回到俄国现实中来"。他由此形成的设想的内容是：农村公社几乎陷入绝境，灭亡的命运不可改变，俄国不可以走新式的社会发展道路，将走上同西方相同的社会发展道路。马克思对俄国社会发展道路持两种设想，给当前的人们以启示。对于社会发展道路持两种设想或者多种设想，体现了发展道路选择上的灵活性和可变性。如果只是持一种设想，则容易导致发展道路的凝固化，导致人们思想的僵化。所以，应该充分肯定马克思在俄国社会发展道路上持两种设想。得出这个结论或者说提出这个观点，是本书所实现的理论创新。

本书对恩格斯《〈论俄国的社会问题〉跋》的研究,发现和阐述了恩格斯的重要观点:在俄国农村公社内部从来没有出现过要把它自己发展成为高级的公有制形式即共产主义公有制的促进因素,或者说俄国的农村公社内部从来没有产生过使自己过渡到共产主义社会的原动力;每一种特定的经济形态都应当解决由它本身产生的问题,如果要它去解决比自己高得多的经济形态所产生的问题,是不可能的和荒谬的。恩格斯由此得出结论:俄国社会只能沿着世界历史的一般途径前进,或者说只能沿着西方社会已经经历过的途径前进,它不能经历一种新途径,即不能像俄国空想社会主义思想家、民粹主义思想家所设想的那样,由现成的"农村公社"走向理想的、高级形式的共产主义社会。但是,恩格斯并未用某一个理论或者某一种设想,锁定俄国社会发展的途径,即并未要求俄国的社会发展一定要沿着人类社会发展的一般途径前进。他还有另外一种考虑,即俄国社会经历特殊的途径走向社会主义社会。值得指出的是,恩格斯考察和研究了俄国的实际,即那个时期俄国现实的经济和政治,告诉人们一个结论:俄国社会发展选择何种途径——究竟是"一般途径"还是"特殊途径",具有很大的不确定性。恩格斯的观点具有务实性、辩证性的特点,应给予充分肯定。深刻地揭示上述恩格斯的观点,体现了本书理论创新的特点。

本书研究了十月革命后列宁关于苏俄社会主义建设的若干篇重要著作,明确提出,列宁在《苏维埃政权的当前任务》里展示了苏俄经济建设的第一个方案,《论"左派"幼稚病和小资产阶级性》是列宁在经济建设问题上反对左倾错误的第一篇文献,《论粮食税》是社会主义史上"利用资本主义促进社会主义"的第一篇文献,《在莫斯科省第七次党代表会议上关于新经济政策的报告》是展现社会主义建设"战略退却"思想的光辉文献,列宁在"最后的书信和文章"里,展望了社会主义的未来,向党和人民留下了自己的意见和嘱托。本书形成和提出上述看法,以及对上述列宁著作的深度解读,体现了研究者对列宁重要著作及理论的无比深刻的、细致的、系统的、融会贯通的理解和把握。

列宁《在莫斯科省第七次党代表会议上关于新经济政策的报告》提出,1918 年 3、4 月间俄共(布)和苏维埃政权进行过一次"战略退却"的尝试,内容是党和苏维埃政权的主要任务由夺取政权、巩固政权以及国有化(剥夺剥夺者)的任务向后退,退到实施"计算和监督"的任务上来。1921 年春,俄共(布)和苏维埃政权又一次进行了"战略退却"的实践,内容是由"战时共产主义"转向新经济政策。1921 年 10 月,俄共(布)进行了一次"再退却",即由合作社进行的"商品交换"退向通常意义上的商业,即苏维埃政权要积极地调节和管理商业。列宁说,战略退却"前阶段"苏维埃政权的政策是必要的和合理的,没有它则不足以保证无产阶级专政的继续存在,而且没有这个时期"强攻"的措施也不能使无产阶级认识到"围攻"的必要性。"退却"的意义在于,不是用"强攻"而是用"围攻"的方式展开斗争,通过迂回、曲折的途径推进社会主义建设事业。对列宁相关理论作这样的解读,体现了本书的理论创新。

本书第二篇,研究马克思主义经典作家关于中国、印度、伊朗、土耳其社会发展的重要著作。1853 年马克思在《中国革命和欧洲革命》中提出,黑格尔常常把"两极相联"视为自然界演进的基本规律,中国革命同西方文明之间相互作用的关系是这个原则的明显的例证。西方文明对中国社会发展的作用体现于:英国的大炮打破了旧中国与西方的隔绝状态,使中国开始了旧制度解体的过程,正如小心保存在密闭棺材里的木乃伊一接触新鲜空气便必然要解体一样。中国社会发展对西方文明的作用体现于:中国革命将引爆欧洲经济危机从而引发欧洲大陆的政治革命。英国通过鸦片战争在中国开拓出一个大市场,并逐渐依赖这个大市场,而太平天国革命运动却使这个大市场突然变小,这必然影响到英国的工业,引发工业危机,并且由英国工业危机扩展为欧洲经济危机,导致欧洲的政治革命。本书对马克思的《中国革命和欧洲革命》进行了上述颇具创新意义的解读,并且明确提出,《中国革命和欧洲革命》是马克思主义史上探讨东西方社会发展相互作用的首篇文献。

1912—1913 年间,列宁先后写作《中国的民主主义和民粹主义》、《新生的中国》、《中国各党派的斗争》等文,科学地分析了这一时期中国各政党或政治派别的性质及其在革命中的作用。他指出,"孙中山的党"是中国战斗的、彻底的民主主义的资产阶级政党,"他们不愧为法国 18 世纪末叶的伟大宣传家和伟大活动家的同志"。"袁世凯的党"是一个在政治上招摇撞骗的典型,它不顾苛刻的借款条件将中国置于欧洲资产阶级的奴役之下。农民阶级是中国资产阶级民主派的主要社会支柱,但是他们尚未被资产阶级民主派吸引到革命队伍中来。成长中的中国无产阶级是能够将中国民主革命进行到底的先进阶级。对列宁这一时期关于中国各阶级及其政党作用的著作作上述解读,体现了本书的理论创新。

此外,本书还研究和深入解读了马克思、恩格斯的著作《新的对华战争》、《不列颠在印度的统治》、《不列颠在印度统治的未来结果》、《土耳其问题的真正症结》、《土耳其问题》、《欧洲土耳其前途如何?》、《英国—波斯战争》,列宁的著作《对华战争》、《世界政治中的易燃物》、《世界历史的新的一章》、《巴尔干和波斯的事变》等。

本书第三篇,研究马克思主义经典作家关于东方落后国家社会发展的基本理论,即在第一篇、第二篇解读重要著作的基础上,综合和提炼出经典作家的基本理论,如由西方社会主义战略向东方社会主义战略的转变、关于东方落后国家社会发展途径特殊性的理论、关于东方落后国家发展生产力的理论、关于东方落后国家经济建设的理论、关于东方落后国家农民问题的理论、关于东方落后国家政权建设的理论、关于东方落后国家民主政治建设的理论、关于东方落后国家文化建设的理论。

马克思、恩格斯持西方社会主义战略。所谓西方社会主义战略可以理解为以西方革命为重心和着力点的社会主义革命的行动路线。1917 年至 1920 年,俄国的历史大体经历了十月革命时期和国内战争时期。在这一段时间里,作为革命领导者的列宁将欧洲各国的革命视为同一个过程的革命,视俄国革命为西方社会主义革命的“序幕”和“阶梯”。在他的思想中,在俄国革命以后会爆发西方各国的社会主义革命,西方的社会主义革命会反过来支持俄国的革命。在这一段时间里,列宁没有改变马克思、恩格斯的西方社会主义战略,而是以这样的战略指导了俄国人民的革命实践。1920 年底,列宁的战略思想发生了转变,形成了苏俄先于西方国家进行社会主义建设的思想。1922 年底1923 年初,即列宁逝世前夕,他的战略思想发生了进一步的转变,即由过去的西方社会主义战略转向了东方社会主义战略。本书的上述内容,正确地说明了马克思主义史上革命战略思想的演进过程,理顺了历史,还列宁思想以本来面貌,拉近了列宁理论与当时苏俄实践的联系以及它与当代中国人民实践的联系,有利于人们发现列宁理论的当代价值并正确地加以运用。上述内容体现了本书重要的理论创新。

十月革命时期以及革命胜利后一段时间里,列宁关于苏俄无产阶级民主或社会主义民主建设的思想陷入"理想化"。所谓陷入"理想化",指脱离了苏俄的社会实际,超越了苏俄社会发展的阶段,按照主观想象来建设民主。这主要表现为他提出了如下主张:俄国无产阶级掌握政权后用全民的直接武装代替警察和军队,即新政权下没有警察和军队,由武装的工农自己来维护社会秩序,公职人员不仅由人民选举产生,而且一经人民要求即可撤换,他们的工资不超过熟练工人的工资。实践证明,这样的思想和要求在苏俄是不可能实现的(在东方其他落后国家也不可能实现)。列宁认为,俄国建立巴黎公社式的民主制度,是民主发展过程中的"质的变化",意味着国家已经转化为"不是原来意义上的国家",意味着国家已经开始"消亡"。列宁在经历国内战争的过程中,在充分认识了俄国的国情,并充分认识了党的地位和作用、国家机关的作用和工会的作用以后,实现了民主建设思想的转变,形成了适应现实需要的民主建设的思想。其主要内容是:共产党领导实现无产阶级专政和无产阶级民主,同时加强党内监督;加强国家机构及其管理能力,同时坚决反对官僚主义;致力于政治稳定和社会稳定,重视法制建设。上述内容,体现出本书对列宁民主建设思想的创新性认识与解读。

本项目研究产生了较多的阶段性成果,如在有关学术刊物上发表了多篇学术论文。主要有:《恩格斯关于俄国社会发展"一般途径"和"特殊途径"的理论——研读〈论俄国的社会问题·跋〉》《马克思对俄国走新式社会发展道路可能性的评估——研读〈给维·伊·查苏利奇的复信〉(初稿)》《立足于俄国实际探寻社会发展途径的典范——研读〈给维·伊·查苏利奇的复信(二、三、四稿和复信)〉》《马克思恩格斯论中国人民反侵略斗争的正义性及其现实启示》《论1905年后列宁对俄国资本主义的认识——兼与一种流行观点商榷》《批判错误思潮与列宁早期俄国资本主义发展思想》《列宁早期俄国资本主义发展思想及当代价值》《列宁早期推动马克思主义掌握群众工作理论及当代启示》《列宁苏维埃国家经济建设的第一个方案——研读〈苏维埃政权的当前任务〉》《列宁关于社会主义建设"战略退却"的理论及其当代意义》《列宁的国家资本主义的思想和实践及其当代价值——研读〈论"左派"幼稚性和小资产阶级性〉》《列宁由理想化民主向现实民主的思想转变》《社会主义史上"利用资本主义促进社会主义"的第一篇文献——研读列宁〈论粮食税〉》《科学社会主义史上论述俄国社会问题的首篇重要文献——研读〈论俄国的社会问题〉》,上述论文均融入本书之中。

作者对于上述问题的研究,还在继续进行之中,或者说已经形成的上述思想认识可能是不成熟的,是需要进一步完善和提升的。我们期待着国内外学术界朋友的帮助和支持,希望同大家一起推进对这些问题的研究。

作　者

2014 年 9 月 19 日

第 一 篇

关于俄国社会发展的重要著作

第一章 科学社会主义史上论述俄国社会问题的首篇重要文献——研读《论俄国的社会问题》

　　1875 年 3 月底至 4 月中旬,恩格斯写作题目为《论俄国的社会问题》的论文,通过研究 1861 年农奴制改革以来俄国社会发展的新材料和新文献,剖析和批评俄国民粹主义革命家彼·特卡乔夫的观点,阐述了自己关于俄国社会发展以及俄国革命前景的态度和思想。马克思称这是恩格斯 19 世纪 70 年代为《人民国家报》撰写的论文中最重要的一篇(该论文曾发表于德国社会民主工党主办的《人民国家报》上),列宁称这是一篇"价值极大"的论述俄国社会经济发展的文章。笔者以为,这是科学社会主义史上论述俄国社会问题的首篇重要文献。

一、批评彼·特卡乔夫的唯心主义社会政治观

　　彼·特卡乔夫 1874 年在苏黎世出版的《哨兵报》上发表《致弗里德里希·恩格斯先生的公开信》,指责恩格斯对俄国问题没有"丝毫知识",只表现出"愚昧无知"。他感到必须就俄国问题说明真实情况,特别要说明眼下的俄国有可能"轻而易举"地发生革命、而且比西欧"容易得多"地实现社会革命即社会主义革命的道理。实际上,他的观点是典型的唯心主义的社会政治观。恩格斯对其进行了深刻的批评。

　　第一,彼·特卡乔夫认为俄国没有资产阶级和资本主义因而更容易进行社会主义革命,证明"他还需要学一学关于社会主义的初步知识"。众所周知,

社会主义理论是随着资本主义的发展和无产阶级与资产阶级矛盾的深化而产生的;社会主义社会是资本主义社会的取代物,是以资本主义社会为基础和出发点而建立的。没有无产阶级就没有社会主义社会,同样地,没有资产阶级也没有社会主义社会。彼·特卡乔夫不懂得这个道理。他说,俄国没有城市无产阶级,也没有资产阶级,俄国人民不需要同"资本的权力"即同资本主义经济制度作斗争,只需要同"政治权力"即沙皇政治制度作斗争,所以容易实现社会革命即社会主义革命,因为同沙皇政治制度作斗争比同资本主义经济制度作斗争"容易得多"。① 针对此,恩格斯指出:"现代社会主义力图实现的变革,简言之就是无产阶级战胜资产阶级,以及通过消灭一切阶级差别来建立新的社会组织。为此不但需要有能实现这个变革的无产阶级,而且还需要有使社会生产力发展到能够彻底消灭阶级差别的资产阶级。"②这里的意思是,建立社会主义社会要求消灭一切阶级差别和产生新的社会组织,无产阶级是实现社会变革的力量,资产阶级是发展生产力和准备条件的阶级,这两个阶级对于实现社会主义社会均具有作用和意义。他还说,"消灭一切阶级差别"不是指倒退到原始共产主义社会即野蛮人、半野蛮人的社会状态上去,尽管野蛮人、半野蛮人的社会是没有任何阶级差别的。因为在这种社会状态下,生产力水平极低,没有文明,只有愚昧,而且随着生产力的发展必然地要产生阶级和阶级差别。无产阶级和社会主义者所追求的"消灭一切阶级差别",指在生产力水平很高的程度上达到的一种无阶级和无阶级差别的状态,而且这种状态能够长久地保持下去,能够不断地促进社会的进步和文明。他写道:"但是生产力只有在资产阶级手中才达到了这样的发展程度。可见,就是从这一方面说来,资产阶级正如无产阶级本身一样,也是社会主义革命的一个必要的先决条件。因此,谁竟然断言在一个虽然没有无产阶级然而也没有资产阶级的国家里更容易进行这种革命,那就只不过证明,他还需要学一学关于社会主义的初步知识。"③他的批评是十分中肯的,所阐述的理论观点是十分科学的。

第二,彼·特卡乔夫认为沙皇"国家"同现存的"社会制度"毫不相干,不代表任何阶级的利益,"可以说是悬在空中的",使人们觉得"悬在空中的与其

---

①　参见:《马克思恩格斯选集》第3卷,人民出版社1995年版,第272页。

②　《马克思恩格斯选集》第3卷,人民出版社1995年版,第272页。

③　《马克思恩格斯选集》第3卷,人民出版社1995年版,第273页。

说是俄罗斯国家,倒不如说是特卡乔夫先生自己"。社会科学的基本知识指明,由于社会上产生了利益不同的阶级,统治阶级为了维护自己的统治地位,组建了军队、警察、法庭等特殊的武装力量,由此产生了国家。国家作为政治上层建筑的事物,是立足于社会的经济基础之上的,是由社会的经济基础所决定的。如封建的个体生产的社会经济基础,决定了当时的国家是封建专制的国家;资本主义的大生产的社会经济基础,决定了这时的国家是资产阶级的三权分立式的国家。国家是统治阶级的政治统治工具,代表着统治阶级的利益。彼·特卡乔夫对这些社会科学知识全然不懂。他说,俄罗斯的国家即沙皇的国家自身并不体现任何阶级和阶层的利益,它在社会经济生活里没有任何根基,同现存的社会制度毫不相干,可以说是悬在空中的,从远处看好像是一种力量,实际上不是一种力量。针对这种荒谬的观点,恩格斯从以下几个方面进行了批判。

(1)俄国贵族占有大量土地同俄罗斯国家的存在不能没有关系。在俄国欧洲部分,数量众多的农民共占有1亿500万俄亩土地,大土地所有者即地主占有1亿俄亩土地,而且其中的一半属于少数大贵族地主(他们每人平均占有土地3300俄亩)。恩格斯就此说:"你们看,贵族同充当他们占有全国一半土地的后盾的俄罗斯国家的存在竟没有丝毫利害关系!"①当时贵族地主土地的收获量比农民土地的收获量高出一倍多,因为在农奴制改革时国家转交给贵族的不仅是大部分土地,而且是最好的土地。恩格斯就此质问:"而俄国贵族同俄罗斯国家的存在竟没有丝毫利害关系!"②

(2)俄国农民陷入极其贫困的境地同俄罗斯国家的存在不能没有关系。农奴制改革时,农民得到的份地极小,使他们无法赖以糊口,而且他们为得到这块份地必须向贵族地主交纳赎金,由于这笔钱是国家帮他们垫付的,因此他们必须在一定的时期内连本带利地逐步地偿还给国家。农民肩负着全部土地税的重担(贵族地主完全免税),而且还需交纳其他许多捐税,如省和县的捐税以及地方管理机关的捐税。恩格斯指出:"这次'改革'的最重大的后果就是给农民加上了各种新的捐税负担。国家完全保持了自己的收入,然而把相当

---

① 《马克思恩格斯选集》第3卷,人民出版社1995年版,第274页。
② 《马克思恩格斯选集》第3卷,人民出版社1995年版,第274页。

大的一部分支出转嫁给各省和县,省和县为了弥补这种支出便征收新的捐税,而俄国的惯例是,上等阶层几乎不纳税,农民几乎交纳全部捐税。"①他还说:"农民——其大多数——在赎买以后,陷入了极其贫困的、完全无法忍受的状况。"②他认为,俄国农民陷入极其贫困的状况同沙皇国家的存在不能没有关系。

(3)俄国新生的资产阶级能够对穷苦民众巧取豪夺同俄罗斯国家的存在不能没有关系。沙皇国家支持新生资产阶级对穷苦民众掠夺和剥削。新生资产阶级特别是商业资产阶级总是在农民向国家交税的时候来到农民中间,拿现钱向农民放债,即放高利贷。农民需要用现钱交税,不得不接受高利贷。这样一来,农民越来越深地陷入了困境。而且,一到粮食收获的季节,粮商(新生资产阶级)即来农村,散布各种压低粮价的谣言,许多农民由于需要现钱而被迫低价出售养家糊口所必需的粮食。有的富农(农村资产阶级)从政府那里长期租赁一片官地,在土质好、不用施肥就能有好收成时自己耕种,在耗尽地力后将土地分成小块租给贫苦农民。这也是一种剥削的方式。恩格斯指出:"简言之,没有一个别的国家像俄国这样,当资产阶级社会还处在原始蒙昧状态的时候,资本主义的寄生性便已经发展到了这样的程度,以致整个国家、全体人民群众都被这种寄生性的罗网覆盖和缠绕。而这一切吮吸农民血液的吸血鬼,同运用法律和法庭来保护吸血鬼巧取豪夺的俄罗斯国家的存在,竟没有丝毫利害关系!"③

(4)俄国企业家(新生资产阶级)发财致富同俄罗斯国家的存在不能没有关系。十多年以来,在彼得堡、莫斯科和敖德萨等大城市之间,铁路建设得以空前迅速的发展,经营铁路建设的新资产阶级已经攫取大量的财富。经营工业企业的新资产阶级由于国家保护关税的政策,积累了财富和发展了事业。事实说明,俄国企业家是在沙皇国家的卵翼下成长起来的。恩格斯指出:"难道居民中这一切颇有份量、迅速成长的因素同俄罗斯国家的存在竟没有利害关系?"④在俄国,还存在着一个人数众多的官僚者阶层,他们凭借手中掌控

---

① 《马克思恩格斯选集》第3卷,人民出版社1995年版,第275页。
② 《马克思恩格斯选集》第3卷,人民出版社1995年版,第274页。
③ 《马克思恩格斯选集》第3卷,人民出版社1995年版,第275—276页。
④ 《马克思恩格斯选集》第3卷,人民出版社1995年版,第276页。

的国家权力,盗窃国家和社会的财产,贪污受贿,不能说这个阶层的存在同俄罗斯国家的存在没有关系。恩格斯指出:"既然特卡乔夫先生硬要我们相信,俄罗斯国家'在人民的经济生活里没有任何根基,它自身并不体现任何阶层的利益',它是'悬在空中'的,那就不禁使我们觉得,悬在空中的与其说是俄罗斯国家,倒不如说是特卡乔夫先生自己。"①这里的意思是,特卡乔夫散布的那些荒谬观点说明,他没有正确地认识俄罗斯的社会与国家,特别是不懂得以历史唯物主义的观点和方法来认识社会与国家的关系;他离开了俄国的社会实际,不能正确地认识和说明社会实际,如同悬在空中一样;他散布的观点是唯心主义的社会政治观。

二、关于彼·特卡乔夫所说俄国实现社会主义的"优势"

彼·特卡乔夫认为,俄国实现社会主义具有许多西欧所没有的"优势",如俄国人习惯于"劳动组合",俄国存在着"土地公社所有制",俄国人本能地向往和拥护社会主义社会。恩格斯逐一分析和回应了他的这些说法。

(1)关于俄国人习惯于"劳动组合"。在俄国的历史上,确实出现过各种"劳动组合"的形式,即若干名劳动者联合在一起,团结协作、共同生产的形式。可是,自从赫尔岑那个年代以来,俄国的革命者夸大了"劳动组合"的作用,认为它体现了社会主义的精神,并且由此认定俄国实现社会主义有优势。对此。恩格斯指出,劳动组合是一种很普遍的、最简单的协作形式,它不是俄国独有的,也不是起源于斯拉夫族,而是起源于鞑靼族;在吉尔吉斯族、雅库特族、拉普族、萨莫耶德族、芬兰族,都出现过"劳动组合";在俄国的北部和东部,由于气候严寒,单个人的生产活动不足以战胜恶劣的气候并获得劳动成果,所以人们联合起来劳动,形成了所谓"劳动组合"。恩格斯写道:"严寒的气候要求进行多种多样的工业活动,而城市的不够发达和资本的缺乏就尽可能由这种合作形式来弥补。劳动组合的最重要特征之一,即组合成员们彼此负有团结一

---

① 《马克思恩格斯选集》第3卷,人民出版社1995年版,第276页。

致对付第三者的责任,这原来是以血族关系为基础的,如像古德意志人中间的相互担保、血族复仇等等一样。"①他的意思是,劳动组合不具有某种神秘的作用——使俄国容易实现社会主义的作用,它不是俄国独有的事物,而且不是新事物,而是原始社会"血族关系"的延续。

恩格斯还指出,"劳动组合"容易受到资本家的控制和剥削。在当时的俄国,劳动组合通常有三种具体形式,一是暂时性的、为完成某项生产任务而建立的劳动组合,当这项生产任务完成时即告结束;二是从事相同职业的人建立的劳动组合,如搬运工人所建立的;三是工业企业性的劳动组合,即一些劳动者联合起来,建立了某个工业企业。由一些劳动者建立的工业企业劳动组合,如果资本不足或者其他某些条件欠缺,则容易受到资本家的控制。恩格斯指出:"如果这些成员自己不能凑足必要的资本,如像在干酪业和捕鱼业(为了买渔网、渔船等等)中所常见的那样,那么劳动组合便落在高利贷者手中,他以高额利息贷出组合欠缺的款子,从此就把大部分的劳动收入装进自己的腰包。"②有一些劳动组合,全体劳动者均为雇佣工人的身份,受雇于某个企业主,生产资料是从企业主那里租借的,则受到资本家的更严重的剥削。恩格斯说:"他们自己管理着自己的生产活动,这样就为资本家节省了监督费用。资本家把茅舍租给他们住,借给他们生活资料,从而又实行起最可鄙的实物工资制度。在阿尔汉格尔斯克省的伐木工人和松焦油提炼工人中间,在西伯利亚以及其他地方的许多行业中间,情况就是如此。"③他的意思是,劳动组合在这些场合成了资本家剥削工人的工具。

恩格斯通过对俄国劳动组合的起源和地位的分析,得出结论:它不能证明俄国"能够从劳动组合直接跳入社会主义的社会制度"。西欧的一些国家,已经出现了合作社,如在瑞士的乳品业中,在英国的捕鱼业中,均出现了各种形式的合作社。俄国的劳动组合是一种不发达的合作社形式,尽管它在俄国有许多响应者和实践者。恩格斯说:"这种形式在俄国占有优势当然证明俄国人民有着强烈的联合愿望,但这还远不能证明他们靠这种愿望就能够从劳动组合直接跳入社会主义的社会制度。要实现这种过渡,首先劳动组合本身应当

---

① 《马克思恩格斯选集》第3卷,人民出版社1995年版,第277页。
② 《马克思恩格斯选集》第3卷,人民出版社1995年版,第277—278页。
③ 《马克思恩格斯选集》第3卷,人民出版社1995年版,第278页。

能够向前发展,抛弃它本身那种自发的,如我们所看到的与其说为工人不如说为资本家服务的形式,并且它应当至少提高到西欧合作社的水平。"①可以看出,这是一个十分明确的结论。

(2)关于俄国的土地公社所有制证明俄国人"比西欧人民更接近于社会主义"。在俄国的历史上,一直存在着土地公社所有制的"农村公社"。它的特点是:土地公有,分配给农民使用,定期轮换,农民不得放弃土地,不得买卖土地;农民的住房、菜园以及生产工具个人所有;农民以家庭为单位生产劳动,劳动成果归个人所有;国家通过"农村公社"管理机构向农民征收赋税。1845 年普鲁士的政府顾问哈克斯特豪森发现了俄国的农村公社,感到十分奇妙,在文章中加以介绍。长期流亡在国外的俄国革命家赫尔岑在哈克斯特豪森的书籍中了解到俄国农村公社的情况,产生了奇特的观点:土地公有制是俄国实现社会主义社会的出发点,它使俄国比西欧更容易实现社会主义社会;而且它证明俄国人具有集体生产和生活的思想,是天生的、真正的社会主义者,比西欧人民更倾向于社会主义。这个思想在俄国革命者中间传播,传给了特卡乔夫。特卡乔夫说,俄国人民绝大多数充满了公有制的原则和思想,是本能的共产主义者,他们虽愚昧无知,但是比西欧人民更接近于社会主义,尽管后者是有教养的。② 恩格斯针对此指出,土地公社所有制在亚洲、欧洲许多民族都存在过,但只存在于这些民族的低级的、落后的发展阶段。17 世纪初,英国殖民主义者侵略和征服了爱尔兰,发现爱尔兰北部存在着公认的公有的土地,宣布说土地无主,将其收归英国皇家所有。在印度,19 世纪中叶还存在着多种公社所有制形式。在德国,它曾经是普遍的现象,现在还可以看到的公有地,是公社所有制的残余。这种公社所有制在社会发展的一定阶段上,变成了农业生产发展的桎梏和障碍,因而渐渐地被取消了。恩格斯写道:"相反地,在大俄罗斯(即俄国本土),它一直保存到今天,这首先就证明农业生产以及与之相适应的农村社会状态在这里还处在很不发达的阶段,而且事实上也是如此。"③根据这个论断及思想,俄国土地公有制的存在,不但不能证明俄国社会的进步以及它比西欧距离社会主义更近,反而证明它十分落后以及它比西欧距离社会主义

---

① 《马克思恩格斯选集》第 3 卷,人民出版社 1995 年版,第 278 页。
② 参见:《马克思恩格斯选集》第 3 卷,人民出版社 1995 年版,第 279 页。
③ 《马克思恩格斯选集》第 3 卷,人民出版社 1995 年版,第 280 页。

更遥远。

恩格斯还指出,俄国的公社制度以及各个公社之间完全隔绝的状态,是东方专制制度的基础。所谓东方专制制度,指由皇帝以及地主阶级掌握政权、不受任何限制地对劳动人民残酷镇压和统治的制度。在西欧各国,劳动者的主体是城市无产者,他们结成了工会以及相关的政治组织甚至自己阶级的政党,在必要的时候联合行动,捍卫本阶级的利益。在这样的社会背景下,不会或者不可能产生专制制度。在俄国,劳动者的主体是农民,他们生活在公社里,天地狭小,消息闭塞,对外面的世界一无所知。而且各个公社之间处于隔绝的状态,未有和不可能形成统一的强大的政治力量,向国家政权展示和表达自己的利益要求。与这种社会现象相联系,专制制度凌驾于社会之上。恩格斯说:"俄国农民只是在自己的公社里面生活和活动;其余的整个世界只有在干预他的公社事务时,对于他才是存在的。"①"各个公社相互间这种完全隔绝的状态,在全国造成虽然相同但绝非共同的利益,这就是东方专制制度的自然形成的基础。从印度到俄国,凡是这种社会形式占优势的地方,它总是产生这种专制制度,总是在这种专制制度中找到自己的补充。"②简言之,俄国公社制度以及各个公社之间隔绝的状态,容易产生和形成东方专制制度,并非容易走向社会主义社会。

恩格斯认为,土地公社所有制遭受着各种打击,面临着瓦解的危险。农奴制改革以后,在公社里,一部分农民有了自己的份地,有了人身自由。另一部分农民则仍然耕种着公社的土地,公社则根据一定的规则以一定的时期为限对农民重新分配土地。所有的农民都用自己的劳动工具,以各个家庭为单位,在小块土地上劳动,劳动成果归劳动者及其家庭所有。若干年以后,农民中间必然出现贫富两极分化,富裕的农民将成为剥削者。恩格斯看到了这个事实,指出:"在俄国,土地不时在各个家长之间进行分配,并且每家各自耕种自己的一份土地。这就有可能造成公社社员间在富裕程度上的极大差异,而这种现象也确实是存在的。几乎在一切地方,公社社员中总有几个富裕农民,有时是百万富翁,他们放高利贷,榨取农民大众的脂膏。"③这就指明,公社内部成长

---

① 《马克思恩格斯选集》第3卷,人民出版社1995年版,第280页。
② 《马克思恩格斯选集》第3卷,人民出版社1995年版,第280页。
③ 《马克思恩格斯选集》第3卷,人民出版社1995年版,第281页。

着瓦解自己的因素,因为出现了剥削者和被剥削者,出现了阶级差别和阶级矛盾,公社就不成其为公社了。然而公社遭受的打击不止如此,国家实施的农奴制改革及其后果残害着农村公社。例如,在改革过程中,地主得到了大量的、优质的土地,农民得到的土地少,而且土质差。农民或者勉强可以依赖土地维持生活,或者根本不可以依赖土地维持生活。在改革过程中,森林转归了地主所有。农民原来可以不花钱取得薪柴和做木器用的木料,现在他们必须用钱来购买。这样,农民除了一所小小的房屋和一小块光秃秃的土地以外,别无所剩。他们对土地的耕种不能保证一家人从一次收获活到下一次收获。恩格斯说:"在这种条件下,由于各种捐税和高利贷者的压迫,土地公社所有制已不再是一种恩惠,而变成了一种桎梏。农民时常全家或只身逃出公社,抛弃自己的土地,靠做短工谋生。"①这里的意思是,公社所有制已经变成为农业生产和农民生活的桎梏,不可以成为俄国实现社会主义的出发点或基础。

(3)关于俄国人是"本能的革命者"。彼·特卡乔夫说,俄国人在采取各种形式进行革命斗争,如"组成教派"、"建立集团"、"抗税"、"暴动",不断地反抗"奴隶制";俄国人"可以说是本能的革命者",只要在几个地方同时激起人民心胸中沸腾着的"积愤和不满情绪",革命力量的团结就会自然而然地发生,"实际的必要性","自卫的本能"也将自然而然地造成"进行反抗的各个公社间紧密的不可分割的联盟"。② 恩格斯针对此说:不能想象有比这更惬意的革命了;只要两三个地方同时发生起义,"本能的革命者"就会"自然而然地"把一切都做好;"革命既然是这样难以置信的轻易,那为什么没有早就去实现革命,为什么人民还没有获得解放,为什么俄国还没有变成模范的社会主义国家,这简直是无法理解的。"③

恩格斯指出,俄国人民虽然举行过许多次起义反对贵族和反对个别官僚,但是他们不反对沙皇。18 世纪中叶,叶卡捷琳娜发动政变,夺取皇位,囚禁了沙皇彼得三世(他是叶卡捷琳娜的丈夫)。几天后,彼得三世神秘死亡。然而这一时期,俄国发生了大规模的农民起义。起义军的首领普加乔夫自称是沙皇彼得三世,说自己尚未被叶卡捷琳娜杀死,只是关进了牢狱,现在逃出监牢,

---

① 《马克思恩格斯选集》第 3 卷,人民出版社 1995 年版,第 281 页。
② 参见:《马克思恩格斯选集》第 3 卷,人民出版社 1995 年版,第 283 页。
③ 《马克思恩格斯选集》第 3 卷,人民出版社 1995 年版,第 283 页。

要从叶卡捷琳娜手中夺回皇位。这个事实证明,俄国农民起义不反对沙皇,甚至以夺回皇位作为激励农民群众斗争的口号。恩格斯说:"俄国人民,这些'本能的革命者',固然曾经举行过无数次零星的农民起义去反对贵族和反对个别官吏,但是,除掉冒名沙皇的人充任农民首领并要夺回王位的场合以外,从来没有反对过沙皇。""沙皇被农民看成人间的上帝。""上帝高,沙皇远——这就是他们绝望中的叹声。"①

恩格斯认为,特卡乔夫关于革命过程的设想和预言是十分幼稚的。1873年,无政府主义者巴枯宁在西班牙发动过一次失败的起义。在那里,几个地方同时发动,人们指望"实际的必要"和"自卫的本能"将自然而然地在进行起义的各个公社间建立起不可分割的联系,结果怎样呢? 恩格斯说:"每个公社,每个城市,都只是各自保卫自己,根本谈不上互相援助,因而帕维亚(西班牙政府军军官——引者注)只率领 3000 个兵士,在 14 天内就相继征服了各个城市,消除了所有这些无政府主义的壮举。"②他还说,特卡乔夫关于革命过程的设想同巴枯宁的无政府主义一脉相承,体现了巴枯宁实践的精神,是"绝顶幼稚"的见解!

三、关于俄国社会发展的前景

俄国的民粹主义者提出,土地公有制的农村公社是俄国实现社会主义的基础和出发点,即农村公社可以转变成为高级形式的(社会主义社会和共产主义社会的)公有制的组织,体现出俄国实现社会主义的优势。恩格斯针对这种观点阐述了自己关于俄国社会发展前景的思想。

恩格斯提出,不排除俄国农村公社有转变成高级形式的公有制组织的可能性,但是它的前提是西欧在俄国农村公社彻底解体以前就胜利地进行了无产阶级革命并建立起社会主义制度,从而向俄国农民提供支持和帮助,以利于农村公社转变为高级形式的公有制组织。这就是他所说的:俄国农村公社已

---

① 《马克思恩格斯选集》第 3 卷,人民出版社 1995 年版,第 283 页。
② 《马克思恩格斯选集》第 3 卷,人民出版社 1995 年版,第 284 页。

经过了它的繁荣期,看样子正在趋于解体,"但是也不可否认有可能使这一社会形式转变为高级形式,只要它能够保留到条件已经成熟到可以这样做的时候,只要它显示出能够在农民不再分开而是集体耕作的方式下向前发展;就是说,有可能实现这种向高级形式的过渡,而俄国农民无须经过资产阶级的小土地所有制的中间阶段"①。显然,以上论断肯定了俄国农村公社向高级形式的公有制转变的可能性,同时强调条件是农村公社能够继续存在下去,一直存在到可以发生"转变"的时候。往下恩格斯继续写道:"然而这只有在下述情况下才会发生,即西欧在这种公社所有制彻底解体以前就胜利地完成无产阶级革命并给俄国农民提供实现这种过渡的必要条件,特别是提供在整个农业制度中实行必然与此相联系的变革所必需的物资条件。"②这就提出了俄国农村公社向高级形式的公有制组织转变的重要前提,即西欧各国先于俄国取得社会主义革命的胜利并建立起社会主义社会,从而向俄国提供向社会主义过渡的各种支持以及物质条件。在这个意义上,恩格斯还说:"如果有什么东西还能挽救俄国的公社所有制,使它有可能变成确实富有生命力的新形式,那么这正是西欧的无产阶级革命。"③

恩格斯看到,俄国国内的革命已经来临。当时俄国的财政已经混乱到了极点,民众已经不堪捐税的重压,旧国债的利息需要用新公债来偿付,而发行新公债遇到愈来愈大的困难;政府机构腐败透顶,官吏们主要依赖贪污、受贿和敲诈来维持生活;农业生产——这是俄国最主要的生产——被弄得混乱不堪,大地产没有足够的劳动力,农民没有足够的土地,他们遭到捐税压榨,受到高利贷者的洗劫。沙皇政权已经难以驾驭混乱的局面,一会儿向"自由主义"让步,一会儿收回这些让步,信用尽失。集中在大城市的俄国资产阶级意识到,这种情况不可容忍,变革已经逼近。但是他们存在着幻想:希望将这种变革纳入平稳的"立宪"的轨道。恩格斯指出:"俄国无疑是处在革命的前夜。"④"这里,革命的一切条件都结合在一起;这次革命将由首都的上等阶级,甚至可能由政府自己开始进行,但是农民将把它向前推进,很快就会使它超出最初的

---

① 《马克思恩格斯选集》第3卷,人民出版社1995年版,第282页。
② 《马克思恩格斯选集》第3卷,人民出版社1995年版,第282页。
③ 《马克思恩格斯选集》第3卷,人民出版社1995年版,第282页。
④ 《马克思恩格斯选集》第3卷,人民出版社1995年版,第284页。

立宪阶段的范围;这个革命单只由于如下一点就对全欧洲具有极伟大的意义,就是它会一举消灭欧洲整个反动势力的迄今一直未被触动的最后的后备力量。"①这里的意思是,俄国革命即将发生,并会深入发展,虽然它是资产阶级革命,但是它将消灭沙皇制度,铲除欧洲反动势力的"最后的后备力量",将有利于西欧革命的发生和发展。联系上一个自然段的内容看,恩格斯认为西欧社会主义革命的胜利和社会主义社会的建立,将有利于俄国在农村公社的基础上向社会主义社会过渡。他的思想就形成为一个相互联系的链条:俄国革命有利于西欧革命的发生和胜利,西欧社会主义的建立将反过来促进俄国向社会主义过渡。

四、对《论俄国的社会问题》及思想的评论

恩格斯的这篇著作是科学社会主义史上研究俄国人民革命运动、社会主义运动和社会发展的首篇著作。

19世纪70年代以前,现代意义上的人民革命运动和社会主义运动的中心地在西欧,如英国爆发了著名的宪章运动,法国1848年爆发了二月革命、六月起义,德国1848年爆发了三月革命。1871年法国又爆发了巴黎公社革命。当时,作为革命导师的马克思和恩格斯,关注并研究的重点是西欧革命的问题。由于这一时期俄国国内尚无现代意义上的人民革命运动和社会主义运动,马克思和恩格斯没有也不可能研究俄国相关的问题并阐述其思想。70年代以后,随着俄国农奴制改革和资本主义的发展以及资本主义发展中产生出各种社会矛盾,由于西方人民革命运动和社会主义运动对俄国的影响,俄国出现了人民革命运动和社会主义运动,马克思和恩格斯立即将视线转向俄国,研究俄国人民革命运动和社会主义运动,回答俄国社会进程中出现的问题。《论俄国的社会问题》是他们关于俄国社会主义运动和社会发展问题的首篇重要著作,也是科学社会主义史上关于俄国社会主义问题和东方社会主义问题的首篇重要著作。

---

① 《马克思恩格斯选集》第3卷,人民出版社1995年版,第285页。

　　恩格斯在此著作中提出了关于东方社会发展与西方社会发展相互关系的理论——即世界革命进程"四个环节"的理论,或者说俄国及东方社会"跨越卡夫丁"峡谷的理论——的雏形。这个理论的基本内容是:未来俄国爆发资产阶级革命并且这场革命产生极大的冲击力,激发西方的社会主义革命;西方社会主义革命的胜利并且建立起社会主义制度,从而为俄国人民树立建设社会主义榜样和提供各种支持;俄国在西方社会主义的支持下实现向社会主义的过渡;东方其他落后国家在西方社会主义的影响下和帮助下走向社会主义。① 这个理论在马克思《给维·伊·查苏利奇的复信》中,在《〈共产党宣言〉1882年俄文版序言》中,得到进一步的阐述。该序言中写道:"假如俄国革命将成为西方无产阶级革命的信号而双方互相补充的话,那么现今的俄国土地公有制便能成为共产主义发展的起点。"②所指的就是以俄国革命激发西方社会主义革命、西方社会主义反过来帮助和支持俄国向社会主义过渡的意思。恩格斯晚年在《〈论俄国的社会问题〉跋》中,更深刻而明确地阐述了这一理论。③ 可是必须指出的是,在《论俄国的社会问题》中,已经形成了这一理论的雏形。

　　在此著作中,恩格斯对所谓没有资本主义容易实现社会主义观点的批评,给人们重要的启示。社会主义是建立在大生产和商品经济充分发展的基础上的。某个民族或国家,如果没有经历资产阶级和资本主义生存和发展的阶段,那就意味着它没有大生产,没有发达的商品经济,它就不可能建立起马克思主义所设想的社会主义社会。特卡乔夫和俄国其他民粹主义者对此问题缺乏正确的认识,所以他们的思想体系是空想的。列宁时期的苏俄,特别是新经济政策时期的苏俄,利用资本主义因素的作用,大力发展生产力,恢复和发展商业,奠定物质基础,创造实现社会主义的条件。这证明列宁和俄共(布)的思想路线和政治路线十分正确。中国改革开放以来,执政党和政府正确地处理了利用资本主义和建设社会主义的关系,建设中国特色的社会主义,促进了生产力的发展,极大地繁荣了经济,推进了社会主义现代化事业,为中华民族的复

---

　　①　参见俞良早:《马克思主义东方社会理论体系发展的三个阶段》,载《东南学术》2003年第1期。

　　②　《马克思恩格斯选集》第1卷,人民出版社1995年版,第251页。

　　③　参见俞良早:《论"马克思主义东方学"的出发点——兼驳关于马克思、恩格斯没有东方社会理论的观点》,载《南京师范大学学报》(社会科学版)2005年第5期。

兴——实现中国梦奠定了雄厚的物质基础。事实证明,党的思想路线和政治路线是十分正确的和科学的。

恩格斯关于西方对俄国向社会主义过渡起作用的观点,给人们以重要的启示。西方先于俄国建立起社会主义制度,可以为俄国建设社会主义树立榜样,向俄国人民提供物质上的、人力上的和财力上的援助,有利于俄国实现向社会主义的过渡。这是恩格斯的原意。试想,如果恩格斯的这个想法得以实现,则俄国和东方其他一些落后国家在建设社会主义的过程中不会遇到那么多的困难,不会经历那么多的曲折。而且如果西方先于俄国和东方其他落后国家建立了社会主义社会,则俄国和东方其他落后国家受到的是积极的、社会主义的影响,不会受到资本主义和平演变的渗透和干扰,不会遭到西方帝国主义的军事侵略。如果这样的话,则今天的世界一定是社会主义地域广大、人口众多、事业红火的局面。遗憾的是,恩格斯的设想未变成现实。但人们可以领悟到他思想的合理性和必要性。

第二章　马克思对俄国走新式社会发展道路可能性的评估——研读《给维·伊·查苏利奇的复信(初稿)》

所谓俄国走新式社会发展道路即俄国经历不同于西方社会发展的道路,也即俄国可以不经过资本主义长期发展的过程,避免资本主义发展带来的痛苦,以俄国现成的"农村公社"为出发点建立起社会主义制度。马克思对此问题是否持肯定的意见? 中国改革开放以来,学界不断有人研究此问题,不断有文章见诸各种理论刊物。但是一些研究者未紧密地扣住马克思的原著来认识此问题,在认识的过程中主观性较大,以致得出的结论各异,不符合马克思的原意。这里,笔者试图通过研讨马克思《给维·伊·查苏利奇的复信(初稿)》,重新认识和把握马克思对俄国走新式社会发展道路可能性的评估。

一、"从理论上说"和"从历史的观点来看",俄国存在着走新式社会发展道路的可能性

19 世纪中后期,俄国国内革命者关于俄国社会发展道路的争论,一个重要的问题是西方资本主义发生和发展的状况会不会再现于俄国。如果这种状况再现于俄国,则意味着俄国重蹈西方的覆辙,经受资本主义发展过程的痛苦。它也会同西方一样,在资本主义的基础上建立社会主义制度。如果这样的话,俄国以"农村公社"为出发点走向社会主义的可能性,即走新式道路的可能性将不复存在。关于这个问题,马克思阐述的观点是:

第一,《资本论》中关于资本主义起源"历史必然性"的理论"限于西欧各

国"。资本主义起源的重要途径之一是圈地运动。在西欧特别是在英国,在14、15世纪农奴制解体过程中,新兴资产阶级和新贵族通过暴力把农民从土地上赶走,强占农民的份地及公有地,剥夺农民的土地使用权和所有权,把强占的土地圈占起来,变成私有的大牧场、大农场。这就是历史上的"圈地运动"。在圈地运动中,农民的财产权——土地使用权被强行剥夺,他们同自己的生存资料分离,失去生存保障,被迫成为劳动力市场上的无产者,靠出卖自身劳动力才能生存。资本主义生产关系所必需的能被雇佣的劳动力,在圈地运动中大量产生了。新兴资产阶级和新贵族圈占大片土地后,或自己雇工经营农场,或者租给农场主经营。资本主义农场大量出现,这意味着农业中资本主义生产关系的起源。而且经过圈地运动,农牧业生产效率大为提高,促进了城市资本主义工场手工业的发展。马克思在《资本论》中就这个问题指出,资本主义起源的过程,实质上是生产者同生产资料彻底分离的过程,它表现为对农民的剥夺。这种剥夺只是在英国才彻底完成了,但西欧的其他一切国家都在经历着同样的运动。他还指出,这种对劳动人民的痛苦的、残酷的剥夺,"就是资本的起源"。鉴于历史事实,鉴于《资本论》中的论述,马克思在给维·伊·查苏利奇的复信中回答俄国会不会出现资本主义发生和发展的问题时写道:"可见,我明确地把这一运动的'历史必然性'限于西欧各国。"[1]言外之意是,关于资本主义起源的理论不是针对俄国的情况而言的。俄国会不会出现资本主义发生和发展的状况,需要另外研究和另外说明。马克思还写道:"可见,归根到底这里所说的是把一种私有制形式变为另一种私有制形式。但是,既然俄国农民手中的土地从来没有成为他们的私有财产,那么这一论述又如何应用呢?"[2]这就进一步强调了俄国社会发展的特殊性。由于俄国没有出现过类似于圈地运动的事件,继续存在着土地公有制,则不可以用西欧资本主义起源的理论来说明俄国社会发展的道路,即不可以肯定俄国资本主义发生和发展的必然性。

第二,俄国"农村公社"由于它和西方资本主义生产同时存在,所以能够吸收西方的一切积极成果,而不必经受资本主义发展的波折和痛苦。在古代的

---

① 《马克思恩格斯选集》第3卷,人民出版社1995年版,第761页。
② 《马克思恩格斯选集》第3卷,人民出版社1995年版,第761页。

西欧，在日耳曼部落占领意大利、西班牙和高卢以前，存在着"古代类型"的公有制的"公社"。由于古代战争的影响或者由于社会的进步，这些公社已经在各地消失了。俄国的农村公社则有幸保存了下来。马克思在给维·伊·查苏利奇的复信中写道："在俄国，由于各种情况的独特结合，至今还在全国范围内存在着的农村公社能够逐渐摆脱其原始特征，并直接作为集体生产的因素在全国范围内发展起来。正因为它和资本主义生产是同时存在的东西，所以它能够不经受资本主义生产的可怕的波折而占有它的一切积极的成果。"①这里的意思是说，俄国的农村公社为什么没有像西欧的公社那样在历史上消失而能够保存到现在，可以不去考察，但是必须看到这样的可能性：由于俄国的农村公社同西方资本主义同时存在，它就可以吸收西方的一切积极的成果，而不会走上资本主义道路并遭受资本主义发展带来的痛苦。马克思考虑到，俄国新生的资产者或者资本主义的崇拜者会极力否定上述可能性，宣扬资本主义在俄国发展的不可避免性。他写道："如果资本主义制度的俄国崇拜者要否认这种进化的理论上的可能性，那我要向他们提出这样的问题：俄国为了采用机器、轮船、铁路等等，难道一定要像西方那样，先经过一段很长的机器工业的孕育期吗？同时也请他们给我说明：他们怎么能够把西方需要几个世纪才建立起来的一整套交换机构（银行、信用公司等等）一下子就引进到自己这里来呢？"②意思是说，既然现在俄国新生的资产者能够将西方的机器生产技术引进到俄国来，能够将西方的银行、信用公司等交换方式引进俄国来，那么农村公社也能够在保留公有制的前提下将西方的一切积极成果引进到俄国来。他还指出，如果从 1861 年农奴制改革以来，俄国国家政权能够将资助新生资产者发展的巨额款项用来资助农村公社，使农村公社得到正常发展的条件，显示出生机和活力，则人们都会承认农村公社是"俄国社会新生的因素"。

第三，西方资本主义制度面临着危机，即将被新的社会制度所取代，也是俄国农村公社能够得以保存和发展的条件。资本主义生产方式有着不可克服的内部矛盾，即生产的社会性与生产资料私人占有制之间的矛盾。此矛盾的激化，表现为经济危机的爆发。从 19 世纪 20 年代起，资本主义世界每隔几年

---

① 《马克思恩格斯选集》第 3 卷，人民出版社 1995 年版，第 762 页。
② 《马克思恩格斯选集》第 3 卷，人民出版社 1995 年版，第 762 页。

就爆发一次经济危机。经济危机的频繁发生证明资本主义生产关系的框框太狭窄,不能够支配它自己创造的生产力,它将被新的社会制度所取代。马克思写道:"总之,在俄国公社面前,资本主义正经历着危机,这种危机只能随着资本主义的消灭,随着现代社会回复到'古代'类型的公有制而告终,这种形式的所有制,或者像一位美国著作家……所说的,现代社会所趋向的'新制度',将是'古代类型社会在一种高级的形式下的复活'。"①这里所谓现代社会所趋向的新制度将是"古代类型社会在一种高级的形式下的复活",指未来的新社会制度是高级形式的公有制社会,建立这种社会制度好像"复活"了古代的公有制,可是实际上它同古代公有制相比较,具有更高级的形式。在马克思看来,俄国农村公社面临着西方资本主义即将被公有制社会所取代的环境,即资本主义在它的故乡已经陷入灭亡的命运,俄国不会逆历史潮流而走向资本主义制度,农村公社将显示自己的生命力。

　　第四,"农业公社"的命运取决于它所处的历史环境,俄国农村公社面临着有利于它继续存在和发展的环境。在西欧,古代类型的公社由于日耳曼人于公元4世纪至6世纪之间的暴力征讨而被毁坏,此后产生了日耳曼人的"农业公社"。"农业公社"同古代公社相比较,以社员之间的"社会联系"取代了原来社员之间的血缘亲属关系,房屋及附属物如园地已经是农民的私有财产(古代公社房屋是公有的),农民自力耕种分配给他的田地并且将产品留为己有(古代公社共同劳动和分配产品)。这些特点赋予"农业公社"强大的生命力,因为公有制以及公有制所造成的各种社会联系,使公社的基础更稳固,房屋的私有、小块耕种自力耕种和产品的私人占有使社员的"个性获得发展"。可是这个特点也可能成为"农业公社"解体的根源。因为社员的财富的积累特别是"动产"的逐步积累,起着破坏经济平等和社会平等的作用,在公社内部产生利益冲突,最终导致公社解体。这正是西欧各国"农业公社"消亡的原因。马克思写道:"但这是不是说,不管在什么情况下,'农业公社'的发展都要遵循这条道路呢?绝对不是的。'农业公社'的构成形式只可以有两种选择:或者是它所包含的私有制因素战胜集体因素,或者是后者战胜前者。先验地说,两种结局都是可能的,但是,对于其中任何一种,显然都必须有完全不同的历史环

---

① 《马克思恩格斯选集》第3卷,人民出版社1995年版,第762—763页。

境。一切都取决于它所处的历史环境。"①意思是说,"农业公社"能否存在和
发展下去,取决于它内部的矛盾即内部私有制因素战胜集体因素或者集体因
素战胜私有制因素,而这方面的结果又与它所处的历史环境密切相关。马克
思研究和论述了俄国面临的历史环境。他指出:"俄国是在全国范围内把'农
业公社'保存到今天的欧洲唯一的国家。它不像东印度那样,是外国征服者的
猎获物。同时,它也不是脱离现代世界孤立生存的。一方面,土地公有制使它
有可能直接地、逐步地把小地块个体耕作转化为集体耕作,并且俄国农民已经
在没有进行分配的草地上实行着集体耕作。俄国土地的天然地势适合于大规
模地使用机器。农民习惯于劳动组合关系,这有助于他们从小地块劳动向合
作劳动过渡;最后,长久以来靠农民维持生存的俄国社会,也有义务给予农民
必要的垫款,来实现这一过渡。另一方面,和控制着世界市场的西方生产同时
存在,就使俄国可以不通过资本主义制度的卡夫丁峡谷,而把资本主义制度所
创造的一切积极的成果用到公社中来。"②根据马克思的分析,俄国的历史环
境是:它不是西方帝国主义的殖民地,国内社会发展和制度改变不受西方帝国
主义的制约;农村公社同西方资本主义生产同时存在,可以将西方资本主义的
一切积极成果吸收到农村公社中来;土地公有制有利于把小地块个体耕作转
化为集体耕作,土地的天然地势适合于大规模地使用机器,农民习惯于劳动组
合关系;等等。这样的环境决定了俄国可以不通过资本主义的"卡夫丁峡谷",
即它可以避免资本主义的发展以及带来的痛苦,保存和继续发展农村公社,以
农村公社为基础走向高级形式的公有制社会。

马克思在阐述了以上观点后,进行了归纳和总结,从两个方面提出了
结论。

"从理论上说",俄国有可能走上一条新式的社会发展道路,即俄国的农村
公社能够存在和发展下去,并可以成为俄国建立社会主义制度的基础和出发
点。如同前面所论述到的,马克思认为,《资本论》中关于资本主义生产起源的
观点,只是针对西欧各国而言的,只是反映了西欧各国社会发展道路的特
点——通过圈地运动造成生产者与生产资料彻底分离,促进资本主义生产方

---

① 《马克思恩格斯选集》第3卷,人民出版社1995年版,第765页。
② 《马克思恩格斯选集》第3卷,人民出版社1995年版,第765页。

式的发展。俄国未涵盖在内，它的社会发展可以是另外一条道路——以农村公社为基础和出发点建立起社会主义制度。还如前面所述，马克思指出，"农业公社"能否存在和发展下去，取决于它内部的矛盾即内部私有制因素战胜集体因素或者集体因素战胜私有制因素，而这方面的结果又与它所处的历史环境密切相关。在作了这些理论研究和分析的基础上，马克思结论性地提出："从理论上说，俄国'农村公社'可以通过发展它的基础即土地公有制和消灭它也包含着的私有制原则来保存自己；它能够成为现代社会所趋向的那种经济制度的直接出发点，不必自杀就可以获得新的生命；它能够不经历资本主义制度……，而占有资本主义生产使人类丰富起来的那些成果。"①

"从历史的观点看"，俄国农村公社与西方资本主义制度同时存在，而且西方资本主义制度正经历着危机，面临着被社会主义制度所取代的前景，俄国可以不接受资本主义制度而得到它的一切积极成果。前面已经论述到，马克思看到，俄国农村公社由于同西方资本主义同时存在，使它有可能不实行资本主义制度而吸收西方资本主义的一切积极成果，而且由于西方资本主义制度面临危机，有可能被社会主义制度所取代，俄国不可能逆历史潮流而走向资本主义制度。这些无疑是俄国农村公社面临的世界历史环境。就俄国国内的条件看，土地公有制有利于把小地块个体耕作转化为集体耕作，土地的天然地势适合于大规模地使用机器，农民习惯于劳动组合关系，等等。这些则是俄国农村公社面临的内部历史环境。马克思在此基础上结论性地提出："从历史观点来看，一个十分有利于通过'农业公社'的进一步发展来保存这种公社的原因是：'农业公社'不仅和西方资本主义生产是同时存在的东西，这使它可以不必接受资本主义的活动方式而占有它的各种成果；而且，它经历了资本主义制度尚未受触动的时期而幸存下来；现在却相反，不论是在西欧，还是在美国，资本主义制度都处于同劳动群众、同科学以至同它自己所产生的生产力本身相抗争的境地。总之，在俄国公社面前，资本主义制度正经历着危机，这种危机只能随着资本主义的消灭，随着现代社会回复到'古代'类型的集体所有制和集体生产的高级形式而告终。"②简言之，随着西方资本主义危机的加深，高级形式

---

① 《马克思恩格斯选集》第 3 卷，人民出版社 1995 年版，第 767 页。
② 《马克思恩格斯选集》第 3 卷，人民出版社 1995 年版，第 766 页。

的公有制社会将在西方出现,俄国不必走资本主义道路而能够得到西方的一切积极成果。

二、从俄国的现实看,农村公社"几乎陷入绝境",俄国走新式社会发展道路的可能性趋于消失

上文证明,马克思认为,俄国存在着走新式社会发展道路的可能性,但是这是"从理论上说"的和"从历史的观点来看"的。由于有的时候理论上的东西同现实的东西存在一定的差异,所以马克思要求"从纯理论回到俄国现实中来"。他从俄国的现实出发研究农村公社的命运,认为农村公社几乎陷入绝境,俄国走新式社会发展道路的可能性趋于消失。具体地看,他阐述了以下观点:

第一,加速剥削农民的一切手段发展起来,必然导致农村公社走向灭亡。1861年农奴制改革时,农民脱离了农奴依附身份,享有与农村自由居民同等的权利。但是农民获得土地的条件十分苛刻。法令规定,地主在保留对土地所有权的情况下,将其作为份地分给农民使用。份地数额不等,非黑土地带,最高数额为3—7俄亩;黑土地带,最高者为2.75—6俄亩。农民可以将份地赎买为私产,但须向地主缴纳大大超过土地价格的赎金。农民如果无货币缴纳赎金,则需向国家贷款来缴纳,然后在49年的时间内分期向国家偿还这笔债务。法令还规定,如果现有份地超过最高限额,地主有权割去超过部分。据统计,在非黑土地带,地主割地占改革前农民使用土地的9.9%,而黑土地带的21省则割去26.2%。这以后,农民由于缺乏土地,被迫租佃地主的土地,接受"工役制"剥削,即用自己的农具和牲口耕种地主的土地,劳动产品的大部分归地主所有,他们得到一部分货币报酬或实物报酬。由于俄国地主和贵族几乎完全免税,农民承担着几乎全部土地税的重担。由于新建立了地方管理机关,省和县一级也向农民派下捐税,进一步加重了农民的负担。快到收税的时候,高利贷者来到农民中间,拿现钱放债,农民需要以现钱交税,只得无可奈何地接受高利贷者的条件。每到收获的时节,粮商来到农民中间,散布各种压低粮价的谣言,农民被迫低价出售一部分养家糊口所必需的粮食。鉴于这种状况,马克思写道:"正是从所谓农民解放的时候起,国家使俄国公社处在不正常的

经济条件之下,并且从那时候起,国家借助集中在它手中的各种社会力量来不断地压迫公社。由于国家的财政搜括而被削弱得一筹莫展的公社,成了商业、地产、高利贷随意剥削的任人摆布的对象。"①

从另一方面看,农奴制改革以后,农民阶级发生了分化:一方面分化出少数富农,他们拥有优良的牲畜、农具和大量资金,是农村中的资产阶级;另一方面是分化出了一大批破产的农民,他们不仅失去了土地,而且丧失了其他生产资料,沦为农村中的无产阶级。这意味着农村公社内部产生了利益冲突,产生了自身瓦解的因素。沙皇政权对农村公社和农民的压迫必然会加剧农村公社瓦解因素的发展。马克思写道:"这种外来的压迫激发了公社内部原来已经产生的各种利益的冲突,并加速了公社的各种瓦解因素的发展。"②他还写道:"但是,还不止如此。国家靠牺牲农民培植起来的是西方资本主义制度的这样一些部门,它们丝毫不发展农业生产能力,却特别有助于不从事生产的中间人更容易、更迅速地窃取它的果实。这样,国家就帮助了那些吮吸'农村公社'本来已经涸竭的血液的新资本主义寄生虫去发财致富。"③意思是说,沙皇政权还帮助俄国新生的资产阶级为发财致富去剥削农民。从上述事实出发,马克思提出:"总之,那些最能促进和加速剥削农民(俄国的最巨大的生产力)、并最能使'社会新栋梁'发财致富的一切技术和经济手段,都在国家的促进下过早地发展起来。破坏性影响的这种促进作用,只要不被强大的反作用打破(指如果没有反对压迫和剥削的革命发生——引者),就必然会导致农村公社的灭亡。"④这里,马克思揭示了俄国农村公社走向灭亡的趋势。

第二,俄国沙皇政权和新生资产阶级感到对农村公社的剥削这种"剥削方式已经过时",合谋要杀死给他们"下金蛋的母鸡",即希望消灭农村公社。俄国在农奴制改革以后,仍然是世界上最大的地主土地所有制国家。根据1877年的土地普查资料,7300万俄亩土地即全部私有土地的3/4掌握在大地主手中。⑤ 缺乏土地的农民被迫接受"工役制"剥削。农奴制度的残余摧毁了农民

---

① 《马克思恩格斯选集》第3卷,人民出版社1995年版,第767页。
② 《马克思恩格斯选集》第3卷,人民出版社1995年版,第767页。
③ 《马克思恩格斯选集》第3卷,人民出版社1995年版,第767—768页。
④ 《马克思恩格斯选集》第3卷,人民出版社1995年版,第768页。
⑤ 参见:《英法德俄历史》下册,商务印书馆1972年版,第1页。

的生产力。农民田地的单位面积产量极低,多数年份发生歉收。从 19 世纪 70 年代末起,俄国进入慢性的农业危机时期,农业生产特别是粮食生产逐年下降,饥荒经常威胁俄国,尤其是威胁俄国农民。俄国农民虽然通过自己的辛勤劳动支撑着俄国社会的存在和发展,对于沙皇政权和俄国新生资产者来说他们如同会下金蛋的母鸡一样,但是沙皇政权和新生资产者仍然不满意于农业的现状,不满意于现成的对农村公社进行剥削的方式。他们合谋要杀死给他们下金蛋的母鸡。马克思写道:"但是要问,为什么从农村公社的现状中得到好处的所有这些利害关系者(包括政府监护下的大工业企业),合谋要杀死给他们下金蛋的母鸡呢? 正因为它们感到'目前这种状况'不能继续维持下去,所以感到现在的剥削方式已经过时了。由于农民的贫困状况,地力已经耗尽而变得贫瘠不堪。丰年被荒年抵消。最近 10 年的平均数字表明,农业生产不仅停滞,甚至下降。最后,第一次出现了俄国不仅不能输出粮食,反而必须输入粮食的情况。因此,不能再浪费时间。必须结束这一切。必须创造一个由比较富裕的少数农民组成的农村中间阶级,并把大多数农民干脆都变为无产者。"①意思是说,沙皇政权和新生资产者都希望在俄国农村发展资本主义,消灭农村公社。如果遂他们所愿,农村公社被消灭,俄国走新式社会发展道路的可能性将不复存在。

第三,俄国农村公社的发展需要得到全社会的关注和支持,但是等待农村公社的是结束其发展过程的"强有力的阴谋"。农村公社的继续发展,特别是它作为建立社会主义制度的基础和出发点而实现的发展,要求以集体劳动代替小地块个体劳动。要解决这个问题,必须具备两样东西:一是农民在经济上需要集体劳动,二是在物质上形成集体劳动的条件。马克思认为,第一样东西比较容易得到。只要把农村公社置于正常的条件之下,或者说只要把压在它肩上的重担除掉,只要它获得正常数量的耕地,那么它本身就会感到有集体劳动的必要。然而,第二样东西难以得到。马克思指出:"现在,农民需要的是大规模组织起来的合作劳动。况且,现在他们连种两三俄亩土地都还缺乏各种最必要的农具,难道把他们的耕地增加到 10 倍,他们的状况就会变得好些

---

① 《马克思恩格斯选集》第 3 卷,人民出版社 1995 年版,第 768 页。

吗?"①"设备、肥料、农艺上的各种方法等等集体劳动所必需的一切资料,到哪里去找呢?"②意思是说,当前俄国农民拥有的生产工具甚至不能满足耕种两三俄亩土地的需要,如果他们的耕地面积扩大了许多倍,实行集体生产,则生产工具更不能满足生产劳动的需求。况且,大规模集体劳动所需要的设备、肥料、农艺等等,也无可靠的来源。

马克思还提出,如果创办集体劳动的组织,最初的创办经费从何而来? 他意见是:"至于最初的创办费用(包括智力上的和物质的),俄国社会有支付的义务,因为它长久以来靠'农村公社'维持生存并且也必须从'农村公社'中去寻找它的'新生的因素'。"③意思是说,全社会都应该关注和支持这项事业,因为社会的各个方面都从农村公社那里得到了自己生存和发展的条件,理应回报农村公社。可是当时俄国社会的主导力量是以沙皇为代表的封建贵族阶级以及新生的资产阶级。如前所述,这两个阶级一边从农村公社那里获取"金蛋",一边合谋要杀死给他们下金蛋的母鸡,因为他们感到公社的现状不能再继续维持下去了,通过农村公社对农民进行剥削这种方式已经过时了。马克思写道:"一方面,'农村公社'几乎陷入绝境;另一方面,强有力的阴谋正等待着它,准备给它以最后的打击。要挽救俄国公社,就必须有俄国革命。可是,那些掌握着各种政治力量和社会力量的人正在尽一切可能准备把群众推入这一灾祸之中。"④强有力的阴谋正等待着农村公社,农村公社将遭到最后的打击,人民群众特别是农民将被推入灾祸之中。这就是马克思所揭示的农村公社的命运和前途。

马克思通过观察和研究俄国的现实,认识到封建贵族阶级和新生资产阶级加速剥削农民的一切手段都发展起来,而且这两个阶级正合谋毁灭农村公社。由于他们的剥削、压迫和打击,农村公社"几乎陷入绝境",它趋向灭亡的命运不可改变。这就是他通过研究俄国现实而得出的结论。他将这个结论告诉了维·伊·查苏利奇,写道:"您完全清楚,现在俄国公社的存在本身由于强大的利害关系者的阴谋而处于危险境地。除了国家直接搜刮的压迫,侵入公

---

① 《马克思恩格斯选集》第 3 卷,人民出版社 1995 年版,第 769 页。
② 《马克思恩格斯选集》第 3 卷,人民出版社 1995 年版,第 769 页。
③ 《马克思恩格斯选集》第 3 卷,人民出版社 1995 年版,第 769 页。
④ 《马克思恩格斯选集》第 3 卷,人民出版社 1995 年版,第 770 页。

社的'资本家'、商人等等以及土地'所有者'的狡诈的剥削以外,公社还受到
乡村高利贷者以及由于它所处的环境而在内部引起的利益冲突的损害。"①他
还说,当前在俄国要消灭农村公社和剥夺农民,用不着像英国那样将农民从土
地上赶走,用不着下命令来消灭农村公社,只要从农民那里夺取他们的劳动产
品超过了一定的限度,他们就会离开他们的土地,成为流离失所的无产者,农
村公社也就会灭亡。这就等于告诉维·伊·查苏利奇以及俄国其他的革命
者,农村公社灭亡的命运是不可改变的,俄国社会发展走新式道路的愿望是不
可实现的。

三、对马克思思想的评论

笔者在研究和阐述了马克思《给维·伊·查苏利奇的复信(初稿)》的思
想后,作如下评论:

第一,马克思对俄国社会发展道路持两种设想。一种设想由他研究理论
和研究历史而形成,用他自己的话来说是"从理论上说"的和"从历史的观点
来看"的。这一设想的内容是:俄国以农村公社为基础和出发点建立起社会主
义制度。另一种设想由他考察和研究俄国的现实而形成,用他自己的话来说
是"我们必须从纯理论回到俄国现实中来"。他由此形成的设想的内容是:农
村公社几乎陷入绝境,灭亡的命运不可改变,俄国不可以走新式的社会发展道
路,将走上同西方相同的社会发展道路。有学者可能会认为,马克思对俄国社
会发展道路持两种设想,而不是持一种设想,证明他的思想不成熟或者正处于
"酝酿之中"。② 笔者不同意这种看法。人们在预见事物发展的前途时,总是
作两种、三种甚至多种考虑。不能认为作一种考虑的是成熟的思想,作两种、
三种或多种考虑的是不成熟的思想。马克思对俄国社会发展道路持两种设
想,给当前的人们以启示。对于社会发展道路持两种设想或者多种设想,体现
了发展道路选择上的灵活性和可变性。如果只是持一种设想,则容易导致发

---

① 《马克思恩格斯选集》第 3 卷,人民出版社 1995 年版,第 772 页。
② 参见张明军:《对"马克思提出跨越资本主义卡夫丁峡谷"的辨疑》,载《甘肃社会科
学》2000 年第 1 期。

展道路的凝固化,导致人们这方面思想的僵化。所以,应该充分肯定马克思在俄国社会发展道路上的两种设想。

第二,马克思关于俄国走与西方相同的社会发展道路的设想更值得人们重视。如前所述,这种设想的内容是:俄国农村公社走向灭亡的命运不可改变,它不可以成为建立社会主义制度的基础和出发点,俄国的社会发展将走上同西方相同的道路。这种设想由马克思考察和研究俄国的现实社会或者现实生活而形成。由于现实社会或者现实生活里包含着人们社会实践的内容,所以研究现实形成的设想比研究理论和研究历史形成的设想更具有人们社会实践的作用和意义,是更值得人们重视的设想。此后俄国的历史证明了马克思关于俄国走与西方相同的社会发展道路的设想。19世纪80年代以后,俄国的资本主义得到迅速发展。1887—1897年间,工厂企业的数目增加了26.3%,生产总值增长了112%。到90年代末,俄国工业部门中已经出现了较大的私人垄断企业50个。到第一次世界大战前,俄国共有150个各种类型的垄断组织,遍及工业的各个重要部门,垄断资产阶级已经全面地控制了国家的经济命脉。① 相反,农村公社日趋没落。到1917年,俄国1090万农户中,310万户彻底摆脱了村社生活方式,实现了土地私有化;230万户在一定程度上脱离了农村公社,实际上转向了土地按户私有;还有74万户虽然仍留在村社,但是对村社制度持否定态度。也就是说,占总户数56%的农民或者已经脱离了农村公社,或者对公社制度持否定态度。② 由于这样的社会历史条件,俄国通过1917年革命,在资本主义制度的基础上走向了社会主义制度。这证明马克思关于俄国走与西方相同的社会发展道路的设想是正确的和符合实际的。

第三,马克思提出了许多对人们的实践有借鉴意义的思想。一是关于俄国吸收西方一切积极成果的思想。马克思反复强调,俄国"农村公社"由于它和西方资本主义生产同时存在,所以能够吸收西方的一切积极成果,而不必经受资本主义发展的波折和痛苦。俄国的社会发展道路虽然不完全是像马克思设想的那样,未经过资本主义的波折和痛苦,将西方资本主义发展的一切积极成果吸收到农村公社,由此走向社会主义和走向现代化生产。但是俄国无产

---

① 张建华:《俄国史》,人民出版社2004年版,第113—115页。
② 参见[俄]鲍里斯·尼古拉耶维奇·米罗诺夫:《俄国社会史》上卷,张广翔等译,山东大学出版社2006年版,504页。

阶级在掌握政权以后,鉴于本国与西方国家在科学技术以及生产现代化方面的巨大差距,仍然可以将马克思关于俄国吸收西方一切积极成果的思想付诸实践。列宁在十月革命胜利初期正是这样做的。他提出苏俄要学习德国的国家资本主义,建立相关的政府组织以实现对经济的管理,还提出要借鉴美国的泰罗制,以提高苏俄的劳动生产率。在中国改革开放过程中,邓小平提出应该大胆吸收人类社会创造的一切文明成果,吸收当今世界各国包括资本主义发达国家的一切反映现代化生产规律的先进经营方式、管理方式。他的这个思想同马克思关于吸收西方一切积极成果的思想是一脉相承的。当前,在建设中国特色社会主义的过程中,仍然需要运用马克思关于吸收西方一切积极成果的思想,洋为中用,提高中国的科技水平和生产现代化水平。

二是关于将农村公社置于正常的发展条件下的思想。马克思反复强调,沙皇政权和新生资产阶级采取各种手段压迫和剥削农村公社,使农村公社陷入绝境,濒临灭亡。如要保存和发展农村公社,必须给它正常的生存和发展的条件。如果要在农村创办集体劳动的组织,则需要全社会给予支持,包括为其提供创办的经费。长期以来社会的各个方面从农村公社得到了种种存在和发展的条件,它们也应该回报农村公社。这个思想是值得后来执政的工人阶级政党认真实践的。列宁在苏俄新经济政策时期,关注改善农民的生活条件和生产条件,很快扭转了由战时共产主义政策造成的农村消极、不稳定的局面,促进了农业生产的发展。正如列宁所说,实行新经济政策是由改善农民的生活条件和生产条件开始的。中国在"人民公社化"和"大跃进"的过程中,对于改善农村的生产条件和改善农民的生活关注不够,造成的副作用很大,教训十分深刻。20世纪80年代以来中国的改革开放,也是从农村改革开始的,内容是实行联产承包责任制,激发农民的生产积极性,发展生产,改善他们的生活。在改革开放进程中,始终重视"三农问题",把改善农民的生活和改变农村的面貌放在重要地位。2005年党的十六届五中全会提出,建设社会主义新农村,工业反哺农业,城市支持农村,实现工业与农业、城市与农村协调发展。社会主义的历史证明,掌握政权的工人阶级政党学习和运用马克思关于给予农村和农民正常发展条件的思想,做出成绩,对于改变农村的面貌以至改变整个社会的面貌,推进社会主义现代化建设,意义十分重大。在当代中国,做好这方面的工作,则对于发展中国特色社会主义事业至关重要。

第三章　立足于俄国实际探寻社会发展途径的典范——研读《给维·伊·查苏利奇的复信（二、三、四稿和复信）》

1881 年 2 月至 3 月间，马克思就苏俄革命家维·伊·查苏利奇的来信作回复，五拟其稿，由此形成他关于这个问题的文献包括初稿、二稿、三稿、四稿和复信等五篇。初稿的篇幅较长，受学术界、理论界重视的程度也较高。笔者也曾专门就马克思的初稿作研究，撰写论文，予以公开发表。可是，对于二稿、三稿、四稿和复信，人们则重视不够。近来笔者对此进行了专门的研究，深感它的核心思想是立足于俄国的实际探寻社会发展的途径，这个思想具有重要的理论意义和现实意义，所以写此文稿，以期抛砖引玉。

一、论证西方问题的理论不能用以说明俄国问题

马克思《资本论》第 1 卷有关的章节，论述了资本原始积累的过程和后果。所谓资本原始积累，指资本主义生产方式确立前夕压迫者通过暴力手段使生产者与生产资料分离、使生产资料聚集在少数人手里的过程。英国的"圈地运动"是典型的形式。

15 世纪末，英国的毛纺织业成为当时发展迅速的生产部门。毛纺织业的发展扩大了对羊毛的需求，造成羊毛价格的不断上涨，使养羊业变成极有利可图的生产部门。这时大地主和农场主除了把自己原有的耕地变成牧场外，还实施暴力，拆毁农舍，焚烧村庄，强占土地，用栅栏或篱笆把强占的土地围圈起

来,将这些土地也变为牧场。这就是英国历史上的"圈地运动"。"圈地运动"使大批农民失去土地,成为无家可归的流浪者。这时英国王朝又颁布种种血腥法律,用鞭打、烙印、监禁以至判处死刑等方法,禁止农民流浪,强迫他们成为雇佣劳动者,接受雇佣劳动制度。英国的资本主义制度正是在经历了这样的过程后,建立起来的。西方其他的一些国家,资本主义制度产生的初期也经历了这样的历史过程。《资本论》第1卷有关的章节,反映了上述内容,即反映了西方资本主义制度形成和产生过程中的一般情况。

可是,19世纪中后期,俄国的革命者对上述马克思的观点多有误解。1877年10月,俄国民粹主义思想家尼·康·米海洛夫斯基在《祖国纪事》杂志上发表文章,认为马克思关于西方资本原始积累即资本主义起源的观点对于西方、东方的俄国以及世界上所有民族和国家都有意义,世界上所有的民族和国家都注定要走上使个体生产者农民同土地分离并发展资本主义制度的道路。尼·康·米海洛夫斯基由于是一名民粹主义者,主张维护小农经济,遏制资本主义发展,以"农村公社"为基础建立社会主义,所以他对农民同生产资料分离从而资本主义制度起源和发展的观点持否定意见,他以为马克思的这个观点对俄国起作用,所以对马克思及其观点持否定的态度。1881年2月,俄国女革命家维·伊·查苏利奇(后来成为"劳动解放社"的主要成员之一)给马克思写信,请求马克思就俄国"农村公社"的命运谈谈看法,或者就世界各国都必须经历资本主义生产各个阶段的必然性谈谈看法。

马克思在回答俄国革命者的误解或者提问的过程中,反复地强调了一个重要的观点:论证西方问题的理论不能用以说明俄国问题。

早在1877年10月,马克思在《给〈祖国纪事〉杂志编辑部的信》中指出,《资本论》中关于原始积累的那一章只不过想描述资本主义经济制度从封建主义经济制度内部产生出来的过程,这个过程的基础是对农民的剥夺,它只在英国才彻底地完成了,然而西欧的其他一切国家正在经历同样的运动和过程。如果尼·康·米海洛夫斯基一定要把我关于西欧资本主义起源的观点变成适应于东西方一切民族和国家的历史理论,断言一切民族和国家都注定要走这条道路,那他会给我过多的荣誉,同时也会给我过多的侮辱!① 这里马克思初

---

① 参见:《马克思恩格斯选集》第3卷,人民出版社1995年版,第341—342页。

次表达了关于论证西方问题的理论不能用以说明俄国问题的观点。

在《给维·伊·查苏利奇的复信(初稿)》中,马克思再次强调了这一观点。如他在论述了资本原始积累的过程以及英国完成了这一过程、西欧其他一切国家正在经历这一过程后指出:"可见,我明确地把这一运动的'历史必然性'限于西欧各国。""归根到底这里所说的是把一种私有制形式变为另一种私有制形式。但是,既然俄国农民手中的土地从来没有成为他们的私有财产,那么这一论述又如何应用呢?"①意思非常明确:适用于英国以及西欧的关于资本原始积累的观点不能应用于俄国。

在《给维·伊·查苏利奇的复信(二稿)》中,马克思进一步地、多角度地阐述了上述观点。这里,马克思复述了《资本论》中关于资本原始积累的理论,以及英国完成了这一过程、西欧其他一切国家正在经历这一过程的理论,随后指出,为了使人们不对他的观点产生疑问或歧义,必须援引《资本论》中相关的话语,即:"私有制作为集体所有制的对立物,只存在于……劳动的外部条件属于私人的地方。但是私有制的形式依这些私人是劳动者还是非劳动者而改变。"②这句话的意思是,私人占有生产资料的生产形式是私有制,但是私有制可以区分为占有者是劳动者的私有制和占有者是非劳动者的私有制,即个体的、小生产的私有制和资本主义私有制。西方资本原始积累的过程正是资本主义私有制代替个体的、小生产私有制的过程。他接着指出:"由此可见,我所分析的过程,是微不足道的少数人的资本主义所有制代替劳动者私有的、分散的所有制形式的过程,是一种所有制代替另外一种所有制的过程。这怎么能应用到土地不是而且从来不是农民的'私有财产'的俄国呢?"③显然,马克思强调了分析西方资本主义起源的理论不能用以说明俄国问题的观点。因为在他看来,西方发生的是资本主义私有制代替个体的、小生产私有制的过程,俄国由于农民没有"私有财产",农村没有个体的、小生产的私有制,所以论证西方资本主义起源的理论不能用以说明俄国问题。接下来马克思写道,假如有人根据西方的经验来推演俄国的社会发展道路,得出俄国将确立资本主义生产方式的结论,那么俄国一定会从消灭公社所有制、从剥夺农民即广大人民群

①　《马克思恩格斯选集》第3卷,人民出版社1995年版,第761页。

②　转引自《马克思恩格斯全集》第25卷,人民出版社2001年版,第470页。

③　《马克思恩格斯全集》第25卷,人民出版社2001年版,第470页。

众开始。俄国的自由派资产阶级正是这样想象的。可是即便如此,俄国的情况仍然不同于西方。他说:"西方对农民的剥夺,使'劳动者私有的、分散的所有制变为'资本家私有的、集中的所有制。但这终究仍然是一种私有制形式代替另一种私有制形式。俄国则相反,它是资本主义所有制代替共产主义所有制的问题。"①还说:"如果资本主义生产要想在俄国确定自己的统治,那么,绝大多数农民即俄国人民定将变成雇佣工人,因而也会遭到剥夺,即通过共产主义所有制先被消灭而遭到剥夺。但是,不管怎样,西方的先例在这里完全不能说明问题。"②他的意思是,西方被资本主义私有制所代替的是个体的、小生产私有制,俄国如果确立了资本主义制度,被资本主义私有制所代替的则是共产主义所有制即农村公社所有制。就此而言,俄国的情况也不同于西方,论证西方的理论不能够用以说明俄国问题。

在《给维·伊·查苏利奇的复信(三稿)》中,这个观点再次得到论证和深化。这里,马克思同前面信稿一样,论述了资本原始积累的过程以及英国完成了这一过程、西欧其他一切国家正在经历这一过程,强调这一运动的"历史必然性"明确地限于西欧各国。同时他指出:"在这种西方的运动中,问题是把一种私有制形式变为另一种私有制形式。相反地,在俄国农民中,则是要把他们的公有制变为私有制。人们承认还是否认这种转变的必然性,提出赞成或反对这种转变的理由,都和我对资本主义制度起源的分析毫无关系。"③这里的意思是,俄国的自由派资产阶级主张消灭农村公社所有制,提出了必须消灭它的各种理由;民粹主义者则主张维护农村公社所有制,以农村公社为出发点,使俄国走向高级形态的共产主义制度。这两派的主张都与马克思对资本主义制度起源的分析及观点没有关系。因为俄国的情况不同于西方,用于论证西方资本主义起源的理论不能够用以说明俄国问题。

《给维·伊·查苏利奇的复信(四稿)》和正式的复信(第五稿),是两个很短的稿件,前者的汉字印刷稿只占 1 个页码的 1/2,后者的汉字印刷稿不足两个页码。在这两个短稿中,马克思仍十分执着地强调了上述观点。如他在四稿中写道:"在《资本论》中所作的分析,既没有提供任何肯定俄国农村公社有

---

① 《马克思恩格斯全集》第 25 卷,人民出版社 2001 年版,第 471 页。
② 《马克思恩格斯全集》第 25 卷,人民出版社 2001 年版,第 471 页。
③ 《马克思恩格斯全集》第 25 卷,人民出版社 2001 年版,第 475 页。

生命力的东西,也没有提供否定农村公社有生命力的东西。"①这句话还出现在正式的复信(五稿)中。它的意思是,关于资本原始积累的理论是论证西方资本主义起源的理论,同俄国的农村公社是否有生命力以及俄国能否以农村公社为出发点走向共产主义制度没有关系,不能用以说明俄国问题。

二、俄国生产同世界市场"联系在一起" 有利于农村公社吸取西方生产方式的积极成果

不用论证西方问题的理论来说明俄国问题,则必须立足于俄国的实际,探求俄国社会发展的途径。马克思看到,俄国实际的一个重要方面,是它的生产同世界市场联系在一起,从而有利于农村公社吸取西方生产方式的积极成果,巩固和发展自己,避免走向解体。

19 世纪 70—80 年代,西方的资本主义生产方式以及世界市场得到充分的发展。由于电能的发明和应用,各国相继建立了电站,城市广泛使用了电灯和电话机,电动机也应用于生产过程中。随着内燃机的发明和使用,新的交通工具——汽车出现了。在冶金工业中,发明了新式平炉、转炉及脱磷炼钢法,大大提高了炼钢的效率。出现了新兴工业部门——化学工业,人类已经能够从煤炭中提炼氨、苯、人造染料等化学产品。与资本主义工业生产迅速发展的同时,资本主义经济结构中出现了新现象,即资本的集中和垄断。先是工业和交通运输业部门形成集中和垄断,随即银行业也出现了集中和垄断。各国垄断组织建立以后,资本家鉴于国内市场相对狭小,不能满足追求高额利润的欲求,一方面加强了对本国劳动人民的剥削,另一方面将"剩余"的资本输往经济落后国家,特别是殖民地和半殖民地,以保证获得高额的利润。这样一来,世界市场得以形成和发展。

俄国是处于世界市场之中的,或者说俄国的生产是同世界市场"联系在一起"的。1861 年农奴制的废除,促使资本主义得以快速发展。到 80 年代,俄国基本上完成了产业革命。1860—1890 年,俄国的棉纺织业的生产价值增长了

---

① 《马克思恩格斯全集》第 25 卷,人民出版社 2001 年版,第 481 页。

4 倍,生铁产量增加近 10 倍,钢产量增加 3 倍,煤产量增加 19 倍,石油开采量由不足 100 万普特增加至 2.43 亿普特,铁路线长度由 1500 公里增加至 53000 多公里。① 铁路网将工业区域和农业区域、内地和边疆连接起来,扩大了国内市场,促进了工业生产的进一步发展,并且推动其走向集中和垄断。

上述事实证明,俄国的生产是同世界市场"联系在一起"的。换言之,俄国发展的样式同西方发展的样式是基本一致的,它是从世界市场上、从西方获取走向文明的智慧和力量的。对此马克思有深刻的认识。

《给维·伊·查苏利奇的复信(二稿)》中,马克思提出:"如果俄国是脱离世界而孤立存在的,如果它要靠自己的力量取得西欧通过长期的一系列进化(从原始公社的存在到它的目前状态)才取得的那些经济成就,那么,公社注定会随着俄国社会的逐步发展而灭亡这一点,至少在我看来,是毫无疑问的。"② 意思是说,从原始社会的生产与生活状况到现代西方的生产与生活状况之间,有很大一段距离,表现为刀耕火种与机器大生产、电力工程之间的差别,西方用一千多年甚至更长的时间才走完这一段距离,当下的俄国如果不将西方先进的东西引进来,不走捷径,仅凭自己内部的力量发展,将需要很长的时间和过程,在这个过程中农村公社一定会灭亡。如果是这样的话,俄国民粹主义者提出的以农村公社为基础建立社会主义制度的愿望则不可以实现。他接着指出:"可是,俄国公社的情况同西方原始公社的情况完全不同。俄国是在全国广大范围内把公社所有制保存下来的欧洲惟一的国家,但同时又生存在现代的历史环境中,同较高的文化同时存在,和资本主义生产所统治的世界市场联系在一起。俄国吸取这种生产方式的积极成果,就有可能发展并改造它的农村公社的古代形式,而不必加以破坏。"③这里,马克思指明了俄国农村公社同西方历史上的公社不同的特点,即它处在西方文化和文明较高的时代,同世界市场联系在一起,这样它就可以吸取西方文明的成果,吸取西方生产方式的积极成果,改造农村公社自身的弊端,巩固农村公社,使它成为俄国走向新制度的基础和起点。马克思考虑到,俄国主张消灭农村公社的资产阶级一定会否定农村公社吸取西方生产方式的积极成果并使这些成果与农村公社的优势相

① 参见:《世界近代史》,浙江人民出版社 1984 年版,第 559 页。
② 《马克思恩格斯全集》第 25 卷,人民出版社 2001 年版,第 472 页。
③ 《马克思恩格斯全集》第 25 卷,人民出版社 2001 年版,第 472 页。

结合的可能性。他说,如果他们要否定这种可能性的话,那么请他们回答:为什么俄国没有经历一个长时间的发明机器以及工业革命的过程却可以进行机器大生产?为什么西方经过几个世纪才建立和完善起来的一整套金融交换机构如银行、信用公司等,俄国在很短的时间内就可以建立并应用起来呢?马克思的意见是:这体现于俄国吸取了西方生产方式的积极成果。

上述马克思的观点,在《给维·伊·查苏利奇的复信(初稿)》中已有提及,但初稿里表述得不够明确。如初稿中写道:"正因为它(俄国农村公社——引者)和资本主义生产是同时存在的东西,所以它能够不经受资本主义生产的可怕的波折而占有它的一切积极的成果。俄国不是脱离现代世界孤立生存的。"①"另一方面,和控制着世界市场的西方生产同时存在,就使俄国可以不通过资本主义制度的卡夫丁峡谷,而把资本主义制度所创造的一切积极的成果用到公社中来。"②这里强调的是俄国农村公社同"西方生产同时存在",可以避免资本主义发展的波折和痛苦。二稿中的说法是:农村公社恰好生存在现代的历史环境中,处在文化较高的时代,和资本主义生产所统治的世界市场联系在一起。俄国吸取西方生产方式的肯定成果,就有可能发展并改造它的农村公社的古代形式,而不必加以破坏。后者指明俄国农村公社"生存在现代的历史环境中","处在文化较高的时代",同"世界市场联系在一起",所以能够吸取西方生产方式的肯定成果,改造自己,不必破坏农村公社,话语更加明确,含义更加深刻。

上述马克思的观点说明,他通过考察俄国国际环境的实际,认为农村公社有可能获得生命力,俄国有可能在这个基础上建立社会主义制度。

三、俄国农村公社的主要特征、内在的 "二重性"以及演进的趋向

考察俄国的实际,探寻俄国社会发展的途径,更重要的是考察和把握俄国

---

① 《马克思恩格斯全集》第25卷,人民出版社2001年版,第456页。
② 《马克思恩格斯全集》第25卷,人民出版社2001年版,第461—462页。

农村公社的主要特征、内在的二重性以及演进的趋向。在《给维·伊·查苏利奇的复信(三稿)》中,马克思完成了这一任务。

所谓俄国农村公社的主要特征,它是与古代的原始公社相比较而言的。古代原始公社的特征之一,是社员具有血缘亲属关系。在旧石器时代的早期和中期,人类社会处于血缘家族的阶段。这时一个家族就是一个集团、一个公社、一个生产单位。在家族内实行同辈人的群婚,包括亲兄弟姐妹在内,而禁止不同辈人之间的通婚。到了旧石器时代晚期,人类社会过渡到母系氏族公社阶段。这时氏族公社的成员之间已经不能通婚,他们必须和另一个氏族的成员通婚,这就是族外群婚制,即一个家族内的所有的女人与另一个家族内的所有的男人通婚。在这种婚姻制度下,人们只知其母,不知其父,氏族的世系只能按母系来计算。上述人类社会发展的两个阶段,社会组织的主要特征是它的内部人与人之间具有亲属关系。这个特征反映了人类的肇始、蒙昧和落后。马克思将俄国的农村公社称为"农业公社",认为它具有不同于上述古代公社的特征。他写道:"所有其他公社都是建立在自己社员的血缘亲属关系上的。在这些公社中,只容许有血缘亲属或收养来的亲属。他们的结构是系谱树的结构。'农业公社'是最早的没有血缘关系的自由人的社会组织。"①

古代原始公社的另一个特征是,住房或住所是公有的。在人与人之间具有血缘关系的公社里,人口很少,生活资料采取基本平均的分配办法。社员为避寒暑风雨,防虫蛇猛兽,住在山洞里或树上,这就是所谓的"穴居"和"巢居"。经过不断进化,社员开始营建简陋的房屋。如用木桩或竹桩构成高出地面的底架,其上用竹木、茅草等建成可避风雨的住所。在公社里,无论是"穴居"和"巢居"的住所或者社员建造的住所,均为公有,任何个人不能将其占为个人所有。马克思认为,俄国的"农业公社"具有与此不同的特征。他写道:"在农业公社中,房屋及其附属物——园地,是农民私有的。相反,公共房屋和集体住所是远在畜牧生活和农业生活形成以前时期的较原始的公社的经济基础。"②

古代原始公社的第三个特征是,共同劳动和共同占有劳动成果。当时,生

---

① 《马克思恩格斯全集》第 25 卷,人民出版社 2001 年版,第 477 页。
② 《马克思恩格斯全集》第 25 卷,人民出版社 2001 年版,第 477 页。

产力水平低下,生产资料十分简单且数量少,可以而且必须由社员共同使用它。就捕猎生产而言,生产资料仅棍棒、石块。由于在捕猎的过程中有遇到猛兽的危险,需要许多人一起参与这个劳动过程。这样,许多社员一起行动,共同使用作为生产资料的棍棒和石块,进行捕猎生产。一天的劳动过后,捕获的成果带回到公社住地,由于数量不多,必须本着满足全体公社成员维持生命需要的原则进行分配,或者说必须让所有的社员都能够分配到一份食物,能够存活下去。在这样的状况下,劳动成果必然是公社社员共同占有的。马克思认为,俄国的"农业公社"则与此不同。他写道:"耕地是不准让渡的公共财产,定期在农业公社社员之间进行重分,因此,每一社员用自己的力量来耕种分给他的地,并把产品留为己有。而在较原始的公社中,生产是共同进行的;共同的产品,除储存起来以备再生产的部分外,都根据消费的需要陆续分配。"①

综上所述,马克思认识到,社员之间并非血缘关系,房屋以及附属的园地由农民私有,社员以家庭为单位进行劳动并且劳动成果为农民私人占有,是俄国公社不同于古代原始公社的主要特征。他通过研究和分析俄国公社的主要特征,看到了它内在的"二重性",即促进它巩固和发展的属性和导致它灭亡的属性。

所谓促进它巩固和发展的属性,指俄国公社内部有自身延续生命的力量。如公社内成员之间的非血缘关系,使公社摆脱了蒙昧的、落后的社会关系的影响,真正建立在土地公有制以及由此产生的各种社会关系的基础上。房屋以及附属园地的私人占有,以家庭为单位的劳动和劳动成果归劳动者所有,有利于调动劳动者的积极性,促进生产的发展,创造更多的劳动成果,促进劳动者个人的发展。这就是马克思说的:"显然,农业公社制度所固有的这种二重性能够成为它的巨大生命力的源泉。它摆脱了牢固然而狭窄的血缘亲属关系的束缚,并以土地公社所有制以及由此而产生的各种社会关系为自己的坚实基础;同时,各个家庭单独占有房屋和园地、小土地经济和私人占有产品,促进了个人的发展,而这种发展同较原始的公社机体是不相容的。"②他说,古代原始公社不具有巩固和发展自己的机体和作用,俄国的公社则有这样的机体和

①　《马克思恩格斯全集》第25卷,人民出版社2001年版,第477页。
②　《马克思恩格斯全集》第25卷,人民出版社2001年版,第477—478页。

作用。

所谓导致公社灭亡的属性,指公社内部有造成它灭亡的因素。如房屋和附属园地的私人占有,会改变人的思想认识、价值观和习惯,导致土地公有制的瓦解。正如马克思说的:"但是,同样明显,就是这种二重性也可能逐渐成为公社解体的萌芽。除了外来的各种破坏性影响,公社内部就有使自己毁灭的因素。土地私有制已经通过房屋及农作园地的私有渗入公社内部,这就可能变为从那里准备对公有土地进攻的堡垒。这是已经发生的事情。"①同时他认识到,以家庭为单位的生产劳动和经营,会导致动产的积累,如农民牲畜的增多,机器的增多和货币的增多等等。随着动产的不断积累,会产生商品交换的需求。在商品交换过程中,会出现投机取巧和欺诈的行为。这样公社内部原有的经济平等和社会平等就遭到了破坏。他写道:"最重要的还是私人占有的源泉——小土地劳动。它是牲畜、货币、有时甚至奴隶或农奴等动产积累的根源。这种不受公社控制的动产,个体交换的对象(在交换中,投机取巧起极大的作用)将对整个农村经济产生越来越大的压力。这就是破坏原始的经济平等和社会平等的因素。"②在他看来,公社原有的经济平等和社会平等被破坏以后,会产生各种利益和矛盾,会破坏土地的公有制,最终导致公社灭亡。

马克思在研究和分析了俄国农村公社的二重性之后,作了一个总结:"农业公社固有的二重性使得它只可能是下面两种情况之一:或者是私有成分在公社中战胜集体成分,或者是后者战胜前者。一切都取决于它所处的历史环境。"③

那么,马克思对俄国农村公社的演进趋向究竟作何评估? 它能够巩固和发展下去并成为俄国建立社会主义制度的基础? 或者它趋向于灭亡,俄国将走向资本主义制度,在资本主义得到充分发展后走向社会主义制度? 当时的俄国革命者急于想得到的一个准确的结论,当代的研究者也急于想得到一个准确的结论。笔者在研究和解读《给维·伊·查苏利奇的复信(初稿)》的论文中提出:马克思持两种设想,一种设想由他研究理论和研究历史而产生,内容是俄国以农村公社为基础走向社会主义制度,即走一条不同于西方社会发

---

① 《马克思恩格斯全集》第25卷,人民出版社2001年版,第478页。
② 《马克思恩格斯全集》第25卷,人民出版社2001年版,第478页。
③ 《马克思恩格斯全集》第25卷,人民出版社2001年版,第478页。

展的道路。另一种设想由他研究俄国现实而产生,内容是农村公社面临灭亡,它不能够成为俄国走向社会主义制度的基础,俄国不可能走不同于西方的社会发展道路。① 在二稿、三稿、四稿和最终的复信中,马克思仍然持这样的两种设想。

在三稿的结尾,马克思写道:"在整个欧洲,只有它是一个巨大的帝国内农村生活中占统治地位的组织形式。土地公有制赋予它以集体占有的自然基础,而它的历史环境(资本主义生产和它同时存在)又给予它以实现大规模组织起来的合作劳动的现成物质条件。因此,它可以不通过资本主义制度的卡夫丁峡谷,而吸取资本主义制度所取得的一切积极成果。它可以借使用机器而逐步以联合耕种代替小土地耕种,而俄国土地的天然地势又非常适合于使用机器。如果它在现在的形式下事先被引导到正常状态,那它就能直接变成现代社会所趋向的那种经济体系的出发点,不必自杀就能获得新的生命。"② 看起来,这段话的意思是肯定俄国农村公社有生命力,它能够成为俄国走向社会主义制度的出发点。但是在这段话之前马克思写道:"现在,我们暂且不谈俄国公社所遭遇的灾难,只来考察一下它的可能的发展。"③ 可见,如果不谈农村公社"所遭遇的灾难"才可以肯定它有生命力,能够成为俄国走向社会主义制度的出发点,如果联系它所遭遇的灾难来看,则不能够得出这样的结论。这进一步证明,马克思着眼于俄国的现实生活,未肯定俄国农村公社具有发展的生命力。在四稿和最终复信中,马克思强调了上述观点。他反复写道:"我根据自己找到的原始材料对此进行的专门研究使我深信:这种农村公社是俄国社会新生的自然支点;可是要使它能发挥这种作用,首先必须排除从各方面向它袭来的破坏性影响,然后保证它具备自然发展的条件。"④ 可以看出,在马克思看来,农村公社所遭遇的灾难,它遭受的破坏性影响,即沙皇政府和新生资产阶级对农村公社的压迫和摧残,是它继续存在并产生社会新生支点作用的障碍。如果不能排除这个障碍,农村公社将走向灭亡,俄国的新式社会发展途

---

① 俞良早:《马克思对俄国走新式社会发展道路可能性的评估——研读〈给维·伊·查苏利奇的复信〉(初稿)》,载《湖南师范大学社会科学学报》2013 年第 2 期。
② 《马克思恩格斯全集》第 25 卷,人民出版社 2001 年版,第 479 页。
③ 《马克思恩格斯全集》第 25 卷,人民出版社 2001 年版,第 479 页。
④ 《马克思恩格斯全集》第 25 卷,人民出版社 2001 年版,第 481 页。

径将无从谈起!

四、对马克思思想的评论

马克思在《给维·伊·查苏利奇的复信(二、三、四稿和复信)》中表达的思想,具有重要的历史地位和现实价值。

从历史地位看,它形成了马克思、恩格斯关于从各个国家的具体情况出发运用和发展革命理论的深刻的、鲜明的思想体系。不搞教条主义,把革命理论同各个国家的具体情况相结合,根据新的实际发展理论,是马克思、恩格斯一贯坚持的原则。在《共产党宣言》的第三章《社会主义和共产主义的文献》中,他们提出,不能将法国的社会主义文献搬到德国来。因为法国同德国相比较,社会形态高一个层次,是资本主义经济政治制度。德国由于没有完成资产阶级革命的任务,处于封建的经济政治制度下。法国社会主义文献的任务是反对资本主义制度。德国面临的任务则不是反对资本主义制度,而是建立资本主义制度。法国所反对的正是德国应当争取的。所以,把法国的社会主义文献搬到德国来,反对资本主义和资产阶级,实际上帮助了德国的封建主义,有利于封建主义巩固自己的统治地位,是一种历史的反动。这是他们最先明确地提出不能照搬文献和理论,必须从各个国家的实际出发运用和发展革命理论。在《共产党宣言》1872年德文版序言中,他们还指出,对《宣言》中原理的实际运用,随时随地都要以当下的历史条件为转移,第二章末尾提出的那些革命措施到现在没有实际的意义。如果是在今天,这些方面的内容应该有不同的写法了。意思也是根据已经变化了的形势和任务发展革命理论。在实践过程中,他们不断地总结革命斗争的经验,实现了理论的发展。如1848年欧洲革命以后,他们通过考察法国国家机器的演变过程以及法国无产阶级斗争的经验,提出了以暴力打碎旧的国家机器的理论。1871年巴黎公社革命以后,他们提出了无产阶级不能简单地掌握现成的国家机器而必须以巴黎公社式的政权代替它的理论,同时提出了必须建立与有产阶级的政党相对立的无产阶级政党以领导革命的理论。在《给维·伊·查苏利奇的复信(二、三、四稿和复信)》中,马克思鉴于俄国革命者对其关于资本主义起源的理论及其作用的理解不正确,在此前有关文献已经对此作了阐述的基础上,反复地、不同角度地阐述了它——论证西方问题的理论不能用以说明俄国问题,必须从各个国家的具体情况出发运用和发展革命理论。从《共产党宣言》到《给维·伊·查苏利奇的复信(二、三、四稿和复信)》,马克思、恩格斯就这个问题——即从各个国家的具体情况出发运用和发展革命理论已经形成了深刻的、鲜明的思想体系。这个思想体系包括下述内容:随着时间的推移和条件的变化,要审视和发展理论;要总结革命斗争的经验,实现理论的发展;由于东西方条件的差异,论证西方问题的理论不能用以说明东方问题,必须从各个国家的实际出发推进革命理论的发展。

从现实价值看,它树立了从各国实际出发探寻社会发展途径的光辉典范。世界社会主义运动的历史经验和中国改革开放以来的新鲜经验证明,必须从各个国家的实际出发探寻社会发展的途径。20世纪30年代形成的苏联社会主义制度,同马克思、恩格斯和列宁的社会主义理论相比较,有一些理论发展和创新。但是创新度尚不够高。在所有制问题上、分配问题上和经济管理机制上,没有从俄国的或者说东方的实际出发形成新理论和进行新实践,或多或少地、自觉或不自觉地滑向了教条主义。30年代以后,特别是第二次世界大战结束以后,苏联面临的国际国内形势发生了重大变化。这时它的经济政治文化体制应该有所改变,即应该有理论发展和创新,应该有新的实践,应该从当前的实际出发探寻社会发展的新途径。可是当时苏联的领导人犯有教条主义错误。第二次世界大战以后建立的新中国以及亚洲和东欧的一些人民民主国家,在50至60年代建设社会主义过程中,普遍地照搬了苏联社会主义模式,使自己的发展过程出现了这样或那样的曲折。痛定思痛,各国领导人深刻地认识到,要使本国的社会主义建设事业取得成功,使本国的各项建设事业顺利地前行,必须从本国的实际出发探寻社会发展的途径。马克思、恩格斯的观点和态度,即他们不把自己的理论视为"放之四海而皆准"的东西的态度,他们关于论证西方的理论不能用来说明俄国问题的观点,关于从本国的实际出发探寻社会发展途径的观点,为当前的人们树立了怎样运用理论、怎样进行社会主义实践的光辉典范。

中国改革开放以来,以邓小平、江泽民、胡锦涛和习近平为代表的中国共产党人,以实事求是的态度对待实践,敢于进行理论创新,形成了一系列新的理论观点,如邓小平理论、"三个代表"重要思想、科学发展观等。这一系列思想观点构成了中国特色社会主义理论体系。三十多年以来,中国特色社会主义理论体系在实践中不断发展和丰富,成为人们推进改革开放实践的伟大旗帜。在这面旗帜的指引下,中国的现代化建设事业取得了辉煌的成就,它在实现中华民族伟大复兴的进程中正日益强盛。事实说明,中国改革开放以来,各个时期的党中央领导人学习了马克思、恩格斯的典范,不以现成的理论或教条束缚手脚,面对新的实际,大胆理论创新,不断地开拓了新局面和赢得了新胜利。

第四章　恩格斯关于俄国社会发展"一般途径"和"特殊途径"的理论
——研读《〈论俄国的社会问题〉跋》

1894 年,恩格斯写作《〈论俄国的社会问题〉跋》,就俄国社会发展的一般途径和特殊途径阐述了重要的理论。一直以来,学界对于此著作重视和研究不够,对恩格斯阐述的理论领会和掌握不足,所以本章对此著作进行专门的研究,试对恩格斯的理论进行系统的、全面的解读。

一、历史唯物主义的探究及结论：俄国社会沿着世界历史的一般途径前进

19 世纪中期和后期,俄国思想界高度关注俄国社会发展途径的问题,形成了一种观点,即俄国的社会发展可以经历不同于西方社会发展途径的新途径。他们认为,资本主义在俄国不可能得以充分的发展,无产阶级在俄国不可能成长壮大,俄国只需要依靠农民的力量,进行政治革命,推翻沙皇专制制度,便能够以"农村公社"为基础和出发点,走向社会主义社会。恩格斯以历史唯物主义的世界观,分析了俄国思想界上述观点的非科学性,并且得出结论:俄国社会沿着世界历史的一般途径前进。

恩格斯以历史唯物主义的世界观评析了俄国思想家赫尔岑的观点。19 世纪中期,俄国民主主义和空想社会主义思想家赫尔岑在流亡西方的过程中,从有关文献资料中发现,俄国农村实行着土地公有并经常在耕种者中间重新进行分配的"农村公社",从而产生了一种想法:西方革命家和思想家以及人民群

众努力争取实现的财产公有制度,在俄国确是现成的,俄国比西方更容易实现
共产主义社会。他说:"保存农民公社和保障个人自由,把乡村的自治扩展到
城市和整个国家,同时保持民族的统一——这就是俄国未来的全部问题所在,
也就是西方思想家正在行动起来力求解决的同一个社会矛盾的问题所在。"①
意思是说,在俄国,继续保存农村公社,同时发展政治自由和巩固民族统一,可
以走向共产主义社会。走这条道路可以解决俄国的社会矛盾,它也可以为西
方所借鉴,用以解决西方的社会矛盾。

恩格斯对赫尔岑的观点进行了评析。他提出了以下三点:其一,农村公社
并不是俄国独有的事物。它作为原始社会的一种土地占有形式,曾经盛行于
所有的印欧民族中间。它在印度至今还存在。在爱尔兰和苏格兰,只是不久
前才遭到暴力压制。在德国,现在有些地方也还能见到。它实际上是所有民
族在一定的发展阶段上的共有现象,但它是一种衰亡中的占有形式。赫尔岑
将"农村公社"视为俄国所独有的事物,并且夸大它的作用,是非科学的。其
二,不能将政治问题和"社会问题"割裂开来。恩格斯在援引了赫尔岑的相关
话语后写道:"这就是说,在俄国也许还存在政治问题;但'社会问题'在俄国
则已经解决。"②这显然是在概括和表述赫尔岑的观点。在赫尔岑的思想上,
俄国的农村公社,在当前的和今后的俄国都是一种优良的社会管理方式。在
俄国,优良的社会管理方式已经存在,社会问题已经解决了。剩下的问题是政
治问题,即通过革命推翻沙皇专制制度和建立民主的政治制度。历史唯物主
义指明,就某一个社会形态或者历史发展的某一个阶段而言,政治问题和社会
问题是相互联系在一起的。政治制度建设的问题未解决,"社会问题"即经济
管理和社会管理的问题不可能真正得以解决。实际上,恩格斯指明赫尔岑的
观点违背了历史唯物主义世界观。其三,俄罗斯的使命在于"使这个腐朽的、
衰老的西方返老还童和得到新生"的意识,是荒谬的。在赫尔岑的思想上,俄
国由于存在着"农村公社",它比西方更容易走向共产主义,因此俄国可以向西
方推广自己的发展途径,促使西方世界返老还童和得到新生。恩格斯十分清
楚地表述了赫尔岑的上述思想意识,指明这实际上是主张以生产方式落后的

---

① 转引自《马克思恩格斯选集》第4卷,人民出版社1995年版,第438页。
② 《马克思恩格斯选集》第4卷,人民出版社1995年版,第438页。

俄国去影响生产方式比较先进的西方,是荒谬的和错误的。

恩格斯评析了俄国民粹主义者特卡乔夫的错误观点。民粹主义者特卡乔夫是赫尔岑观点的追随者。1875 年他在文章中指出,俄国农民是天生的共产主义者,"同贫困的、被上帝遗忘的"西欧无产者比起来,要无限地接近社会主义,并且他们的生活也是"无限地好"。他还说,如果说法国的资产阶级革命家由于进行了一百多年的革命活动,在革命过程中认为自己的人民"是政治方面的上帝选民",那么当时俄国的许多社会主义者则认为俄罗斯人民"是社会方面的上帝选民"。意思是说,西方人尤其是法国人,擅长于进行政治斗争即擅长于进行夺取政权的巷战和议会斗争,以维护自己的政治权利;俄国人则擅长于解决社会问题,如保存农村公社,利用农村公社进行社会管理,以维护自己的社会利益。恩格斯表述了特卡乔夫的观点,在于指明这种观点夸大俄国农民的作用,贬低西方无产者的地位和作用,体现了自身民粹主义的性质,属于非无产阶级的思想,是同历史唯物主义世界观相违背的。它认为西方人擅长于政治斗争,俄国人擅长于解决"社会问题",同赫尔岑一样将政治问题、政治斗争与解决社会问题割裂开来,是十分荒谬的和错误的。恩格斯写道:"据说旧的经济世界不是从西欧无产阶级的斗争中而是从俄国农民的最内在的东西中得到它的新生。我的抨击也就是针对这种幼稚的观点。"①这是对特卡乔夫及民粹主义观点的更直接的批评。

恩格斯还分析和批评了俄国 19 世纪中后期思想家车尔尼雪夫斯基的观点。车尔尼雪夫斯基继续宣扬关于俄国以"农村公社"为出发点和依靠农民的力量实现共产主义的观点。他说:在西欧,由于个人权利的无限扩张,实行一种良好的制度异常困难。人们习惯上享有的东西,哪怕是放弃一点点也不容易,由于建立一种良好的经济制度是不能没有牺牲的,因此建立这种制度十分困难。但是,在一个国家里是空想的东西,在另一个国家里却是事实。有些习惯,对英国人和法国人说来,要贯彻到人民生活中去是无比困难的,但在俄国人这里,却作为人民生活中的事实而存在着,如土地公有制的农村公社。西方目前正经过如此困难而漫长的道路来争取的那种制度,在俄国却仍然存在

---

① 《马克思恩格斯选集》第 4 卷,人民出版社 1995 年版,第 438 页。

着。① 车尔尼雪夫斯基的上述思想,同赫尔岑、特卡乔夫的思想是一脉相承的。恩格斯指出:"车尔尼雪夫斯基也把俄国农民公社看作从现存社会形式过渡到新的发展阶段的手段,这个新阶段一方面高于俄国的公社,另一方面也高于阶级对立的西欧资本主义社会。俄国拥有这种手段,而西方却没有这种手段,车尔尼雪夫斯基认为这是俄国优越的地方。"② 这就指明了车尔尼雪夫斯基思想体系中的民粹主义成分以及它非无产阶级世界观的性质。恩格斯还分析了车尔尼雪夫斯基非科学思想产生的原因。他说,由于俄国的思想封锁,车尔尼雪夫斯基从未读过马克思的著作,当《资本论》问世的时候,他已经被流放到西伯利亚的雅库特人中间了。他的全部精神发展和思想活动只能在这种思想封锁所造成的环境中进行。也就是说,俄国思想封锁的环境造成了车尔尼雪夫斯基非科学的思想。

恩格斯在批评了俄国民主主义和空想社会主义思想家的非科学思想后提出,当前西方的资本主义运行必然产生的矛盾威胁着资本主义社会的生存,西方的无产者正在争取建立财产公有制的共产主义社会,就在这个时候,在俄国,全部耕地的半数左右却仍然是农村公社的公有财产。那么在俄国仍然存在的公有制同西方无产者追求的和行将建立的公有制是怎样的关系呢? 俄国的农村公社能否成为俄国社会前进的出发点,以便用西方资本主义生产的全部技术成就来充实它,使它一下子变成高级形式的公有制,使俄国一下子越过整个资本主义时期而进入现代共产主义社会?

恩格斯在回答上述问题的过程中,科学地论证了俄国社会沿着世界历史一般途径前进的理论。他的基本观点如下:

第一,在俄国农村公社内部从来没有出现过要把它自己发展成为高级的公有制形式即共产主义公有制的促进因素,或者说俄国的农村公社内部从来没有产生过使自己过渡到共产主义社会的原动力。根据辩证唯物主义的原理,事物的发展是事物内部矛盾运动的结果,内因是事物发展变化的根本原因。如果说俄国的农村公社能够发展成为高级形式的共产主义公有制组织,那么它的内部必然要有这种发展的原因和动力,或者说人们可以从它的内部

---

① 参见:《马克思恩格斯选集》第 4 卷,人民出版社 1995 年版,第 439 页。

② 《马克思恩格斯选集》第 4 卷,人民出版社 1995 年版,第 439 页。

看到这种发展的原因和动力。众所周知,共产主义制度是资本主义制度的替代物,资本主义的基本矛盾即生产的社会性同生产资料私人占有制之间的矛盾是人类由资本主义制度走向共产主义制度的原因和动力。显然,在俄国的农村公社里,不存在这样的矛盾,即不存在使它变成高级形式的共产主义公有制组织的原因和动力。恩格斯写道:"俄国的公社存在了几百年,在它内部从来没有出现过要把它自己发展成高级的公有制形式的促进因素;情况恰如德意志人的马尔克制度、克尔特人的克兰、印度人的和其他民族的实行原始共产主义制度的公社一样。所有这些公社,都在包围着它们的、或者在它们内部产生并且逐渐渗透它们的商品生产以及各户之间和各人之间的交换的影响下,随着时间的推移越来越丧失共产主义的性质,而变成互不依赖的土地占有者的公社。"①意思是说,俄国的农村公社没有也不可能产生使自己变成高级的共产主义公有制组织的原因和动力,它同其他民族历史上的公社一样,会随着商品生产和商品交换的影响,即资本主义生产的影响,而逐渐丧失公有制的性质,变成农民个体占有的小生产的经济形式。就以上这个意思,恩格斯还写道:"事实上,从氏族社会遗留下来的农业共产主义在任何地方和任何时候除了本身的解体以外,都没有从自己身上生长出任何别的东西。俄国的农民公社本身,在 1861 年就已经是这种共产主义的比较衰弱的形式。"②他说:"在印度某些地方以及在可能是俄国公社的母体的南方斯拉夫人家庭公社(扎德鲁加)中还存在着的土地共耕(土地公有和集体生产的制度——引者注),已经让位给单个家庭的经营管理;公有制只是还表现在一次又一次的重新分配土地上,而这种重新分配土地的做法在不同的地方其间隔时间也极不相同。只要这种重新分配土地的做法一终止或通过决定被废止,就会出现小农的农村。"③在这些地方,恩格斯深刻揭示了俄国的以及其他民族的农村公社或共耕制演变为"小农的农村"的趋势。

第二,在西方资本主义接近崩溃而还没有崩溃的时候,它会向人们显示一种新的生产形式,即高级形式的共产主义公有制形式,但是这个事实不能赋予俄国农村公社将自己发展成为高级形式的共产主义公有制的力量。当时,西

---

① 《马克思恩格斯选集》第 4 卷,人民出版社 1995 年版,第 440—441 页。
② 《马克思恩格斯选集》第 4 卷,人民出版社 1995 年版,第 441 页。
③ 《马克思恩格斯选集》第 4 卷,人民出版社 1995 年版,第 441 页。

方出现了共产主义的理想和理论,特别是马克思和恩格斯实现了这个理想和
理论由空想到科学的发展。事实上,这个理想和理论是资本主义社会的发展
向西方的人们展示出来的。可是,西方资本主义的发展向西方的人们作出的
展示,或者说西方的人们关于共产主义的理想和理论,同俄国的农村公社发展
没有直接的关系。恩格斯写道:"与俄国农民公社并存的西欧资本主义生产同
时接近了崩溃的时刻,在这一时刻它本身就会显示出一种新的生产形式,在这
种新的生产形式下将有计划地使用作为社会财产的生产资料,——单单这样
一个事实,并不能赋予俄国公社一种能够使它把自己发展成这种新的社会形
式的力量。"①他对这句话作了如下解释:虽然西方产生了公有制的、有计划地
使用生产资料进行生产的共产主义理想和理论,但是在西方的无产阶级革命
尚未完成以前,在西方的共产主义公有制尚未建立以前,在西方的共产主义生
产和分配尚未实施以前,俄国公社如何能够把资本主义社会的巨大生产力作
为社会财产和社会工具而掌握起来呢? 也就是说,在西方的榜样没有树立起
来以前,生活在俄国农村公社里的人们怎么可能知道这样做呢? 恩格斯接着
说,诚然,在俄国有不少人很了解西方资本主义社会及其不可调和的矛盾,并
且清楚地知道这条走不通的死胡同的出路何在,即他们知道共产主义的理想
和理论,他们是先进的俄国人。可是,明白这一点的几千名先进的俄国人并不
生活在公社里,而俄罗斯的仍然生活在土地公有制条件下的大约 5000 万人,
却对这一切一无所知。他们至少对这几千名先进的俄国人感到陌生和不可理
解,就像 1800—1840 年的英国无产者对罗伯特·欧文为了拯救他们而设想出
来的计划感到陌生和不可理解一样。他的意思是,西方的共产主义理论和理
论,对于俄国农村公社的发展没有也不可能产生直接的影响,没有也不可能转
化成使俄国农村公社发展为高级形式的共产主义组织的动力。

第三,每一种特定的经济形态都应当解决由它本身产生的问题,如果要它
去解决比自己高得多的经济形态所产生的问题,是不可能的和荒谬的。世界
历史发展的过程证明,在封建的经济形态或者说封建制度下产生的问题或者
说所要解决的问题,是消除封建壁垒与自由贸易的矛盾,促进商品经济的发
展,确立以自由竞争为特点的资本主义的经济制度。在资本主义经济形态或

---

① 《马克思恩格斯选集》第 4 卷,人民出版社 1995 年版,第 442 页。

者资本主义制度下产生的问题或者说所要解决的问题，是消除生产的社会性与私人占有制之间的矛盾，消除社会生产的无政府状态，消灭雇佣劳动制度，建立财产公有制的共产主义制度。如果要求在封建经济形态下解决只有在资本主义经济形态下才会出现的问题，即要求消除生产的社会性与私人占有制之间的矛盾，消除社会生产的无政府状态，消灭雇佣劳动制度，建立财产公有制的共产主义制度，则是不可能的和荒谬的。俄国的农村公社，是原始共产主义社会遗留下来的社会组织，是一种落后于封建经济形态生产组织形式。如果认为这种生产组织形式可以发展为高级形式的共产主义公有制形式，则是认为在低级的经济形态下可以解决较高的经济形态才会产生的问题，这无疑是错误的和荒谬的。恩格斯写道："较低的经济发展阶段解决只有高得多的发展阶段才产生了的和才能产生的问题和冲突，这在历史上是不可能的。""每一种特定的经济形态都应当解决它自己的、从它本身产生的问题；如果要去解决另一种完全不同的经济形态的问题，那是十分荒谬的。"①他说，这个观点，对于俄国的公社，也同对于印度的氏族公社、或者任何其他以生产资料公有为特点的蒙昧时期或野蛮时期的社会形式一样，是完全适用的。

综上所述，恩格斯认为，在俄国农村公社内部从来没有出现过要把它自己发展成为高级的公有制形式即共产主义公有制的促进因素，或者说俄国的农村公社内部从来没有产生过使自己过渡到共产主义社会的原动力；在西方资本主义接近崩溃而还没有崩溃的时候，它会向人们显示一种新的生产形式，即高级形式的共产主义公有制形式，但是这个事实不能赋予俄国农村公社将自己发展成为高级形式的共产主义公有制的力量；每一种特定的经济形态都应当解决由它本身产生的问题，如果要它去解决比自己高得多的经济形态所产生的问题，是不可能的和荒谬的。从他的这些观点出发，不能不得出结论：俄国社会只能沿着世界历史的一般途径前进，或者说只能沿着西方社会已经历过的途径前进，它不能经历一种新途径，即不能像俄国空想社会主义思想家、民粹主义思想家所设想的那样，由现成的"农村公社"走向理想的、高级形式的共产主义社会。

---

① 《马克思恩格斯选集》第 4 卷，人民出版社 1995 年版，第 442—443 页。

二、理论创新的尝试：俄国经历特殊的途径
走向共产主义社会

　　恩格斯并未用某一个理论或者某一种设想，锁定俄国社会发展的途径，即并未要求俄国的社会发展一定要沿着人类社会发展的一般途径前进。他还有另外一种考虑，即俄国社会经历特殊的途径走向共产主义社会。这另一种考虑以及另一个结论，可以看成为恩格斯进行理论创新的尝试。

　　恩格斯另一个结论的内容是：如果当时俄国发生资产阶级革命并推翻了沙皇政权，如果俄国的这场革命能够激发和促进西方的社会主义革命，如果西方的社会主义革命能够胜利并建立起共产主义制度，由于西方共产主义制度的榜样作用以及西方共产主义制度对俄国的直接的支持，俄国革命则可以转变为社会主义革命，俄国则可以大大缩短资本主义发展的过程，利用现成的"农村公社"的条件，同西方一起走向共产主义社会。①

　　在此著作中，恩格斯在论述了俄国社会沿着人类社会发展的一般途径前进之后，笔调一转，郑重指出："然而，不仅可能而且无庸置疑的是，当西欧各国人民的无产阶级取得胜利和生产资料转归公有之后，那些刚刚进入资本主义生产而仍然保全了氏族制度或氏族制度残余的国家，可以利用公有制的残余和与之相适应的人民风尚作为强大的手段，来大大缩短自己向社会主义社会发展的过程，并避免我们在西欧开辟道路时所不得不经历的大部分苦难和斗争。"②这里强调的是，在西方的社会主义革命取得了胜利，并且生产资料转变为公有即建立起共产主义公有制以后，仍然保全了氏族制度或者氏族制度残余的国家，即仍然存在着"农村公社"的国家，可以利用"农村公社"的作用，大大缩短自己向社会主义社会发展的过程，中止资本主义的发展和避免西方资本主义长期发展时带来的种种苦难，建立起共产主义制度。在这里，恩格斯指明了俄国社会发展的另一个途径，这个途径要求利用"农村公社"的作用，大大

---

　　①　参见俞良早：《马克思主义东方社会理论体系发展的三个阶段》，载《东南学术》2003 年第 2 期。

　　②　《马克思恩格斯选集》第 4 卷，人民出版社 1995 年版，第 443 页。

缩短自己向社会主义社会发展的过程,中止资本主义的发展和避免西方资本主义长期发展时带来的种种苦难,同西方的途径或者说人类社会发展的一般途径相比较,它是一个特殊的途径。可以看出,恩格斯提出了俄国社会发展经历特殊途径的理论。

恩格斯接着写道:"但这方面的必不可少的条件是:目前还是资本主义的西方作出榜样和积极支持。只有当资本主义经济在自己故乡和在它兴盛的国家里被克服的时候,只有当落后国家从这个榜样上看到'这是怎么回事',看到怎样把现代工业的生产力作为社会财产来为整个社会服务的时候——只有到那个时候,这些落后的国家才能开始这种缩短的发展过程。然而那时它们的成功也是有保证的。"①这里恩格斯强调了俄国社会发展经历特殊途径的先决条件,即资本主义制度在自己的故乡——西方先灭亡,西方树立起共产主义制度的榜样,俄国以及其他落后国家有可能看到榜样,有可能了解到和学会怎样建设共产主义,他们才有可能迈向特殊的社会发展途径,大大缩短自己向社会主义社会发展的过程,中止资本主义的发展和避免西方资本主义长期发展时带来的种种苦难。虽然恩格斯强调俄国社会发展经历特殊途径需要有这个先决条件,但是它不排斥恩格斯思想上的俄国社会发展的特殊途径。

恩格斯再接着写道:"这不仅适用于俄国,而且适用于处在资本主义以前的阶段的一切国家。但比较起来,这在俄国将最容易做到,因为这个国家的一部分本地居民已经吸取了资本主义发展的文化精神,因而在革命时期这个国家可以几乎与西方同时完成社会的改造。"②这里,他再次强调了俄国社会发展经历特殊途径的可能性和必要性,认为俄国的一部分民众已经吸取了资本主义发展的文化精神,如果实现了上述它走向特殊途径的先决条件,并且利用"农村公社"的作用,它几乎可以同西方同时走向共产主义社会。

恩格斯指出,关于俄国社会发展经历特殊途径的理论,他和马克思1882年在给普列汉诺夫翻译的《共产党宣言》写作序言时已经提出了。该序言中写道:在俄国,除了迅速盛行起来的资本主义狂热和刚开始发展的资产阶级土地所有制外,大半土地仍归农民公共占有。试问:俄国农村公社,这一固然已经

---

① 《马克思恩格斯选集》第4卷,人民出版社1995年版,第443页。
② 《马克思恩格斯选集》第4卷,人民出版社1995年版,第443页。

大遭破坏的原始土地公共占有形式,是能够成为俄国过渡到高级的共产主义占有形式的条件呢?或者相反,它还必须经历西方已经经历过的那个瓦解过程呢?"对于这个问题,目前唯一可能的答复是:假如俄国革命将成为西方无产阶级革命的信号而双方互相补充的话,那么现今的俄国土地公有制便能成为共产主义发展的起点。"①的确,该序言的以上论断及思想,是恩格斯上述理论的基础。它说俄国革命将成为西方无产阶级革命的信号,指俄国革命将激发和促进西方的社会主义革命,"双方互相补充"指西方建立共产主义制度后将反过来影响和帮助俄国革命,形成俄国革命和西方社会主义革命的相互支持和补充。认为如果能够这样的话,则俄国可以利用"农村公社"的条件向高级形式的共产主义过渡,即俄国可以中止资本主义发展和缩短向共产主义发展的过程,或者说它走向了不同于西方的特殊的社会发展途径。

三、从俄国的实际看其选择何种社会发展途径的不确定性

如前所述,恩格斯以历史唯物主义世界观研究各个民族、各个国家的氏族公社、农村公社的历史,得出了俄国社会沿着人类社会一般途径前进的结论。他还有理论创新的尝试,即看到了俄国社会发展经历特殊途径的可能性,提出了相应的理论。可以看出,上述内容都是恩格斯以科学的理论研究世界历史和研究世界革命问题得出的科学结论。

需要指出的是,恩格斯同时考察和研究了俄国的实际,即那个时期俄国现实的经济和政治。他这方面的研究告诉人们的结论是:俄国社会发展选择何种途径——究竟是"一般途径"还是"特殊途径",具有很大的不确定性。他的基本观点如下:

第一,克里木战争以后,尤其是农奴制改革以后,俄国进入了土地公有制迅速灭亡的时代,经历"特殊途径"走向共产主义的可能性越来越小。在1853—1856年的克里木战争中,俄国遭到惨重失败。失败的原因之一是俄国

---

① 《马克思恩格斯选集》第1卷,人民出版社1995年版,第251页。

工业的落后及军队装备的落后。在战争过程中,英、法军队使用新式线膛步枪,以蒸汽动力战舰、蒸汽火车运送士兵和后勤补给,英、法首脑和军事部门还利用无线电从千里之外指挥战争。而俄国一方,士兵使用的是射程近和精度差的滑膛枪,以马车和帆船作为运送士兵和后勤补给的工具,靠骑马送信或士兵徒步送信的方式传递军事情报和指挥员命令。战争结束以后,沙皇政府认识到,必须迅速改变国家落后以及军队装备落后的面貌。为达到这一目的,必须修建铁路,大力发展铁路运输,必须发展工业特别是重工业。他们还认识到,要发展铁路运输业和发展工业,关键的措施是进行农奴制改革,改变生产关系,发展生产力。于是,俄国有了 1861 年的农奴制改革,有了铁路运输业和工业的发展。恩格斯就此指出:"克里木战争期间的失败清楚地表明,俄国必须迅速发展工业。首先需要铁路,而大规模修筑铁路不能没有本国的大工业。产生大工业的先决条件是所谓的农民解放;随着农民的解放,俄国进入了资本主义时代,从而也进入了土地公有制迅速灭亡的时代。"①

为什么说随着农奴制改革和铁路、工业的发展,俄国进入了土地公有制迅速灭亡的时代? 一是因为被解放的农民中间出现了贫富分化。农民在被解放时不得已向国家贷款以交付赎金,他们需要分期向国家还贷,加上沉重的捐税,许多农民已经成为高利贷者的猎物,而高利贷者多半是发了财的公社社员。二是因为铁路和工业的发展,逐渐地破坏了农村旧有的经济关系。比较便宜的工业品被火车运送到边远的农村,排挤了农民的家庭手工业,因为这类产品以前是农民家庭手工业生产的。恩格斯写道:"久已习惯的经济关系被破坏了,随着自然经济向货币经济的过渡,各地出现了混乱局面,在公社社员中间出现了巨大的财产差别——穷人沦为富人的债务奴隶。"他还写道:"现在世界上也没有一种力量能在俄国公社的解体过程达到一定深度时重建俄国公社。况且俄国政府还规定,在公社社员之间重新分配土地,间隔时间不得少于12 年,目的就在于使农民越来越不习惯于重新分配土地并开始把自己看作自己份地的私有者。"②既然"农村公社"已经面临瓦解和灭亡,而沙皇政府刻意使其灭亡,那么俄国利用"农村公社"的条件向共产主义过渡的可能性就越来

---

① 《马克思恩格斯选集》第 4 卷,人民出版社 1995 年版,第 444 页。
② 《马克思恩格斯选集》第 4 卷,人民出版社 1995 年版,第 444—445 页。

越小了,因为事物的"本体"已经不存在或者很快会不存在了。

第二,马克思早已指出过,俄国选择何种社会发展途径是难以确定的。资产阶级思想家茹柯夫斯基在《欧洲通报》上发表文章,谈及马克思的著作及观点。俄国的民粹主义思想家米海洛夫斯基随即在《祖国纪事》上发表文章,作为对茹柯夫斯基文章的回应,实则极力歪曲马克思的思想。米海洛夫斯基援引了马克思在《资本论》德文第 1 版注释中的有关话语。这句话的基本意思是:赫尔岑只是在普鲁士政府顾问的书中发现俄国农村存在着"农村公社",并且认为这是俄国过渡到共产主义的"优势",只有俄国以必要的手段包括强制性手段向欧洲输出这个"优势",腐朽的欧洲才能返老还童。这句话有批评赫尔岑观点的含义。但是它只是批评赫尔岑关于俄国向欧洲输出"优势"从而使欧洲返老还童的观点,未涉及俄国的"农村公社"对于俄国向共产主义过渡是否有作用的问题。米海洛夫斯基曲解马克思的意思,认为马克思所持的观点同俄国自由主义思想家一样,主张立即消灭"农村公社",使俄国进入资本主义时代。马克思说,我对赫尔岑作批评的话语里,既没有对俄国革命家关于俄国由"农村公社"过渡到共产主义观点持肯定态度的意思,也没有对他们的观点持否定态度的意思。马克思的意思是,关于俄国的社会发展选择何种途径,是一个难以确定的问题,应该由俄国的思想家和革命家在实践过程中作决定。

然而,马克思作为科学社会主义理论的创立者,有责任和义务就上述问题提出自己的看法,以供俄国的革命者参考。他写道:"我得到了这样一个结论:如果俄国继续走它在 1861 年所开始走的道路,那它将会失去当时历史所能提供给一个民族的最好的机会,而遭受资本主义制度所带来的一切灾难性的波折。"①他还写道:"假如俄国想要遵照西欧各国的先例成为一个资本主义国家,——它最近几年已经在这方面费了很大的精力,——它不先把很大一部分农民变成无产者就达不到这个目的;而它一旦倒进资本主义怀抱以后,它就会和尘世间的其他民族一样地受那些铁面无情的规律的支配。事情就是这样。"②上述话语的意思是,俄国如果继续沿着 1861 年以来的道路走下去,则会完全地资本主义化,成为一个资本主义国家,如果它成为一个资本主义国家,

① 《马克思恩格斯选集》第 3 卷,人民出版社 1995 年版,第 340 页。
② 《马克思恩格斯选集》第 3 卷,人民出版社 1995 年版,第 341 页。

则会遭受资本主义制度带来的全部苦难,遭受资本主义制度运行相关规律的支配。恩格斯援引了上述马克思的话语,认为马克思的意思是让俄国人不要急急忙忙跳进资本主义发展的旋涡。如他写道:"马克思在他的信里劝告俄国人不必急急忙忙地跳进资本主义,是不奇怪的。"①从马克思的文献看,在马克思的思想上,俄国社会发展究竟应该选择何种途径是难以确定的。恩格斯对马克思文献及思想的解读是正确的。

第三,在 19 世纪 80—90 年代的俄国,年轻的资产阶级实际上掌握了国家的经济发展权,促使俄国越来越快地转变为资本主义工业国,促使"农村公社"越来越快地崩溃。沙皇政府希望经济增长和增强国力,可是国内的财政十分困难,而且由于它在国外的信用丧失致使外国不愿意再给予它贷款或其他形式的经费资助,它只有在国内寻求帮助,即向本国的资产阶级妥协,以求得到这个阶级对经济发展的支持。恩格斯指出,俄国资产阶级的第一个胜利是同政府签订铁路租让合同,根据这个合同,将来的利润全部归股东,而将来的亏损却全部由国家承担。接踵而来的是对开办工业企业的津贴和奖励金,以及维护本国工业利益的保护关税,这种关税使得许多需要进口的东西完全不可能进口。俄国由于以往产生的外债而需要支付外债的利息,而且需要以黄金来支付这部分利息,它的黄金主要来源于本国的原料出口。此种情况使得俄国在欧洲的经济关系中处于十分被动的地位。恩格斯指出:"这就要求俄国成为不依赖外国的、能够自给的工业国;使政府拼命努力要在几年内使俄国的资本主义达到高水平。"②在这样的历史背景下,俄国资产阶级掌握了国家的经济发展权。如同恩格斯所写道的:"在这样的情况下,年轻的俄国资产阶级就把国家完全掌握在自己的手中。国家在所有重要的经济问题上都不得不屈从于它。如果说它仍然容忍沙皇及其官僚的专制独裁统治,那只是因为这个独裁统治由于官僚受贿而变得较为温和,它给资产阶级提供的保证,比实行资产阶级自由主义改革所能提供的还要多,而在俄国国内目前情况下,这种改革的后果是谁也不能预测的。"③他还说,这样一来,俄国越来越快地转变为资本主义工业国,很大一部分农民越来越快地无产阶级化,旧的共产主义公社也越来

---

① 《马克思恩格斯选集》第 4 卷,人民出版社 1995 年版,第 447 页。

② 《马克思恩格斯选集》第 4 卷,人民出版社 1995 年版,第 449—450 页。

③ 《马克思恩格斯选集》第 4 卷,人民出版社 1995 年版,第 450 页。

越快地崩溃。如前所述，"农村公社"是俄国的社会发展走向特殊途径的"本体"，保存这个"本体"是俄国走向特殊途径的保证。如果"农村公社"越来越快地陷于崩溃，则意味着俄国经历特殊途径的可能性越来越快地消失。鉴于此，恩格斯郑重指出："这种公社是否还能得到挽救，以致在一定的时刻，像马克思和我在 1882 年所希望的那样，它能够同西欧的转变相配合而成为共产主义发展的起点，这个问题我不能予以回答。"①意思说，他不能就"农村公社"的命运以及俄国能否经历特殊途径的问题作明确的判断。

四、对恩格斯理论的评论

当前，学习、掌握和审视了恩格斯的理论之后，可以给予它以下几点评论：

第一，认为俄国社会的发展有两个途径即"一般途径"和"特殊途径"的观点，符合历史唯物主义和辩证唯物主义的原理。历史唯物主义认为，生产力决定生产关系，生产关系的性质及其成熟度决定社会演进的趋向和目标，以及社会发生演变（即社会革命）的时机。这就如同恩格斯在此著作中所提出的，每一种特定的经济形态都应该解决由它本身产生的问题，要求在较低的经济发展阶段上解决只有高得多的经济发展阶段才能产生的问题，是不可能的和荒谬的。当时的俄国，处于前资本主义或者资本主义早期发展阶段，封建的经济关系或者封建经济的残余，在经济生活中占主导地位。"农村公社"的作用极其微弱，而且日益消失。在这样的条件下，俄国社会发展经历人类社会发展的"一般途径"，即走向资本主义发展阶段，是必然的。如果要求俄国走向人们理想中的共产主义社会，是不可能的和荒谬的。所以说，恩格斯关于俄国社会发展经历"一般途径"的理论是符合历史唯物主义世界观的。然而辩证唯物主义认为，矛盾的普遍性与特殊性是相互联系和相互转化的。运动着的任何事物都存在着矛盾的特殊性。如果俄国的社会发展存在着不同于其他国家社会发展的条件即特殊条件，而且这种条件的作用日益明显，它则可能走向不同于人类社会发展一般途径的"特殊途径"。可见。恩格斯的这个观点也是站得住脚

---

① 《马克思恩格斯选集》第 4 卷，人民出版社 1995 年版，第 450 页。

的,是科学的和正确的。

第二,认为俄国社会发展选择何种途径具有不确定性的观点,符合科学的认识论。科学的认识论即辩证唯物主义的认识论。它认为,社会上的各种事物处于不断运动和变化之中,人们要正确地认识事物以及它的发展规律,必须不断地进行实践,使主观和客观相一致。从俄国当时的条件看,资本主义经济因素在不断地增长,新生资产阶级在经济政治生活中的地位在不断地增强。"农村公社"和农民的作用,无产阶级的队伍以及他们的作用,俄国国内的社会矛盾和阶级矛盾,俄国同西方资本主义国家的关系等,均在不断地变化。这些因素决定了俄国社会发展选择何种途径具有不确定性。所谓"不确定性",一是指不能确定它究竟是选择"一般途径"或者"特殊途径",二是指不能确定它会不会选择不同于上述二种途径的其他什么途径。之所以说对此问题不能确定,则是指俄国社会条件的变化极快而且极大,使实践中的人们难以很快把握,还指恩格斯意识到自己生活在西方,未亲身参加俄国的社会实践,对俄国的问题难以及时地把握。需要指出的是,学界有的人持一种幼稚的想法,即认为在革命中或者社会主义运动中导师们往往先制定出理论、纲领和计划,政党或者另外一部分人按照导师制定的理论、纲领或计划行事,于是事业取得了辉煌的胜利。历史事实大多不是这样的。许多辉煌的胜利是"摸着石头过河"的结果。

第三,认为西方建立共产主义制度是俄国走向共产主义社会的前提的观点,值得人们很好地思考。十月革命以后,俄国逐步地走向了社会主义社会。第二次世界大战结束以后,中国以及东欧、亚洲的一些落后国家也先后走向了社会主义社会。俄国、中国以及其他落后国家走向社会主义社会,不是像恩格斯所说的那样,以西方建立起共产主义制度为前提的。西方未走向共产主义胜利,未树立怎样建设共产主义制度的榜样,俄国、中国以及其他落后国家走向了社会主义胜利,这可以看成是对马克思主义理论的重大发展。可是,从另外一个角度看,如果西方先于东方落后国家建立起共产主义社会,东方落后国家在建设社会主义的过程中会遇到那么多的困难吗?如果西方是共产主义社会,东方落后国家的社会主义制度会遭到来自西方的军事侵略吗?东方的社会主义国家会发生"和平演变"的曲折吗?在人们思考这个问题的时候,不能不感到恩格斯理论的科学性和正确性。

第五章 列宁苏维埃国家经济建设的
第一个方案——研读《苏维埃政权的当前任务》

  1918 年 4 月,列宁写作《苏维埃政权的当前任务》一文,提出了当时苏维埃国家经济建设的方案。这是列宁关于苏维埃国家经济的第一个方案,也是社会主义史上无产阶级掌握政权以后进行经济建设的第一个方案。在中国理论界,在不同的历史时期,均有人研究和解读过这篇著作。当前,立足于科学发展和全面建成小康社会的任务,再研究这篇著作,思想收获颇多。

一、周详的第一个经济建设方案

  俄共(布)掌握政权并开始经济建设任务时,没有现成的经济建设方案可以借鉴,只有自己去探索。列宁正是在探索过程中提出了经济建设的第一个方案。该方案由下列重要的措施构成:

  第一,实施"计算和监督"的措施。所谓"计算和监督",指在不改变生产资料资本主义私人占有制的前提下,由工人团体或工人组织对企业的生产和分配过程进行监督,对企业生产和经营的账目进行计算。这一方案在十月武装起义以前即已提出。1917 年 4 月,列宁在《四月提纲》中论及当前革命的任务时提出:"我们的直接任务并不是'实施'社会主义,而只是立刻过渡到由工人代表苏维埃监督社会的产品生产和分配。"①十月武装起义胜利后的第二

---

  ① 《列宁全集》第 29 卷,人民出版社 1985 年版,第 116 页。

天,列宁起草《工人监督条例草案》,提出以下要求:在工人和职员人数不少于
5人或者年周转额不少于1万卢布的一切企业中,实行工人监督;企业规模较
小的企业,由全体工人或职员直接实行监督,规模较大的企业,由全体职工大
会选出的代表实行监督;一切账簿和文据,以及一切仓库和库存的材料、工具
和产品,对选出的代表公开;职工代表作出的决定,企业主必须服从。随后列
宁领导苏维埃中央执行委员会通过了正式的《工人监督条例》,展开了工人监
督的活动。可是,计算和监督的措施在实施过程中不顺利。有少数企业主不
接受"计算和监督",或者隐匿账簿和文据,或者造成企业停工、停产,力图由破
坏生产入手,搞垮苏维埃政权。苏维埃政权在逼不得已的情况下,对这些企业
进行了国有化,即实施了"剥夺剥夺者"的措施。到1918年4月,列宁提出,必
须停止国有化,即停止"剥夺剥夺者"的措施,重新将"计算和监督"的措施提
到一切工作的首位。他在《苏维埃政权的当前任务》中写道:"在此以前,居首
要地位的是直接剥夺剥夺者的措施。现在居首要地位的是在资本家已被剥夺
的那些企业和其余一切企业中组织计算和监督。"①"如果我们现在想用以前
的速度继续剥夺资本,那我们一定会失败,因为我们组织无产阶级的计算和监
督的工作显然落后于直接剥夺剥夺者的工作,而这是任何一个有头脑的人都
看得很清楚的。"②值得强调的是,列宁关于"计算和监督"的思想是"非剥夺剥
夺者"的思想,或者说是"温和的"、"渐进发展"的思想。将"剥夺剥夺者"的措
施同"计算和监督"的措施相比较,可以看出,前者是激进的措施,是对资产阶
级采取进攻态势的措施。后者是比较"温和的"、"非进攻态势"的措施,是"渐
进发展"的措施。列宁主张实施"计算和监督"的措施,说明他当时的思想是
"温和的"、"渐进发展"的思想。

　　第二,在企业生产过程中实施最严格的纪律。由于几年的帝国主义战争
的破坏以及灾荒的影响,国内生活资料极度匮乏。只有利用当时已经形成的
和平喘息时机,发展生产,多出产品,才能缓解当时的经济困难以及饥荒的威
胁。可是由于苏维埃政权刚刚建立,管理生产的各种组织以及具体的规章制
度尚不健全,企业生产过程无序化,甚至十分混乱。针对此,列宁提出了当时

---

　　① 《列宁全集》第34卷,人民出版社1985年版,第159页。
　　② 《列宁全集》第34卷,人民出版社1985年版,第159页。

十分紧迫的口号:"精打细算,不偷懒,不盗窃,遵守最严格的劳动纪律。"①他说,尽管这个口号是过去资本家阶级在管理生产的过程中提出的,其目的在于掩饰资产阶级对工人的剥削,并且它遭到工人的反对和讥笑,但是在目前,在推翻资产阶级以后,"已变成当前迫切的主要的口号"。至于为什么必须提出这样的口号,为什么要求生产者遵守严格的纪律。列宁的看法是:由于推翻了沙皇制度才仅仅一年,摆脱资产阶级临时政府的统治还不到半年,又由于俄国是个小农国家,所以群众中存在着无政府主义的倾向,有的人还产生了"悲观绝望和无端愤怒"的情绪,如果再加上敌对势力的挑拨,正常的社会和生产秩序难以建立起来。要使群众的情绪完全转变,使他们转到正规的、坚持不懈的、有纪律劳动的轨道上,不是一朝一夕的事。在此以前,必须要求生产者遵守严格的纪律。他还提出:"在任何工厂、经济单位、任何事情上,凡是破坏劳动纪律的人,就是造成饥荒和失业痛苦的罪人;应该善于查出这种罪人,交付审判,严厉惩办。"②可以看出,他对于遵守严格的劳动纪律表示了无比坚决和严厉的态度。

第三,利用旧社会过来的专家的作用。从当时的情况看,发展生产和增加产品,要求提高劳动生产率。提高劳动生产率,需要加强管理。加强管理,需要有一批懂得经营管理的专门人才。列宁就此说:"没有各种学术、技术和实际工作领域的专家的指导,向社会主义过渡是不可能的,因为社会主义要求广大群众自觉地在资本主义已经达到的基础上向高于资本主义的劳动生产率迈进。"③可是,当时苏维埃政权刚刚建立,来不及培养出自己的专家队伍。鉴于此,苏维埃政权有必要利用旧社会过来的专家的作用。要达到利用旧社会过来的专家的目的,必须采取特殊的办法,如对这些专家实行高薪制等。然而对一部分人实行高薪制,一是有悖于俄共(布)和苏维埃政权的原则,二是增加了苏维埃政权的财政负担。这样做是不是合适的? 列宁对此持肯定的态度和意见。他说:"假设俄罗斯苏维埃共和国需要1000名各种学术、技术和实际工作领域的第一流的学者和专家指导国民劳动,以便尽快地发展国家的经济。假设应当付给这些'头等明星'……每年每人25000卢布。假设这个总数(25000

---

① 《列宁选集》第3卷,人民出版社1995年版,第478页。
② 《列宁选集》第3卷,人民出版社1995年版,第499页。
③ 《列宁选集》第3卷,人民出版社1995年版,第482页。

万卢布)增加一倍……或者甚至增加三倍。试问,为了按照最新的科学技术改组国民劳动,苏维埃共和国每年花费5000万或1亿卢布,能不能说花费过多或担负不起呢?当然不能。绝大多数工人农民会赞成花这笔钱,因为他们从实际生活中认识到:我们的落后使我们不能不损失数十亿卢布,而在组织、计算和监督方面,我们还没有达到能使资产阶级知识界的'明星'人人自愿来参加我们的工作的程度。"①他还指出,在利用旧专家的过程中,工农群众以及党和苏维埃干部会参与管理的实践,并很快地学会管理的本领,尽快地实现由自己对生产过程的有效管理,从这一点看,先交付一定的学费也是值得的。

第四,利用旧社会遗留下来的组织——合作社。在旧俄国,许多企业建立了合作社,其领导者和管理者是资本家或者资本家的代理人。它的基本职能是向本企业职工销售生活必需品。企业职工在本企业的合作社购买生活必需品,价格比在外面商场或商店稍便宜。十月武装起义胜利后,苏维埃政权缺乏管理社会生活的组织。形势的发展要求对粮食的收购和分配以及其他生活必需品的分配进行最严格的管理,可是缺少这样的管理组织或机构。这时列宁提出,利用旧社会遗留下来的合作社,实现对社会生产的管理。他在《苏维埃政权的当前任务》中提出:"资本主义留给我们一种便于过渡到对产品分配实行广泛的计算和监督的群众组织——消费合作社。在俄国,这种组织不像在先进国家里那样发达,可是还是拥有1000万以上的社员。"②即认为可以而且有必要利用这种合作社。1918年2月1日的《中央执行委员会消息报》第14号公布了由粮食人民委员亚·格·施利希特尔签署的《关于消费合作组织的法令》。该法令是根据列宁撰写的《关于消费公社的法令草案》一文而拟定的。但该法令的颁布遭到了旧合作社工作者的强烈反对,他们坚持合作社应该完全独立,不受苏维埃机关领导。为了利用现有的合作社机构来开展对居民的粮食分配,列宁提出可以向旧合作社工作者做一些让步,以便达成利用他们的协议。他说:"苏维埃政权同资产阶级合作社达成这种协议时,具体确定了自己在目前发展阶段上的策略任务和特殊的工作方法:领导资产阶级分子,利用他们,对他们作某些局部的让步,这样我们就能创造向前进展的条件,这

---

① 《列宁全集》第34卷,人民出版社1985年版,第162页。
② 《列宁全集》第34卷,人民出版社1985年版,第167页。

种进展比我们最初预计的要缓慢些,但是会更巩固,能更可靠地保证根据地和交通线,更好地巩固已经夺得的阵地。"①这里的意思是,对资产阶级作某些局部的让步,目的是更好的领导和利用它们,这样苏维埃共和国才能创造向前发展的条件。在他看来,当前衡量事业的成绩,最实际的方法就是看合作社的发展包括了多少村社和居民。

第五,借鉴资本主义国家先进的生产管理经验。20世纪初,美国工程师泰罗发明了一种生产管理制度。这种制度以身体强壮、手艺灵巧的工人每一秒钟的劳动效果为基准,要求其他工人都达到这样的水平。而且它对工人的劳动情况作研究,确定工人哪些动作是必要的,哪些动作是不必要的,规定工人只去做那些必要的动作,不要做不必要的动作。这种制度意味着对工人剥削的加强。列宁认为,泰罗制里有科学的因素,要研究它,借鉴它提高苏维埃国家的劳动生产率。他在《苏维埃政权的当前任务》中提出:"学会工作,这是苏维埃政权应该充分地向人民提出的一项任务。资本主义在这方面的最新成就泰罗制,同资本主义其他一切进步的东西一样,既是资本主义剥削的最巧妙的残酷手段,又包含一系列的最丰富的科学成就,它分析劳动中的机械动作,省去多余的笨拙的动作,制定最适当的工作方法,实行最完善的计算和监督方法等等。苏维埃共和国无论如何都要采用这方面一切有价值的科学技术成果。"②他还说,社会主义能否在俄国实现,取决于我们把苏维埃政权和苏维埃管理组织同资本主义最新的进步的东西结合的好坏;要在俄国大力组织对"泰罗制"的研究和传授,有效地实行这种制度。同时他强调,对"泰罗制"不能全盘照搬,而是有条件的利用,采用"泰罗制"中许多科学的先进的方法,使其能满足社会主义建设的要求,而不至于造成对工人群众的剥削。

第六,展开劳动竞赛。资产阶级学者们一直吹捧资本主义制度下的竞争,认为只有在资本主义制度才能培养竞争的进取心。但事实证明,在资本主义制度下,即便是在股份企业、垄断组织充分发展的现代资本主义制度下,竞争带来的无不是强有力的生产盲目性、无政府状态和经济危机。而与此相反,在苏维埃俄国,由于消灭了人对人的剥削,劳动者不再为资本家卖命,而是完全

---

① 《列宁选集》第3卷,人民出版社1995年版,第489页。
② 《列宁选集》第3卷,人民出版社1995年版,第491—492页。

地为自己劳动。在这样的制度下,如果国家政权发出号召,在经济领域开展大规模的、广泛的、真正的竞赛,必然得到广大劳动者的响应,使他们大显身手,充分地施展才能,为国家的经济建设贡献自己的力量。所以,真正的社会主义者不否定社会主义竞赛的可能性和意义。列宁在《苏维埃政权的当前任务》中提出:"说社会主义者否认竞赛的意义,这是资产阶级谈到社会主义时喜欢散布的一种谬论。实际上只有社会主义,通过消灭阶级因而也消灭对群众的奴役,第一次开辟了真正大规模竞赛的途径。正是苏维埃组织从资产阶级共和国形式上的民主转到劳动群众实际参加管理,才第一次广泛地组织竞赛。"①在社会主义竞赛的过程中,党和国家政权有意识地树立榜样,使工农群众可以看到学习的榜样,将给竞赛运动增添力量。然而这样的榜样,决不是社会主义史上小资产阶级性质的或者空想社会主义性质的建立美好社会的实验,如同欧文在企业建立工人福利制度的实验和在美洲进行的共产主义社会的实验。列宁说:"只有小资产阶级幻想家,才会梦想用慈善机关示范的影响来'纠正'资本主义。在政权转到无产阶级手里以后,在剥夺了剥夺者以后,情况就根本改变了,而且,如一些最著名的社会主义者多次指出过的那样,榜样的力量第一次有可能表现自己的广大影响。模范公社应该成为而且一定会成为落后公社的辅导者、教师和促进者。报刊应该成为社会主义建设的工具,详细介绍模范公社的成绩,研究它们取得成就的原因和它们经营的方法。"②意思是说,树立榜样,通过报刊介绍榜样的事迹和经验,有利于其他的单位向榜样学习,从而推动竞赛的运动,促进劳动生产率的提高。

第七,加强苏维埃政权的强制性力量。根据马克思主义理论,无产阶级专政是过渡性的政权——从资本主义社会到共产主义社会之间的过渡性政权。无产阶级之所以需要这个政权,是因为没有它则不能顺利地完成剥夺资产阶级财产的任务和镇压敌对势力的反抗。由此看,这个政权是一个具有强制性力量的政权。列宁在《苏维埃政权的当前任务》中再次表达了这个思想。他说:"认为不要强制,不要专政,便可以从资本主义向社会主义过渡,那就是极端的愚蠢和最荒唐的空想主义。马克思的理论很早就十分明确地反对过这种

---

① 《列宁选集》第3卷,人民出版社1995年版,第492页。
② 《列宁选集》第3卷,人民出版社1995年版,第493页。

小资产阶级民主主义的和无政府主义的胡说。1917—1918 年的俄国,也在这方面非常明显、具体、有力地证实了马克思的理论,只有绝顶愚钝或硬不承认真理的人,才会在这方面仍然执迷不悟。"①列宁还具体地阐述了苏俄必须有无产阶级专政及其强制性力量的两个原因:一是因为不无情地镇压剥削者的反抗,就不能战胜和铲除资本主义,俄国剥削者的财富以及他们在组织能力上的优势是不可能一下子被剥夺的,他们在一个相当长的时期内必然试图推翻他们所仇视的无产阶级专政。二是因为任何革命包括苏俄十月革命都是通过内部战争而实现的,内战会造成国内极不稳定、极为混乱的状态,各种有害分子会"大显身手",增加流氓行为、投机活动和其他犯罪行为,"要消除这种现象,需要时间,需要铁的手腕"②。他强调:"专政就是铁的政权,是有革命勇气的和果敢的政权,是无论对剥削者和流氓都实行无情镇压的政权。"③

　　列宁提出,无产阶级专政的形式和任务会随着党的根本任务的变化而变化。譬如,当党和国家政权的工作重心由政治斗争和军事斗争转向和平的经济建设时,无产阶级专政的形式将发生变化,其强制性力量将大大地减弱。当时苏俄的情况正是如此。列宁《苏维埃政权的当前任务》中明确指出:"随着政权的基本任务由武力镇压转向管理工作,镇压和强制的典型表现也会由就地枪决转向法庭审判。"④意思是说,由于苏维埃政权的任务已经转变为管理工作和生产建设,它对敌斗争的方式也将发生改变,以后将通过法制的力量消除各种有害于社会的行为,而不会过多的使用强制性的武力镇压的手段。列宁对于人民法院的建设,阐述了自己的意见。在旧俄国以及在其他资产阶级国家,法院和法庭是资产阶级利益的代表者和体现者。尽管革命胜利后苏维埃共和国开始组建自己的人民法院,但人民群众仍然不能摆脱法院"是一种同自己对立的衙门"的看法的影响,对它表现出明显的抵触情绪。对此,列宁解释到:"人民还没有充分意识到,法院正是吸引全体贫民参加国家管理的机关(因为司法工作是国家管理的职能之一),法院是无产阶级和贫苦农民的权力

----

① 《列宁选集》第 3 卷,人民出版社 1995 年版,第 496 页。
② 《列宁选集》第 3 卷,人民出版社 1995 年版,第 497 页。
③ 《列宁选集》第 3 卷,人民出版社 1995 年版,第 497 页。
④ 《列宁选集》第 3 卷,人民出版社 1995 年版,第 498 页。

机关,法院是纪律教育的工具。"①他要求对工农群众进行这方面的宣传工作,使他们懂得法制的重要性和必要性,同时通过法制的力量反对各种有害于社会的行为,特别是反对破坏劳动纪律的行为。

第八,加强苏维埃民主建设。列宁在《苏维埃政权的当前任务》中阐述了苏维埃民主制的特点。它写道:"第一,选举人是被剥削劳动群众,排除了资产阶级;第二,废除了选举上一切官僚主义的手续和限制,群众自己决定选举的程序和日期,并且有罢免当选人的完全自由;第三,建立了劳动者先锋队即大工业无产阶级的最优良的群众组织,……从而第一次着手是真正全体人民都学习管理,并且开始管理。"②上述三个特点,体现了巴黎公社的原则,证明苏维埃民主比资产阶级民主更具优越性。他要求按照这些特点加强苏维埃民主制度的建设。

列宁提出,苏维埃民主制与"个人独裁"之间不存在任何矛盾。俄国当时的状况是:由于小资产阶级无政府主义者的煽动,在社会上和生产中出现了自由散漫和无视纪律的行为。又由于战争引发的经济破坏和饥荒,劳动者消极怠工的现象十分普遍。有的人包括一部分国家工作人员残存着一种小私有者的观点:只要我能够多捞一把,哪管它寸草不生。比如,在铁道部门的管理人员中间产生出一部分怠工者和受贿者,他们无力抗拒投机活动和贿赂的诱惑,以破坏铁路运营的手段来获取私利。为了战胜经济破坏和饥荒,肃清生产过程中的消极现象,列宁提出,要通过"使千百人的意志服从于一个人的意志"的方法加强组织性和加强管理。资产阶级以及小资产阶级的代表人物认为,这种"使千百人的意志服从于一个人的意志"的方式实际上就是一种"个人独裁",与苏维埃民主制决不相容。列宁针锋相对地指出,为了使按大机器工业形式组织起来的工作能够顺利进行,无条件服从统一意志是绝对必要的。他说:"任何大机器工业——即社会主义的物质的、生产的泉源和基础——都要求无条件的和最严格的统一意志,以指导几百人、几千人以至几万人共同工作。""可是,怎样才能保证有最严格的统一意志呢?这就只有使千百人的意志服从于一个人的意志。"③同时他还强调:在革命运动史上,"个人独裁"成为革

---

① 《列宁选集》第3卷,人民出版社1995年版,第498页。
② 《列宁选集》第3卷,人民出版社1995年版,第504页。
③ 《列宁选集》第3卷,人民出版社1995年版,第500页。

命阶级进行政治统治的表现者、体现者和贯彻者,是屡见不鲜的。"个人独裁同资产阶级民主制,无疑是彼此相容的。""苏维埃的(即社会主义的)民主制和实行个人独裁权力之间,根本没有任何原则上的矛盾。"①他这里所说的个人独裁,不是指封建社会的专制独裁,而是指个人拥有较大的权力。在资产阶级革命的历史上,曾经多次出现个人拥有较大权力的事实,从而证明个人拥有较大权力是同资产阶级民主制相容的。这个事实同无产阶级民主制也没有矛盾,因为当时苏维埃国家正在努力采取措施对个人的权力进行监督。列宁说,现在我们愈是要坚决主张绝对强硬的政权,主张在一定的工作过程中实行个人独裁,就愈是要有多种多样的自下而上的监督形式和方法,以便消除苏维埃政权的一切可能发生的弊病,反复地不倦地铲除官僚主义的莠草。在他看来,通过实施有效的监督,可以防止官僚主义,防止权力被滥用的弊病。

上述列宁提出的关于苏俄经济建设的第一个方案,是一个周详的方案。它的内容包括变革中的经济制度或者经济运行方式,即"计算和监督"。说它是变革中的,是因为它既不是本来意义上的资本主义制度,也不是社会主义的制度,而是由前者向后者转变过程中的制度,即变革中的制度。它的内容还包括提高劳动生产率的方法和手段,如在生产过程中实行严格的纪律,利用旧专家的作用,利用旧的合作社,借鉴资本主义国家先进的管理方式——泰罗制,开展劳动竞赛,等等。还包括发展生产和进行社会管理的政治保证措施,即加强苏维埃政权的强制性力量,加强苏维埃民主建设,等等。可见,它的内容十分的周详,而且各个部分之间的联系十分严密和十分具有逻辑性。

二、致力于社会主义革命"最重要和最困难"的任务

致力于社会主义革命"最重要和最困难"的任务,是列宁对实施经济建设第一个方案的历史意义的阐述。

在《苏维埃政权的当前任务》中,列宁阐明了俄国无产阶级在革命进程中的三个任务。第一个任务是说服大多数工农群众相信党的纲领和策略的正确

---

① 《列宁选集》第3卷,人民出版社1995年版,第500页。

性,跟着党干革命,即对群众进行宣传工作和鼓动工作。在沙皇统治时期和资产阶级临时政府统治的时期,这个任务曾占据首要地位。到1918年春这个任务虽然远未彻底完成,但大体上已经解决了。第二个任务是夺取政权和镇压剥削者的反抗。这个任务也远没有彻底完成。但从1917年十月武装起义到1918年春苏维埃政权得以巩固,证明这个任务已经大体上解决了。第三个任务是组织对俄国的管理,即进行社会管理、经济管理和生产管理。他指出,管理的任务是社会主义革命最重要和最困难的任务。在此著作的开篇,他写道:"俄罗斯苏维埃共和国取得了和平(虽然是条件极其苛刻和极不稳固的和平),因而有可能在一段时间内把自己的力量集中到社会主义革命最重要和最困难的方面,即集中到组织任务上来。"①这里,他明确地提出"组织任务"即"组织对俄国的管理",是最重要和最困难的任务。

为何说管理的任务是最重要和最困难的任务?列宁分析说,在以前的资产阶级革命过程中,劳动群众的主要任务是破坏旧制度,即破坏封建的政治制度和经济制度,建立新制度的任务即建立资本主义制度的任务是由资产阶级完成的。无产阶级革命却与此不同,它需要广大的工农群众承担起建立新制度的任务。十月革命胜利后,建立新制度并直接着手管理的任务第一次急迫地、直接地摆在了无产阶级政党的面前。由于毫无前人经验可以借鉴,对于俄共(布)来说,这无疑是一项最重要和最困难的任务。列宁就此还写道:"一个社会主义政党能够做到大体上完成夺取政权和镇压剥削者的事业,能够做到直接着手管理任务,这在世界历史上是第一次。我们应该不愧为完成社会主义革命的这个最困难的任务的人。应该考虑到,要有成效地进行管理,除了善于说服,除了善于在内战中取得胜利,还必须善于实际地进行组织工作。这是一项最困难的任务,因为这是要用新的方式去建立千百万人生活的最深刻的经济的基础。"②

致力于社会主义革命"最重要和最困难"的任务,是列宁对经济建设第一个方案的总体评价。在这个总体评价下面,他阐述了以下思想观点:

第一,苏维埃国家必须利用"喘息"时机医治战争带来的创伤,恢复国民经

①　《列宁选集》第3卷,人民出版社1995年版,第474页。
②　《列宁选集》第3卷,人民出版社1995年版,第477页。

济,增强国防力量。苏俄作为历史上第一个无产阶级专政的国家,自诞生之日起,就受到帝国主义国家以及本国反革命势力猖狂的军事攻击,面临着被扼杀在摇篮之中的危险。1918 年春,苏维埃共和国面临两条截然不同的道路:一条是作为英、法等国的"协约国",继续参与世界大战,其结果是葬送新生的苏维埃政权;另一条则是立刻缔结屈辱性的割地和约,退出帝国主义战争,使苏维埃政权得以巩固。为了达到维护和巩固苏维埃政权的目的,列宁主张立即同德国签订《布列斯特和约》,从帝国主义战争中摆脱出来。经过俄共(布)内多次会议的讨论、争论和协商,列宁的意见终于得到党内大多数人的支持。1918年 3 月,苏维埃政权同德国正式签订《布列斯特和约》。由此,苏维埃共和国得到了宝贵的"喘息"时机。尽管苏俄得到了宝贵的"喘息"时机,但俄国由于多年的战争,新的国家无论从经济实力还是军事实力上看,都十分脆弱,如同深秋枯枝上的黄叶,难以经受寒风肆虐。譬如,农村中大片土地荒芜,城市里大部分工厂停产,国民经济已然崩溃。而且在三年多的帝国主义战争中,农村近1000 万青壮年被征入伍,大批马匹被征为军用,农业生产难以为继,粮食生产急剧下降。1918 年 1 月,苏维埃国家粮食部门只完成粮食计划采购量的21.8%,2 月和 3 月采购到的粮食只占计划的 36.5%。① 由于粮食产量下降,苏维埃共和国各城市的粮食供应都成为严重问题,工人因为分配不到基本的生活资料,无法进行正常的工业生产。在饥荒和战争破坏的社会条件下,苏维埃国家的军事力量毫无保障。这种状况继续下去,苏维埃政权必将被敌人颠覆。据此,列宁在《苏维埃政权的当前任务》中郑重提出:"很明显,防御力如此薄弱的我们苏维埃社会主义共和国,处于极不稳固、十分危急的国际环境中。我们必须竭尽全力利用客观条件的凑合给我们造成的喘息时机,医治战争带给俄国整个社会机体的极其严重的创伤,发展国家的经济。不这样做,就谈不到使国防力量真正有所增强。"②他的意思是,实施第一个经济发展方案,对于苏维埃国家利用"喘息"时机医治战争带来的创伤,恢复国民经济,增强国防力量,意义十分重大。

第二,苏俄无产阶级可以用"轻骑兵"取得胜利,也可以用"重炮兵"取得

---

① 参见周尚文、叶书宗、王斯德:《苏联兴亡史》,上海人民出版社 2002 年版,第 71 页。
② 《列宁选集》第 3 卷,人民出版社 1995 年版,第 475 页。

胜利,必须随着形势的改变而转变对敌斗争的方式。在近现代战争过程中,骑兵的特点是动作快,常用于奔袭和紧急救援的场合,但是骑兵的建制往往以连、营、团、师为单位,即它只适合于规模较小的战斗,或者说骑兵的作用是有限的,仅限于夺取投入作战人员较少、规模较小战斗的胜利。炮兵的作用则与此不同。在重大的、战略性的、对整个战争胜败起决定作用的战斗过程中,则会使用和发挥炮兵的作用。如反法西斯战争过程中的莫斯科战役、斯大林格勒战役等。列宁以"轻骑兵"行动和"重炮兵"行动来比喻苏俄无产阶级对资本主义制度采取的行动。在十月武装起义胜利至1918年春这一段时间里,苏维埃政权对旧国家的国有企业、外国资本家的企业、对国民经济的发展有重要关联和起重要作用的企业以及不服从苏维埃政权法令特别是不接受"计算和监督"的企业进行了国有化。列宁认为,这是"轻骑兵"的行动,即比较简单的和作用较小的行动。如前所述,当时采取了"计算和监督"的措施。列宁认为,这是"重炮兵"的行动,即具有决定性意义的行动,因为它意味着苏俄无产阶级探索和建立新制度的开始(国有化不是苏俄无产阶级的创造,资本主义国家早就进行过国有化)。在《苏维埃政权的当前任务》中,列宁要求停止或者暂停国有化,着力于"计算和监督"的措施。他写道:"我们再拿军事做比喻吧。如果单用轻骑兵就能击溃并且击退敌人,那就应该这样做。但是,如果这样做只能取得一定限度的胜利,那就完全可以想见,要超出这个限度,就有必要调来重炮兵。"①他还写道:"这是不是说对资本采取赤卫队式的进攻在任何时候和任何情况下都是适当的,是不是说我们没有其他办法同资本作斗争呢?这样想是幼稚无知。我们用轻骑兵获得了胜利,可是我们也有重炮兵。我们用镇压的方法获得了胜利,我们也能够用管理的方法获得胜利。形势改变了,对敌斗争的方法也要善于改变。"②可以看出,苏俄无产阶级转变斗争方式,以"重炮兵"的行动即以"计算和监督"的措施来夺取胜利,是列宁第一个经济建设方案的精神实质。

第三,苏俄无产阶级必须勇于进入"更新更高形式"的斗争。在1918年春以前一段时间里,苏俄无产阶级同资本主义所作的斗争,或者是以"赤卫队"的

---

① 《列宁选集》第3卷,人民出版社1995年版,第481页。
② 《列宁选集》第3卷,人民出版社1995年版,第481—482页。

力量反击敌人的军事叛乱,粉碎沙皇政权残余势力和资产阶级临时政府残余
势力颠覆苏维埃政权的阴谋,或者是国有化为手段,反击一部分反动资本家力
图破坏生产、搞垮苏维埃政权的活动。1918 年春以后,即实施第一个经济建设
方案以后,苏俄无产阶级进入了同资产阶级斗争的新的更高形式。列宁在《苏
维埃政权的当前任务》中提出:"资产阶级在我国已经被击败,可是还没有根
除,没有消灭,甚至还没有彻底摧毁。因此,同资产阶级斗争的新的更高形式
便提到日程上来了,要由继续剥夺资本家这个极简单的任务转到一个更复杂
和更困难得多的任务,就是要造成使资产阶级既不能存在也不能再产生的条
件。很明显,这个任务是重大无比的,这个任务不完成,那就还没有社会主
义。"①所谓同资产阶级斗争的"新的更高形式",从形态上看,即上文所说的建
立起"计算和监督"的制度。从效果上看,指要造成使资产阶级既不能存在也
不能再产生的条件。过去的斗争只是从政治上和军事上打击了资产阶级,使
资产阶级失去了政治统治地位,却不能够挖掉资产阶级赖以存在的经济条件
和社会条件,所以不能从根本上消灭这个阶级。实施第一个经济建设方案以
后,要逐渐地建立起"计算和监督"以及其他的新制度,逐渐地消灭资本主义私
有制,从而造成资产阶级不能存在和再产生的条件,最终达到消灭资产阶级和
一切阶级目的。列宁说,这是一个比过去的斗争更复杂和更困难的任务,无产
阶级必须勇于进入这个阶段,完成这个光荣而神圣的任务。

三、对列宁经济建设第一个方案的评论

"列宁苏俄经济建设的第一个方案",这个命题是由笔者在本章第一次提
出的。可是它的存在是不可否认的历史事实,理论界和学术界的人们对它有
着一定程度的认识和了解,也是不争的事实。本文上述内容的贡献在于从"第
一个方案"的视角提出了问题,对它的内容有更全面、更系统和更有逻辑性的
阐述,并且根据列宁《苏维埃政权的当前任务》的文本阐述了它的意义和性质,
即阐述了列宁对这个方案的意义和性质的认识。

_____

① 《列宁选集》第 3 卷,人民出版社 1995 年版,第 479 页。

下面笔者立足于当前事业的发展,发表对列宁第一个方案的评论意见。

第一,列宁的第一个方案是一个十分务实的方案。十月武装起义胜利时,俄国无产阶级及其政党可以采取的方案或者措施,只能是这样的方案或措施。当时,俄国无产阶级的人数占全国人口的极少数。有关材料记载,20 世纪初俄国工人阶级的人数有 2200 万(包括家属),约占全国人口的 18%,其中产业工人的人数有 300 万。① 产业工人的人数少,一是说明这个国家的工业十分落后,生产力水平低。二是说明这个国家的先进阶级的力量弱,不利于在一定的时候组织社会主义建设并使俄国向社会主义过渡。况且,在这个国家里,人们的文化水平(包括产业工人的文化水平)十分低下,文盲占全国人口的 1/3 以上。在产业工人数量少以及文化水平低的国家里,无产阶级掌握政权以后,不能像马克思、恩格斯设想的那样,立即实现由全体社会成员占有生产资料的、没有商品生产和货币交换的、没有阶级差别和阶级的、没有国家机器和国家制度的共产主义社会。只能立足于现有的经济条件,探索改变现有经济制度的道路。如同列宁在苏俄新经济政策时期所说的,在一个小农生产者占人口大多数的国家里,实行社会主义革命必须通过一系列特殊的过渡办法,这些办法在工农业雇佣工人占大多数的发达资本主义国家里,是完全不需要采用的。上述列宁提出的苏俄经济建设第一个方案,主张实施"计算和监督"、利用旧社会遗留下来的合作社等,体现了俄共(布)和无产阶级探索新道路的成果。从当时苏俄产业工人的队伍及组织力量看,从他们的文化水平看,他们力所能及措施只能是利用现成的经济关系并稍作一些改变,只能是列宁的第一个方案所包含的措施。可以看出,列宁提出的第一个方案是同苏俄无产阶级队伍的实际相适应的,是同苏俄经济条件的实际和生产力水平的实际相适应的,所以说它是一个十分务实的经济建设方案。所谓务实,就是实事求是。这是中国改革开放以来共产党人一直提倡的思想和精神。可见,列宁经济建设第一个方案的精神同当代中国共产党人提倡的思想和精神是一脉相承的。

第二,它是一个"渐进发展"的经济建设方案。所谓"渐进发展",指与"冒进"相对应的、速度相对较慢的、逐步的、有秩序的、平稳的发展状态。列宁经

---

① 参见[苏]诺索夫主编:《苏联简史》第 1 卷下册,武汉大学外文系译,三联书店 1977 年版,第 398 页。

济建设的第一个方案,体现了渐进发展。如前所述,"计算和监督"体现了渐进发展,因为它要求在不改变生产资料资本主义私人占有制的前提下由工人组织对企业的生产和分配过程进行监督,对相关的账目进行计算。显然,这是"非剥夺剥夺者"的措施,是比较能够为资本家阶级所接受的措施,是有利于社会平稳发展的措施。利用旧社会遗留下来的合作社的措施,利用旧社会过来的专家的措施等,也具有这样的性质。需要指出的是,列宁在 1921 年实施新经济政策的过程中,看到了一份私营的《广告小报》,引起了对十月革命胜利初期即十月武装起义胜利至 1918 年夏苏维埃政权政策的联想,明确提出当时采取的是"渐进发展"的措施。他说:"在 1917 年底颁布的头一批法令中,有一条关于国家垄断广告业务的法令。这条法令意味着什么呢? 它意味着:争得国家政权的无产阶级设想,向新的社会经济关系过渡尽可能采用渐进的办法——不取消私人报刊,而使它们在某种程度上服从国家的领导,把它们纳入国家资本主义轨道。法令规定国家垄断广告业务,也就是设想还保留私营报纸而把它作为一种常规,还保留需要私人广告的经济政策,也保留私有制,即保留许多需要刊登广告的私营企业。"①以上这一阶段话,最清楚地表明了十月革命胜利初期列宁的思想。他主张采用"渐进的办法"向新的社会经济关系过渡,这种办法的内容是保留私有制,即保留需要刊登广告的私营企业,保留私人报刊,将这些企业纳入国家资本主义轨道。在这个时期列宁的思想里,国家资本主义等同于"计算和监督",或者说国家资本主义的主要形式是"计算和监督"。可以得出结论,在列宁的思想上,以"计算和监督"为主要内容的第一个经济建设方案,是渐进发展的方案。"渐进发展"是中国共产党人在新时期反思以往的经验教训后所主张的发展方式②在这个问题上,当代中国共产党人继承和发展了列宁的思想。

---

①　《列宁全集》第 42 卷,人民出版社 1987 年版,第 222 页。

②　参见俞良早:《经典作家"渐进发展"的理论及其当代发展》,载《社会科学》2012 年第 8 期。

第六章 经济建设问题上反对左倾错误的第一篇文献——研读《论"左派"幼稚病和小资产阶级性》

1918年3月,苏维埃政权与德国签订《布列斯特和约》,退出了帝国主义战争。同时他们以工人赤卫队的力量镇压了敌对势力的公开的军事叛乱,以国有化的手段打击了一部分企业主破坏生产的活动。由此,无产阶级夺取政权和巩固政权的斗争已经告一段落。

同年4月,面对国内形势的变化,列宁提出转变工作重心的思想,即主张将党的国家的工作重心从政治斗争和军事斗争方面转移到经济方面,转移到管理国家和发展生产上。在转变工作重心的过程中,列宁提出,"国家资本主义"是苏维埃共和国从当前状况向社会主义过渡的必经阶段。对此,以布哈林为首的"左派共产主义者"表现出极大的不满。他们否定过渡时期的必要性,主张立即实行社会主义,即立即对全部工业企业实行国有化,立即实行农业集体化。他们反对实施和利用国家资本主义,反对利用旧社会过来的专家的作用。在这年4月4日召开的党的中央委员和"左派共产主义者"集团的联席会议上,他们发表《目前形势的提纲》,对抗列宁的《关于苏维埃当前任务的提纲》。他们在《提纲》中危言耸听:党的领导是"向资产阶级及其小资产阶级知识分子走卒投降",苏维埃共和国在"右派布尔什维克倾向"的影响之下有"演变到国家资本主义去"的危险。4月29日,列宁出席全俄中央执行委员会会议,发表重要报告,认为"左派共产主义者"抓住书本上的只言片语而忘掉了现实,苏俄的现实情况说明,国家资本主义对于苏俄来说是一个进步,如果我们在短期内能够实现国家资本主义,那将是一个胜利。他说,"国家资本主义将会是我们的救星",如果我们有了国家资本主义,那么过渡到社会主义就会有保证,因为国家资本主义是集中的、有计算和监督的、社会化的生产,而我们正缺少这些。

同年 5 月 5 日,列宁为了统一党内思想,顺利展开国内经济建设,发表了《论"左派"幼稚病和小资产阶级性》一文,以论战的方式,对"左派共产主义者"在国际国内一系列问题上的观点展开了批评,进一步阐述了国家资本主义的主张和理论。列宁的这篇文章是他在经济建设问题上反对左倾错误的第一篇文献,也是社会主义史上围绕着经济建设问题反对左倾错误的第一篇文献。

一、关于"左派"错误的思想根源和阶级根源

"左派"在他们的文件中提出,必须"实行最坚决的社会化","完全打倒资产阶级和彻底粉碎怠工",等等。意思是说,必须继续进行国有化措施和剥夺资本家的财产,继续同资本家阶级作斗争。从当时苏俄的形势和任务看,这是一种左倾错误。列宁在《论"左派"幼稚病和小资产阶级性》一文中分析和批评了"左派"形成错误立场及观点的思想根源和阶级根源。

列宁指出,"左派"形成错误立场及观点的思想根源之一,在于不懂得当前俄国形势的特点是由剥夺资本家的措施向"计算和监督"的措施过渡。"左派"所谓"最坚决的社会化",含义是以坚决的手段推进国有化,实现社会主义公有制,由整个社会占有生产资料。实际上,在十月武装起义胜利和苏维埃政权建立初期,新政权已经采取了国有化的措施。譬如,从 1917 年 11 月开始,列宁先后起草《银行政策提纲》、《对人民委员会关于给农业供应生产工具和金属的法令草案的补充》、《人民委员会关于水路运输问题的决定草案》等文件,苏维埃政府先后颁布了关于银行、铁路、外贸、商船、大工业企业国有化的法令。截至 1918 年 5 月,除全部银行国有化外,国有化的工业企业已达 512 个,其中绝大多数是属于冶金矿山、金属加工、电机等对国民经济具有重要意义的大型企业。① 另一方面,对于大多数私营企业,甚至是占总数 90% 的私营企业,俄共(布)和苏维埃政权不准备进行国有化和剥夺资本家的财产,而是主

---

① 参见周尚文、叶书宗、王斯德:《苏联兴亡史》,上海人民出版社 2002 年版,第 57 页。

张采取"计算和监督"的措施,即主张在企业建立工人团体或工人组织,由工人团体或工人组织对本企业的生产过程和分配过程进行监督,对有关的账目进行计算。可是一部分企业主不接受"计算和监督"的措施,或者隐匿生产资料和账簿,或者造成企业停产,力图以破坏生产入手搞垮苏维埃政权。在这种情况下,苏维埃政权不得不对这部分企业进行国有化。列宁当时认为,对这部分企业进行国有化的目的,是打击敌人的破坏活动,巩固苏维埃政权。到1918年4、5月间,列宁发现,国内国有化和没收资本家财产的步伐已远远超越了"来得及加以计算"的步伐。他在稍前发表的《苏维埃政权的当前任务》一文中明确地提出,国有化和没收资本家财产的工作是比较简单的、容易做的工作,是"轻骑兵"的行动;"计算和监督"意味着建立一种新制度,是更重要和更困难的工作,是"重炮兵"的行动,苏维埃政权应该转变工作重心,由国有化和没收作为工作重心转到"计算和监督"作为工作的重心,由"轻骑兵"行动转变为"重炮兵"行动,即暂时停止国有化和没收的工作,将"计算和监督"提到一切工作的首位。

对于上述苏俄形势的特点,"左派"完全不懂得。列宁指出:"'左派'的不幸,就在于他们没有看到'目前形势'的实质,没有看到从没收(在实行没收时,政治家的主要品质就是坚决性)到社会化(要实行社会化,就要求革命家有另一种品质)的过渡的实质。"①还指出:"昨天,形势的关键在于尽量坚决地实行国有化,实行没收,打击和打倒资产阶级,粉碎怠工,今天,只有瞎子才看不到,我们已经国有化的,已经没收的,已经打倒的和粉碎的,比我们来得及加以计算的要多。可是社会化和简单的没收不同的地方就在于:实行没收单有'坚决性'就可以了,用不着有正确计算和正确分配的才能,而实行社会化,没有这种才能就不行。"②他的意思是,国有化和没收主要地表现为无产阶级同资产阶级的关系,表现为一种政治关系,或者说表现为无产阶级对资产阶级的斗争,在这方面可以"有坚决的"和不坚决的态度之区别。他认为,"社会化"的科学含义应该是指由广大工农群众占有生产资料并进行社会化大生产。它表现为生产者与生产工具以及生产原料的关系,或者说表现为生产者与生产过

---

① 《列宁选集》第3卷,人民出版社1995年版,第520页。
② 《列宁选集》第3卷,人民出版社1995年版,第520页。

程的关系,做好这方面的工作要求建立新制度和进行科学管理,可以不讲究态度是"坚决的"或者不坚决的。正是鉴于此种意义,列宁说,进行国有化和没收,只需要有坚决的态度,不需要有管理的才能,而实行社会化没有管理的才能是不行的。

如前所述,在苏俄的历史上,在新政权建立初期有一个阶段首要的任务是进行国有化和没收。到 1918 年 4、5 月间,首要的任务则是进行"计算和监督",即力求建立新制度和对生产进行管理。"左派"不懂得这一点。列宁说:"我们的历史功绩,就是昨天……在实行没收方面,在打倒资产阶级和粉碎怠工方面,我们是坚决的。如果今天把这一点写入'目前形势的提纲',就是面向过去而不懂得转向未来。"①意思是说,"左派"将过去已经完成了的任务视为当今的任务,是面向过去,而不是面向未来。"左派"提出一个口号,即"彻底粉碎怠工",并认为这是当今苏俄的首要任务。列宁针对此说,我们这里的怠工已经被完全"粉碎",这方面的任务已经完成了。他还说:"我们所缺乏的,完全是另外的东西,即进行计算,盘算一下应该把哪些怠工者安插到哪些地方去,怎样组织自己的力量去实施监督,譬如说,派一个布尔什维克领导人或监督者去监督一百个到我们这里来上班的怠工者,在这种情况下,侈谈'最坚决的社会化'、'完全打倒'、'彻底粉碎',就是胡说八道。"②在列宁看来,作为小资产阶级革命家的"左派",不懂得打倒、粉碎对于社会主义建设是远远不够的,最重要的和最困难的任务是建立新制度和进行科学管理。

列宁指出,"左派"形成错误立场及观点的思想根源之二,是不懂得苏俄向国家资本主义过渡是一个进步。马克思、恩格斯的理论指明,社会主义制度是一种优越于资本主义制度的社会形态,它在生产力水平和经济发展水平方面要大大高于资本主义社会。这样的社会制度只有资本主义制度的基础上才能产生。更直接地说,它只有在社会化的、资本主义机器大生产的基础上才能产生。可是,在俄国国民经济结构中,小生产占很大比重。在小生产的基础上不能够建立起社会主义制度,或者说从小生产不能够直接过渡到社会主义制度。由俄国这样的条件出发,看建成社会主义社会的目标,不能不得出这样的结

---

①　《列宁选集》第 3 卷,人民出版社 1995 年版,第 520 页。
②　《列宁选集》第 3 卷,人民出版社 1995 年版,第 520 页。

论:相对于小生产而言,国家资本主义是一个很大的进步。然而,"左派"不懂得这个道理。正如列宁所指出的:"他们从没有想过,国家资本主义较之我们苏维埃共和国目前的情况,将是一个进步。如果国家资本主义在半年左右能在我国建立起来,那将是一个很大的胜利,那将极其可靠地保证社会主义一年以后在我国最终地巩固起来而立于不败之地。"①这里意思是,国家资本主义是社会化大生产,是国家政权可以有效指导和调节的生产,是可以产出大量社会产品的生产。当时苏俄90%的资本主义所有制企业尚未实现国家资本主义,如果在较短的时间内完成了这部分企业的国家资本主义变革,则苏维埃政权可以在更大的范围内更有力地调节生产,可以更好地实现社会生产的有序化和社会生活的有序化,从而更有力地巩固无产阶级的政权。列宁说,"左派"由于不懂得国家资本主义相对于俄国小生产的进步意义,对于苏维埃政权的国家资本主义的措施"义愤填膺",指责布尔什维克具有"右派"倾向,"背叛"了社会主义等,是十分错误的和可笑的。

列宁指出,"左派"形成错误立场及观点的思想根源之三,是没有搞清楚苏俄国内各种经济成分之间的关系,错误地认为国家资本主义与社会主义之间的矛盾是经济领域的主要矛盾。十月革命胜利后,俄国称为社会主义共和国,但是实际上它并没有建成社会主义制度,因为根据马克思主义理论,社会主义制度是没有商品生产和货币交换、没有三大差别和阶级差别、没有国家机器和政治国家的制度。苏俄远远没有建成这样的社会主义制度。由于它发展的方向是社会主义社会,所以可以说它处于由资本主义社会向社会主义社会过渡的阶段。列宁指出:"看来,还没有一个专心研究俄国经济问题的人否认过这种经济的过渡性质。看来,也没有一个共产主义者否认过社会主义苏维埃共和国这个名称是表明苏维埃政权有决心实现向社会主义的过渡,而绝不是表明新的经济制度就是社会主义制度。"②他说,"过渡"这个词是什么意思呢?它表明俄国既有资本主义经济成分,也有社会主义经济成分,还有其他的经济成分。接着,列宁指明,当时的苏俄存在五种经济成分,即宗法式的、在很大程度上属于自然经济的农民经济;小商品生产(包括大多数出卖粮食的农民);私

---

① 《列宁选集》第3卷,人民出版社1995年版,第521页。
② 《列宁选集》第3卷,人民出版社1995年版,第521页。

人资本主义;国家资本主义;社会主义。那么这五种经济成分的之间的关系是怎样的呢？或者说它们之间的主要矛盾是什么呢？

在列宁看来,在这五种经济成分中,不能不占优势的是小商品生产,即小资产阶级自发势力。当时,国内大多数出卖粮食的农民即农村小资产阶级,抓住机会,投机贩卖粮食,扰乱了国内粮食市场。如他们拒绝按照国家规定的价格出售粮食,严重地破坏了国家在粮食贸易上的管理和垄断,破坏了国家在粮食工作中的国家资本主义政策。他们手中掌握着战争过程中用各种手段积聚起来的成千的小款项,而这许多成千小款项加起来就是好几个亿,他们用此倒卖粮食。不仅如此,他们为了达到自身获利的目的,拒绝任何的国家干涉、计算和监督。他们手中的成千的小款项必将成为破坏社会主义经济建设的投机活动的基础。由此可见,当时国内的实际情况并不是国家资本主义的存在对社会主义构成威胁,而是小商品生产者即小资产阶级的存在影响到了国家资本主义的正常发展,更对社会主义构成威胁。针对此,列宁指出:"按我刚才列举的次序,是第四种成分和第五种成分作斗争吗？当然不是。在这里不是国家资本主义同社会主义作斗争,而是小资产阶级和私人资本主义合在一起,既同国家资本主义又同社会主义作斗争。小资产阶级抗拒任何的国家干涉、计算与监督,不论它是国家资本主义的还是国家社会主义的。""这是丝毫不容争辩的事实,'左派共产主义者'在经济问题上的错误的根源就在于不了解这一事实,投机商、奸商、垄断破坏者就是我国'内部的'主要敌人,即反对苏维埃政权的经济措施的敌人。"①列宁得出的结论是:小资产阶级和私人资本主义合在一起既反对国家资本主义又反对社会主义,这就是当时苏俄经济关系的特点。可是"左派"不懂得这一点,这是他们产生错误立场及观点的思想根源之一。

列宁提出,"左派"的立场及言论充分地暴露出他们的小资产阶级性。马克思、恩格斯早已提出从资本主义到社会主义之间要经过一整个过渡时期,建立新的社会主义社会必须经过一个长期的不断探索的过程,至于怎样探索或者说探索时采取怎样的措施,应该由探索中的无产阶级来决定。作为十月革命后的苏俄马克思主义者,不仅应该知道国家资本主义与小农经济相比较谁

---

① 《列宁选集》第3卷,人民出版社1995年版,第522页。

更为先进,更应该懂得在苏维埃共和国这样工农掌握政权的国家内,实施国家资本主义不应引起恐慌,而应该以积极的态度予以推进。"左派"不懂得国家资本主义相对于俄国现实的进步性,害怕国家资本主义,认为搞国家资本主义是对社会主义原则和道路的背离,说明他们是站在小资产阶级的立场上并以小资产阶级的眼光看问题。由于他们是站在小资产阶级的立场上并以小资产阶级的眼光看问题,所以他们看不到小资产阶级是苏维埃俄国的主要敌人。列宁指出:"他们暴露出自己的小资产阶级性,就因为他们看不到小资产阶级自发势力是我国社会主义的主要敌人。"①还指出:"谁要是看不到这一点(指小资产阶级的危害性——引者),那他就恰恰由于盲目无知而暴露出自己做了小资产阶级偏见的俘虏。我们的'左派共产主义者'就是这样的人,他们在口头上是(当然,他们也深信自己是)小资产阶级的无情的敌人,而在实际上却正好是帮助小资产阶级,正好是为小资产阶级效劳,正好是表现小资产阶级的观点。"②列宁的上述论断,指明了"左派"的小资产阶级属性,指明了他们产生错误立场及观点的阶级根源。

二、关于推进国家资本主义的可能性和措施

列宁在批评"左派"反对国家资本主义的错误立场及观点的同时,就苏俄推进国家资本主义的可能性和措施阐述了重要的思想。

列宁提出,国家资本主义中"没有任何使苏维埃政权感到可怕的东西"。在当时的苏俄,国家资本主义的具体内容是苏维埃国家通过一定的方式——如以接受国家机关领导的工人组织对私人资本主义企业的生产和分配过程进行监督,使其更有利于工农群众的利益和苏维埃国家的利益。显然,在实施国家资本主义的过程中,苏维埃政权会对私人资本家作一定的让步,甚至有可能使国家政权在经济上作一定的付出。列宁认为,这样的付出是值得的。他举例说,假定一定数目的工人在一定时间内创造出为数1000的价值。又假定由

---

① 《列宁选集》第3卷,人民出版社1995年版,第521页。
② 《列宁选集》第3卷,人民出版社1995年版,第523页。

于小资产者的投机活动,由于各种盗窃行为,由于有人逃避苏维埃的法令和条例,这个总数中的 200 消失了。每一个觉悟的工人都会说,假如我从这 1000 中拿出 300 来就能建立起国家资本主义,形成更好的秩序和组织,那我乐意付出 300,而不愿意损失 200,因为在苏维埃政权下可以通过国家资本主义将秩序和组织整顿好,小资产者对国家各种垄断的破坏会被彻底粉碎,那么以后减少这种付出,比如说减到 100 或 50,"就会是轻而易举的事"。他的意思是,国家资本主义可以增进国家的利益和人民的利益,而这一点是每一位觉悟的工人都十分了解的。由于当时的实际情况是小资产者及其自发势力通过各种渠道严重地破坏苏维埃政权的法律、法令,造成了社会生活和生产秩序严重的混乱。列宁说:"国家资本主义将是一个巨大的进步,哪怕……我们付出的代价要比现在大,因为'为了学习'是值得付出代价的,因为这对工人有好处,因为消除无秩序、经济破坏和松懈现象比什么都重要,因为让小私有者的无政府状态继续下去就是最大、最严重的危险,它无疑会葬送我们(如果我们不战胜它的话),而付给国家资本主义较多的贡赋,不仅不会葬送我们,反会使我们通过最可靠的道路走向社会主义。"①他还说,苏俄工人群众一定能够学会怎样反对无政府状态和保卫国家的秩序,一定能够学会根据国家资本主义原则来整顿好大生产的组织,如果他们学会了这些,就是"掌握全副王牌",社会主义的巩固就有了保证。由这样的认识出发,他提出:"国家资本主义中没有任何使苏维埃政权感到可怕的东西,因为苏维埃国家是工人和贫民的权力得到保障的国家。"②可以看出,国家资本主义对于无产阶级来说,利益颇多,可怕处没有。这是列宁的基本观点。

列宁提出,从小生产走向资本主义的国有制或者走向社会主义,需要经过"同一个中间站"即国家资本主义。在苏俄,虽然小生产在国民经济中占很大比重,但是机器大生产同时存在,并且以更快的速度发展着。由此看,小生产的命运不会长久。它的前途无非是两种情况中的一种。一种情况是随着资本主义生产的集中化而成为大生产,如果这时的国家是资产阶级的国家,它将会由资产阶级国家实行国有化,成为资产阶级国家的国有制企业。另一种情况

是,如果无产阶级掌握着国家政权,则会采取相关的措施使小生产联合成为大生产,进而成为全体社会成员所占有的社会主义的企业。列宁认为,俄国小生产的发展,无论是成为资产阶级国家的国有制企业,还是成为社会主义的企业,都要经过同一个中间站,即国家资本主义。这就是他所说的:"在俄国目前占优势的正是小资产阶级资本主义,从这种资本主义无论走向国家大资本主义或者走向社会主义,都是经过同一条道路,都是经过同一个中间站,即我们所说的'对产品的生产和分配实行全民的计算和监督'。"①这里的意思是:全民的计算和监督等于国家的计算和监督,等于国家资本主义。小生产在发展成为大企业时,或者经过资产阶级国家的国家资本主义措施,变成为资产阶级国家的国有制企业。或者由无产阶级国家实行国家资本主义措施,进而最终成为社会主义企业。由此看,国家资本主义是小生产向前发展的中间站,小生产无论朝哪一种前途发展,都要经过这同一个中间站。这说明,国家资本主义在俄国经济演进中有着不可取代和不可忽视的地位。

列宁提出,苏俄需要学习德国的国家资本主义。国家资本主义是私人资本主义发展的高级阶段。19世纪末20世纪初,德国铁血宰相俾斯麦利用强大的国家力量对社会资源进行集中化,从而优先发展大机器工业和军事工业,使得德国这个后起的资本主义国家在经济实力上很快地追赶上了英国、法国等老牌资本主义国家。后来,德国经济学界将这种通过国家力量对社会资源进行集中以发展工业的方式称为"国家资本主义"。第一次世界大战期间,国家资本主义在德国更是发挥出极大的优势。迫于战争的形势,政府需要对生产和消费进行更为严格的管理和控制,如对城市和乡村人口的需求进行精确的计算,对投资、原材料和食物进行精细的再分配,以动员人力和物质资源,竭力参与战争。到1918年,德国成为既掌握现代技术"最新成就"又拥有制订生产计划的政府组织的国家。它已经成为国家资本主义的典型代表。列宁在《论"左派"幼稚性和小资产阶级性》一文中论及国家资本主义对于俄国小生产的进步意义时写道:"为了把问题说得更清楚,我们首先来举一个最具体的国家资本主义的例子。大家都知道,这个例子就是德国。"②他说,德国有现代科学

---

① 《列宁选集》第3卷,人民出版社1995年版,第527页。
② 《列宁选集》第3卷,人民出版社1995年版,第525页。

技术的最新成就,有服从于贵族和资产阶级利益的有计划地管理生产的政府组织,如果德国不是贵族和资产阶级的国家,而是无产阶级的国家,那么这里就具备了实现社会主义的全部条件,或者说实现社会主义的全部条件就是现代科学技术和有计划地管理生产的政府组织。从这个意义出发,列宁还明确地指出:"没有建筑在现代科学最新成就基础上的大资本主义技术,没有一个使千百万人在产品的生产和分配中严格遵守统一标准的有计划的国家组织,社会主义就无从设想。"①当然他同时强调,无产阶级若不在国内占统治地位,社会主义也是无从设想的,这也是一个起码的常识。

可是历史的发展如此的奇特。在 1918 年,俄国和德国如同"一个蛋壳中两只未来的鸡雏"。它们分别体现出实现社会主义的两方面的条件:德国体现出经济、生产的条件,俄国体现出政治条件即无产阶级掌握着国家政权。列宁说,如果德国无产阶级革命获得胜利,那它就能轻而易举地一下子击破"任何帝国主义的蛋壳",就一定能不经过困难或只经过极小的困难而实现世界社会主义的胜利。他提出:"如果德国革命迟迟不'诞生',我们的任务就是要学习德国人的国家资本主义,全力仿效这种国家资本主义,要不惜采用独裁的方法加紧仿效,甚于当年的彼得,他曾不惜用野蛮的斗争手段对付野蛮,以促使野蛮的俄罗斯加紧仿效西欧文化。"②意思是说,沙皇彼得大帝曾主张俄国向西方学习,以强力的手段在俄国推进西方文化。苏俄无产阶级在学习德国的国家资本主义的时候,也可以使用强力的措施,只要能达到发展经济和巩固苏维埃政权的目的。

列宁提出,苏俄只能对文明的资本家实行特殊的"赎买"。在"左派"与党中央发生分歧和争论的过程中,他们的代表性人物布哈林提出:马克思曾经说过,在一定的条件下,对于工人阶级来说,最适当的是"用赎买摆脱这个匪帮",即从资产阶级手里赎买土地、工厂以及其他生产资料,进而实现社会主义公有制度。这看起来是一种"温和"的和非激进化的说法,可是他是以立即实现社会主义制度为目的的,所以仍然属于"左倾"思想。列宁从以下几个方面批评和驳斥了布哈林和"左派"的思想。

---

① 《列宁选集》第 3 卷,人民出版社 1995 年版,第 526 页。
② 《列宁选集》第 3 卷,人民出版社 1995 年版,第 526 页。

　　当下俄国的情况同马克思所说的那个时代的情况有很大的不同。马克思所说的可以实现"赎买"的地方是 19 世纪 70 年代的英国。那时英国有许多种情况可以保证资本家屈服于工人,接受"赎买"的措施。如工人即无产者在人口中占绝对优势,因为英国当时已经没有农民;加入工会的工人群众具有很高的组织程度;在长期的政治自由发展中受到严格训练的工人群众具有比较高的文明程度;当时英国资本家是世界范围内最有组织习惯的资本家,他们惯于用妥协的方法解决政治和经济问题。因为这些情况,马克思才会产生有可能使英国资本家屈服于英国工人并接受"赎买"措施的想法。就此,列宁说:"让我们深入思考一下马克思的思想吧。他指的是上一世纪 70 年代的英国,是垄断前的资本主义的极盛时代,是当时军阀机构和官僚机构最少的国家,是当时最有可能'和平地'即通过工人向资产阶级'赎买'的办法取得社会主义胜利的国家。所以马克思说:在一定条件下,工人决不拒绝向资产阶级赎买。"①当下苏俄的情况不同于过去的英国。列宁说,在俄国,工人即无产者没有在人口中占绝对优势,没有很高的组织程度,革命胜利的条件是最贫苦的、迅速破产的农民对无产者的支持。而且在俄国,没有高度的文明,资本家也没有妥协的习惯。他指出:"如果考虑一下这些具体条件,那就很清楚,我们现在能够而且应该把两种办法结合起来,一方面对不文明的资本家,对那些既不肯接受任何'国家资本主义',也不想实行任何妥协,继续以投机和收买贫民等方法来破坏苏维埃措施的资本家,无情地加以惩治;另一方面对文明的资本家,对那些肯接受并能实施'国家资本主义',能精明干练地组织真正以产品供应千百万人的大企业而对无产阶级有益的资本家谋求妥协或向他们实行赎买。"②这里列宁说对那些以种种办法破坏苏维埃政策和措施的资本家无情地加以惩治,主要指对这些资本家的企业实行国有化,剥夺他们的财产。他说对那些文明的、肯接受苏维埃政策和措施的资本家谋求妥协或实行"赎买",指对这些资本家的企业实行"计算和监督"的措施即国家资本主义的措施。

　　俄国无产阶级所拥有的政治条件和他们所具有的文明程度很不一致。由于十月革命的胜利,无产阶级建立了苏维埃政权。这个政权是无产阶级进行

---

　　①　《列宁选集》第 3 卷,人民出版社 1995 年版,第 529 页。

　　②　《列宁选集》第 3 卷,人民出版社 1995 年版,第 530—531 页。

社会主义改造和社会主义建设的工具。俄国无产阶级拥有这个政权,证明他们搞社会主义的政治条件比西方任何国家无产阶级的政治条件都优越。但是他们的文化水平、思想素质、组织程度、文明程度却远远不及西方国家的无产阶级。鉴于此,列宁说:"我们目前正处在一种特殊的情况下,就是说,我们俄国无产阶级在政治制度方面,在工人政权的力量方面,比不管什么英国或德国都要先进,但在组织象样的国家资本主义方面,在文明程度方面,在从物质和生产上'实施'社会主义的准备程度方面,却比西欧最落后的国家还要落后。正是由于这种特殊情况,工人们目前有必要对那些最文明、最有才干、最有组织能力、愿意为苏维埃政权服务并且诚心诚意地帮助搞好大的和最大的'国家'生产的资本家实行特殊的'赎买',这难道还不明白吗?"①意思是说,俄国无产阶级掌握着国家政权,政治条件好,可以迫使一部分资本家接受苏维埃国家的政策和措施,而且由于无产阶级的文明程度不够高,进行社会主义建设的准备不够充分,需要对资本主义企业进行国家资本主义的措施,即实行所谓"特殊"的赎买。显然,所谓"特殊"的赎买指实施国家资本主义措施。

列宁提出,不向托拉斯的组织者即资本家学习便不能进行社会主义建设。实施国家资本主义,必然让资本家继续工作,发挥他们的作用。即使是在苏维埃政权已经国有化了的企业,根据"计算和监督"的方案,也需要让资本家继续工作,发挥他们的作用。"左派"说,这是在生产中"恢复资本家的领导地位"。列宁针对此指出:(1)苏维埃政权是在设有工人委员会的情况下给资本家以"领导地位"的,这些工人委员会监督领导人的每一步骤,学习他们的领导经验,不仅能够对他们的命令提出申诉,而且还能够通过苏维埃政权机关来撤换他们。(2)给资本家以"领导地位",是为了在工作时间内让他们履行职务,而他们的工作条件则是由苏维埃政权规定。(3)苏维埃政权给资本家以"领导地位",并不是把他们当作资本家,而是把他们当作领取高额薪金的技术专家或组织者。我们无产阶级政党,正应该任用他们作为劳动过程和生产组织的"领导人",因为我们没有其他有经验的、熟悉这方面工作的人。"左派"反对利用和发挥资本家的作用,这是十分错误的,也是十分奇怪的。列宁说:"可是一个马克思主义者,学习过不利用大资本主义所达到的技术和文化成就便不可能

---

① 《列宁选集》第3卷,人民出版社1995年版,第531页。

实现社会主义这个道理,竟讲出这种话,这就未免叫人有些奇怪了。这里已经没有一点马克思主义。""不,只有那些懂得不向托拉斯的组织者学习就不能建立或实施社会主义的人,才配称为共产主义者。因为社会主义并不是臆想出来的,而是要靠夺得政权的无产阶级先锋队去掌握和运用托拉斯所造成的东西。我们无产阶级政党,如果不去向资本主义的第一流专家学习组织托拉斯式的即象托拉斯一样的大生产的本领,那便无从获得这种本领。"①他说,俄国优秀的工人都懂得这个道理,他们已经开始向资本家、向旧社会过去的管理者和专家学习了。

三、列宁理论的当代价值

列宁的《论"左派"幼稚病和小资产阶级性》一文,批评了"左派共产主义者"在经济建设上的错误立场及观点,阐述了苏俄实施国家资本主义政策的可能性、意义以及具体措施。它的理论具有重要的现实价值。

第一,在经济建设问题上反对"左倾"错误是一项长期的任务。列宁逝世以后,斯大林成为苏联党和国家政权的最高领导人。20 世纪 20 年代末至 30 年代中期,他领导苏联人民实施第一、第二个五年计划,展开大规模的社会主义建设,促进了生产力的发展和经济的发展,取得了社会主义建设的重大胜利。这是值得肯定的。可是他在实践中降低了马克思主义关于社会主义社会的标准,认为"消灭了本国资产阶级"就意味着建成了社会主义社会,过早地宣布苏联建成了社会主义社会,并且急迫地提出向共产主义的高级阶段迈进,这就显示出了"冒进"的倾向和"左"的倾向。斯大林以后的苏联领导人,或者继续提出向共产主义社会迈进,或者宣布他们已经建成了"发达的社会主义社会",体现出"左"的倾向。在中国,在 20 世纪 50 年代社会主义建设时期,也有这样"冒进"的倾向和"左"的倾向。在改革开放初期,邓小平反对了这种错误倾向。他说:"一个党,一个国家,一个民族,如果一切从本本出发,思想僵化,

---

① 《列宁选集》第 3 卷,人民出版社 1995 年版,第 535—536 页。

迷信盛行,那它就不能前进,它的生机就停止了,就要亡党亡国。"①这是邓小平批评"左倾"错误的经典话语。在1992年春南方谈话过程中,他再次提出:"现在,有右的东西影响我们,也有'左'的东西影响我们,但根深蒂固的还是'左'的东西。有些理论家、政治家,拿大帽子吓唬人的,不是右,而是'左'。'左'带有革命的色彩,好像越'左'越革命。'左'的东西在我们党的历史上可怕呀!一个好好的东西,一下子被他搞掉了。右可以葬送社会主义,'左'也可以葬送社会主义。"②此后党的领导人,继续坚持了这样的思想认识和实践,所以能够推进我国改革开放事业不断向前发展。

第二,坚持中国特色社会主义道路,需要借鉴国家资本主义的理论和实践。国家资本主义本身不具有社会属性,不能简单地认为它是资本主义性质的或社会主义性质的。对国家资本主义性质的判定,主要看实行国家资本主义的国家政权的性质。目前看来,大多数发达资本主义国家都已经意识到国家资本主义在克服经济危机、管理和组织有序生产方面的优势,从而实行了国家资本主义。当国家资本主义从属于资产阶级的政权时,注定它所服务的对象是资产阶级,这就使得国家资本主义具备了资本主义的性质。同样,国家资本主义也是社会主义国家进行经济建设时的重要选择。当政权稳固地掌握在无产阶级手中时,国家资本主义也就具备了社会主义性质。所以,新中国自建立以后,重视采取国家资本主义的政策。特别是在20世纪50年代向社会主义过渡的过程中,重视采取了国家资本主义政策。当前,中国的改革开放和中国特色社会主义建设事业正不断地向前发展。国家政权可以而且有必要通过国家资本主义政策,加强对民营经济的引导和管理,加强对外资企业的引导和管理。只有通过这条道路,才能达到利用一切有利因素建设社会主义的目的。

中国由于长期处于社会主义初级阶段,处于生产力水平和经济水平比较落后的阶段,所以有必要采取国家资本主义的政策。在我国社会主义初级阶段,实行以公有制为主体、多种经济成分共同发展的政策,而且这样的政策会较长时期地坚持下去。这样,在我国经济运行过程中,很有必要借鉴列宁关于国家资本主义的思想和实践。当初列宁认为俄国存在着5种经济成分,相对

---

① 《邓小平文选》第2卷,人民出版社1994年版,第143页。
② 《邓小平文选》第3卷,人民出版社1993年版,第375页。

于小生产而言,国家资本主义是一个重大的进步,只要建立起国家资本主义,苏俄就能立于不败之地,就能保证向社会主义过渡并取得成功。在我国现实的经济生活中,存在着多种经济成分。我们必须确认公有制经济的主体地位和优越性,也要认识实施国家资本主义经济的进步性,积极地发展国家资本主义经济。

第三,列宁提出国家资本主义理论的勇气和精神值得当代人效仿。无产阶级国家的国家资本主义,是马克思主义史上不曾有人提出过的命题。马克思和恩格斯没有提出这样的理论,也没有进行过这样的实践。列宁提出了这个理论,并且探索和设计了当时国家资本主义的形式即"计算和监督",包括苏维埃国家机关的"计算和监督"和企业工人的"计算和监督"。这需要有理论创新的勇气和精神。"左派共产主义者"反对这个理论,攻击国家资本主义的措施是向资产阶级投降,是"右派布尔什维克倾向",增加了坚持这个理论与实践的难度。可是,列宁以大无畏的精神提出并坚持了这个理论。列宁的理论创新精神在中国改革开放进程中得到了发扬。邓小平提出不争论姓"资"姓"社"问题,以"三个有利于"作为判断是非得失的标准,并且提出系统的关于改革开放的理论,发扬了敢于理论创新的精神。以后,党提出"三个代表"重要思想,提出以人为本、科学发展的观念,也发扬了敢于理论创新的精神。在党的十八大精神的指引下,中国特色社会主义事业将阔步向前,理论创新的精神也将发扬光大。新的理论将赋予实践新的生机和活力。

第七章　社会主义史上"利用资本主义促进社会主义"的第一篇文献——研读《论粮食税》

1921 年 4 月,列宁写作《论粮食税》,围绕着苏俄新经济政策的主要内容如粮食税、贸易自由、租让制以及实施这些政策的必要性,阐述了重要的思想,特别是围绕着经济文化落后的苏俄利用"中间环节"即利用资本主义和国家资本主义的作用促进社会主义,提出了重要的理论。这部著作是社会主义史上"利用资本主义促进社会主义"的第一篇文献。

一、改善人民的生活"应该从农民方面开始"

当时的俄共(布)和苏维埃政权,面临着迅速改变国家的经济政策和改善人民生活的任务。第一次世界大战以及苏俄国内战争使俄国的经济遭到严重的破坏。在工业方面,由于粮食、原材料和燃料等严重短缺,成千上万个工厂停止生产。1920 年的煤炭产量只相当于 1898 年的水平,生铁冶炼产量比1862 年减少一半,棉织品产量只相当于 1857 年的水平。交通运输业陷于瘫痪,有 7 万多公里的铁路和近一半的机车车辆不能使用。经济破坏使产业工人的人数锐减。1913 年大企业的工人人数有 240 万,1920 年只有 132 万。同一时期彼得格勒普梯洛夫工厂的工人由 17000 人减少为 4000 人。工人的生活极为困苦。当时莫斯科工人的工资收入只相当于他们实际消费需要的

8%—20%。① 由于生活状况的不断恶化,工人阶级队伍处于消极、涣散的状态。农业的状况更为严重。1921 年全国播种面积只有 9030 万公顷,为 1913 年的 86%,其中亚麻的播种面积只有 1913 年的 63%,棉花的播种面积只有 1913 年的 14%。土地耕种粗糙,粮食产量只有战前的一半左右。牲畜头数急剧减少,1921 年牲畜头数只相当于 1916 年的 68%。② 苏俄农业的衰败,除了战争破坏的原因外,还由于国内战争时期苏维埃政权实施"战时共产主义"特别是余粮收集制的影响。

所谓"余粮收集制",实际上是苏维埃政权无偿地收取了农民除自己以及家庭消费必需的粮食以外的全部余粮,有时甚至收取了农民消费所需的粮食。它是造成农民生活困苦的主要原因之一,因而遭到农民的强烈反对。国内战争结束时,这些政策仍在继续实行,广大工农群众特别是农民已经忍无可忍。农民对余粮收集制的不满情绪逐渐演变成为农村的骚乱和暴动。参加暴动的不仅有富农,还有相当数量的中农。一些穷苦农民则向苏维埃政权领导机关写信反映生活痛苦的情况,有的信件直接写给了列宁。

针对这种情况,列宁在《论粮食税》中提出,党和苏维埃政权必须迅速帮助人民群众解决生活困难的问题。可是,当时工人群众和农民群众的生活均十分困苦,苏维埃政权这方面的工作应该由哪里入手呢,或者说应该先解决哪个阶级的困难呢? 列宁写道:"1921 年春天形成了这样的政治形势:要求必须立刻采取迅速的、最坚决的、最紧急的办法来改善农民的生活状况和提高他们的生产力。"③还写道:"要增加粮食的生产和收成,增加燃料的收购和运输,非得改善农民的生活状况,提高他们的生产力不可。应该从农民方面开始。"④列宁的思想是,将改善农民的生活条件和生产条件放在首要地位。他之所以这样思考问题和提出问题,一个着眼点在于抓住和解决恢复国民经济工作的主要矛盾。当时恢复工作的主要矛盾是解决严重缺乏粮食和燃料的问题,而解

---

① 参见周尚文、叶宗书、王斯德:《苏联兴亡史》,上海人民出版社 2002 年版,第 94—95 页。

② 参见周尚文、叶宗书、王斯德:《苏联兴亡史》,上海人民出版社 2002 年版,第 94—95 页。

③ 《列宁全集》第 41 卷,人民出版社 1986 年版,第 207 页。

④ 《列宁全集》第 41 卷,人民出版社 1986 年版,第 207 页。

决这些问题必须通过农民的劳动。也就是说,只能首先解决了农民生活条件
和生产条件的困难,才能调动农民的生产积极性,多生产粮食,多开采和运送
燃料,这样才能促进整个恢复国民经济工作的进展,才能有效地解决城市工人
生活困难的问题。他的另一个着眼点是,使农民消除对苏维埃政权不满的情
绪,巩固工农联盟和巩固无产阶级专政。如前所述,由于农民对余粮收集制的
不满情绪以及这种情绪的日益增长,农村发生了骚乱和暴动。这意味着工农
联盟受到了损害,无产阶级专政的阶级基础受到了削弱。在这种情况下,作为
苏俄领导阶级的无产阶级应该善于从政治上处理问题,或者说应当善于对国
家的政治生活进行领导。列宁指出:"无产阶级作为一个领导阶级、统治阶级,
应当善于指导政治,以便首先去解决最迫切而又最'棘手的'任务,现在最迫切
的就是采取那种能够立刻提高农民经济生产力的办法。只有经过这种办法才
能做到既改善工人生活状况,又巩固工农联盟,巩固无产阶级专政。"[①]意思是
说,眼下无产阶级对政治生活的领导,就是采取有效的办法解决农民生活上的
困难和提高他们的生产力,使他们消除对苏维埃政权的不满情绪,从而巩固工
农联盟和巩固无产阶级专政。他还指出,有的人反对先解决农民生活的困难,
要求先解决工人生活的困难,这无异是把工人的"行会利益"置于阶级利益之
上,无异是为了工人眼前的暂时的局部的利益而牺牲整个工人阶级的利益,牺
牲"工人阶级专政"的利益。

　　列宁提出,实行粮食税以及贸易自由是解决农民生活条件和生产条件困
难的正确途径。所谓粮食税,即农民将自己及家庭粮食收成的一部分作为实
物税上交给国家,纳税后剩余的粮食由农民私人占有。这样的政策或制度,使
农民可以占有自己劳动成果的一部分,使他们可以充分满足生活的需要,也可
以出售一部分粮食以换回生产资料和扩大再生产。所谓贸易自由,即农民进
行粮食贸易以及其他劳动产品贸易的自由,即商品交换的自由。当时它是同
实行粮食税相联系和相适应的政策。1921 年 3 月中旬,俄共(布)十大通过了
列宁所作的《关于以实物税代替余粮收集制》的报告。3 月 21 日,全俄苏维埃
中央执行委员会通过了《关于用实物税代替粮食和原料收集制》的法令。7 天
后,苏维埃政府又颁布法令,规定 1921—1922 年的实物税额为 2.4 亿普特,比

---

① 《列宁全集》第 41 卷,人民出版社 1986 年版,第 207 页。

余粮收集制时少征收 2 亿普特。具体说来,粮食征购降低 43.3% ,油料籽降低 50% ,肉类降低 74.5% ,亚麻纤维降低 93.3% 。① 农民在纳税以后,可以就其余的劳动产品自由贸易(开始时期是在一定地方的范围内贸易)。在上述实践的基础上,列宁在《论粮食税》中论及必须改善农民生活条件和生产条件时写道:"首先必须采取紧急的、认真的措施来提高农民的生产力。要做到这点,就非认真改变粮食政策不可。这种改变就是用粮食税来代替余粮收集制,而这种代替是与交完粮食税之后的贸易自由,至少是与地方经济流转中的贸易自由相联系的。"② 这里,他深刻地指明了粮食税和贸易自由对于改善农民生活条件和生产条件的作用。列宁还指出,粮食税实质上是由"战时共产主义"向正常的社会主义产品交换过渡的一种形式。在小农占人口大多数的俄国,在无产阶级掌握政权的情况下,必须使工农业之间进行正常的产品交换,或者说必须使城市工人以自己的产品去换取农民的粮食。城市的工人需要农民生产的粮食,农民需要城市工人生产的工业品,可是他们之间必须形成产品交换的关系,即各方以自己生产的产品去换取对方的劳动产品。这样的关系就是所谓"正常的社会主义产品交换"。列宁写道:"粮食税,是从极度贫困、经济破坏和战争迫使我们所实行的特殊的'战时共产主义'向正常的社会主义的产品交换过渡的一种形式。"③ 意思是说,苏俄通过实行粮食税,将可逐步地形成城乡劳动产品交换的制度。他还指出:"'战时共产主义'是战争和经济破坏迫使我们实行的。它不是而且也不能是一项适应无产阶级经济任务的政策。它是一种临时的办法。在小农国家内实现本阶级专政的无产阶级,其正确政策是要用农民所必需的工业品去换取粮食。只有这样的粮食政策才能适应无产阶级的任务,只有这样的粮食政策才能巩固社会主义的基础,才能使社会主义取得完全的胜利。"④ "粮食税就是向这种粮食政策的过渡。"⑤ 这是对粮食税的历史作用和意义的充分肯定。

---

① 参见周尚文、叶宗书、王斯德:《苏联兴亡史》,上海人民出版社 2002 年版,第 102 页。

② 《列宁全集》第 41 卷,人民出版社 1986 年版,第 207—208 页。

③ 《列宁全集》第 41 卷,人民出版社 1986 年版,第 208 页。

④ 《列宁全集》第 41 卷,人民出版社 1986 年版,第 208—209 页。

⑤ 《列宁全集》第 41 卷,人民出版社 1986 年版,第 209 页。

列宁提出,帮助恢复私人小工业企业有利于改善农民的生活条件和生产条件。通过实施粮食税,使农民能够占有作为实物税以外的那部分劳动成果。允许自由贸易,使农民可以出售自己的劳动产品,购回自己消费所需的日用品和扩大再生产所需的生产资料。这就要求国家生产出足够数量的工业品,以满足农民消费的需要和扩大再生产的需要。可是大工业企业由于受到各种条件的限制,一时难以恢复生产。小企业恢复生产则相对比较容易。所以列宁提出,国家应该帮助私人小工业企业恢复生产。他在《论粮食税》中指出,恢复大工业企业的生产,要求有大量的粮食和燃料的储备,要求以新机器代替破旧机器等,根据经验,苏俄不能马上做到这一点,甚至连西方的那些先进国家也需要经过相当长的过程才能恢复大企业的生产。接着他写道:"可见,在一定程度上帮助恢复小工业是必要的,因为它不需要机器,不需要国家的和大批的原料、燃料和粮食的储备,却能够立刻给农民经济以相当帮助并提高其生产力。"①在他看来,小企业恢复了生产,可以很快生产出产品,从而满足农民改善生活和发展生产的需要。

二、不要"禁止和堵塞"资本主义的发展,但需将其"纳入国家资本主义的轨道"

苏维埃政权实施粮食税政策,改善了农民的生活条件和生产条件,促进了个体农民经济即小农经济的发展。而且国家帮助私人小工业企业恢复和发展生产,允许城乡间的自由贸易。这样资本主义的经济成分不可避免地增长起来。由此,对上述苏维埃政权政策的正确性和必要性持怀疑态度的言论出现了。有的人说,有必要这样做吗? 能够证明这样是对的吗? 这样做不危险吗? 针对这些言论,列宁阐述了自己的态度和意见。

列宁提出,必须承认苏俄现实生活中存在着资本主义发展的事实。西方资本主义产生和发展的历史证明,在封建社会末期,由于小经济即私人的小商品经济的发展,由于自由贸易,逐渐形成了近现代资本主义制度。也就是说,

---

① 《列宁全集》第 41 卷,人民出版社 1986 年版,第 209 页。

小商品经济加上自由贸易,是产生资本主义制度的条件。眼下的苏俄,虽然存在着社会主义经济、国家资本主义经济、资本主义经济、小商品经济、自给自足的自然经济等多种经济成分,但是占优势的经济成分是"小商品经济"。这样的经济成分占优势,加上国家允许自由贸易,必然会导致资本主义经济成分的增长。列宁写道:"在一个小农国家内,不言而喻是小农'结构',即部分是宗法式的、部分是小资产阶级的'结构'占着优势。既然有交换,那么,小经济的发展就是小资产阶级的发展,就是资本主义的发展;这是无可争辩的真理,这是政治经济学的初步原理,而且被日常经验甚至是普通百姓的观察所证实。"①在他看来,苏俄存在着资本主义成分增长的事实,符合政治经济学的初步原理,连普通的老百姓都能观察到,共产党人不应该回避它。

列宁提出,执政的无产阶级如果禁止和堵塞资本主义发展无异于"自杀"。从当时的情形看,仅仅承认现实生活中存在着资本主义成分是不够的,重要是以正确的态度和正确的政策对待它。由于俄共(布)在长期的革命年代对工农群众进行社会主义宣传和鼓动的作用,广大工农群众以及党员和干部向往社会主义社会,不能接受现实生活中存在资本主义经济成分的事实,有的人甚至提出要禁止和堵塞资本主义的发展。列宁针对此写道:"一个政党要是试行这样的政策,那它就是在干蠢事,就是自杀。说它在干蠢事,是因为这种政策在经济上行不通;说它在自杀,是因为试行这类政策的政党,必然会遭到失败。"②他指出,有的共产党员正是希望执行这样的政策,所以他们在"思想、言论和行动"上犯了错误,要努力纠正这些错误,否则后果将不堪设想。然而资本主义经济成分的增长必然会带来许多负面影响,如竞争和生产的无政府状态,唯利是图并坑害消费者,等等。苏维埃政权不能听之任之。列宁提出:"或者是(这是最后一种可行的和唯一合理的政策)不去试图禁止或堵塞资本主义的发展,而努力把这一发展纳入国家资本主义的轨道。这在经济上是可行的,因为凡是有自由贸易成分以至任何资本主义成分的地方,都已经有了——这种或那种形式、这种或那种程度的——国家资本主义。"③可见,实施国家资本主义,以苏维埃国家的政策去影响、干预和引导资本主义经济的发展,是列宁

---

① 《列宁全集》第41卷,人民出版社1986年版,第210页。
② 《列宁全集》第41卷,人民出版社1986年版,第210页。
③ 《列宁全集》第41卷,人民出版社1986年版,第211页。

对待资本主义经济成分增长的态度和主张。

列宁提出,苏维埃政权实施和发展国家资本主义的典型形式是"租让制"。所谓"租让制",指苏维埃国家根据一定的条件,同外国资本家签订合同,将国家一时无力恢复生产的大型企业如油田、矿山等租给外国资本家,让他们将资金、机器和技术带到俄国,使这些企业恢复生产。1920 年 11 月 23 日,人民委员会颁布了《租让法令》。次年 3 月俄共(布)十大进一步提出,凡属能够提高苏俄生产力水平的国民经济部门,都可以实施租让制,租让期限一般为 20 年以上。当时申请租让的主要是来自瑞典、美国、英国、荷兰、挪威、法国和德国的企业家。列宁从当时的实践出发写道:"苏维埃政权怎样把资本主义的发展纳入国家资本主义的轨道,苏维埃政权怎样'培植'国家资本主义,可以说明这一点的最简单的事例,就是租让。"①"租让制这种国家资本主义,和苏维埃体系内其他形式的国家资本主义比较起来,大概是最简单、明显、清楚和一目了然的形式。在这里,我们和最文明先进的西欧资本主义直接订立正式的书面合同。我们确切知道自己的得失、自己的权利和义务,我们确切知道租让的期限,如果合同规定有提前赎回的权利,我们也确切知道提前赎回的条件。"②这里,他对租让制的形成方式以及优点作了深刻的说明和肯定。同时,列宁高度肯定了租让制的作用和意义。他说,假定苏俄有 100 个油田、矿山和林区,自己不能全部开发,因为我们的机器、粮食和运输工具都不够。由于同样的原因,已经开发的产区工作做得也不好。正由于大企业的开发工作做得不好,因此小私有者的自发势力在各方面都猖獗起来。由此看,必须实施租让制。他写道:"苏维埃政权'培植'租让制这种国家资本主义,就是加强大生产来反对小生产,加强先进生产来反对落后生产,加强机器生产来反对手工生产,增加可由自己支配的大工业产品的数量(即提成),加强由国家调整的经济关系来对抗小资产阶级无政府状态的经济关系。"③这里表达的思想是:租让制是大生产,是先进生产,是国家政权可以调节和引导的生产,是小经济以及无政府状态的对立物。由于租让制体现了苏维埃政权同外国资本家的关系,所以列宁强调,在订立租让合同时,一切都要经过深思熟虑,反复权衡,而订立之后还

① 《列宁全集》第 41 卷,人民出版社 1986 年版,第 211 页。
② 《列宁全集》第 41 卷,人民出版社 1986 年版,第 213 页。
③ 《列宁全集》第 41 卷,人民出版社 1986 年版,第 212 页。

要善于监督该合同的执行。租让在什么程度上和什么条件下对苏俄有利而无害，这要取决于力量的对比，取决于斗争，因而租让也是一种斗争形式。

列宁提出，"合作社国家资本主义"以及其他形式的国家资本主义也值得利用。当时的合作社是旧社会遗留下来的经济组织，是资本家过去举办的并且当前仍由资本家或者他们的代理人负责经营的，由于苏维埃政权通过一定的措施对它的活动进行引导和干预，所以它成为国家资本主义的一种形式。在这种合作社制度下，生产者仍然以家庭为单位进行生产，生产的成果仍然归生产者个人占有，但是需要通过合作社进行城乡之间的商品交换和彼此之间的商品交换。列宁指出："合作社也是国家资本主义的一种形式，但它却不那样简单，不那样明显和一目了然，而比较复杂，因此它使我国政权在实践上遇到的困难更多。"[1]他的意思是，就形式而言，合作社国家资本主义远不如租让制国家资本主义那样简单和明确。同时他说，合作社国家资本主义与私人资本主义不同，它对于苏维埃国家有好处，可以实行。由于农民在纳税后有剩余的粮食以及其他农产品，他们可以自由地出售农产品和购回自己需要的工业品，苏维埃国家就有可能和有必要将农民的买卖纳入合作社国家资本主义的轨道，即让农民通过合作社进行买卖。如果这样的话，国家政权可以真实地掌握农业生产以及收成的情况，可以了解和掌握工业产品生产和供应的情况，可以有效地进行"计算和监督"，并且可以通过相关的政策对生产过程和交换过程进行调节。所以列宁提出："既然粮食税意味着可以自由出卖剩下的（纳税以后的）余粮，那么我们就必须竭力设法把资本主义的这种发展（因为买卖自由、贸易自由就是资本主义的发展）纳入合作制资本主义的轨道。从便于计算、监督、监察以及便于推行国家（这里指苏维埃国家）和资本家之间的合同关系说来，合作制资本主义和国家资本主义相类似。"[2]列宁提出，合作社国家资本主义所拥有的社会意义高于租让制国家资本主义。当时的合作社虽然只具有简单的低层次的合作形式，但是它可以初步地联合生产者，慢慢地养成生产者合作化的习惯，便于向生产合作过渡，即便于从国家资本主义进一步过渡到社会主义制度。这就是它的所拥有的社会意义或"优点"。列宁将合作社国家

---

[1]　《列宁全集》第41卷，人民出版社1986年版，第213页。

[2]　《列宁全集》第41卷，人民出版社1986年版，第214页。

资本主义与租让制国家资本主义相比较,认为如果租让制国家资本主义获得成功,苏俄将拥有一批现代化的、以先进的机器设备进行生产的大企业,经过几十年以后,这些企业将归苏维埃国家所有。如果合作社国家资本主义获得成功,将会使小经济得到充分发展,并在自愿联合的基础上过渡到社会主义大生产。他写道:"由小业主合作社向社会主义过渡,则是由小生产向大生产过渡,就是说,是比较复杂的过渡,但是它一旦获得成功,却能包括比较广大的居民群众,却能把根深蒂固的旧的关系,社会主义以前的,甚至资本主义以前的即最顽固地反抗一切'革新'的那些关系彻底铲除。"①意思是说,合作社国家资本主义的发展,将使资本主义的经济关系和资本主义前的经济关系让位给社会主义的经济关系。

国家资本主义的第三种形式是代购代销,即国家把作为商人的资本家吸引过来,付给他们一定的佣金,由他们来销售国家企业的产品和收购国家所需要的产品。第四种形式是租赁制,即国家把国有的企业如油田、林区等租给国内的资本家,租赁合同与租让合同基本相同。列宁指出:"对于国家资本主义这后两种形式,我们根本没有人谈过,根本没有人想过,根本没有人注意过。这种情况的产生,倒不是由于我们又强又聪明,而是由于我们又弱又愚蠢。"②意思是说,人们往往轻视上述形式的国家资本主义,看不到它的作用,这是十分愚蠢的。就租赁制的情况而言,当年7月人民委员会颁布了《关于最高国民经济委员会所属企业出租条例》,规定凡濒临倒闭或者暂时无力经营的国有企业,可以租给公民个人或者合作社、协作社,承租人有权接受私人订货,生产的产品可以在自由市场上销售,租赁期限最长为6年。到1922年底,出租的国有工业企业达到4000个,主要是食品加工和纺织部门的中小型企业。看来租赁制发挥了一定的作用,但是人们对它关注和重视不够。上述列宁论断说的就是这个意思。

---

① 《列宁全集》第41卷,人民出版社1986年版,第215页。
② 《列宁全集》第41卷,人民出版社1986年版,第215页。

三、"应该利用资本主义"作为小生产
和社会主义之间的"中间环节"

马克思主义理论所指明的社会主义社会,是生产力水平很高和物质生活资料十分丰富的社会。苏俄当时的社会状况,距离这样的社会主义社会十分遥远,所以列宁认为,必须善于考虑从小生产过渡到社会主义的"中间环节"。他的思想内容如下:

列宁提出,经济文化落后的苏俄不能"直接过渡"到社会主义社会。所谓"直接过渡"到社会主义社会,指在无产阶级掌握政权后立即采取消灭资本主义私有制的措施,立即建立整个社会占有生产资料、没有商品生产和货币交换、没有阶级差别和阶级、没有政治国家和国家机器的社会。苏俄由于十分落后,不能直接建立这样的社会主义社会。列宁在《论粮食税》中写道:从俄国的地图上看,在沃洛格达以北、顿河畔罗斯托夫及萨拉托夫东南、奥伦堡和鄂木斯克以南、托木斯克以北,有一片片一望无际的空旷地带,可以"容下几十个文明大国"。然而这里盛行的却是宗法制度、半野蛮状态和十足的野蛮状态(意即这里处于奴隶社会阶段或奴隶社会前阶段)。俄国其他的穷乡僻壤又是怎样的呢? 乡村同有铁路的地方,往往相隔几十公里,只有羊肠小道可通,确切些说,是无路可通。他说:"试问能不能由这种在俄国占优势的状态,直接过渡到社会主义去呢? 是的,在某种程度上是可以的,但必须有一个条件……这个条件就是电气化。"①他提出,如果俄国能建立起几十座区域电站,如果能把电力从这些电站送到每个村子,如果能得到足够数量的电动机及其他机器,那么从当前落后的状态到社会主义就不需要或者几乎不需要过渡阶段和中间环节了。但是很清楚,实现这个条件,单是完成第一批工程,就至少要花上十年工夫。如果要完成第二批、第三批工程,那就需要几十年甚至更长的时间。至于要缩短这一期限,那只有等到无产阶级革命在英、德、美这些国家中获取胜利的时候才有可能。也就是说,如果社会主义革命在西方国家获得胜利,西方建

---

① 《列宁全集》第41卷,人民出版社1986年版,第216页。

立起社会主义制度,在西方社会主义社会的帮助下,苏俄才可能缩短向社会主义社会过渡的时间。可以看出,在列宁的思想上,无论从国内的条件看,即从苏俄实现电气化的条件看,还是从国际条件看,即从西方走向社会主义社会并对苏俄提供帮助的条件看,苏俄要立即建立社会主义制度是不可能的,即它不能够"直接过渡"到社会主义社会。

列宁提出,苏俄应该利用"中间环节"来发展生产力。既然苏俄目前落后的状况同社会主义社会之间有较远的距离,那么必须研究这一段"距离",认真考虑并正确地提出这一段"距离"上的措施和办法。列宁称这个"距离"为"中间环节",认为它的具体内容是利用资本主义(包括将资本主义纳入国家资本主义的轨道)的作用,发展生产力。他写道:"在最近这几年,必须善于考虑那些便于从宗法制度、从小生产过渡到社会主义的中间环节。"[1]"既然我们还不能实现从小生产到社会主义的直接过渡,所以作为小生产和交换的自发产物的资本主义,在一定程度上是不可避免的,所以我们应该利用资本主义(特别是要把它纳入国家资本主义的轨道)作为小生产和社会主义之间的中间环节,作为提高生产力的手段、途径、方法和方式。"[2]可是,共产党人的奋斗目标是建立社会主义社会和共产主义社会,在广大党员、干部和工农群众的心目中,资本主义是祸害,社会主义是幸福。当时在苏俄,经常可以听到这样的议论。列宁针对此说,必须端正看问题的方法。在苏俄现成的五种经济成分中,仅仅挑出资本主义和社会主义两种经济成分作对比,自然会得出资本主义是祸害、社会主义是幸福的结论。可是在苏俄现成的经济成分中,小商品经济占优势地位。如果将资本主义与小商品经济作对比,则可以得出"资本主义是幸福"的结论。他郑重写道:"同社会主义比较,资本主义是祸害。但同中世纪制度、同小生产、同小生产者涣散性引起的官僚主义比较,资本主义则是幸福。"[3]在列宁看来,当下苏维埃政权面对的困难,一是小经济难以改造和难以发展,二是一些领导机关里的官僚主义。而官僚主义的经济根源正是小经济,即小生产者的分散性和涣散性,他们的贫困、不开化,交通的闭塞,文盲的现象等,形成了官僚主义。而资本主义经济相对于小经济和官僚主义,无疑是"幸福"。

---

[1]　《列宁全集》第41卷,人民出版社1986年版,第217页。
[2]　《列宁全集》第41卷,人民出版社1986年版,第217页。
[3]　《列宁全集》第41卷,人民出版社1986年版,第217页。

　　列宁提出,有可能通过私人资本主义来促进社会主义。在确定了粮食税制以及相关的新制度以后,党和苏维埃机关所有人员的任务是努力工作,促进新制度的建立和实施。粮食工作者面前的任务是尽快征收100%的粮食税,然后以小工业企业生产的产品去换取100%的余粮。征收粮食以及工农业之间的产品"流转",仍然是各级领导机关的首要任务。列宁要求各级领导机关把这方面的工作提到首要地位,通过几个月的努力,改变严重缺乏粮食的局面。着眼于促进这方面的工作,列宁要求各地利用本地食盐和外地食盐、煤油、以本地原料生产的虽不重要但农民有需要的日用品,来换取农民的余粮。他写道:"这一切全都应当利用起来,目的是想方设法活跃工业和农业间的流转。谁能在这方面取得最大的成绩,即使是用私人资本主义的办法,甚至没有经过合作社,没有把这种资本主义直接变为国家资本主义,那他给全俄社会主义建设事业带来的益处,也比那些只是'关心'共产主义纯洁性,只是为国家资本主义和合作社起草规章、条文、细则,而实际上却不去推动流转的人,要多得多。"①意思是说,有些人踏踏实实地工作,以有效的措施推动了工农业产品的流转,但是他既没有使用社会主义的办法,也没有使用国家资本主义的办法,而是采取了私人资本主义的办法。另一些人虽然口头上常常念叨共产主义,但不参加社会实践,不实际地去推动工农业产品的流转。前者对社会主义事业的益处要比后者多。对于列宁的这一看法,有些人会产生疑问,认为这是奇谈怪论——私人资本主义能成为社会主义的帮手吗?列宁说,这一点也不是奇谈怪论。在俄国,由于经历了多年战争,经济上遭受到严重的破坏,但是从政治上看,无产阶级牢牢地掌握着国家政权。由此可以得出结论:"第一,地方流转在目前具有头等意义,第二,有可能通过私人资本主义(更不用说国家资本主义)来促进社会主义。"②这里,他十分明确地提出了可能通过私人资本主义来促进社会主义的论断和思想。有的人爱争论字眼,如什么是"社会主义",什么是"资本主义"。列宁针对此说:"少争论些字眼吧。直到现在,我们在这方面的毛病还非常大。多积累一些各种各样的实际经验吧,多研究研究这些经验吧。"③他的意思是,很小范围内的地方工作的经验,往往比中央政府许多

---

①　《列宁全集》第41卷,人民出版社1986年版,第220—211页。

②　《列宁全集》第41卷,人民出版社1986年版,第221页。

③　《列宁全集》第41卷,人民出版社1986年版,第221页。

部门的工作更重要和更具有全国性意义,在征收粮食以及工农业产品流转方面的情况尤其是这样。

四、对列宁理论的评论

1921 年春,列宁在以《论粮食税》为代表的一系列著作中形成和提出的理论,即改善人民群众的生活条件"由农民方面开始"的理论、不要"禁止和堵塞"资本主义发展的理论、利用资本主义作为小生产和社会主义之间的"中间环节"的理论,具有重要的历史地位和现实价值。

它丰富、发展和创新了马克思主义创始人关于社会主义建设的理论。马克思、恩格斯在考虑社会主义革命的进程时,不曾考虑到无产阶级掌握政权以后会经历十分漫长的向社会主义社会过渡的阶段,不曾考虑到无产阶级在农民占人口多数和小经济占优势的国度里首先掌握政权以及由此产生的许多困难和问题,不曾考虑到在无产阶级掌握政权的国家里会比较长时期地利用资本主义的作用,所以在他们的理论里,没有关于掌握政权的无产阶级通过合适的政策以照顾农民的利益从而取得农民对无产阶级专政支持的内容,没有关于在无产阶级掌握政权的国家里继续发展资本主义且明确宣布以资本主义作为小生产和社会主义的"中间环节"的内容。对于俄国掌握政权的无产阶级来说,马克思、恩格斯的理论不能直接地照搬和运用,必须从本国的实际出发,丰富、发展和创新理论,以新的理论指导自己的实践。正是在这样的背景下,列宁写作《论粮食税》等一系列著作,创新了社会主义建设的理论。《论粮食税》的中心内容是,在小生产占优势的俄国,无产阶级掌握政权以后,不能直接实现马克思、恩格斯设想的社会主义社会,必须较长时期地继续发展资本主义经济成分,利用资本主义作为小生产和社会主义的"中间环节",作为发展生产力的手段和方法,并且在这个过程中要处理好同农民的关系以及工业经济同农业经济之间的关系,逐步地创造和积累实现社会主义的条件。这些内容极大地丰富、发展和创新了马克思主义创始人关于社会主义建设的理论。这部著作是社会主义史上关于利用资本主义促进社会主义的第一部光辉著作。

列宁关于改善人民的生活从农民方面开始的思想,对于当代中国的经济改革具有借鉴的意义。1978年冬,安徽小岗村农民"大包干"的创举,启动了中国的经济体制改革。紧随其后,全国各地农村纷纷改变旧的管理体制,实行"联产承包责任制"。这项改革搞活了经济,繁荣了市场,改善了人民的生活,特别是改善了农民的生活。以邓小平为核心的党的第二代中央领导集体大力支持农村改革,通过总结经验和推广经验,促进了农村改革深入发展。邓小平1985年曾经指出:"改革首先是从农村做起的,农村改革的内容总的说就是搞责任制,抛弃吃大锅饭的办法,调动农民的积极性。为什么要从农村开始呢?因为中国人口的百分之八十在农村,如果不解决这百分之八十的人的生活问题,社会就不会是安定的。工业的发展,商业的和其他的经济活动,不能建立在百分之八十的人口贫困的基础之上。农村改革经过三年的实践证明是成功的。现在农村面貌一新,百分之九十的人生活改善了。"[①]可以看出,中国的改革从农村开始,与苏俄当初改变国家的经济政策从农民方面开始如出一辙。邓小平这方面的理论与列宁相关的理论一脉相承。以江泽民为核心的党的第三代中央领导集体和以胡锦涛为总书记的党中央继续关注并发展了中国农村的改革。2005年10月,中国共产党十六届五中全会通过《十一五规划纲要建议》,提出了社会主义新农村建设的重大任务。根据党中央的要求,社会主义新农村的建设,在经济上必须建立农民增收的长效机制,千方百计增加农民的收入,实现农民的富裕,努力缩小城乡差距;在政治上必须加强农村基层民主制度的建设和农村法制的建设,引导农民依法实行自己的民主权利;在文化上必须加强农村公共文化建设,开展多种形式的、体现农村地方特色的群众文化活动,丰富农民群众的精神文化生活;在社会建设上必须加大公共财政对农村公共事业的投入,进一步发展农村的义务教育和职业教育,加强农村医疗卫生体系建设,建立和完善农村社会保障制度,以期实现农村幼有所教、老有所养、病有所医的愿望。这些年以来,党和国家对于农村的建设与发展,政策的力度之大,成效之显著,是有目共睹的。胡锦涛在党的十七大报告中提出:"解决好农业、农村、农民问题,事关全面建设小康社会大局,必须始终作为全党工作的重中之重。要加强农业基础地位,走中国特色农业现代化道路,建立以工促农、以城带乡长效机制,形成城乡经济社会发展一体化新格局。坚持把发展现

---

① 《邓小平文选》第3卷,人民出版社1993年版,第117页。

代农业、繁荣农村经济作为首要任务,加强农村基础设施建设,健全农村市场和农业服务体系。加大支农惠农政策力度,严格保护耕地,增加农业投入,促进农业科技进步,增强农业综合生产能力,确保国家粮食安全。"①胡锦涛的这个论断及思想也同列宁关于"从农民方面开始"的思想一脉相承,它丰富和发展了列宁的思想,但是植根于列宁思想的基础上。

列宁关于利用资本主义作用的理论,对于中国改革开放和建设有中国特色社会主义有着重要的借鉴意义。建立经济特区,是中国利用资本主义作用的方式之一。在经济特区,政府允许外国企业或个人以及华侨、港澳同胞进行经营投资,并实行特殊的政策,如国外投资者在企业设备、原材料、元器件的进口和产品出口、公司所得税税率、外汇结算和利润的汇出、土地使用、外商及其随员的居留和办理出入境手续等方面,可以享受优惠待遇。1980年中国建立了深圳、珠海、汕头、厦门等经济特区,1988年建立了海南岛经济特区,2010年建立了喀什经济特区。2010年,胡锦涛在有关会议上的讲话中论及深圳经济特区的成就时说:"坚持对外开放,有效实行'引进来'和'走出去',积极利用国际国内两个市场、两种资源,成功运用国外境外资金、技术、人才和管理经验,为我国实现从封闭半封闭到全方位开放进行了开拓性探索;坚持服务国家发展大局,全国支持经济特区发展,经济特区回馈全国,促进东中西部协调发展,对全国发展起到重要辐射和带动作用。"②这里,他说中国通过建立经济特区成功地利用了国际国内两个市场和两种资源,成功运用了国外境外资金、技术、人才和管理经验,实际上是对中国利用资本主义作用的种种措施的肯定。中国实行以公有制经济为主体、多种所有制经济共同发展的经济制度,积极地利用了资本主义的作用。截至2006年底,我国非公有制(不包括港澳台)企业3130.4万户(含个体工商户),占全国企业总数的95.7%。非公有制经济城镇固定投资总量58265.9亿元,占全社会城镇固定资产投资总额的62.3%。2007年1月至3月,非公有制经济(不包括个体工商户)进出口总额3365.6亿美元,占全国进出口总额的73.5%。2005年,在全国GDP总量中,非公有制经

---

① 《中国共产党第十七次全国代表大会文件汇编》,人民出版社2007年版,第22页。
② 胡锦涛:《在深圳经济特区建立30周年庆祝大会上的讲话》,人民出版社2010年版,第2页。

济占65%。① 这些数据,体现中国利用资本主义作用取得了重大的成果。胡锦涛在党的十七大报告中提出:"坚持和完善公有制为主体、多种所有制经济共同发展的基本经济制度,毫不动摇地巩固和发展公有制经济,毫不动摇地鼓励、支持、引导非公有制经济发展,坚持平等保护物权,形成各种所有制经济平等竞争、相互促进新格局。"②这里他所谓毫不动摇地鼓励、支持、引导非公有制经济的发展,表达了利用资本主义作用的思想。胡锦涛利用资本主义作用的思想源于列宁相关的理论,丰富和发展了列宁相关的理论。

---

① 《我国非公经济发展指标比重大增》,载《瞭望》2007 年 10 月 8 日;新华网,http://news3. xinhuanet. com/fortune/2007 - 10/08/content_6836171. htm。

② 《中国共产党第十七次全国代表大会文件汇编》,人民出版社 2007 年版,第 25 页。

第八章　关于社会主义建设"战略退却"思想的光辉文献——研读《在莫斯科省第七次党代表会议上关于新经济政策的报告》

苏俄由"战时共产主义"转向新经济政策,是一种"战略退却"。1921 年 10 月,列宁在莫斯科省第七次党代表会议上关于新经济政策的报告中,全面地论述了苏俄"战略退却"的必要性、意义、措施和经验教训,有利于俄共(布)党员和干部端正对它的认识。列宁《在莫斯科省第七次党代表会议上关于新经济政策的报告》,是关于社会主义建设"战略退却"思想的光辉文献。

一、日俄战争的例子与俄共(布)的前两次"退却"

报告伊始,列宁提出,我感兴趣的是,在评价苏俄新经济政策时,在什么意义上可以说过去的经济政策(即战时共产主义政策)是错误的,说过去的政策是错误的是否正确,如果说是正确的那么这样的评价在什么意义上是必要的。接着他以 1904 年日俄之间在中国旅顺进行的战争为例子论证和说明了这个问题。

1904 年日本和沙皇俄国为争夺在中国东北和朝鲜的占领权,在中国东北的土地上进行了一场帝国主义战争。旅顺争夺战是其中的一个重要战役。战前旅顺由俄军占领,守军人数有 4 万,炮 646 门,机枪 62 挺,并有战舰 38 艘。但物资储备不足以应付长期围困。包围旅顺的日军兵力达 6 万人,火炮 400 门,机枪 72 挺。同时,日方以舰队(52 艘战舰)封锁了港口。这年 8 月 19 日,日军对旅顺要塞发动首次强攻,昼夜突击,激战到 8 月 24 日。日军夺占了一些前沿工事,但伤亡约 2 万人(占总兵力 1/3),士气低落,战斗力大减。至此,日军放弃了迅速攻占旅顺的计划,改取长久围困之计。在围困期间,日军增加了兵力,在旅顺外围构筑了炮兵阵地和步兵战壕,对俄军的防御工事步步进逼。到 12 月 15 日,俄军终被日军击败。1905 年 1 月 2 日,俄方正式签订投降书。列宁在该会议上的报告中指出:"使我对这个例子感兴趣的主要一点,就是攻克旅顺口经历了两个完全不同的阶段。第一阶段是多次猛烈的强攻,结果都失败了,使这位著名的日本统帅付出了极大的牺牲。第二阶段是不得不对这个要塞改用非常艰苦、非常困难而缓慢的地地道道的围攻,而过了一些时日,正是用这种方法完成了攻克要塞的任务。"①他还提出:"我们看一看这些事实,就会很自然地提出一个问题:在什么意义上可以说这位日本将军对旅顺口要塞采取的第一种战法是错误的呢? 强攻要塞是否错误? 如果是错误的,那么日军为了正确完成任务,应该在什么条件下承认这是错误,应该认识到这个错误有多大?"②

列宁自己回答了上述问题。他说,既然对旅顺口的多次强攻毫无结果,既然进攻者的牺牲非常大,那么,显而易见,对旅顺口要塞采取直接强攻的战术是错误的。这就是他所说的:"必须放弃强攻而改用围攻。既然在战术上犯了错误,那就必须加以纠正。同这一错误战术有关的一切都应认为有碍于作战,需要作出调整:必须停止强攻而改用围攻,变更军队部署,重新分配作战物资。""必须坚决地、明确地承认过去的做法是错误的,不要让它阻碍新战略和新战术的发展,阻碍作战行动的发展。"③同时列宁说,从另一方面也不难看出,战役开始时指挥官头脑里有许多未知数,如果不作适当的试探——不实际试探一下要塞的实力,如工事坚固程度、守军情况等,就很难有绝对的把握确定用什么战法来攻克敌人要塞。日军指挥官无疑是一名优秀的军官,但是如果没有前面的强攻即实际的试探,他无法解决用什么战法攻克旅顺要塞的问题。显然,他的意思是,日军第一个阶段进行的强攻是必要的,因为它起到了试探敌军实力的作用。这就是他所指出的:"如果看一看整个战役的发展和日

---

① 《列宁全集》第 42 卷,人民出版社 1987 年版,第 217—218 页。
② 《列宁全集》第 42 卷,人民出版社 1987 年版,第 218 页。
③ 《列宁全集》第 42 卷,人民出版社 1987 年版,第 219 页。

军作战的条件,我们就应得出这样的结论:对旅顺口的多次强攻不仅说明日军不惜巨大牺牲,作战非常英勇,而且还说明在当时的情况下,即在战役初期,这是唯一可能的而且是必要的和有益的做法,因为不用强攻要塞这一实际行动来检查一下兵力,不试探一下抵抗的力量,是没有理由采取比较长期比较艰苦的战斗方式的,要知道这种战斗方式仅仅由于时间长就蕴含着许多别的危险。"①"从整个战役来说,我们也不能不把由强攻和冲击组成的战役第一阶段看作是必要的和有益的阶段,因为,我再说一遍,日军不经过这种试探,就不可能摸清这次战斗的具体条件。"②这些论断则表明了列宁对日军第一阶段强攻战术的肯定。

紧接着,列宁运用上述例子说明了1918年初至1921年春之间苏俄社会主义建设过程中发生的两次"战略退却",既指明了"战略退却""前阶段"苏维埃政权的政策以及它的合理性,又论证了"战略退却"的必要性。

1918年3、4月间,俄共(布)和苏维埃政权进行过一次"战略退却"的尝试。在此以前,俄国无产阶级完成的革命任务之一是通过武装斗争建立苏维埃政权。1917年10月25日彼得格勒武装起义的胜利,建立了世界历史上第一个无产阶级专政的国家。11月3日莫斯科的革命力量攻占克里姆林宫,在莫斯科建立了苏维埃政权。随后革命向中小城市推进,基辅、哈尔科夫、罗斯托夫、巴库、敖德萨、萨拉托夫等地的无产阶级也通过武装斗争,建立了苏维埃政权。无产阶级完成的第二个重大任务通过同德国签订《布列斯特和约》,退出了帝国主义战争。在围绕着签订这份和约谈判的过程中,德国人提出十分苛刻的、使俄国民众感到屈辱和惨痛牺牲的条件。俄共(布)内一些人反对签订和约,由于列宁和党中央耐心地做工作,终于在党内达成了一致的意见。通过签订《布列斯特和约》,苏俄赢得了和平喘息时机,有力地巩固了苏维埃政权。他们完成的第三个重大任务是进行国有化,打击一部分企业主破坏生产的活动。在革命胜利后的一个时间段内(1917年11月至1918年5月),列宁和俄共(布)关于经济变革的设想是:对银行、铁路、商船以及对于国民经济意义十分重大的大工业企业实行国有化。对于绝大部分工业企业,不实施国有

① 《列宁全集》第42卷,人民出版社1987年版,第219页。
② 《列宁全集》第42卷,人民出版社1987年版,第219页。

化,只是采取"计算和监督"的措施,即在保持资本主义私有制的前提下由工人组织对企业的生产和分配过程进行监督,对有关的账目进行计算,以此对资本家的活动进行一定的制约。应该说,"计算和监督"是一种比较能够为资本家所接受的、比较温和的、渐进过渡的变革方案。列宁和俄共(布)认为,实施"计算和监督"是无产阶级最重要的、主要的任务。对于苏维埃政权"计算和监督"的措施,大部分资本家能够接受,但也有一部分资本家表示反对。他们或者隐匿账目,或者造成企业停工停产,力图由破坏生产入手,搞垮苏维埃政权。这样,苏维埃政权逼不得已对这些企业进行了国有化。到 1918 年 3、4 月间,列宁和俄共(布)感到国有化的工作即"剥夺剥夺者"的工作进展太快,超过了需要的程度。而重要的、主要的任务,即实施"计算和监督"的任务远远落后于"剥夺剥夺者"即国有化的措施。列宁要求"退却",暂时停止国有化,重新把实施"计算和监督"的任务提到首要地位。

列宁在报告中提出:"那时,1918 年 3、4 月间,在谈论我们的任务时,我们就已把搞斗争的行动方式同渐进过渡的方法作过对比,前者主要是用于剥夺剥夺者,而这项任务正是 1917 年底和 1918 年初革命头几个月(1918 年 3 月以前——引者)的主要特点。那时(1918 年 3、4 月——引者)我们已经不能不承认,我们在组织计算和监督方面的工作远远落后于剥夺剥夺者方面的工作。这就是说,我们所剥夺的要比我们所能计算、监督、管理等等的多得多。因此便提出由实行剥夺、由破坏剥削者和剥夺者的政权的任务转向组织计算和监督的任务,转向所谓平凡的经济任务即直接从事建设的任务。那时我们已经在许多问题上都需要后退。"[①]他的意思是,党和苏维埃政权的任务必须由夺取政权、巩固政权以及国有化(剥夺剥夺者)的任务向后退,退到实施"计算和监督"的任务上来。

1918 年 3、4 月间出现的关于专家报酬的问题以及苏维埃政权解决问题的办法,印证了这次"退却"。当时苏维埃政权要求加强管理、发展生产和提高劳动生产率,由于善于管理的人员不够,只有吸收旧社会过来的专家参与管理,发挥他们的作用,才能达到目的。然而吸收旧社会过来的专家参与管理工作,必须付给他们高额的报酬。俄共(布)和苏维埃政权接受了这个现实,付给了

---

① 《列宁全集》第 42 卷,人民出版社 1987 年版,第 220—221 页。

他们高额的报酬。这意味着无产阶级进行了"退却"和"妥协"。列宁说："例如 1918 年 3、4 月间出现了专家报酬这样的问题：专家报酬的标准不符合社会主义的关系而符合资产阶级的关系，也就是说，不符合劳动的艰辛程度或特别艰苦的劳动条件而符合资产阶级习惯和资产阶级社会的条件。给专家以这种非常高的、资产阶级式的报酬，原先并没有列入苏维埃政权的计划，甚至不符合 1917 年底所颁布的许多法令。但是在 1918 年初（3、4 月——引者），我们党就直截了当地指出，我们在这方面应该后退一步，应该承认要作某种'妥协'。"①这里，列宁以这个事实证明当时苏维埃政权确实实现了一次"退却"。

　　1921 年春，俄共（布）和苏维埃政权又一次进行了"战略退却"的实践。众所周知，此时以前苏俄处于国内战争时期。在这个时期，由于战争的环境和支持战争的需要，苏俄实行了"战时共产主义"政策，内容包括余粮收集制、封闭市场和禁止贸易、消费品供给制、工业企业普遍的国有化、劳动义务制等等。这些政策体现了无产阶级以及苏维埃政权对资产阶级采取进攻的态势。但是它在客观上损害了广大人民群众的利益，特别是损害了农民的利益。国内战争结束时，这些政策仍在执行中，工农群众对此有严重的不满情绪，尤其是农民对此已经忍无可忍。由于敌对势力的煽动，在农村的一些地方，出现了骚乱和暴动。1921 年春，俄共（布）和苏维埃政权鉴于国内严重的经济困难和政权危机，决定改变国家的发展轨道，即实行新经济政策。新政策的内容包括粮食税制、允许自由贸易、支持私人小工业企业的发展，实行租让制等形式的国家资本主义。它的实质是利用资本主义和国家资本主义的作用，发展生产力和恢复国民经济，为实现社会主义创造条件。显然，由"战时共产主义"转向新经济政策，即由对资产阶级采取进攻的态势转向利用资本主义和国家资本主义的作用，是一种"战略退却"。列宁在报告中指出："到 1921 年春天已经很清楚了：我们用'强攻'办法即用最简单、迅速、直接的办法来实行社会主义的生产和分配原则的尝试已告失败。1921 年春天的政治形势向我们表明，在许多经济问题上，必须退到国家资本主义的阵地上去，从'强攻'转为'围攻'。"②他还指出："所以提出改行新经济政策的任务，是因为经过了在空前困难的条件下，

---

① 《列宁全集》第 42 卷，人民出版社 1987 年版，第 221 页。
② 《列宁全集》第 42 卷，人民出版社 1987 年版，第 225—226 页。

在国内战争的条件下,在资产阶级强迫我们采用残酷斗争的形式的条件下直接进行社会主义建设的试验之后,到1921年春天情况已经很清楚:不是直接进行社会主义建设,而是要在许多经济领域退向国家资本主义;不是实行强攻,而是进行极其艰苦、困难和不愉快的长期围攻,伴以一连串的退却。"①这些论断,十分明确地肯定苏俄国内战争时期的政策是"强攻",1921年春转而实施"围攻",即它实施了"战略退却"。

列宁叙述和论证了上述苏俄"战略退却"的历史背景或前提。上述"战略退却"虽然作为两次行动先后发生于不同的年份,但是它们的历史背景或前提是相同的,所以列宁是将它们的历史背景或前提一并作论述的。他的思想是:

第一,从俄共(布)的指导思想上看,没有考虑到苏俄还需要发展市场和商业,指望通过"国家的生产和分配"使苏俄"直接过渡"到社会主义社会。在马克思主义创始人的思想上,社会主义社会是没有商品交换和商业的社会。《哥达纲领批判》中提出,在未来的社会,劳动者为社会进行了劳动以后,社会将以劳动手册的方式记载他为社会所提供的劳动量。劳动者将凭劳动手册所记载的一定时期内他为社会提供的劳动量,从社会领取"等量"的生活资料。在这个过程中,没有也不需要经过商品交换和货币流通,即未来的社会主义社会是没有商品交换和货币流通的社会。这个设想对后来的社会主义者包括列宁有着很深的影响。十月革命胜利后,列宁和俄共(布)在考虑苏俄建设社会主义的途径时,没有考虑到苏俄的经济同市场和商业的关系,即他们没有预想到苏俄需要发展市场和商业。如前所述,列宁和俄共(布)在十月革命胜利初期曾经提出"计算和监督"的经济变革方案。这个变革方案虽然不是激进的、快速向社会主义社会过渡的方案(即它是非"剥夺剥夺者"的方案),但它不包含发展市场和商业的内容,或者说其中没有关于发展市场和商业的内容。国内战争时期苏俄曾经封闭了市场,禁止自由贸易,实行消费品供给制、工业企业普遍的国有化等,而且在国内战争结束后一段时间内继续实施这样的政策,也说明俄共(布)未考虑过苏俄进行社会主义建设需要发展市场和商业。对此,列宁有明确的说明:回想一下俄共(布)从1917年底到1918年初所作的各种正式的和非正式的声明就可以发现,我们那时已认为,革命的发展道路,可能是

---

① 《列宁全集》第42卷,人民出版社1987年版,第226—227页。

比较短的,也可能是漫长而艰辛的。"但是,在估计可能的发展道路时,我们多半(我甚至都不记得有什么例外)都是从直接过渡到社会主义建设这种设想出发的,这种设想也许不是每次都公开讲出来,但始终是心照不宣的。我特意重新翻阅了过去写的东西,例如1918年3、4月间所写的关于我国革命在社会主义建设方面的任务的文章,我确信当时我们真有过这样的设想。"①这里所谓"直接过渡",指不通过市场和商品交换所实行的过渡。他的意思是,在进行社会主义建设的过程中不利用市场和商品交换,或者说不通过市场和商品交换向社会主义过渡,是当时他本人以及党的设想,虽然这个问题当时并不是经常地、公开地在会议上说起。他还说:"当时设想不必先经过一个旧经济适应社会主义经济的时期就直接过渡到社会主义。我们设想,既然实行了国家生产和国家分配的制度,我们也就直接进入了一种与以前不同的生产和分配的经济制度。我们设想,国家的生产和分配同私营商业的生产和分配这两种制度将互相斗争,而斗争所处的环境是:我们将建立起国家的生产和分配,逐步夺回敌对制度在这两个领域中的阵地。我们说,现在我们的任务与其说是剥夺剥夺者,不如说是计算、监督、提高劳动生产率和加强纪律。这是我们在1918年3、4月间说的,但是当时根本没有提出我们的经济同市场、同商业的关系问题。"②他这里所说"不必先经过一个旧经济适应社会主义经济的时期",指不经过一个利用市场和商品交换的时期或过程而向社会主义过渡。这里所说"建立起国家的生产和分配",指苏俄一方面存在着无产阶级国家的国有化企业,另一方面对私有企业实施"计算和监督",还留存着的资本主义的生产和分配会渐渐地受到削弱,并逐步地退出历史的舞台,由无产阶级国家掌握全部的生产和分配,这样就奠定了实现社会主义社会的经济条件。所以他说,"当时根本没有提出我们的经济同市场、同商业的关系问题"。列宁承认在十月革命胜利时期以及国内战争时期他和俄共(布)指导思想上存在的问题,即没有考虑到苏俄的经济同市场和商业的关系,希望不通过市场和商业直接地过渡到社会主义社会,实际上是承认了他自己思想上的教条主义,承认他自己尚没有认识到落后的俄国过渡途径的特殊性。

---

① 《列宁全集》第42卷,人民出版社1987年版,第220页。
② 《列宁全集》第42卷,人民出版社1987年版,第221页。

　　第二,从实践过程看,敌对势力的破坏活动迫使苏俄无产阶级采取严厉的军事政治措施。如前所述,十月革命胜利初期,苏维埃政权主张在一切企业建立工人组织,由其对企业的生产和分配进行"计算和监督",制约企业主的活动。同时宣布对银行、铁路和内河航运业实行国有化。这些政策和措施遭到了一些企业主和高级职员的反对。他们实行怠工和罢工,力图造成停工、停产,从经济生产上拖垮苏维埃政权。1918年春苏俄出现了饥荒。随着国内战争的爆发,出现了粮食极端困难的局面。为了获取粮食,保证城市工人和前线士兵的生活需要,苏维埃政权进一步地实行了余粮收集制。余粮收集制遭到了农村富农的反对和破坏。同时,运输粮食的工作也遭到了敌人的种种阻挠和破坏。1919年春,白卫军和帝国主义干涉军不断地派间谍到莫斯科、彼得格勒等城市进行破坏活动,如煽动罢工、策动叛乱、炸毁重要工厂和桥梁等。3月底,彼得格勒自来水厂地下室发现了敌特安放的炸药和定时炸弹。在国内战争过程中,苏维埃政权曾几次陷于非常不利的军事形势之下。每当这时,地主资产阶级残余势力如立宪民主党人、社会革命党人、孟什维克等,蠢蠢欲动,进行颠覆苏维埃政权的活动,与前线敌人的进攻遥相呼应。1918年8月30日,列宁在莫斯科米赫里逊工厂群众大会上作演说时遭到社会革命党人的枪击,身负重伤。同一天,社会革命党人在彼得格勒刺杀了这里的肃反委员会主席乌里茨基。敌对势力的破坏活动,迫使苏维埃政权采取严厉的军事政治措施,予以有力的回击。列宁在报告里举例说明了上述问题。他指出,1921年10月,在莫斯科看到了一份私人办的《广告小报》,引起了对苏维埃政权1917年底颁布的一些法令的回忆。在1917年底颁布的头一批法令中,有一条关于国家垄断广告业务的法令。它意味着:争得国家政权的无产阶级设想,向新的社会经济关系过渡尽可能"采用渐进的办法"——不取消私人报刊,而使它们在某种程度上服从国家的领导,把它们纳入国家资本主义轨道。法令规定国家垄断广告业务(即广告信息由国家机关集中,刊登广告的安排由国家机关办理,由国家机关征税),也就是设想还保留私营报纸而把它作为一种常规,还保留刊登私有企业广告的政策,也保留私有制,即保留许多需要刊登广告的私营企业。他说:"那么,在苏维埃政权成立后头几个星期里颁布的这项垄断私人广告业务的法令命运如何呢? 它的命运是这样的:很快就被踢开了。……我们的敌人——资本主义世界——对苏维埃政权这项法令的回答是:继续进行斗争,把斗争推向白热化,把斗争进行到底。"①他还说,当时苏维埃政权对资产阶级表示,你们还可以保留私人报刊、私人经营企业的权利以及这些企业刊登广告的自由,我们只规定国家对广告征税,对私人刊登广告的制度本身不但不去破坏,而且相反,由于信息业务的适当集中,只会让你们得到某些好处。"然而事实表明,我们不得不在完全不同的战场上进行斗争。我们的敌人资本家阶级用完全否认整个国家政权来回答它的这项法令。""实际生活,即资本家阶级的反抗,迫使我们的国家政权把全部斗争转移到另一个完全不同的方面,不是把斗争放在我们在1917年底曾天真地研究过的那些琐碎得可笑的问题上(他认为上述国家垄断广告业务的法令以后看来是可笑的——引者),而是放在生死存亡的问题上——粉碎整个职员阶级的怠工,击退得到全世界资产阶级支持的白卫军。"②

列宁通过举例而说明问题之后,进行了深刻的总结。他说:苏维埃政权建立之初,曾试行了一种经济政策,打算"实行一系列渐进的改变",打算比较慎重地向新制度过渡。但是,苏维埃政权从敌人的阵营得到的回答却是:决心进行残酷的斗争,以确定苏维埃政权作为一个国家能否在世界经济关系体系中站住脚。"这个问题只能用战争来解决,而且既然是国内战争,它就是非常残酷的,斗争愈艰巨,实行慎重过渡的余地就愈小。……我们只能说:'资本家先生们,你们吓不倒我们。你们在政治方面已经连同你们的立宪会议被打垮了,现在我们在这方面要再次把你们打垮。'我们不能不这样做。采用任何其他的行动方式,从我们方面说,都等于完全交出我们的阵地。"③在列宁的思想上,苏维埃政权由主张"渐进的改变"转到对敌人严厉打击的措施上,是由于敌对势力的破坏活动造成的。而苏维埃政权采取的严厉打击措施是十分必要的,没有它则不足以保证无产阶级专政的继续存在,而且没有这个时期"强攻"的措施也不能使无产阶级认识到转变为"围攻"措施的必要性。

---

①　《列宁全集》第42卷,人民出版社1987年版,第222页。
②　《列宁全集》第42卷,人民出版社1987年版,第223页。
③　《列宁全集》第42卷,人民出版社1987年版,第225页。

二、1921 年 10 月俄共(布)进行的"再退却"

1921 春开始实施新经济政策的时候,列宁设想的商品交换,通过两个途径进行。一个途径是生产者之间以货币为媒介进行的自由贸易,即通常意义上的自由买卖。当年 3 月 28 日,苏维埃政权发布《关于完成余粮收集制的省份自由交换和买卖农产品》的法令,规定了国内自由贸易的原则。5 月 24 日又发布《关于完成了实物税以后自由交换的卖出农产品》的法令,7 月 19 日又发布《关于开放私人贸易和进行交易的办法》的法令,进一步明确了自由贸易的原则和办法,①开启了市场和自由买卖。另一个途径是通过合作社进行交换,即生产者将自己的产品拿到合作社进行以物易物式的交换。当年 4 月 7 日,苏维埃政权颁布命令,对国内战争时期担任分配和供应职能的消费合作社进行改组,使其变成为城乡零售商品流通而服务的贸易合作社,以方便城乡之间产品的流转。②

列宁和俄共(布)希望合作社的交换能够发挥优越性,逐步地排挤自由贸易。可是实际上工农群众不习惯合作社的交换,更愿意进行自由贸易。同年 10 月,列宁认识到这个问题,提出苏俄要发展通常意义上的商业,国家政权要调节好商业活动。他在报告中说:"现在你们从实践中以及从我国所有的报刊上都可以清楚地看到,结果是商品交换(通过合作社的交换——引者)失败了。所谓失败,是说它变成了商品买卖。如果我们不想把脑袋藏在翅膀下面,如果我们不想硬着头皮不看自己的失败,如果我们不怕正视危险,我们就必须认识到这一点。我们应当认识到,我们还退得不够,必须再退,再后退,从国家资本主义转到由国家调节买卖和货币流通。"③

苏俄由国内战争时期对资产阶级采取进攻的态势转到新经济政策时期利用资本主义作用的政策上,是一个"战略退却"。但是这个退却远远不到位,因为这时列宁和俄共(布)还没有意识到苏俄发展商业的不可避免性和必要性,

---

① 参见[苏]梁士琴科:《苏联国民经济史》第 3 卷,人民出版社 1960 年版,第 181 页。

② 参见[苏]梁士琴科:《苏联国民经济史》第 3 卷,人民出版社 1960 年版,第 186 页。

③ 《列宁全集》第 42 卷,人民出版社 1987 年版,第 228 页。

如当时设想的商品交换通过两个途径进行,就自由贸易而言也是在地方的范围内进行的。可以看出,1921 年春列宁和俄共(布)关于经济建设方式的设想里,尚没有发展商业的内容,列宁的思想还没有真正脱离马克思主义创始人关于社会主义社会没有商业和货币的构想。现在列宁提出苏俄必须发展商业,无产阶级国家必须调节好商业活动即管理好商业,同 1921 年春的设想相比较,不能不说是一个大的再退却。所以列宁一再地强调,必须再退,再后退。

实施再一次退却,要求党对自己的党员和干部进行思想教育,使他们正确地认识再退却的必要性和无产阶级国家发展商业的意义。当时,许多党员和干部对于再退却和无产阶级国家发展商业持否定的意见。有的人说,执政的共产党居然要把商业的任务,即最平常、最普通、最庸俗、最微贱的任务提上日程,这样还有什么共产主义味道呢? 有的人说,人们看到这种情况不能不万念俱灰,唉,一切都完了! 列宁说:"我想,只要看一看自己的周围,就能发现这种情绪;这种情绪是非常危险的,因为它一旦蔓延开来,就会蒙蔽许多人的眼睛,使人难于清醒地理解我们当前的任务。"①他在报告中重点地向党员和干部讲清楚了下述观点。

第一,只有通过商业的途径才能恢复国民经济,准备好向社会主义过渡的条件。苏俄是一个小生产占很大比重的落后国家。在这样的国家里,只有通过商业才能实现各个生产者之间的经济联系以及城乡之间的经济联系,或者说只能通过商品交换即买卖才能建立起各个生产者之间正常的经济关系,才能形成竞争的局面,促进生产的发展。正如当代的人们所说的,经济落后的国家不能绕过商品经济充分发展的阶段而过渡到社会主义社会。苏俄国内战争时期实行封闭市场和禁止商品交换的政策,有损于生产的发展和经济的发展。新经济政策初期商品交换通过两种途径进行,虽允许自由贸易但限于在地方的范围以内,也不利于生产的发展和经济的发展。所以,必须进一步退却,退到通常的商业运行的轨道上。这个道理需要向广大党员和干部说清楚。列宁说:"现在我们处于必须再后退一些的境地,不仅要退到国家资本主义上去,而且要退到由国家调节商业和货币流通。这条道路比我们预料的要长,但是只有经过这条道路我们才能恢复经济生活。必须恢复正常的经济关系体系,恢

---

① 《列宁全集》第 42 卷,人民出版社 1987 年版,第 229 页。

复小农经济,用我们自己的力量来恢复和振兴大工业。不这样我们就不能摆脱危机。别的出路是没有的。"①他的思想是,发展商业是苏俄恢复和发展经济的唯一出路,不通过这条道路则不能恢复正常的经济关系,不能恢复和发展国民经济。然而,发展商业是一个十分敏感的话题,它会使人联想到马克思关于社会主义社会没有商业和货币的设想,会使人感到苏俄距离社会主义和共产主义十分遥远。列宁说:"不管我们怎样觉得商业领域距离共产主义很遥远,但正是在这个领域我们面临着一项特殊任务。只有完成了这一任务,我们才能着手解决极其迫切的经济需要问题。也只有这样,通过一条比较漫长然而比较可靠的、也是目前我们唯一走得通的道路,我们才能保证大工业有恢复的可能。"②商业固然距离社会主义和共产主义十分遥远,发展商业固然是一条漫长的道路,但它是一条可靠的道路,是苏俄走得通的道路。列宁向广大的党员和干部讲清楚了这个道理。

第二,只学会了进攻而没有学会退却的军队,是不能取得战争胜利的。苏俄无产阶级在国内战争时期对资本主义实施"强攻",包括对敌对势力采取严厉的打击措施,是必须的和必要的。一是不采取这样的措施则不能够巩固苏维埃政权,二是不采取这样的措施(这是试探性的措施)则不知道何种措施和途径是同俄国的实际相适合的,则不知道改行"围攻"的必要性和合理性。也就是说,苏俄过去进行"强攻"是必要的和合理的,现在改为"围攻"也是必要的和正确的。如同军队在进行战斗时,强攻是必要的,退却和改为围攻也是正确的。这就要求这支军队既要学会强攻的本领,又要学会退却的本领。列宁说:"如果一支军队已经确信不能用强攻方式拿下要塞,但仍然表示不同意撤出旧阵地,不去占领新阵地,不改用新方法来完成任务,那么对于这样的军队应当说:只学会了进攻而没有学会在某些困难条件下为了适应这种条件必须实行退却,是不会取得战争胜利的。"③他说,自始至终全是胜利进攻的战争在世界历史上是从来没有过的,即或有过也是例外。在俄国无产阶级所完成的任务中,没有一项是不经过反复而一次完成的。失败了再来,一切重新做过,相信一项任务总有办法可以完成。我们过去是这样工作的,今后还应该这样

---

① 《列宁全集》第42卷,人民出版社1987年版,第229页。
② 《列宁全集》第42卷,人民出版社1987年版,第233页。
③ 《列宁全集》第42卷,人民出版社1987年版,第230页。

工作。他认为,必须向广大党员和干部讲清楚这个道理。

第三,立足于现有的资本主义关系有危险,但是不能害怕危险。实施新经济政策以来,国内资本主义的成分得以增长。商业运行以后,资本主义成分的增长会进一步加速。无产阶级专政的国家里,出现资本主义成分迅速增长的状况,对于掌握政权的无产阶级及其政党来说,是一个重大的考验。有的人感到了危险。列宁在报告中说:"新经济政策所造成的情况,如小型商业企业的发展、国营企业的出租等,都意味着资本主义关系的发展,看不到这一点,那就是完全丧失了清醒的头脑。不言而喻,资本主义关系的加强,其本身就是危险性的增强。你们能给我指出什么没有危险的革命道路、没有危险的革命阶段和革命方法吗?"①他说,在建立苏维埃政权和遭到敌对势力反抗时,危险来自政治方面,这种危险是微不足道的。在全世界资本家所支持的国内战争爆发后,出现了军事上的危险,这种危险就比较严重了。而在我们改变了的经济政策后,危险就更大了。"资本主义的恢复、资产阶级的发展和资产阶级关系在商业领域的发展等等,这些就是我们目前的经济建设所遇到的危险,就是我们目前逐步解决远比过去困难的任务时所遇到的危险。在这一点上切不可有丝毫的糊涂。"②他的意思是,要看到危险,但是不能害怕危险,必须向广大党员和干部讲清楚这个道理。

三、对列宁思想的评论

列宁在莫斯科省第七次党代表会议上关于新经济政策的报告里阐述的理论,即"战略退却"的理论,丰富和发展了马克思主义关于社会主义建设的理论。马克思没有经历社会主义建设的过程,对于社会主义建设过程中的艰难曲折没有亲身的体验,更不可能了解和认识落后国家社会主义建设过程中的种种困难和问题,所以没有也不可能就落后国家社会主义建设中的退却以及退却与前进的关系等留下理论遗产。列宁在领导苏俄社会主义建设的过程

---

① 《列宁全集》第42卷,人民出版社1987年版,第231页。
② 《列宁全集》第42卷,人民出版社1987年版,第232页。

中,认真总结了苏俄1918年春退却、1921年春退却和1921年10月再退却的历史经验,提出了社会主义建设"战略退却"的概念及理论。这个理论包括退却"前阶段"苏维埃政权政策的合理性的观点,实施"战略退却"的正确性和意义的观点等,它丰富和发展了马克思主义。如前所述,马克思主义创始人曾设想,社会主义社会没有商品交换和货币流通,列宁和俄共(布)曾深受这个理论观点的影响,在十月革命胜利后前几年的实践过程中没有考虑到苏俄必须发展商业的问题。他们在经历了1921年秋的"再退却"后终于认识到,在小生产者占人口大多数的苏俄,只有商业才能实现各个生产者之间的经济联系和城乡之间的经济联系,形成竞争的局面,促进生产和经济的发展。列宁得出结论,苏俄需要发展商业,国家机关必须调节好商业的活动。在这篇报告中,苏俄发展商业的理论包括下述内容:只有通过商业的途径才能恢复国民经济,准备好向社会主义过渡的条件;只学会了进攻而没有学会退却的军队,是不能取得战争胜利的;立足于现有的资本主义关系有危险,但是不能害怕危险。它丰富和发展了马克思主义。

列宁"战略退却"的理论,在当代具有启发思想的作用,有利于人们正确地认识中国社会主义建设进程中的曲折。1978年中国共产党十一届三中全会提出转变党和国家工作的重心,实行改革开放。从一定的意义上看,这是一次"战略退却"的实践。从1953年起,党开始实施党在过渡时期的总路线,要求改变生产关系的性质,建立社会主义公有制。这实质上是对资本主义经济采取了进攻的态势。改革开放以后,允许个体经济、私营经济的发展,建立经济特区,吸收外资,建立"三资企业",实质上是利用资本主义的作用,促进社会主义发展。前后相比较,不能不认为实施改革开放是一次"战略退却"的实践。1989年的政治风波被平息以后,进行了一场社会主义教育的活动,批判了资产阶级自由化的言论和思潮,批判了"民主社会主义"以及国外的其他政治思潮。这体现出当时对资产阶级采取了进攻的态势。1992年春,以发表邓小平的南方谈话为契机,中国掀起了改革开放的新浪潮。此后,中国着力于建立社会主义市场经济体制,着力于形成以公有制为主体、多种所有制经济共同发展的局面。在实践过程中,提倡以"三个有利于"作为判断政策和措施"是非得失"的标准。这实质上是以更大的力度利用了资本主义的作用。相对于50年代社会主义改造的实践,相对于80年代的改革开放实践,不能不认为这是中国社会主义建设进程中的"再退却"。可以看出,列宁关于"战略退却"的理论,可以启发人们正确地认识中国社会主义建设史上的曲折。而且它告诉人们,改革开放具有无比的重要性和意义,但是改革开放"前阶段"实施的党在社会主义过渡时期总路线以及中国社会主义改造的实践具有合理性和必要性。1992年改革开放新浪潮"前阶段"进行的社会主义教育活动也是必要的和合理的。

中国共产党人对于在中国发展商业和商品经济也有一个认识的过程。在"文化大革命"期间,曾经提出割资本主义的尾巴,将农民的自留地、住房周边菜园、集贸市场等都视为资本主义的尾巴,力图彻底地割除。这样做的实质,是彻底地消灭商品经济。那个时候以及"文化大革命"结束后一段时间里,人们认为社会主义经济的特点是"有计划按比例地发展经济"。随着改革开放的进行,人们的认识有所改变,1984年党的十二届三中全会通过的《中共中央关于经济体制改革的决定》第一次明确提出社会主义经济"是在公有制基础上的有计划的商品经济"。这个论断及其包含的思想,同列宁关于苏俄发展商业的思想即无产阶级国家调节好商业活动的思想及精神是一致的。1992年初邓小平在南方谈话过程中说,:计划多一点还是市场多一点,不是社会主义与资本主义的本质区别。计划经济不等于社会主义,资本主义也有计划;市场经济不等于资本主义,社会主义也有市场。社会主义也可以搞市场经济。同年党的十四大明确提出,中国经济体制改革的目标是建立社会主义市场经济。中国共产党建立社会主义市场经济的理论与实践,丰富和发展了列宁关于发展商业的思想。可是,如同中国共产党的事业源于列宁领导的社会主义事业一样,建立社会主义市场经济的理论源于列宁当初发展商业的思想。

第九章 对社会主义未来的展望及嘱托
——研读列宁"最后的书信和文章"

列宁由于长时期艰苦的革命斗争,身体状况极差,1918 年又遭敌特的枪击,严重地影响健康。到 1922 年底,他不得不离开工作岗位。自 1922 年 12 月至 1923 年 3 月,卧在病榻上的列宁思考和展望社会主义的未来,回顾和总结苏俄社会主义建设的经验,以口授的方式留下了一组书信和文章,作为向党和苏维埃国家后来的领导人以及全体人民的政治嘱托。这即是所谓列宁"最后的书信和文章"。当前研究这些书信和文章,吸收列宁的理论遗产,具有十分重要的意义。

一、改善党的工作机关和加强党内监督

1922 年 12 月 23 日至 26 日,列宁在《给代表大会的信》中提出,必须增加党中央委员的人数,加强党中央集体领导的力量,改善党的领导,防止党组织的分裂。

在俄共(布)的历史上,在列宁逝世以前,党中央委员会的人数很少。1898 年党的第一次全国代表大会选举产生的中央委员只有 3 人,1903 年党的第二次全国代表大会选举产生的中央委员也只有 3 人。党执政以后举行的第一次全国代表大会即第七次全国代表大会,选举产生的中央委员有 15 人,候补中央委员有 8 人。1922 年列宁最后一次领导举行的党的全国代表大会即第十一次全国代表大会,选举产生中央委员 27 人,候补中央委员 19 人。同年底,身

患重病的列宁提出,必须增加党中央委员的人数。他在《给代表大会的信》中
说:"首先我建议把中央委员人数增加到几十人甚至 100 人。""我想,我们党有
理由要求工人阶级出 50—100 个中央委员,而又不致使工人阶级太费力。"①列
宁提出这个建议,基于以下几种考虑:

第一,增加党中央委员,尤其是选举工人党员进中央委员会,有利于改善
党的工作机关。十月革命胜利后,党和无产阶级按照马克思主义的基本原理,
推翻和废除了旧的国家机关,建立了新的国家机关和党的领导机关。可是,
1918 年夏国内战争爆发后,支持战争需要加强管理,党和国家一时不能够培养
足够的新管理人员,不得不吸收一批旧政权的管理人员参与机关工作。这样,
旧的管理人员把旧机关的作风带进了新机关。国内战争结束时,国家机关和
党的机关面临的问题之一,是官僚主义十分严重。在随后到来的新经济政策
时期,党的机关和国家机关不能很好地适应恢复和发展国民经济的新形势。
列宁逝世前夕,着眼于改善党的机关,提出必须增加中央委员,尤其是要从工
人党员中选举中央委员。他说,无产阶级革命胜利和建立新的机关以来,只有
几年的时间,在这样短的时间里,特别是在战争、饥饿等恶劣的条件下,要把机
关改造和建设好是不可能的,"在和平已经到来和免于饥饿的最低需要已经得
到保证的现在,全部工作都应该集中到改善机关上"②。他还说:"吸收很多工
人参加中央委员会,会有助于工人改善我们糟透了的机关。"③为了改善党的
机关,必须加强对机关工作的检查,"几十个工人参加中央委员会,就能比其他
任何人更好地检查、改善和改造我们的机关"④。按照列宁的意见,拟选任中
央委员的工人党员,不应该是担任国家政权机关领导职务的人,而应该是普通
的工人党员。在他看来,这些人作为工人群众的代表,能够认真地对党的机关
工作进行监督和检查,使党的机关真正摆脱官僚主义,而且他们生活在工人群
众中间,真正了解工人群众的愿望和要求,能够把工人群众的愿望和要求及时
反映到党中央委员会,以利于党制定正确的路线、方针和政策。

第二,增加党中央委员,选举工人党员进中央委员会,有利于培养党和国

---

① 《列宁全集》第 43 卷,人民出版社 1987 年版,第 337 页。
② 《列宁全集》第 43 卷,人民出版社 1987 年版,第 341 页。
③ 《列宁全集》第 43 卷,人民出版社 1987 年版,第 341 页。
④ 《列宁全集》第 43 卷,人民出版社 1987 年版,第 341 页。

家事业发展的骨干。如上所述,列宁认为改善党的机关必须加强对机关工作的检查。可是,只有忠诚党的事业而且具有很强工作能力的人,才能胜任检查的工作。因此,培养一大批党和国家事业发展的骨干,使其参与检查工作,是党的组织工作面临的重要任务。在列宁看来,选举一批工人党员进入中央委员会,使他们在工作过程中得到锻炼,提高思想政治素质和工作能力,是培养骨干的途径之一。这就是他所说的:"我想,这种工人出席中央委员会的一切会议,出席政治局的一切会议,阅读中央委员会的一切文件,能够成为忠诚拥护苏维埃制度的骨干。"①当然,加强对各个机关检查的工作,看其是否贯彻和执行了党的路线、方针和政策,是否有效地推进了各自承担的工作任务,需要有各个方面的专家参与检查工作,还需要有当时的检查机关——工农检查院的人员参与工作。可是列宁认为,工人党中央委员在检查工作中可以同这些方面的人员相互配合,并且他们可以在这种相互配合的工作中学习如何做好检查工作,学习如何管理好党和国家的各项事业。他说:"如果中央委员的人数适当增加,他们在高度熟练的专家和在各部门都有很高威信的工农检查院成员的帮助下,年复一年地学习国家管理的课程,那么,我认为,我们一定能够成功地解决我们长期未能解决的这一任务。"②即培养党的骨干并加强检查的任务。

第三,增加中央委员的人数,有利于增强党中央委员会的稳定性,防止党组织分裂。当时,由于列宁病重而不能主持党中央的工作,党中央委员会产生了不团结和不稳定的苗头。党中央的某个领导人,参与领导过 1917 年十月武装起义,领导过建立红军和开展国内战争的工作,组织工作能力强,曾被列宁誉为党内最有才能的人。但是,此人过分自信,不善于听取周围同志们的意见,不善于做思想政治工作,难以团结同志们一起完成工作任务。党中央的另一位领导人,如同列宁所说的,掌握着很大的权力,可是在工作中缺少耐心,十分任性,使用权力不谨慎,对待同志态度粗暴。上述两位领导人如果不能处理好他们之间的关系,则有可能导致党中央委员会的分裂。如果增加了中央委员的人数,中央委员会形成决议的力量就会大大增强。如果中央委员会根据

---

① 《列宁全集》第 43 卷,人民出版社 1987 年版,第 342 页。
② 《列宁全集》第 43 卷,人民出版社 1987 年版,第 343 页。

民主集中制的原则和集体领导的原则开展工作,它就可以依靠大多数人的力
量克服某几个人的意见不一致所产生的分裂苗头。譬如,可以把不同的意见
或是非问题交中央委员会集体讨论,根据中央委员会中大多数人的意志作出
选择或裁决。这样,党中央委员会的团结和稳定性就有保障。鉴于此,列宁指
出,国内外敌人把反对苏维埃俄国的赌注押在党的分裂上,"在这种分裂方面"
他们又把赌注押在党中央领导人的意见分歧上,现时中央的两位领导人的某
些表现"会出人意料地导致分裂","而这种分裂是可以避免的,在我看来,把
中央委员增加到 50 人,增加到 100 人,这应该是避免分裂的一种办法"①。
"采取了这样的措施,我们党的稳定性将增强千倍。"②

　　在上述《给代表大会的信》以及《我们怎样改组工农检查院》、《宁肯少些,
但要好些》等文献中,列宁提出,必须改革党的中央监察机关——中央监察委
员会,加强党内监督。

　　十月革命胜利后,俄共(布)的中央监察机关和苏维埃国家的监督机关经
过了一个演变的过程。1920 年 9 月,苏俄的国内革命战争胜利在望,战争状态
即将结束,和平经济建设的新时期即将到来。在这时举行的俄共(布)第九次
全国代表会议上,列宁提议,建立党的中央监察委员会。会议就此通过了决
议。1921 年 3 月,俄共(布)举行第十次代表大会。这次大会通过的一系列决
议,使苏俄由战时共产主义转向了新经济政策。就是在这次大会上,列宁领导
选举产生了俄共(布)的首届中央监察委员会,并领导通过了《关于监察委员
会》的决议。次年 3 月,俄共(布)十一大在列宁的领导下,进一步制定了《监
察委员会条例》。该条例就监察委员会的任务、职权以及它的中央机构和地方
机构等问题,作了一系列规定。如它规定,监察委员会的设置,分中央、区域和
省三级;各级监察委员会分别由同级党的代表大会选举产生,对党的代表大会
负责,直接向它报告工作;党的监察委员应是党内最有修养、最有经验、最大公
无私并能严格执行党的规章的同志;监察委员不得兼任党委会委员,不得兼任
负责的行政职务,在任期未满前不得调任其他工作。它还规定,党的监察委员
会和同级党委会,在组织上是平行的,彼此之间不存在领导与被领导的关系;

---

① 《列宁全集》第 43 卷,人民出版社 1987 年版,第 339 页。
② 《列宁全集》第 43 卷,人民出版社 1987 年版,第 338 页。

然而由于监察委员会负有特殊的职责,它的委员有权出席同级党委会的一切会议,并有发言权。这些规定,指导了当时各级监察委员会的建设及各项工作的展开。

1918 年 5 月,苏维埃国家建立了国家监察人民委员部。这是中央政府即人民委员会下面的一个部级行政机构,其职能是对政府各部门的工作进行监督和检查。同年底,又建立了工人检查院。这是由工会组建并对工会负责的监督机构,其工作任务是检查粮食机关收购、运送和分配粮食的情况。1920 年 2 月,全俄苏维埃中央执行委员会作出决定,国家监察人民委员部在吸收工农群众参加机关工作的基础上,改组成为工农检查院(此后工人检查院不复存在)。该院是对国家行政机构进行监督和检查的机构。它的职责是通过检查与调查的方法,对一切国家行政机关、经济组织、社会团体的工作进行监督,同官僚主义现象作斗争,督促各机关和组织贯彻执行国家的法律、法令和政策。

列宁逝世前夕,在认真总结以往监督工作经验的基础上提出,必须从工作上和组织上把党中央监察委员会和工农检查院结合起来。其具体办法是:增选中央监察委员,使其达到 75—100 人(列宁领导举行的党的十一大选举产生的中央监察委员会委员和候补委员总共只有 7 人),这些人从工人党员和农民党员中选出,享有中央委员的一切权力;同时缩减工农检查院的职员;使中央监察委员会和工农检查院联合办公;中央监察委员会主席团和工农检查人民委员(即工农检查院院院长)协同领导中央监察委员会,分配所有中央监察委员的工作;工农检查人民委员和部务委员仍然领导整个工农检查院的工作,而且领导"派来"听他调遣的中央监察委员。

列宁认为,这一改革有下列好处:一是可以提高工农检查院的地位和威信。作为行政机关的工农检查院,在组织上和工作上同党的中央机构——中央监察委员会结合起来,地位和威信必然得以提高。当时政府的外交人民委员部工作出色,威信很高。列宁说:"把工农检查院和中央监察委员会这样结合起来,……工农检查院因此能获得很高的、至少不亚于我们外交人民委员部的威信。"[①]二是可以提高工农检查院的工作质量。三是可以使党中央委员会和中央监察委员会增进同群众的联系,更好地了解情况,改进工作。由于工农

---

① 《列宁全集》第 43 卷,人民出版社 1987 年版,第 374 页。

检查院是密切联系群众的机构,是检查和调查情况的机构,由于中央监察委员
会同工农检查院的结合,由于中央监察委员会同中央委员会的必然的、不可分
离的联系,工农检查院成了中央委员会和中央监察委员会了解情况和联系群
众的桥梁。这就是列宁所说的:经过这种改革,"我们的中央委员会就会同中
央监察委员会一起……通过我国工农中的优秀分子同真正广大的群众联系起
来"①。四是可以使中央委员会增强团结。监察制度的改进和它的作用的发
挥,有利于中央委员会排除干扰,顺利地开展工作。所以列宁说:这种改革,
"还有一个好处,就是在我们中央委员会里纯个人因素和偶然情况的影响会减
少,从而分裂的危险也会减少"②。

列宁预见到,有的人可能会对这种改革提出反对意见。他们会说,这种改
革只会造成混乱,中央监察委员会的委员们或者在机关游逛,不知道自己应该
到哪儿去工作,或者任意到一些机关去,打断职员们的工作程序,影响机关工
作的正常开展。针对此,列宁说,提出这种意见的人,是那些想使我们的机关
"成为旧机关的人,也就是那些主张让我们机关照现在这样保留着革命前的糟
糕透顶的状态的人"。当时,在被称为模范工作机关的外交人民委员部里,已
经成功地实现了党的工作和行政工作的灵活结合。在党中央政治局里,经常
讨论国家行政方面的事务,也体现出党的工作和行政工作的灵活结合。列宁
说:"难道苏维埃机关和党的机关这种灵活的结合,不是我们政策的巨大力量
泉源吗?"③工农检查院的工作涉及国家的一切行政机关,包括中央的、地方
的、商业的、教育的、档案的、文艺的等,尤其需要上述活动方式上的灵活性。
列宁说:"对于活动范围这样广,又需要活动方式非常灵活的机关,为什么不能
容许它用特殊的形式把党的监察机关同苏维埃监察机关合并起来呢?""我看
不出这里有什么障碍。而且我认为,这种结合是顺利工作的唯一保证。"④可
是列宁也意识到,进行这项改革,使中央监察委员会和工农检查院协调好工
作,不是一朝一夕的事。他指出,需要顽强而认真的实践,不断地总结经验,若
干年以后才能建立起人民委员部有关机构与中央监察委员会协调工作的

① 《列宁全集》第 43 卷,人民出版社 1987 年版,第 374 页。
② 《列宁全集》第 43 卷,人民出版社 1987 年版,第 376 页。
③ 《列宁全集》第 43 卷,人民出版社 1987 年版,第 386 页。
④ 《列宁全集》第 43 卷,人民出版社 1987 年版,第 387 页。

制度。

列宁在提出上述改革意见的同时提出,必须提高中央监察委员会的地位,加强党内监督工作的力度。如前所述,党的《监察委员会条例》规定,党的监察委员会和同级党委,在组织上是平行的,彼此之间不存在领导和被领导的关系,而且由于监察委员会职责的特殊性,它的委员有权出席同级党委的一切会议,并且有发言权。可是在实践上,这些规定未很好地落实。列宁逝世前夕再次提出这个问题,特别是就中央监察委员会和中央委员会的关系郑重地提出这个问题。他说,中央监察委员会的委员应该出席中央委员会的会议,而且应该有一定数量的中央监察委员会委员出席中央政治局的会议。党中央政治局在举行会议以前,应该将会议有关的文件送交中央委员会和中央监察委员会各委员阅读,使其了解情况。他特别强调:"中央监察委员会委员必须在自己主席团的领导下,经常检查政治局的一切文件。"①对于出席政治局会议的中央监察委员会委员,他提出要求:不顾情面,不怕压力,大胆监督。这就是他所说的:"出席政治局每次会议的中央监察委员会的委员们,应该形成一个紧密的集体,这个集体应该'不顾情面',应该注意不让任何人的威信,不管是总书记,还是某个其他中央委员的威信,来妨碍他们提出质询,检查文件,以至做到绝对了解情况并使各项事务严格按规定办事。"②在他看来,中央监察委员会及其委员必须这样工作,只有这样才能真正实现坚强有力的党内监督。监察委员会的工作,从一定意义上看,是同严重违反党的纪律的人作斗争,即同党内的异己分子作斗争。为了卓有成效地进行这种斗争,监察委员会委员必须学习和掌握斗争的方法,如必须学会掩护和保护自己,机智而巧妙地接近工作对象,准确而及时地把隐藏的异己分子挖出来。列宁说:关于监察委员会的工作,"虽然不是学会捉拿骗子,也是捉拿诸如此类的家伙,同时还要想出特别巧妙的办法来掩护自己的进攻、接近等等"③。这里虽然说的是监察委员会的任务和工作方法的问题,但可以看出,在列宁的思想上,监察委员会的工作任务不轻松、不平常,需要以勇敢的精神和坚强的决心大力度地推行。

列宁还提出,必须把优秀的人才选拔到中央监察委员会,增强它的力量。

---

① 《列宁全集》第43卷,人民出版社1987年版,第384页。
② 《列宁全集》第43卷,人民出版社1987年版,第377页。
③ 《列宁全集》第43卷,人民出版社1987年版,第385页。

在苏俄国内战争过程中,党把优秀人才集中到红军里,加强了红军干部队伍的
建设,从而保证国内战争取得了胜利。在考虑增强中央监察委员会的力量时,
列宁主张借鉴国内战争的经验,选拔优秀分子进中央监察委员会。关于选拔
的具体方法,他的意见是:成立一个专门的筹备委员会,负责物色中央监委候
选人。在各个经济组织、各个社会团体、各个学校的学员里,有各个方面的优
秀人才。在物色候选人时,不能重视某一个方面或某一些方面的人才,而忽视
另一些方面的人才。列宁说:最好是使中央监察委员会"有各种各样的人员,
在这个机构里我们应当设法把多种素质和不同优点结合起来,因此,我们得下
功夫拟好候选人名单。"①他要求候选人名单里有鼓动型人才、善于交际的人
才和能够深入到群众中去的人才等等。物色候选人时,尤其应当重视政治思
想素质。列宁说:"吸收来当中央监察委员的工人,应当是无可指责的共产党
员,……为了使他们学会工作方法和胜任工作任务,还应该对他们进行长期的
培养。"②即首先要求他们政治思想合格,其次要求他们业务能力不断提高,有
关部门要帮助他们提高业务能力。

二、加强文化建设的意义和措施

十月革命胜利时的俄国,是一个经济文化比较落后的国家。到列宁逝世
前夕,苏维埃国家的历史虽然已近7年,但是由于这一历史阶段激烈的政治斗
争和军事斗争,党和国家不可能有效地进行文化建设,国家文化落后的面貌未
从根本上得以改变。1923年1月,列宁在《日记摘录》、《论合作社》、《论我国
革命》等文献中,就苏俄加强文化建设的意义提出了下述重要思想。

第一,加强文化建设是建成社会主义社会的前提。苏俄社会主义政权建
立在落后的经济文化基础之上,要建成社会主义,必须加强文化建设。也就是
说,只有文化建设的发展,从而使社会整体文化水平得以提高,才能发展生产
力,才能提高人民当家作主和管理国家的能力,才能增强国防力量,即才能建

---

① 《列宁全集》第43卷,人民出版社1987年版,第384页。
② 《列宁全集》第43卷,人民出版社1987年版,第382页。

社会主义社会。由这种认识出发,列宁在有关文章中提出,此前党把工作重心放在政治斗争上,全力进行夺取政权和巩固政权的工作,"现在重心改变了,转到和平的'文化'组织工作上去了"①。即认为在安排国内各项事业的发展序列时,应把文化工作置于十分重要甚至优先发展的地位。他还提出,必须由全党重视和努力,发动全体人民积极参与,在城市和农村来一个文化革命,"现在,只要实现了这个文化革命,我们的国家就能成为完全社会主义的国家了"②。

第二,在农民中开展文化工作可促进合作社的建设。在革命前的俄国,已经产生了合作社组织。如1917年初,俄国有合作社2.3万个,社员近700万人。这是一种以经商为主要业务的经济组织。社员以家庭为单位进行生产劳动,劳动成果为劳动者个人及家庭所有,但可通过合作社进行彼此之间劳动成果的交换,即社员可以向合作社出售自己的产品,从合作社购回自己所需的物品。社员在自己的合作社购物时,可以得到价格上的优惠。十月革命胜利后,农村的合作社组织依然存在。在国内战争时期,国家曾利用它对居民进行粮食和其他消费品的分配。在新经济政策时期,列宁把它看成为国家资本主义的主要形式之一,主张通过它实现劳动者之间和城乡之间的商品交换,认为国家可以通过它掌握商品交换的情况,并对商品交换的过程进行监督。由于合作社具有这样的作用和意义,又由于它具有一定程度的集体化的趋向,即社员将在合作社的交换活动中逐渐养成集体生活的意识和习惯,所以列宁逝世前夕提出,合作社的发展等于社会主义的发展,必须大力发展合作社。

列宁提出,在农民中开展文化工作可促进合作社的建设。譬如,他在《论合作社》一文中提出了两个划时代的任务,强调其中"第二个任务就是在农民中进行文化工作"③。并且说:"这种在农民中进行的文化工作,就其经济目的来说,就是合作化。"④列宁为什么把对农民进行文化工作同合作社的建设联系起来?因为在他看来,合作社的建设和发展,需要农民人人增长见识,懂得合作社的好处,踊跃参加合作社。显然,要做到这一点,必须在农民中进行文化工作。这就是他所说的:"我们要做的事情'仅有'一件,就是要使我国居民

---

① 《列宁全集》第43卷,人民出版社1987年版,第367页。
② 《列宁全集》第43卷,人民出版社1987年版,第368页。
③ 《列宁全集》第43卷,人民出版社1987年版,第367页。
④ 《列宁全集》第43卷,人民出版社1987年版,第367页。

'文明'到能够懂得人人参加合作社的一切好处,并参加进去。""不做到人人
识字,没有足够的见识,没有充分教会居民读书看报,……我们就达不到自己
的目的。"①

　　第三,提高机关工作者的文化素质有利于改善党和国家机关的工作。苏
俄历史进入新经济政策时期以后,党和国家机关中暴露出严重的官僚主义现
象。如许多机关工作人员不为经济工作服务,不做实事。他们或者没完没了
地开会,下发许多对基层工作无意义的文件,或者想出新花样,成立新的委员
会,或者关闭在机关内制定与人们的社会实践不相适应的计划,甚至制定对经
济发展无关紧要却必须开支数十亿乃至数万亿苏维埃卢布的计划。当时的革
命诗人马雅可夫斯基在一首政治题材的诗歌里,嘲笑了那些老是开会和不做
实事的机关工作人员。列宁说,这首诗歌的内容从政治上看是绝对正确的。
当时官僚主义的另一种表现是,在经济领域里,党和国家的机关工作者不会做
生意,在同资本家、商人的竞赛中往往处于劣势,而且这些机关工作者不知道
自己不会做生意,不愿意学习并学会这一行。鉴于此,列宁逝世前夕批评指
出,我们的机关"是旧事物的残余","我们国家机关及其改善的问题,是一个
非常困难、远未解决同时又亟待解决的问题"②。要通过改善机关,"使它的组
织和工作有计划、有目的、有系统","同真正广大的群众联系起来",要通过改
善机关,"有步骤地、不断地提高工作质量,而提高工作质量对于工农政权和我
们苏维埃制度是绝对必要的"③。

　　十月革命胜利后,列宁领导党和国家为推进苏维埃国家的文化建设,采取
了有关措施。他逝世前夕,在上述文献中,在认真总结经验的基础上就进一步
加强文化建设的措施提出了下述意见。

　　第一,提高教师在苏维埃制度下的地位,以他们的作用促进文化建设。在
旧俄国,教师的社会地位十分低下。苏维埃政权建立以后,面对发展教育的任
务,党和国家政权采取有关措施,提高教师的地位,改善教师的生活,但由于许
多因素的制约,问题尚未根本解决。所以,列宁逝世前夕在《日记摘录》中提
出:"应当把我国国民教师的地位提到在资产阶级社会里从来没有、也不可能

---

①　《列宁全集》第 43 卷,人民出版社 1987 年版,第 364 页。
②　《列宁全集》第 43 卷,人民出版社 1987 年版,第 373 页。
③　《列宁全集》第 43 卷,人民出版社 1987 年版,第 375 页。

有的高度。这是用不着证明的真理。""而不做到这一点,就谈不上任何文化,既谈不上无产阶级文化,甚至也谈不上资产阶级文化。"①在这一时期,列宁从尊重教师和提高他们地位的角度出发,主张称教师为"人民教师"。在列宁看来,提高教师的地位,最重要的一点是改善他们的物质生活条件和工作条件。如,1923 年,苏俄的经济状况和粮食供应状况尚未根本好转,但列宁要求有关部门增加对教师的面包分配额。

第二,尽力增加对教育的财政投入,推进教育事业,从而促进文化建设。列宁在《日记摘录》中根据有关统计资料提出,苏俄做到人人识字,还有很大距离,只有经过长期的、认真的努力,"才能达到西欧一个普通文明国家的水平","才能在我国无产阶级所取得的成就的基础上真正达到稍高的文化水平"。他认为,为了达到这个目的,必须增加对教育事业的财政投入,推进教育事业,从而促进文化建设。这就是他所说的:"应当在最近修改我国季度预算的时候,实际着手干起来。"应当削减其他部门的经费,"以便把削减下来的款项转用于教育人民委员部"②。列宁指出,没有哪一个国家、哪一个地方的人民像苏俄人民群众这样"关心真正的文化",没有哪一个国家、哪一个地方象苏俄这样把文化问题"提得这样深刻",这样有高度,没有哪一个国家像苏俄这样政权掌握在人民手中并可按照人民的要求发展教育和文化,所以苏俄发展教育和文化的目的一定可以实现。

第三,提倡城市党组织和城市文化团体派工作人员下农村,支持和帮助农村的文化建设。在十月革命发展过程中,在国内战争过程中和实施新经济政策过程中,党和国家政权通过对农村派工作队的方式,通过国家政权正确的方针、政策和法令的形式,对农村实施了积极的思想影响和文化影响。列宁逝世前夕审视了上述情况后提出,以前党和国家政权虽然在这些方面做了一些工作,但是工作中自觉性不够,或者说计划性、组织性和系统性不够,效果不够好。他说:"如果使这个工作带有自觉性、计划性和系统性,这一切就可以加强起来(而且以后更会百倍地加强起来)。"③如何才能做到更有自觉性呢? 列宁提出了下述意见:一是要形成城市工人团体经常下农村的制度。二是使城市

---

① 《列宁全集》第 43 卷,人民出版社 1987 年版,第 357 页。
② 《列宁全集》第 43 卷,人民出版社 1987 年版,第 357 页。
③ 《列宁全集》第 43 卷,人民出版社 1987 年版,第 360 页。

一些党支部与农村一些党支部之间建立固定的联系,由城市党支部帮助农村党支部加强农村文化建设。在列宁看来,上述措施的意义仅仅在于,使城市工人成为在农村传播先进思想和进步文化的人。同时他认识到并郑重提出,决不能利用城市党组织或有关团体在农村强制性推行农民一时不能接受的"共产主义制度"。

第四,要求机关工作者努力学习业务知识,做好管理工作,促进管理文化的建设。针对机关工作者文化水平低,不能文明地处理业务,并且官僚主义严重的问题,列宁要求他们努力学习业务知识。他在党的十一大政治报告中提出,任何一个资本主义大企业训练的店员会办的事,百分之九十九的机关工作者不会办,因此机关工作者要进预备班重新学习,切实掌握业务知识。为此,列宁反复强调学习的重要性,把学习业务提到无比重要的地位来认识。为了有利于机关工作者业务学习的开展,列宁建议采取以下具体办法:发征稿启事,争取写出几本关于组织劳动和加强经济管理的教科书;目前已经出版的几本书有可以利用的内容,可以作为新教科书的基础;派几个有学问的人到英国或德国去搜集图书资料和作研究,把外国的管理经验反映在新教科书中。他还主张选拔那些文化修养好的人进机关,充实机关工作者的队伍。如他在论及改革工农检查院问题时说,我们必须把具有真正现代化素质的人才,即同西欧国家里具有文化修养和科学修养的人才相比并不逊色的人才集中在工农检查院里来。列宁的那句名言"宁可数量少些,但要质量高些",着眼点在于选拔文化素质和思想素质好的人才进机关,意思指机关的数量要少,进入机关的人要少,但是机关工作的质量要高,机关工作者的文化素质和思想政治素质要好。怎样才能选拔到这样的人才呢?列宁提出了自己的意见。如他说,选拔工农检查院的工作人员,被选拔者除了必须有几名共产党员推荐以外,还必须通过关于苏维埃国家基本理论的考试,通过关于国家机关知识、管理科学和办文制度等等的考试,考试合格者才有可能选拔为工农检查院的工作者。这个思想,也是关于机关工作者必须学习和掌握业务知识的思想。

三、苏俄国家机关的弊病与改革的途径

1922年底1923年初,列宁在"最后的书信和文章"中,就改革国家机关提

出了重要的意见。其意见之一是,苏维埃国家机关"在很大程度上是旧事物的残余"。

十月革命胜利初期,党和无产阶级按照马克思主义原理,摧毁了旧的国家机器,建立了新的国家机关。新国家机关包括权力机关全俄苏维埃和它的中央执行委员会,以及行政管理机关人民委员会等等。全俄工兵农代表苏维埃是国家的最高权力机关。它的代表由人民群众选举产生,1917 年第二届苏维埃有代表 649 人。全俄中央执行委员会是苏维埃大会休会期间的常设权力机关。它由主席团和主席团领导下的一些专门工作委员会组成。第一任中央主席团有成员 10 人,最初建立的专门工作委员会不多,参与工作的人员也不多。人民委员会是国家的行政管理机关,即苏维埃政府。第一届苏维埃中央政府有 11 个人民委员部即政府的部级工作机关。应该说,新的国家机关具有精简和精干的特点。可是,随着形势的发展和任务的更换,苏维埃国家的工作机关及其人员不断增多。1918 年 1 月,全俄中央执行委员会主席团领导下的专门工作委员会达到 32 个,还有 13 个类似的职能工作部门。1918 年夏,国内战争爆发。鉴于支持战争的需要,党和国家将旧政权时期的许多管理人员吸收到苏维埃国家机关,力图发挥他们的作用,促进经济管理和社会管理。这样,在整个国内战争时期以及此后的新经济政策时期,苏维埃国家机关急剧增大。到 1922 年 3 月,苏维埃中央政府管辖的部级工作机关达到 120 个,莫斯科的国家机关人员达到 24.3 万人。由于机关庞大,人浮于事,又由于旧时的工作者把过去的坏习气带入,苏维埃国家机关官僚主义十分严重。正因为如此,在新经济政策的形势下,苏维埃国家的许多工作机关不能很好地为发展经济服务。列宁深刻地认识到这一问题。他逝世前夕,对苏维埃国家机关进行了严厉的批评。如他在《给代表大会的信》中说:"我们的机关实质上是从旧制度继承下来的,因为在这样短的时期内,特别是在战争、饥饿等等条件下,要把它改造过来是完全不可能的。"①他在《我们怎样改组工农检查院》和《宁肯少些,但要好些》等文章中还说:"我们的国家机关,⋯⋯在很大程度上是旧事物的残余,极少有重大的改变。"②"我们国家机关的情况,即使不令人厌恶,至少也非常

---

① 《列宁全集》第 43 卷,人民出版社 1987 年版,第 341 页。
② 《列宁全集》第 43 卷,人民出版社 1987 年版,第 373 页。

可悲,因此我们必须首先认真考虑怎样来克服它的缺点,同时要记住,这些缺点根源于过去,过去的东西虽已被打翻,但还没有被消灭。"①

上述列宁对苏维埃国家机关的批评,把新国家机关同旧政权机关联系在一起看,认为新机关是从旧机关"继承下来的",它在很大程度上"是旧事物的残余",其缺点"根源于过去",说明旧的东西"还没有被消灭"等等,这不能不说是十分严厉的批评。因为新国家机关同旧政权机关之间毕竟具有本质上的不同,列宁不会不知道这一点,可是他偏偏把新机关与旧机关等同看待,这充分说明他对当时国家机关的缺点厌恶到极致,说明了他的批评的极端严厉性。可以看出,上述列宁的批评包括以下几种内涵。

第一,官僚主义现象严重阻碍了党和国家事业的发展。早在 1922 年 3月,列宁在全俄五金工人代表大会共产党党团会议上的讲话中即已指出,在实行新经济政策的背景下,在恢复和发展国民经济的任务迫在眉睫的时候,许多机关工作人员不为经济工作服务,不做实事。他们或者没完没了地开会,下发许多对基层工作无意义的文件,或者想出新花样,成立新的委员会,或者关闭在机关内制定与人们的社会实践不相适应的计划,甚至制定对经济发展无关紧要却必须开支数十亿乃至数万亿苏维埃卢布的计划。当时的革命诗人马雅可夫斯基在一首政治题材的诗作里,嘲笑了那些老是开会和不做实事的机关工作人员。列宁说,这首诗作的内容从政治上看是绝对正确的。列宁在这个讲话中提出,我们内部最可恶的敌人就是官僚主义者,而这些人都是身居要职的机关工作者,必须收拾他们,清除官僚主义。上述列宁对官僚主义问题的论述,同他逝世前夕对国家机关的严厉批评密切有关。正是基于以上认识,特别是鉴于苏维埃机关中的官僚主义现象类似于旧政权机关的官僚主义,所以他逝世前夕提出,苏维埃国家机关"是旧事物的残余"。他还提出:"我们国家机关及其改善的问题,是一个非常困难、远未解决同时又亟待解决的问题。"要通过改善机关,"有步骤地、不断地提高工作质量,而提高工作质量对于工农政权和我们苏维埃制度是绝对必要的"②。显然,这些论述都是基于对国家机关中官僚主义现象的深刻认识和着眼于反对官僚主义而提出的。

---

① 《列宁全集》第 43 卷,人民出版社 1987 年版,第 378 页。
② 《列宁全集》第 43 卷,人民出版社 1987 年版,第 375 页。

　　第二,党的机关和国家机关里混入了少数反苏维埃制度的人。如前所述,随着形势的发展和任务的更换,特别是由于国内战争的爆发,国家政权吸收了许多旧时的管理者参与工作。这些人中的大部分人做了有益于苏维埃政权的事,有些人则未做有益的事。一部分人在开始阶段做了有益的事,后来则大力进行有害于苏维埃政权的活动。列宁在党的十一大政治报告中指出,由于这些人的存在,在国家机关中,看起来是共产党的干部在做领导工作,可是实际上不是他们在领导,而是他们被领导,机关里那些反对苏维埃政权的人把党的干部推到前面当作招牌,愚弄党的干部,暗地里进行种种破坏勾当。正因为列宁认识到苏维埃国家机关里有一些反对党和国家事业的人,所以他说这种机关是"旧事物的残余"。而且他还说:"我们称为自己机关的那个机关,实际上是和我们完全格格不入的,它是资产阶级和沙皇制度的大杂烩。"①苏维埃国家机关沾染了资产阶级国家机关的最有害的偏见,"在某种程度上是我们那些可爱的官僚有意使我们沾染上这类偏见的,他们有意一再在这类偏见的浑水中摸鱼;他们这种浑水摸鱼的勾当已经猖狂到如此地步,我们中间只有瞎子才看不见"②。这些论述都证明,列宁认识到苏维埃机关里有异己分子,揭露了他们的勾当。

　　第三,需要以巨大的勇气改革党的机关和国家机关。列宁认识到国家机关"是旧事物的残余",必然产生改革机关工作的愿望和思想。1922 年以后,他在许多会议上的讲话中和有关文章中提出这个问题,可是改革工作进展不大,所以他逝世前夕在《宁肯少些,但要好些》中论及人们对待机关改革的态度。他说,当前人们在变革社会关系、经济关系和政治关系的领域里,"是极端革命的",但是在改革机关工作的问题上,"我们的'革命性'往往被最腐败的因循守旧的习气取而代之了",可以看到一种现象:"在社会生活中,最大的跃进和对极小的变革令人吃惊的畏怯两者兼而有之。"③"在我们现实生活中非凡的勇敢行动同对最微小变革的畏怯心理令人吃惊地同时并存。"④意思是说,俄国无产阶级以极大的勇气举行革命,创造了具有世界历史意义的伟大革

---

　　①　《列宁全集》第 43 卷,人民出版社 1987 年版,第 350 页。
　　②　《列宁全集》第 43 卷,人民出版社 1987 年版,第 387 页。
　　③　《列宁全集》第 43 卷,人民出版社 1987 年版,第 387 页。
　　④　《列宁全集》第 43 卷,人民出版社 1987 年版,第 388 页。

命事业,可是在改革国家机关问题上缺乏勇气,缺乏想象力,表现出畏怯的心理。列宁要求消除畏怯心理,以巨大的勇气进行机关改革。

列宁认为,必须从发展文化入手推进机关改革。1922 年以来,列宁在分析国家机关的缺点和弊端时,往往从国家机关工作者的文化素质上找原因,认为文化水平低是产生上述许多问题的重要原因之一。他在党的十一大政治报告中说,就苏维埃国家及其机关领导经济工作而言,政治权力完全够了,主要的经济力量如大企业、铁路等也掌握在国家手里,"究竟缺少什么呢? 缺什么是很清楚的:做管理工作的那些共产党员缺少文化。"①如前所述,由于种种原因,在苏维埃国家机关里有旧政权机关的工作人员,他们中的一部分人正在从事反对苏维埃政权的活动。在无产阶级掌握着国家政权的政治前提下,在共产党和党的负责干部控制国家机关领导权的情况下,一部分机关工作者竟然能够从事反对苏维埃政权的活动,是因为共产党的负责干部由于文化水平相对低而不能有力地驾驭国家机关,不能有效地控制机关中的异己分子,反而受到他们的支配。如同历史上曾经出现过的一种现象:一个民族通过战争征服另一个民族,取得了战争的胜利,从政治上和军事上灭亡了另一个民族,于是胜利者成了征服者,战败者成了被征服者。可是,从文化上看,结果则不一定是这样。如果征服者的文化低于被征服者的文化,那么征服者将不得不接受被征服者的文化,尽管自己是政治上和军事上的胜利者。列宁在党的十一大政治报告中讲到这个问题,深刻地指出:"如果出征民族的文化高于被征服民族,出征民族就迫使被征服民族接受自己的文化,反之,被征服者就会迫使征服者接受自己的文化。"②他接着问道:"在俄罗斯联邦的首都是否有类似的情况呢? 4700 名共产党员(党的负责干部的数目——引者)……是否受别人的文化的支配呢?"③对此,他给予肯定的回答:国家机关中的那些异己分子的文化水平高于共产党的负责干部,他们支配后者,愚弄后者。从这样的认识出发,列宁在考虑改革国家机关的措施时,突出地要求发展文化工作,提高机关工作者的文化水平和提高机关的整体文化素质。关于这个问题,他阐述了以下思想:

---

① 《列宁全集》第 43 卷,人民出版社 1987 年版,第 93 页。
② 《列宁全集》第 43 卷,人民出版社 1987 年版,第 94 页。
③ 《列宁全集》第 43 卷,人民出版社 1987 年版,第 94 页。

第一,机关工作人员必须加强学习,提高文化水平和管理素质,改善机关工作。机关工作,是一种文化,即管理文化或政治文化。搞好机关工作,必须提高文化水平。他在《宁肯少些,但要好些》中说:"为了革新我们的国家机关,我们一定要给自己提出这样的任务:第一是学习,第二是学习,第三还是学习,然后是检查,使我们学到的东西真正深入血肉,真正地完全地成为生活的组成部分,而不是学而不用,或只会讲些时髦的词句。"①列宁所说的学习,实际上是一个把学习和业务结合在一起的过程。当时,有的人对把学习和业务工作结合在一起是否合适有疑问。列宁说:"把学习和业务结合起来是否合适? 我觉得不但合适,而且应该。"②

第二,选拔文化素质和思想素质好的人员进机关,优化机关工作者的队伍。选拔优秀人才,充实机关工作者的队伍,是列宁当时提出的关于机关改革的最基本的措施。值得指出的是,在他的思想上,选拔人才的重要条件之一是看其是否具有一定的文化修养。如他在论及改革工农检查院问题时说,我们必须把具有真正现代化素质的人才。他认为,可以用来改善工农检查院机关的人有两类,一是一心一意为社会主义而奋斗的工人,这些人希望建立优秀的机关,但是所受教育不够,缺乏建立优秀机关的文化修养;二是受过较多教育和训练的、文化修养较深的人,这些人有能力建立优秀的机关,但是苏维埃俄国这样的人才太少。鉴于这种情况,他提出,改革国家机关,必须遵守"七次量,一次裁"的原则。裁制衣服需要耐心地、细致地工作,经过反复测量和计算,进而裁剪和制作成功。列宁认为,选拔人才和改善机关应该坚持这样的原则和精神,经过细致的和耐心的工作,发现文化修养较深且思想政治觉悟较高的优秀人才,选拔他们进机关。关于选拔人才的方法和步骤,列宁也提出了自己的意见。如他说,选拔工农检查院的工作人员,被选拔者除了必须有几名共产党员推荐以外,还必须通过关于苏维埃国家基本理论的考试,通过关于国家机关知识、管理科学和办文制度等等的考试,考试合格者才有可能选拔为工农检查院的工作者。当时党内有人提出,应该赋予国家计划委员会以立法的职能。许多人表示反对,认为这样做将使国家的立法系统和立法活动不规范。

---

① 《列宁全集》第43卷,人民出版社1987年版,第380页。
② 《列宁全集》第43卷,人民出版社1987年版,第387页。

列宁经过认真研究以后提出,这个意见在一定意见上是合理的,因为国家计划委员会是一个汇集了内行、专家、科技界人士的机关,它就国家经济建设提出的意见最具有权威性,所以应该赋予这个机关较大的权力。无疑,他的这个意见,反映了他对科学家、专家和内行参与国家机关工作和参与决策的重视和支持。

列宁认为,必须着眼于发展生产力改革国家机关。当时的国家机关,阻碍了生产力的发展。一是国家机关庞大,人员众多,国家必须以大量的财政支出维持机关的活动和保证机关人员及其家庭成员的正常生活。这样,本来财政经济状况十分困难的苏维埃国家愈益困难,没有财力发展重工业和发展电气化,不利于发展生产力。二是机关工作者对于发展经济和发展生产力是外行,而且官僚主义严重,不能有效地利用国家机关为发展经济和发展生产力服务。着眼于克服上述问题,列宁提出,必须精简国家机关,节约财政开支,把节省下来的钱用于发展重工业和发展电气化,促进生产力的发展。在《宁肯少些,但要好些》的结尾,他指出,苏维埃国家面临的形势十分严峻,巩固无产阶级对农民的领导,巩固苏维埃政权,使世界革命的这一块红色根据地能够巩固和坚持下去,是艰难而伟大的任务,而只有使生产力得以发展,才能做到这一点。他写道:只有精简我们的机关,"尽量削减机关非绝对必要的一切,我们才能够有十分把握地坚持下去。而且我们将能够不是在小农国家的水平上,……而是在不断地向前进、向着大机器工业前进的水平上坚持下去"①。他还写道:"我们应当使我们的国家机关厉行节约。我们应当把沙皇俄国及其资本主义官僚机关大量遗留在我们国家机关中的一切浪费现象的痕迹铲除干净。"②"只要我们能够保持工人阶级对农民的领导,我们就有可能在我国靠大力节约把任何一点积蓄都保存起来,以发展我们的大机器工业,发展电气化,发展泥炭水力开采业,完成沃尔霍夫水电站工程,如此等等。"③在他看来,只有这样,苏维埃国家才能够"从一匹马上跨到另一匹马上",从农民的、庄稼汉的、穷苦的马上跨到无产阶级不能不寻求的马上,"跨到大机器工业、电气化、沃尔霍水电站工程等等的马上"。也就是说,只有这样,苏维埃国家的生产力才能有重大的

---

① 《列宁全集》第43卷,人民出版社1987年版,第392页。

② 《列宁全集》第43卷,人民出版社1987年版,第391页。

③ 《列宁全集》第43卷,人民出版社1987年版,第391—392页。

发展,由农民小生产占优势转变为机器大生产和电气化占优势。

四、以合作社促进城乡商品流通和社会主义发展

列宁在《论合作社》一文中说:"在我国,既然国家政权操在工人阶级手中,既然全部生产资料又属于这个国家政权,我们要解决的任务的确就只剩下实现居民合作化了。"①这一论断说明列宁提出了在俄国进行合作化的任务,对此学术界的认识是一致的。可是,列宁所设想的合作化的形式是什么呢?对此,学术界的看法存在很大分歧。有的论著模模糊糊,前后矛盾,一方面认为列宁设想的合作社"自身以基本生产资料的公有制为基础,是劳动者的集体企业",另一方面又认为合作制是独立生产者之间的联合,在生产过程中不一定集中劳动,只是在流通领域逐步把农民组织起来。② 有的论著则认为,根据列宁的意见,合作经济属于社会主义经济体系中的社会主义集体所有制。③ 还有的论著认为,根据列宁的思想,合作社可以容纳生产力发展水平不同层次的各种经济组织,在流通领域里有供销合作社、消费合作社,在生产领域里有以生产资料私有制为基础的劳动协作组织,有生产资料公有、统一经营、统一分配的合作社组织。④ 笔者认为,上述看法均不符合列宁的原意。在列宁的思想上,当时的合作化,就是组建以生产资料私有制为基础、进行个体生产劳动、通过合作社进行彼此之间和城乡之间商品交换的消费合作社。也就是说,列宁当时设想的合作社,不是生产资料公有制的、集体劳动的生产组织,而仅仅是"买卖机构"。这样提出问题,需要从当时农村已有的组织形式看,从十月革命胜利后列宁的一贯思想看,从《论合作社》一文的有关论述看。

从当时农村已有的组织形式看,当时农村存在着情况不同的两种组织形

---

① 《列宁全集》第 43 卷,人民出版社 1987 年版,第 361 页。

② 参见杨承训等主编:《历史性的飞跃——列宁后期思想探索(1917—1923)》,华中师范大学出版社 1989 年版,第 110—113 页。

③ 参见中国人民大学马列主义发展史研究所:《列宁思想史》,上海人民出版社 1988 年版,第 678 页。

④ 参见:《列宁与社会主义建设——纪念列宁逝世六十周年论文集》,人民出版社 1985 年版,第 132—133 页。

式,即实行共耕制的"农村公社"、"农业劳动组合"与上述作为买卖机构的合
作社。"战时共产主义"时期,苏俄农村展开了共耕制的实践。共耕制的组织
形式,一是包括生产资料和生活资料都已公有化的"农村公社",二是包括主要
生产资料公有,但农民拥有自己的家禽、家畜、宅旁园地、按劳动日计酬的"农
业劳动组合"("农业劳动组合"与后来苏联的集体农庄在性质上、形式上大体
一致)。由于种种原因,共耕制在实践中发展极为困难。到1920年,它拥有的
土地只占全国耕地面积的0.4%,拥有的农户只占农户总数的0.5%,为国家
提供的粮食仅占国家收购到的粮食总数的0.04%。这种组织形式由于内部管
理不善,劳动生产率极低,一些人产生了依赖国家的思想,出现了懒惰、偷拿、
吵闹的现象等等。列宁对这种组织形式的看法不好。1919年底,列宁在有关
会议上的讲话中说,共耕制应该表明自己真正在认真改善农民经济,可是在实
践中它只是引起了农民的反感,"公社"这个名词有时甚至成了反对共产主义
的口号。[1] 1920年底,他在有关会议上的讲话中又说,共耕制还没有很好地组
织起来,还处于名副其实的养老院的可怜状态。[2]

在苏俄农村,还有另外一种组织形式,这就是合作社。这种组织形式在旧
俄国就已出现。1917年二月革命前夕,合作社约有2.3万个,社员近700万。
这是一种以经商为主要业务的经济组织。社员在自己的合作社购物,可以得
到价格上的优惠。十月革命胜利后,列宁一再强调合作社是旧社会的宝贵遗
产,苏维埃国家应该有效地利用它的作用。在国内战争时期,国家曾利用它对
城乡居民进行粮食和其他消费品的分配。在新经济政策时期,列宁把它看成
为国家资本主义的形式之一,主张通过它进行生产者之间和城乡之间的商品
交换,认为国家可以通过它掌握商品交换的情况,对商品交换的过程进行
监督。

从当时苏俄农村存在着上述两种情况不同组织的实际出发,可以得出结
论,列宁在《论合作社》一文中提出合作化的任务,旨在组建作为"买卖机构"
的合作社,而不是要求建立生产资料公有制、集体劳动的共耕制组织。或者
说,列宁所谓的"合作社",是以生产资料私有制为基础、进行个体劳动、仅仅通

---

① 参见:《列宁全集》第37卷,人民出版社1986年版,第362页。
② 参见:《列宁全集》第40卷,人民出版社1986年版,第177页。

过合作社进行商品交换的消费合作社。如果列宁所说的合作社是指生产资料公有制的、进行集体劳动的生产性组织，那么他就不会使用"合作社"这个名称，而会直接使用共耕制，或者使用"农村公社"、"农业劳动组合"等名称。他使用"合作社"这一名称，恰恰同现实生活中的合作社相适应。他如果使用"农村公社"或"农业劳动组合"的名称，则可以同现实生活中的这类组织形式相适应。事实是，他没有使用"农村公社"或"农业劳动组合"。这说明，他设想的合作化不是要建立这类生产资料公有制的、集体劳动的生产性组织。

十月革命胜利后，列宁一贯主张利用旧社会遗留下来的合作社，为无产阶级的事业服务。1918 年 4 月，列宁在提出必须把党和国家的工作重心由对敌斗争转变到管理俄国上来时，在《苏维埃政权的当前任务》一文中提出：合作社是资本主义留给我们的一种便于对产品分配实行计算和监督的群众组织，即有利于加强管理的群众组织，由于这种组织多数为资产阶级分子所领导，所以无产阶级必须善于同他们妥协，有效地利用他们。这时他已提出，可以由合作社的发展，看社会主义事业的成就。这就是他所说的："苏维埃现在能够（而且应该）用一种非常明显、简单、实际的尺度测量自己在社会主义建设事业上的成绩，这就是看合作社的发展有多少村社（而且应该）以及在何种程度上接近于包括全体居民。"①国内战争时期，苏维埃政权需要一种机构对城乡居民进行粮食和其他消费品的分配，列宁主张利用合作社。1919 年 1 月，他在有关会议上的讲话中说：如果有人轻视合作社，把它抛到一边，"说我们要另起炉灶，用不着搞合作社，……如果这样，那就是一个极大的错误，我们的事业就有遭到覆灭的危险"②。他还说："必须利用现成的机构，因为不利用资本主义的遗产，就不能把社会主义建立起来。……只有利用资本主义为反对我们而创造的材料，才能建立社会主义；我们应当利用这一切来建立社会主义，巩固社会主义。"③在这里，他也是把利用合作社与建立社会主义和巩固社会主义联系在一起的。1921 年春苏俄历史进入新经济政策时期以后，恢复了市场和自由贸易。如前所述，这时列宁主张通过合作社实现劳动者之间和城乡之间的商品交换，认为这时的合作社属于国家资本主义的形式之一。他在有关文章中

---

① 《列宁全集》第 34 卷，人民出版社 1985 年版，第 168 页。
② 《列宁全集》第 35 卷，人民出版社 1985 年版，第 416 页。
③ 《列宁全集》第 35 卷，人民出版社 1985 年版，第 416 页。

指出："从便于计算、监督、监察以及便于推行国家……和资本家之间的合同关
系说来，合作制资本主义和国家资本主义相类似。"又说："合作社这一商业形
式比私营商业有利，有好处，不仅是由于上述一些原因，而且是由于合作社便
于把千百万居民以及全体居民联合起来，组织起来，而这种情况，从国家资本
主义进一步过渡到社会主义的观点来看，又是一大优点。"①这一时期，列宁明
知合作社是一个商业组织或买卖机构，但却肯定它有利于把全体居民联合起
来和组织起来，有利于俄国从国家资本主义过渡到社会主义。

综上所述，在十月革命胜利后的各个历史时期，列宁都强调利用合作社，
并且肯定它有利于社会主义事业的发展和巩固，有利于俄国向社会主义社会
过渡。他逝世前夕《论合作社》里的有关论断，同上述各个时期他的有关论断
在思想上和精神实质上是完全一致的。由此看，他逝世前夕提出合作化任务，
旨在广泛组建作为商业组织或买卖机构的消费合作社，而不是建立公有制的、
集体劳动的生产合作社。

从《论合作社》一文的有关论述看，列宁所说的合作社是作为买卖机构的
消费合作社。列宁在文章中说："在新经济政策中，我们向作为商人的农民作
了让步，即向私人买卖的原则作了让步；正是从这一点……产生了合作社的巨
大意义。"②意思是说，新经济政策允许自由贸易，意味着苏维埃政权向私人买
卖的原则作了让步，私人买卖必然导致资本主义发展，如果通过合作社进行买
卖则可以避免私人买卖的弊端，由此可以看出合作社的巨大意义。由此看，这
里所说的合作社是作为买卖机构的合作社。列宁还说："在实行新经济政策的
条件下，使俄国居民充分广泛而深入地合作化，这就是我们所需要的一切，因
为现在我们发现了私人利益即私人买卖的利益与国家对这种利益的检查监督
相结合的合适程度，发现了私人利益服从共同利益的合适程度，而这是过去许
许多多社会主义者碰到的绊脚石。"③意思是说，通过合作社进行买卖，有利于
国家对买卖的过程进行检查和监督，有利于实现买卖者私人的利益，也有利于
实现国家的利益和社会共同的利益。可见，这里所说的合作化或合作社，也是
指作为买卖机构的合作社。列宁在论及苏维埃国家必须支持合作社制度时

---

① 《列宁全集》第41卷，人民出版社1986年版，第214页。
② 《列宁全集》第43卷，人民出版社1987年版，第362页。
③ 《列宁全集》第43卷，人民出版社1987年版，第362页。

说:"但是支持合作社制度就应该是名副其实的支持,就是说,把这种支持仅仅理解为支持任何一种合作社的流转是不够的,而应该理解为支持确实有真正的居民群众参加的合作社的流转。"①意思是说,某个合作社是否应该得到国家的支持,要看是否有居民群众参加该合作社的"流转",即参与其中的买卖活动。列宁还说:"合作社工作者来到农村开设合作商店,严格地说,居民还完全没有参加这一工作,但同时出于个人得益的考虑,他们又会急于试试参加。"②这就清楚地说明,合作化就是有关人员到农村开商店,吸收农民参加合作社或商店的活动,通过合作社进行"流转"或者说进行商品交易,国家应该支持这样的合作社。列宁在文章中说,现在全部问题在于,要把我们在革命中表现出来的革命气势和革命热情与做一个有见识的和能写会算的商人的本领结合起来,俄国农民以为自己既然在做买卖,那就是一个有本领的商人,"这种想法是根本不对的。他们虽然在做买卖,但这离有本领做个文明商人还远得很。他们现在是按亚洲方式做买卖,但是要能成为一个商人,就得按欧洲方式做买卖"③。这一论述旨在使俄国农民提高做买卖的本领,成为一个有见识的、能写会算的、文明的商人。这也能证明,列宁设想的合作社是做买卖的机构,其社员是需要做买卖的商人。总之,从《论合作社》中的有关论述看,列宁所谓的合作化,指组建作为买卖机构的消费合作社。

既然列宁所主张的合作社是作为买卖机构的消费合作社,在这种合作社制度下,社员私人占有生产资料,个体生产劳动,仅仅通过合作社进行彼此之间和城乡之间的商品交易,那么怎样理解列宁所说文明的合作社工作者制度就是社会主义制度呢? 笔者认为,列宁的思想是,由于无产阶级掌握着国家政权,大的生产资料掌握在国家手里,国家正向着社会主义的方向发展,在这样的历史背景下,合作社的活动有利于促进商品流通,从而有利于工农业生产的发展,有利于巩固苏维埃政权和发展社会主义事业,所以合作社的发展就等于社会主义的发展,文明的合作社工作者制度就是社会主义制度。

---

① 《列宁全集》第43卷,人民出版社1987年版,第363页。
② 《列宁全集》第43卷,人民出版社1987年版,第363页。
③ 《列宁全集》第43卷,人民出版社1987年版,第364页。

五、经济文化落后的苏俄走向社会主义
符合历史发展的一般规律

在俄国社会主义运动产生和发展的过程中,孟什维克一直坚持认为,俄国尚不具备实行社会主义的条件,不应该由无产阶级掌握政权和不应该走向社会主义。苏俄新经济政策时期,有的孟什维克重弹老调。1922年至1923年间,孟什维克分子苏汉诺夫出版名为《革命札记》的著作,非难和攻击列宁领导的社会主义革命,说"俄国生产力还没有发展到足以实现社会主义的水平",它还没有成长到可以实现社会主义的地步,尚没有实现社会主义的客观的经济前提。1923年1月16日、17日,列宁分两次口授重要文章——《论我国革命》,批评了孟什维克的观点,就俄国走向社会主义的历史趋势阐述了重要思想。

列宁提出,孟什维克不懂得马克思主义的革命辩证法。孟什维克和第二国际各国机会主义者一样,习惯于"对过去的盲目模仿",不敢丝毫离开已经不合时宜的路径。巴黎公社革命失败以后,国际社会主义运动的中心转移到德国。德国社会民主党在议会斗争中取得了一定的成绩,树立了以合法途径进行革命斗争的榜样。可是到19世纪末,德国社会主义运动以及国际社会主义运动中出现了崇拜和迷恋议会途径、不敢展开革命的错误倾向。在1917年十月革命过程中以及革命胜利后一段时间内,俄国的孟什维克和第二国际机会主义者反对和否定十月革命,重要的原因在于他们迷恋德国式的议会途径。由此列宁说:"引人注目的是他们对过去的盲目模仿,至于他们非常怯懦,甚至其中的优秀人物一听说要稍微离开一下德国的榜样,也要抱保留态度,至于所有小资产阶级民主派在整个革命中充分表现出来的这种特性,就更不用说了。"①这是对孟什维克盲目模仿过去、不敢革命的精神状态的批评。

孟什维克不懂得在革命时刻要有极大的灵活性。根据马克思主义的革命辩证法,在革命时刻中要有极大的灵活性,即要从眼前的形势出发确定革命的

①　《列宁全集》第43卷,人民出版社1987年版,第369页。

战略和策略。在 1870 年普法战争初期,马克思要求法国无产阶级看到民族矛盾已上升为主要矛盾的事实,不要在巴黎发动革命。次年 3 月 18 日,巴黎的无产阶级迫于形势果敢地举行了公社革命。这时马克思赞扬巴黎的无产阶级在革命时刻具有极大的灵活性和英勇牺牲的精神。俄国无产阶级在 1917 年 10 月迫于形势发动了十月革命,也体现出在革命时刻的极大的灵活性。可是,孟什维克不懂得和不理解这一点。列宁指出:"他们都自称马克思主义者,但是对马克思主义的理解却迂腐到无以复加的程度。马克思主义中有决定意义的东西,即马克思主义的革命辩证法,他们一点也不理解。马克思说在革命时期要有极大的灵活性,就连马克思的这个直接指示他们也完全不了解。"①1856 年 4 月 16 日,马克思在给恩格斯的信中说,德国革命的胜利以及全部问题的解决,取决于是否有可能将农民发动起来,以农民战争支持无产阶级革命。意思是说,德国的工业不发达,无产阶级的力量不强,只有发动农民,工农两个阶级联合行动,才能取得革命的胜利。孟什维克不懂得马克思的上述思想。列宁说,对于上述马克思的"这个直接指示",孟什维克就像"猫儿围着热粥那样绕来绕去","不敢触及",即不敢正确地把握它和运用它。

列宁提出,俄国革命由于同第一次世界大战相联系,势必表现出一些新特征。俄国革命的环境和条件不同于西方以前发生的革命。它是在第一次世界大战过程中爆发的。大战严重地破坏了俄国的国民经济,如 1400 万青壮年劳动力强征入伍,被送到前线作战。由于燃料不足,大批工厂减少生产,仅 1916 年就有 30 多座高炉熄火。农村大片土地荒芜,食品奇缺,物价飞涨。沙皇政府为维护反动的统治,以武力镇压工人的罢工,解散全部工会组织,逮捕布尔什维克在国家议会中的代表,查封布尔什维克的报刊。俄国的阶级矛盾和社会矛盾迅速激化。1917 年 4 月,俄国 174 个县发生 260 次农民起义。5 月,236 个县发生 295 次农民起义。6 月,280 个县发生 577 次农民起义。② 工人运动更是风起云涌。俄国形成了农民战争与工人革命相结合的局面。十月革命正是在这样的环境和条件下发生的,即它的环境和条件不同于以往西方的革命。列宁说:"这是和第一次世界帝国主义大战相联系的革命。这样的革命势必要

---

① 《列宁全集》第 43 卷,人民出版社 1987 年版,第 369 页。
② 参见孙成木、李显荣、康春林:《十月革命史》,三联书店 1980 年版,第 29 页。

表现出一些新的特征,或者正是由于战争而有所改变的一些特征,因为世界上
还从来没有过在这种情况下发生的这样的战争。"①

　　俄国革命的新特征或新特点在于:无产阶级在俄国生产力水平不高的时
候先夺取政权,再利用手中的政权发展生产力,创造实现社会主义的条件,从
而向社会主义过渡。根据马克思主义理论,西方国家走向社会主义的情况可
能是这样的情况:资本主义经济得到充分发展,生产力水平比较高,这时无产
阶级才掌握政权并采取向社会主义过渡的措施。同理论揭示的西方途径相比
较,当时俄国的生产力水平确实不很高,向社会主义过渡的客观经济前提确实
不够好,但是由于出现了农民战争与工人革命相结合的局面,无产阶级可以而
且应该先夺取政权,然后将利用自己的政权发展生产力,努力创造过渡到社会
主义的经济条件,从而走向社会主义胜利。列宁说,毫无出路的处境十倍地增
强了工农革命的力量,使俄国能够用与西方不同的途径来发展文明和走向社
会主义,那又该怎么办呢? 应该毫不犹豫地走与西方不同的发展途径! 他还
说,既然建立社会主义需要一定的社会文明水平,而俄国的社会文明水平远不
如西方国家,可是我们为什么不能通过革命手段夺取政权,获得一个发展文明
水平的"前提"——工农政权,然后在工农政权和苏维埃制度的基础上发展文
明,赶上西方国家呢?

　　列宁提出,世界历史的一般规律不排斥个别发展阶段上的特殊性。世界
历史发展的一般规律要求以生产力水平较高作为社会由旧质态向新质态转变
的物质条件。在资本主义制度下,只有资本主义经济得到较充分的发展,社会
生产力达到较高的水平,才能实现由资本主义制度向社会主义制度的转变。
这是历史唯物论所揭示的科学真理。例如在 19 世纪,西方的英国、法国、德
国、美国,由于资本主义的发展比较充分,社会生产力水平较高,所以马克思、
恩格斯认为这些国家可以先于其他地区的国家走向社会主义制度。而当时的
东方国家,如中国、印度、伊朗等,由于国内没有资本主义因素或者资本主义未
得以充分的发展,所以马克思、恩格斯未论及这些国家向社会主义转变的
问题。

　　个别发展阶段上的特殊性指的是俄国发展的特殊性。俄国的特殊性表现

---

① 《列宁全集》第 43 卷,人民出版社 1987 年版,第 370 页。

为无产阶级在生产力水平较低的时候,先夺取了政权,在无产阶级政权的组织和领导下发展生产力,待条件成熟时向社会主义过渡。列宁说:"世界历史发展的一般规律,不仅丝毫不排斥个别发展阶段在发展的形式或顺序上表现出特殊性,反而是以此为前提的。"①这个论断的意思是,俄国发展的特殊性满足了向社会主义过渡需要生产力水平较高的要求,所以同世界历史发展的一般规律不相排斥。世界历史发展的一般规律要求在生产力水平较高的时候实现社会主义。生产力水平较高是它的要求。俄国发展的特殊性满足了这个要求,即满足了"对生产力水平较高"的要求。因为俄国无产阶级夺取政权后,将把发展生产力作为重要的任务,一定会使生产力得到发展,再向社会主义过渡。

列宁提出,未来东方其他国家的革命会有更多的特殊性。由于俄国革命的影响和共产国际的支持,东方许多国家发生了革命运动。1919 年中国爆发反帝反封建的"五四运动",同年朝鲜爆发反对日本帝国主义统治的"三一起义",印度这一时期则发生了反对英国殖民统治的工人罢工运动。各国人民的革命斗争,促进了马克思列宁主义的传播。在这些国家,革命的先行者正在积极活动,准备建立共产党或者已经建立了共产党,提出要"走俄国人的路"。列宁关注到这些国家发生革命的情况。

东方其他国家由于情况复杂,未来的革命会有更多的特殊性。这些国家人口众多,经济十分落后,民族状况十分复杂,各种社会矛盾十分尖锐并交织在一起,预示着将来的革命会有更多的特殊性。如果说同第一次世界大战相联系,战争引起了革命,是俄国革命环境和条件的特殊性;如果说先由无产阶级夺取政权,再发展生产力,从而实现社会主义,是苏俄发展途径的特殊性,那么以后革命继续向东方转移时,那里的国家的革命将会有更多的特殊性。这就是列宁所说的:"我们的苏汉诺夫们,更不必说那些比他们更右的社会民主党人了,做梦也没有想到,不这样就根本不能进行革命。我们的欧洲庸人们做梦也没有想到,在东方那些人口无比众多、社会情况无比复杂的国家里,今后的革命无疑会比俄国的革命带有更多的特殊性。"②

---

① 《列宁全集》第 43 卷,人民出版社 1987 年版,第 370 页。
② 《列宁全集》第 43 卷,人民出版社 1987 年版,第 372 页。

　　列宁提出，敢于冲破"教科书的规定"和敢于进行革命是走向胜利的关键。要开展革命必须敢于冲破教科书对革命形式的规定。教条主义者总希望通过教科书将革命的形式和世界历史发展的形式作一规定，以这种教科书来指导人们的行动。考茨基在作为一名马克思主义者时曾经写过一些革命的教科书即宣传马克思主义理论的读物。在第一次世界大战使各国社会矛盾激化并出现革命形势时，考茨基要求按照教科书的规定进行革命。列宁说，考茨基编写的教科书在当时是有些益处的，但是现在必须丢掉那种认为教科书规定的革命形式和世界历史发展的形式十分有效的想法，应该宣布，"有这种想法的人简直就是傻瓜"。

　　面临革命的形势时要敢于革命。真正的革命家要有敢于革命的气魄。面临革命的形势时，不能犹豫不决，不能畏首畏尾，必须果敢地投入战斗。作为资产阶级革命家的拿破仑有一句名言：首先要投入真正的战斗，然后便见分晓！意思是说，只有投入了真正的革命斗争，才会有革命的发展过程，才会有革命胜利的成果。列宁说："我们也是首先在1917年10月投入了真正的战斗，然后就看到了像《布列斯特和约》或新经济政策等等这样的发展中的细节（就世界历史来看，这无疑是细节）。现在已经毫无疑问，我们基本上是胜利了。"①这是对俄国无产阶级敢于斗争、敢于胜利的精神的充分肯定。

六、世界社会主义的胜利取决于东方人民的斗争

　　列宁在"最后的书信和文章"中提出，西方革命已经被推延下去，社会主义的最终胜利取决于东方人民革命斗争的发展。

　　在西方国家，19世纪下半叶以来，统治阶级利用从殖民地收刮来的财富，对内实行"糖饼"政策，缓和了国内的阶级矛盾。第一次世界大战结束以后，这些国家的情况则更是这样。列宁注意到这个事实。他逝世前夕指出："一些国家，而且是西方一些最老的国家，因获得胜利（指第一次世界大战的胜利——引者）而能够利用胜利向本国被压迫阶级作一些不大的让步，这些让步毕竟在

---

① 《列宁全集》第43卷，人民出版社1987年版，第372页。

推迟这些国家的革命运动,造成某种'社会和平'的局面。"①这说明,列宁已经认识到,西方国家未来难以发生革命了。

在此以前,包括在十月革命时期、苏俄国内战争时期,列宁都寄希望于西方革命的爆发并取得胜利,希望西方掌握政权的无产阶级能够给俄国革命以巨大的援助。现在他说西方未来难以发生革命了,这不能不说他的认识发生了重大变化。那么社会主义最终胜利的希望何在呢?面临帝国主义颠覆和侵略危险的苏俄能不能坚持到社会主义最终胜利的那一天呢?列宁从东方的事实中求答案。他提出,东方的许多国家如中国、印度等等,由于第一次世界大战的影响,离开了自己原来的发展道路,正在按西方资本主义的轨迹前进,同时东方国家已经出现了西方资本主义国家曾经出现过的那种动荡,出现了革命运动。他说:"正是由于第一次帝国主义大战,东方已经最终加入了革命运动,最终卷入了全世界革命运动的总漩涡。"②他还提出,从俄国、中国、印度等东方许多国家人民起来革命的事实中,可以预见到世界无产阶级与资产阶级斗争的结局,预见到世界社会主义的结局。如他说:"斗争的结局归根到底取决于如下一点:俄国、印度、中国等构成世界人口的绝大多数。正是这个人口的大多数,最近几年来非常迅速地卷入了争取自身解放的斗争,……在这个意义上说,社会主义的最终胜利是完全和绝对有保证的。"③这说明,列宁已经把世界社会主义最终胜利的希望寄托在东方人民的革命斗争之上了。

---

① 《列宁全集》第43卷,人民出版社1987年版,第389页。
② 《列宁全集》第43卷,人民出版社1987年版,第390页。
③ 《列宁全集》第43卷,人民出版社1987年版,第391页。

第一篇小结

第一篇主要研究马克思、恩格斯关于俄国社会发展问题的若干篇著作和列宁十月革命后关于苏俄经济建设与社会发展的若干篇著作,阐述其基本观点和理论。

(一)

1875 年,恩格斯在《论俄国的社会问题》一文中批评了彼·特卡乔夫关于俄国没有资产阶级和资本主义因而更容易进行社会主义革命的观点,关于沙皇"国家"同现存的"社会制度"毫不相干、不代表任何阶级的利益、"可以说是悬在空中"的观点,关于俄国人习惯于"劳动组合"、土地公社所有制证明俄国人"比西欧人民更接近于社会主义"、俄国人是"本能的革命者"的观点等等,以历史唯物主义的方法和观点正确地回应和说明了上述问题。针对民粹主义者所谓土地公有制的农村公社是俄国实现社会主义的基础和出发点的观点,恩格斯提出,不排除俄国农村公社有转变成高级形式的公有制组织的可能性,但是它的前提是西欧在俄国农村公社彻底解体以前就胜利地进行了无产阶级革命并建立起社会主义制度,从而向俄国农民提供支持和帮助,以利于农村公社转变为高级形式的公有制组织。他还提出,俄国国内的革命已经来临,它将消灭沙皇制度,铲除欧洲反动势力的"最后的后备力量",将有利于西欧革命的发生和发展。在此著作中,已经形成了关于东方社会发展与西方社会发展相互关系的理论——俄国及东方社会"跨越卡夫丁"峡谷的理论——的雏形。这个理论的内容包括以下四个环节:未来俄国爆发资产阶级革命并且这场革命产生极大的冲击力,激发西方的社会主义革命;西方社会主义革命的胜利并且建立起社会主义制度,从而为俄国人民树立建设社会主义榜样和提供各种支持;俄国在西方社会主义的支持下实现向社会主义的过渡;东方其他落后国家在西方社会主义的影响下和帮助下走向社会主义。

(二)

1881 年马克思在《给维·伊·查苏利奇的复信(初稿)》中提出,"从理论上说",俄国有可能走上一条新式的社会发展道路,即俄国的农村公社能够存在和发展下去,并可以成为俄国建立社会主义制度的基础和出发点。对此,他的解释是:(1)《资本论》中关于资本主义生产起源的观点,只是针对西欧各国而言的,只是反映了西欧各国社会发展道路的特点——通过圈地运动造成生产者与生产资料彻底分离,促进资本主义生产方式的发展。俄国未涵盖在内,它的社会发展可以是另外一条道路——以农村公社为基础和出发点建立起社会主义制度。(2)"农业公社"能否存在和发展下去,取决于它内部的矛盾即内部私有制因素战胜集体因素或者集体因素战胜私有制因素。当时俄国的内部条件是:土地公有制有利于把小地块个体耕作转化为集体耕作,土地的天然地势适合于大规模地使用机器,农民习惯于劳动组合关系,而且它不是西方帝国主义的殖民地,国内社会发展和制度改变不受西方帝国主义的制约。这些条件决定了俄国可以不通过资本主义的"卡夫丁峡谷",即它可以避免资本主义的发展以及带来的痛苦,保存和继续发展农村公社,以农村公社为基础走向高级形式的公有制社会。

马克思还提出,"从历史的观点看",俄国农村公社与西方资本主义制度同时存在,而且西方资本主义制度正经历着危机,面临着被社会主义制度所取代的前景,俄国可以不接受资本主义制度而得到它的一切积极成果。

需要强调指出的是,马克思要求"从纯理论回到俄国现实中来"。他从俄国的现实出发研究农村公社的命运,认为农村公社几乎陷入绝境,俄国走新式社会发展道路的可能性趋于消失。对此,他的解释是:(1)加速剥削农民的一切手段发展起来,必然导致农村公社走向灭亡。(2)俄国沙皇政权和新生资产阶级感到对农村公社的剥削这种"剥削方式已经过时",合谋要杀死给它们"下金蛋的母鸡",即希望消灭农村公社。既然农村公社趋于灭亡,那么俄国走新式社会发展道路的可能性将不复存在。

在此著作中,马克思对俄国社会发展道路持两种设想。一种设想由他研究理论和研究历史而形成,用他自己的话来说是"从理论上说"的和"从历史的观点来看"的。这一设想的内容是:俄国以农村公社为基础和出发点建立起社会主义制度。另一种设想由他考察和研究俄国的现实而形成,用他自己的话来说是"我们必须从纯理论回到俄国现实中来"。他由此形成的设想的内容是:农村公社几乎陷入绝境,灭亡的命运不可改变,俄国不可以走新式的社会发展道路,将走上同西方相同的社会发展道路。马克思对俄国社会发展道路持两种设想,给当前的人们以启示。对于社会发展道路持两种设想或者多种设想,体现了发展道路选择上的灵活性和可变性。如果只是持一种设想,则容易导致发展道路的凝固化,导致人们这方面思想的僵化。所以,应该充分肯定马克思在俄国社会发展道路上的两种设想。

(三)

马克思《给维·伊·查苏利奇的复信(二、三、四稿和复信)》反复地强调了论证西方问题的理论不能用以说明俄国问题,强调了俄国生产同世界市场"联系在一起"有利于农村公社吸取西方生产方式的积极成果。同时它强调了农村公社内在的二重性,即促进它巩固和发展的属性和导致它灭亡的属性。所谓促进它巩固和发展的属性,指俄国公社内部有自身延续生命的力量。如公社内成员之间的非血缘关系,使公社摆脱了蒙昧的、落后的社会关系的影响,真正建立在土地公有制以及由此产生的各种社会关系的基础上。房屋以及附属园地的私人占有,以家庭为单位的劳动和劳动成果归劳动者所有,有利于调动劳动者的积极性,促进生产的发展,创造更多的劳动成果,促进劳动者个人的发展。所谓导致公社灭亡的属性,指公社内部有造成它灭亡的因素。如房屋和附属园地的私人占有,会改变人的思想认识、价值观和习惯,导致土地公有制的瓦解。关于俄国社会演进的前景,马克思在《给维·伊·查苏利奇的复信(二、三、四稿和复信)》中仍然坚持了《初稿》中的设想,即"两种设想"。

(四)

1894 恩格斯在《〈论俄国的社会问题〉跋》中分别评析了俄国民主主义者、民粹主义者赫尔岑、特卡乔夫和车尔尼雪夫斯基的观点,揭示了其空想的、错误的性质。同时他以历史唯物主义的观点和方法研究俄国社会问题,得出了俄国社会沿着世界历史一般途径前进的结论即俄国不可能走不同于西方道路的新道路的结论。他论证说:(1)在俄国农村公社内部从来没有出现过要把它自己发展成为高级的公有制形式即共产主义公有制的促进因素,或者说俄国的农村公社内部从来没有产生过使自己过渡到共产主义社会的原动力。(2)在西方资本主义接近崩溃而还没有崩溃的时候,它会向人们显示一种新的生产形式,即高级形式的共产主义公有制形式,但是这个事实不能赋予俄国农村公社将自己发展成为高级形式的共产主义公有制的力量。(3)每一种特定的经济形态都应当解决由它本身产生的问题,如果要它去解决比自己高得多的经济形态所产生的问题,是不可能的和荒谬的。

但是,恩格斯并未用某一个理论或者某一种设想,锁定俄国社会发展的途径,即并未要求俄国的社会发展一定要沿着人类社会发展的一般途径前进。他还有另外一种考虑,即俄国社会经历特殊的途径走向共产主义社会。这另一种考虑以及另一个结论,可以看成为恩格斯进行理论创新的尝试。恩格斯另一个结论的内容是:如果当时俄国发生资产阶级革命并推翻了沙皇政权,如果俄国的这场革命能够激发和促进西方的社会主义革命,如果西方的社会主义革命能够胜利并建立起共产主义制度,由于西方共产主义制度的榜样作用以及西方共产主义制度对俄国的直接的支持,俄国革命则可以转变为社会主义革命,俄国则可以大大缩短资本主义发展的过程,利用现成的"农村公社"的条件,同西方一起走向共产主义社会。在《〈论俄国的社会问题〉跋》中,关于东方社会发展与西方社会发展相互关系的理论即俄国及东方社会"跨越卡夫丁"峡谷的理论,得到深刻、完整、明确的论述。

（五）

1918 年 4 月,列宁写作《苏维埃政权的当前任务》一文,提出了当时苏维埃国家经济建设的方案。这是列宁关于苏维埃国家经济的第一个方案,也是社会主义史上无产阶级掌握政权以后进行经济建设的第一个方案。它的基本内容是:(1)实施"计算和监督"的措施。所谓"计算和监督",指在不改变生产资料资本主义私人占有制的前提下,由工人团体或工人组织对企业的生产和分配过程进行监督,对企业生产和经营的账目进行计算。(2)在企业生产过程中实施最严格的纪律。(3)利用旧社会过来的专家的作用。(4)利用旧社会遗留下来的组织——合作社。(5)借鉴资本主义国家先进的生产管理经验。(6)展开劳动竞赛。(7)加强苏维埃政权的强制性力量。(8)加强苏维埃政权的强制性力量。

致力于社会主义革命"最重要和最困难"的任务,是列宁对实施经济建设第一个方案的历史意义的阐述。在这个总体评价下面,他阐述了以下思想观点:苏维埃国家必须利用"喘息"时机医治战争带来的创伤,恢复国民经济,增强国防力量。苏俄无产阶级可以用"轻骑兵"取得胜利,也可以用"重炮兵"取得胜利,必须随着形势的改变而转变对敌斗争的方式。苏俄无产阶级必须勇于进入"更新更高形式"的斗争。所谓进入同资产阶级斗争的"新的更高形式",从形态上看,指建立起"计算和监督"的制度。从效果上看,指要造成使资产阶级既不能存在也不能再产生的条件。

(六)

1918 年 5 月列宁写作和发表《论"左派"幼稚病和小资产阶级性》一文,以论战的方式,对"左派共产主义者"在国际国内一系列问题上的观点展开了批评。这年 4 月,列宁提出将党的国家的工作重心从政治斗争和军事斗争方面转移到经济方面。在转变工作重心的过程中,列宁提出"国家资本主义"是苏维埃共和国从当前状况向社会主义过渡的必经阶段。对此,以布哈林为首的"左派共产主义者"表现出极大的不满。他们否定过渡时期的必要性,主张立即实行社会主义,即立即对全部工业企业实行国有化,立即实行农业集体化。他们反对实施和利用国家资本主义,反对利用旧社会过来的专家的作用。列宁的这篇文章是针对"左派"的错误而写作的。它是列宁在经济建设问题上反对左倾错误的第一篇文献,也是社会主义史上围绕着经济建设问题反对左倾错误的第一篇文献。

列宁指出,"左派"形成错误立场及观点的思想根源之一,在于不懂得当前俄国形势的特点是由剥夺资本家的措施向"计算和监督"的措施过渡。左派"形成错误立场及观点的思想根源之二,是不懂得苏俄向国家资本主义过渡是一个进步。"左派"形成错误立场及观点的思想根源之三,是没有搞清楚苏俄国内各种经济成分之间的关系,错误地认为国家资本主义与社会主义之间的矛盾是经济领域的主要矛盾。列宁在批评"左派"反对国家资本主义的错误立场及观点的同时,就苏俄推进国家资本主义的可能性和措施阐述了重要的思想。他说,国家资本主义中"没有任何使苏维埃政权感到可怕的东西";从小生产走向资本主义的国有制或者走向社会主义,需要经过"同一个中间站"即国家资本主义;苏俄需要学习德国的国家资本主义;苏俄只能对文明的资本家实行特殊的"赎买";不向托拉斯的组织者即资本家学习便不能进行社会主义建设。

(七)

1921年4月列宁写作《论粮食税》,围绕着苏俄新经济政策的主要内容如粮食税、贸易自由、租让制以及实施这些政策的必要性,阐述了重要的思想。他说,俄共(布)和苏维埃政权面临着迅速改善人民生活的任务,完成这个任务"应该从农民方面开始",即应该将改善农民的生活条件和生产条件放在首要地位。他之所这样思考问题和提出问题,一个着眼点在于抓住和解决恢复国民经济工作的主要矛盾。当时恢复工作的主要矛盾是解决严重缺乏粮食和燃料的问题,而解决这些问题必须通过农民的劳动。也就是说,只能首先解决了农民生活条件和生产条件的困难,才能调动农民的生产积极性,多生产粮食,多开采和运送燃料,这样才能促进整个恢复国民经济工作的进展,才能有效地解决城市工人生活困难的问题。他的另一个着眼点是,使农民消除对苏维埃政权不满的情绪,巩固工农联盟和巩固无产阶级专政。

实施新经济政策后,资本主义的经济成分不可避免地增长起来。由此,对苏维埃政权政策的正确性和必要性持怀疑态度的言论出现了。列宁提出,必须承认苏俄现实生活中存在着资本主义发展的事实,但是执政的无产阶级不能禁止和堵塞资本主义的发展,否则那它就是在干蠢事,就是自杀。资本主义经济成分的增长必然会带来许多负面影响,如竞争和生产的无政府状态,唯利是图并坑害消费者等等,列宁要求实施国家资本主义,以苏维埃国家的政策去影响、干预和引导资本主义经济的发展。

列宁提出,经济文化落后的苏俄不能"直接过渡"到社会主义社会。所谓"直接过渡"到社会主义社会,指在无产阶级掌握政权后立即采取消灭资本主义私有制的措施,立即建立整个社会占有生产资料、没有商品生产和货币交换、没有阶级差别和阶级、没有政治国家和国家机器的社会。苏俄由于十分落后,不能直接建立这样的社会主义社会。他说,既然苏俄目前落后的状况同社会主义社会之间有较远的距离,那么必须研究这一段"距离",认真考虑并正确地提出这一段"距离"上的措施和办法。列宁称这个"距离"为"中间环节",认为它的具体内容是利用资本主义(包括将资本主义纳入国家资本主义的轨道)的作用,发展生产力。他还提出,在苏俄有可能通过私人资本主义来促进社会主义。

(八)

1921 年 10 月,列宁在莫斯科省第七次党代表会议上关于新经济政策的报告中,全面地论述了苏俄"战略退却"的必要性、意义、措施和经验教训。1904 年日本和沙皇俄国为争夺在中国东北和朝鲜的占领权,在中国东北的土地上进行了一场帝国主义战争。旅顺争夺战是其中的一个重要战役。这个战役经历了两个完全不同的阶段。第一阶段是多次猛烈的强攻,结果失败了。第二阶段对这个要塞改用非常艰苦、非常困难而缓慢的围攻,结果完成了攻克要塞的任务。列宁运用上述例子说明了 1918 年初至 1921 年春之间苏俄社会主义建设过程中发生的两次"战略退却",既指明了"战略退却""前阶段"苏维埃政权的政策以及它的合理性,又论证了"战略退却"的必要性。

1918 年 3、4 月间,俄共(布)和苏维埃政权进行过一次"战略退却"的尝试。它的内容是党和苏维埃政权的主要任务由夺取政权、巩固政权以及国有化(剥夺剥夺者)的任务向后退,退到实施"计算和监督"的任务上来。1921 年春,俄共(布)和苏维埃政权又一次进行了"战略退却"的实践。在此时以前的国内战争时期,苏俄实行了战时共产主义政策。这些政策体现了无产阶级以及苏维埃政权对资产阶级采取进攻的态势。但是它在客观上损害了广大人民群众的利益,特别是损害了农民的利益。1921 年春,俄共(布)和苏维埃政权鉴于国内严重的经济困难和政权危机,决定改变国家的发展轨道,即实行新经济政策。显然,由战时共产主义转向新经济政策,即由对资产阶级采取进攻的态势转向利用资本主义和国家资本主义的作用,是一种"战略退却"。

列宁论述了两次退却的历史背景或前提:(1)从俄共(布)的指导思想上看,没有考虑到苏俄还需要发展市场和商业,指望通过"国家的生产和分配"使苏俄"直接过渡"到社会主义社会。(2)从实践过程看,敌对势力的破坏活动迫使苏俄无产阶级采取严厉的军事政治措施。列宁认为,苏维埃政权对敌对势力采取严厉打击措施是十分必要的,没有它则不足以保证无产阶级专政的继续存在,而且没有这个时期"强攻"的措施也不能使无产阶级认识到转变为"围攻"措施的必要性。

1921年10月,俄共(布)进行了一次"再退却"。开始实施新经济政策的时候,列宁设想的商品交换,通过两个途径进行。一个途径是生产者之间以货币为媒介进行的自由贸易,即通常意义上的自由买卖。另一个途径是通过合作社进行交换,即生产者将自己的产品拿到合作社进行以物易物式的交换。列宁和俄共(布)希望合作社的交换能够发挥优越性,逐步地排挤自由贸易。可是实际上工农群众不习惯合作社的交换,更愿意进行自由贸易。同年10月,列宁认识到这个问题,提出苏俄要发展通常意义上的商业,国家政权要调节好商业活动。列宁提出苏俄必须发展商业,无产阶级国家必须调节好商业活动即管理好商业,同1921年春的设想相比较,这不能不说是一个大的再退却。在这次退却的过程中,列宁要求对党员和干部进行以下内容的思想教育:(1)只有通过商业的途径才能恢复国民经济,准备好向社会主义过渡的条件。(2)只学会了进攻而没有学会退却的军队,是不能取得战争胜利的。(3)立足于现有的资本主义关系有危险,但是不能害怕危险。

(九)

1922年12月至1923年3月,卧在病榻上的列宁思考和展望社会主义的未来,回顾和总结苏俄社会主义建设的经验,以口授的方式留下了一组书信和文章,作为向党和苏维埃国家后来的领导人以及全体人民的政治嘱托。这即是所谓列宁"最后的书信和文章"。列宁就改善党的工作机关和加强党内监督提出了重要的思想。他提出,必须增加党中央委员的人数,加强党中央集体领导的力量,改善党的领导,防止党组织的分裂。必须改革党的中央监察机关——中央监察委员会,加强党内监督。

列宁就加强苏俄文化建设的意义和措施提出了重要的思想。他说,加强文化建设是建成社会主义社会的前提;在农民中开展文化工作可促进合作社的建设;提高机关工作者的文化素质有利于改善党和国家机关的工作。十月革命胜利后,列宁领导党和国家为推进苏维埃国家的文化建设,采取了有关措施。他逝世前夕,在认真总结经验的基础上就进一步加强文化建设的措施提出了下述意见:提高教师的地位,发挥广大教师的作用,促进文化建设;增加对教育的投资,以教育的发展促进文化建设;使城市党组织和城市文化团体经常下农村,促进农村的文化建设;使机关工作者努力学习业务知识,促进管理文化的建设。

列宁批评了苏俄国家机关的弊病并提出了改革的途径。他说,苏维埃国家机关是从旧机关"继承下来的",它在很大程度上"是旧事物的残余",其缺点"根源于过去",说明旧的东西"还没有被消灭";官僚主义已经成为党和国家事业发展的最可恶的敌人;国家机关里隐藏着一些反对党和国家事业的人;必须以巨大的勇气进行机关改革。他提出了下述改革的措施:国家机关工作人员必须加强学习,提高文化水平,改善机关工作;以具有一定的文化修养为条件选拔新的机关人员,充实和优化机关工作者队伍;精简国家机关,节约财政开支,把节省下来的钱用于发展重工业和发展电气化,促进生产力的发展。

列宁主张以合作社促进城乡商品流通和社会主义发展。他当时设想的合作社,不是生产资料公有制的、集体劳动的生产组织,而仅仅是社员之间和城乡之间进行商品交换的消费合作社,即"买卖机构"。既然列宁所主张的合作社是作为买卖机构的消费合作社,在这种合作社制度下,社员私人占有生产资料,个体生产劳动,仅仅通过合作社进行彼此之间和城乡之间的商品交易,那么怎样理解列宁所说合作社的发展等于社会主义的发展? 列宁的思想是,由于无产阶级掌握着国家政权,大的生产资料掌握在国家手里,国家正向着社会主义的方向发展,在这样的历史背景下,合作社的活动有利于促进商品流通,从而有利于工农业生产的发展,有利于巩固苏维埃政权和发展社会主义事业,所以合作社的发展就等于社会主义的发展。

列宁提出,经济文化落后的苏俄走向社会主义符合历史发展的一般规律。根据马克思主义理论,西方国家走向社会主义的情况可能是这样的情况:资本主义经济得到充分发展,生产力水平比较高,这时无产阶级才掌握政权并采取向社会主义过渡的措施。这即是世界历史发展的一般规律。俄国的社会发展有自己的特殊性——1917年俄国的生产力水平确实不很高,向社会主义过渡的客观经济前提确实不够好,但是由于出现了农民战争与工人革命相结合的局面,无产阶级可以而且应该先夺取政权,然后将利用自己的政权发展生产力,努力创造过渡到社会主义的经济条件,从而走向社会主义胜利。世界历史发展的一般规律要求在生产力水平较高或者很高的条件下建立社会主义。俄国在无产阶级掌握政权以后大力发展生产力,在生产力水平达到一定的高度时再走向社会主义,满足了实现社会主义需要生产力水平高的要求。所以说它的发展符合世界历史发展的一般规律。

列宁提出,世界社会主义的胜利取决于东方人民的斗争。在西方国家,19世纪下半叶以来,统治阶级利用从殖民地收刮来的财富,对内实行"糖饼"政策,缓和了国内的阶级矛盾。列宁已经认识到,西方国家未来难以发生革命了。那么社会主义最终胜利的希望何在呢? 面临帝国主义颠覆和侵略危险的苏俄能不能坚持到社会主义最终胜利的那一天呢? 列宁说,斗争的结局归根到底取决于如下一点:俄国、印度、中国等构成世界人口的绝大多数。正是这个人口的大多数,最近几年来非常迅速地卷入了争取自身解放的斗争,在这个意义上说,社会主义的最终胜利是完全和绝对有保证的。这说明,列宁已经把世界社会主义最终胜利的希望寄托在东方人民的革命斗争之上了。

第 二 篇

关于中国、印度、土耳其、伊朗
社会发展的重要著作

第十章 马克思主义史上探讨东西方相互作用的首篇文献——研读《中国革命和欧洲革命》

人类近代史首先在欧洲开启,当欧美国家先后走上资本主义发展道路并将殖民扩张的魔爪伸向亚洲的时候,中国尚沉浸于"天朝帝国万世长存的迷信"中。如果说,西方列强在掠夺其他落后国家和民族的过程中,能够而且也必然用资本主义这种强势文明征服野蛮落后的封建文明;那么,落后国家将用什么和以什么样的方式来影响西方文明并推动其发展呢? 马克思在论述中国革命与欧洲革命的关系中首次阐明了东方落后国家与西方先进国家之间相互作用的方式。1853 年 5 月,马克思在《中国革命和欧洲革命》中提出,黑格尔常常把"两极相联"视为自然界演进的基本规律,视为适应于人们生活一切方面的不可动摇的真理,视为哲学家所离不开的定理。"'两极相联'是否就是这样一个普遍的原则姑且不论,中国革命对文明世界很可能发生的影响却是这个原则的一个明显例证。"①对于二者之间相互作用的方式,他在后文中总结指出:"这将是一个奇观:当西方列强用英、法、美等国的军舰把'秩序'送到上海、南京和运河口的时候,中国却把动乱送往西方世界。"②围绕这一思想,马克思具体分析了西方列强的殖民扩张在客观上促使旧中国挣脱封建桎梏走向现代化的作用,以及中国以其特有的落后方式作用于西方将可能产生的革命性后果。

---

① 《马克思恩格斯文集》第 2 卷,人民出版社 2009 年版,第 607 页。
② 《马克思恩格斯文集》第 2 卷,人民出版社 2009 年版,第 612 页。

一、西方对中国的作用:西方列强把"秩序"送到中国

中国在 18 世纪中期即清朝乾隆时期开始实行闭关锁国的政策,限定广州一口通商。而此时,以英国为首的西方列强为适应资本主义扩张的需要,亟需打开中国的市场。在通过和平外交手段劝说清政府开放门户的努力无效之后,英国便蓄谋用武力打开中国市场,先后发动了两次鸦片战争。随后,欧美列强相继侵入中国,中国逐渐沦为半殖民地半封建国家。在马克思看来,虽然列强的入侵给中国人民带来巨大的灾难,但是它打破了天朝帝国与文明世界隔绝的状态,加速了旧中国封建体系的瓦解,客观上推动了中国迈向现代化的步伐。

第一,英国的大炮打破了旧中国与西方的隔绝状态。清朝是中国历史上继元朝之后第二个由少数民族统治中的时期,出于自保的需要,逐渐采取闭关锁国的政策。最初,为防范明末将领郑成功的反攻,实行海禁政策。明朝覆亡后,明末将领郑成功在东南沿海各地招兵买马,矢志反清复明,并得到了一些西方人士的援助。虽然后来败走台湾并从荷兰人手里收复台湾,但他始终坚持反清,多次在沿海袭击清军。鉴于此,清政府决定实行海禁,一方面防止西方人援助郑成功反清,一方面防止沿海居民追随郑成功反清。后来,为限制欧洲商人来华贸易,减少不必要的经济政治纠纷,而发布锁国令。从 17 世纪末开始,欧洲各国来华贸易的商人日渐增多,在通商的同时也在东南沿海各地犯下了不少案件。这不但引起了清政府的反感,也引起了它的担忧。乾隆南巡时亲眼看到江浙一带海面上络绎不绝的外国商船携带武器来华贸易,他回京后断然颁布"一口通商"的圣旨。"一口"指广州,亦即除广州一地外,其他港口均不得对外贸易。对此,马克思也分析指出:"毫无疑问,17 世纪末竞相与中国通商的欧洲各国彼此间的剧烈纷争,有力地助长了满族人实行排外的政策。可是,更主要的原因是,这个新的王朝害怕外国人会支持一大部分中国人在中国被鞑靼人征服以后大约最初半个世纪里所怀抱的不满情绪。"①

---

① 《马克思恩格斯文集》第 2 卷,人民出版社 2009 年版,第 613 页。

　　马克思指出,与外界完全隔绝曾是保存旧中国的首要条件。由于长期与外界隔绝,大清王朝的统治者及其臣民全然不知西方社会的发展变化,沉浸于天朝帝国的旧梦,将西方国家称为"蛮夷",并视西方的钟表仪器等现代工艺产品为"淫巧"。乾隆皇帝曾在英国国王乔治三世的回信中表示,中国物产丰盈,无所不有,不需要增强对外贸易。清政府的闭关自守和盲目排外的政策,限制了中国对外贸易和航海事业的发展,限制了中国人世界视野的形成,妨碍了中国吸收西方先进的思想文化和科学技术,使中国丧失了许多发展机遇。在西方世界在资本主义道路上蒸蒸日上之时,清王朝及中国的整个封建体系在走向衰败。清政府上下,营私舞弊、贿赂公行、巧取豪夺,腐败之风日盛。乾隆、嘉庆之际的权臣和珅,占地 8000 余顷,敛财 4 亿两,相当于当时清政府 8 年的财政总收入。王朝军队武备废弛,腐败不堪。与此同时,广大人民生活每况愈下,过着牛马般的生活,农民和地主阶级之间的矛盾日趋尖锐化。从 18 世纪末开始,各地农民的反抗斗争就此起彼伏,封建王朝的统治危在旦夕。一旦这种与世隔绝的状态为暴力打破,封建体制的腐朽必将暴露无遗,解体的进程也必将在外力带来的破坏性因素作用下而加速。

　　英国人用大炮打开了中国的国门,打破了清王朝与外界隔绝的状态。第一次鸦片战争爆发后,面对英国的坚船利炮,中国人终于意识到自身的落后和西方的先进。大清王朝不仅军备废弛、武器落后,而且在抗击外来侵略中组织不力,消极怠工。战争最终以中国的失败和签订不平等条约而结束。根据条约,英国获得"五口通商"和一系列经济特权,其他列强相继援引《南京条约》中的条例,获得与英国类似的经济特权。马克思说:"满族王朝的声威一遇到英国的枪炮就扫地以尽,天朝帝国万世长存的迷信破了产,野蛮的、闭关自守的、与文明世界隔绝的状态被打破,开始同外界发生联系,这种联系从那时起就在加利福尼亚和澳大利亚黄金的吸引之下迅速地发展起来。同时,这个帝国的银币——它的血液——也开始流向英属东印度。"①可见,闭关锁国导致了中国的落后,而落后就必然要挨打。而从历史发展的角度来看,英国大炮对中国皇帝权威的破坏又具有特定的积极作用,即加速封建体系的瓦解。马克思说:"当这种隔绝状态通过英国而为暴力所打破的时候,接踵而来的必然是

----

① 《马克思恩格斯文集》第 2 卷,人民出版社 2009 年版,第 608 页。

解体的过程,正如小心保存在密闭棺材里的木乃伊一接触新鲜空气便必然要解体一样。"①

　　第二,鸦片和鸦片战争将中国人从世代相传的愚昧状态中唤醒。中国进入封建社会以后,由于经济生活中的农民个体生产、家庭手工业以及自给自足的状态,皇权主义和家长制思想在人们的精神生活领域占据统治地位。个体生产者特别是农民个体生产者,自己不能掌握自己的政治命运,需要一个强有力的行政权力来代表他们,从天上赐给他们阳光雨露,这个强有力的行政权力就是皇权。皇权的拥有者皇帝为维护其神圣的统治地位,抛出一个"真龙天子"的概念,以达到愚弄民众的目的。他们推出"天庭"、"地府"、"人间"的概念,说天庭由玉帝统治,地府由阎王统治,而人间则由皇帝统治,从而强调皇权统治的必然性。与此相辅相成的是家长制思想。家长制思想主张权力高度集中,主张社会活动由当权者的个人意志支配,主张任人唯亲,以是否具有血缘关系或人身依附关系为标准选择国家官吏。这种愚昧思想长期统治中国人,成为中国社会停滞不前的重要原因。英国对中国的贸易包括鸦片贸易,以及英国对中国的战争,激化了中国国内的社会矛盾,改变了中国的社会关系和人与人之间的关系。马克思正确地认识到这一点。他写道:"正如皇帝通常被尊为全中国的君父一样,皇帝的官吏也都被认为对他们各自的管区维持着这种父权关系。可是,那些靠纵容私贩鸦片发了大财的官吏的贪污行为,却逐渐破坏着这一家长制权威——这个广大的国家机器的各部分间的唯一的精神联系。"②意思是说,如果说皇权思想和家长制思想是维持中国封建官僚体系的精神支柱的话,那么随着鸦片走私贸易和官吏的贪污腐败,广大的人民群众将破除对皇权的迷信和对各级官僚统治权的迷信,封建统治集团内部由皇权思想和家长制思想所维持的"和谐"关系也会由于利益纷争而破裂。就此马克思还写道:"几乎不言而喻,随着鸦片日益成为中国人的统治者,皇帝及其周围墨守成规的大官们也就日益丧失自己的统治权。"③

　　鸦片贸易和鸦片战争使得清政府的腐败无能暴露无遗,激发了广大农民群众推翻封建统治的革命精神。1851年1月,洪秀全领导的拜上帝会于广西

---

　　①　《马克思恩格斯文集》第2卷,人民出版社2009年版,第609页。
　　②　《马克思恩格斯文集》第2卷,人民出版社2009年版,第608页。
　　③　《马克思恩格斯文集》第2卷,人民出版社2009年版,第608页。

桂平金田村起义,建国号为"太平天国"。次年9月,太平军攻占长沙。1853年1月,太平军攻占武汉。同年3月,太平军攻占南京,改名天京,并将其定为首都。太平天国的革命运动沉重打击了清王朝的反动统治。基于此,马克思指出:"中国的连绵不断的起义已经延续了约十年之久,现在汇合成了一场惊心动魄的革命;不管引起这些起义的社会原因是什么,也不管这些原因是通过宗教的、王朝的还是民族的形式表现出来,推动了这次大爆发的毫无疑问是英国的大炮,英国用大炮强迫中国输入名叫鸦片的麻醉剂。"①这里的意思很明确,鸦片贸易和鸦片战争客观上唤醒了中国人,推动了中国起义的大爆发。因此,马克思还指出:"历史好像是首先要麻醉这个国家的人民,然后才能把他们从世代相传的愚昧状态中唤醒似的。"②实际上,鸦片并没有麻醉中国人,鸦片战争也没有吓到中国人,而是将其从危难中唤醒,使之迸发出反封建的革命精神和反侵略的爱国主义热情。

　　第三,外国工业品破坏着中国小农业与家庭手工业相结合的社会经济结构。小农业与家庭手工业相结合是典型的封建社会经济结构。小农业与家庭手工业结合得愈紧密,封建社会的经济基础就愈牢固,商品经济就愈难以发展,资本主义经济愈难以产生。虽然中国资本主义萌芽于明代后期即16世纪初,但由于小农业生产长期占据稳固的统治地位,直到19世纪40年代鸦片战争前,资本主义在中国也没有发展起来。小农业与家庭手工业相结合的社会经济结构的典型特征是自给自足,农民在农业生产的空闲时间里进行手工业生产,一方面满足家庭对日常生活用品的需要,另一方面以剩余的手工业品到本地市场上换取自己不生产的其他生活必需品。因此,在早期的对外贸易中,中国以输出茶叶、生丝、瓷器等农产品和手工业品为主,以进口工业品为辅。基于此,马克思在分析中英贸易状况时指出,中国过去几乎不输入英国棉织品,英国毛织品的输入也微不足道。原因主要有两个,一是中国封建社会自然经济的自给自足性决定中国人对外来产品的需求甚微;二是中国农民家庭手工生产棉纺织品的成本低,在市场上具有价格优势,更具有竞争力。③ 这正是

---

① 《马克思恩格斯文集》第2卷,人民出版社2009年版,第607—608页。
② 《马克思恩格斯文集》第2卷,人民出版社2009年版,第608页。
③ 　家庭手工业不计劳动成本,而且是在农业生产的空闲时间进行生产,所以除了购买原料,几乎没有成本。

长期以来英、法、美等西方列强在对中国的贸易中处于入超地位的根本原因，列强们却将原因归结于中国的闭关锁国，于是就有了摧残人命的鸦片贸易和极端不义的鸦片战争。

马克思指出，外国工业品输入的增加破坏了中国的工业。第一次鸦片战争后，中国被迫开放广州、厦门、上海、宁波和福州等五个通商口岸。外国资本家欣喜若狂，开始向中国倾销商品。据统计，英国输华商品总值，1837 年为 90 多万英镑，1843 年增加到 145.6 万多英镑，1845 年竟达 239.4 万多英镑。其中，棉纺织品占有较大的比重，从 1842 年的 70 多万英镑增加到 1845 年的 173 万英镑。[①] 除英国之外，美国、法国、俄国、意大利等都开始向中国大量输入商品。马克思也指出，从 1840 年其他国家特别是美国也开始参加和中国的通商后，棉织品和毛织品这两项输入增加得更多了。虽然中国小农业和家庭手工业相结合的社会经济结构对外来商品具有一定的抵制作用，使得如潮水般涌来的商品一时间难以找到销路，但这只是暂时的。第一次鸦片战争后，通商口岸城市的农民逐渐使用洋布，不少手工纺织业者开始停纺，原有的小农业与家庭手工业相结合的经济模式也逐渐遭到破坏。随着列强入侵和中国半殖民地化的加深，这种破坏作用蔓延到中国内陆地区，中国开始半封建化。对此，马克思评论说："这种外国工业品的输入，对本国工业也发生了类似过去小亚细亚、波斯和印度所发生的那种影响。中国的纺织业者在外国的这种竞争之下受到很大的损害，结果社会生活也受到了相应程度的破坏。"[②]

二、中国对西方的作用：中国把"动乱"送往西方世界

"两极相联"的事物间是相互作用的，当文明的西方以"强盗政策"对待落后的中国时，中国必将以特定的方式反作用于西方世界。由于当时的中国尚处于封建社会阶段，资本主义尚未发展起来，所以中国可能对西方产生的影响，不是以积极的方式去促进西方发展，而是以消极的方式去引发或加剧欧洲

---

①　参见李侃等：《中国近代史（1840—1919）》，中华书局 2012 年版，第 32 页。
②　《马克思恩格斯文集》第 2 卷，人民出版社 2009 年版，第 609 页。

危机,刺激欧洲革命的发生。马克思认为,这在表面上虽是一个奇观,却是一个极有意义的现象,他从不同方面分析了中国这一"极"对于西方那一"极"可能产生的作用。

第一,中国革命将引爆欧洲危机从而引发欧洲大陆政治革命。1851 年 1月,太平天国革命运动爆发,中国南方多个省份都卷入到这场声势浩大的反清战争中。由于这场战争的波及面广,给多地民众的正常生产活动带来的破坏作用是显而易见的,进而影响到西方列强的对华贸易。马克思认为,这场革命能够刺激欧洲革命的爆发。他说:"欧洲人民下一次的起义,他们下一阶段争取共和自由、争取廉洁政府的斗争,在更大的程度上恐怕要决定于天朝帝国(欧洲的直接对立面)目前所发生的事件,而不是决定于现存其他任何政治原因,甚至不是决定于俄国的威胁及其带来的可能发生全欧战争的后果。"①这表面上看起来似乎是一种"非常奇怪"、"非常荒诞"的看法,因为当时的中国只不过是一个封建落后的帝国,而且尚未成为西方列强的殖民地,它如何以自己的落后去影响先进的欧洲? 马克思认为中国革命对欧洲革命的作用决不是什么奇谈怪论,只要仔细考察当前的情况就会相信这一点。他进一步指出:"我们时常提请读者注意英国的工业自 1850 年以来空前发展的情况。在最惊人的繁荣当中,就已不难看出日益迫近的工业危机的明显征兆。尽管有加利福尼亚和澳大利亚的发现,尽管人口大量地、史无前例地外流,但是,如果不发生什么意外事情的话,到一定的时候,市场的扩大仍然会赶不上英国工业的增长,而这种不相适应的情况也将像过去一样,必不可免地要引起新的危机。这时,如果有一个大市场突然缩小,那么危机的来临必然加速,而目前中国的起义对英国正是会起这种影响。"②也就是说,英国通过鸦片战争在中国开拓出一个大市场,并逐渐依赖这个大市场,而太平天国革命运动却使这个大市场突然变小,这必然影响到英国的工业,从而引发工业危机。

马克思具体阐述了太平天国革命运动给英国对华贸易造成的影响。第一次鸦片战争后,英国对华贸易额迅速增长。英国对中国的年输出总值由 1833年以前的 60 万英镑增加到 1852 年的 300 万英镑;从中国输入英国的茶叶数量

---

① 《马克思恩格斯文集》第 2 卷,人民出版社 2009 年版,第 607 页。
② 《马克思恩格斯文集》第 2 卷,人民出版社 2009 年版,第 610 页。

由 18 世纪末的 1600 万磅增加到 1852 年的 6000 万磅。也就是说，中国已经成为英国一个重大的海外市场。但是，1853 年英国从中国采购茶叶和蚕丝却遇到了困难，主要是英国严重缺少收购茶叶和丝蚕的资金。当时的报纸反映，由于太平天国革命等事件的影响，上海出现了金融恐慌，人们纷纷抢购黄金贮藏，而使其价格上涨，白银则更是难以寻觅，以致英国商船无白银向中国交纳关税。由于英国商人在中国市场上不能获取黄金和白银，生意难以做成，其后果一是茶叶和蚕丝的价格不断上涨，二是英国国内的黄金和白银外流，三是英国出口到中国的工业品难以销售。这些情况，对英国的经济造成了严重的负面影响。马克思针对这种情况指出："中国人虽然也同革命震荡时期的一切人一样，愿意将他们手上全部的大批存货卖给外国人，可是，正像东方人在担心发生大变动时所做的那样，他们也会把他们的茶和丝贮存起来，非付给现金现银是不大肯卖的。因此，英国就不免要面临这样的问题：它的主要消费品之一涨价，金银外流，它的棉毛织品的一个重要市场大大缩小。"①同时马克思指出，英国面临中国的茶叶涨价以及在中国的市场缩小的时候，正是西欧发生歉收和农产品涨价的时候，而这个时候英国的国内市场将大大缩小。而且由于英国的贸易危机已经走过了它固有周期的一定的阶段，面临着再次危机的爆发，由此马克思指出："可以有把握地说，中国革命将把火星抛到现今工业体系这个火药装得足而又足的地雷上，把酝酿已久的普遍危机引爆，这个普遍危机一扩展到国外，紧接而来的将是欧洲大陆的政治革命。"②上述马克思的思想是，由于中国国内太平天国革命的影响，又由于中国同英国之间在茶叶和蚕丝交易上产生的问题，从而造成英国金银外流、商品涨价和市场缩小，必然加速英国以及西方各国的经济危机，必然引发欧洲大陆的政治革命。这个思想是中国革命影响和促进欧洲革命的思想。

　　第二，中国若使鸦片贸易合法化将导致英印政府国库灾难并引发欧洲危机。鸦片曾作为一种药材传入中国，但为了攫取中国的财富，英国商人从 18 世纪初就开始向中国走私鸦片。在 1840 年前，世界上有两大鸦片产地，印度是其中之一。英国人占领印度的鸦片产地孟加拉以后，对华鸦片贸易便成为

---

　　① 《马克思恩格斯文集》第 2 卷，人民出版社 2009 年版，第 611 页。
　　② 《马克思恩格斯文集》第 2 卷，人民出版社 2009 年版，第 612 页。

英印政府的主要收入来源之一。1773 年,东印度公司垄断了鸦片生产和专卖的特权。英国殖民者强迫印度农民种植罂粟,然后加工成适合中国吸食者口味的鸦片。东印度公司将生产出来的鸦片以高于成本 5 至 8 倍的垄断价格卖给英国鸦片贩子,鸦片贩子将鸦片贩运到中国后,又以 50% 的利润卖给中国吸食者。就此,马克思分析指出:"印度的英国当局的收入,足足有七分之一要靠向中国人出售鸦片,而印度对英国工业品的需求在很大程度上又是取决于印度的鸦片生产。"①如此,一旦英国对华的鸦片贸易受到严重打击,英印当局的财政收入就会受到很大影响,印度对英国工业品的需求也就会大打折扣。在中国方面,对于鸦片问题早有关于"严禁"还是"弛禁"的争论。提倡"弛禁"政策的人认为,一方面将鸦片贸易合法,并制定高额关税,从而增加财政收入,另一方面允许国内种植鸦片,以此抵制外来鸦片,从而防止白银外流。所以,1853 年 5 月,马克思在《中国革命和欧洲革命》一文中说:"新皇帝颇有意在中国本土种植罂粟和炼制鸦片,显然,这将使印度的鸦片生产、印度的收入以及印度斯坦的商业资源同时受到致命的打击。虽然利益攸关的各方或许不会马上感觉到这种打击,但它到一定的时候会实实在在地起作用,并且使我们前面预言过的普遍的金融危机尖锐化和长期化。"②1858 年 8 月,马克思在评论英国对华的鸦片贸易时又强调指出:"英国政府在印度的财政,实际上不仅要依靠对中国的鸦片贸易,而且还要依靠这种贸易的不合法性。如果中国政府使鸦片贸易合法化,同时允许在中国种植罂粟,英印政府的国库会遭到严重灾难。"③

　　第一次鸦片战争的导火索是清政府的禁烟运动,但是战后英中双方并未就鸦片贸易问题达成协议。《南京条约》和《虎门条约》谈判期间,英方都提出将鸦片贸易合法化,中方提出要收取一定的鸦片税即要求英国保证每年缴纳 500 万两鸦片税银,但英方却不同意这一条件,最终鸦片贸易问题不了了之。虽然鸦片贸易没有合法化,清政府也不再敢查英商走私鸦片,所以第一次鸦片战争后的鸦片走私活动更加猖獗。由于对华的合法贸易没有达到预期设想,英国联合法国策划和发动了第二次鸦片战争。慑于列强的淫威,清政府于

①　《马克思恩格斯文集》第 2 卷,人民出版社 2009 年版,第 613 页。
②　《马克思恩格斯文集》第 2 卷,人民出版社 2009 年版,第 613 页。
③　《马克思恩格斯文集》第 2 卷,人民出版社 2009 年版,第 636 页。

1858 年 6 月与英国签订了不平等的《天津条约》。基于上述事实,马克思分析了中国政府允许在国内种植罂粟和对外国鸦片征税的可能性。他指出,《南京条约》的补充条约即《虎门条约》是中国政府为了借助外国人的帮助来取缔鸦片贸易而作的最大的、也可以说是绝望的努力;既然这种企图遭到了失败,而且现在是公开宣布失败,既然鸦片贸易就英国来说已经合法化,那么毫无疑问,中国政府无论从政治上还是从财政上着想,都将会试行一种办法,即从法律上准许在中国种植罂粟并对进口的外国鸦片征税。马克思说,不论当前中国政府的意向如何,《天津条约》给它造成的处境本身就给它指出了这条出路。事实即如此,1858 年 11 月,中国和英国在上海签订的《通商章程善后条约》规定将鸦片贸易合法化。马克思说:"这种改变一经实行,印度的鸦片垄断连同印度的国库一定会一起受到致命的打击,而英国的鸦片贸易会缩小到寻常贸易的规模。并且很快就会成为亏本生意。"①

第三,第二次鸦片战争提案使得英国代议机关走向政治危机。英国早在 1689 年《权利法案》颁布时就成为一个君主立宪制国家,它在政权组织形式上实行责任内阁制,内阁由议会产生并对议会负责,内阁首脑即政府首脑,掌握着行政权。议会分为上院和下院,上院世袭,下院民主选举,议会拥有立法权、控制财政权和监督政府权。议会特别是下院权力行使的程度直接体现英国代议制民主的程度。按英国宪法和惯例,政府的内外决策必须提交议会进行辩论,获得议会通过后才能付诸实施。但是,时任首相的帕麦斯顿却时常将自己的权力凌驾于议会之上,不事先经过议会就作出决策并付诸行动。这种做法不仅危害英国国家宪法,而且践踏英国的民主。如,1856 年 10 月英国以伊朗进军赫拉特为借口发动对伊的战争,事先并没有通过议会。财政大臣格莱斯顿对此极为不满,他指控这种做法同英国的惯例完全相抵触,而且危害国家宪法,下院必须加以干涉以防止此类事件重演。几乎与对伊宣战同一时间,英国政府借口"亚罗号"事件,悍然炮轰广州,再次发动侵华战争,马克思称之为第二次对华战争。实际上,这次对华战争的提案刚开始并没有在议会通过,议会对帕麦斯顿内阁投了不信任票。为使提案获得通过,帕麦斯顿解散下院,操纵选举新的下院。针对此,1860 年初,马克思在《英国的政治》一文中评论说:

---

① 《马克思恩格斯文集》第 2 卷,人民出版社 2009 年版,第 644 页。

"应当看到,中国问题不仅是一个国际问题,而且是一个极端重要的宪法问题。帕麦斯顿勋爵独断下令而进行的第二次对华战争,先是导致下院对他的内阁投不信任票,接着是他强行解散下院;而新的下院虽然是由他一手包办选举出来的,但从来没有人要求撤销上一届所通过的判决。直到此时此刻,帕麦斯顿勋爵的第二次对华战争,还受着一个议会裁决案的谴责。"①

　　1859 年 6 月,英法公使不顾清政府的安排,带领舰队和武器,执意要溯白河进京换约。他们在白河口的挑衅行为遭到清政府驻守官兵的反击,结果伤亡惨重。这一消息传到英国后,英国政府及其报刊怒吼着要实行大规模的报复,如《每日电讯》说,应该将皇帝逐出皇宫,应该教训中国人尊重英国人,英国人应该做中国人的主人。帕麦斯顿首相不先通过议会,直接同法国国王商讨派远征军攻打中国的对策。马克思称之为第三次对华战争。这一次又是将首相及内阁的权利凌驾于议会之上,重演僭越宪法的先例。马克思分析指出,帕麦斯顿勋爵不仅重演了一回危害宪法的先例,而且好像是在试试内阁不负责任的程度似的。实际上,发动第三次对华战争不仅遭到部分议会成员的质询,而且遭到部分内阁成员的质疑。内阁成员米尔纳·吉布森提出三点意见:一是质问英国对华战争的理由是否正当;二是抗议事先未经议会两院批准的宣战;三是如果他的意见为多数票否决,他将退出内阁。马克思认为,米尔纳·吉布森的行为发出了这样的信号,即"帕麦斯顿的统治将要遭到新的冲击,曾使德比内阁倒台的这个自由党人联盟将要崩溃"②。议会中的贵族派成员格雷勋爵认为,在没有听取议会两院的意见以前不应该开始远征。他指出,形式上国王享有宣战的特权,但是在大臣们事先不得到议会的批准不得在任何事情上花费一个法寻,因此在没有提请议会预先支付战争费用以前,政府不应当采取远征的战争行动,这是英国的宪法和惯例。他还列举了之前的两个事例来证明自己的说法,并提出了修正案。然而,内阁却断然驳回了格雷的修正案。基于此,马克思指出:"执政党的发言人和女王陛下反对派的领袖对待格雷勋爵修正案的方式,都清楚地说明英国代议机关正在迅速走向什么样的政治危机。"③

---

①　《马克思恩格斯全集》第 19 卷,人民出版社 2006 年版,第 47 页。
②　《马克思恩格斯文集》第 2 卷,人民出版社 2009 年版,第 658 页。
③　《马克思恩格斯全集》第 19 卷,人民出版社 2006 年版,第 49 页。

三、对《中国革命和欧洲革命》及其思想的评论

　　马克思的这篇著作是马克思主义史上研究东方落后国家与西方先进国家相互作用的首篇文献,第一次阐述了东方落后国家在促进西方社会发展方面的积极作用。在此之前,马克思、恩格斯研究的重点是"资产阶级文明的故乡",突出强调资产阶级文明在征服落后文明方面的历史进步性。他们在马克思主义诞生的标志性文献《共产党宣言》中阐述资产阶级的历史进步性时指出:"正像它使农村从属于城市一样,它使未开化和半开化的国家从属于文明的国家,使农民的民族从属于资产阶级的民族,使东方从属于西方。"[1]这里单方面考察了先进文明在改造落后文明方面的强制作用。先进征服落后,落后从属于先进,这是历史演进的一个必然法则,早为达尔文的进化论所揭示。对此,马克思在考察印度社会发展问题时也作了深刻的阐述:"相继侵入印度的阿拉伯人、土耳其人、鞑靼人和莫卧儿人,不久就被印度化了——野蛮的征服者,按照一条永恒的历史规律,本身被他们所征服的臣民的较高文明所征服。不列颠人是第一批文明程度高于印度因而不受印度文明影响的征服者。"[2]19世纪50年代初,当马克思、恩格斯的目光从"资产阶级文明的故乡"转向"殖民地"的时候,他们发现了人类社会中"两极相联"的一大现象:东方落后国家与西方先进国家相互作用,即欧洲的殖民入侵引发中国革命,中国革命反过来引发欧洲革命。通过对中国革命的考察,马克思突破了之前对资产阶级文明作用于落后文明的单方面考察,揭示了落后文明对先进文明的反作用。实际上,这是联系的观点在考察人类社会生活中的具体运用,充分体现了马克思的唯物辩证法思想。

　　马克思关于与外界完全隔绝曾是保存旧中国的首要条件的观点,给人们以重要的启示。近代中国沦落为半殖民地半封建社会,与大清王朝前期实行的闭关锁国政策不无关系。闭关锁国,即不与外国往来,严格限制对外政治、

---

　　① 《马克思恩格斯文集》第2卷,人民出版社2009年版,第36页。
　　② 《马克思恩格斯文集》第2卷,人民出版社2009年版,第686页。

经济、文化和科技等方面的交流。这在一定程度上能够起到打击走私和海盗行为，从而稳定沿海地区的作用。但是，这种与世隔绝的政策对于国家和社会的发展极为不利，不仅不能在经济上实现与国外互通有无，而且不能吸收和利用国外先进的思想文化和科学技术，最终落后于世界发展的潮流。这也是中国资本主义萌芽长期发展不起来的主要原因之一。所以，对于英国用暴力打开中国国门的行为，马克思给予历史唯物主义地肯定。基于对外开放的重要性，邓小平在社会主义现代化建设实践中提出了对外开放的伟大决策，在扩大对外经济交往的同时发展开放型经济，从根本上改变我国旧有的封闭型经济结构，从而促进国民经济健康地发展。1984年10月，在接见参加中外经济合作问题讨论会的全体代表时，邓小平说："总结历史经验，中国长期处于停滞和落后状态的一个重要原因是闭关自守。经验证明，关起门来搞建设是不能成功的，中国的发展离不开世界。"①实际上，自从资产阶级将人类社会一个个封闭孤立的历史连接成一个大的世界历史起，对外开放就成为了发展现代化大生产的一个必然要求。中国要实现社会主义现代化，要实现国家富强、民族振兴和人民幸福，必须坚持长期实行对外开放这一基本国策。当然，在实行对外开放的过程中，需要把握好开放的社会主义原则，绝不能学习和引进各种丑恶颓废的东西。

马克思关于中国与西方相互作用的观点，给人们以重要启示。在当代，交通与通信技术的飞速发展缩小了全球的时空距离，世界各地形成一个地球村。经济全球化的深入发展，更是将先进文化与落后文化、发达地区与不发达地区、社会主义国家与资本主义国家纳入一个共同体中，使之相互间形成密切的联系。中国特色社会主义拥有先进的社会制度，但是在生产力发展水平上仍属于发展中国家。这表明，我们既有先进的方面又有落后的方面。因此，在与世界其他文明的相互作用中，如何做到用自己先进的东西去影响他人的同时吸收他人先进的东西为社会主义服务至关重要。具体而言：一方面，我们要善于用先进的社会制度和发展理念去影响整个世界，不断扩大和增强社会主义的世界影响力，为人类的和平、发展与幸福积极做贡献；另一方面，我们要掌握接受西方文明影响的主动权，即不是被动地承受西方文化的影响，全盘接受舶

---

① 《邓小平文选》第3卷，人民出版社1993年版，第78页。

来品,而是主动地取其精华、弃其糟粕,仅仅学习西方文明中有利于促进社会主义的成分。19 世纪 50 年代的中国,正处于封建社会的衰败时期,只能被动接受西方强势的资本主义文明,在促进旧社会瓦解和新社会诞生的同时,给人民带来了深重的灾难。我们必须以史为鉴,齐心协力建设中国特色社会主义,早日实现中华民族的伟大复兴,用我们先进的社会主义文明为人类造福。

第十一章 马克思恩格斯论中国人民反侵略斗争的正义性——研读《新的对华战争》等著作

1853—1856 年克里木战争结束后,欧洲列强卷土重来,继第一次鸦片战争后再次把侵略矛头对准中国。1856 年 10 月,英国利用"亚罗号事件"制造对华战争的借口,从而拉开第二次鸦片战争的序幕。中国逐渐沦为半殖民地半封建国家。这一时期的马克思、恩格斯十分关注东方被压迫民族的斗争,围绕第二次鸦片战争问题相继写了《英中冲突》、《英人在华的残暴行动》、《英人对华的新远征》、《波斯和中国》、《鸦片贸易史》、《新的对华战争》等通讯稿,揭露英国通过捏造事实制造对华战争借口的丑恶行径,深刻批判英国对中国发动"海盗式战争"的极端不义性,指出英国的海盗政策给中国社会和人民造成的诸多灾难,热情支持中国人民的反侵略斗争并充分肯定其正义性。马克思、恩格斯的思想在当今仍具有重要的现实启示意义。

一、关于英国对华战争的极端不义性

继第一次鸦片战争之后,英国于 1856 年再次制造对华战争的借口。对此,马克思总结指出:"英国人在为鸦片走私的利益发动了第一次对华战争、为保护海盗划艇进行了第二次对华战争之后,为达到一个高潮,就只有在公使常驻首都这个使中国十分为难的问题上,再来一次对华战争了。"①显然,这三次

---

① 《马克思恩格斯文集》第 2 卷,人民出版社 2009 年版,第 671 页。

对华战争都建立在不正当的理由之上。可见英国对华战争的极端不义性。

马克思斥责英国以"站不住脚的借口"多次发动对华战争。鸦片战争前的中国是一个自给自足的自然经济社会,外来的工业品很难在中国找到市场。欧美资本主义国家在对华贸易中长期处于入超地位,而且输入商品的价值远远超过输出商品的价值,这与资本主义经济扩张的需要是尖锐对立的。为打开中国的市场,变入超为出超,英国商人于 18 世纪中叶竭力发展对华鸦片贸易。鸦片俗称大烟,学名罂粟,具有强烈的麻醉功能,可以做药材。如果作为毒品吸食,将严重毒害吸食者的身心健康,而且一旦吸食成瘾就难以戒除。据资料显示,1800 年至 1804 年间,输入中国的鸦片量平均每年 3500 箱;1820 年至 1824 年间,增至平均每年 7800 余箱。30 年代迅速增加,到 1838 年至 1839 年度,竟达 35500 箱。① 鸦片输入量的激增给大清王朝带来的是:大量白银外流,政府财源枯竭,烟民家道衰落,国民身体素质下降,官吏进一步腐败,军队战斗力丧失,等等。这一切严重威胁着大清王朝的统治。在前期禁烟无效后,1838 年 12 月 31 日,道光皇帝任命林则徐为钦差大臣,前往广州查禁鸦片。1839 年 6 月,林则徐将从英国和美国烟贩那里收缴来的几百万斤鸦片在虎门当众销毁。这一禁烟运动本是中国政府打击毒品走私和非法贸易、捍卫国家主权、保护国民利益的正义行为,却成为了英国政府发动侵华战争的借口。当林则徐在广州禁烟的消息传到英国时,英国工商业资产阶级叫嚣,中国方面的无理举动,给了他们一个战争的机会,并宣称这种机会也许不会再来,不能轻易放过,大不列颠极应以武力向中国要求"恢复名誉"。1840 年 6 月下旬,英军舰队到达广东,不宣而战。对此,马克思也指出:"中国政府在 1837 年、1838 年和 1839 年采取的非常措施——这些措施的最高潮是钦差大臣林则徐到达广州和按照他的命令没收、销毁走私的鸦片——提供了第一次英中战争的借口。"②

面对英国的入侵,昏庸愚昧的清政府节节败退,最终以签订近代中国历史上的第一个不平等条约《南京条约》及其后续条约《虎门条约》结束战争。其他欧美列强趁火打劫,美国强迫清政府签订《望厦条约》,法国强迫签订《黄埔

---

① 参见李伯祥等:《关于十九世纪二十年代鸦片进口和白银外流的数量》,载《历史研究》1980 年第 5 期。

② 《马克思恩格斯文集》第 2 卷,人民出版社 2009 年版,第 635 页。

条约》,俄国强迫签订《伊犁塔尔巴哈台通商章程》,等等。中国主权遭到严重侵犯,中国社会开始半殖民地化。在上述不平等条约签订以后,西方资产阶级兴奋得发狂,他们把大量的棉纺织品和其他工业品,甚至中国人从来不用的刀叉餐具和钢琴也运输到中国来销售。然而,事与愿违,1840—1842年的鸦片战争及一系列不平等条约的签订,并没有给英国等列强带来预期的贸易效益。正如马克思所指出的,"1842年条约在促进英国对华出口贸易方面,没有发生丝毫作用"①。究其原因有两个:一是中国小农业与家庭手工业相结合的社会经济结构具有自给自足性,中国民众对外来商品的需求不足;二是日益增长的鸦片贸易阻碍了其他商品贸易的开展,中国人的白银几乎全花在购买鸦片上,无力再购买其他商品。其中,前者是根本原因。

　　无知的西方资产阶级却将对华合法贸易收效甚微的原因归咎于中国的门户开放得还不够,因此叫嚣再次发动对华战争,以进一步打开中国市场。即马克思所说指出的,急于扩大贸易地域的商人们极易于把自己的失望归咎于野蛮政府(即清政府——引者注)所设置的障碍,"这样一来,假想中对外贸易从中国当局方面遇到的人为障碍,事实上便构成了在商界人士眼中能为对天朝帝国施加的一切暴行辩护的极好借口"②。

　　1856年10月,英国利用"亚罗号事件"制造对华战争的借口,从而拉开第二次鸦片战争的序幕。对此,马克思指出:"我们认为,每一个公正无私的人在仔细地研究了香港英国当局同广州中国当局之间往来的公函以后,一定会得出这样的结论:在全部事件过程中,错误是在英国人方面。"③"亚罗号"是中国的一条走私船,上面的船员都是中国人,但为英国人所雇佣。该船曾在香港注册,并取得悬挂英国国旗航行的执照,但在事发时已经过期,而且并未悬挂英国国旗。1856年10月8日,广东水师在黄埔逮捕了船上的涉嫌海盗和走私的船员。于是,船主向英国驻广州代理领事巴夏礼控告。英国人便抓住这一事件大做文章,蓄意制造再次发动对华战争的借口。巴夏礼致函两广总督叶名琛,称"亚罗号"是英国船,中国的行为"侮辱"了英国国旗,坚持要求以隆重的仪式送回被逮捕者并公开道歉。叶名琛据实驳斥巴夏礼的歪曲事实的言论,

---

① 《马克思恩格斯文集》第2卷,人民出版社2009年版,第673页。
② 《马克思恩格斯文集》第2卷,人民出版社2009年版,第672页。
③ 《马克思恩格斯全集》第16卷,人民出版社2007年版,第17页。

在查清相关事实后将无罪人员送回船上,但巴夏礼拒绝接受。接着,态度蛮横的英国海军将军西马糜各里便率舰队抵达广东海面进行大肆恫吓。叶名琛心平气和、彬彬有礼、据理反驳。23 日,英舰闯入珠江,炮轰广州城,6 天之后因兵力不足撤出广州城。西马糜各里却致函叶名琛,要求举行紧急会议,以结束现状,并以再次进攻相威胁。叶名琛认为,按照 1849 年相关协定,海军上将没有权利要求举行这种会议。于是,英舰再次炮轰广州,摧毁停在江面上的中国舰队。对此,马克思分析指出,这次外交兼军事的活剧截然分成两幕,"在第一幕中,借口中国总督破坏 1842 年的条约,开始炮轰广州;而在第二幕中,则借口那位总督顽强地坚持 1849 年的协定,更猛烈地继续炮轰"①。

马克思揭露英国政府通过"篡改事实"获取国内人民的支持。虽然英国发动对华侵略战争打着国家利益和民族利益的幌子,但并非所有的英国公民(包括部分资产阶级)都支持政府发动极端不义的侵略战争。即如马克思针对1856 年 10 月英舰炮轰广州事件所指出的:"世界上的文明民族对于这种以违背了无中生有的外交礼节为借口,不先行宣战就侵入一个和平国家的做法,是否赞同,或许还是一个问题。"②英国工业资产阶级的喉舌《每日新闻》就针对炮轰广州事件表达了不同的意见:"真是奇怪,为了替一位英国官员的被激怒了的骄横气焰报仇,为了惩罚一个亚洲总督的愚蠢,我们竟滥用自己的武力去干罪恶的勾当,到安分守己的和平住户去杀人放火,使他们家破人亡,我们原来是像不速之客那样闯入他们的海岸的。"③尽管这种反战的观点与英国政府派报刊的观点一样,没有超出资产阶级的狭隘偏见,认为事件的起因在中国,至少它表明一部分资产阶级并不支持英国政府悍然发动对华战争和滥杀无辜的海盗行径。因此,为避免国内人民的反战情绪,英国政府及其报刊篡改事实,丑化中国在国际交往中的行为,斥责中国"损害"英国的利益。

一方面,英国政府派报刊篡改事实,迷惑民众。自从英国借口"亚罗号事件"对华采取军事行动的消息传到欧美国家,英国政府报纸和一部分美国报刊就连篇累牍地对中国人进行大量的斥责,大肆攻击中国人违背条约的义务,侮辱英国的国旗,羞辱旅居中国的外国人,等等。对此,马克思谴责说:"可是,除

---

① 《马克思恩格斯全集》第 12 卷,人民出版社 1962 年版,第 116 页。
② 《马克思恩格斯全集》第 12 卷,人民出版社 1962 年版,第 117 页。
③ 《马克思恩格斯全集》第 12 卷,人民出版社 1962 年版,第 117 页。

了亚罗号划艇事件以外,它们举不出一个明确的罪名,举不出一件事实来证实这些指责。而且就连这个事件的实情也被议会中的花言巧语歪曲得面目全非,以至使那些真正想弄清这个问题真相的人深受其误。"①马克思还指出,对于旅居中国的外国人在英国庇护下每天所干的破坏条约的可恶行为,英国报纸却讳莫如深,以至于"坐在家里而眼光不超出自己买茶叶的杂货店的英国人,完全可以把政府和报纸塞给公众的一切胡说吞咽下去"②。1859 年 6 月,英法公使断然拒绝清政府的换约安排,坚持以舰队经大沽口溯白河进京。25日,联军突袭大沽口炮台。防守大沽口的清政府官兵奋力反击,使得联军舰队伤亡过半,狼狈撤退。当这些消息传到英国,英国政府派报纸立刻以维护国家利益和民族利益为借口,一致怒吼着要求实行大规模的报复。如《泰晤士报》雷霆般地斥责中国政府"双重的背信弃义行为"。对此,马克思揭露说:"说来奇怪,《泰晤士报》虽然是在狂热的浪涛中上下翻滚着,但在转载报道时却费尽心机把其中对该诅咒的中国人有利的各节,都小心翼翼地从原文中抹掉了。混淆事实也许是狂热时干的事,但篡改事实似乎只有冷静的头脑才能做到。"③

　　另一方面,英国首相凌驾于议会之上,通过非常手段使自己的对华战争提案付诸实施。1856 年"亚罗号事件"传到英国时,首相帕麦斯顿主张对华开战。但当他把提案提交议会讨论时,议会却对他的内阁投了不信任票。结果,他解散下院,包办选举新下院,从而使他的提案通过议会。1859 年白河惨败的消息传到英国时,帕麦斯顿不是首先召开议会,而是直接致书法国国王路易·波拿巴,与之商谈派一支新的远征军攻打中国。这种行为与英国的宪法惯例不相符,帕麦斯顿在对波斯战争中使用这一伎俩时就遭到了部分内阁成员和议员的斥责。针对帕麦斯顿无视宪法操纵议会的行为,马克思指出:"他利用议会的权利对付国王,利用国王的君权对付议会,利用二者的特权对付人民,居然肆无忌惮地在同样的活动范围内重演这种危险事。他的一次对华战争还在受着议会的谴责,他就置议会于不顾又进行另一次对华战争。"④而帕麦斯顿自己则在下院断言,这些年来英国和中国从来不处于战争状态,因为虽然炮

① 《马克思恩格斯文集》第 2 卷,人民出版社 2009 年版,第 619 页。
② 《马克思恩格斯文集》第 2 卷,人民出版社 2009 年版,第 621 页。
③ 《马克思恩格斯文集》第 2 卷,人民出版社 2009 年版,第 663 页。
④ 《马克思恩格斯全集》第 19 卷,人民出版社 2006 年版,第 48 页。

击广州、白河惨败以及英法远征，但从没有宣战。针对这种无耻谎言，马克思批判说："帕麦斯顿在对中国人的关系上把战争的所有国际法准则破坏无遗。正是这个事实，却被他用作理由，为自己在对英国议会的关系上不遵守宪法准则的行为辩护，而他在上院的代表格兰维尔伯爵则轻蔑地宣称：'关于中国问题'，'政府征求议会的意见'，是'一个纯粹形式上的问题'。"①

二、关于鸦片贸易和鸦片战争对中国的危害性

以英国为首的欧美列强在对华合法贸易无法改变入超的情况下，便以非法的鸦片贸易攫取中国人的财富；在非法的鸦片贸易遭遇中国政府查禁的情况下，便付诸以大炮来轰开中国的大门。基于人道主义立场，马克思痛斥了英国人主导的鸦片贸易和鸦片战争给中国人民和中国社会造成的危害。

马克思提出，鸦片贸易摧残中国人的人命并败坏清政府官员的道德。第一次鸦片战争的起因是道光年间清政府的禁烟运动。即如前文指出，鸦片是一种毒品，一旦吸食成瘾，吸食者的身心就会受到严重摧残，最终在萎靡不振中死去。自18世纪中期英国商人开始向中国走私鸦片后，鸦片走私非但屡禁不止，而且日益猖獗。英国东印度政府更是以生产中国人吸食的鸦片为业，从中牟取暴利。对此，马克思鞭辟入里地指出，英国政府在印度的财政，不仅要靠对中国的鸦片贸易，而且还要依靠这种贸易的不合法性。随着鸦片在中国的泛滥，吸食鸦片之风，由达官贵族殃及绅商百姓以及军队官兵。据1835年估计，全国吸食鸦片的人数达到200万以上。② 对于鸦片贸易以摧残人命的方式攫取中国人财富这种极不道德的贸易，马克思说："我们不想详述这种贸易的道德方面，关于种种贸易，连英国人蒙哥马利·马丁都这样写道：不是吗，'奴隶贸易'比起'鸦片贸易'来，都要算是仁慈的。我们没有毁灭非洲人的肉体，因为我们的直接利益要求保持他们的生命；我们没有败坏他们的品格、腐蚀他们的思想，也没有毁灭他们的灵魂。可是鸦片贩子在腐蚀、败坏和毁灭了

---

① 《马克思恩格斯全集》第19卷，人民出版社2006年版，第51页。
② 参见李侃等：《中国近代史（1840—1919）》，中华书局2012年版，第11页。

不幸的罪人的精神存在以后,还杀害他们的肉体;每时每刻都有新的牺牲者被献于永不知饱的摩洛赫之前,英国杀人者和中国自杀者竞相向摩洛赫的祭坛上供奉牺牲品。"①不仅如此,鸦片贸易还进一步腐蚀了清政府的地方官吏。在第一次鸦片战争前,鸦片贸易作为非法的贸易受到清政府的查禁。于是,英国烟贩采取贿赂清朝地方官吏即买通相关检查人员的手段,继续进行罪恶的非法的鸦片贸易。本就腐败的清朝政府官吏因鸦片走私变得更加腐败。此外,为了吸食鸦片,大小官吏通过各种方式搜刮民财。对此,马克思指出:"侵蚀到天朝官僚体系之心脏、摧毁了宗法制度之堡垒的腐败作风,就是同鸦片烟箱一起从停泊在黄埔的英国趸船上被偷偷带进这个帝国的。"②

　　马克思提出,鸦片贸易扰乱了中国的国库收支和货币流通。鸦片贸易改变了中国在对外贸易中长期出超的优势,大量白银外流。据资料显示,1821—1840年间,中国白银外流至少在1亿元以上,相当于当时银货流通总额的1/5;平均每年流出500万两白银,相当于清政府每年收入的1/10。大量白银的外流直接导致银贵钱贱的现象。18世纪末,1两白银换铜钱1000文左右,到19世纪30年代后期,上涨到1600文。③可见,大清王朝的货币流通已经受到严重的干扰。马克思说:"1837年,中国政府终于到了非立即采取果断行动不可的地步。因输入鸦片而造成的白银不断外流,开始扰乱天朝帝国的国库收支和货币流通。"④第一次鸦片战争后,虽然没有就鸦片贸易达成什么协议,但是清政府已经不敢再查禁走私鸦片。如此,鸦片贸易更加猖獗。1856年输入中国的鸦片总值约3500万美元,英印政府靠鸦片垄断获取了2500万美元的收入,占其财政总收入的1/6。英印政府在每箱鸦片上所花的费用约25卢布,在加尔各答拍卖场上卖给烟贩的价格是每箱1210—1600卢布,烟贩运到中国后,再以几倍的价格卖给中国人。由于大量的白银都用于购买鸦片,本来就对外国工业品需求不旺的中国人已无力再购买外国商品。因此,马克思指出,只要取消鸦片贸易,中国还可以逐渐地再多吸收一些英美商品,数额可达800万英镑。他说,这也就是中国对英美贸易总额顺差的数目,然而,"尽管有着贸易

①　《马克思恩格斯文集》第2卷,人民出版社2009年版,第630页。
②　《马克思恩格斯文集》第2卷,人民出版社2009年版,第633页。
③　参见李侃等:《中国近代史(1840—1919)》,中华书局2012年版,第11页。
④　《马克思恩格斯文集》第2卷,人民出版社2009年版,第634页。

顺差,中国的财政和货币流通却由于总额约达 700 万英镑的鸦片进口而陷于严重的混乱。"①

马克思提出,英国发动的"海盗式战争"使中国人权横遭侵犯。英国人为一己私利,对中国发动的极端不义的侵略战争,给中国人民带来了巨大的灾难。马克思、恩格斯基于人道主义的立场,在文中多次斥责英军屠杀中国居民、抢掠居民财产、毁坏居民住宅等侵犯中国人权的罪恶行径。1856 年 10 月底,在两广总督叶名琛拒绝按英方就"亚罗号事件"作出的无理要求行事后,英军炮轰广州城并进入城内进行烧杀抢夺,俨然十足的海盗行为。对此,马克思斥责说:"广州城的无辜居民和安居乐业的商人惨遭屠杀,他们的住宅被炮火夷为平地,人权横遭侵犯,这一切都是在'中国人的挑衅行为危及英国人的生命和财产'这种站不住脚的借口下发生的!"②1857 年 4 月,在英国决定第二次远征中国之际,恩格斯回顾了第一次鸦片战争时期英国人在中国遇到抵抗进而惨杀中国军民的情景。当英国军队侵入到镇江城时,驻守在那里的 1500 人旗兵殊死奋战,全部壮烈牺牲。这些官兵早已料到抵挡不过敌人的坚船利炮,为使家人免遭英军的惨杀,先行结束了妻儿的生命。恩格斯分析道,他们在应战以前好像就已料到战斗的结局,他们将自己的妻子儿女绞死或者淹死,后来从井中曾打捞出许多尸体;司令官看大势已去,就焚烧了自己的房屋,本人也投火自尽。与中国军民伤亡成千上万形成鲜明对比的是,英军才死亡不到 200人。即便如此,他们在攻入镇江城后,还是以大肆屠杀手无寸铁的百姓来"报仇"。对此,恩格斯评论说:"在这次战斗中,英军损失了 185 人,他们为了对此进行报复,在劫城的时候大肆屠杀。英军作战时自始至终采取了极端残酷的手段,这种手段是和引起这次战争的走私贪欲完全相符的。"③

马克思还进一步斥责鸦片贸易和战争赔款给中国民众造成的经济负担。鸦片战争前的中国处于封建社会的衰落期,为维持腐朽的专制统治,封建统治阶级巧立名目,增加苛捐杂税,农民的赋税担子十分沉重,生活十分艰辛。然而,猖獗的鸦片贸易和巨额的战争赔款使得农民本就十分沉重的负担更加沉重,以至于民不聊生,这严重侵犯了中国农民的生存权。第一次鸦片战争失败

---

① 《马克思恩格斯文集》第 2 卷,人民出版社 2009 年版,第 641 页。
② 《马克思恩格斯文集》第 2 卷,人民出版社 2009 年版,第 620 页。
③ 《马克思恩格斯全集》第 12 卷,人民出版社 1962 年版,第 190 页。

后,按协议,清政府赔偿英国的款项总数达 2100 万元,分四年还清,还不包括赎广州城的 600 万元。战后猖獗的鸦片贸易使得中国的白银进一步大量外流,造成严重的银贵钱贱现象。赔款也好,银价上涨也罢,一切的负担必然加在中国平民百姓的头上。对此,马克思也分析指出:"中国在 1840 年战争失败以后被迫付给英国的赔款、大量的非生产性的鸦片消费、鸦片贸易所引起的金银外流、外国竞争对本国工业的破坏性影响、国家行政机关的腐化,这一切造成了两个后果:旧税更重更难负担,旧税之外又加新税。"①

三、关于中国人民抵抗外来侵略的正义性

基于英国等列强殖民侵略中国的极端不义性,马克思、恩格斯热情支持中国人民抵抗外来侵略的斗争。他们认为,既然落后的清王朝奉行的道义原则无法对抗强权国家的利益原则,不论中国人民采取什么样"野蛮的"、"暴力的"抵抗手段都是正义的。

马克思认为,清政府仅仅通过道义抵制无法对抗西方列强以武力为后盾攫取利益的侵略行径。基于鸦片对国人生命财产和国家财政的危害性,早在嘉庆四年即 1799 年清政府就已下令禁止鸦片进口。及至道光皇帝登基,在道光元年即下诏规定:凡洋船至粤,先令洋商出具未带鸦片甘结,方准开仓验货,如有夹带,即将该商照例治罪;凡开烟馆者议绞,贩卖鸦片者充军,吸食者仗徒。② 道光三十年,清政府多次颁布禁烟令,但在派林则徐前往广州禁烟之前,其禁烟成效甚微。通过海关输入鸦片的正常渠道被禁止,英、美等国的鸦片贩子就通过走私的渠道向中国输入鸦片。实际上,鸦片贸易屡禁不止的很大原因也在于清朝地方官员的腐败,他们对禁烟令执行不力,往往被鸦片贩子所收买。据资料显示,1820 年偷运到中国的鸦片为 5174 箱,1821 年为 7000 箱,1824 年达 12639 箱,1834 年增加到了 21785 箱,林则徐禁烟运动前夕即 1837 年偷运入中国的鸦片境达到 39000 箱。因为屡禁不止,清政府内部曾有官员

① 《马克思恩格斯文集》第 2 卷,人民出版社 2009 年版,第 609 页。
② 转引自方骏:《中国近代的禁烟运动》,载《陕西师范大学学报》(哲学社会科学版)2002 年第 5 期。

提出对鸦片贸易采取"弛禁"政策。1836年,太常寺卿许乃济向道光皇帝上了一道《鸦片例禁愈严流弊愈大亟请变通办理折》,提议将鸦片贸易合法化,课征关税;准许内地种烟,以土烟敌洋烟。但是,清政府认为鸦片贸易毒害人民,不能开禁。对此,马克思评论说:"早在1830年,如果征收25%的关税,就会带来385万美元的收入,到1837年,就会双倍于此。可是,天朝的野蛮人当时拒绝征收一项随着人民堕落的程度而必定会增大的税收。1853年,当今的咸丰帝虽然处境更加困难,并且明知为制止日益增多的鸦片输入而作的一切努力不会有任何结果,但仍然恪守自己先人的坚定政策。"①可见,中国政府在内政外交上恪守的首先是道义原则而非纯粹的利益原则,这也是中华民族的传统美德之所在。

然而,封建落后的清王朝所奉行的道义原则在资本主义列强利己原则面前不堪一击。马克思分析指出,中国皇帝为了制止自己臣民的自杀行为,下令同时禁止外国人输入和本国人吸食这种毒品,而东印度公司却迅速地把在印度种植鸦片和向中国私卖鸦片变成自己财政系统的不可分割的部分。简言之,"半野蛮人坚持道德原则,而文明人却以自私自利的原则与之对抗"②。结果,道德原则被利己原则所腐化。马克思说:"正因为英国政府在印度实行了鸦片垄断,中国才采取了禁止鸦片贸易的措施。天朝的立法者对违禁的臣民所施行的严厉惩罚以及中国海关所颁布的严格禁令,结果都毫不起作用。中国人的道义抵制的直接后果就是,帝国当局、海关人员和所有的官吏都被英国人弄得道德堕落。"③官员的道德堕落和腐败直接腐蚀和瓦解着封建王朝的家长制权威。此外,"满族王朝的声威一遇到英国的枪炮就扫地以尽,天朝帝国万世长存的迷信破了产"④,所以,在与资本主义列强的决斗中,清王朝必定要被打垮。马克思说:"这样一个帝国注定最后要在一场殊死的决斗中被打垮:在这场决斗中,陈腐世界的代表是激于道义,而最现代的社会的代表却是为了获得贱买贵卖的特权——这真是任何诗人想也不敢想的一种奇异的对联式

①　《马克思恩格斯文集》第2卷,人民出版社2009年版,第634页。
②　《马克思恩格斯文集》第2卷,人民出版社2009年版,第632页。
③　《马克思恩格斯文集》第2卷,人民出版社2009年版,第633页。
④　《马克思恩格斯文集》第2卷,人民出版社2009年版,第608页。

悲歌。"①

　　恩格斯认为,中国民众"野蛮"反对外国人的斗争是一场维护中华民族生存的人民战争。以英国资产阶级为首的外国人带来的摧残人命的鸦片、极端不义的侵略战争、罪恶的贩卖华工等,激起了中国人民的极大愤怒,他们自发地、积极地同外国人作斗争。由于缺乏必要的组织和领导,也没有枪炮弹药,中国民众特别是南方各省民众以近乎野蛮的手段对付外国人。如,在供应香港英国人居住区的面包里大量地投放毒药;暗带武器搭乘商船,在中途杀死外国船员和乘客,夺取船只;被移民国外做苦力的劳工在移民船上暴动,与外国船员作斗争,宁愿与船同沉海底也不投降;本来在国内向来最听使命和最驯顺的旅居欧美国家的华侨进行密谋,在夜间搞暗杀外国人的活动。中国人这种反抗侵略者的斗争方式引起了外国人的恐慌和喧哗,被斥责为"卑劣行为"。恩格斯却对这种斗争方式表示理解和支持。他认为,虽然这种密谋和暴动的斗争方式颇为野蛮,但却是一种有效的抵抗侵略者的办法。1857 年 5 月,恩格斯在《波斯和中国》一文中指出:"波斯人对英国侵略的抵抗和中国人迄今对英国侵略所进行的抵抗,形成了值得我们注意的对照。在波斯,欧洲式的军事组织被移植到亚洲式的野蛮制度上;在中国,这个世界上最古老国家的腐朽的半文明制度,则用自己的手段与欧洲人进行斗争。波斯被打得一败涂地,而绝望的、陷于半瓦解状态的中国,却找到了一种抵抗办法,这种办法实行起来,就不会再有第一次英国对华战争那种节节胜利的形势出现了。"②他还说:"这些把炽热的炮弹射向毫无防御的城市、杀人又强奸妇女的文明贩子们,尽可以把中国人的这种抵抗方法叫做卑劣的、野蛮的、凶残的方法,但是只要这种方法有效,那么对中国人来说这又有什么关系呢?"③可见,在恩格斯看来,既然中国人的暴行是由欧美列强的侵略引起的,而且中国人采取通常的作战方式不能抵御欧洲式的破坏手段,就不该从道德方面指责中国人的行为。他进一步提出,对于起来反抗的民族在人民战争中所采取的手段,不应当根据欧美资本主义国家公认的正规作战规则或者任何别的抽象标准来衡量,而应该根据这个反抗的民族所刚刚达到的文明程度来衡量。基于上述分析,恩格斯说:"简

———————

① 《马克思恩格斯文集》第 2 卷,人民出版社 2009 年版,第 632 页。
② 《马克思恩格斯文集》第 2 卷,人民出版社 2009 年版,第 622 页。
③ 《马克思恩格斯文集》第 2 卷,人民出版社 2009 年版,第 626 页。

言之,我们不要像道貌岸然的英国报刊那样从道德方面指责中国人的可怕暴行,最好承认这是'保护社稷和家园'的战争,这是一场维护中华民族生存的人民战争。"①既然是"人民战争",那就是正义的,尽管其采取的手段并不能被所谓的文明国家所认可。

马克思认为,中国政府武力击退强行驶入白河的英法舰队不是违背条约而是挫败入侵。第二次鸦片战争爆发后,英法联军在炮轰和占领广州城后,一路北上,于1858年5月20日闯入白河,并炮轰大沽炮台,以迫使清政府就范。腐败无能的清政府,慑于列强的淫威,不战而败,先后与俄国、美国、英国和法国签订了《天津条约》和《通商章程善后条约》。尽管英法通过《天津条约》攫取了在中国的一系列特权并获得战争赔款,它们还是不满足,蓄意利用换约之机再次挑起战争。1859年6月,英法公使到达上海,拒绝同清政府在上海换约,执意要在北京换约。清政府对此作了让步,指定英法公使在北塘登陆,经天津去北京换约。但是,英法公使全然不顾清政府的安排,带着炮舰、部队和武器溯白河而上。显然,这是有悖于国际外交礼节的行为。对此,马克思指出,既然《天津条约》中并未赋予英国人和法国人以派遣舰队上驶白河的权利,那么非常明显,破坏条约的不是中国人而是英国人,而且,英国人是蓄意要刚好在规定的交换批准书日期之前向中国寻衅。清政府方面,在英法舰队到达大沽口之前已经修复在1858年5月被拆毁的大沽炮台,并派重兵设防。对于修复大沽炮台一事,清政府也公开报道过。所以,当英法舰队到达白河口并欲强行进入白河时,必然遭到中国驻防官兵的轰击。在抗击战中,中国方面陆战水战同时并举,打得侵略者狼狈不堪。英军损失了3艘船,死伤464人,包括28个军官,就连贺布将军自己也身负重伤。马克思认为,白河冲突并非处于偶然,而是由英国方面事先策划的,即故意挑衅之举。于是,当白河惨败这一消息传到英国时,帕麦斯顿派报刊怒吼着要实行一场大规模的报复,帕麦斯顿也举行内阁会议讨论对华战争问题。经过了解事实,马克思更正了英国政府报刊的胡言乱语,极其公正地指出,中国当局曾经表示英国公使应由陆路进京,但不得用武装护送。亦即,中国政府不是反对英国使节前往北京,而是反对英国武装船只上驶白河。既然如此,英法强行驶入白河而遭到武力反击便是情

---

① 《马克思恩格斯文集》第2卷,人民出版社2009年版,第626页。

理之中的事。基于此,马克思说:"难道法国公使留驻伦敦的权利就能赋予他率领一支法国武装远征队强行侵入泰晤士河的权利吗?""就算是中国人必须接纳英国的和平公使入京,他们抵抗英国人的武装远征队也是完全有理的。中国人这样做,并不是违背条约,而是挫败入侵。"①言外之意,中国人武装击退白河入侵者是正义的。

四、现实启示

马克思、恩格斯的上述思想揭露出,资本主义国家对外关系中自利原则的至上性,和资产阶级特别是政府派刊物的虚伪性。当今世界资本主义国家依然如此,只不过在手段上变得"文明"些罢了。现今的中国早已实现民族独立和人民解放,并已跻身于世界大国之列。但是,外来挑衅从未消除。近年来,世界资本主义愈益担忧社会主义中国的崛起,不断制造国际争端,给中国特色社会主义现代化建设进程制造障碍。

第一,西方资本主义大国始终奉行强权政治和自私自利的原则,不时地直接或间接地打压弱小国家和做出有损中国国家利益的事情。在当今,虽然和平与发展已经成为时代主题,但世界并不太平,局部矛盾和冲突不断。资本主义国家始终改变不了自私自利的本性,少数大国借助自身军事和经济实力,在世界范围内寻求自身利益,将本国的经济危机转嫁于他国,直接或间接地武力打击不服从支配的弱小国家。但是,在无关自身利益的全人类生存与发展的问题上,资本主义大国却不能担当起大国角色应有的责任,置之不理或故意推卸责任,如在援助非洲落后国家发展的问题上、在关涉全球气候的碳减排问题上等。

第二,西方资产阶级媒体丑化中国的国际形象,制造中国人民和世界人民的距离。众所周知,新闻媒体是具有阶级性的,特别是与国家政治联系较紧密的新闻媒体,其阶级性表现得尤为突出。资本主义国家虽然宣称自由、民主和平等,但仅仅是形式上的。资产阶级创办各种刊物充当其喉舌,在包装和美化

---

① 《马克思恩格斯文集》第2卷,人民出版社2009年版,第656页。

自身利益诉求的同时,蒙蔽和麻痹国内广大劳动群众。在国际事务上,这些资产阶级喉舌仅仅做有利于本国利益或本阶级利益的报道,不惜捏造事实,丑化他国的形象。如,出于对社会主义中国崛起的担忧,西方资产阶级把中国当作假想敌,并借助媒体妖魔化中国,制造和传播中国威胁论,以拉拢其他国家共同防范和牵制中国的发展。而对于本国的丑闻则避而不谈。

第三,中国始终奉行独立自主的和平外交方针,尊重他国的同时坚决捍卫本国的主权和领土完整。在中国共产党的领导下和全国各族人民的共同努力下,现今的中国在综合国力上已经跃居于世界强国之列,不再是鸦片战争时期那个极端落后的任列强宰割的封建大帝国。但是,中国在对外交往中始终奉行独立自主的和平外交方针,尊重各国的主权和领土完整,不将本国的利益凌驾于他国之上。在国际交往中奉行道义原则,积极主动地援助落后国家和地区的发展,及时支援遭受重大自然灾害国家和地区的重建工作,强烈谴责国际交往中干涉他国内政的强权政治行为,积极倡导建设和谐世界。但是,对于少数国家的无端挑衅,我们会坚决抗议之,并在必要时诉诸武力,坚决捍卫国家主权、保证国家的领土完整、维护中国人民的利益。

第十二章 殖民主义"双重使命"下的印度社会发展问题——研读《不列颠在印度的统治》等著作

殖民主义"双重使命"学说是马克思在考察英国殖民统治下的印度社会发展问题的过程中提出来的。所谓"双重使命"是指宗主国在殖民地执行的"破坏使命"和"重建使命"。从历史的观点来看,这种"双重使命"的执行有利于推动落后国家和地区的发展。不过,这种行为仅仅是"充当了历史的不自觉的工具"。因此,殖民地人民要真正收获资产阶级在殖民地播下的种子所结的果实,必须通过社会革命,求得民族独立和人民解放。

19世纪50年代,英印政府在印度的统治和印度民族大起义引起了马克思和恩格斯的关注。50年代初,马克思相继撰写《不列颠在印度的统治》、《不列颠在印度统治的未来结果》等文,系统考察了不列颠在印度的殖民统治情况,提出了殖民主义的"双重使命"学说,阐明了印度社会发展的出路在于通过社会革命求得民族独立和人民解放。1857—1859年印度民族大起义期间,马克思、恩格斯在《印度问题》、《印度起义》、《英国军队在印度》等文中进一步揭露英国殖民统治下的印度人民的悲惨命运,痛斥英国殖民统治者在印度犯下的罪行,阐述印度人民起义的必然性和正义性。

一、印度社会内部的不团结与英国在印度统治的建立

印度曾是欧亚大陆最为发达的三大地区之一,17世纪起逐渐为英国东印度公司所征服,最终沦为英国殖民地。马克思考察了印度社会的历史和现状,

认为印度社会的经济结构及其内部成员之间的相互排斥状态决定其被征服的命运。

马克思指出,印度是一个建立在社会成员互相排斥所造成的均势上面的注定被征服的社会。印度曾在莫卧儿人的努力下实现了空前的统一,并于16世纪末进入封建社会的繁荣阶段。随着商品货币关系的发展,17世纪中期时印度城乡开始出现资本主义生产关系的萌芽。1658年继位的奥朗泽布,病急乱投医,不但没有秉承帝国前期的旨在促进社会稳定和发展的改革政策,反而推行了反动的统治政策。新的经济政治政策不仅加大了农民的负担,而且制造了宗教矛盾和冲突。结果,繁荣稳定的莫卧儿帝国内乱四起,经济社会走向停滞。奥朗泽布去世不久,印度就形成了封建割据局面。帝国境内出现了数十个独立和半独立国家,如马拉塔联盟、旁遮普锡克教徒国家、孟加拉、奥德、迈索尔等。他们或公开宣布脱离莫卧儿帝国,或仅在名义上承认莫卧儿皇帝的权威。这些国家为扩张自己的疆域,不断地向莫卧儿帝国腹地深入,相互之间也无休止地征战以争夺领土和地区霸权。莫卧儿帝国的衰落和印度内乱为阿富汗和伊朗这两个邻国进攻印度提供了契机。据资料显示,1747年起的十多年里,阿富汗军队先后12次侵入印度,劫掠的财富价值连城。想在北印度建立霸权的马拉塔人与阿富汗人展开决战,结果两败俱伤,马拉塔人遭到毁灭性的打击,阿富汗人也未能在印度立足。帝国的衰微和内外混战的局面,为英国人入侵印度提供了便利。即马克思所说的:"大莫卧儿的无上权力被它的总督们摧毁,总督们的权力被马拉塔人摧毁,马拉塔人的权力被阿富汗人摧毁;而在大家这样混战的时候,不列颠人闯了进来,把他们全都征服了。"[①]归根结底,印度社会内部的纷争导致了帝国主权的沦丧。

那么,是什么导致了印度社会内部不团结及纷争?马克思分析说:"这是一个不仅存在着伊斯兰教徒和印度教徒的对立,而且存在着部落与部落、种姓与种姓对立的国家,这是一个建立在所有成员之间普遍的互相排斥和与生俱来的排他思想所造成的均势上面的社会。这样一个国家,这样一个社会,难道不是注定要做征服者的战利品吗?"[②]首先,印度是一个宗教国家,不但有印度

---

① 《马克思恩格斯文集》第2卷,人民出版社2009年版,第685页。
② 《马克思恩格斯文集》第2卷,人民出版社2009年版,第685页。

教、伊斯兰教,还有佛教、耆那教。长期以来,宗教矛盾难以调和。其次,印度是一个种姓制度社会。种姓制度是一种社会等级制度,随着印度阶级社会和国家的产生而产生。这种制度把社会各个集团隔离开来,使之相互封闭的同时又使之相互依存,从而使整个社会形成一种静态的平衡。随着印度封建关系的发展,种姓制度得到了加强,成为封建压迫的工具。所以,尽管莫卧儿人在版图上实现了印度的统一,在保有宗教偏见和种姓制度的前提下,很难实现印度内部的团结和统一。基于此,马克思指出,印度注定是一个被征服的社会,其问题不在于英国人是否有权征服印度,而在于是否宁愿让印度被土耳其人、波斯人或俄国人征服。

马克思、恩格斯指出,印度起义者中间的内讧是印度民族大起义失败的重要因素。1857 年 5 月,酝酿已久的印度民族大起义爆发。这是一场以印度土兵(也称"西帕依")为突击力量,封建主和下层人民共同参与的反英武装大起义。在起义的最初阶段,起义军迅速占领德里、康浦尔和勒克瑙等地区。相比之下,英国人处于极为不利的形势。一方面,在印度的英籍士兵数量太少,且驻扎分散,不足以镇压起义。另一方面,气候环境不利于英国人。8、9 月份是印度的雨季,也是霍乱等疾病高发期,英国士兵很难适应这种气候。而且,连绵的阴雨不仅会阻绝英军的交通,而且会使英军的运动陷入瘫痪。基于此,马克思指出,目前大莫卧儿的处境甚至比 1809 年的拿破仑更有利,因为它能够以出击加强疾病,又能够以疾病加强出击。这意味着,在没有足够援军的情况下,英国人将很难获胜。同年 10 月,马克思还在文中分析指出,英军要以现有兵力攻打德里而获得成功,只有一线希望,那就是起义者发生内讧,弹药耗尽,士气沮丧,对自己力量失掉信心。这种"一线希望"果真发生了。在德里,掌权的皇亲贵族不但不认真组织防御,还竭力克扣军饷,敲诈勒索商人,从中破坏起义。阿赫默德沙、坦地亚·托比等领导起义的英雄先后被叛变的封建主杀害和出卖。1857 年 10 月,德里陷落的消息传到伦敦,马克思根据手头的材料判断指出,是起义者中间发生的尖锐内讧和交战双方军队数量对比起了变化导致了这个结果。他进一步分析说:"起义者兵力的减少,与其说是由于他们大约十天以来不断出击所遭到了严重损失,不如说是由于内讧使整批部队离散。幽灵似的莫卧儿本人同德里的商人一样,都对于把他们积蓄的所有钱财洗劫一空的西帕依的统治感到十分不满,此外,西帕依内部印度教徒和伊斯兰教徒之间在宗教上的不和以及原守军和新增援部队之间的不和,也足以瓦解他们表面凑合的组织,使他们必然遭到失败。"①

　　1857年底,英印军队开始强攻勒克瑙,内部组织涣散的奥德人不堪一击。恩格斯在《勒克瑙的围攻和强攻》一文中分析了奥德人失败的原因。他指出,奥德人那样听凭自己的国家被"海盗式"地并入东印度公司的领地以及他们在起义期间的一切表现,无疑地使人认为,他们在勇敢和智慧方面都赶不上西帕依(即印度土兵)。当然,这些奥德人中间也出现不少个人英勇的例子,但是守军中的乌合之众已经逃走,少数的几个英雄对于他们无力防守的地方也起不了作用。恩格斯认为,奥德人"似乎没有企图把所有的人统一在共同的指挥之下;他们的地方首领只在自己的人中间才享有威信,而首领们自己也不愿意服从任何人。"②可见,本来就没有印度土兵果敢的奥德人,加之他们在作战中不能团结一致地行动,领导人各自为政,兵力分散,最终的失败是必然的。

二、英国资产阶级以"凶恶的勒索手段"殖民掠夺印度

　　印度沦为英国殖民地后,印度人的财富源源不断地流入英国人的腰包。英国资产阶级用各种手段殖民掠夺印度人。他们用印度人的钱来统治印度人,用印度人的兵来对付印度人的反抗。对此,马克思、恩格斯予以深刻的揭露和批判。

　　马克思揭露,在印度供职和贸易的不列颠臣民从英印关系中牟取巨利。虽然英国政府通过东印度公司实现了对印度的殖民统治,但是英国政府并没有直接从中获利,它在印度的收入往往被各种战争和建立管理机构的费用所抵消。东印度公司的财政疲于应付不断的征服扩张和镇压印度人民起义,早就限于枯竭状态,以致于不得不屡次向英国议会请求军事援助来维持它所征服的领土。1857年9月,马克思在《英国人在印度的收入》中指出,为了进行征服和建立自己的机构网,东印度公司到目前为止已经向国家借债5000万英

①　《马克思恩格斯全集》第16卷,人民出版社2007年版,第466页。
②　《马克思恩格斯全集》第12卷,人民出版社1962年版,第385页。

镑以上;同时许多年来英国政府还负担了属于公司本身的土著军和欧洲军之外的 3 万正规军的来往运输费和在印度的维持费。然而,在印度管理机构任职的和经商的不列颠人却从中获得了数额庞大的收入。东印度公司有 3000 左右的股东,董事的收入是每人 500 英镑,董事长和副董事长的收入为 1000 英镑。除高收入之外,董事们还在印度有着广泛的权利。他们利用职务之便,敲诈勒索印度臣民,将得来之钱财装入私囊。除这些董事之外,还有在英印管理机构从事文职、宗教职务、医职、陆军职和海军职的不列颠人。以文职为例,文职部门的平均薪俸大约为 8000 美元,这其中还不包括各种高额补贴。马克思分析指出:"大约有一万个英国臣民在印度占有各种赚钱的职位,因在印度供职而领取薪俸。这里还应该加上一大批退休后回到英国领取养老金的人,这是各个部门在人员任职满一定年限后应该支付的。这些养老金,加上应在英国偿付的红利和债务利息,要耗费每年从印度收取的约 1500 万到 2000 万美元,这实际上可以看作是通过英国臣民向英国政府间接缴纳的贡赋。"①也就是说,印度臣民不得不"高薪供养"数以万计的压迫自己的在印度肆意掠夺的英国人。

　　此外,印度的对外贸易几乎完全操纵在英国人的手里。除在英印政府任职的不列颠臣民之外,在印度还至少有 6000 个从事贸易和私人投机的英国人,包括种植园主、商人、经济人和工场主。在征服印度领土之前,东印度公司要通过印度大商人购买印度商品出口。但是,在征服领土之后,公司便利用政治统治权建立起在商业上的支配地位。如,在孟加拉,公司规定对外贸易权由它垄断,印度商人不能再进行。公司还垄断盐、槟榔、烟草等对印度人日常生活密切相关的商品的贸易,极力排挤印度商人。随着印度成为英国的商品市场和原料产地,印度的对外贸易几乎完全掌握在英国人手里。马克思分析说:"这些人几乎完全掌控着进出口贸易额大约各为 5000 万美元的印度对外贸易,他们的收入无疑是相当可观的。"②毫无疑问,这笔"相当可观"的收入全部来自于印度人,是对印度劳动人民的心血和汗水的榨取。

　　马克思揭露,东印度公司的债务借助议会的魔法变成了印度人民的债务。

---

① 《马克思恩格斯全集》第 16 卷,人民出版社 2007 年版,第 331—332 页。
② 《马克思恩格斯全集》第 16 卷,人民出版社 2007 年版,第 332 页。

东印度公司的正规收入主要来自于土地税。18 世纪末至 20 世纪初,公司在英属印度先后实行三种正规的地税制①:一是柴明达尔制度,主要在孟加拉管区实行。柴明达尔即地主作为纳税人,必须将地租的 10/11 作为地税交给英印政府,这个税额长期不变,故柴明达尔制度又成为永久地税制。如果柴明达尔不能按期如数缴纳税款,其土地就会被收回和拍卖。这种制度实质上是通过柴明达尔来剥削和搜刮印度农民,因为柴明达尔是土地的所有者,农民才是土地的真正使用者,地主仅仅充当中间纳税人。二是马哈瓦尔地税制,主要在北印度管区实行。马哈瓦尔指庄地所有者,包括封建土地占有者即地主和农村公社。北印度当时还广泛存在着农村公社,马哈瓦尔制主要是针对这些农村公社制定的。在这种制度下,地主纳税的税率为地租额的 83%,村社共同纳税的税率为净收入的 95%。由于这种税率是可变动的,故也称为不固定的柴明达尔制。三是莱特瓦尔地税制,主要在马德拉斯和孟买管区实行。莱特指农民,顾名思义,莱特瓦尔制是以农民为直接征税对象的土地制度。英印管理机关先对整片农田估税,再定到每块土地,税率为净产量的 95%,相当于总产量的 45% 左右。② 毋庸置疑,不论哪一种税制,都是以最大限度榨取印度农民和最大限度增加公司收入为目的。针对柴明达尔制度和莱特瓦尔制度,马克思评论说:"一个是对英国地主所有制的拙劣模仿,另一个是对法国的农民所有制的拙劣模仿。但是,这两种制度都是贻害无穷的,都包含着极大的内在矛盾,都不是为了土地耕种者的利益,也不是为了土地占有者的利益,而是为了从土地上征税的政府的利益。"③意思是说,这两种地税制都是以榨取印度人民来满足殖民当局的利益需求的。

1834 年,东印度公司的商业活动被停止。1833 年,英国议会法案取消了东印度公司对华贸易的垄断权,停止了它作为贸易组织的活动,只保留其行政职能。该法案于 1834 年 4 月生效,有效期为 20 年。那么,本来靠商业利润支付股东红利的东印度公司该如何支付股东红利呢? 于是法案还规定,公司属地债务和其他债务,全部由印度属地的赋税来支付和负责偿还。也就是说,公司开始靠它的政治收入来支付股东的红利。基于此,马克思揭露说:"东印度

---

① 参见林承节:《印度史》,人民出版社 2006 年版,第 235 页。
② 参见林承节:《印度史》,人民出版社 2006 年版,第 236 页。
③ 《马克思恩格斯全集》第 12 卷,人民出版社 1998 年版,第 241 页。

公司原来的 600 万英镑的股份资本变成了 1200 万英镑由印度居民税收中支付 5% 利润的资本。于是,东印度公司的债务借助议会的魔法变成了印度人民的债务。"①说到底,还是用印度人的钱来供养统治印度人的英国资产阶级。1858 年初,东印度公司为偿付因印度起义而引起的有关军用物资、军需品和部队调动等项特别开支,向议会提出在英国发行印度公债的申请。据资料显示,1858 年印度公债的数额高达 6950 万英镑。② 当然,这些公债的本息都由印度人的赋税来承担。说白了,印度公债是英国人向印度人借钱来统治印度。然而,印度人也许并不理解英国人这种计划的全部妙处——它不仅能靠印度资本恢复英国统治而且还能间接为英国商业打开印度宝藏。除公债外,东印度公司在印度本国还借用了 5000 多万英镑。马克思指出,"这笔债务只有靠这个国家的国家收入偿还"③。

　　恩格斯揭露,英国军队在镇压印度人民起义时大肆抢劫印度人民的财富。印度大起义于 1857 年 5 月爆发。9 月初,英国援军到达印度,分数路向起义地区发动进攻,力求扑灭德里、勒克瑙和康浦尔等地区的起义活动。9 月 19 日,德里起义军在坚持了 6 天的保卫战后,终因寡不敌众而撤离,德里陷落。1858 年 3 月 21 日,勒克瑙失陷。随后,其他起义城市也相继被英军攻占。然而,英军的行动不止于扑灭起义活动,在攻占起义城市后,还进行了血腥的大屠杀,炮轰手无寸铁的平民百姓。不仅如此,士兵们还大肆抢劫印度人民的财富,把德里和勒克瑙城洗劫一空。一位英国记者在伦敦"泰晤士报"上描述了英国军队抢劫勒克瑙之后士兵们变成富豪的有关事件。他指出,有些连真可以夸耀它们的一些拥有几千英镑财物的士兵。有一个兵洋洋自得地要借钱给一个军官,如果他想贿买上尉官衔的话,要多少就借多少。另外一些士兵汇大笔款子给他们的朋友。……在放军装的破箱子里,藏着一些小匣子,里面装着苏格兰和爱尔兰的整个庄园,装着世界上盛产飞禽走兽和鱼类的各个地方的舒适的渔猎别墅。看了这个报道后,恩格斯指出,"现在看来,德里也受到相当大规模的'掠夺',并且除了凯撒巴格以外,勒克瑙全城也被用来犒劳曾经倍偿艰辛和英勇奋战的英国兵"。结果是,"军官和士兵进城的时候是穷光蛋或者负债累

① 《马克思恩格斯全集》第 12 卷,人民出版社 1962 年版,第 408 页。
② 参见汪熙:《约翰公司:英国东印度公司》,上海人民出版社 2007 年版,第 196 页。
③ 《马克思恩格斯全集》第 12 卷,人民出版社 1962 年版,第 408 页。

累,而出城的时候突然变成了富豪"。① 可见英国军队在印度抢劫和掠夺之严重。恩格斯认为,英国军队在抢劫方面已经超过了成吉思汗和帖木儿的卡尔梅克寇群。他指出,成吉思汗和卡尔梅克寇群,像蝗群一样袭击了许多城市,沿途所遇,无不吞噬一光,但是要与这些信奉基督教的、文明的、有骑士风度的、文雅的英国士兵的侵略比较起来,对于受害的国家来说,却未必不是一种善行。因为,"至少前者按照他们的游荡不定的路线很快就过去了;而这些有条不紊的英国人却到处带着自己的搜刮人员,把抢劫变成制度,把抢来的东西登记下来,公开拍卖,并特别注意使英国兵的英勇受赏的权利不受欺骗"②。文明的英国人在殖民地用这种强盗手段将他人创造的财富掘为己有,简直是一个巨大的讽刺。关于这一点,马克思也批判说:"当我们把目光从资产阶级文明的故乡转向殖民地的时候,资产阶级文明的极端伪善和它的野蛮本性就赤裸裸地呈现在我们面前,它在故乡还装出一副体面的样子,而在殖民地它就丝毫不加掩饰了。"③大量社会财富的流失,不论对于印度社会的发展还是对于印度人民的生活来说,都是一种巨大的灾难。

三、英国在印度的统治"充当了历史的不自觉的工具"

毋庸置疑,英国对印度的征服和殖民统治对印度人民来说是一种不可多得的灾难。但基于历史的观点,马克思认为英国在印度的统治客观上起到了进步的作用。他说:"如果亚洲的社会状态没有一个根本的革命,人类能不能实现自己的使命? 如果不能,那么,英国不管犯下多少罪行,它造成这个革命毕竟是充当了历史的不自觉的工具。"④具体表现为:"英国在印度要完成双重的使命:一个是破坏的使命,即消灭旧的亚洲式的社会;另一个是重建的使命,即在亚洲为西方式的社会奠定物质基础。"⑤

---

①　《马克思恩格斯全集》第12卷,人民出版社1962年版,第526页。
②　《马克思恩格斯全集》第12卷,人民出版社1962年版,第528页。
③　《马克思恩格斯文集》第2卷,人民出版社2009年版,第690页。
④　《马克思恩格斯全集》第2卷,人民出版社2009年版,第683页。
⑤　《马克思恩格斯文集》第2卷,人民出版社2009年版,第686页。

（一）关于破坏的使命："他们破坏了本地的公社，摧毁了本地的工业，夷平了本地社会中伟大和崇高的一切，从而毁灭了印度的文明。"①

马克思提出，英国在印度推行的兼并制度破坏了印度传统的继承关系。英国在印度的统治分为直接统治和间接统治两种形式，前者叫"英属印度"，后者叫"印度土邦"。印度土邦是英国在印度采用"分而治之"管理方法的产物。东印度公司在征服的过程中意识到，兼并所有的征服地区不利于统治，不如保留一些王公，让他们在英国监护下继续统治。这样既能消除封建主的反叛心理，又能使王公间相互牵制。按印度传统的继承关系，土著王公死后的地产由其儿子继承，如果没有直接继承人，则由养子继承。这种过继法的原则是印度社会的基石，它不仅关乎王公和公国的继承问题，而且关乎每一个握有土地所有权和宗教信仰者的利益。长期以来，东印度公司默认这个过继法原则。1848 年，公司的财政异常困难，严重到了必须不择手段增加收入的地步。于是，公司参事会公布了一份报告，声称增加收入的唯一方法是靠兼并土著王公的领地来扩大英国的领土。因此，萨塔那王公死后，公司不承认他的养子和继承人，强行将该公国并入公司领地。1853 年，章西王公去世，由于该王公也没有亲生儿，所以按传统由其收养的一个幼儿继承。东印度公司却不承认，以"丧失权利说"为由强行兼并该土邦。1854 年，贝腊尔公国也被强力侵夺，其领土有 8 万平方英里，人口 400 万至 500 万，并拥有大量宝藏。仅在 1848 年至 1854 年的 7 年间，就有十几个独立王公的领地被强制并入不列颠帝国。马克思评论说："这个原则是通过强行消灭土著王公的权力，破坏继承关系和干涉人民的宗教来实现的。"②也就是说，这种新的管理方法破坏了印度原有的继承关系，动摇了印度社会的基石。虽然马克思没有直接评论这种做法的优劣，但由于它是对印度封建主义所有制关系的破坏，所以在客观上起到一定的进步性。

马克思提出，英国资产阶级工业文明摧毁了印度传统的农村公社。从远古时代起，印度便产生一种特殊的社会制度，即村社制度。村社是一个个独立的小结合体，在管理形式上是简单的自治制。村社的边界很少变动，即使受到

---

① 《马克思恩格斯文集》第 2 卷，人民出版社 2009 年版，第 686 页。
② 《马克思恩格斯全集》第 16 卷，人民出版社 2007 年版，第 207 页。

战争、饥荒或疫病的严重损害,甚至变得一片荒凉。村社居民对各个王国的崩溃和分裂毫不关心,只要他们的村社完整无损,他们并不在乎村社转归哪一个政权管辖,或者改由哪一个君主统治。这种近乎静止的社会组织的长期存在不论对于整个社会的发展还是对于个人的发展都是无益的,它造成的是普遍的保守和落后。马克思对这种村社制度存在的意义持否定态度。他说:"这些田园风味的农村公社不管看起来怎样祥和无害,却始终是东方专制制度的牢固基础,它们使人的头脑局限在极小的范围内,成为迷信的驯服工具,成为传统规则的奴隶,表现不出任何伟大的作为和历史首创精神。"①可见,在马克思思想上,农村公社只不过是充当了封建专制制度的统治基础,其长期存在只会使农民长期生活在封建主的奴役之下,阻碍社会历史前进的步伐。马克思还进一步指出,农村公社"这种有损尊严的、停滞不前的、单调苟安的生活,这种消极被动的生存,在另一方面反而产生了野性的、盲目的、放纵的破坏力量,甚至使杀生害命在印度斯坦成为一种宗教仪式"②。

印度被英国征服后,传统的农村公社大部分被破坏并逐渐消失。印度农村公社是建立在家庭工业上的家庭式公社,它靠手织业、手纺业和手耕农业的特殊结合而自给自足。然而,英国蒸汽机和自由贸易的入侵,打破了这种自给自足的生产方式。众所周知,资本主义工业以分工和协作为基础,而且在生产中采用大量的机器。所以,英国资本进入印度后,就可能把纺工放在兰开夏郡,把织工放在孟加拉,或是把印度纺工和印度织工一齐消灭,代之以机器生产。如此,农村公社的经济基础就被摧毁了,一个个"小小的半野蛮半文明"的公社也必然遭到破坏。马克思说:"这些细小刻板的社会机体大部分已被破坏,并且正在归于消失,这与其说是由于不列颠收税官和不列颠兵士的粗暴干涉,还不如说是由于英国蒸汽机和英国自由贸易的作用。"③由于"蒸汽机"和"自由贸易"代表着资产阶级工业文明,所以这里的意思是指英国资产阶级工业文明摧毁了印度古老的村社制度。

(二)关于重建的使命:"他们的重建工作在这大堆大堆的废墟里使人很

---

① 《马克思恩格斯文集》第 2 卷,人民出版社 2009 年版,第 682—683 页。
② 《马克思恩格斯全集》第 2 卷,人民出版社 2009 年版,第 683 页。
③ 《马克思恩格斯文集》第 2 卷,人民出版社 2009 年版,第 682 页。

难看得出来。尽管如此,这种工作还是开始了。"①

马克思分析了不列颠人在印度造成的政治统一、印度人军队、自由报刊、新的阶级等新的社会因素对于重建印度的重要作用。英国人通过暴力统治使得印度在政治上实现空前的统一,而政治统一是一个国家、民族或地区现代化的必要条件,所以马克思认为这是重建印度的首要条件。不列颠人的侵入,唤醒了印度人的民族意识,少数先进的人士积极创办刊物,介绍和传播自由、民主、平等思想,为求得民族独立和人民解放运动创造思想条件。在印度建立资产阶级社会制度需要一个具有管理国家的必要知识并且熟悉欧洲科学的新的阶级即资产阶级,而不列颠人的统治推动了印度资产阶级的产生。

除上述新的社会因素,不列颠人还在印度创建了现代化的交通。在被不列颠人征服之前,印度港口狭小、道路失修、邮政系统简陋,整个社会极端缺乏运输和交换各种产品的工具。因此,尽管印度拥有丰富的自然资源,却由于缺乏交换工具而使社会非常穷困,以致于社会生产陷于瘫痪状态。马克思认为,这种情况是由印度农村的孤立状态造成的。他指出,农村的孤立状态在印度造成了道路的缺少,而道路的缺少又使农村的孤立状态长久存在下去。如此,村社就一直处在既有的很低的生产力水平上,相互之间几乎没有来往,产生不了推动社会进步所必需的愿望和行动。为便于把印度变成商品市场和原料产地,英印政府于19世纪30年代开始着手解决印度的交通问题。19世纪30至50年代,英印政府扩建了孟买、加尔各答和马德拉斯的港口,从而使这三个城市成了繁荣的吞吐港和最主要的商业中心;修复了从孟买到加尔各答、从加尔各答到白沙瓦、从马德拉斯到班加罗尔的主要干线;50年代开始架设电线,创办电报业务,建立起全国统一的邮政系统;50年代初开始修建铁路,到1858年,共建成线路277英里。② 虽然英国人改善印度交通的初衷是为了方便攫取印度财富,却在客观上推动了印度社会的发展。

马克思高度评价了不列颠人在印度的交通建设对于印度社会发展的积极作用。首先,印度港口的建设和蒸汽机在印度的使用,拉近了印度和欧洲国家的距离,打破了印度的孤立状态。马克思指出,蒸汽机使印度能够同欧洲经常

---

① 《马克思恩格斯文集》第2卷,人民出版社2009年版,第686页。
② 参见林承节:《印度史》,人民出版社2006年版,第245页。

地、迅速地交往,把印度的主要港口同整个东南海洋上的港口联系起来,"使印度摆脱了孤立状态,而孤立状态是它过去处于停滞状态的主要原因"①。其次,铁路的敷设带来印度社会生产力上的变革。一是铁路的敷设可以促进水利事业的发展,从而为农业服务。在建筑路堤需要取土的地方修水库,给铁路沿线地区供水。如此,作为东方农业必要条件的水利事业就会大大发展,常常因缺水而造成的地区性饥荒就可以避免。二是铁路的敷设给闭塞的印度人带来新的生产技术。铁路能够将其他地方的各种发明和技术设备以及如何掌握它们的手段带给铁路所经过的每一个村庄,从而革新印度本地传统落后的手工生产技术。三是铁路的敷设必将带动印度现代化工业的发展。要在一个幅员辽阔的国家里维持一个铁路网,就不能不把铁路交通日常急需的各种必要的生产过程建立起来。而这样一来,也必然要在那些与铁路没有直接关系的工业部门应用机器。基于此,马克思说:"铁路系统在印度将真正成为现代工业的先驱。"②他还进一步指出:"由铁路系统产生的现代工业,必然会瓦解印度种姓制度所凭借的传统的分工,而种姓制度则是印度进步和强盛的基本障碍。"③最后,铁路的敷设将造成居民的流动和交往。生活在往日的农村公社中的印度农民,过着自给自足的生活,鲜与外界交往。他们接触不到新的事物,产生不了新的思想。这也正是他们封建、保守和落后的原因所在。不列颠人把农村的这种自给自足的惰性打破了,交通的改善方便了城乡之间的交往,所以,马克思说铁路将造成互相交往和来往的新的需要。

四、印度人只有实现民族独立才能掌握和支配资产阶级时代的成果

　　英国在印度的殖民统治仅仅是充当了历史的不自觉的工具。它在主观上非但不是为了印度人民的利益,反而是以牺牲印度人民的利益为代价来创造现代化成果的。正如马克思所指出的,英国在印度斯坦造成的社会革命完全

---

① 《马克思恩格斯文集》第 2 卷,人民出版社 2009 年版,第 686 页。
② 《马克思恩格斯文集》第 2 卷,人民出版社 2009 年版,第 689 页。
③ 《马克思恩格斯文集》第 2 卷,人民出版社 2009 年版,第 689 页。

是受极卑鄙的利益所驱使的。所以,印度人民只有赶走英国殖民统治者,实现民族独立,才能掌握和支配资产阶级时代的成果。

马克思指出,英国资产阶级实行的一切仅仅为印度人民的解放及生活条件的改善创造物质前提。英国殖民统治者给印度带来的灾难是颠覆性的,它不但摧毁了印度社会的整个结构,而且割断了印度同它的一切古老传统的联系。首先,竭泽而渔的土地税制虽然破坏了封建土地所有制关系,却给农民和整个社会经济的发展带来巨大的灾难。柴明达尔制度剥夺了孟加拉管区居民对土地世代相承的权利;莱特瓦尔制度使马德拉斯管区和孟买管区的米拉达尔和札吉达尔等地方贵族下降到小块土地占有者的地位。对此,马克思评论道:说这些柴明达尔同英国的地主相似是十分可笑的,他们只能得到租金的十分之一,其余的十分之九都要转交给政府;说印度的莱特同法国农民相似也是很可笑的,他们被剥夺了一切对土地的永久性权利,他们必须根据收成情况每年缴纳不同数量的捐税。在莱特瓦尔制度下,印度农民被强迫耕种土地,他们和分成制佃农一样必须把自己的产品分给"国家",但是"国家"对待他们却不像对待分成制佃农那样负责供给资金和保护。一句话,在英国人统治下的印度农民得不到当局的任何资助抑或保护,所遭受的仅仅是一味的索取。所以,马克思说:"无论是在孟加拉的柴明达尔制度下,或者是在马德拉斯和孟买的莱特瓦尔制度下,占印度人口 11/12 的莱特农民都沦于可怕的贫困境地。"[①]与农民的贫困境地相伴的必然是农业的停滞、手工业的衰退和商业的萧条。

其次,不平等的贸易关系虽然促进了印度商业的发展,却造成社会财富的巨大流失和印度贸易的畸形发展。英国人借助政治统治权力,攫取贸易垄断权,排挤和打压印度商人。印度是一个盛产盐的国家,它的海洋、湖泊、山岳、甚至普通的土地都能大量提供盐。东印度公司攫取了盐业的垄断权,它的盐的售价高于市场价格两倍。经过中间商的周转,印度农民买到的食盐价格要高出英国市场价的 30 倍。而且英国将印度变成自己的商品市场和原料产地,使得印度传统的手工业部门纷纷破产。印度人被迫购买英国的工业制品,被迫种植英国工业所需要的原料,如靛蓝、棉花、罂粟等。印度人未曾享受到殖民者带来的现代化的科学技术和市场贸易的好处,创造的财富全部流入英国

---

① 《马克思恩格斯全集》第 12 卷,人民出版社 1998 年版,第 242—243 页。

人的腰包。马克思分析指出:"英国资产阶级将被迫在印度实行的一切,既不会使人民群众得到解放,也不会根本改善他们的社会状况,因为这两者不仅仅决定于生产力的发展,而且还决定于生产力是否归人民所有。但是,有一点他们是一定能够做到的,这就是为这两者创造物质前提。难道资产阶级做过更多的事情吗? 难道它不使个人和整个民族遭受流血与污秽、蒙受苦难与屈辱就实现过什么进步吗?"①意思是说,在印度人民掌握社会生产力之前,英国人带给印度的资产阶级时代的成果,是不会改善他们的社会状况的,也不会使他们得到解放。因为英国资产阶级所创造的成果是以牺牲印度人的利益为代价的,是建立在印度人蒙受苦难与屈辱的基础之上的。

马克思指出,印度人民只有通过社会革命获得民族独立和解放才能支配资产阶级时代的成果。资本家是人格化的资本,它的根本使命是追求剩余价值。英国资产阶级将现代工业文明移植到印度的目的在于赚取更多的利润,而非发展印度社会生产力。从经济价值上看,印度作为殖民地,只不过是英国资产阶级发财致富的工具。如果说,英国资产阶级的行为客观上促进了印度封建社会的解体和资本主义生产关系的发展,那么这对于印度人民而言完全是用血与泪换来的,而且这种现代化成果完全为英国资产阶级所占有。所以,马克思说:"在大不列颠本国现在的统治阶级还没有被工业无产阶级取代以前,或者在印度人自己还没有强大到能够完全摆脱英国的枷锁以前,印度人是不会收获到不列颠资产阶级在他们中间播下的新的社会因素所结的果实的。"②也就是说,印度人要收获和支配资产阶级时代的成果,必须摆脱英国殖民统治。基于对印度社会发展状况的分析,马克思进一步指出:"只有在伟大的社会革命支配了资产阶级时代的成果,支配了世界市场和现代生产力,并且使这一切都服从于最先进的民族的共同监督的时候,人类的进步才会不再像可怕的异教神怪那样,只有用被杀害者的头颅做酒杯才能喝下甜美的酒浆。"③意思是说,资本主义的发展建立在资本家对工人的剥削和先进民族对落后民族的压迫之上,只用通过社会革命推翻资本的统治,人类的进步才不会以牺牲一部分的利益为代价。

---

① 《马克思恩格斯文集》第 2 卷,人民出版社 2009 年版,第 689—690 页。
② 《马克思恩格斯文集》第 2 卷,人民出版社 2009 年版,第 690 页。
③ 《马克思恩格斯文集》第 2 卷,人民出版社 2009 年版,第 691 页。

　　马克思、恩格斯支持印度人民不择手段地赶走对自己的臣民滥用职权的英国征服者。虽然印度是一个封建专制的落后的亟需开化的国家,但是英国人的殖民统治手段已经残酷到了印度人民忍受的极限。英印政府在印度以凶恶的勒索手段搜刮人民的劳动成果和社会财富,强制推行竭泽而渔式的税收制度。在英印政府的管区内,到处都存在为征收税款而使用刑罚的现象。如果莱特不能按时定额缴纳税款,就会遭到税吏的残酷刑罚。如果受害者向当局提出控告则面对三个问题:一是长途跋涉,耗费相当的金钱和时间;二是呈文被退回,控告无门;三是法庭庇护政府官员,施刑者得不到应有的惩罚。因为"这种勒索钱财的罪名,只有在警官侵吞公款或强迫莱特缴纳额外税款以饱私囊时才能成立。这就是说,法律对使用暴力征收国税并未规定任何惩罚"[1]。所以,不论遭受怎样的刑罚,印度人民只能忍气吞声。另外,英印当局在印度修筑工事,往往要求附近的居民无偿提供木板、木炭、木柴等建筑原料和生活用品,如果有人提出付费的要求或者是拒绝提供就会遭到严刑拷打,且上诉无效。一个土著基督教徒在回答用刑事实调查委员会委员向他提出的问题时说,每当欧籍或土著部队过村时,总是强迫所有的莱特无偿地拿出粮食等东西,如果谁想要收费,就要遭到严刑拷打。基于上述分析,马克思总结说:"人民想赶走那些对自己的臣民这样滥用职权的外国征服者,难道不对吗? 既然英国人能够冷酷无情地干这种事,那么就算是起义的印度人在起义和斗争的狂怒中犯下了那些所谓的残暴罪行,又有什么奇怪呢?"[2]意思是说,既然英国资产阶级残酷剥削和奴役印度人,那么印度人在起义中使用极端的手段也不足为怪,他们是在捍卫自己的尊严和权益,是正义的。所以,针对西帕依的暴行,马克思评论说:"西帕依的行为尽管声名狼藉,也只不过是集中反映了英国本身在印度的所作所为。"[3]意思是说,西帕依的暴行是由英国殖民统治所引起的。实际上,英国人在印度的暴行也是令人发指的,譬如任意使用绞刑、烧毁村庄。然而,英国报刊在报道相关事实时,却把英国人的残暴被说成是军人的英勇行动,并且对暴行本身轻描淡写,而在报道印度土著居民的暴力行为时,则故意渲染夸大。

---

① 《马克思恩格斯全集》第 16 卷,人民出版社 2007 年版,第 303 页。
② 《马克思恩格斯全集》第 16 卷,人民出版社 2007 年版,第 307 页。
③ 《马克思恩格斯全集》第 16 卷,人民出版社 1962 年版,第 334 页。

恩格斯提出,英国人当前的胜利是暂时的。1858年9月中旬,印度各主要城市的起义军基本被镇压,英国人胜利在望。恩格斯认为,这种胜利只不过是暂时的,它将引发印度人民更深的仇恨。他分析指出,目前英国人毕竟又重新征服了印度,但是,"这再次的征服并没有加强英国对印度民心的控制。英军在所谓土著居民暴虐残杀这种夸大和捏造的传说驱使下所进行的残酷报复,以及整批和零星地没收奥德王国的企图,并没有使胜利者博得任何特殊的好感。相反地,他们自己都承认,无论在印度教徒或伊斯兰教徒中间,对基督徒入侵者的宿仇旧怨现在比任何时候都更深了。也许这种仇恨目前还没有力量,但是可怕的乌云既已笼罩着锡克人的旁遮普,它并不是没有重要意义的"[1]。意思是说,英国人虽然再次征服了印度人,但是这仅仅是外在形式上的征服,他们无法征服印度人的内心,反而加深了印度人民对英国殖民统治者的仇恨,进一步加深了英印之间的矛盾。

五、马克思恩格斯思想的当代价值

随着第二次世界大战的结束,以武力为后盾赤裸裸地掠夺弱小民族或国家的殖民主义走向终结。但是,帝国主义的殖民情结并未消弭,对第三世界转而采用文化攻势,即通过文化渗透和文化侵略来影响和控制第三世界。后殖民主义思潮正是对这种现象的反映。防范和消除殖民主义的影响,不仅是第三世界独立自主地发展需要,也是整个人类社会和平发展的需要。因此,在新的历史条件下,重新研读马克思恩格斯关于殖民主义理论的著作,回顾马克思恩格斯的相关论述,具有重要的现实启示意义。

关于印度社会内部不团结导致沦为英国殖民地和反英起义失败的观点,对于今天的人们有重要启示。团结就是力量。任何一个民族、国家或地区的稳定与发展,都需要内部的团结。对于一个统一的多民族国家来说,内部的团结更是其存在和发展的条件。印度是莫卧儿人建立起来的一个封建大帝国。1658—1707年奥朗泽布时期,莫卧儿人征服了南印的比贾普尔和高康达,实现

---

[1] 《马克思恩格斯全集》第12卷,人民出版社1962年版,第614—615页。

了印度空前的统一。但外在的统一并未能实现内部的团结。随着帝国的衰落,帝国境内出现了数十个独立和半独立国家,相互之间纷争不断。大不列颠人正是利用了帝国内部的矛盾将整个印度征服。在中国的历史上,曾长期曾在民族压迫和民族歧视的政策。在近代,大清王朝的统治者又贪生怕死不能与民团结一致对抗外来侵略。可以说,内部的不团结是近代中国沦为半殖民地的根源之所在。中华人民共和国成立后,在最为棘手的宗教和民族问题上,中国共产党人本着社会主义的原则,实行宗教信仰自由的政策,以消除各民族人民在信仰上的矛盾与冲突;实行民族平等、团结和共同繁荣的政策,以消除历史上的民族压迫与民族歧视现象。上述政策的实行,有效地促进了中华民族的大团结,为中国特色社会主义现代化建设提供了力量上的保障。在改革开放新时期,中共中央十分重视民族大团结对于实现中华民族伟大复兴的重要作用。习近平总书记强调指出,实现"中国梦"必须凝聚中国力量,即中国各族人民大团结的力量。因此,对于少数破坏民族团结和统一的分裂分子,我们必须严加惩罚。

关于必须通过社会革命支配资产阶级时代的成果才能使人类的进步不再以牺牲一部分人的利益为代价的观点,对于今天的人们有重要启示。人是社会发展的主体,人类社会的不断发展是为了人更好地生存。然而,在阶级社会中,处于统治阶级的少数人将自身的利益凌驾于广大劳动群众的利益之上,从而使人类的进步建立在部分人遭受流血和蒙受苦难之上。尤其到了资产阶级社会,不论在资产阶级"文明的故乡"还是在殖民地,资本主义的形成与发展都是一部血泪史。正如马克思针对英国资产阶级在印度的所做作为所指出的:"难道它不使个人和整个民族遭受流血与污秽,蒙受苦难与屈辱就实现过什么进步吗?"[①]时至今日,虽然资本主义社会在劳资关系、分配关系、社会阶级阶层结构、政治制度、经济危机的形态等方面发生了新的变化,但是生产资料私人占有的性质没有变,资本主义的基本矛盾也没有变。不仅如此,当今世界的资本主义已经进入金融国际垄断阶段,少数超级大国用货币控制世界经济,从而以经济机制更加隐蔽、更加疯狂、更加高效地掠夺世界其他国家,成为新型

---

① 《马克思恩格斯文集》第 2 卷,人民出版社 2009 年版,第 689—690 页。

的帝国主义和新殖民主义。① 相比之下,社会主义的中国不仅倡导以人为本的科学发展观,而且倡导建设和谐世界,为人类的和平与进步积极做贡献。因此,对于仍然处于世界资本主义制度体系中受资本剥削与压迫的广大劳动群众而言,只有通过社会革命,使劳动从资本的束缚中解放出来,从而掌握社会生产力,支配资产阶级时代的成果,才能使人类的进步不再以剥夺劳动为代价,而是建立在每个人自由发展的基础之上。

---

① 参见逯兆乾:《新帝国主义——金融国际垄断阶段资本主义的特征与本质》,载《红旗文稿》2012 年第 22 期。

第十三章 马克思恩格斯关于土耳其社会发展的理论——研读《欧洲土耳其前途如何?》等著作

1848 年欧洲革命风暴过后,"对土耳其怎么办?"这一"东方问题"又一次提上欧洲的"议事日程"。马克思、恩格斯高度关注土耳其这一腐朽东方帝国的命运问题,先后撰写了《土耳其问题的真正症结》、《土耳其问题》、《欧洲土耳其前途如何?》、《欧洲战争》、《宣战。——关于东方问题的历史》等著作。在上述著作中,马克思、恩格斯基于无产阶级和欧洲民主革命的立场,深入分析了土耳其问题的"真正症结",揭露了西方列强"维持现状"理论的虚伪性,提出土耳其问题要"留待欧洲革命来解决"。

一、土耳其问题概述

奥斯曼土耳其帝国(1299—1922)是土耳其封建统治阶级依靠武力征服建立起来的多民族的军事封建国家。它在鼎盛时期地跨欧亚非三大洲,东抵里海及波斯湾,西达摩洛哥,南领苏丹,北及奥地利和罗马尼亚。它地处东西文明交汇之处,长期控制着地中海、黑海和红海等欧亚交通要道。其中,达达尼尔海峡和博斯普鲁斯海峡为俄国出入地中海的咽喉,土耳其政府所在地君士坦丁堡更是欧亚水陆交通的十字路口。这种交通上和战略上的地位,使土耳其帝国特别是欧洲土耳其部分成为欧洲列强觊觎和争夺的对象。1683 年,进攻维也纳失败后,土耳其帝国开始走向衰落。随着国内阶级矛盾和民族矛盾的加剧,外国的频繁入侵,现代化改革的失败以及民族主义的兴起,土耳其帝国到 18 世纪末开始一蹶不振,成为"一匹死马"。同一时期,资本主义却在欧洲快速发展起来:英国于 18 世纪 80 年代开始工业革命,1789 年的法国大革命推翻了封建君主专制制度,资本主义萌芽在农奴制的俄国潜滋暗长。资本主义的扩张性,推动着列强加快对外侵略扩张的步伐。

早在彼得一世时期,俄国就开始觊觎欧洲土耳其,发动对土战争。叶卡捷琳娜二世分别于 1768—1774 年和 1787—1791 年发动了两次对土战争,从而拉开"东方问题"的序幕。19 世纪初,俄国先后利用塞尔维亚和希腊反土起义,在起义队伍中培植"亲俄派",扩张势力,攫取利益。1833 年,俄国利用土耳其与埃及作战失败之机,以"援助"土耳其为名,最终迫使土耳其签订《安吉阿尔—斯凯莱西条约》。条约中,土耳其政府承诺,将随时根据俄国的要求封锁达达尼尔海峡,并不得以任何借口允许外国军舰(俄国军舰除外)通过。① 而在 19 世纪 20 年代,欧洲列强就已纷纷插手"东方问题",以在行将解体的土耳其帝国谋取私利。因此,俄国在土耳其的步步进逼,引起了英、法、普、奥等列强的不满。由此,列强间的矛盾以及在土耳其的利益冲突日益加剧。然而,从来没有哪一个列强考虑到土耳其帝国统治下的各族人民的利益,它们只是一味地以牺牲土耳其人民的利益为代价获取自身的既得利益。这不仅给土耳其人民带来深重的灾难,而且严重阻碍了土耳其社会的发展。

1848 年欧洲革命风暴过后,沙皇伺机进军君士坦丁堡,一方面为实现其既定的扩张计划,一方面利用对外战争胜利的狂热转嫁国内的革命危机。1852 年底,南俄罗斯两个军团进入战斗状态。1853 年初,尼古拉一世建议俄、英缔结协定以共同瓜分土耳其。同年 2 月,俄国驻君士坦丁堡特命全权大使缅施科夫向土耳其政府递交照会,要求苏丹向沙皇出让土耳其境内所有基督教的保护权和任命希腊牧首的权力。如果苏丹答应俄国要求,意味着土耳其有两个君主,一是穆斯林的苏丹,另一是东正教的沙皇。苏丹显然不可能接受这样的照会要求。但以土耳其帝国自身的实力又无法与沙皇俄国相抗衡。因此,苏丹向英、法列强请求保护。加之英、法列强本身也无法容忍沙皇俄国独占土耳其,"东方问题"就再一次提上欧洲的"议事日程"。1853 年 7 月 3 日,俄军强渡普鲁特河,占领多瑙河两公国。10 月 16 日,土耳其对俄宣战,长达 3 年的

---

① 参见张桂枢:《克里木战争》,商务印书馆 1986 年版,第 6 页。

克里木战争爆发。在多次向沙皇发出照会和通牒无果之后,1854 年 3 月底,英、法先后对俄国宣战,俄土战争演变成为一场欧洲战争。

二、土耳其问题的"真正症结"

为何土耳其帝国会成为沙皇俄国和西方列强觊觎的对象? 为何土耳其问题成为欧洲国际关系的热点和难点? 马克思、恩格斯分别从贸易地位、军事地位和帝国内部矛盾等方面,考察和揭示了土耳其问题的症结所在。

恩格斯指出,土耳其港口承担着同欧洲和亚洲内陆地区进行的十分重要的、迅速增长的贸易往来。土耳其帝国有三个部分组成:非洲藩属国、亚洲土耳其和欧洲土耳其(巴尔干半岛),这三个部分由红海、地中海和黑海连接成一体。从黑林山脉起,到大诺夫哥罗德的沙丘地带上的整个内陆地区,河流纵横,都汇入黑海。多瑙河和伏尔加河这两条欧洲大河,以及德涅斯特河、第聂伯河和顿河,都是从内陆地区把产品运往黑海的天然渠道。也就是说,黑海是通往里海的必由之路。而三分之二的欧洲,包括德国和波兰的部分地区、整个匈牙利、俄国伏尔加河流域以及整个欧洲土耳其,在出口和产品交换方面都同黑海息息相关。这些国家主要是农业国,大量产品的运输必然以水运为主。因此,不论在发现通往印度的直接通路以前还是之后,君士坦丁堡都是欧亚贸易的中心。据资料显示,只英国在黑海的贸易就由 1840 年的 1.44 百万英镑,增至 1850 年的 3.76 百万英镑,也就是说,10 年间的贸易额增加了 2.6 倍。基于此,恩格斯总结指出:"土耳其的港口仍然承担着同欧洲和亚洲内陆地区进行的十分重要的、迅速增长的贸易往来。"①

新兴贸易中心特拉佩宗特逐渐成为俄、英两国新的冲突之源。位于亚洲土耳其的特拉佩宗特,后方连接着亚美尼亚高地,距离巴格达、设拉子和德黑兰非常近,而德黑兰是来自希瓦和布哈拉的商队的贸易地点。因此,随着欧洲资本主义的进一步发展,不断扩大的贸易使特拉佩宗特成为欧洲与亚洲内地、两河流域、波斯和突厥斯坦进行商队贸易的重要中心。随着英国贸易向亚洲

① 《马克思恩格斯全集》第 12 卷,人民出版社 1998 年版,第 16 页。

内地进军,特拉佩宗特也就成为关涉英国利害的要地。恩格斯分析指出:"英国和俄国之间的贸易战场从印度河流域转移到了特拉佩宗特;先前曾经直抵东方英帝国边界的俄国贸易,现在已退居守势,收缩到它本国的海关线的边沿地带。这一情况对东方问题将来的解决,以及英国和俄国对待此事的态度具有重要意义,这一点是显而易见的。这两个国家在东方势必永远是死对头。"①意思是说,土耳其的特拉佩宗特成了英国和俄国之间的贸易战场,双方在这一地区的经济利益必然导致双方的对立和对特拉佩宗特的争夺。

上述土耳其港口的贸易地位必然招致列强的觊觎和争夺。早在 1535 年,法国就与土耳其签订了《特惠条例》,为法国商人在土耳其的商业活动获取贸易特权;1740 年,法土签订新的贸易条约,法国人获得更多的贸易特权。英国对土耳其发现得比较晚,直到 1838 年,才与土耳其签订了一个有利于英国商人在土耳其属地获得商机的贸易条约。恩格斯指出,整个不断迅速增长的贸易,都决定于控制着达达尼尔海峡和博斯普鲁斯海峡这两个黑海咽喉的国家是否可靠。"谁掌握着这两个海峡,谁就可以随意开放和封锁通向地中海的这个遥远角落的通道。如果俄国占领了君士坦丁堡,谁还能指望它会敞开这些大门,让英国像过去一样闯入俄国的贸易范围呢?"②也就是说,西方列强不可能允许俄国占领君士坦丁堡,因为一旦俄国占领君士坦丁堡,他们的贸易就会受阻,既得利益就会丧失。

恩格斯指出,达达尼尔海峡和博斯普鲁斯海峡在贸易上的重要性使它们同时成为头等的军事要地。俄罗斯帝国也是一个典型的封建军事国家,征服弱小民族,进军欧洲,从而称霸世界,是其孜孜以求的目标。地处东西方交汇之处并掌控东西方交通要道的土耳其帝国,理所当然地成为沙皇俄国进军欧洲要征服的第一站。早在沙皇彼得一世时就制定了南下征服土耳其的扩张计划,以期占领君士坦丁堡,打通黑海通往地中海的航道。"俄国如果占领了土耳其,它的力量几乎会增加一半,它就会比所有其他欧洲国家的力量加在一起

---

① 《马克思恩格斯全集》第 12 卷,人民出版社 1998 年版,第 18 页。
② 《马克思恩格斯全集》第 12 卷,人民出版社 1998 年版,第 18—19 页。

还要强大。"①恩格斯分析指出,兼并了土耳其和希腊②,俄国就可以获得优良的海港,而且还可以从希腊人当中获得海军所需要的能干的水兵;占领了君士坦丁堡,俄国就站到了地中海的门槛上;控制了都拉斯和从安蒂瓦里到阿尔塔的阿尔巴尼亚沿海地区,俄国就可以进入亚得里亚海的腹地,窥伺着英国的伊奥尼亚群岛。"一次征服必然继之以又一次征服,一次兼并必然继之以又一次兼并,所以俄国征服土耳其只不过是兼并匈牙利、普鲁士、加利西亚和最终建立某些狂热的泛斯拉夫主义哲学家所梦寐以求的斯拉夫帝国的序幕而已。"③也就是说,建立斯拉夫帝国是沙皇俄国的梦想,它必须通过不断的征服和兼并来达成,所以,征服土耳其只不过是沙皇俄国整个军事扩张政策的一部分,但只有首先征服土耳其它才可能去征服整个欧洲。

恩格斯进一步分析指出,达达尼尔海峡和博斯普鲁斯海峡很窄,只要在适当的地方构筑若干设备完善的堡垒,就可能阻挡住企图通过海峡的全世界的联合舰队。如果俄国占领这两个海峡,黑海就会成为它的内湖;特拉佩宗特就会成为它的港口,多瑙河就会成为它的河流;高加索人的反抗也马上就会因饥饿而中止。土耳其丧失君士坦丁堡之后就会被分成无法彼此沟通或相互支援的两部分——欧洲土耳其和亚洲土耳其,被迫退到亚洲的土耳其军队的主力也将完全不起作用。如此,俄国就可以毫不困难地征服马其顿、帖萨利亚和阿尔巴尼亚,进而征服整个欧洲土耳其。基于上述分析,恩格斯说:"达达尼尔海峡和博斯普鲁斯海峡在贸易上的重要性使它们同时也成为头等的军事要地,成为在任何战争中都具有决定性影响的重地,其地位同直布罗陀和松德海峡的赫尔辛格类似。"④由哈布斯堡王朝统治的奥地利封建帝国在土耳其有着同沙皇俄国一样的野心。奥地利帝国与奥斯曼土耳其帝国是一对宿敌,长期为争夺东南欧和中欧的霸权而战争。当18世纪末19世纪初,昔日威震四方的土耳其帝国在长期征战的消耗和内部日趋尖锐的民族矛盾的冲击下而奄奄一

---

①　《马克思恩格斯全集》第12卷,人民出版社1998年版,第20页。

②　1460年,希腊被奥斯曼土耳其帝国征服,从而开始了长达400年的被统治时期。1821年3月,希腊本土爆发起义,推动了希腊独立战争的爆发。1829年,土耳其军队撤出希腊,希腊宣布独立。

③　《马克思恩格斯全集》第12卷,人民出版社1998年版,第20页。

④　《马克思恩格斯全集》第12卷,人民出版社1998年版,第19页。

息时,哈布斯堡王朝必然打起瓜分土耳其的算盘。但与俄罗斯帝国相比,奥地利不论在综合国力还是军事实力上都稍逊一筹。所以,慑于沙皇俄国的强大军事力量,奥地利在很长一段时间内追随俄国,从中捞取好处。但是,奥地利与俄国之间的矛盾也是显而易见的,它们都想扩大自身在土耳其的利益,以攫取东南欧和中欧的霸权。这就意味着土耳其的军事地位同其贸易地位一样,也致使其成为列强争夺的香饽饽。

马克思、恩格斯认为,土耳其帝国内部的宗教纷争为列强入侵土耳其提供了借口。伊斯兰教是土耳其帝国的国教,但是只有土耳其人是穆斯林,其他民族都是基督徒,而这些基督徒又分为天主教徒、正教徒、亚美尼亚教徒、科普特教徒、阿比西尼亚教徒和叙利亚教徒等等。如此,土耳其帝国内部不仅存在着复杂的民族问题,而且存在着复杂的宗教问题。长期以来,宗教纷争不但成为其内部矛盾的根源,而且成为沙皇俄国和西方列强入侵土耳其的借口。这个问题的严重性,以至于"初看起来这个问题好像是目前东方一切实际纠纷的根源"①。马克思、恩格斯从以下几个方面分析了宗教问题和土耳其问题的关系:

其一,穆斯林和基督教臣民之间的关系问题,将信仰正教的基督徒推入俄国的怀抱。由于伊斯兰教是土耳其的国教,除穆斯林是正统教徒外,其他一切教徒都被视为异教徒。伊斯兰教宣布异教徒的民族是不受法律保护的,并在穆斯林和异教徒之间造成一种经常互相敌视的状态。这就产生了穆斯林和他的基督教臣民之间的关系问题,即如何使基督教臣民的存在和《古兰经》相容?伊斯兰教法律规定,如果某个城市投降,其居民同意成为莱雅,即穆斯林君主的臣民,而又不放弃自己的信仰,那么他们必须缴纳人头税;他们可以和正统教徒达成停战协议,无论谁都不得没收他们的地产或房屋。所以,在土耳其苏丹政府统治下的基督徒可以享有作为莱雅而存在的特权,把自己置于穆斯林的保护之下。但是,在一个基督徒数量远远超过穆斯林数量的国家里,基督徒是无法容忍异族统治和宗教压迫的。奥斯曼帝国境内有与俄国的东正教一脉相传的1300多万正教徒,这些正教徒一直把沙皇看作他们的救世主。所以,马克思指出:"通过世俗的解放来废除他们对古兰经的从属,也就是同时消除

---

① 《马克思恩格斯全集》第 13 卷,人民出版社 1998 年版,第 181 页。

他们对神职人员的从属,并引起他们在社会、政治和宗教关系等方面的革命,这场革命首先不可避免地会把他们推入俄国的怀抱。"①意思是说,土耳其帝国境内的基督教臣民要寻求解放,必然向俄国求援,从而给俄国制造入侵土耳其的借口。

其二,穆斯林和信异教的外国人之间的关系问题,引发了列强在土耳其的特惠条例问题。所谓的特惠条例,是指土耳其政府发给欧洲各国的特权证件,它允许这些国家的臣民主要是商人通行无阻地进入伊斯兰教国家,在那里安稳地从事自己的经营活动并按照本国的仪式进行祈祷。因为《古兰经》把一切外国人都视为敌人,所以,在没有预防措施即特权证件的保护下,没有人敢到伊斯兰教国家去。欧洲各国为了保护在土耳其的侨民,都要求取得这种特权。而特惠条例是由颁发政府单方面赋予的特许权,也就是说,土耳其政府可以颁发给任何国家,也可以自行改变或废除这些特权。这必然引起列强与土耳其政府间以及列强相互之间的争执。为此,马克思指出:"特惠条例的这种不稳定的性质使它永远成为各国大使争执和埋怨的根源,为此无休无止地交换互相反驳的照会,而且每位新王即位时都要重新颁布敕令。"②意思是说,苏丹政府因宗教信仰问题而颁布的特惠条例也成为列强和土耳其之间以及列强之间冲突的一大根源。

其三,圣地问题成为列强干涉土耳其内政的借口,也成为克里木战争的导火线。相传,奥斯曼帝国境内巴勒斯坦地区的伯利恒小镇是耶稣诞生地,耶路撒冷城是耶稣墓地所在地。因此,伯利恒小镇和耶路撒冷城被基督徒视为圣地。所谓"圣地问题",也就是对圣地的管辖权(实际上仅仅是使用权)问题。长期以来,不同宗教派系的基督徒们为圣地上建筑物的保护权问题而争执不休。所谓的保护权问题,也就是诸如谁来掌管伯利恒教堂的钥匙、谁负责修缮圣墓教堂的圆顶、谁负责燃点圣灯和打扫屋舍等问题。19世纪50年代,路易·波拿巴利用圣地问题制造了外交冲突。笃信天主教的法国农民是波拿巴篡夺政权成功的主要条件,所以他把自己扮演成一个"最忠于天主教的"法国皇帝,以提高自己在天主教徒心目中的威望和地位。1850—1852年,法国政府

---

① 《马克思恩格斯全集》第13卷,人民出版社1998年版,第182页。

② 《马克思恩格斯全集》第13卷,人民出版社1998年版,第183页。

一再向土耳其政府施加压力,要求保障天主教徒对圣地的特权。① 苏丹迫于压力,就把圣地保护权授给了天主教徒。对此,俄国沙皇尼古拉一世大为恼火,紧紧抓住这个问题不放,声称土耳其政府迫害广大东正教徒。这成为克里木战争的导火索。为此,马克思甚至说,波拿巴的篡位是现在东方纠纷的真正根源。基于圣地问题与土耳其问题的关系,马克思指出,在土耳其帝国,"没有一处圣所,没有一座小礼拜堂,没有一块圣墓神殿的石头,不曾被用来挑起各基督教团体之间的争端"②。这些宗教纷争又给了列强干涉土耳其内政、从而挑起国际争端的借口。

三、"维持现状"的理论解决不了土耳其问题

克里木战争爆发后,面对沙皇俄国强势入侵土耳其,西方列强提出"维持现状"的理论。他们既不愿意让土耳其各民族独立,又不愿意让土耳其落入俄国人之手。马克思、恩格斯基于无产阶级的立场,揭露和批判了这种"维持现状"理论的虚伪性及其对土耳其社会发展的危害性。

马克思、恩格斯指出,"维持现状"的原则证明列强完全没有能力为进步或文明做任何事情。英国是一个欧洲岛国,对于欧洲大陆它鞭长莫及,长期以来奉行"欧洲均势"的外交政策。保持土耳其现状的原则可以说是英国"均势"外交政策的一个组成部分。进入 19 世纪,英国和亚洲内地特别是印度的贸易逐年攀升,经由地中海和埃及这条通往亚洲的通道对英国极其重要。如果君士坦丁堡被其他列强占领,这条要道就会被堵塞。因此,英国不希望任何列强染指黑海海峡这片区域。当然,必要的时候它自己可以考虑占领这片区域。实际上,保持腐朽中的土耳其帝国的完整最符合英国的利益。法国在土耳其有着与英国类似的商业利益,一旦俄国占领君士坦丁堡,法国在土耳其的利益就将丧失殆尽。所以,从整体上而言,法国也希望维持土耳其现状。如此,英、法不会容忍俄国在土耳其得寸进尺。以英、法的实力,二者联合起来足以摧垮

---

① 参见张桂枢:《克里木战争》,商务印书馆 1986 年版,第 11 页。

② 《马克思恩格斯全集》第 13 卷,人民出版社 1998 年版,第 185 页。

俄国的军队,足以将俄罗斯帝国摧毁。但是,沙皇俄国是欧洲的"宪兵",是反革命力量的堡垒,对于维持欧洲现有秩序有重要的作用。基于此,英、法不希望从实质上削弱俄国的军事力量。为此,在克里木战争前夕,英、法对俄国的军事行动一再妥协,多次向沙皇发出照会,要求和平解决俄土争端,不惜牺牲土耳其人的利益。即便在联军宣布向俄国开战后,英、法军队也是应付式地作战,还剥夺土耳其人对军队的指挥权。对此,1854 年 1 月,恩格斯在《欧洲战争》一文中指出,最高当局无意对俄军进行决定性的打击,而且,一旦爆发全面战争,联军统帅们也将被束缚住手脚,变得无能无力;纵然得到决定性的胜利,联军也会设法把它归于侥幸的成功,而且使它的后果尽可能对俄国无害。由此可见,"维持现状"的原则只不过是列强维护自身利益的手段。

　　然而,土耳其帝国已经是"一匹死马",维持其完整无益于土耳其社会的进步和整个欧洲文明的发展。土耳其帝国是一个封建军事帝国,它的强盛和兴旺建立在不断扩张的基础上,一旦其扩张受阻,必然走向衰落。早在 17 世纪末它就开始走向衰落了,长期在内忧外患中挣扎;到 18 世纪末开始一蹶不振,成为"一匹死马"。而且受土耳其封建专制政府压迫的各族人民也不断地爆发起义,以摆脱土耳其帝国的统治,实现民族独立。在这种情况下,依然要维持其现状,依然将其置于大国的共同支配之下,除了列强的自私自利外,没有任何其他东西。马克思、恩格斯分析指出,维持土耳其现状,只不过是把一匹死马的尸体的腐烂过程维持在一定阶段上,以防止它完全腐烂。因此,维持现状"这种一致同意坚决维持偶然形成的状况的原则,是列强在能力上的赤贫证明书,证明它们完全没有能力为进步或文明做任何事情"①。这是由资产阶级利益的狭隘性决定的。

　　马克思、恩格斯指出,"维持现状"的理论成为推动俄国向君士坦丁堡迅速挺进的强大动力。1814—1815 年的维也纳会议,恢复了欧洲的封建统治秩序,基本上实现了欧洲的势力均衡。然而,一旦列强中的任何两国发生战争,势力均衡的局面就会被打破,欧洲现状就会遭到破坏,与此同时,革命的力量会得到大大发展,进而威胁欧洲封建君主们的统治。因此,马克思分析指出,从1815 年起,欧洲列强最害怕的事情,莫过于现状遭到破坏。这就不难理解为何

---

① 《马克思恩格斯全集》第 12 卷,人民出版社 1998 年版,第 6 页。

以英国为首的西方列强对俄国在东方进行的侵略持容忍甚至纵容的态度。列强们只要求俄国找出某种借口,哪怕是荒谬绝伦的借口,好使他们能够保持中立,不至于非去干预俄国的侵略不可。俄国外交有了西方政治家们的胆怯心理作为依靠,就试图以各种借口进军君士坦丁堡,一步一步地蚕食土耳其。1827 年,俄国曾要求以俄、英、法三强国的名义占领摩尔多瓦和瓦拉几亚。苏丹不但没有答应沙皇的要求,而且基于俄、英、法之间矛盾的加剧,撕毁了俄土两国以前缔结的所有协定。如此,俄土战争爆发。遗憾的是,土耳其根本不是俄国的对手。1829 年 9 月,以土耳其政府签订《阿德里安堡和约》结束战争。根据和约,俄国获得多瑙河口及其附近岛屿和黑海东岸,土耳其承认格鲁吉亚、伊梅列季亚、明格列利亚并入俄国。如今即 1852 年底,俄国又以土耳其政府迫害东正教徒为由向苏丹提出各种苛刻要求。可是,对于 1815 年以来俄国在土耳其的侵略行为,英国和法国基本上视而不见,仅有的一次干涉是英国对匈牙利流亡者的保护。1849 年,俄国和奥地利向土耳其要求引渡 1849 年后逃出匈牙利的革命者,土耳其政府拒绝了这一要求。英、法两国担心俄国在近东和南欧影响的扩大将威胁到自身的利益,所以向达达尼尔海峡派出舰队,决定对俄国进行反击。需要指出的是,在这一行动找不到一丁点儿保护土耳其的主观意愿。针对欧洲列强对俄国侵略土耳其的纵容态度,马克思评论道:"推动俄国向君士坦丁堡迅速挺进的强大动力,正是原来想借以阻止它这样做的那个办法,即空幻的、从来没有实现过的维持现状的理论。"①恩格斯也说:"就是为了维持现状,俄国才挑起了塞尔维亚的起义,使希腊独立,攫取了对摩尔多瓦和瓦拉几亚的保护权并把亚美尼亚的一部分把持在自己手里!"②从上述引文中不难看出,在马克思、恩格斯看来,维持现状的理论推动了俄国向君士坦丁堡的进军。

马克思、恩格斯进一步分析指出,西方列强对俄国的纵容和对土耳其利益的漠视,使得土耳其人"越来越怀疑自己的西方盟友,不相信他们和敌视他们","开始把法国和英国看作是比沙皇本人更危险的敌人"。③ 而且,由于欧洲土耳其十分之九的居民都信仰东正教,加之他们的语言与俄国人语言的存

① 《马克思恩格斯全集》第 12 卷,人民出版社 1998 年版,第 38 页。
② 《马克思恩格斯全集》第 12 卷,人民出版社 1998 年版,第 29 页。
③ 《马克思恩格斯全集》第 13 卷,人民出版社 1998 年版,第 246 页。

有一定的相似性,土耳其人宁愿向俄国求援。所以,"只要西方外交界仍然把不惜任何代价维持现状和维持土耳其目前状态下的独立这一传统当作他们的指导原则,欧洲土耳其十分之九的居民就始终会把俄国看作他们唯一的靠山,他们的解放者,他们的救世主。"①可见,英、法两国在土耳其问题上力图维持现状的做法还促使土耳其人靠拢俄国,从而成为沙皇为"保护"土耳其而进军土耳其的口实。

马克思、恩格斯指出,"维持现状"意味着土耳其政府管辖下的基督教臣民永远受土耳其专制征服的压迫。土耳其帝国是亚洲土耳其族人通过武力征服异族建立起来的,整个欧洲土耳其包括其首都所在地君士坦丁堡都是征服的结果。基于土耳其族人的善战和征服欲,马克思、恩格斯称其为"暴民"、"狂热的穆斯林群体"。他们说:"亚洲土耳其尽管人口稀少,却形成了一个坚不可摧的土耳其族的狂热的穆斯林群体,目前谁也休想去征服它。"②由于这一小撮土耳其人是狂热的穆斯林,伊斯兰教的经典成为帝国的根本法典,穆斯林机构成为帝国政治统治的一个重要组成部分。在帝国内,不论土耳其人的社会地位如何,他们都属于有特权的宗教和民族,只有他们才享有携带武器的权利。相比之下,基督教臣民没有任何特权,他们只不过是臣服于伊斯兰教的莱雅。因此,即使是地位最高的基督徒,在遇见地位最低的穆斯林时也必须让路。而且对于穆斯林来说,尽管他们主要靠给信仰基督教的资本家干活为生,他们仍然拼命维护自己想象中的优越地位,并在实际上享有胡作非为而不受惩罚的权利。这种权利正是伊斯兰教特权赋予他们的,基督徒是不能享有的。非穆斯林即广大的基督徒不仅要承担双重赋税,还要服各种劳役。在帝国走向衰落、国库日趋枯竭之时,政府以各种名目开辟新的税源,并且提高原有的税额。非穆斯林缴纳的人头税由 16 世纪初的 20—25 阿克切,增至 17 世纪初的 140 阿克切,税吏为从中勒索,甚至把税额增加到 400—500 阿克切。③ 此外,帝国对商业的控制也十分严格,其大部分商业和手工业由穆斯林和所谓的顺民经营,一般的基督徒是没有经商权利的。这种物质上的统治与压迫将非穆斯林居民特别是农民推向贫困的境地。如果说,物质上的统治尚可忍受,那

---

① 《马克思恩格斯全集》第 12 卷,人民出版社 1998 年版,第 39 页。
② 《马克思恩格斯全集》第 12 卷,人民出版社 1998 年版,第 7 页。
③ 参见刘明:《奥斯曼帝国》,商务印书馆 1986 年版,第 58 页。

么精神上的统治则是难以承受的煎熬。土耳其政府在宗教和语言上推行强制的同化政策,试图同化帝国境内广大的非穆斯林居民,这引起了非穆斯林的强烈不满。如此,帝国境内各民族争取民族独立的斗争和起义不断,也就成为一种必然。

时至 19 世纪中期,土耳其帝国早已成为西方列强共同宰割的对象。正如马克思在谈圣地问题和保护权问题时所说的:"土耳其政府过去为了金钱而干的事情,现在由于害怕才去干,以便获得偏袒和保护。它向法国的要求和天主教徒的要求让步之后,赶忙又向俄国和正教徒作出同样的让步,企图用这种办法来躲过它无力反抗的风暴。"①让这样的土耳其帝国保持现状,对被征服的民族即广大的基督徒来说是一种灾难,是将他们永远置于穆斯林的统治和压迫之下。

马克思、恩格斯指出,西方列强由于害怕一场大战会引起一次大革命而强迫土耳其苏丹让步。1848 年欧洲革命风暴过后,沙皇伺机进军君士坦丁堡,一方面为实现其既定的扩张计划,一方面利用对外战争胜利的狂热转嫁国内的革命危机。1852 年底,南俄罗斯两个军团进入战斗状态。1853 年初,尼古拉一世建议俄、英缔结协定以共同瓜分土耳其。同年 2 月,俄国驻君士坦丁堡特命全权大使缅施科夫向土耳其政府递交照会,要求苏丹向沙皇出让土耳其境内所有基督教的保护权和任命希腊牧首的权力。如果苏丹答应俄国要求,意味着土耳其有两个君主,一是穆斯林的苏丹,另一是东正教的沙皇。苏丹显然不可能接受这样的照会要求。但以土耳其帝国自身的实力又无法与沙皇俄国相抗衡。因此,苏丹向英、法列强请求保护。加之英、法列强本身也无法容忍沙皇俄国独占土耳其,"东方问题"就再一次提上欧洲的"议事日程"。1853 年7 月 3 日,俄军强渡普鲁特河,占领多瑙河两公国。西方列强由于害怕与俄国的战争会引发欧洲革命,希望通过和平的手段解决争端。7 月下旬,英、法、奥、普四国代表在维也纳开会,最终提出一个《维也纳照会》,分别向沙皇和苏丹发出照会。由于这个照会的内容建立在牺牲土耳其利益基础之上,土耳其政府拒绝维也纳照会,并于 10 月 16 日对俄宣战,克里木战争爆发。战争初期,土耳其军队在 10 月下旬的伊萨克恰炮战和 11 月初的奥尔特尼察会战中都获得

---

① 《马克思恩格斯全集》第 13 卷,人民出版社 1998 年版,第 185 页。

了胜利,俄国连续吃败仗。英国和法国继续推行"维持现状"的原则。英国说服奥地利和普鲁士支持再一次调停交战双方的尝试,四强国签订了议定书。议定书规定四强国无条件地承担"保持现时的欧洲领土划分"和邀请交战强国通过召开会议的办法"友好地解决争端"的义务,并力求使沙皇的"尊严"予以保存。俄国的初战失利,恰恰影响到了沙皇的"尊严",所以俄国不可能接受谈判的建议。为了使俄国接受谈判的建议,西方列强想方设法使"战争的天平垂向俄国"这一边。如此,英国极力劝说土耳其同意停战三个月,实际上是为了让俄国赢得足够的时间重新集结军队,进而取得对土战争的胜利。这种极其荒谬可笑的调停方式,充分暴露西方列强自私自利的嘴脸。

11 月底,俄土在黑海南岸的锡诺普会战。由于土耳其军队的失策,俄军取得了锡诺普会战的胜利,尽管也损失惨重。会战刚刚结束九天,四强国就要求土耳其政府同沙皇进行谈判。谈判的基础是:恢复过去的一切条约;苏丹赐予其基督教臣民以宗教特权的敕令应附有对每一强国的新的保证;土耳其政府委派全权代表签订停战协定;土耳其政府允许俄国在耶路撒冷建立一座教堂和一所医院,并对列强保证改进本国内内部的行政制度。马克思对此评论说:"土耳其政府不仅不能因俄国人的强盗行为造成的重大损失而得到任何赔偿,相反地,俄国强迫土耳其戴了四分之一世纪的锁链将被锻打得更结实,而且对这个囚犯将比过去看管得更严。"①尽管如此,沙皇并不买账,苏丹也不可能接受这种丧权辱国的谈判条件,西方列强的外交手段宣告失败,军事解决土耳其问题提上日程。

1854 年 3 月底,英、法先后对俄宣战,俄土战争发展成为一场欧洲战争。对于交战双方的情况,马克思、恩格斯分析说,就军事力量来说,光一个奥地利就完全可以和俄国较量,而奥地利和普鲁士联合起来,完全能够迫使俄国接受不光彩的条约。"但是这里要解决的不仅是军事问题。这一类战争还必定由政治活动来收尾。"②从政治上来看,西方列强并不想从根本上削弱俄国,不想使这个欧洲"宪兵"一蹶不振,只希望以有限的战争促使其撤出近东,从而恢复到战前状态。所以,恩格斯指出:"无论不列颠政府或者法国政府都从来无意

---

① 《马克思恩格斯全集》第 13 卷,人民出版社 1998 年版,第 11 页。
② 《马克思恩格斯全集》第 13 卷,人民出版社 1998 年版,第 703 页。

使它们的朋友尼古拉遭受重大损失。"①联军的战略和作战方法,引起了土耳其人的强烈不满。

四、土耳其问题要"留待欧洲革命来解决"

"维持现状"的理论显然不能解决土耳其问题,那么土耳其问题怎样才能解决?怎样才能把土耳其各族人民从国内的野蛮统治和国外的肆意侵略下解放出来?恩格斯深刻地指出:"按老办法行事的外交界和各国政府永远也解决不了了这个难题。土耳其问题,和其他重大问题一起,都要留待欧洲革命来解决。"②

恩格斯指出,欧洲革命是具有侵略野心的沙皇俄国的一个充满强大生命力的严峻敌人。沙皇俄国是一个极具侵略野心的封建军事帝国,自彼得大帝时起就树立起建立斯拉夫帝国的梦想。一百多年来,它不停地侵吞周边弱小国家,多次挑起俄土战争,进军君士坦丁堡,试图打通南下扩张的通道。在欧洲革命力量没有成长起来之前,沙皇肆无忌惮地推行侵略扩张政策,向欧洲大陆进军。正当叶卡捷琳娜二世在南北两线同土耳其和瑞典作战之时,1789 年的法国大革命爆发了。它不但摧毁了法国的封建专制制度,将路易十六推上断头台,建立起资产阶级政治统治,而且动摇了整个欧洲大陆的封建专制统治,广泛传播了资产阶级自由、民主、平等的思想。正如列宁在《战争与革命》中所指出的:"革命阶级的这种政治不能不彻底动摇欧洲所有其他专制的、皇帝的、国王的、半封建的国家。"③法国大革命的爆发不但使俄国诱使法国加入俄奥同盟以支持其侵略活动的希望泡汤,而且像晴天霹雳一样震怒了叶卡捷琳娜二世。据说,当这个对革命力量深恶痛绝的女沙皇听到路易十六被送上断头台时,寝食难安,就好像断头台的铡刀落在自己的脖子上。尽管法国大革命的火焰没有蔓延到俄罗斯帝国,但是革命思想和民主理念已经传入到俄国,启发着俄国人的民主革命思想。"从这个时候起,欧洲大陆实际上只存在着两

---

① 《马克思恩格斯全集》第 13 卷,人民出版社 1998 年版,第 295 页。
② 《马克思恩格斯全集》第 12 卷,人民出版社 1998 年版,第 40 页。
③ 《列宁全集》第 30 卷,人民出版社 1986 年版,第 79 页。

种势力：一种是俄国和专制，一种是革命和民主。"①从此开始，以俄国为代表的反革命势力与革命力量之间的斗争就成为了欧洲政治生活的主要内容。

1789年法国大革命开启了欧洲大陆民主革命的时代。1848年，欧洲大陆爆发了一场大规模的革命：意大利的一月革命、法国的二月革命和六月起义、德国的三月革命、东南欧的民族解放运动。虽然革命最终为反革命势力所镇压，"但是它活着，人们还非常怕它，就像过去一直非常怕它一样"②。随着资本主义的发展，无产阶级的力量也日益壮大起来。1831年和1834年的法国里昂工人起义、1836—1848年的英国宪章运动，1844年的德国西里西亚工人起义，标志着无产阶级作为一支独立的政治力量登上历史舞台。革命的力量是无穷的，它具有强大的生命力，哪里有阶级压迫与剥削，哪里就有革命。沙皇政府的对内专制统治和对外侵略扩张，不但引起国内民主革命的力量的反抗而且遭到全欧洲民主革命力量的抵抗。如，1825年12月，一群血气方刚的俄国青年贵族革命家发动了反对农奴制度和专制制度的武装起义；1864年欧洲工人声援波兰反俄起义。因此，恩格斯说："俄国毫无疑问是一个有侵略野心的国家，一百年来就是这样，直到1789年的伟大运动才给它产生了一个充满强大生命力的严峻敌人。"③这个"敌人"就是"欧洲革命"。

马克思、恩格斯指出，欧洲革命将以其永葆青春的活力粉碎欧洲强国及其将军们的一切计划。在土耳其问题上，西方列强一方面各自心怀鬼胎，力求维护和扩大自身在土耳其的利益，另一方面又害怕一场欧洲战争会引发欧洲革命，所以他们既不能容忍俄国占领土耳其，又不敢用建立希腊帝国或建立斯拉夫国家的联邦共和国的办法来重建奥斯曼帝国，而是保持土耳其现状，即保持"使苏丹不能摆脱沙皇、斯拉夫人也不能摆脱苏丹的腐败状态"④。1853年底的锡诺普炮声震动了伦敦和巴黎，英法已经无法容忍俄国在土耳其的得寸进尺行为，一场欧洲战争迫在眉睫。马克思分析指出，不论是列强迫使土耳其人服从俄国，还是列强真的去与俄国作战从而将土耳其置于自己的监护之下，对土耳其人来说都是同一个厄运——古老的土耳其帝国将不复存在。"如果他

---

① 《马克思恩格斯全集》第12卷，人民出版社1998年版，第20页。
② 《马克思恩格斯全集》第12卷，人民出版社1998年版，第20页。
③ 《马克思恩格斯全集》第12卷，人民出版社1998年版，第20页。
④ 《马克思恩格斯全集》第12卷，人民出版社1998年版，第239—240页。

们重新落到俄国手里,即使不是直接落到它手里,而是受它的破坏,那么奥斯曼帝国的权力很快就会像当年没落帝国的权力一样,缩小到只限于首都周围地区。如果土耳其人受法英的绝对监护,那么奥斯曼人在欧洲领地的主权同样就会彻底丧失。"①可见,在欧洲列强及其将军们的计划里,土耳其帝国只不过是他们捞取各自利益的一个工具,至于土耳其人及其统治下的基督教臣民的命运如何,他们是不管的。

恩格斯认为,只有欧洲革命才能粉碎欧洲列强的上述计划。恩格斯把欧洲"革命"比作欧洲"最大的第六强国",并指出,"只要一个信号,这个欧洲最大的第六强国就会披戴灿烂的盔甲、手持宝剑益然走出来,好像密纳发女神从奥林匹斯亚神的头脑中出现一样",那时,"对于列强均势的一切预计都要因新因素的出现而被推翻,这个新的因素将以其永葆青春的活力粉碎旧的欧洲强国及其将军们的一切计划"②。1854 年 10 月,恩格斯在《俄国的军事力量》一文中又指出,欧洲列强之间的战争将成为"其他更激烈的、更有决定意义的战斗的序幕,即欧洲各国人民反对那些目前胜利的和自以为巩固的欧洲专制暴君们的战斗的序幕"③。尽管这场欧洲战争并未能如马克思、恩格斯所预测的引发欧洲革命,但是他们关于土耳其问题只能留待欧洲革命来解决的思想是正确的,因为克里木战争和战后的《巴黎和约》并没有解决东方问题,事后列强继续为争夺奥斯曼帝国的遗产而斗争,以至于巴尔干半岛成为欧洲的火药桶。

恩格斯指出,必须在欧洲穆斯林帝国的废墟上建立一个自由的、独立的基督教国家。欧洲土耳其即巴尔干半岛有 1200 万居民,其中有 700 万人是斯拉夫族人,他们构成了从摩里亚半岛到多瑙河、从黑海到阿尔瑙特山脉这一地带的基督教居民的主体。他们讲同一种语言,这种语言同俄语非常接近。除克罗地亚人和部分达尔马提亚人信奉罗马天主教,其余都信奉希腊正教。这种语言和宗教信仰上的一致性,使得他们与俄罗斯人更亲近,大多数信希腊正教的斯拉夫人甚至不愿在本国印刷他们的圣经、祈祷文和祈祷书,而到莫斯科和圣彼得堡去印刷。俄国利用这种语言和宗教上的优势,以及与东南欧接近的地缘优势,接近和了解欧洲土耳其人,并向信希腊正教的基督徒灌输"正教皇

①　《马克思恩格斯全集》第 13 卷,人民出版社 1998 年版,第 70 页。
②　《马克思恩格斯全集》第 13 卷,人民出版社 1998 年版,第 8 页。
③　《马克思恩格斯全集》第 13 卷,人民出版社 1998 年版,第 655 页。

帝是被压迫的东正教教会的首领、天然的保护人和最终的解放者"。因此，"不论发生什么事，他们总是指望从圣彼得堡来个救世主把他们从所有灾祸中解救出来"①。而对于西欧和美国来讲，在希腊起义以前，土耳其还是一个未被认识的领域。西方使节们对土耳其需求的不了解以及对维持现状这一外交传统的恪守，使得土耳其政府一次又一次失望。因此，就连土耳其政府也不得不一再向俄国乞怜。

然而，土耳其斯拉夫人与俄国之间也是有矛盾的。马克思、恩格斯从两个方面作了分析：一是政治制度上的矛盾，土耳其斯拉夫人追求的是西方资产阶级政治制度，而俄国施行的是封建军事专制制度。1806 年的俄土战争使塞尔维亚人从土耳其的统治下获得独立存在的机会。随后，塞尔维亚人以西欧为借鉴建立自己的政治制度、自己的学校，形成自己的科学、自己的工业。而俄国与土耳其帝国一样推行的是封建军事专制制度。土耳其斯拉夫人深受穆斯林军事占领者阶级的统治之苦，他们痛恨和唾弃这种制度。因此，"在土耳其境内出现的每一个取得完全独立或部分独立的国家，都组成了强大的反俄党派"②。二是贸易上的矛盾，俄国要垄断，南方斯拉夫则要扩张。在中亚，俄国迫切要求排除自己产品以外的任何其他产品，南斯拉沃尼亚则迫切要求把西欧的产品引进东方市场。所以，恩格斯指出："尽管俄国的斯拉夫人和土耳其的斯拉夫人相同的血缘关系和宗教信仰会使他们联结起来，但一旦后者获得解放，他们的利益就将截然对立。"③意思是说，虽然土耳其斯拉夫人为摆脱穆斯林的统治而亲近俄国，但是一旦他们获得解放后，他们的利益就会与俄国对立起来，不可能服从俄国的统治。

基于以上分析，恩格斯指出："历史和当前的事实都指明，必须在欧洲穆斯林帝国的废墟上建立一个自由的、独立的基督教国家。"④只有如此，才能消除民族矛盾和宗教纠纷，消除俄国进军土耳其的借口，使得土耳其斯拉夫人获得自由。恩格斯进一步指出："下一步的革命一定会使这样的事成为不可避免，

---

① 《马克思恩格斯全集》第 12 卷，人民出版社 1998 年版，第 12 页。
② 《马克思恩格斯全集》第 12 卷，人民出版社 1998 年版，第 39—40 页。
③ 《马克思恩格斯全集》第 12 卷，人民出版社 1998 年版，第 41—42 页。
④ 《马克思恩格斯全集》第 12 卷，人民出版社 1998 年版，第 42—43。

因为它一定会引发俄国专制和欧洲民主之间久已成熟的冲突。"①

五、马克思恩格斯理论的当代价值

马克思、恩格斯关于欧洲列强"维持现状"的理论解决不了土耳其问题的思想，对于认识当代资本主义大国对外政策的实质具有深刻的启示意义。正如前文指出，"维持现状"的理论实际上是英国"均势"外交政策的一个组成部分，目的在于维持欧洲大陆势力的均衡，保住英国在欧洲的霸权。对于土耳其这块肥肉，欧洲其他列强也是垂涎欲滴，当然不能容忍沙皇俄国独占土耳其。所以，它们基于各自的利益立场对沙皇俄国在土耳其的侵略行径作了一定程度的干涉。然而，对于土耳其人民来说，欧洲列强和沙皇俄国如一丘之貉，无不冲着自身的利益而来。至于土耳其的社会发展问题和土耳其各族人民的命运问题，从来无人问津。可见，在资本主义大国操控世界格局的时代，弱小的民族、国家和地区，向来只充当大国谋取本国政治、经济、文化利益的牺牲品。这是资本的趋利性和资本主义的扩张性所决定的。所以，马克思主义认为，只有通过社会革命，消灭阶级、消灭剥削、消灭压迫，才能实现人自由而全面的发展。值得庆幸的是，随着世界社会主义力量的崛起，世界格局几经演变，正在向多极化方向发展。当前的过渡形态是"一超多强"的多元化格局，其中的"一超"是美国，"多强"是中国、欧盟、俄罗斯和日本。但是，美国倚仗自身超强的综合国力，依然在世界范围内推行霸权主义，以"人权"为借口，或诉诸武力，或采取经济制裁，不时地打压弱小国家。面对中国特色社会主义的崛起，美国、欧盟、日本和俄罗斯基于资本主义的立场，诚惶诚恐，担心中国有朝一日独领风骚，称霸世界。针对习近平总书记新近提出的"中国梦"这一发展目标，国外媒体称之为"称霸梦"，严重曲解了"中国梦"的科学内涵。众所周知，以和为贵是中华民族优秀的文化传统，历史上的中国虽然曾辉煌盖世，但从未称霸过。在当今的社会主义制度下，中国更不会称霸。中国政府在 2010 年中国的国防白皮书中明确指出，不论现在还是将来，不论发展到什么程度，中国都

---

① 《马克思恩格斯全集》第 12 卷，人民出版社 1998 年版，第 43 页。

永远不称霸,永远不搞军事扩张。因此,社会主义中国的发展与崛起,不仅不会威胁到其他民族和国家的利益,而且必将给人类的和平与发展作出更大的贡献。

第十四章　马克思恩格斯论资本主义列强殖民侵略伊朗——研读《英国—波斯战争》等著作

　　19 世纪 50 年代,马克思、恩格斯关注的东方被压迫民族除中国、印度、土耳其,还有地处亚洲西南部的中东国家——伊朗①。

　　伊朗是著名的文明古国之一,历史上曾被称为"波斯"(1935 年前)。自 18 世纪中叶起,在内部封建派系间的混战、游牧部落的盛行、外国侵略者的破坏等内外因素的共同作用下,曾盛极一时的伊朗封建王朝走向衰落。与此同时,资本主义关系已经在欧洲各国发展起来,资本开始在世界范围内寻找落脚点。伊朗的日渐衰微无疑为英、法、俄等列强的入侵制造了便利条件。18 世纪末 19 世纪初,欧美资本主义列强相继侵入伊朗,并展开了激烈的争夺。

　　1800 年,英国首先强迫伊朗签订了第一个不平等的政治贸易条约。该条约规定,伊朗国王应当阻止阿富汗对印度的进攻,并不准法国势力进入伊朗和波斯湾沿岸。英国人获得在伊朗的商业特权,他们可以自由出入伊朗各港口,可以在伊朗购买土地和在波斯湾建立商馆。1804 年,俄国入侵伊朗,第一次俄伊战争爆发。由于经济和军事上的落后,伊朗军节节败退。法国乘机而入,怂恿伊朗与之订立攻守同盟条约,要求伊朗断绝与英国的政治与贸易关系,向英国宣战并进攻印度。1813 年 10 月,伊朗与俄国签订《古利斯坦和约》,被迫向俄国割让大片领土,并同意俄国独享在里海建设舰队的特权,伊朗放弃在里海拥有海军的权利。在贸易上,俄国商人获得在伊朗自由出入与经商的特权。

----

　　① 伊朗即波斯,波斯是欧洲人对伊朗的旧称,实际上早在撒珊王朝时期波斯人就称呼自己的国家为"伊朗"。文中除引用列宁的原文用"波斯"外,阐述中均用"伊朗"。

《古利斯坦和约》的签订，大大加强了俄国在伊朗的势力，对英国的扩张政策造成了障碍。因此，为使伊朗成为英国殖民政策的工具以确保前往印度的通道，英国竭力挑起伊朗对俄国的战争。1826 年 7 月，伊朗发布对俄圣战的教令，第二次俄伊战争爆发。战争又以伊朗的失败和签订新的和约而结束。1828 年 2 月，伊朗与俄国签订《土库曼恰伊和约》，伊朗放弃在南高加索的一切权利，对俄国军事赔偿两千万卢布，同意俄国在波斯有领事裁判权和种种政治经济特权，并给予俄国商人以波斯本国商人所没有的便利条件。为抵制俄国的影响，巩固自己在伊朗的势力，英国又于 1841 年强迫伊朗签订了奴役性条约。此后，法、美、奥等资本主义列强纷至沓来，强迫伊朗签订不平等条约，攫取在伊朗的各种政治经济特权。19 世纪中叶，伊朗沦为半殖民地。

　　由于在伊朗的图谋一直未能得逞，英国终于 1856 年以伊朗进军赫拉特为借口发动对伊战争。位于阿富汗境内的赫拉特公国有着十分重要的经济和政治地位，是当时通商的枢纽和重要的战略据点。赫拉特本是伊朗的领地，但是长期以来其地方当局并不服从伊朗国王的统治，仅仅在名义上承认伊朗国王是自己的最高统治者。所以，第二次俄伊战争后，伊朗国王决定征服赫拉特。然而，这触犯了英国的利益。1837 年 11 月，伊朗军队包围赫拉特。1838 年春，英国先是劝解后是威胁，并派军舰占领哈腊克岛，最终迫使伊朗撤军并借机攫取在伊朗的种种特权。1856 年，英国故伎重演，又以保护赫拉特为由，发动了对伊战争。

　　英伊战争引起了马克思、恩格斯的关注，先后写作《英国—波斯战争》、《对波斯的战争》、《英国—波斯战争的前景》、《波斯和中国》、《与波斯签订的条约》等文章。马克思、恩格斯在分析战争爆发的原因及进展状况的过程中，揭露和批判了英、俄等资本主义列强在伊朗推行的殖民侵略政策，表达了对伊朗的同情。恩格斯还从军事上分析了伊朗在战争中溃败的表现，认为欧洲式军事制度在伊朗行不通的根本原因在于伊朗社会的封建落后。

一、关于英国以"莫须有"的罪名对伊朗宣战

　　资本的扩张性驱使资产阶级在世界范围内猎取可以利用的目标。马克

思、恩格斯在《共产党宣言》中就指出,不断扩大产品销路的需求,驱使资产阶
级奔走于全球各地,到处落户,到处开发,到处建立市场。18 世纪末 19 世纪
初,地理位置优越、政治经济力量却日渐衰微的伊朗,必然成为英、法、俄等列
强觊觎的猎物之一。基于 1856 年英国发动的对伊战争,马克思、恩格斯揭露
了英国以"莫须有"的罪名发动对伊战争的丑恶本质,批判了英、法、俄等资本
主义列强的殖民侵略政策。

　　马克思指出,英国以"莫须有"的罪名对伊朗宣战。早在 19 世纪初,英国
就渴望在波斯湾有一个立脚点,尤其想占领波斯湾北部的属于伊朗管辖的哈
腊克岛。哈腊克岛毗邻伊朗的布什尔和格林巴贝利亚、土耳其的巴士拉以及
阿拉伯国,也就是说,它是对土耳其、阿拉伯和伊朗通商的枢纽。而且,该岛的
气候良好,适合生活和贸易。如果英国能够占领哈腊克岛,便可以使之成为英
国在亚洲最繁荣的领地之一。所以,英国一直寻求机会占领哈腊克岛。1837
年 11 月,伊朗国王派兵包围赫拉特,欲征服之。英国人硬说伊朗进军赫拉特
威胁到印度国境的安全,要求伊朗撤军。在劝解和威胁无效后,英国舰队即开
进波斯湾,占领其垂涎已久的哈腊克岛。即如马克思在分析 1856 年的英伊战
争时所指出的:"1837—1838 年波斯人第一次围攻赫拉特期间,英国利用同现
在一样站不住脚的借口,即以保护它一向视若死敌的阿富汗人为名,夺取了哈
腊克岛。"①此外,由于伊朗对于英国遏制俄国势力和加强英国在亚洲的势力
有着极为重要的战略作用,英国一直想把伊朗变成其在亚洲推行殖民政策的
工具。然而,不得不令英国人恼火的是,伊朗国王始终对英国政府保持着距
离。即马克思所分析指出的,半个世纪以来英国一直力图建立它对伊朗政府
的压倒优势,但是伊朗躲开了假惺惺的怀抱,因为伊朗人除了看见英国人在印
度的所作所为(即残酷的殖民统治)外,他们还记得这样一条谏言:不要相信贪
得无厌的商人国家(即英国)的话,这个国家在印度是用人民和王冠来做生意
的。如此,当 1856 年伊朗国王利用克里米亚战争之机再征赫拉特时,又给了
英国一个用来谴责伊朗国王对它背信弃义并对伊朗采取军事行动的口实。
1856 年 10 月底,英国东印度公司对伊朗宣战。对此,马克思评论说:"英国,或
者说得确切些,东印度公司对波斯的宣战,是英国借以在亚洲大陆上扩张自己

---

　　① 《马克思恩格斯全集》第 12 卷,人民出版社 1962 年版,第 78 页。

领地而重复使用的狡猾而冒险的外交伎俩之一。只要东印度公司垂涎于任何一个独立君主的领地、任何一个在政治上和商业上具有重要意义或者盛产黄金宝石的地域,被猎取的对象就会被指控破坏了某某臆想的或既有的条约、违背了想象中的诺言或约束、犯下了莫须有的罪行,接着便宣布开战,于是又一件证实邪恶永存、证实狼和小羊这个寓言的永恒寓意的血腥事件被载入了英国的史册。"①意思是说,英国为了在亚洲推行其殖民扩张政策,往往以"莫须有的"即捏造的罪名发动战争,以攫取在他国的经济和政治利益,此次英伊战争就是这一伎俩的运用。

马克思对英、法、俄对伊朗的侵略及相互间利益争夺的分析,体现其对列强殖民侵略伊朗的批判和对伊朗的同情。俄国早在彼得大帝时代就开始入侵伊朗,但是当时并没有获取多少实际利益。亚历山大一世统治时期,俄国发动对伊朗的战争,迫使伊朗签订《古利斯坦和约》,夺去伊朗的 12 个省,这些省份大部分在高加索山脉以南地区。尼古拉统治时期,1826—1827 年的第二次俄伊战争以签订《土库曼恰伊条约》而告终,俄国又从伊朗夺去了若干地区,而且禁止伊朗船只在里海岸边伊朗的领水内航行。俄国要求的巨额赔款更是加重了伊朗人民本就沉重的负担。如此,伊朗人民对沙皇俄国充满了仇恨。马克思写道:"过去领土被占所留下的记忆、现在波斯所忍受的压迫以及对将来可能再遭受侵略的忧惧,都同样地促使波斯产生对俄国势不两立的仇恨。"②这里指出了俄国的殖民侵略政策给伊朗社会和人民的三大灾难:大片割地造成的国土严重流失、巨额赔款造成的严重经济负担和侵略威胁造成的心里忧惧。

除俄国外,伊朗还遭受英国和法国的侵略。1856 年英伊战争爆发后,英国重新占领哈腊克岛,并表达了与法国瓜分世界的意愿。实际上,法国不可能同意英国占领哈腊克岛,早在第一次俄伊战争时,拿破仑就乘机而入,以签订法伊攻守同盟条约诱使伊朗断绝与英国的政治与贸易关系。所以,当英国人重新占领哈腊克岛时,法国人则翻出一些早已被人遗忘的羊皮纸文件,即伊朗曾两次将哈腊克岛割让给法国的文件,第一次是路易十四统治时期,第二次是1808 年,尽管两次割让都附有条件。所以,马克思指出:"当不久前英国和波

---

① 《马克思恩格斯全集》第 12 卷,人民出版社 1962 年版,第 77 页。
② 《马克思恩格斯全集》第 12 卷,人民出版社 1962 年版,第 128 页。

斯发生纠葛的时候,法国在德黑兰的外交没有对英国表示热心的支持;而法国报刊翻出老账,重新提起高卢人对哈腊克岛的要求,这件事大概预示着英国不能那么轻而易举地进攻和瓜分波斯。"①英国人还在《泰晤士报》上表示,他们愿意把欧洲事务的领导权让给法国,英国人独占亚洲和美洲事务的管理权,任何其他的欧洲列强都不得干预。马克思则分析说:"然而,路易·波拿巴是否同意这样瓜分世界,还值得怀疑。"②上述两段引文都是关于英、法两国间对外扩张的利益之争,揭露出英、法两国在伊朗的利益冲突。列强们在伊朗相互排斥,相互争夺,全然不顾伊朗人的意愿,以期将伊朗置于自己的控制之下。

　　恩格斯对英、俄争执的主要目标的分析,体现其对列强殖民侵略伊朗的批判和对伊朗的同情。位于阿富汗公国境内的原属伊朗公国的赫拉特省,是波斯湾、里海和亚克萨尔特河同印度河之间整个地区的战略中心,即如恩格斯所分析指出的:"谁占有赫拉特,谁就充分握有中央阵地的全部优势,因为以这一阵地为中心向任何方向进攻,比从伊朗或者土尔克斯坦的其他任何城市进攻,都更加容易,更有把握获得胜利。"③这种战略上的地位,对于企图攫取亚洲霸权的英、俄两国来说是必争之地。不仅如此,赫拉特还有着重要的经济地位。伊朗的内陆是四面环山的高原,水流不能外溢,且不足以形成一个或几个中央湖泊。这个高原中央还有两个巨大的沙漠盆地,即卡维尔盐漠和卢特荒漠,从而成为伊朗西部和东北部之间的一道难以逾越的屏障。而赫拉特周围却是相当广阔且特别肥沃的土地,能够提供丰富的生存资料。赫拉特还是连接里海和英属印度之间三个文化比较发达的不同地区的纽带,所有从里海到印度河以及从波斯湾到奥克苏斯河的道路,都在这个城市汇合。而赫拉特之于伊朗更多的是政治上的意义:其一赫拉特在18世纪中期以前都在伊朗版图之内,所以有必要将其征服,从而彰显伊朗国王的权威;其二,赫拉特执政者支持和鼓动与之临界的伊朗境内的呼罗珊诸汗搞分裂主义运动,所以征服赫拉特有利于伊朗边境的政治稳定;其三,阿富汗人以赫拉特为据点觊觎伊朗东南部的赛义斯坦,所以征服赫拉特在一定程度上可以防范阿富汗人的入侵。然而,由于赫拉特上述的战略地位和经济地位,英国不会眼睁睁地看着赫拉特被伊朗

　　① 《马克思恩格斯全集》第12卷,人民出版社1962年版,第79页。
　　② 《马克思恩格斯全集》第12卷,人民出版社1962年版,第79页。
　　③ 《马克思恩格斯全集》第12卷,人民出版社1962年版,第134页。

占领,俄国也不会坐视不管。1856 年英伊战争爆发后,恩格斯就分析指出,俄国准备在事态更加复杂时用来向赫拉特进攻的主力,现正向阿斯特拉巴德集中。也就是说,俄国也准备插手赫拉特事件。这就表明,英、俄为了争夺在亚洲的霸权,争相干涉伊朗的政治生活,以使形势对自身有利。

二、关于英国在伊朗"拙劣"的殖民侵略政策

与在印度的顺利进军相比,英国在伊朗的侵略政策就显得颇有些"拙劣"。马克思、恩格斯分析了英国在伊朗的侵略政策及其取得的成果,体现其对英国殖民侵略者的讥讽与批判。

马克思分析了英、俄两国分别与伊朗、阿富汗的关系,指出英国没有成功利用它在伊朗和阿富汗的优越地位。俄国自彼得大帝时代起就开始入侵伊朗,不断蚕食伊朗领土,第二次俄伊战争更是将伊朗变成其附属国。所以,伊朗下从平民百姓上至最高封建统治者对沙皇俄国都有着很深的仇恨。阿富汗人虽然没有同俄国发生过真正的冲突,但是由于宗教信仰上的差异,阿富汗人向来把俄国看作他们宗教的夙敌。两国间的宗教矛盾在俄国推行的亚洲殖民政策下进一步深化。也就是说,伊朗人和阿富汗人都把俄国当作天然的敌人,从而把英国看作天然的同盟者。可是,伊朗和阿富汗之间也是一对夙敌。它们因长期以来的种族矛盾、边界纠纷和宗教对立等因素,不断发生冲突和战争。在这种形势下,英国只需要把 自己装扮成伊朗和阿富汗之间利益的调停者,并坚持反对俄国入侵这个地区,它就可以保持自己在这个地区的统治势力。马克思认为,英国并没有很好地利用上述形势和条件。1834 年,伊朗原封建君主的孙子穆罕默德·密尔扎即位,但王子们都不服气,蓄意夺取王位。英国不但给予穆罕默德王财政上的支持而且派英国军官援助其镇压其他王位竞争者的篡权活动,希望通过这种手段将穆罕默德王乃至整个伊朗置于英国的控制之下。然而,英国人的这一阴谋失败了。穆罕默德王不但没有答应与之缔结伊朗和俄国之间缔结的那种通商条约,而且拒绝将军队控制权交给英国军官,更为甚的是于 1837 年远征赫拉特。而在是否应该反对和制止伊朗对阿富汗战争的问题上,被派到伊朗的英国使臣往往接到国内政府发来的一些相

互矛盾的指令,结果无所适从和无所作为。在伊朗进攻赫拉特将近 9 个月时,英国政府才向伊朗发出一个威胁性的照会,对其进攻赫拉特表示抗议,并谴责伊朗和俄国之间的关系(俄国支持伊朗进攻赫拉特)。在英国的干涉下,伊朗被迫解去赫拉特之围,并把军队撤出阿富汗。马克思说:"英国人的活动本来可以就此结束,但是事情的演变却奇怪之至。英国人不满足于制止了波斯想侵占一部分阿富汗领土的企图,——他们认为这一企图是在俄国的示意下和为了俄国的利益而产生的,——决定把整个阿富汗据为己有。"①结果爆发了著名的阿富汗战争,最后以英国人的惨败而结束。上述事实说明,伊朗虽然封建落后,虽然无力与资本主义列强抗争到底,但它也不愿意听任其摆布。这也正是英国未能成功利用其在伊朗和阿富汗地区优势的主要原因之一。

恩格斯分析了英、俄双方进军赫拉特的路线,指出英国在这次对伊朗的战争中不会取得很多直接的战果。1857 年初,恩格斯通过分析英、俄双方在行军路线、交通状况、军队力量等方面的情况,对英国—波斯战争的前景做了预测。他分析指出,英军在喀布尔河和印度河汇合处附近的作战基地距离赫拉特只有 600 英里,而俄国在阿斯拉特罕的作战基地距离赫拉特则为 1250 英里,而且英军所经过的地区的道路比俄军途经地区的道路要好走得多。但由于无法预见正在来临的重要事变一旦到来时所要发生的全部情况,譬如双方具体会派出多少军队,在行军中又会遇到哪些突发事件等等,无法肯定最后谁胜谁负。但恩格斯认为,赫拉特周围各国宫廷的外交活动将在很大程度上决定这次斗争的结局。而"在这些活动方面,俄国人几乎一定会占上风。他们的外交办得较好,而且带有更多的东方特色:他们知道如何在必要时不吝惜金钱,而最主要的是他们的敌人内部有自己的朋友"②。也就是说,虽然英国人在进军路线上比俄国人占有优势,但是在外交活动上却比不上俄国人,因为俄国人不但懂得东方国家封建宫廷的外交特色,而且买通了敌人内部的部分人为他们服务,而这种外交活动对斗争的结局又有着几乎决定性的影响。所以,恩格斯说:"英国向波斯的远征,只不过是一种声东击西的行动。这一行动虽能吸引住很大一部分波斯军队,但不能取得很多的直接战果。"③"如果能让波斯政府

---

① 《马克思恩格斯全集》第 12 卷,人民出版社 1962 年版,第 132 页。
② 《马克思恩格斯全集》第 12 卷,人民出版社 1962 年版,第 138 页。
③ 《马克思恩格斯全集》第 12 卷,人民出版社 1962 年版,第 138—139 页。

看到,这个国家可能受到来自海上的攻击,那么它的目的也就达到了。如果对英军的这次远征抱有更大的期望,那是荒谬的。"①意思是说,英国在此次的战争中不可能取得很多的直接战果,如果对其抱有很大期望,则是一种脱离实际的幻想。最终的战争结局,也恰恰证实了恩格斯的分析和预测,英国虽然获胜,但是并没有取得实际性的成果。

马克思分析了英国与伊朗在巴黎签订的条约,认为英国在损害伊朗利益的同时自身却也未从中获利。英国对伊朗宣战后不久,英属印度就爆发了反对英国殖民统治者的民族大起义。为应付印度发生的事变,东印度公司不得不尽快结束同伊朗的战争。1857 年 3 月 4 日,英国与伊朗在巴黎签署和约。该和约第五条规定,自和约批准后 3 个月内,伊朗军队必须撤离赫拉特和阿富汗其他地区。第十四条规定,英国政府答应,一旦上述条款得以履行,立即将英国军队撤离隶属于波斯的一切港口、地区和岛屿。马克思指出,早在伊朗的布尔什被英军占领以前,伊朗外交官就已主动提出将伊朗军队撤离赫拉特。因此,从这个条款中"英国所能得到唯一新利益,只不过是有特权在一年中最有碍健康的季节把自己的军队困在波斯帝国最容易感染疾病的地方"②。言外之意,英国不但没有从这个条款中获利,而且使自己的军队遭受健康的威胁。和约第六条载明,伊朗放弃对赫拉特公国领土和主权的要求以及放弃对阿富汗个地区领土和主权的一切要求,对阿富汗的内政不予以任何干涉,承认赫拉特和整个阿富汗的独立。英国政府则答应随时影响阿富汗各邦,杜绝从它们方面产生的一切重大祸根,竭力用公正的和无损波斯尊严的方法调节争端。马克思指出,按照这一条,英国政府被规定为伊朗和阿富汗之间矛盾的调停人,可是从 19 世纪开始英国一直在扮演这一角色,至于它能否继续扮演这一角色,不是权限问题或者条约有没有规定的问题,而是实力的问题,即它能否保持住自身在这一地区的影响力。由此可见,这一条款对英国政府而言毫无实质性意义。和约第九条规定,伊朗同意英国在伊朗设立领事馆并派驻领事人员,且这些人在伊朗享有最优惠国人员的特权。但是第十二条规定,英国政府放弃对于不为英国领馆及英国外交人员做事的任何伊朗臣民的保护权。

---

① 《马克思恩格斯全集》第 12 卷,人民出版社 1962 年版,第 139 页。
② 《马克思恩格斯全集》第 12 卷,人民出版社 1962 年版,第 246 页。

对此,马克思指出,第九条的内容早在战争开始以前伊朗就已经同意了,条约增加的内容只是英国政府放弃对伊朗臣民的保护权,这个保护权问题正是此次战争爆发的原因之一。因此,在这个问题上英国也没有占到便宜。

基于上述分析,马克思认为,对于伊朗而言,"除了费鲁赫汗在战争开始前所提出的建议以外,整个条约没有包含任何一项值得为它浪费纸张,尤其是为它消耗金钱和抛洒热血的条款。"①相反,英国此次远征则产生了三个对自身不利的后果:一是它激起了整个中亚细亚对英国人的仇恨,二是印度的不满情绪也由于印度军队的调走和印度国库负担的加重而加剧,三是它承认了波拿巴在英国和亚洲各国之间起正式的调节作用。马克思的分析表明,英国此次发动的对伊战争"损人不利己",它既损害了伊朗的利益又没有使自己受益,而且加剧了被压迫民族对英国的仇恨。

三、关于伊朗的失败及其在军事上的落后

伊朗在与英、俄等欧洲列强的交战中屡战屡败,如果说实力悬殊是直接原因的话,那么伊朗的封建落后则是根本原因。恩格斯在《波斯和中国》中分析了伊朗军队在战争中溃败的表现,认为欧洲式军事制度在伊朗行不通的根本原因在于伊朗社会的封建落后。

恩格斯指出,欧洲式的军事制度被移植到伊朗的亚洲式的野蛮制度上,但欧洲式的教练规则本身不能产生欧洲式的战术和战略。1804年第一次俄伊战争爆发后,伊朗王朝的军队屡战屡败,充分暴露出伊朗军事的落后性。基于此,伊朗国王决定编练正规军。1807年5月与法国签订攻守同盟条约后,法国派军事代表团到伊朗帮助其编练正规军。但之后不久,国际形势就发生了变化,即法国于7月份同俄国签订了和约,于是,法国方面召回了派到伊朗军队中的军事教官。时隔两年即1809年3月,伊朗和英国在德黑兰签订条约,英国答应派遣军事教官协助伊朗编练新军。1810—1811年间,英国先后两次给伊朗国王军队赠送大炮和其他军需品,并派遣英国军事教官。然而,编练新军

---

① 《马克思恩格斯全集》第12卷,人民出版社1962年版,第249页。

的工作并没有取得预期效果,一方面进展十分缓慢,另一方面在与俄国的战争中依然节节败退。特别是1856年在与英国的战争中,伊朗军队的溃败充分表明其军事上的严重落后性。恩格斯指出,伊朗人虽然很熟练地运用了自己的炮兵,并按照一切欧洲式的规定列成了方队,但是仅仅一个印度骑兵团的一次攻击,就把整个伊朗军队完全扫出了战场。而且,英国派来的这支印度正规骑兵在他们自己的军队中是最差的一支,英国军官一致认为这支印度骑兵团无用至极。然而,就是这样一支被认为最差的且仅有600人的骑兵团把上万名的伊朗军队打跑了。此外,当英军派300名步兵和50名非正规骑兵在穆罕默腊登陆以进行侦查时,伊朗全军竟立即退却,把武器和粮食都丢给了英国侵略者。上述事实表明,欧洲式的军事制度在封建落后的伊朗并没有起到作用。相反,这个时期的中国人用自己的方法与欧洲列强进行的斗争却取得了成效。基于此,恩格斯指出:"在波斯,欧洲式的军事制度被移植到亚洲式的野蛮制度上;在中国,这个世界上最古老国家的腐朽的半文明制度,正用自己的方法与欧洲人进行斗争。波斯被打得一塌糊涂,而被弄到绝望地步、陷于半瓦解状态的中国,却找到了一种抵抗办法,这种办法如果能彻底实行,就能使第一次英中战争时英军节节胜利的情形不再发生。"①

恩格斯认为,只有封建落后的伊朗人摆脱旧的民族偏见和习惯才能培养出欧洲式的军官和士兵。不论是英国的军官、法国的军官还是俄国的军官都曾试图帮助伊朗建立起一支欧洲式的正规的军队,他们轮流采用了各种方法,但最终都未能成功。对此,恩格斯分析说:"各种办法相继采用,但是由于那些本来应该在这些办法的实施下成为欧洲军官和士兵的东方人所具有的嫉妒、阴险、愚昧、贪婪和腐败,每一种办法都行不通。"②意思是说,伊朗人落后的封建习性使得欧洲式的军事制度难以在伊朗奏效。此外,在伊朗和土耳其等东方封建落后国家,只要士兵在接受检阅时步伐整齐,会操纵各种转法,能够在展开和排成总队时不至于乱成一团,国王们就会简单地认为自己的军队已经能应付一切事变。实际上,这仅仅是模仿了欧洲式的军队操典而已。恩格斯认为,仅仅采用欧洲式的操典是不够的,因为欧洲式的操典不能保证培养出欧

---

① 《马克思恩格斯全集》第12卷,人民出版社1962年版,第228页。
② 《马克思恩格斯全集》第12卷,人民出版社1962年版,第228页。

洲式的纪律,一旦他们上战场就会乱成一团。他进一步指出,把伊朗新的军队按照欧洲方式加以划分、装备和教练,这只是工作的第一步,远不能算是完成了把欧洲的军事制度引用与落后民族的工作。所以,"主要的问题,同时也是主要的困难就在于:需要造就一大批按照欧洲的现代方式培养出来的、在军事上完全摆脱了旧的民族偏见和习惯的、并能使新部队振作精神的军官和士官。这一切需要很长的时间,而且一定还会遇到东方人的愚昧、急躁、偏见以及东方宫廷所固有的宠幸无常习气等方面最顽强的抵抗"①。

四、对马克思恩格斯思想的评论

马克思、恩格斯对东方被压迫民族的反抗斗争的关注充分展现了马克思主义人道主义观。不同于资产阶级的人道主义,马克思主义的人道主义是唯物史观之上的人道主义,它不以抽象的人为出发点,而是以从事实际活动的人为出发点。它对被压迫的民族和广大劳动群众充满了同情,对资产阶级犯下的罪恶作了充分地揭露并付诸以道德上的批判。如,在评论中国人民的反侵略斗争时,针对英美报刊从道德方面指责中国人的可怕暴行,恩格斯提出,不要像道貌岸然的英国报刊那样指责中国人,最好承认这是一场维护中华民族生存的人民战争。在评论英—伊战争时,马克思、恩格斯揭露英国以"莫须有"的罪名发动对伊战争的丑恶本质,批判资本主义列强的殖民侵略政策。虽然基于历史的观点,殖民主义的"双重使命"在客观上能够促进封建落后国家的现代化进程,但是这并不能掩盖资本主义的丑恶本质。在马克思、恩格斯看来,被压迫民族只有通过社会革命掌握生产力,才能使殖民主义者在客观上造成的有利于社会进步的因素造福于广大人民群众。面对进步与落后、文明与野蛮之间的矛盾,对于被压迫的东方落后民族,马克思、恩格斯也只能"哀其不幸,怒其不争"。

实际上,对于马克思主义与人道主义的关系问题,学界一直存在分歧。有人认为,马克思主义与人道主义是对立的,有由此产生"两个马克思"的观点,

---

① 《马克思恩格斯全集》第12卷,人民出版社1962年版,第230页。

即青年时期的马克思是人道主义者,成熟时期的马克思是非人道主义者。不可否认,人道主义起源于欧洲文艺复兴时期,最初作为资产阶级的思想体系,被用来反对封建主义。但是,作为一种道德规范,无产阶级必然有自己的人道主义观。马克思在扬弃资产阶级人道主义的基础上,创立了无产阶级的人道主义,即马克思主义人道主义。如果说在《共产党宣言》中,我们尚且看不出历史唯物主义下有人道主义,那么在19世纪50年代马克思、恩格斯评论殖民主义及各被压迫民族的反抗斗争中,我们看到的是充满着人文关怀的马克思主义人道主义。

　　恩格斯关于欧洲式军事制度在伊朗行不通的根本原因在于伊朗社会封建落后的思想,对于促进现实社会主义国家的现代化建设具有重要的启示意义。落后就要挨打。在殖民主义时代,封建落后的民族、国家、地区无不受资本—帝国主义的奴役。因此,要摆脱外来势力的侵扰,首先要使国家富强起来。近代中国为了使国家富强起来,封建士大夫阶层首先提出了"师夷长技以制夷"的思想,即向西方学习器物层面的东西,开展了轰轰烈烈的洋务运动。无独有偶,同一历史时期的伊朗王朝也意识到向西方学习的重要性,只是它学习的层面更为狭窄,仅仅是局限于军事制度,即试图用欧洲式的军事制度编练正规军。实践证明,将先进的"器物"嫁接在落后的"制度"上的做法是行不通的,不论是中国的洋务运动还是伊朗的军事改革最终都归于失败。这表明,要摆脱贫困落后,是国家富强起来,首先要有一个适应生产力发展要求的先进的社会制度。现实中的社会主义国家,虽由于历史的原因,社会生产力尚不发达,但是它们拥有一个先进的社会制度,能够促进生产力更好更快地发展。邓小平曾指出,落后不是社会主义,社会主义的优越性不仅体现在社会制度上,还要体现在生产力的发展上。中国特色社会主义现代化建设事业所取得的巨大成就,充分展现了社会主义在发展生产力上的优越性。在看到成就的同时,我们也要看到不足,要看到发展过程中产生的诸多社会问题,要看到与发达资本主义国家的差距,从而在兼顾统筹中推进社会主义现代化建设事业,争取在中华人民共和国成立一百周年时实现国家富强、民族振兴、人民幸福。

第十五章　列宁驳"中国人仇视欧洲文明"论
——研读《对华战争》

发生于 19 世纪和 20 世纪之交的中国义和团运动,虽然是一场群众性的反帝爱国运动,但自其发生以来就受到国内外褒贬不一的评论。当时,以沙皇俄国为首的帝国主义列强全然不顾侵略中国的事实,发出"中国人仇视欧洲的文化和文明"的谬论,并悍然发动八国联军侵华战争,美其名曰"开导"中国人,实则进一步瓜分大清王朝统治下的中国。针对此,俄国无产阶级革命导师列宁愤然写下《对华战争》一文,这也是列宁关于中国问题的第一篇文章。列宁在揭露和批判沙皇俄国伙同欧美列强殖民侵略并瓜分中国的丑恶行径的过程中,阐明了中国义和团运动爆发的真实原因,有力驳斥了所谓的"中国人仇视欧洲文明"论。列宁对资本主义列强的批判,不仅有助于世界人民了解中国义和团运动的反帝爱国性质,而且有助于我们深化认识帝国主义列强的侵略本性。

一、驳"中国人仇视欧洲的文化和文明",
阐明中国人憎恶欧洲人是由列强的殖民政策引起的

1900 年 6 月,八国联军侵华战争爆发。关于八国联军侵华战争爆发的原因,帝国主义列强宣称是由"中国人仇视欧洲的文化和文明"引起的,从而掩盖其对华战争的殖民侵略实质。列宁站在无产阶级国际主义的立场上,阐明了中国人憎恶欧洲人的原因,指出战争是由列强的殖民政策引起的。

19 世纪末,中国北方民众掀起了声势浩大的矛头直指帝国主义的义和团运动。1895 年甲午战争后,清王朝统治下的中国陷入被帝国主义列强瓜分的境地,中华民族与帝国主义之间的矛盾成为中国社会最主要的矛盾,中国各族人民反对帝国主义、挽救民族危亡的呼声愈益强烈。其中,直接刺激义和团运动开展的则是中国北方发生的教案事件。鸦片战争以来,部分外国传教士倚仗本国在华势力的支持,在中国横行霸道,肆意霸占中国民众的财产,充当帝国主义侵略中国的先行军,并试图用资本主义文化奴役中国人的思想。而在处理教案的过程中,地方官员慑于帝国主义的淫威,往往不论是非曲直地袒护教会和教民。德国更是以山东发生的"曹州教案"为借口出兵占据胶州湾和青岛地区。1897 年春,义和团(义和拳)首先在山东冠县一带展开焚毁教堂和驱逐教民的斗争。1898 年底,义和团竖起"助清灭洋"的旗帜。随后,义和团的队伍迅速发展壮大起来,遍布山东、河北各地。由于义和团运动的矛头直指帝国主义,帝国主义先是胁迫清政府予以镇压。在起义早期,袁世凯等人不遗余力地"围剿"义和团,致使义和团打出"反清灭洋"的旗号。以慈禧太后为首的清廷看到局势难以控制,便接受一些官员提出的"抚而用之"的建议。看到清廷转变对义和团的态度,帝国主义各国公使策划联合出兵镇压中国军民的反帝爱国运动。1900 年 5 月底 6 月初,俄、英、美、日、德、法、意、奥等八国联合出兵进犯北京。针对中国义和团运动的仇外行为和八国联军的侵华行为,列宁提问道:"试问,中国人对欧洲人的袭击,这次遭到英国人、法国人、德国人、俄国人和日本人等等疯狂镇压的暴动,究竟是由什么引起的呢?"①

帝国主义列强宣称战争是由"中国人仇视欧洲的文化和文明"②引起的。从表面上看,义和团运动的确有排外和仇视欧洲文明的因素。如,他们将在华的外国人称为"大毛子",遇见一个杀一个;将信奉天主教、基督教等外国教会的教民列为"二毛子",将懂洋语、通洋学、用洋货的人列为"三毛子",等等,直至划分出"十毛子",并根据这十类人"涉洋"的程度采取相应程度的处置。那么,团民为何如此痛恨欧美帝国主义及与之有关的人和物呢? 难道真的是落后的中国人民仇视欧洲先进的文化和文明吗? 义和团运动兴起后,欧美列强

① 《列宁选集》第 1 卷,人民出版社 1995 年版,第 278—279 页。
② 《列宁选集》第 1 卷,人民出版社 1995 年版,第 279 页。

在国内广泛散播"黄种人敌视白种人"、"中国人仇视欧洲的文化和文明"等谬论,以此煽动本国民众的仇华情绪,从而为发动侵华战争制造舆论。就俄国的情况,列宁揭露沙皇政府及其御用报刊拼命在人民中间煽风点火,挑起对中国的仇恨。如,沙皇俄国政府派报刊和资产阶级报刊上大肆攻击中国人,叫嚣黄种人野蛮,仇视文明,并宣称俄国负有开导的使命。

列宁首先指出,中国人的确憎恶欧洲人,但不是憎恶所有的欧洲人。他说:"中国人憎恶的不是欧洲人民,因为他们之间并无冲突,他们憎恶的是欧洲资本家和唯资本家之命是从的欧洲各国政府。那些到中国来只是为了大发横财的人,那些利用自己吹捧的文明来进行欺骗、掠夺和镇压的人,那些为了取得贩卖毒害人民的鸦片的权利而同中国作战(1856年英法对华的战争)的人,那些利用传教伪善地掩盖掠夺政策的人,中国人难道能不痛恨他们吗?"①意思是说,中国人憎恶和痛恨欧洲人是由他们侵略中国和蹂躏中国人民的暴行引起的,这种憎恶和痛恨是应然的。以到中国来的外国传教士为例,他们中的大多数不是单纯地为信仰而来,而是有着特定的政治目的。他们依靠不平等条约和大炮的保护,在中国建立教堂,网罗教徒,收集情报,干涉词讼,挑拨民族关系,进行文化侵略,并为本国政府侵略中国出谋划策。② 因此,这些传教士与中国当地居民间的矛盾与冲突即所谓的"教案"时有发生。由于传教士们享有治外法权,教案中受害的中国居民无处伸冤,所以他们通常自发地与教堂作斗争,诸如焚毁教堂,打死打伤传教士,驱逐教民,等等。1870年,针对天津法国教堂迷拐幼童的罪行,当地数千居民前往教堂抗议,法国领事却开枪杀人。盛怒之下,群众打死法国领事及二十余位传教士,并放火烧毁教堂。1890年,法国传教士在四川龙水镇破坏当地的迎神赛会,清政府却派军队保护该教堂,当地群众愤而起义。针对部分欧洲人在中国的横行霸道,列宁总结指出:"欧洲各国资产阶级政府早就对中国实行这种掠夺政策了,现在俄国专制政府也参加了进去。这种掠夺政策通常叫作殖民政策。凡是资本主义工业发展很快的国家,都要急于找寻殖民地,也就是找寻一些工业不发达、还多少保留着宗法式生活特点的国家,它们可以向那里销售工业品,牟取重利。"③

---

① 《列宁选集》第1卷,人民出版社1995年版,第279页。
② 参见李侃等:《中国近代史》(第四版),中华书局2012年版,第262页。
③ 《列宁选集》第1卷,人民出版社1995年版,第279页。

　　显然,在列宁思想上,中国义和团运动是由欧洲列强殖民侵略中国引起的。因此,所谓的"中国人仇视欧洲文明"论只不过是帝国主义列强发动侵华战争的托词而已,它们试图以此蒙蔽国内人民。针对沙皇政府在国内制造的谬论,列宁揭露说:"我国政府首先想使人相信,它并不是在同中国打仗,它只是在平定暴乱,制服叛乱者,帮助合法的中国政府恢复正常的秩序。"①由此可见,沙皇政府的言论简直是无稽之谈。首先,义和团运动打着"扶清灭洋"的旗号,是一场群众性的反帝爱国运动,尽管在起义过程中由于团民的愚昧而误杀部分国人;其次,大清政府并没有向俄、英、法、美、日、意、德、奥等国求援以助其镇压义和团运动,相反,在义和团运动兴起之初,帝国主义列强就敦促清政府镇压义和团。

二、驳"野蛮的中国人触犯文明的欧洲人", 揭露文明的欧洲人野蛮侵略和瓜分中国的事实

　　在近代,西方列强将中国人称作"野蛮人",并以"开导"之美名行侵略和瓜分中国之事实。它们的侵略活动在遭到中国人反抗时,却叫嚣"野蛮的中国人""胆敢触犯文明的欧洲人"②。列宁剥开资本主义"文明"的面纱,揭露其侵略和瓜分中国的丑恶行径,从而有力驳斥了西方列强的谬论。

　　列宁指出,欧洲各国政府已经开始瓜分中国了。从 1840 年的第一次鸦片战争开始到 1900 年的八国联军侵华战争,西方列强发动了数十次正式的或非正式的侵华战争,清王朝统治下的中国逐渐沦为半殖民地半封建国家。1840 年的鸦片战争由英国发动,战后签订了近代中国历史上的第一个不平等条约《南京条约》。之后,美国和法国效仿英国,在不费一兵一卒的情况下迫使中国签订中美《望厦条约》和中法《黄埔条约》。瑞典、比利时、挪威、葡萄牙等国也接踵而至,在中国攫取不同程度的特权。1856 年,英、法在俄、美的支持下联合发动新的对华战争即第二次鸦片战争。期间,英、法联军抢掠和火烧圆明园,

---

① 《列宁选集》第 1 卷,人民出版社 1995 年版,第 278 页。
② 《列宁选集》第 1 卷,人民出版社 1995 年版,第 280 页。

致使中国损失了难以估算的物质财富和艺术财富。最后,清政府被迫签订《天津条约》和《北京条约》。沙俄趁机侵占中国北方的大片领土,迫使清政府签订中俄《北京条约》和《瑷珲条约》。第二次鸦片战争后的中国不仅丧失了更多的主权而且丧失了大片的国土,中国人民的生活进一步恶化。1882年开始的中法战争,中国人民虽然取得了反对侵略战争的胜利,却由于清政府的妥协投降,最终使得中国不败而败,法国不胜而胜。法国通过《中法新约》攫取了在中国西南地区的一些特权。1895年中日甲午战争后,清政府同日本签订了继中英《南京条约》以后最丧权辱国的《马关条约》。日本通过该条约不仅获得了巨额战争赔款,还割占了台湾和澎湖列岛。更为严重的是,甲午战争后,以俄、德、法的"三国干涉还辽"事件为契机,列强掀起了瓜分中国的狂潮。19世纪末,帝国主义以"租借"为由争相在中国划分势力范围:德国租借胶州湾,俄国强租旅顺口、大连,法国租借广州湾,英国租借香港、威海卫,日本租借福建,等等。这种形势即列宁在《对华战争》中所指出的:"欧洲资本家贪婪的魔掌现在伸向中国了……欧洲各国政府一个接一个拼命掠夺(所谓'租借')中国领土,无怪乎出现了瓜分中国的议论。如果按照真实情况,就应当说:欧洲各国政府(最先恐怕是俄国政府)已经开始瓜分中国了。"①

既然西方列强对中国的入侵和瓜分在先,那何以说"野蛮的中国人触犯文明的欧洲人"? 列宁对此进行了揭露和讥讽。在近代中国沦为西方列强半殖民地的过程中,与清王朝统治者的昏聩无能形成鲜明对比的是,中国广大平民百姓始终以自己的方式保家卫国,积极抗击入侵者。如,第一次鸦片战争时期,与大清政府向英国求和的行径相反,广州地区的人民群众奋起抗敌,上演了著名的"三元里抗英斗争"。中日甲午战争后,当《马关条约》割台的消息传到台湾,台湾人民极度愤怒,强烈抗议清政府的卖国行径。1895年5月25日,台湾绅民组织抗议政府,定名为"台湾民主国",领导群众浴血抗击日军。八国联军侵华初期,英国海军中将西摩尔率领的联军在由天津进犯北京的途中遭到义和团和清军的拦截,死伤多人。对于中国人民英勇的反侵略斗争,西方列强全然不顾自身侵略中国的丑恶行径,颠倒黑白,叫嚣"野蛮的"中国人"触犯""文明的"欧洲人。而且,在每一次侵略行动遭遇中国人的奋力抵抗时,来

---

① 《列宁选集》第1卷,人民出版社1995年版,第279页。

自所谓的文明国度的侵略军们必然进行血腥的报复,他们烧、杀、抢、掠中国平民百姓。八国联军侵华期间,俄国沙皇政府在 1900 年 8 月 12 日致各国的照会中宣称:俄国军队占领牛庄并且开入满洲境内,是临时性措施;采取这些措施,"完全是由于必须击退中国叛民的侵略行动";"绝对不能说明帝国政府有任何背离自己政策的自私计划"。① 针对沙皇俄国等西方列强的无耻谰言,列宁揭露说:"它们盗窃中国,就像盗窃死人的财物一样,一旦这个假死人试图反抗,它们就像野兽一样猛扑到他身上。它们把一座座村庄烧光,把老百姓赶进黑龙江中活活淹死,枪杀和刺死手无寸铁的居民和他们的妻子儿女。这些基督教徒建立功勋的时候,却大叫大嚷反对野蛮的中国人,说他们竟胆敢触犯文明的欧洲人。"② 众所周知,基督教的"十条诫命"中包括不可杀生,不可奸淫,不可作假见证陷害人,不可贪恋别人一切等内容。可是来自西方的这些基督教徒在中国又做了些什么呢?

三、驳"欧洲的文化击败了中国的野蛮", 痛斥沙皇俄国在中国滥杀无辜的罪恶行径

由于西方列强将中国人看作"野蛮人",所以在绞杀和镇压了中国义和团运动后,沙皇政府宣称"欧洲的文化击败了中国的野蛮"③。针对此,列宁揭露和批判了沙皇政府借镇压义和团之机扩大对中国的侵略及在中国滥杀无辜的罪恶行径,从而用事实驳斥了沙皇政府的谎言,并表达出他对中国人民的同情。

列宁痛陈沙皇俄国在对华战中犯下的罪行,讥讽所谓的"欧洲的文化击败了中国的野蛮"。1900 年 7 月,俄国以保护中东铁路为名,兵分七路入侵中国东北。在侵犯东北的过程中,俄国烧杀抢夺,制造了血洗海兰泡、强占江东六十四屯、火烧瑷珲等惨案。在海兰泡的黑龙江边,俄国疯狂屠杀手无寸铁的中国居民,夺取 5000 余人的生命。在江东六十四屯,俄国将 2000 多中国居民赶

---

① 《列宁选集》第 1 卷,人民出版社 1995 年版,第 280 页。
② 《列宁选集》第 1 卷,人民出版社 1995 年版,第 279—280 页。
③ 《列宁选集》第 1 卷,人民出版社 1995 年版,第 278 页。

进黑龙江,使其活活被淹死,或被刺刀刺死。在瑷珲,俄国纵火焚城,使得数千中国居民被活活烧死。① 10 月底,俄国占据中国东北主要城市和交通线。随后,尼古拉二世授意炮制《俄国政府监理满洲之原则》,试图将中国东北完全变成其殖民地。针对俄国野蛮侵略中国的罪恶行径,列宁不无讽刺地指出:"俄国正在结束对华战争。动员了许多军区,耗费了亿万卢布,派遣了数以万计的士兵到中国去,打了许多仗,取得了一连串的胜利,——不过,这些胜利与其说是战胜了敌人的正规军,不如说是战胜了中国的起义者,更不如说是战胜了手无寸铁的中国人。水淹和枪杀他们,不惜残杀妇孺,更不用说抢劫皇宫、住宅和商店了。而俄国政府以及奉承它的报纸,却庆祝胜利,欢呼英勇的军队的新战功,欢呼欧洲的文化击败了中国的野蛮,欢呼俄罗斯'文明使者'在远东的新成就。"②列宁在"文明使者"上加引号,既是对俄军罪恶行径的严厉痛斥,又是对俄军胜利的极大讥讽。

　　列宁还揭露俄国侵占中国东北领土和强迫中国人修建中东铁路的侵略行径。中日甲午战争后,沙皇尼古拉二世试图独占中国东北三省,将中国东北变为"黄色俄罗斯"。1896 年 6 月,借清政府派官员参加尼古拉二世加冕典礼之机,俄方诱使中方与之签订《中俄密约》。该条约名义上是"共同防御"日本的"军事同盟",实质上是要在中国修建中东铁路,从而将俄国的势力伸入中国东北。1897 年 12 月,借德国占领中国胶州湾之机,俄国强占旅顺口和大连湾。义和团运动爆发后,俄国更是借镇压义和团之机,试图占领中国东北全境,将其变成俄罗斯人的地盘。然而,1900 年 8 月 12 日,沙皇政府在致各国的照会中却宣称,俄国军队占领牛庄并且开入满洲境内完全是由于必须击退中国叛民的侵略行动,这是临时性措施,绝对不能说明俄国政府有任何背离自己政策的自私计划。针对此,列宁讽刺道:"帝国政府多么可怜啊! 它简直像基督教徒那样毫无私心,人们竟冤枉了它,简直太不公平了! 几年以前,它毫无私心地侵占了旅顺口,现在又毫无私心地侵占满洲,毫无私心地把大批承包人、工程师和军官派到与俄国接壤的中国地区,这些人的所作所为引起了以温顺出名的中国人的愤怒。修筑中东铁路,每天只付给中国工人 10 戈比的生活费,

---

① 参见李侃等:《中国近代史》(第四版),中华书局 2012 年版,第 286 页。
② 《列宁选集》第 1 卷,人民出版社 1995 年版,第 278 页。

难道这就是俄国毫无私心的表现吗？"①可见,沙皇政府不仅侵占中国的领土,还强行在中国修筑铁路;不仅在与中国接壤的地区欺压中国人民,还以极低的工资迫使中国人修筑铁路。

列宁认为,侵略中国还成为了沙皇政府转移国内人民不满情绪的手段。早在18世纪末,俄国贵族知识分子拉吉舍夫就开了反对俄国农奴制和专制制度的先河。1861年农奴制改革后的俄国走上了资本主义发展道路,但是国家政权长期掌握在以沙皇为首的农奴主—地主阶级手中,在政治上依然是个封建农奴制国家。随着俄国资本主义的进一步发展,不论是旧式的农民阶级,还是新生的资产阶级和无产阶级,与沙皇专制制度之间的矛盾都日趋尖锐。沙皇专制统治的经济基础和阶级基础日趋崩溃。另外,在经历了19世纪90年代的十年工业高涨期后,俄国于1900年爆发了工业经济危机,并引发了20世纪的第一场世界性经济危机。这对原本就混乱不堪的俄国来说,无疑是雪上加霜。在这样的国内形势下,沙皇政府煽动国内人民仇恨他国人民,不仅能够转移人民的不满情绪,而且能够实现既定的侵略计划。对此,列宁也分析指出:"凡是只靠刺刀才能维持的政府,凡是不得不经常压制或遏止人民愤怒的政府,都早就懂得一个真理:人民的不满是无法消除的,必须设法把这种对政府的不满转移到别人身上去。"②中国义和团运动的爆发,正好给了沙皇政府煽动俄国人民仇视中国,进而发动侵华战争的借口。中国人民真的如沙皇政府在人民中煽风点火的那样值得仇恨吗？列宁澄清了事实,他说:"中国人民从来也没有压迫过俄国人民,因为中国人民也同样遭到俄国人民所遭到的苦难,他们遭受到向饥饿农民横征暴敛和用武力压制一切自由愿望的亚洲式政府的压迫,遭受到侵入中华帝国的资本的压迫。"③也就是说,同俄国人民一样遭受专制政府和资本压迫的中国人民,不会也从来没有压迫俄国人民,关于中国人民的罪行只不过是沙皇政府故意捏造的。

---

① 《列宁选集》第1卷,人民出版社1995年版,第280页。
② 《列宁选集》第1卷,人民出版社1995年版,第281页。
③ 《列宁选集》第1卷,人民出版社1995年版,第282页。

四、当代价值

列宁对"中国人仇视欧洲文明"论的驳斥,不仅有重要的历史意义,而且有重要的现实价值。

从历史意义来看,有助于世界人民了解中国义和团运动的反帝爱国性质,从而澄清中国人民在世界人民心目中的形象。在义和团运动时期,资本主义独霸世界,封建主义作为一种腐朽的社会形态正趋于瓦解,先进的社会主义作为一种社会制度尚未诞生。因此,在国际关系中,没有一个先进的民族或国家能够充当正义的法官来判明是非曲折,国际话语权完全掌握在资本主义列强手中。资本主义国家中的普通民众只能通过本国的新闻媒体来了解外部世界,而这些新闻媒体基本上都是资产阶级的喉舌,在报道国际政治事件时往往采取"一边倒"的手段,即完全倒向本国政府利益一边,而不管事件本来的面目。所以,对于那些只通过资产阶级刊物了解外部世界的资本主义国家的民众而言,中国义和团运动完全成为了"中国人仇视欧洲文明"的佐证,他们不由地站到本国政府一边,支持资产阶级政府发动对华战争。1900 年,正当沙皇政府在庆祝他们的胜利时,列宁在《火星报》创刊号上发表《对华战争》一文,还原八国联军侵华的真相,痛批沙皇政府在中国的罪恶行径,对于俄国人民了解中国义和团运动的反帝爱国性质,从而改变对中国人民的看法,具有重要的意义。虽然受落后的经济文化水平的制约,中国人民在反侵略斗争的手段上显得有些野蛮,但其正义性毋庸置疑。正是以义和团运动为代表的反帝爱国运动,沉重打击了帝国主义列强的侵略气焰,粉碎了列强瓜分中国的图谋,从而为中华民族的解放和崛起奠定了坚实的基础。从鸦片战争开始,欧美列强不断制造各种借口,挑起战争,以实现其既定的侵华目标。所谓的"中国人仇视欧洲文明"论,正是列强为八国联军侵华而制造的借口。列宁站在无产阶级国际主义立场上,对中国人民的反侵略斗争给予高度的同情,并号召国内工农群众推翻沙皇政府的专制统治,从而使俄国人民和中国人民从沙皇政府的战争枷锁下解放出来。

从现实价值来看,有助于增强中国人民的爱国主义精神,从而凝聚力量共筑"中国梦"。若没有义和团运动等爱国主义行动对抗外来侵略,近代中国就不是一个半殖民地国家,而是一个完全的殖民地国家。正是在爱国主义精神的支撑下,中国人民才能在苦难中抗争,才能在跌倒中爬起,直至求得中华民族的独立。与资本主义国家将本国利益凌驾于他国利益之上的狭隘的爱国主义不同,中华民族的爱国主义旨在凝聚全国各族人民的力量抵抗外来侵略、捍卫国家主权、振兴中华、谋求人民幸福。因此,面对外国对中国的任何挑衅,我们都有权利也有义务为捍卫本国的利益而行动起来。但是,在一个文明社会,爱国需要理性。在和平与发展已经成为时代潮流的今天,我们的爱国主义情怀不仅要体现在捍卫中华民族的利益上,还要体现在建设中国特色社会主义的实践中。爱国不是一句口号,需要付诸行动。我们必须秉承爱国主义精神,在中国共产党的领导下,坚持走中国特色社会主义发展道路,为建设富强、民主、文明的社会主义现代化国家而努力奋斗。需要警惕的是,西方资本主义国家面对社会主义中国的崛起,打着各种"文明"的旗号,通过经济操纵和文化渗透等手段向中国输入资本主义价值观,试图在社会主义国家再次上演"和平演变"。因此,随着改革开放的愈益深入,我们在融入全球经济文化生活圈的同时,必须坚守中国特色社会主义阵地,凝聚力量共筑"中国梦"。

第十六章 列宁对辛亥革命时期中国各阶级的分析——研读《中国各党派的斗争》等著作

19 世纪末 20 世纪初,中国清王朝的腐朽统治在内忧外患中走向崩溃的边缘。19 世纪 90 年代中期即甲午战争后,在外来资本的刺激下,中国民族资本主义工业迈开艰难的发展步伐,一度出现兴办高潮。据资料显示,1901 年至 1911 年间,新设厂矿 386 家,资本额 8.8348 亿元,十年间超过此前三十年设立的厂矿、资本额总数 2 倍以上。① 随着中国民族资本主义的发展,资产阶级登上历史舞台,积极寻求救国救民之路。继 19 世纪末资产阶级改良派的维新运动失败后,中国民主主义革命先驱孙中山开始倡导资产阶级民主革命运动。1911 年 10 月 10 日,资产阶级革命党人在武昌发动起义,打响辛亥革命的第一枪。随后,各地革命党人纷纷响应,汇合成为一股巨大的革命洪流,大清王朝土崩瓦解,统治中国两千多年的封建帝制就此结束。然而,中国资产阶级天生的软弱和妥协,以及革命党人脱离工农群众的革命路线,致使辛亥革命的成果最终被北洋军阀的头目袁世凯窃取。袁世凯夺得临时大总统后,立即抛弃"民主共和",发动反革命内战,血腥镇压革命党人。

基于上述历史背景,1912 年 7 月至 1913 年 4 月,列宁先后写作《中国的民主主义和民粹主义》、《新生的中国》、《中国各党派的斗争》等文,在评价中国资产阶级民主革命的同时,科学地分析了这一时期的中国各阶级的性质及其在革命中的作用。列宁认为,作为资产阶级民主派主要社会支柱的农民没有被广泛地吸引到革命中是"孙中山的党"的弱点,也是共和国难以巩固的原因

---

① 参见李侃等:《中国近代史(1840—1919)》,中华书局 2012 年版,第 309 页。

之一。因此,他在充分肯定"孙中山的党"的进步性及其历史贡献的同时,对中国无产阶级的成长充满着期待。他深信未来的中国无产阶级政党能够克服"孙中山的党"的弱点,能够批判吸收孙中山纲领的革命民主主义内核。近代以来,中国百余年的社会发展实践充分验证了列宁的前瞻性分析:中国共产党领导工农群众完成了新民主主义革命、社会主义革命,走上社会主义发展道路,开创社会主义建设新局面,逐步迈向中华民族的伟大复兴。

一、"孙中山的党"是中国先进的资产阶级民主派政党

"孙中山的党"是中国资产阶级政党中的革命派,主张以暴力革命的方式推翻清王朝的统治。列宁从历史的观点出发,高度赞扬"孙中山的党"的先进性,称其是"还能从事历史上进步事业的亚洲资产阶级",并充分肯定该党在唤醒人民、争取自由和建立彻底的民主制度方面所作出的历史贡献。

列宁明确指出,"孙中山的党"是先进的民主派政党。与先进的西方不同,直至19世纪末20世纪初,落后的东方各国尚处于封建半封建状态,国家政权依然掌握在封建地主阶级手中,并不同程度地(除俄国)遭受西方的奴役。所以,当西方资产阶级已经从当初脱胎于封建社会的先进代表走向腐朽的时候,东方资产阶级作为一种新事物才刚兴起,它代表着东方社会中的进步力量。基于此,列宁在评论中国以孙中山为首的资产阶级政党时说:"西方资产阶级已经腐朽了,在它面前已经站着它的掘墓人——无产阶级。在亚洲却还有能够代表真诚的、战斗的、彻底的民主派的资产阶级,他们不愧为法国18世纪末叶的伟大宣传家和伟大活动家的同志。"[1]

孙中山出生于贫苦农民家庭,早在学生时代就产生了反对清朝政府的思想。1894年,他在美国檀香山联合当地的20余位华侨成立兴中会,次年在香港成立兴中会总部,并将"驱除鞑虏,恢复中华,创立合众政府"作为革命纲领,决心以暴力革命的方式推翻清王朝的统治。1903年8月,孙中山、黄兴、宋教仁等在日本东京成立中国同盟会,将原有的兴中会、华兴会、光复会等地方性

---

[1]　《列宁选集》第2卷,人民出版社1995年版,第292页。

的革命团体联合起来,形成为一个全国性的资产阶级革命组织,以便领导全国革命运动。同盟会成立后,一方面创办《民报》等革命性报刊,大造革命舆论和批判改良主义思想;一方面发展革命组织,不断发动武装起义。1907—1908年,广西、广东和云南举行了6次反对清朝统治的起义,1910年初和1911年初又在广州发动了两次武装起义。遗憾的是,由于各种原因,上述起义均以失败告终。1911年10月,经过比较周密的准备和部署,湖北革命党人在武昌发动起义,并取得了胜利。武昌起义的胜利振奋了其他各地的革命党人,在短短的一个月的时间里,全国有十几个省份宣布起义并获得胜利。清王朝的统治在革命洪流中土崩瓦解,中华民国应运而生。列宁称"伟大的中华民国"是"亚洲人民群众中先进的民主派不惜重大牺牲建立起来的"。所谓"先进的民主派"即指以孙中山为首的中国资产阶级革命派。针对"孙中山的党"的性质,列宁说,"要是拿与俄国情况相当的用词来说明这个党的实质,应该把它叫作激进民粹主义共和党,也就是民主派政党"①。

　　为什么说"孙中山的党"是先进的民主派政党呢?列宁分析指出:"这个阶级不惧怕未来,而是相信未来,奋不顾身地为未来而斗争;这个阶级憎恨过去,善于抛弃过去时代的麻木不仁的和窒息一切生活的腐朽东西,决不为了维护自己的特权而硬要保存和恢复过去的时代。"②

　　列宁指出,孙中山的纲领充满战斗的、真诚的民主主义。民主是相对于专制而言的,指人民享有参与国家政治和社会管理的权利,而非某一人或一团体独裁。在封建主义社会,不论是西方还是东方,都实行专制统治,即最高领导人独揽大权,一切都由君主一个人说了算,如土耳其的苏丹,俄国的沙皇,中国的皇帝,等等。在这样的社会中,民众没有政治权利和自由,甚至被剥夺了人身自由。在辛亥革命前,中国的封建君主专制统治已有两千多年,人民群众长期深受无权之苦,且饱受改朝换代的战争之灾。满族人建立起的清王朝,在对汉人的专制统治中还带有严重的民族歧视和压迫。自1840年鸦片战争以来,清朝政府的腐败无能在历次抵抗外来侵略的斗争中暴露无遗,并逐渐沦为帝国主义列强的在华代理人。清王朝统治下的中国陷入深重的民族灾难之中。

---

①　《列宁全集》第23卷,人民出版社1990年版,第128页。

②　《列宁选集》第2卷,人民出版社1995年版,第292页。

面对外国人在中国的横行霸道,中国民众自发地抗击外国人,清政府却慑于列强的淫威,无耻镇压国内人民的反帝爱国运动。如,面对中国北方民众发起的规模宏大的义和团运动,清朝政府当权派不是积极引导和支持,而是先利用后镇压。1901 年 9 月 7 日,在 11 个帝国主义国家的胁迫下,清朝政府签订了丧权辱国的《辛丑条约》。条约的主要内容包括:赔款白银 45000 万两,并以关税、盐税和常关税作为担保;在北京设立不准中国人居住的"使馆区";惩办在义和团运动中和帝国主义作对的官吏;禁止中国人成立或加入反帝性质的组织;改总理衙门为外务部以办理与帝国主义的交涉事宜。至此,清朝政府不仅将国家的经济命脉置于帝国主义列强的操纵之下,而且将自己的政治统治也置于列强的控制之下。中国人民通过义和团运动彻底认清了清朝政府的卖国行径,决心推翻清朝政府的反动统治。

1905 年底,孙中山在《民报发刊词》中将同盟会的十六字纲领归结为"民族、民权、民生"三大主义。民族主义的内容是"驱除鞑虏,恢复中华",指推翻清王朝统治,实现中国的自由和独立。孙中山等资产阶级革命知识分子认识到,反动腐朽的清政府已经成为帝国主义统治中国的工具,要变半殖民地半封建的中国为独立的中国必须首先推翻清王朝的统治。民权主义的纲领在于号召推翻封建专制统治,建立资产阶级民主共和国。民生主义实际上是土地纲领,其内容是"平均地权"。孙中山认为,西方资本主义国家出现的贫富分化现象的主要原因是没有解决好土地问题,因此,中国革命胜利后的首要任务是解决好土地问题。尽管"三民主义"没有明确提出反帝的号召,而且"平均地权"的思想有些理想化,但是它仍然充满着民主革命的思想。列宁评论说:"孙中山的纲领的字里行间都充满了战斗的、真诚的民主主义。它充分认识到'种族'革命的不足,丝毫没有忽视政治问题,或者说,丝毫没有轻视政治自由或容许中国专制制度与中国'社会改革'、中国立宪改革等等并存的思想。这是带有建立共和制度要求的完整的民主主义。它直接提出群众生活状况及群众斗争问题,热烈地同情被剥削劳动者,相信他们是正义的和有力量的。"①

列宁高度评价"孙中山的党"在唤醒人民、争取自由和建立彻底的民主制度方面的历史贡献。在以孙中山为首的中国资产阶级革命派的努力下,民主

---

① 《列宁选集》第 2 卷,人民出版社 1995 年版,第 291 页。

革命思想得以广泛传播,推翻清朝统治的呼声日益高涨,反帝爱国运动蓬勃发展。1903 年前后,在中国资产阶级知识分子中间兴起一股创办刊物以翻译介绍西方民主政治学说和各国民主革命历史的热潮,革命刊物如雨后春笋般涌现,诸如章炳麟的《驳康有为论革命书》、陈天华的《警世钟》、邹容的《革命军》等。1903 年至 1911 年,在资产阶级及其知识分子的领导下,人民群众积极参与拒俄运动、抵制外货运动、收回利权运动,直至辛亥革命的爆发。辛亥革命结束了中国两千多年的封建君主专制制度,建立起民主共和制度,尽管后来革命的果实为袁世凯为首的反动派所窃取,但是民主共和的理念已经深入人心,任何复辟帝制的图谋必将为人民所唾弃。这表明,备受奴役的中国四万万民众已经觉醒,开始为争取自由和走向新生活而斗争。即列宁所说的:"4 亿落后的亚洲人争得了自由,开始积极参加政治生活了。地球上四分之一的人口可以说已经从沉睡中醒来,走向光明,投身运动,奋起斗争了。"①

中华民国成立初期,帝国主义列强拒不承认。英、法、俄、德、日、美六强国成立银行团,一致停止向中国提供贷款。1913 年初,面对清帝退位已不可逆转的局面,美国总统首先宣称不再支持这个银行团,要正式承认中华民国,并将给予中国十分必要的财政援助,为美国资本开辟中国的市场。在美国的影响下,日本也改变了对中国的政策。列宁分析指出:"日本资产阶级象美国资产阶级一样,懂得了实行对中国的和平政策比实行掠夺和瓜分中华民国的政策对自己更有利。"②基于此,列宁评论说:"这个赢得全世界劳动群众同情的年轻共和国所取得的一个巨大胜利,就是这个黑帮银行团的瓦解。"③

此外,作为亚洲最大的落后国家,中国人民的革命斗争必然具有世界意义。当看到中国的就是造反转变为自觉的民主运动时,特别是当辛亥革命爆发和中华民国诞生的消息传到列宁那里,他极为兴奋地指出,中国不是早就被公认为是长期完全停滞的国家的典型吗? 但是现在中国的政治生活沸腾起来了,社会运动感和民主主义高潮正在汹涌澎湃地发展。毋庸置疑的是,中国人民革命斗争的兴起和高涨,完全得益于以孙中山为首的中国资产阶级民主派,所以列宁说,尽管孙中山的党存在很大弱点,"中国革命民主派在唤醒人民、争

①　《列宁全集》第 22 卷,人民出版社 1990 年版,第 208 页。
②　《列宁全集》第 23 卷,人民出版社 1990 年版,第 29 页。
③　《列宁全集》第 23 卷,人民出版社 1990 年版,第 29 页。

取自由和建立彻底的民主制度方面还是作出了许多贡献"①。

二、"袁世凯的党"是中国保守的资产阶级自由派政党

辛亥革命时期,中国资产阶级中的一些温和派和保守派政党聚拢在反动头目袁世凯的周围,形成"袁世凯的党"。列宁认为,代表大地主和大资产阶级的"袁世凯的党"是资产阶级自由派,他们最善于变节,摇摆于君主制与共和制之间。列宁还揭露袁世凯之流与帝国主义相勾结出卖中国国家利益的反动行径。

列宁指出,"袁世凯的党"是保守的反动派的政党。辛亥革命爆发后,清政府起用曾被罢黜的袁世凯统帅北洋军队南下镇压革命。在帝国主义列强的撺掇下,南方革命派决定和袁世凯方面停战议和。由于帝国主义的干涉和压迫、混入革命派内部的立宪派对袁世凯寄予的幻想以及革命派内部的妥协等,共和国的政权落入打着赞成"共和"旗帜暗中却策划专制独裁的袁世凯之手。为保障南京临时政府颁布的《中华民国临时约法》的贯彻执行,防止袁世凯专政独裁,宋教仁于 1912 年 8 月以同盟会为基础,组建国民党,推孙中山为理事长。在宋教仁的努力下,国民党成为中华民国临时参议院中的第一大党,并在第一届国会选举中在两院中获得压倒多数的席位。国民党以外的其他党派则向袁世凯靠拢,以达到分享政权的目的。为对抗国民党,袁世凯指使民主党、共和党和统一党合并,组成以改良派人物梁启超为实际主持人的进步党。对此,列宁分析指出,和拥护孙中山的国民党对立的是一些较小的温和派或保守派政党,它们的名称很多,如"进步党","事实上,所有这些政党都是反动派的政党,即官僚、地主和反动资产阶级的政党。它们都倾向于愈来愈摆出一副独裁者架势的中国立宪民主党人——共和国临时大总统袁世凯"②。

那么,这些温和派和保守派政党缘何倾向于袁世凯?其一,袁世凯曾是清末宪政的倡导者之一,虽然身为封建官僚,但有君主立宪的倾向。其二,以梁

---

① 《列宁全集》第 23 卷,人民出版社 1990 年版,第 129 页。
② 《列宁全集》第 23 卷,人民出版社 1990 年版,第 128 页。

启超为首的中国资产阶级立宪派，主张通过改良的手段实行君主立宪。如梁启超指出，只有有自治能力的国民才能享受民主共和，而国民的自治能力又须经过长期的培养，像中国这样"数百年卵翼于专制政体之人民"，"既缺乏自治之习惯"，"又不识团体之公益"，如骤以民主共和，必然险象环生，"民无宁岁"，而最后仍归于专制。① 其三，中国民族资产阶级特别是其中的上层与帝国主义和封建主义有种种联系，他们害怕暴力革命会使自己的既得利益遭受损失，只希望通过温和的改良来改变他们政治上无权的地位。所以，辛亥革命爆发后，慑于国内革命形势的发展，资产阶级改良派向袁世凯聚拢。

列宁斥责"袁世凯的党"是一个在政治上招摇撞骗的典型。1912 年初，袁世凯口头赞成"共和"从革命党人手中窃取政权，骗取孙中山临时大总统的位置。1913 年中，袁世凯策划和发动反革命内战，打垮南方各省的国民党军队，孙中山等革命派主要领导人被迫逃亡海外。在打败革命党后，袁世凯便以软硬兼施的方式逼迫国会选举其为正式大总统。第一次世界大战爆发后，欧洲资本主义国家无暇东顾，袁世凯趁机大搞复辟帝制活动。1915 年 12 月 13 日，袁世凯接受百官朝贺，下令禁止反对帝制的活动，并准备于 1916 年元旦正式登基。针对袁世凯在政治上的投机倒把行径，列宁早在 1912 年 7 月的有关文章中就指出："农民旁边还有一个自由派资产阶级，它的活动家如袁世凯之流最善于变节：他们昨天害怕皇帝，匍匐在他面前；后来看到了革命民主派的力量，感觉到革命民主派就要取得胜利时，就背叛了皇帝；明天则可能为了同某个老的或新的'立宪'皇帝勾结而出卖民主派。"1913 年 4 月，列宁又在文中指出："袁世凯的行径和立宪民主党人一模一样，昨天他是一个保皇派，今天革命民主派胜利了，他成了一个共和派，明天他又打算当复辟后的君主制国家的首脑，也就是打算出卖共和制。"②事实上，袁世凯是个地道的保皇党，他既不赞成民主共和也不赞成君主立宪，一心搞个人独裁专制。他在自由主义君主派和自由主义共和派之间的"随风倒"，仅仅是在搞政治投机活动，以便在适当时机实现他的皇帝梦。然而，中国资产阶级中的很多人，从革命派的孙中山到立宪派的梁启超都曾被袁世凯的投机行为所蒙骗。所以，列宁在评论中国各党

---

① 参见李侃等：《中国近代史（1840—1919）》，中华书局 2012 年版，第 338 页。
② 《列宁全集》第 23 卷，人民出版社 1990 年版，第 128 页。

派时,就共和派联盟即"袁世凯的党"的特性,说:"这是一个在政治上招摇撞骗的典型!"①

　　列宁揭露和批判袁世凯不顾苛刻的借款条件将中国置于欧洲资产阶级的奴役之下。袁世凯被清政府罢黜后之所以能东山再起并最终窃取共和国的政权,很大程度上得益于帝国主义的支持。欧美列强在清王朝溃败已成定局的情况下,企图扶植和利用袁世凯作为它们统治中国的新工具。袁世凯也想借助帝国主义的力量窃取国家政权,打压民主革命派的力量。于是,在登上共和国临时大总统的位置后,他便积极准备扑灭革命的力量。先是派人刺杀国民党的组建者宋教仁,后不顾国会中国民党议员的反对,向欧美列强借高额利息款,作为发动反革命战争的经费。1913 年 4 月 26 日,他派人同英、法、德、日、俄五国银行团谈判,签订了 2500 万英镑的善后大借款。实际上,在扣除折扣、到期借款和赔款后,袁世凯实际拿到手的只不过 760 万英镑,但是 47 年还清的本利却高达 6785 万英镑。② 接受如此苛刻的借款条件,无疑是在出卖国家和民族的利益。可见,袁世凯出卖的不仅是共和国还有整个中华民族的利益,这种行为与清王朝的统治者相比有过之而无不及。远在俄国的列宁在获悉这一情况后,4 月 28 日便在《中国各党派的斗争》中指出,袁世凯把所有反动派的政党联合起来,分化出部分国民党人,使自己的候选人当上国会众议院议长,并且不顾国会的反对,签订了向欧洲亿万富翁这些骗子借款的债约。因为,在欧美列强的眼中,中国只不过是一块肥肉,他们想方设法在中国攫取尽可能多的利益。借款给袁世凯,不仅能从中获得高额利息,而且能将袁世凯置于他们的掌控之下。所以,列宁批判说:"借款的条件很苛刻,简直是重利盘剥,是以盐业专卖收入作为担保的。借款将使中国遭受凶残的、极端反动的欧洲资产阶级的奴役。这个资产阶级只要有利可图,就准备扼杀任何民族的自由。将近有 25000 万卢布的借款为欧洲资本家提供巨额利润。"

---

① 　《列宁全集》第 22 卷,人民出版社 1990 年版,第 209 页。
② 　参见李侃等:《中国近代史(1840—1919)》,中华书局 2012 年版,第 392 页。

三、被轻视的农民是中国资产阶级民主派的
主要社会支柱

近代中国农民阶级所处的社会地位使之成为反帝反封革命的主力军。列宁在指出农民是中国资产阶级民主派的主要社会支柱的同时,分析了"孙中山的党"的弱点即不能充分地吸引中国广大人民群众参加革命,折射出农民阶级却处于被资产阶级轻视的境地,而轻视农民、不获取群众支持的结果便是"共和国很难巩固"。

列宁指出,农民是中国资产阶级民主派的主要社会支柱。第一次鸦片战争后,中国逐渐沦为半殖民地半封建社会,农民阶级和地主阶级之间的矛盾、中国人民大众和帝国主义之间的矛盾十分尖锐。在中国资产阶级登上社会历史舞台之前,中国农民阶级包括城市平民和广大城乡劳动者反帝反封建的大小斗争从未间断过,如大到斗争矛头直指清王朝统治阶级的太平天国运动和反对帝国主义的义和团运动,小到街头小巷的反帝反封建斗争。但由于农民的阶级局限性,他们自身很难提出明确的科学的反帝反封建的运动纲领,加之组织上的涣散,历次农民起义都被国内外反动势力所镇压。换言之,农民阶级有反帝反封建的革命性,但需要先进阶级的领导。另外在 19 世纪末 20 世纪初的中国,虽然民族资本主义有一定程度的发展,但小生产在全国范围内还是占统治地位的,因而农民占全国人口的绝大多数。所以,不论从革命意愿还是从阶级力量上来看,近代中国农民阶级都是资产阶级民主派应该联合的对象。列宁明确指出中国农民对于"孙中山的党"的社会支柱作用,他说:"这个还能从事历史上进步事业的亚洲资产阶级的主要代表或主要社会支柱是农民。"①此后,在《新生的中国》一文中,列宁又说:"'国民党'的主要支柱是广大的农民群众。"②遗憾的是,以孙中山为首的资产阶级民主派并没有意识到农民的支柱作用,没有广泛发动农民群众参加到政治斗争中来。

---

① 《列宁选集》第 2 卷,人民出版社 1995 年版,第 292 页。
② 《列宁全集》第 22 卷,人民出版社 1990 年版,第 209 页。

　　列宁指出,孙中山的党的弱点是它还不能充分地吸引中国广大人民群众参加革命。脱离群众是中国资产阶级无法取得民主革命胜利的主要原因。孙中山等革命党人虽然在理论上意识到农民是民主革命的主力军,并且也通过一定的方式将部分农民吸引到革命中来,但是他们做得远远不够。首先,他们倾向于精英革命,对农民的主力军作用认识不充分,且根本没有深入到基层中进行宣传和组织。其次,他们没有从根本上意识到农民是可靠的同盟者,仅仅把农民当作是一种可供驱使的力量。最后,部分省份的革命者在掌握政权后,压制农民群众的革命运动,防止他们深入下去。在南京临时政府面临严重的财政危机时,孙中山不是首先从争取人民中寻找出路,而是命令各地商会认捐款项,在认捐无望的情况下又转向帝国主义国家贷款,甚至打算以国有大企业作为抵押。与此相对应的是,资产阶级民主革命派制定的革命纲领也体现不出中国广大农民对土地的迫切需求,如民生主义虽然提出"平均地权",但没有农民获得土地的具体内容。所以,列宁说:"这个党的弱点是什么呢? 弱点是它还不能充分地吸引中国广大人民群众参加革命。"①实际上,这是由中国资产阶级的软弱性所决定的,它不敢发动广大工农群众,害怕工农革命的矛头最终会对准自己。

　　列宁还以中华民国的选举权问题为例,批评"孙中山的党"在吸引人民群众支持中华民国方面的工作做得很差。他指出:"虽然革命推翻了旧的腐朽透顶的君主制,虽然共和制取得了胜利,但是中国却没有普选权! 国会选举是有资格限制的,只有那些拥有将近500卢布财产的人才有选举权! 由此也可以看出,吸引真正广大的人民群众来积极支持中华民国这件事还做得很差。如果没有群众的这种支持,没有一个有组织的、坚定的先进阶级,共和国就不可能是巩固的。"②

　　列宁的上述分析,实际上指明了孙中山的党及其缔造的共和国失败的原因。他还进一步分析解决问题的出路:"孙中山的这个党只要能吸引愈来愈广泛的中国农民群众参加运动和参加政治斗争,它就能逐渐成为(与这种吸引程度相适应)亚洲进步和人类进步的伟大因素。不管那些依靠国内反动势力的

---

①　《列宁全集》第23卷,人民出版社1990年版,第129页。
②　《列宁全集》第23卷,人民出版社1990年版,第129页。

政治骗子、冒险家和独裁者可能使这个党遭到什么样的失败,这个党的工作是永远不会徒劳无功的。"①这里的意思很明确,群众的力量是巨大的,只有唤醒群众的政治意识,将他们吸引到政治斗争中来,中国乃至整个人类的进步才能得以推进。遗憾的是,孙中山的党始终没能发动广大农民群众从而获取他们的支持,后来以蒋介石为首的国民党更是走反动路线,置广大农民的利益于不顾,一心只为中国资产阶级中上层谋取利益。

四、成长中的无产阶级是能够将中国民主革命进行到底的先进阶级

由于辛亥革命时期的中国无产阶级尚未作为一支独立的政治力量登上历史舞台,所以列宁指出,中国没有一个能够将民主革命进行到底的先进阶级。基于"孙中山的党"的弱点和农民阶级的落后性,列宁对中国无产阶级的成长充满着期待,他相信中国无产阶级必将建立无产阶级政党,必将能够克服"孙中山的党"的弱点,同时能够吸收孙中山纲领的革命民主主义内核。

列宁提出,由于中国无产阶级还很弱小,没有一个能够将民主革命进行到底的先进阶级。马克思主义认为,无产阶级除自身劳动外一无所有,它在战斗中失去的是锁链,得到的是自由,因此它最具有革命性。而且,它作为现代大工业本身的产物,代表先进社会的发展方向,因而是最先进的阶级。19世纪四五十年代,中国无产阶级先于民族资产阶级在外国企业中诞生了。第一次鸦片战争后,外国商人获得在中国通商口岸开办工厂的权利,雇佣中国破产的农民和手工业者进行生产。这些在外商工厂工作的工人便成为中国第一批工业无产者。中国无产阶级身受帝国主义、封建主义和资本主义的三重压迫,具有强烈的反抗和斗争意识。但在早期,马克思主义学说尚未传播到中国,无产阶级政党也尚未建立,在缺乏科学理论指导和统一领导和组织的情况下,工人阶级的斗争处于自发的分散的状态。辛亥革命时期的中国无产阶级尚未作为一支独立的政治力量登上历史舞台。这一时期的中国民主革命完全是由资产阶

———————————

① 《列宁全集》第23卷,人民出版社1990年版,第130页。

级主导的,工农群众的斗争只处于从属地位。然而,根植于半殖民地半封建社
会的中国资产阶级天生具有软弱性,其反帝反封建的革命立场很是不坚定,即
便是以资产阶级知识分子为主体的民主派。正如列宁所指出的:"中国无产阶
级还很弱小,所以没有一个能够坚决而又自觉地将民主革命的斗争进行到底
的先进阶级。"①

　　列宁分析了中国革命由于缺乏无产阶级的领导而存在的各种问题。毫无
疑问,反帝反封建的民族民主革命运动是替资本主义的发展清扫道路,但是它
对于无产阶级的发展和社会主义革命运动的开展同样具有重要的意义,因此
无产阶级应当全力支持民族民主革命运动,并使之向有利于自身的方向发展。
在20世纪初的中国,虽然"孙中山的党"的纲领具有真诚的、战斗的民主主义,
但是"孙中山的党"脱离群众,加之自身的妥协性,难以将民主革命进行到底。
而此时的中国无产阶级尚处于发展中,不足以领导农民进行民主革命运动。
基于此,列宁分析了当前中国革命存在的若干问题。其一,中华民国的选举制
不能体现出真正的民主。就中华民国第一届国会选举时采用的有财产限制条
件的选举权,列宁分析指出,采用的选举制既不是普选制也不是直接选举制。
只有年满21岁、在选区内居住两年以上、交纳约合2卢布的直接税或拥有约
合500卢布财产的人才有选举权,这就将工农群众甚至资产阶级的下层排除
在外了。列宁评论说:"这样的选举制就已经表明,在没有无产阶级或无产阶
级完全没有力量的情况下富裕农民和资产阶级结成了联盟。"②其二,农民的
民主主义政治立场不坚定,随时都可能向右转。中国农民阶级虽然有迫切的
反帝反封建的欲望,但是它作为小私有者阶级,具有保守的一面,亦即其革命
立场不坚定。所以,列宁说:"农民民主派与自由派资产阶级的联盟使中国争
得了自由。没有得到无产阶级政党领导的农民究竟能否坚持民主主义立场对
付那些伺机向右转的自由派,——这在不久的将来便会见分晓。"③实际上,在
列宁写这段话时,袁世凯的独裁专制统治已在紧锣密鼓的策划中。其三,中国
农民对资产阶级民主革命不够关心。早在辛亥革命前,中国各地的农民起义
运动就风起云涌,如直隶广宗、四川巴县、湖南邵阳等地的抗捐抗税斗争,江

---

① 《列宁全集》第23卷,人民出版社1990年版,第129页。
② 《列宁全集》第22卷,人民出版社1990年版,第208—209页。
③ 《列宁全集》第22卷,人民出版社1990年版,第209页。

苏、浙江、安徽、湖北等地的抢米风潮,山东、山西、云南、西康等地的反洋教斗争,等等。但是,他们的政治觉悟并不高,他们在思想上没有民主革命的理念,他们行动上的反帝反封建活动仅仅是为了改善生活条件。所以,列宁指出:"由于没有无产阶级这个领导者,农民非常闭塞、消极、愚昧、对政治漠不关心。"①

列宁期待中国无产阶级的成长及其政党的建立并寄予厚望。随着外国资本家在华投资的增长和国内民族资本主义的发展,中国无产阶级的队伍日益增大。20世纪初,工人阶级与国内外资本家的斗争不断,如1904年四川成都兵工厂职工举行抗议工头任意克扣工资的罢工,1905年上海集成纱厂4600余工人罢工反对工头的压迫和剥削。1911年上海多家工人2000余名女工罢工抗议克扣工资和延长劳动时间,等等。可见,这一时期中国工人阶级与资本家的斗争仅处于初级阶段,仅仅是自发的经济斗争,既没有组织也没有领导,更没有意识到政治斗争的重要性。但是,随着资本主义在中国的发展,中国无产阶级必将成长起来。列宁对此充满了信心,他说:"由于在中国将出现更多的上海,中国无产阶级也将日益成长起来。它一定会建立这样或那样的中国社会民主工党,而这个党在批判孙中山的小资产阶级空想和反动观点时,大概会细心地挑选出他的政治纲领和土地纲领中的革命民主主义内核,并加以保护和发展。"②实际上,前文中列宁对中国革命由于没有无产阶级领导而存在的诸多问题的分析,言外之意就是,等到中国无产阶级力量强大起来,并且领导革命的时候,上述问题就会得到解决。这既是对无产阶级先进性的肯定,又是对中国无产阶级及其政党的期望。

五、列宁的分析在中国的验证

中国国情的特殊性决定资本主义道路在中国行不通,"孙中山的党"追求的资产阶级民主共和国终究没能在中国实现。辛亥革命失败后的一段时期

---

① 《列宁全集》第23卷,人民出版社1990年版,第129页。
② 《列宁选集》第2卷,人民出版社1995年版,第296页。

内,积极寻求救国救民道路的中国先进分子备感失落和迷惘。俄国十月革命一声炮响,给中国人民送来了马克思列宁主义。不久,中国工人阶级作为一支独立政治力量开始登上历史舞台,中国共产党也随之诞生。中国共产党以马克思主义理论为指导,逐渐探索出适合中国国情的新民主主义革命道路,领导工农群众历尽千辛万苦最终实现了民族独立和人民解放。

第一,中国共产党领导工农群众完成新民主主义革命,实现民族独立和人民解放,为中华民族的伟大复兴创造前提条件。1921年7月中国共产党诞生后,积极联合资产阶级民主派开展国民大革命,虽然革命最终因国民党方面反革命政变而失败,中国共产党通过大革命很好地宣传了自己,扩大自身在群众中的影响。国民大革命失败后,中国共产党建立根据地并在根据地广泛开展土地革命运动,赢得了广大农民的支持,建立起巩固的工农联盟。1931年"九一八事变"后,中国共产党第二天即号召停止内战、全国人民联合抗日,努力建立和维护抗日民族统一战线,最终取得了抗日战争的伟大胜利。抗战胜利后,蒋介石集团置全国人民"和平与民主"的呼声于不顾,积极策划发动内战。中国共产党全力反击,由防御转向进攻,最终在工农群众和各民主党派的支持下,打败了国内外反动势力,实现了中华民族的独立和人民的解放。中国百余年的屈辱史从此宣告结束,中国人民也从封建主义、帝国主义和官僚资本主义这三座大山下解脱出来,获得了梦寐以求的自由和民主。这无疑为中国人民独立自主地发展生产、建设家园、振兴中华,从而实现中华民族的伟大复兴创造了前提条件。

第二,中国共产党领导人民开创社会主义建设新局面,力求国家富强和人民富裕,为早日实现中华民族伟大复兴而奋斗。1956年底社会主义改造完成后,中国进入社会主义发展阶段。然而,由于中国共产党缺乏社会建设的经验,在初期的时候照搬苏联社会主义模式;后来又受少数人的蛊惑,脱离经济建设的轨道,大搞阶级斗争,致使中国生产力水平长期得不到发展,中国人民生活水平长期得不到提高。1976年"文化大革命"结束后,随着实践是检验真理的唯一标准和实事求是思想路线在全党的确立,1978年十一届三中全会开启了改革开放的伟大征程。在以邓小平为核心的第二代中共中央领导集体的带领下,中国人民开辟出一条适合中国国情的中国特色社会主义发展道路。经过三十余年的发展,中国在经济、政治、文化和社会建设发展取得了举世瞩目的成就,特别是在 GDP 总量上已经成为世界第二大经济体。当然,在看到成就的同时,我们更要重视存在的某些问题,积极寻求解决问题的方法和途径。如,针对党员干部队伍中少数人脱离群众、假公济私、贪污腐化等问题,中共十八大开启了反腐倡廉的新气象,这对于增强群众对中国共产党和社会主义的信心有重要作用。针对新时期新情况,习近平总书记重申实现中华民族的伟大复兴这一近代以来中国人民为之奋斗的目标,并将其称之为"中国梦",其本质内涵是国家富强、民族复兴、人民幸福、社会和谐。他在参观《复兴之路》展览时的讲话中指出:"现在,我们比历史上任何时期都更接近中华民族伟大复兴的目标,比历史上任何时期都更有信心、有能力实现这个目标。"

第十七章　列宁关于印度民族解放运动的理论
——研读《世界政治中的易燃物》等著作

20世纪初,印度民族解放运动走向高潮。这是一次在1905年俄国资产阶级革命和1917年十月社会主义革命的背景下进行的,并且与土耳其、伊朗、中国、朝鲜等东方落后国家几乎同时开展的民族民主革命运动。因此,它成为19世纪末20世纪初世界革命最亮丽的一道风景,标志着亚洲被压迫民族的觉醒。为此,列宁高度关注印度的民族解放运动。他先后写作《世界政治中的易燃物》、《文明的欧洲人和野蛮的亚洲人》、《致印度革命协会》、《共产国际第三次大会大会文献》、《在全俄哥萨克劳动者第一次代表大会上的报告》等文章和报告,基于无产阶级国际主义立场,揭露和批判了英国殖民统治者对印度居民的掠夺和蹂躏;高度赞扬了印度人民的民族解放运动,称其站在"用革命摧毁帝国主义"运动的最前列;并号召印度人民与全世界劳动者团结一致携手共进,彻底消灭剥削和压迫。

一、印度民族解放运动概况

1857年印度民族大起义结束了东印度公司的统治,但印度人民的命运并未改变。鉴于印度民族大起义的教训,英国国王接管印度后在统治政策方面作了重要的调整:一是停止对印度封建上层的损害,加强与封建主的政治联盟。如,放弃有限兼并土邦的做法,宣布承认王公有权养嗣继承王位,并归还了一部分被兼并的土邦。二是宣布印度人享有英国臣民待遇以及权利平等的原则,抚慰印度上层和知识界。如,官方不再直接鼓励传教,也不再通过立法手段强行推动印度社会改革;扩大立法会议并吸收印度人特别是印度资产阶级参加;在大城市和各县建立自治机构;等等。这种调整的目的显然在于拉拢印度封建上层和资产阶级,以扩大和巩固英国在印度的统治基础。这种调整收到了一定的成效:印度封建上层完全站到英国殖民当局一边,再也没有发生过封建主领导或参加的反英起义。然而,这并不意味着英国在印度的统治从此合法化,即得到印度人民的认可。相反,印度人民反抗殖民当局统治的起义从未停息,而且愈演愈烈。随着印度资本主义民族工业的发展,印度人民的自治呼声日益强烈,自治运动愈来愈有组织性。

19 世纪末 20 世纪初,英国加强了对印度政治上的控制,印度民族解放运动走向高潮。19 世纪 60—70 年代,印度民族资产阶级诞生。与在印度的英国资本家相比,印度工厂主不论在资金上、技术上还是在政府的支持上都处于弱势。实际上,印度民族工业也无意与英国工业竞争。即便如此,英国人还是想方设法阻遏其发展。1874 年,曼彻斯特商会借口受到印度纺织品的竞争,要求殖民当局完全取消本来就已经很低的英国棉纺织品的进口税。后由于财政困难,殖民当局于 1894 年恢复这项关税。与此同时,殖民当局对印度商人征收"出厂税",这个税率与进口税等同。对于这种"实属罕见"的做法,殖民当局美其名曰"公平竞争",实质上是帮助英国人掠夺印度人。印度民族资产阶级深切体会到英国殖民统治给印度社会经济发展带来的危害,他们产生了强烈的自治愿望和要求,对英印殖民当局的不满情绪日益增长。1885 年,印度国大党诞生。虽然仅仅是一个资产阶级改良主义政党,但它在传播和培育资产阶级民主主义意识上功不可没。19 世纪末 20 世纪初,国大党内出现一个小资产阶级民主派,提出了"不要乞讨要战斗"的口号。1899 年,极具野心的帝国主义分子寇松被任命为印度总督。寇松一上任便企图摧垮国大党,瓦解民族进步力量。1904 年,他主持修改以前制定的《国务机密法》并扩大其使用范围,把民族报刊置于殖民当局的严密控制下;1905 年,在中央内务部下设置中央情报局,在各省成立刑事侦缉部,加强对人民的控制和镇压;同年,提出分割民族运动最为发展的孟加拉省。寇松的反动政策一出台就引发了印度人民的强烈不满,1905—1908 年的民族民主革命运动随之爆发。运动虽然最终失败,但它不论在印度民族解放运动史上还是在亚洲民族解放运动史上都占有重要的地位,构成 20 世纪初亚洲觉醒的重要组成部分。

第一次世界大战爆发后,印度人民拟通过支持英国作战换取战后印度自
治的希望破灭,民族解放运动从停顿走向复苏。1916 年,分裂的国大党在勒克
瑙年会上重新实现统一,国大党和穆斯林联盟签订共同行动纲领——勒克瑙
协定。1916 年末至 1917 年初,国大党、穆斯林联盟和自治同盟提出了共同的
政治要求——印度自治。1918 年底第一次世界大战结束,英国资本卷土重来,
力图恢复对印度经济的全面控制。战后印度工农群众迫切要求改善生活和改
变自身的经济地位,但是殖民当局没有作出任何反应。印度资产阶级和工农
群众反英情绪高涨,资产阶级利用群众的反英情绪高喊自治口号。殖民当局
企图诉诸高压控制局势。1919 年 3 月,殖民当局通过罗拉特法,授权司法部门
随时拘捕和判刑任何被怀疑为反政府的嫌疑犯。在这紧要关头,甘地带着他
的非暴力不合作策略出现在了印度政治舞台上。1920—1922 年,在甘地的领
导下,非暴力不合作运动在印度全国各地如火如荼地开展起来。如,拒绝参与
立法会议选举,放弃称号、官职,抵制法庭、公立学校,抵制英货,募集基金进行
自产运动,等等。

二、英国殖民统治者掠夺和蹂躏印度居民

印度沦为英国殖民地后,英国在印度的统治如何? 印度人民为何要开展
民族解放运动? 列宁在阐述 20 世纪初亚洲民族民主革命运动和英帝国主义
殖民政策的过程中,揭露了英国殖民统治者对印度居民的掠夺和蹂躏。

列宁揭露,英国从印度等殖民地榨取的财富超过榨取国内工人的收入。
英国对印度财富的榨取分为两个阶段,即前期的赤裸裸的暴力掠夺阶段和 19
世纪初开始的将印度变为商品市场和原料产地阶段。当然,不论在哪个阶段,
对印度经济掠夺的背后都离不开殖民政权的开道。在早期阶段,英国对印度
人的掠夺来自三个方面,一是东印度公司,它通过扶植傀儡、垄断贸易、强迫贸
易、强迫生产、榨取土地税等方式榨取财富;二是公司职员,他们通过放高利
贷、敲诈搜刮、贪污受贿等方式中饱私囊;三是英国士兵,他们通过洗劫被征服
的印度城市一夜暴富。19 世纪初,随着英国工业革命的完成,英国资本主义进

入工业资本阶段。工业资本的发展要求有广阔的市场和充足的原料供应,所以,工业资产阶级要求打破东印度公司的垄断,将印度变成英国商品的市场和原料产地。以棉织品贸易为例:1814 年,印度向英国输出的棉布是 126 万匹,1835 年下降到 30 万匹。而同时期,英国布进入印度的数量由 90 万码增加到 5100 万码。1857 年英国棉纺织品输入印度的总值比 1832 年增长 14 倍。① 也就是说,这个以棉织品著称的国度,从 19 世纪初开始竟被大量的英国棉织品所充斥。在英国资本的控制下,印度社会经济畸形发展,人民生活穷困潦倒,深受本国封建统治者和英国殖民当局的双重压迫。据资料显示,英属印度每年死于迫害和饥饿的农民数以百万计,不少村庄为躲避压榨变得十室九空。列宁揭露说:"被称为英国对印度的管理制度的暴力和掠夺是没有止境的。在世界上任何一个地方——俄国当然除外——群众都没有这样贫困,居民也没有这样经常地挨饿。"②19 世纪末 20 世纪初,世界资本主义由自由竞争阶段过渡到垄断阶段,即进入帝国主义时代。帝国主义的寄生性使其在世界范围内抢占和瓜分殖民地,对殖民地人民进行残酷的剥削和掠夺。1907 年在斯图加特国际社会党代表大会上,列宁指出,推行广泛的殖民政策的结果,使欧洲无产者在一定程度上陷入这样的境地,全社会不是靠他们的劳动,而是靠几乎沦为奴隶的殖民地人民的劳动来养活。印度即为被剥削和掠夺的殖民地国家的典型,列宁说:"英国资产阶级从印度和其他殖民地的亿万人民身上榨取来的收入,比从英国工人身上榨取来的收入更多。"③可见,帝国主义通过殖民掠夺他国劳动人民,缓和了国内劳资矛盾,削弱国内工人阶级的政治斗争意识。

　　列宁还进一步指出,有近 3 亿印度居民遭受英国官僚的掠夺和蹂躏。1911 年 4 月,英国社会民主党代表大会在考文垂举行。其中,军备和对外政策问题成为大会最引人注目的问题。作为英国社会民主党的创建人和领导人亨利·迈尔斯·海德门,主张英国扩充备军防御德国人的进攻,声称英国需要强大的海军。他的沙文主义观点在英国社会民主党内遭到强烈反击。但是,另一领导人哈·奎尔奇却为海德门辩护,他指出,既然承认民族自治,就应当有民族自卫,这种自卫还应当是充分的,否则无济于事。列宁十分厌恶这种资产

① 参见林承节:《印度史》,人民出版社 2006 年版,第 242 页。
② 《列宁专题文集·论资本主义》,人民出版社 2009 年版,第 59 页。
③ 《列宁全集》第 16 卷,人民出版社 1988 年版,第 81 页。

阶级沙文主义论调,他指出,这是发生在这样一个国家里,"这个国家的海军'捍卫和保护着''帝国',就是说其中也包括印度,可是在印度,有近3亿居民受着英国官僚的掠夺和蹂躏,在那里,诸如自由派和'激进派'莫利之流的'有教养的'英国国家要人,以政治罪流放和鞭笞土著居民!"①意思是说,英国本来就在推行帝国主义殖民政策,它征服和奴役着3亿印度人,给印度社会发展和印度人民生活带来深重的灾难。既然如此,它就没有资格谈论民族自治和民族自卫。海德门和奎尔奇之流只不过是英国社会民主党内的机会主义分子,他们站到了本国政府的一边,奉行沙文主义。虽然列宁在此旨在批判英国社会民主党内的沙文主义分子,但它同时揭露出"文明的"英国人在印度做出的不文明行为——野蛮的殖民统治。正如列宁所指出的:"英国自由派资产者被自己家里工人运动的发展激怒了,被印度革命斗争的高涨吓坏了,他们愈来愈经常、愈来愈露骨、愈来愈强烈地表明,在立宪方面阅历最深的最'文明的'欧洲政治'活动家',在群众奋起同资本、同资本主义殖民制度,即奴役、掠夺和暴力的制度作斗争的时候,竟会变成什么样的野兽。"②除残酷镇压印度人民的民族解放运动外,英国还把印度当作其兵员和物资供应地,支持其海外战争。第一次世界大战爆发后,英国更是将印度劳动群众送去当炮灰。

三、印度站在"用革命摧毁帝国主义"运动的最前列

列宁高度赞扬印度人民的革命斗争,称其站在用革命摧毁帝国主义运动的最前列。进入20世纪,印度人民反对英国殖民统治的斗争有了突破性的发展。首先,斗争由自发向自觉转变,一般都由先进的民主主义分子发起和领导;其次,斗争目标明确化,即要求实现印度的完全自己或独立;最后,参加斗争的人员广泛化,包括资产阶级、小资产阶级、工人、农民、学生、知识分子等,即民族解放运动成为群众性政治斗争。1905—1908年的民族革命运动和1920—1922年的第一次不合作运动,将印度民族独立运动推向高潮,严重打击

① 《列宁全集》第20卷,人民出版社1989年版,第232页。
② 《列宁专题文集·论资本主义》,人民出版社2009年版,第58页。

了英国殖民统治者。列宁十分肯定印度人民革命运动的发展。1908 年,他在
《世界政治中的易燃物》中针对印度当前发生的革命运动指出,替"文明的"英
国资本家当奴隶的当地人最近使得他们的"老爷们"感到惶惶不安。1921 年 6
月在共产国际第三次代表大会上,列宁在分析国际范围内阶级力量的对比时
指出,占世界人口大多数的殖民地和半殖民国家的劳动群众,从 20 世纪初起,
特别是在俄国、土耳其、波斯和中国爆发革命后,已经觉醒起来,开始参加政治
生活。他进一步分析说:"1914—1918 年的帝国主义战争和俄国的苏维埃政
权,最终使这些群众成了世界政治的积极因素,成了用革命摧毁帝国主义的积
极因素……在这些国家中,站在最前列的是英属印度。"①意思是说,印度、土
耳其、波斯和中国等殖民地和半殖民地国家的劳动群众从 20 世纪初起开始觉
醒,他们有力开展了民族民主革命运动,成为摧毁帝国主义的重要力量。

　　为何英属印度站在这些国家的最前列?列宁有两个相关表述:

　　第一,英国殖民统治者的暴行促进了印度革命运动的发展。1913 年,在印
度的英军上校麦考密克强奸了 11 岁的印度女仆。事情败露后,居民异常愤
怒,警察局不得不逮捕麦考密克。但是,当地的英国法官安德鲁却庇护麦考密
克。他无视法律的公正性,只根据麦考密克提供的虚假证据,宣判麦考密克无
罪,而不管受害方亲属提供的证据。英国记者阿诺德在当地的报纸上撰文揭
露此事是对不列颠法庭的嘲弄,却被冠之以"诽谤罪",并被判处 1 年徒刑。在
阿诺德受审时,庭长竟不许他找证人对证。但由于阿诺德在伦敦有人,后来被
释放,从而免除了牢狱之灾。这件事表明,英国所谓的民主制度在本国和殖民
地采取"双重标准",它在国内奉行的是自由和民主,在殖民地推行的却是专横
与包庇。它无视印度人民群众的根本利益,把印度人当作奴隶一样看待。然
而,这只是千百万事件中的一个典型,很多类似案件根本就无法公之于世。对
此,列宁评论说:"这个事件比任何言论都更清楚地向我们说明,为什么在这个
拥有 3 亿多人口的国家里革命发展得这样快。"②也就是说,是英国殖民当局
的暴行推动了印度革命的发展。1919 年 3 月,甘地号召全国进行一天总罢业,
以反对殖民当局的罗拉特法。4 月 13 日,阿姆利则近万名群众在贾利安瓦

---

　　① 《列宁选集》第 4 卷,人民出版社 1995 年版,第 537 页。
　　② 《列宁全集》第 23 卷,人民出版社 1990 年版,第 89 页。

拉—巴格集会,听民族主义者演讲。英国将军戴尔率军队包围会场,下令向手
无寸铁的群众开枪,打死打伤数千人,制造了骇人听闻的阿姆利则惨案。事发
后,印度全国强烈抗议殖民当局的暴行。孟买和阿迈达巴德等地群众举行示
威游行,后发展成与军警激烈的武装冲突。为此,列宁指出,在印度,"工业和
铁路的无产阶级愈壮大,英国人的恐怖行为愈凶残——他们愈来愈频繁地采
取大屠杀(如在阿姆利则)和当众拷打等暴行——革命的发展也就愈迅速"[1]。

　　第二,第一次世界大战和俄国十月革命促进了印度革命运动的发展。如
前文所指出的,第一次世界大战爆发后,印度资产阶级和民族主义者希冀通过
支持英国作战换取战后印度自治或独立。但是,战后英国统治者无意让印度
自治,只想作一些小的改革,并于 1919 年公布了以蒙太古—蔡姆斯福德改革
方案为蓝本的《印度政府法》。这致使印度资产阶级和民族主义者大失所望。
不仅如此,殖民当局还激怒了当初支持其作战的印度穆斯林。穆斯林为维护
哈里发的地位,曾要求英国在战胜土耳其后,保留伊斯兰教圣地和阿拉伯属
地。英国首相在当时对此予以允诺。然而,战后的英国却不打算兑现这个承
诺。于是,饱受战争之苦的印度人民对殖民当局的不满急剧上升,愤怒之火随
时爆发。列宁在共产国际第二次代表大会上的讲话中说:"我们知道,1905 年
以后,土耳其、波斯、中国相继发生了革命,印度也展开了革命运动。帝国主义
战争也促进了革命运动的发展。"[2]此外,1917 年俄国十月革命的胜利、苏维埃
共和主张的民族自决原则以及苏维埃政权对民族民主革命运动的支持,给印
度人民以极大的支持和鼓舞,促进了战后印度民族解放运动的高涨。1920 年
3 月,列宁在全俄哥萨克劳动者第一次代表大会上指出,只有俄罗斯社会主义
共和国才高举着争取真正的解放的战斗旗帜,并逐渐赢得全世界的同情。而
帝国主义国家,英国把印度军队调来同德国人作战,法国招募几百万黑人来打
德国人,黑人被派到最危险的地方去,任凭他们一批批地倒毙在机枪扫射之
下。所以,战争教育了居民中最不开展的部分。他说:"世界各国,连有 3 亿雇
农受英国人压榨的印度在内,都在觉醒,革命运动都在日益发展。他们大家仰
望着一颗明星,仰望着苏维埃共和国这颗明星,因为他们知道,苏维埃共和国

①　《列宁选集》第 4 卷,人民出版社 1995 年版,第 538 页。
②　《列宁专题文集·论无产阶级政党》,人民出版社 2009 年版,第 231 页。

为反对帝国主义者承担了最大的牺牲,经受住了严酷的考验。"①也就是说,俄国十月革命的胜利和苏俄人民反抗帝国主义武装干涉的英勇斗争为印度人民树立了榜样。所以,同年5月,列宁在《致印度革命协会》中欣悦地指出:"我高兴地获悉,工农共和国宣布的自决原则以及被压迫民族摆脱外国和本国资本家剥削而取得解放的原则,在为争取自由而英勇斗争的觉悟的印度人中得到了如此热烈的反应。"②

如果说上述两点是列宁关于印度之所以站在"用革命摧毁帝国主义"运动最前列的原因分析,那么下述两点则是列宁关于印度人民革命运动发展状况的分析。

第一,印度的市井小民即小农已经觉醒,开始卫护自己的政治领袖。19世纪末20世纪初,印度国大党内出现一个小资产阶级民主派,由于他们提出了战斗的口号,被称为激进派。其中的主要领导人之一提拉克,早在1881年就创办了《月光报》和《狮报》,进行爱国主义宣传和教育活动。1905年,由分割孟加拉引发的抵制英货运动开始后,提拉克在《狮报》上提出了一个革命性的"四点纲领":司瓦拉吉(自治)、司瓦德四(自产)、抵制和民族教育。激进派不顾国大党领导层的反动,在工农群众中大力宣传"四点纲领"并努力扩大工农运动的范围。当时的英国报刊称,孟加拉的抵制运动已经扩展到遥远的乡村。可见印度的市井小民都已经开始起来与殖民统治者作斗争。1906年,执政的英国自由党宣布打算在印度实行立法会议新的改革,以此达到分化和瓦解民族革命运动的意图。由于国大党的上层领导成分复杂,他们尚未有革命的要求,所以面对殖民当局的许诺,决定与其妥协。1907年,国大党领导人把激进派排除出国大党,自己退出了运动。如此,殖民当局便开始疯狂镇压革命力量。1907年,当局图谋迫害阿·辛格等运动领导人,拉瓦尔品的3000名群众包括工人、学生、城市贫民和郊区农民等上街举行抗议示威活动。1908年6月,当局以"煽动叛乱"罪逮捕提拉克并判处其6年监禁。7月23—29日,孟买10万工人举行政治总罢工,抗议当局对提拉克的判决。针对英国殖民当局的暴行,列宁不无讽刺地指出,自由不列颠的最具有自由主义思想和最激进的活

---

① 《列宁全集》第38卷,人民出版社1986年版,第188页。
② 《列宁全集》第39卷,人民出版社1986年版,第111页。

动家,像约翰·莫利这种俄罗斯和非俄罗斯的立宪民主党人眼中的权威,都当
了印度的统治者,变成了真正的成吉思汗。"他们竟能批准'安抚'他们治下
的居民的一切措施,直到杀戮政治抗议者!""但是,印度的市井小民开始起来
卫护自己的作家和政治领袖了。英国豺狼对印度民主主义者提拉克的卑鄙的
判决,财主的奴才向民主主义者进行的这种报复,在孟买引起了游行示威和
罢工。"①

　　第二,印度的无产阶级已经成长起来,能进行自觉的群众性政治斗争。印
度的无产者主要由破产农民和破产小手工业者转化而来,他们在极其苛刻的
条件下工作:一是劳动时间超长,他们平均每天劳动时间 13 个小时,有时甚至
长达 18 个小时;二是生产条件恶劣,厂房没有灯光照明,劳动保护设施简陋,
在英资企业的工人还遭到种族歧视;三是生活设施鄙陋,工人住在临时搭建的
工棚里,棚屋矮小而且没有窗户,也没有用水设备。如此,印度工人早在 19 世
纪 60 年代就开始进行自发斗争。1862 年,1200 个工人在孟加拉浩拉火车站
举行罢工,要求实行 8 小时工作制。随着工人阶级队伍的发展壮大,他们的斗
争愈来愈有组织性。19 世纪 90 年代初,印度全国产业工人约为 40 万,到 90
年代末,工厂、铁路和矿山工人总数达 80 万人。② 1890 年,孟买一家纺织厂的
工人建立了第一个工人组织,使罢工斗争更加有序和有力。1905—1908 年印
度民族革命运动期间,工人阶级发挥了重要的作用,他们有力地推动了革命运
动的开展。而且,在激进派的发动下,工人罢工由之前的纯经济斗争发展到反
对殖民统治的政治斗争。针对此,列宁指出:"印度的无产阶级也已经成长起
来,能进行自觉的群众性的政治斗争了,——既然情况是这样,那么,英国和俄
国在印度的秩序已经好景不长了!"③

四、印度人民实现民族独立的途径

　　帝国主义国家的经济、政治和军事实力是异常强大的,被压迫被奴役的落

---

①　《列宁专题文集·论资本主义》,人民出版社 2009 年版,第 59 页。
②　参见林承节:《印度史》,人民出版社 2006 年版,第 283 页。
③　《列宁专题文集·论资本主义》,人民出版社 2009 年版,第 60 页。

后民族如何摆脱民族压迫实现民族独立？针对印度的情况，列宁认为，印度人民不但要实现内部团结，即穆斯林和非穆斯林的联盟，而且要与东方的一切劳动者乃至全世界劳动者团结一致，携手进行共同的解放事业。

第一，印度内部要实现穆斯林和非穆斯林的联盟。当一个国家或一个民族遭受外来民族的侵略和奴役时，只有内部团结起来一致对外，才能有战胜敌人的可能性。实际上，昔日的泱泱大国印度之所以为一个小小的英国东印度公司所征服，就在于其内部的分崩离析。英国人正是利用印度内部各封建王公之间的矛盾，使其相互削弱，从而分化和瓦解印度人民的民族主义力量，最终将整个印度征服。印度还是一个信仰宗教的社会，宗教与印度社会、经济、政治和文化密切联系，渗入到印度人民生活的方方面面。在印度，很难找到一个不信仰宗教的居民。当然，他们信仰的宗教也不尽相同，主要有印度教、伊斯兰教、佛教和锡克教。其中，印度教和伊斯兰教是两大主要教派，印度教徒人数最多，穆斯林次之。宗教的差异性，使得信仰不同宗教的居民在生活习惯和思想理念方面也存在诸多差异，矛盾与冲突也就在所难免。英国殖民当局多次挑动宗教冲突来分裂印度民族力量。1905—1908 年的民族革命运动，实际上就是由殖民当局蓄意制造的宗教矛盾和冲突而引起的。在镇压了运动之后，殖民当局还是为穆斯林设立了单独选区。在此之前，莫斯林上层和国大党的对立就已经成为印度民族运动中的一个严重障碍。然而，第一次世界大战后殖民当局的背信弃义，促进了穆斯林和非穆斯林的结盟。1916 年末至 1917 年初，印度国大党、穆斯林联盟和自治同盟一致提出自治的要求。直到 1922 年第一次不合作运动的失败，穆斯林和非穆斯林都团结一致抗议英国殖民统治。他们的结盟对于印度民族解放运动的开展与胜利具有重要的意义。所以，列宁说："我们欢迎穆斯林和非穆斯林结成紧密的联盟。"①

第二，印度人民应该和全世界的劳动者携手共进。19 世纪末 20 世纪初，整个世界被帝国主义分裂为压迫民族和被压迫民族，建立民族独立的单一民族的国家成为被压迫民族的共同趋向。也就是说，在这个时期，殖民地半殖民地的民族解放运动已成为无产阶级世界革命的一部分，全世界各国劳动者应该团结一致，共同反对帝国主义。1920 年 2 月，在喀布尔举行的印度革命者大

---

① 《列宁全集》第 39 卷，人民出版社 1986 年版，第 111 页。

会寄给列宁一份代表大会通过的决议,对苏俄无产阶级和苏维埃政权为印度的解放而进行的伟大斗争表示谢意。列宁在回信中说:"俄国劳动群众始终如一地关注着印度工农的觉醒。劳动者的组织性、纪律性、坚毅精神以及同全世界劳动者的团结一致,是取得最后胜利的保证。"①基于此,在了解到印度穆斯林和非穆斯林已结成紧密的联盟时,列宁进一步指出,希望这一联盟能包括东方的一切劳动者。他说:"只有在印度、中国、朝鲜、日本、波斯、土耳其的工人和农民携起手来一起进行共同的解放事业的时候,彻底战胜剥削者才有了保证。"②也就是说,在实现民族解放的运动中,印度人民不但要实现内部的团结一致,还要与东方各被压迫民族的工农群众携起手来共同前进,相互支持,相互促进,只有这样,才能彻底战胜帝国主义及一切剥削者。

列宁多次强调应该支持印度人民的民族解放运动。第一世界大战期间,列宁提出应该正确区分帝国主义战争和民族解放战争,要求各国无产阶级政党支持民族解放战争,反对走沙文主义路线。1915 年 8 月,他在给亚·米·柯伦泰(受列宁委托在斯堪的维纳亚国家和美国进行团结社会民主党国际主义左派的工作)的信中指出:"不区别战争的类型,在理论上是错误的,在实践上是有害的。我们不可能反对民族解放战争。""如何看待印度、波斯、中国等国同英国或者同俄国进行的战争呢? 难道我们不应该支持印度抗击英国等等吗?"③1921 年 11 月 14 日,列宁在致布哈林的信中提出,最好能多发表一些印度同志的文章,以便鼓励他们并多收集一些印度和印度革命运动的材料。这表明列宁积极关注印度民族解放运动并给予鼓励和支持。

五、对列宁理论的评论

列宁在阐释印度人民实现民族独立的途径的过程中,发展了无产阶级国际主义,这对于当代世界社会主义运动仍有重要的指导意义。

列宁关于俄国无产阶级应该支持印度抗击英国的思想,以及印度等东方

---

①　《列宁全集》第 39 卷,人民出版社 1986 年版,第 111 页。

②　《列宁全集》第 39 卷,人民出版社 1986 年版,第 111 页。

③　《列宁全集》第 47 卷,人民出版社 1990 年版,第 160 页。

被压迫民族的工农群众携手进行共同的解放事业的思想,发展了马克思、恩格斯的无产阶级国际主义。无产阶级国际主义是马克思主义关于全世界无产阶级维护共同利益、反对共同敌人而实行国际团结的思想,也是无产阶级处理民族之间、各国无产阶级政党和社会主义国家之间平等互助关系的基本准则。在马克思、恩格斯年代,世界资本主义尚处于自由竞争阶段,资本主义在世界的扩张尚未引发被压迫民族的大规模反抗,冲击资本主义体系的主要是各资本主义国家的工人运动。超越国界的世界无产阶级面临着共同的敌人,肩负着共同的使命。面对强大的敌人,世界无产阶级只有联合起来,才能用武装的革命打败武装的反革命,推翻资产阶级的统治,实现人类的解放。所以,马克思恩格斯在《共产党宣言》中呼吁:"全世界无产者,联合起来!"然而,当世界资本主义发展到垄断阶段即帝国主义,整个世界被分裂成为压迫民族和被压迫民族,各被压迫民族的民族解放运动汇成一股巨流,与无产阶级革命运动共同冲击着帝国主义主义体系。所以,对于世界无产阶级而言,支持被压迫民族的民族解放斗争,有利于增强摧毁帝国主义体系的力量。1920年10月,共产国际在《东方民族》杂志上为东方各民族提出了这样的口号:"全世界无产者和被压迫民族联合起来!"①这一口号为列宁所支持和赞同。这一口号所反映的内容与列宁关于俄国无产阶级应该支持印度抗击英国的思想,以及印度等东方被压迫民族的工农群众携手进行共同的解放事业的思想,是一致的。显然,这一提法与马克思恩格斯在《共产党宣言》中提出的口号有出入。列宁指出,从《共产党宣言》的观点来看,这样的提法是不正确的,但是,《共产党宣言》是在完全不同的条件下写成的,而从现在的政治情况来看,这样的提法是正确的。那么,当时的政治情况是什么呢?印度正在酝酿革命,中国对日本人和美国人仇恨强烈,德国工人仇恨本国资本家,亦即整个亚洲在沸腾,整个德国在沸腾。被压迫民族的解放斗争已经成为冲击帝国主义的巨大力量。所以,全世界无产者应当和被压迫民族联合起来摧毁帝国主义力量。由此可见,列宁在新的历史条件下发展了马克思、恩格斯的无产阶级国际主义。

　　列宁的思想对于当代世界社会主义运动仍具有重要的指导意义。在当代,资本主义社会生产力的进一步提高和社会财富的极大增长,使发达工业社

---

① 《列宁选集》第4卷,人民出版社1995年版,第326页。

会中的人不论来自什么阶级或阶层,在物质上都能够共享其丰裕带来的满足感,即生活水平的极大提高。这导致的结果是,劳资矛盾缓和,无产阶级关于资本主义社会的否定新思维向肯定性思维转化,对现存社会制度逐渐产生满足感。正如马尔库塞所说:"由于更多的社会阶级中的更多的人能够得到这些给人以好处的产品,因而它们所进行的思想灌输便不再是宣传,而变成了一种生活方式。"①尤其是在资产阶级的爱国主义和民族主义的煽动下,各国的无产阶级或多或少站在本国政府的一边,捍卫本国的利益。我们不曾忘记第一次世界大战时期共产国际中产生的沙文主义。在这样的历史条件下,仍然提无产阶级国际主义似乎显得不合时宜。实际上并非如此,当代中国作为社会主义大国,本着和平与发展的理念,没有在世界范围内宣扬暴力革命,但我们始终在关注着世界各国的社会主义运动,并以中国特色社会主义的伟大事业向世界人民展示社会主义的优越性,为社会主义在世界范围取代资本主义而积极做贡献。此外,我们始终以无产阶级国际主义为准则妥善处理与其他民族、无产阶级政党以及社会主义国家之间的关系。

---

① [美]赫伯特·马尔库塞:《单向度的人:发达工业社会意识形态研究》,刘继译,上海译文出版社 2008 年版,第 11 页。

第十八章　列宁关于土耳其社会发展与社会革命的理论——研读《世界历史的新的一章》等著作

19世纪末20世纪初,土耳其帝国处于社会大动荡和大转型时期。1908—1909年革命后,青年土耳其党人开始执政,但继续推行专制和中央集权制度,并且使土耳其卷入第一次世界大战。土耳其各族人民依然生活在专制统治和民族压迫之下。第一次世界大战结束后,在穆斯塔法·凯末尔的领导下,土耳其人民在帝国废墟上建立起资产阶级民主共和国,从而开启了土耳其的现代化进程。长期以来,沙皇俄国与土耳其帝国纠缠不清的国际关系,以及土耳其革命与亚洲革命的互动关系,使得土耳其成为列宁重点关注的落后国家之一。他先后在《告贫苦农民》、《巴尔干和波斯的事变》、《世界政治中的易燃物》、《世界历史的新的一章》、《塞尔维亚和保加利亚的胜利的社会意义》等文中就土耳其社会发展的历史与现状、土耳其革命的进展和意义、沙皇俄国和西方列强对土耳其的政策等问题阐发了重要思想。十月革命胜利后,苏维埃政府推行和平外交政策,不但拒绝瓜分土耳其,而且积极改善与土耳其(共和国)的关系。列宁的思想与实践对于中国共产党人正确处理与其他弱小民族和国家的关系有重要的现实启示意义。

一、土耳其长期处于"痛苦的衰落和瓦解状态"

19世纪末20世纪初的土耳其帝国与俄国一样,都是封建专制政体国家。封建君主一人独揽大权,广大人民群众没有政治自由。基于政体的相似性,列宁在批判沙皇政治的同时经常将其与土耳其相提并论,从而阐述了土耳其社会发展和人民生活的状况。

列宁指出,土耳其长期处于"痛苦的衰落和瓦解状态"。早在 16 世纪末,曾辉煌盖世的土耳其帝国就由盛而衰,进入衰落和瓦解时期。在随后三百余年的时间里,帝国江河日下,直至 1923 年土耳其共和国的诞生。苏丹政府曾实行西方化的改革,力图挽救帝国,但由于种种原因未能扭转衰败的局面。19世纪末 20 世纪初,衰落中的土耳其帝国处于瓦解的边缘。

其一,帝国领土和管辖权日益缩小。1878 年俄土战争结束后,在德国首相俾斯麦的策划下,欧洲列强和土耳其在德国柏林召开会议。会议宣布,罗马尼亚、塞尔维亚和门的内哥罗独立并永远脱离帝国,保加利亚获得自治;奥地利占领波斯尼亚和黑塞哥维那;英国占领塞浦路斯。1881 年,为贯彻柏林会议诺言,欧洲国家要求土耳其北方的一大片领土划给希腊,包括谷仓赛萨利在内。同年,法国占领突尼斯,将其变成保护国。1882 年,英国占领埃及。1885 年,保加利亚吞并东鲁梅利亚。1912—1913 年第一次巴尔干战争后,土耳其帝国在巴尔干的领土尽失,只剩下色雷斯和爱迪尔内。

其二,资产阶级自由主义思潮兴起。苏丹的专制统治早已引起帝国境内各族人民的不满和反抗。19 世纪末,随着帝国教育事业的发展,学生团体尤其是军事学院和医学院不满现状的学生团体成为反抗苏丹专制统治的中心。1889 年,几名医科学校的学生发起建立了一个反专制统治的秘密组织——统一与进步委员会,通常称为青年土耳其党。除知识分子外,该党还吸引了一些青年学生和军官的加入。他们主张推翻专制政权,恢复 1876 年宪法,抗议西方列强的外交和军事干涉,要求实现国家的政治经济独立。

其三,分裂主义运动四起。随着帝国的日渐衰微,非土耳其民族的独立主义和民族主义思想日益增长。叙利亚和阿尔巴尼亚产生自治的倾向和要求,马其顿和克里特的希腊人希冀与希腊结盟,亚美尼亚人萌发民族独立意识。1897 年,雅典当局派兵援助克里特岛希腊人起义,并向奥斯曼帝国宣战。虽然苏丹政府最终取得了胜利,但是在西方列强的干涉下,帝国未能将希腊吞并,仅仅是获得了一笔赔款。

其四,一次宪政徒有虚名。早在"坦泽马特"时期(1839—1871),新奥斯曼党人就开始鼓吹立宪政府,主张通过制定一部正式成文的宪法公之于众。

该宪法对内阁、由苏丹任命的上议院、由选举产生的众议院、独立的司法机构以及人权法案等都作了明文规定,还强调奥斯曼全体臣民地位平等。1877 年3 月至 6 月和 1877 年 12 月至 1878 年 2 月,众议院在伊斯坦布尔先后召开两次会议,但并未取得什么立法成果。苏丹阿布杜尔哈米德虽在登基时答应制定一部宪法,并宣布实行君主立宪制,但他内心里对此持排斥态度,尤其不愿接受议会对苏丹权力的监督和约束。结果,仅仅运行两年的议会就被哈米德封禁。他宣布议会休会,而这一休就是 30 年,宪法也随之被搁置。

1902 年,在《评国家预算》一文中,针对俄国财政大臣维特把国家债务同国家财产作对比的做法,列宁指出:"事实上,拿国家的专门财产当作国债抵押品的,到现在为止,在所有的欧洲国家中还只有土耳其一国。这种做法自然而然会使外国债主控制那些作为还债抵押品的财产。"①这从侧面揭露了两个问题,一是土耳其国库亏空、资不抵债的财政现状;二是苏丹政府不顾国家经济独立和安全,用国家专门财产作为国债抵押品,致使外国债主操纵本国经济。这允分说明土耳其帝国的腐朽和衰落。

由于土耳其帝国是一小撮土耳其人通过军事扩张和武力征服建立起来的,伊斯兰教被视为国教,广大的非穆斯林臣民不但要承受异族统治之苦还要承受异教奴役之苦。一般而言,穆斯林农民向政府交纳的各种税项占其收获物的 1/10;而非穆斯林农民的负担则翻几倍,不但要交纳其收成的 1/2,而且要交人头税。随着帝国的衰落,农民的负担日益加重。如,16 世纪初,人头税每人 20 至 25 阿克切,17 世纪初则增至 140 阿克切。税吏为从中勒索,甚至把税额加到 400 至 500 阿克切。② 此外,长期的对外战争和奢靡的宫廷生活使得帝国国库日益亏空。1676 年至 1878 年间,仅俄国和土耳其之间就发生过十次战争。17 世纪末,土耳其帝国的军事强国地位一去不复返,沦为西方列强任意宰割的对象。帝国疆土日渐缩小,外交话语权日益丧失,任由列强摆布。苏丹政府的昏聩无能,进一步激化了帝国内部的阶级矛盾和民族矛盾,农民起义和民族独立斗争不断爆发。基于土耳其帝国的现状,1905 年 6 月,列宁在有关文章中阐述俄国无产阶级政党的革命策略时指出,无产阶级由于自己在现代社

---

① 《列宁全集》第 6 卷,人民出版社 1986 年版,第 242 页。
② 参见刘明:《奥斯曼帝国》,商务印书馆 1986 年版,第 58 页。

会中所处的阶级地位,能够比一切其他阶级更早地懂得,伟大的历史问题最终只有用暴力来解决,自由不付出巨大的牺牲是得不到的,沙皇政府的武装抵抗必须靠手持武器去粉碎和击溃;"否则,我们就不会得到自由,否则,俄国就会和土耳其的命运一样——长期处于痛苦的衰落和瓦解状态,这种状态对于所有被剥削的劳动人民群众来说就尤其痛苦"①。也就是说,由于土耳其人民没有通过革命推翻苏丹的封建专制政权,土耳其社会在苏丹的专制统治下长期处于痛苦的衰落和瓦解状态,从而给被剥削的劳动人民群众带来深重的灾难。

列宁指出,土耳其人民成为苏丹专制政府的"政治奴隶"。虽然早在1876年苏丹阿布杜尔哈米德就宣布土耳其开始实行君主立宪制,但议会的作用根本没有得到应有的发挥,且两年之后就被苏丹封禁,直到1908年青年土耳其党人革命使之再度开启。也就是说,1908年前的土耳其帝国是一个军事的封建的专制国家,国家的政治、经济、军事、宗教等大权集中于帝国的最高世俗统治者和最高宗教领袖——苏丹之手,广大人民群众在社会生活的各方面都受制于以苏丹为首的一小撮官僚,毫无政治自由可言。而欧洲的英、法、德等国早已走上资本主义发展道路,资产阶级掌握国家政权,广大人民群众虽处于被统治状态,但享有充分的政治自由。基于此,1903年,列宁在《告贫苦农民》中指出,欧洲所有其他国家的人民早就争得了政治自由,"只有在土耳其和俄国,人民仍然是苏丹政府和沙皇专制政府的政治奴隶"②。所谓的"政治奴隶"指政治上的无权状态。由于奉行专制制度,土耳其的苏丹(或俄国的沙皇)拥有独揽的、无限的、专制的权力,一切法律都由他一个人颁布,一切官吏都由他一个人委派,"人民根本参加不了国家的机构和国家的管理"③。人民也没有选举和被选举的权利,没有召集会议讨论国家事务的权利,没有随意出版书报的权利,简言之,没有政治自由。

列宁还在向贫苦农民谈及俄国无产阶级政党对待宗教信仰的问题时指出:"欧洲各国中只有俄国和土耳其还保留着一些可耻的法律,来整治不信正教而信其他教的人,整治分裂教派,整治其他教派信徒,整治犹太人。"④这些

---

① 《列宁全集》第10卷,人民出版社1987年版,第294页。
② 《列宁全集》第7卷,人民出版社1986年版,第115页。
③ 《列宁全集》第7卷,人民出版社1986年版,第115页。
④ 《列宁全集》第7卷,人民出版社1986年版,第150页。

法律,或是干脆禁止某种宗教,或是禁止传布这种宗教,或是剥夺信仰这种宗教的人的某些权利。我们知道,奥斯曼土耳其帝国的司法制度由四种不同的法体组成:伊斯兰法、卡农、阿德特和乌尔夫。其中的伊斯兰法位于其他三种法之首,对穆斯林臣民适用,涉及穆斯林的信仰、道德、崇拜仪式、民事和刑事等生活内容,任何触犯法条的人包括苏丹、法官和各级政府官员都要受到相应的惩罚。当然,穆斯林法也规定了穆斯林在帝国境内享有的某些特权,如不论职业和地位高低贵贱,非穆斯林在遇到穆斯林时都要给穆斯林让路,还有其他一些经济特权也是非穆斯林所没有的。列宁认为,一切宗教和教会,在法律面前应该一律平等,而不应该有什么占统治地位的宗教和教会。因此,土耳其帝国的法律是极不公道、极专横和极可耻的。

二、西方列强“瓜分土耳其”的政策与苏维埃俄国的立场

俄国十月革命之前,列宁揭露和批判了沙皇俄国和西方列强推行的瓜分土耳其的政策;十月革命胜利之后,以列宁为首的布尔什维克拒绝第一次世界大战协约国达成的瓜分土耳其的协定,并倡导与土耳其政府建立友好关系。

列宁批判沙皇俄国和西方列强推行“瓜分土耳其”的政策。在 1905 年俄国第一次资产阶级民主革命运动的影响下,亚洲各被压迫民族相继爆发了民族民主革命运动。1908 年,青年土耳其党人也发动了立宪运动。立宪运动的矛头直指哈米德二世的封建专制统治,要求恢复宪制。如果这场革命成功,将产生重大的影响:巴尔干各国人民争取独立自主和真正民主的愿望会日益强烈;亚洲民主运动将得到新的发展;印度争取独立的斗争也将得到加强。这是俄国和西方列强不愿意看到的结果。所以,列强们害怕土耳其革命的成功。如此,“土耳其革命一下子就碰上了以俄国为首的列强的反革命联盟”①。欧洲各国的官方刊物声称,希望土耳其的立宪制度得到巩固和发展,并对资产阶级青年土耳其党人的“温和”赞不绝口。列宁分析指出,人们称赞青年土耳其党人的温和与克制,也就是称赞土耳其革命的软弱无力,称赞这个革命不去唤

---

① 《列宁全集》第 17 卷,人民出版社 1988 年版,第 199 页。

醒下层人民、不去激发群众的真正的独立精神,称赞这个革命敌视正在奥斯曼帝国展开的无产阶级的斗争,与此同时,人们还是照旧掠夺土耳其。"他们一面称赞青年土耳其党人,一面继续推行显然是瓜分土耳其的政策。"①也就是说,欧洲资产阶级政党不是称赞青年土耳其党人的"革命",而是称赞其没有威胁到列强的利益,使得列强可以继续在土耳其谋取私利。

1912 年 10 月 9 日,在俄国的支持下,巴尔干同盟对土耳其宣战,第一次巴尔干战争爆发。10 月 10 日,列宁在《告俄国全体公民书》中揭露沙皇俄国和欧洲列强试图插手巴尔干事件的阴谋,他说:"整个欧洲都想插手巴尔干事件!大家都主张'改革',甚至主张'斯拉夫人的自由'。而实际上俄国想从土耳其亚洲部分捞一把,占领博斯普鲁斯,奥地利对萨洛尼卡,意大利对阿尔巴尼亚,英国对阿拉伯,德国对安纳托利亚都虎视眈眈。"②可见,列强们各个心怀鬼胎,欲借插手巴尔干事件实现瓜分和占领土耳其领土的阴谋。对于列强的干涉行为,列宁指出:"欧洲'列强'充满敌意的干涉也罢,貌似友好的干涉也罢,对巴尔干的农民和工人来说,都只意味着在普遍的资本主义剥削之外又增加了阻挠自由发展的各种桎梏。"③意思是说,不论列强以何种借口插手巴尔干事务,都是在给巴尔干工农群众争取解放的斗争添设障碍。

列宁还指出,沙皇政府一贯推行掠夺土耳其的政策以便占领君士坦丁堡。君士坦丁堡是俄国南下扩张的必经之路。所以,进军土耳其占领君士坦丁堡是沙皇政府由来已久的夙愿。如果说,在早期即土耳其帝国的繁荣和强盛时期,俄土战争由土耳其的扩张而引起;那么到后期即土耳其帝国的衰落时期,俄土战争则由俄国的扩张挑起。除以各种事由直接发动对土耳其战争外,沙皇政府还通过支持土耳其藩属国的分裂主义运动以达到削弱和瓦解土耳其帝国的目的。基于此,列宁多次揭露和斥责沙皇政府的殖民掠夺政策及其侵占土耳其的野心。1912 年 10 月,列宁在相关文章中说:"俄国沙皇政府的对外政策就是一连串反对民族自由、反对民主、反对工人阶级的最骇人听闻的罪行和暴力,最卑鄙无耻的阴谋诡计……沙皇政府阴谋夺占博斯普鲁斯海峡,侵吞土

---

① 《列宁全集》第 17 卷,人民出版社 1988 年版,第 201 页。
② 《列宁全集》第 22 卷,人民出版社 1990 年版,第 148 页。
③ 《列宁全集》第 22 卷,人民出版社 1990 年版,第 155 页。

耳其亚洲部分以扩张'自己的'领土。"①1916 年 10 月,他又在文中指出:"许多世纪以来,沙皇政府一直想占领君士坦丁堡和亚洲的愈来愈大的一部分地区,它一贯推行相应的政策,并且为此而利用各大国之间的一切矛盾和冲突。"②

列宁领导下的苏维埃俄国拒绝瓜分土耳其并希望同其建立"友好关系"。第一次世界大战爆发后,原本保持中立的土耳其在国防大臣恩维尔等人的策划下与德国结盟,进而卷入战争。这对几近瓦解的土耳其帝国无疑是致命的一击。1918 年战争结束后,作为战败国,土耳其遭到协约国的瓜分。1919 年,英国和法国军队占领了靠近叙利亚和伊拉克边线的安纳托利亚中南部几个地方,意大利则在安纳托利亚南部登陆,希腊人占领了伊兹米尔。在战前,协约国曾答应沙皇俄国控制伊斯坦布尔、博斯普鲁斯海峡和达达尼尔海峡以及安纳托利亚的东北部。然而,1917 年俄国二月革命推翻了沙皇政权,十月革命又将政权转到工人阶级手中,旧的沙皇俄国为新生的苏维埃俄国所取代。基于第一次世界大战的非正义性和苏维埃俄国的现实国情,列宁以接受苛刻的《布列斯特和约》为条件退出战争,从而使新生的苏维埃俄国获得喘息的机会。如此,战前关于占领土耳其的协定也就不再兑现。此外,代表工人阶级和广大劳动群众利益的俄共(布)奉行和平的外交政策,拒绝瓜分或奴役其他民族和地区。因此,面对战后协约国达成的瓜分土耳其的协定,苏俄不但拒绝接受协定而且将协约国的阴谋公之于众。1920 年 11 月,俄共(布)中央委员会政治局关于支援阿塞拜疆的决定草案指出:"对格鲁吉亚、亚美尼亚、土耳其和波斯采取最大限度的和解政策,即尽量避免战争的政策。"③可见,苏维埃俄国奉行和平外交政策,在国际政治问题上力求和解以避免战争。

苏维埃政府还积极建立并巩固同土耳其政府的友好关系。在签署第一次世界大战停战协定前后,在穆斯塔法·凯末尔的领导下,土耳其的色雷斯和安纳托利亚地区的一些人发起反抗,成立"护权协会",后在安纳托利亚成立安卡拉政府,与苏丹政府相抗衡。1921 年,苏维埃政府和安卡拉政府签订友好条约,完全承认安卡拉政府。实际上,早在 1920 年底,列宁就在全俄苏维埃第八次代表大会上指出,"我们和阿富汗,尤其是和土耳其的友好关系愈来愈协调,

---

① 《列宁全集》第 22 卷,人民出版社 1990 年版,第 150 页。
② 《列宁全集》第 28 卷,人民出版社 1990 年版,第 193—194 页。
③ 《列宁全集》第 40 卷,人民出版社 1986 年版,第 45 页。

愈来愈巩固。"①这种友好的关系不但有助于为苏俄社会主义建设营造良好的
国际环境,而且有助于促进土耳其社会的发展。与苏俄致力于改善同土耳其
的关系不同,英、法等列强则竭力控制和奴役土耳其,拒不承认土耳其共和国。
正如列宁所分析指出的,在对待土耳其这个国家方面,协约国竭力使它和西欧
各国之间不能建立一点正常关系。

三、土耳其革命的意义及无产阶级对待革命的态度

　　20 世纪初,土耳其先后爆发了青年土耳其党人的立宪运动和巴尔干同盟
反抗土耳其的民族独立运动。土耳其革命与印度、中国、伊朗、朝鲜等国的民
族民主革命运动一起,在亚洲掀起了一股新的革命浪潮,列宁称之为"亚洲觉
醒"。基于无产阶级国际主义的立场,列宁充分肯定了土耳其革命和巴尔干人
民争取民族独立和自由运动的意义,并呼吁无产阶级支持土耳其民主革命
分子。

　　列宁提出,土耳其革命将引导人民在争取自由的斗争中建立最伟大的历
史功勋。1908 年 7 月 4 日,青年土耳其党人发动的反对苏丹哈米德二世封建
专制统治的资产阶级民主革命拉开序幕。苏丹哈米德二世被迫于 7 月 24 日
宣布恢复 1876 年宪法,并进行国会选举。12 月,新国会召开,青年土耳其党领
袖里扎担任议长。1909 年 4 月,在成功镇压反革命活动后,青年土耳其党人废
黜哈米德二世,组成新政府,开始执掌国家政权。然而,他们却继续推行专制
制度和中央集权制度,革命半途而废。显然,1908 年青年土耳其党人的革命是
一次不彻底的资产阶级民主革命,即列宁所说的,"这种胜利只是胜利了一半,
甚至只是胜利了一小半"②。因为革命在土耳其苏丹作出恢复 1876 年宪法的
承诺后便停下了,没有废黜封建君主,也没有实行资产阶级民主制度,相反继
续推行专制制度。虽然如此,列宁还是认为其作用不容忽视。他分析指出,革
命的这种一半的胜利、旧政权被迫作出的这种仓促的让步,必然会使内战发生

---

① 《列宁选集》第 4 卷,人民出版社 1995 年版,第 342 页。
② 《列宁专题文集·论资本主义》,人民出版社 2009 年版,第 59 页。

更重要得多、更剧烈得多、能吸引更广泛的人民群众参加的新的转折。内战是一所要经受考验的学校,它的全部课程包括反革命的胜利,凶恶的反动派的猖獗,旧政权对反叛者的野蛮镇压,等等。所以,内战这所学校在使人民群众受苦受难的同时,也教他们如何进行内战,教他们如何取得革命的胜利,并且把他们对地主阶级的封建专制统治的仇恨集中起来。列宁说:"这种仇恨长期隐藏在闭塞的、迟钝的、无知无识的奴隶的心中,他们一旦意识到自己奴隶生活的屈辱,这种仇恨就会引导他们去建立最伟大的历史功勋。"①"最伟大的历史功勋"也就是指推翻土耳其帝国的封建专制制度,为20世纪初的欧洲清扫中世纪制度的残余。这里的意思是说,1908年土耳其革命能够催发土耳其人民的斗争意识,进而引导他们与地主阶级作斗争,推翻苏丹的封建专制统治,获得政治自由。

列宁还把1908年土耳其革命看作世界政治中的易燃物之一。1908年7月,他在文中指出:"近来易燃物已经积得相当多了,而且还在不断增加……土耳其的立宪运动使得欧洲资本主义强盗手中的这块世袭领地眼看就要失去。"②"土耳其的立宪运动"即1908年土耳其革命,这里的意思是说,土耳其革命有可能推翻苏丹专制统治,在土耳其帝国的废墟上建立起共和国,从而使列强丧失在土耳其帝国的利益。第一次世界大战结束后,土耳其人民不满协约国对土耳其的瓜分和侵占,在凯末尔将军的领导下奋起反抗,赶走入侵者,捍卫了土耳其人的主权。列宁对此持肯定和赞扬态度,他说:"土耳其的工人和农民还是表明了:现代各民族对掠夺行为的反抗已是一个不容忽视的事实,各帝国主义政府对土耳其的掠夺引起了土耳其的反抗,以致最强大的帝国主义国家也不得不缩回自己的魔掌。"③

列宁提出,巴尔干国家反对土耳其的战争标志着世界历史揭开新的一章。在第一次巴尔干战争爆发之前,西方列强特别是英国和法国在土耳其问题上一直持"维持现状"的理论,以维护自身在土耳其的既得利益。1912年,土耳其藩属国塞尔维亚、保加利亚、门的内哥罗和希腊结成四国联盟,提出给予马其顿和色雷斯自治权的要求,遭到土耳其苏丹政府的拒绝。随后,四国联盟在

---

① 《列宁专题文集·论资本主义》,人民出版社2009年版,第59页。
② 《列宁全集》第17卷,人民出版社1988年版,第166页。
③ 《列宁全集》第40卷,人民出版社1986年版,第362页。

俄国的支持下发动了反对土耳其控制和压迫的战争。这次战争称为第一次巴尔干战争。列宁高度评价之，称"世界历史已经揭开了新的一章"①，并深入分析这"新的一章"的意义。众所周知，时至 20 世纪初，东欧的巴尔干、俄国和奥地利依然存在着专制制度、封建制度和民族压迫，这些顽固的中世纪制度的残余严重阻碍社会的发展和无产阶级的成长。巴尔干各国人民长期生活在奥斯曼土耳其帝国的封建专制统治和民族压迫之下。1912 年，巴尔干各国工人提出了用彻底的办法解决巴尔干民族问题的口号——建立巴尔干联邦共和国。这不但无情打破了西方列强"维持现状"的理想，而且极大挑战了欧洲的封建专制统治秩序。对此，列宁评价说："尽管在巴尔干建立的是君主国的联盟，而不是共和国的联盟，尽管这个联盟的形成是由于战争，而不是由于革命，——尽管如此，整个东欧在摧毁中世纪制度的残余方面，还是向前迈进了一大步。"②由于巴尔干同盟是在为民族解放而战，加之沙皇俄国的支持，盟军士气旺盛，节节胜利，土耳其军败退。1912 年 11 月 3 日，土耳其政府被迫请求欧洲列强作和平调处。这一消息传开后，列宁于 11 月 7 日写作《塞尔维亚和保加利亚的胜利的社会意义》一文，高度评价巴尔干同盟国胜利的意义。他说："塞尔维亚人和保加利亚人的胜利，就意味着马其顿封建统治的垮台，意味着农民土地占有者这一比较自由的阶级的形成，意味着巴尔干各国曾经受到专制制度和农奴制关系阻碍的整个社会的发展有了保证。"③第一次巴尔干战争的结果是，土耳其丧失了在欧洲的大部分领土，巴尔干半岛各国人民摆脱了土耳其帝国的封建专制统治和民族压迫。

列宁提出，无产阶级政党应当坚决支持土耳其资产阶级民主革命分子。1912 年巴尔干战争就其性质来说是一场民族解放战争，具有进步的作用。但是，欧洲资产阶级却掩盖巴尔干事态的真相，并歪曲其历史意义。如，俄国自由派资产阶级称巴尔干战争是为了实现斯拉夫人的民族解放，向俄国人民灌输泛斯拉夫主义的思想，从而为俄国插手巴尔干事件制造借口。列宁指出，俄国资产阶级之流的行为是在给巴尔干各国人民的真正解放事业增添困难，是赞成在某种程度上保存地主特权、政治压迫和民族压迫。与资产阶级的态度

---

① 《列宁全集》第 22 卷，人民出版社 1990 年版，第 168 页。
② 《列宁全集》第 22 卷，人民出版社 1990 年版，第 169 页。
③ 《列宁全集》第 22 卷，人民出版社 1990 年版，第 206 页。

相反,俄国工人民主派则认为,巴尔干人民只有彻底摆脱地主和专制制度的压迫,民族解放和民族自决的充分自由才会必然到来。即列宁所指出的:"工人民主派则相反,只有它才坚决主张巴尔干各国人民的真正的、彻底的解放。只有彻底实现巴尔干各民族的农民在经济上和政治上的解放,才能根本消除一切民族压迫。"①意思是说,在工人民主派看来,巴尔干各族人民只有实现经济上和政治上的解放和独立,才能彻底摆脱来自土耳其帝国的封建专制统治和民族压迫之苦。

列宁还对土耳其无产阶级政党提出了支持资产阶级民族解放运动的要求。第一次世界大战爆发后,社会沙文主义兴起,各参战国无产阶级政党内的机会主义分子纷纷放弃国际社会主义的立场站到本国政府一边。列宁认为,不同类型国家的无产阶级政党对民族自决权应当有不同的态度,欧美等发达资本主义国家在奴役和压迫其他民族,无产阶级政党不该以民族自决为由站在本国政府一边,而应该反对帝国主义。中国、波斯、土耳其等半殖民地国家和所有殖民地国家的资产阶级民主革命运动远未完成,社会党人即无产阶级政党"不但应当要求无条件地、无代价地立即解放殖民地","还应当最坚决地支持这些国家的资产阶级民主的民族解放运动中最革命的分子,帮助他们的起义——如果有机会,还要帮助他们的革命战争——,反对压迫他们的帝国主义列强"。②

四、对列宁思想的评论

从内容上看,本章"列宁关于土耳其社会发展与社会革命的理论",是前一章"列宁关于印度民族解放运动的理论"的姊妹篇,充分体现了列宁的无产阶级国际主义立场。从价值上看,列宁关于土耳其社会发展与社会革命的理论具有以下几个值得深思的现实启示。

第一,列宁关于一切宗教和教会在法律面前应该一律平等的思想,充分体

---

① 《列宁全集》第22卷,人民出版社1990年版,第207页。
② 《列宁选集》第2卷,人民出版社1995年版,第569页。

现了马克思主义宗教观。宗教作为一种社会意识形态,在阶级社会中,国家与宗教紧密结合,宗教往往成为统治阶级钳制被统治阶级思想的工具。如,土耳其帝国将伊斯兰教定为国教,宗教歧视与宗教压迫无处不在,广大的非穆斯林臣民不但要承受异族统治之苦还要承受异教奴役之苦。列宁认为,一切宗教和教会,在法律面前应该一律平等,而不应该有什么占统治地位的宗教和教会。在社会主义社会,宗教与国家是分离的,因此也就不会有占统治地位的宗教。社会主义国家实行宗教信仰自由的政策,每一位公民都有信仰宗教的自由,也有不信仰宗教的自由。但是,这绝不意味着社会主义国家中的公民可以借助宗教散播危害社会的言论。如果有邪教团体,打着宗教的旗号搞破坏民族团结、危害社会稳定的活动,社会主义国家必将坚决打击并取缔之。

第二,列宁对沙皇俄国和西方列强"瓜分土耳其"政策的揭露与批判,以及苏维埃俄国积极建立、巩固同土耳其政府"友好关系"的实践,充分揭示了社会主义国家与资本主义国家在外交政策上的本质区别。资本的逐利性决定着资本主义国家在对外交往中唯利是图,将本国利益凌驾于他国之上。不论是在昔日的殖民扩张年代,还是在和平与发展已经成为时代主题的当代,资本主义大国始终以本国利益为中心,借助政治、经济、文化抑或军事手段,在全球范围内攫取私利。西方国家继"实力外交"和"炮舰外交"之后,从20世纪70年代开始推行"人权外交",以法官的身份对他国的人权状况进行恶意评判。如美国国务院每年向国会提交年度人权国别报告,并将中国人权问题放在首要地位,攻击中国"独裁专制""没有人权",等等,充斥着十足的意识形态火药味。与之相反,中国作为当代社会主义大国,始终奉行独立自主的和平外交政策,坚持"互相尊重主权和领土完整、互不侵犯、互不干涉内政、平等互利、和平共处"的五项基本原则。

第三,列宁关于不同类型国家的无产阶级政党对民族自决权应当有不同的态度的思想,给人们以重要的启示。民族自觉权原属于资产阶级民主革命的内容,最初是由资产阶级和小资产阶级提出来的。马克思、恩格斯基于历史的观点,始终赞成民族自决权的原则,并将其理解为各民族有自己决定自己的命运,直到自由分离成立独立国家的权利。到了帝国主义时代,民族自决权主要指仍处于封建专制统治之下或受帝国主义压迫的各民族有摆脱压迫、成立独立的民族国家的权利。基于此,列宁认为,在已经完成资产阶级民主革命的国家,就不应该再提民族自决权问题。关于民族自决权的含义,他曾明确指出:"所谓民族自决,就是民族脱离异族集合体的国家分离,就是成立独立的民族国家。"①但是,民族自决权"这种政治民主要求并不就等于要求分离、分裂、建立小国,它只是反对任何民族压迫的斗争的彻底表现"②。实际上,列宁是将民族自决权作为无产阶级反对帝国主义的武器和促进各民族自愿联合的手段加以强调的。如此,社会性质不同的国家的无产阶级,应该本着反对帝国主义的原则,根据本国的实际情况,支持或反对本国的民族自决权。所以,在社会主义性质的国家,由于已经不存在民族压迫和歧视问题,我们坚决反对少数人打着民族自决的旗号搞分裂活动。

① 《列宁选集》第2卷,人民出版社1995年版,第371页。
② 《列宁选集》第2卷,人民出版社1995年版,第564页。

第十九章 列宁关于抗议"扼杀波斯人民自由"的思想——研读《巴尔干和波斯的事变》等著作

1905 年底,伊朗人民为获得自由,掀起了一场声势浩大的民族民主革命运动。伊朗革命作为"亚洲觉醒"的重要组成部分,在动摇伊朗国内的封建专制统治、打击以沙皇俄国为代表的帝国主义和霸权主义、推动亚洲人民的反帝反封建革命运动等方面发挥着重要的作用。为此,列宁高度关注伊朗革命,先后写作《世界政治中的易燃物》、《巴尔干和波斯的事变》等著作。文中,列宁高度评价伊朗革命,称这种运动是"不会被消灭的";深刻揭露与批判沙皇俄国协同英国"扼杀波斯人民自由"的帝国主义行径;积极号召国际无产阶级及其政党"支持波斯革命运动"。

一、1905—1911 年伊朗宪法革命运动概况

1905 年 12 月,伊朗积蓄已久的宪法革命爆发。自 19 世纪中期伊朗沦为半殖民地以来,在帝国主义和封建主义的双重压迫下,伊朗人民的生活困苦不堪。其一,伊朗手工业和民族工业受到西方经济的摧残,国家经济畸形发展,国内市场充斥着西方国家的商品,大量的手工业者和技术工人失去赖以生存的工作,或流离失所,或被迫到国外谋生。其二,卡扎尔王朝为偿还巨额的借款和战争赔款,加大对农民的搜刮力度,加之土地价格因资本的炒作而不断上涨,农民的租税徭役负担日渐繁重,农民纷纷破产。其三,封建主强占农民土地,强迫农民种植经济作物,不断增加地租和摊派苛捐杂税,农民被迫将

40%—90%的收成交给封建主。与之形成鲜明对比的是,封建统治者却过着穷奢极欲的生活。卡扎尔王朝作为全国最大的地主,一个王子就拥有2000个村庄和50万居民。即便如此,王室仍入不敷出,不断地以海关税收等关系国家经济命脉的部门作抵押向外国借款。如,1902年4月,伊朗向俄国借款1000万卢布,这笔钱不是用来发展经济的,而是用来供王室游历欧洲的。更为甚的是,卡扎尔王朝在西方列强的淫威下,以出卖国家主权苟且偷生。如此,伊朗人民与帝国主义的矛盾、人民大众与封建王朝的矛盾日趋尖锐化。19世纪末20世纪初,伊朗各地群众运动迭起。如,1900年德黑兰等城市因饥荒而爆发民众运动;1901年德黑兰爆发反对时任首相和比利时海关官员的群众运动;1903—1904年间多个城市发生"饥荒暴动";等等。1905年12月,德黑兰总督以捏造的罪名处置糖商的行为激起了当地群众的愤怒,继而爆发了示威抗议运动。示威者要求罢免时任首相艾因·道莱,实行改革,召开议会。这些要求得到全国各地的响应和声援,一场持续六年的宪法革命运动由此拉开帷幕。

沙皇俄国协同英国干涉伊朗革命并最终将其镇压。在伊朗革命爆发初期,沙皇俄国忙于镇压国内人民的革命运动,无暇顾及。1907年8月,经秘密谈判,英、俄两国达成在伊朗划分势力范围的协定,从而为镇压伊朗革命做好前序工作。1907年12月和1908年6月,沙皇支持以伊朗国王穆罕默德·阿里为首的反动势力发动两次政变,以达到扑灭革命的目的。在第二次政变遭遇伊朗革命者的顽强抵抗后,沙皇政府便借口保护俄国侨民,直接派兵镇压伊朗革命运动。与此同时,英国于1909年3月派兵在伊朗南部登陆,先后占领布什尔等南方多个城市,解散当地安朱曼(革命委员会),并逮捕立宪革命党人。1911年12月,伊朗革命终因寡不敌众而被镇压。

二、伊朗人民争取自由的革命运动是"不会被消灭的"

1905—1911年伊朗革命,是一场主要由伊朗新兴资产阶级领导的、人民群众广泛参与的民族民主革命运动,它标志着伊朗人民的觉醒和伊朗革命力量的崛起。为此,列宁高度评价伊朗人民发动的这场争取自由的革命运动,称其是"不会被消灭的"。

　　基于伊朗人民顽强的革命斗争精神,列宁提出,伊朗人民的革命运动是"不会被消灭的"。1906 年 1 月,伊朗国王在抗议者的压力下,答应罢免德黑兰总督,同意召开立宪协商会议,许诺所有的伊朗人在法律面前享有平等的权利。但是,他并没有将承诺付诸实施。针对国王的背信弃义,德黑兰等城市的群众于 6 月份再次举行游行示威,商人和手工业者也关门罢市。随后,国王罢免首相艾因·道莱,发布批准召开马吉里斯即国民代表大会的命令,并在选举法上签了字。12 月 30 日,国王批准了国会制定的《基本法》。次年 10 月,新国王又批准了《基本法补充条例》。至此,伊朗历史上第一部宪法诞生。与此同时,伊朗人民在革命过程中还产生了两个重要的组织——"费达伊"和"安朱曼",前者是革命武装,后者是革命委员会。安朱曼最初由大不里士群众在 1906 年底的选举中产生,是监督国会代表选举的一个机构,后来发展成为大不里士地方议会,成为事实上的民选政权机构,推行了一系列符合广大人民群众愿望的措施。① 然而,卡扎尔王朝表面退让的背后是密谋政变,分别于 1907 年 12 月和 1908 年 6 月发动了两次反革命政变。第二次政变后,国王宣布废止宪法,解散国会,并颁布军官法令,捕杀革命者。在德黑兰被反动派占领后,革命中心转到大不里士。费达伊部队在仅占有大不里士 30 个区中的 1 个区的情况下,沉着应战,在群众的支持下将本来占优势的保皇党派逐出了大不里士。革命党人控制大不里士之后,革命力量向阿塞拜疆其他城市和地区推进,并在很短时间里就将阿塞拜疆的大部分地区转到革命党人手中。对此,列宁予以高度评价。1908 年 7 月,他在《世界政治中的易燃物》一文中指出:"波斯的革命者在国内的处境是困难的,印度的主人和俄国的反革命政府差不多已经准备好要瓜分波斯了。但是,大不里士的顽强的斗争、似乎已经被击溃的革命者屡次在军事上转败为胜,都表明波斯王的军队即使有俄国的利亚霍夫们和英国的外交官的援助,也会遭到来自下面的极其有力的反抗。一个革命运动能在军事上反击复辟行动,迫使有这种行动的英雄们去向异族人求援,这种革命运动是不会被消灭的,在这种情况下,即使波斯反动派取得最完全的胜利,那

---

① 　参见赵伟明:《近代伊朗》,上海外语教育出版社 2000 年版,第 196 页。

也只能是人民的新的愤怒的开端。"①意思是说,伊朗革命者在处境十分困难的情况下能够转败为胜,这种革命运动即使被反动派镇压下去,也是暂时的,革命精神和革命力量是不会被消灭的。

针对伊朗革命对殖民主义的影响,列宁提出,伊朗革命使欧洲列强的"势力范围"有"打乱的危险"。早在1904年日俄战争爆发之前,英国就向俄国提出划分在亚洲的势力范围的建议,但由于俄国不愿意将南伊朗让给英国,双方未能达成协议。然而,随后发生的一系列事件,诸如日俄战争的失败、俄国第一次资产阶级革命的爆发、伊朗革命的爆发、德国帝国主义触角向中东和伊朗地区的延伸等,使得沙皇政府放弃之前的强硬态度,转而同意与英国谈判划分在亚洲的势力范围问题。经过几个回合的秘密谈判,双方于1907年8月31日在彼得堡签订了一个关于"伊朗、阿富汗和中国西藏地方"的协定。根据协定,伊朗被划分为三个部分,面积达79万平方公里的北部地区属于俄国势力范围,面积达35.5万平方公里的东南部地区属于英国势力范围,两势力范围中间的地区为中立地带。双方约定,不在对方的势力范围内谋求租让权,但不反对对方取得这种租让权,双方都保留在中立地带谋取租让权的权利。② 这一消息传到伊朗后,伊朗国会立即提出抗议,德黑兰等城市的群众纷纷举行示威游行。面对英、俄帝国主义煽动的两次反革命政变,伊朗革命者奋力抵抗。第一次政变失败后,伊朗国王不得不面对《古兰经》起誓,保证尊重并遵守宪法。英国和沙皇俄国很清楚,伊朗革命一旦成功,他们在伊朗的既得利益就会随之丧失。所以,他们怂恿国王再次发动政变并予以财力和物力上的支持,后来更是直接派兵参与镇压革命运动。基于伊朗人民革命对帝国主义造成的威胁,列宁评论说:"波斯的革命使欧洲列强划分的一切界限——'势力范围'有打乱的危险。"③这种"打乱的危险"有两层含义:一是指伊朗革命取得胜利,帝国主义在伊朗的势力范围化为乌有;二是指伊朗人民顽强斗争,抗议在伊朗划分势力范围,使列强原有的企图难以得逞。

列宁还充分肯定了伊朗革命的世界历史地位,认为伊朗革命与中国、俄国和土耳其等东方落后国家的革命开启了亚洲资产阶级民主革命时代。自19

---

①　《列宁专题文集·论资本主义》,人民出版社2009年版,第59页。
②　参见赵伟明:《近代伊朗》,上海外语教育出版社2000年版,第198页。
③　《列宁全集》第17卷,人民出版社1988年版,第166页。

世纪英、法等西方列强入侵伊朗时起,伊朗人民就没有停止过反对资本主义殖民侵略和封建主义压迫的斗争,其中最突出当属1848—1852年的巴布教徒起义。但这些起义在斗争的广度和深度上还不足以上升到革命的高度。1905年底爆发的宪法革命则不同,它明确提出变封建专制国家为君主立宪国家,并且得到了群众的广泛支持。这一场宪法革命不仅在伊朗社会发展史上具有重要的历史地位,而且在当时的世界历史上也具有重要的历史地位。19世纪末20世纪初,世界资本主义由自由竞争阶段发展到垄断阶段,在亚洲掀起新的争夺和瓜分殖民地的狂潮,给亚洲各被压迫民族的人民带来深重的灾难。伊朗革命与俄国、中国、土耳其等国的革命相互呼应,沉重打击了帝国主义在东方的殖民体系和本国的封建统治势力。基于此,1914年初,列宁在《论民族自决权》一文中指出,在西欧,资产阶级民主革命时代大致是从1789年到1871年,这个时代是民族运动发展和建立民族国家的时代。"在东欧和亚洲,资产阶级民主革命时代是在1905年才开始的。俄国、波斯、土耳其和中国的革命,巴尔干的战争,就是我们这个时代我们'东方'所发生的一连串有世界意义的事变。只有瞎子才不能从这一串事变中看出一系列资产阶级民主民族运动的兴起,看出建立民族独立的和单一民族的国家的趋向。"①列宁把波斯革命看作这个时代具有世界意义的事变之一,无疑是对波斯革命世界历史地位的充分肯定。

三、俄国反革命在伊朗起着几乎是"决定性的作用"

与其他殖民地半殖民地国家或地区的民族民主革命一样,伊朗这场革命注定要受到帝国主义的干涉和破坏。由于沙皇俄国和英国在伊朗有着绝对的利益,它们勾结起来充当绞杀伊朗革命的刽子手,其中又以俄国最为甚。列宁深刻揭露和批判了沙皇俄国协同英国野蛮镇压伊朗革命"扼杀波斯人民自由"的帝国主义行径。

列宁斥责俄国军人已不是第一次充当"国际刽子手"的角色。沙皇俄国向来仇视一切革命运动,不论是民族解放运动还是民主革命运动。1848年,法

①　《列宁全集》第25卷,人民出版社1988年版,第234页。

国、德意志、意大利、奥地利、匈牙利等国相继爆发革命,革命浪潮席卷整个欧洲大陆,震撼了欧洲的封建统治秩序。沙皇俄国充当起"欧洲宪兵"的角色,到处镇压革命,被马克思、恩格斯称为"欧洲反动势力的首领"。如,当巴黎二月革命的消息传到俄国时,正在举行舞会的沙皇尼古拉一世立即停止舞会,发布军队动员令,随后在波兰集结40万军队,并准备派30万大军扑灭法国革命;1849年,应匈牙利国王请求,沙皇派兵参与镇压匈牙利革命。进入20世纪,沙皇俄国先是血腥绞杀中国的义和团运动,后又镇压国内的资产阶级民主革命运动。1907年底,刚从镇压国内革命运动中抽身的沙皇政府协同英国准备镇压波斯革命。所以,当得知沙皇正派兵前往伊朗的消息,列宁尖锐地指出:"血腥的尼古拉的军队对波斯革命者的一场新的屠杀就要来临了。随着非正式的利亚霍夫的干涉而来的是正式占领阿杰拜疆,并在亚洲重演1849年俄国在欧洲所干的勾当——尼古拉一世派遣军队镇压匈牙利的革命。"①也就是说,沙皇俄国正在扮演"亚洲宪兵"的角色。对此,列宁斥责说:"可耻地被日本人打败的俄国沙皇军队,正在为雪耻而卖力地替反革命效劳。哥萨克在俄国建立了讨伐、掠夺、杀戮无辜等功勋以后,接着又在波斯建立了镇压革命的功勋。尼古拉·罗曼诺夫站在黑帮地主和被罢工与内战吓破了胆的资本家的前列,疯狂地镇压波斯的革命者,这是理所当然的。虔诚地信仰基督教的俄国军人也不是第一次充当国际刽子手的角色了。"②这里不仅揭露了沙皇政府的反革命本质,而且揭露了信仰基督教的沙皇政府军的虚伪性和残酷性。

列宁揭露俄国反革命在伊朗起着几乎是决定性的作用。在干涉伊朗革命事端上,沙皇俄国是积极的策划者也是主要的行动者。此次伊朗革命的中心主要在伊朗北部省份,诸如德黑兰、阿塞拜疆、马什哈德等,按照英、俄关于划分势力范围的协定,上述主要革命地区正好属于俄国的势力范围,俄国也就必然扮演起反革命干涉的主要角色。实际上,沙皇俄国早在19世纪80年代就在伊朗建立起了影响进而控制伊朗政治的工具——哥萨克骑兵部队。这支部队名义上归伊朗国王统帅,实际上由俄国军官利亚霍夫掌控。1908年6月,在伊朗国王发动的反革命政变中,利亚霍夫指挥哥萨克旅立下汗马功劳,从而被

---

① 《列宁全集》第17卷,人民出版社1988年版,第205页。
② 《列宁专题文集·论资本主义》,人民出版社2009年版,第58页。

任命为德黑兰军政长官。所以,同年 10 月,列宁在文中指出:"俄国反革命在波斯起了并且还继续起着几乎是决定性的作用。"①

为使出兵镇压伊朗革命的决定获得国内人民的支持,并转移国内人民的革命情绪,俄国资产阶级自由派在报刊上编造干涉伊朗革命的借口。他们宣称,大不里士遭到了野蛮的革命者的破坏和洗劫,革命者的胡作非为使俄国在与伊朗接壤地区的数以百万计的贸易遭到破坏。也就是说,是伊朗的革命情势迫使俄国担负起干涉伊朗事务从而使邻近的阿塞拜疆平静下来的任务。针对此,列宁揭露说:"俄国得到列强的同意,正在用一切办法——从阴谋活动到派遣军队——来反对波斯的革命,这是事实。俄国执行着目的在于占领阿塞拜疆的政策,这也是毫无疑问的。即使军队还没有越过国境,那大概也在这方面采取了各种措施:无火不生烟。"②随后的事实使列宁的上述论断得到了证实。1909 年初,在大不里士革命的影响下,伊朗的伊斯法罕、腊什特、布什尔、设拉子、马什哈德等地先后爆发了革命,再次掀起革命浪潮,伊朗国王处境险恶。见此情景,沙皇俄国以保护在大不里士的欧洲侨民为借口,于 4 月 20 日派兵前往大不里士,血腥屠杀伊朗革命者。1911 年 7 月,沙皇又暗中支持伊朗前国王穆罕默德·阿里搞复辟运动。在复辟计划失败后,俄国又以向伊朗派兵为威胁,要求伊朗政府罢免从美国聘请来的财政总监舒斯特,要求伊朗政府在未征得英、俄公使同意之前不得聘用外国臣民,要求伊朗政府支付正在开往伊朗的俄国军队的一切费用。在俄国的压力下,伊朗内阁于 1911 年 12 月 24 日发动政变,解散国会,驱逐国会代表。以此为标志,持续六年之久的伊朗革命失败。

当然,正如列宁所指出的,俄国反对伊朗革命的行动是得到欧洲列强的同意的,所以他还谴责了欧洲列强们的反革命阴谋。1908 年 8—9 月间,俄、奥、德、意、法、英等国的外交官和首脑进行了会晤和磋商,形成了镇压波斯和土耳其革命的密谋。针对此,列宁指出:"毫无疑问,俄、奥、德、意、法、英六国的九月反动密谋,包括了俄国有反对波斯革命的'行动自由'。"③他说,至于以上的内容是写在什么秘密的文件上,还是他们只是在会晤过程中谈到和承认这一

① 《列宁全集》第 17 卷,人民出版社 1988 年版,第 199 页。
② 《列宁全集》第 17 卷,人民出版社 1988 年版,第 208—209 页。
③ 《列宁全集》第 17 卷,人民出版社 1988 年版,第 206 页。

点,或者以其他的什么方式存在着,是无关紧要的。"重要的是,不管大国之间的九月反革命密谋的形式多么不完备,这个密谋却是事实,它的作用一天比一天明显。这是反对无产阶级和反对民主派的密谋。这是为了直接镇压亚洲革命或间接打击这场革命的密谋。这是为了今天在巴尔干、明天在波斯、后天或许在小亚细亚、在埃及等地继续进行殖民掠夺和侵占领土的密谋。"①意思是说,不论帝国主义列强之间达成的反革命阴谋在形式上如何,其实质和目的都是一样的,即镇压亚洲革命,继续殖民侵略亚洲落后国家;也正是有了这样一个阴谋,沙皇俄国才肆无忌惮地干涉伊朗革命。

四、支持伊朗革命运动

基于伊朗革命的正义性及其重要意义,列宁始终对其持同情和支持态度,抗议"扼杀波斯人民自由"的帝国主义行径,号召国际无产阶级支持伊朗革命运动。

在革命期间,列宁高度关注伊朗革命的进展并明确提出支持伊朗革命运动。1908年6月,伊朗国王穆罕默德·阿里沙在德黑兰郊外的王家花园集结军队,准备再次发动政变。6月23日清晨,哥萨克旅包围和炮轰国会大厦,逮捕国会议员。在德黑兰政变的影响下,反动浪潮席卷全国。7月23日,列宁在有关文章中指出,伊朗爆发了一场以独特的方式把类似俄国的解散第一届杜马同类似俄国1905年底的起义结合起来的反革命运动。在这种反革命运动遭遇伊朗革命者和群众的有力抵抗之后,害怕伊朗革命成功的英、俄两国分别于1909年3月和4月从南北两面派兵镇压伊朗革命。它们解散北方大不里士和南方多个城市的革命组织,逮捕和杀害立宪革命党人。但是,他们的干涉并没有吓退波斯革命派。1909年6月,立宪派革命者再度攻占德黑兰,伊朗国王不得不躲进俄国公使馆避难。7月16日,伊朗国会召开非常会议,废除穆罕默德·阿里沙,立其12岁的儿子为新国王,恢复宪法,筹备召开第二届国会。然而,在国会中逐渐占据优势的温和派势力,在哥萨克旅的支持和配合下,于

---

① 《列宁全集》第17卷,人民出版社1988年版,第206页。

1910年8月强行解散了革命组织安朱曼和群众武装费达伊。1910年秋,第二国际第八次代表大会在哥本哈根召开,会议通过了关于"反对军国主义和战争"问题的决议。根据会议的精神,列宁在关于哥本哈根国际社会党代表大会及其意义的报告中,明确提出"支持波斯革命运动"①。实际上,在《巴尔干和波斯的事变》一文中,针对列强达成的"九月反动阴谋",列宁号召各国无产阶级政党揭穿外交家的把戏,就是对伊朗革命的支持。他说:"只有全世界无产阶级革命才能推翻这种戴王冠的强盗和国际资本的联合势力。一切社会党当前的任务,就是要加强群众中的鼓动工作,揭穿各国外交家的把戏,清楚明白地摆出所有的事实来表明一切结盟的强国所起的卑鄙的作用,不管这个强国是直接起宪兵的作用,还是充当宪兵的帮凶、伙伴或资助者。"②

在革命失败后,列宁对"扼杀波斯人民自由"的帝国主义行径表示抗议,对伊朗革命者表示深切同情。伊朗人民发起的这场革命运动,尤其说是被国内封建统治阶级镇压的,不如说是被英、俄帝国主义扼杀的。1911年底,在沙皇俄国的淫威下,伊朗内阁发动政变,宪法革命失败。革命虽然被无耻破坏,英、俄干涉伊朗事务的行动不仅没有收敛还更加肆无忌惮。1911年12月底,俄军包围大不里士,击败仅有一千余人的立宪派武装,并在政府大厦上升起俄国人的旗帜。1912年1月1日,俄军绞死大不里士立宪派领导人和几名宪法政府的支持者。针对沙皇俄国扼杀波斯人民自由的罪恶行径,列宁在起草俄国社会民主工党第六次全国代表会议有关决议时写道:"俄国社会民主工党对公然扼杀波斯人民自由,并且为此不惜采取最野蛮最无耻的行动的沙皇匪帮的强盗政策表示抗议。""代表会议对波斯人民的斗争,特别是对在反对沙皇暴徒的斗争中作出重大牺牲的波斯社会民主党的斗争,表示深切的同情。"③

五、对列宁思想的评论

正确认识和把握列宁关于抗议"扼杀波斯人民自由"的思想,需要明确以

---

① 《列宁全集》第19卷,人民出版社1989年版,第417页。
② 《列宁全集》第17卷,人民出版社1988年版,第206页。
③ 《列宁全集》第21卷,人民出版社1990年版,第163页。

下两点。

第一，关于争取自由的革命运动不会被消灭的思想。马克思主义认为，自由是一种不受压迫和剥削的状态。对于殖民地和半殖民国家的人民而言，争取自由一是要摆脱帝国主义的压迫和剥削，求得民族独立；二是要摆脱封建主义和资本主义的压迫和剥削，求得人民解放。自由不论对于民族、国家还是对于个人都极其重要，因为它是自主发展的前提。匈牙利伟大的革命诗人裴多菲曾写下著名的诗句：生命诚可贵，爱情价更高；若为自由故，二者皆可抛。可见，自由的价值之所在。因此，抵抗外来侵略，从资本—帝国主义的魔掌下挣脱出来，成为了殖民主义时代被压迫民族人民的首要要求。然而，随着资本主义列强殖民侵略的深入，各殖民地半殖民地国家的封建王朝无不成为帝国主义的代理人，与帝国主义势力勾结起来镇压国内人民的革命运动。面对强大的反革命势力，各国人民争取自由的运动不可能一蹴而就。但从历史来看，一次又一次的镇压不但没有消灭争取自由的运动，反而使得争取自由的运动一次比一次深入。近代中国人民争取自由的斗争可谓充满着了曲折，从农民阶级发动的义和团运动，到资产阶级领导的辛亥革命，再到无产阶级领导的新民主主义革命，无数仁人志士和爱国军民为争取自由抛头颅洒热血，几代人用了一百年的时间才求得民族独立和人民解放。所以，1905—1911 年伊朗宪法革命虽然归于失败，但是伊朗人民争取自由的革命运动是不会被消灭的。1978—1979 年伊朗伊斯兰革命推翻了伊朗最后一个伊斯兰封建王朝——巴列维王朝的统治，建立起伊朗伊斯兰共和国。但是，如何摆脱美国等外来势力的侵扰以及国内资本的压迫，从而实现真正的自由，伊朗人民依然任重道远。

第二，关于支持被压迫民族资产阶级解放运动的条件。列宁关于抗议"扼杀波斯人民自由"的思想号召国际无产阶级支持伊朗革命运动，那么，这种支持是无条件的还是有条件的呢？1920 年，列宁在共产国际第二次代表大会上代表民族和殖民地委员会作的报告明确指出："只有在殖民地国家的资产阶级解放运动真正具有革命性质的时候，在这种运动的代表人物不阻碍我们用革命精神去教育、组织农民和广大被剥削群众的时候，我们共产党人才应当支持并且一定支持这种运动。如果没有这些条件，共产党人在这些国家里就应该反对第二国际的英雄们这样的改良派资产阶级。"①可见,先进国家的无产阶级及其政党不能支持改良主义性质的资产阶级民主运动,被压迫民族的无产阶级及其政党也不能做资产阶级改良主义的尾巴。我们知道,19世纪末20世纪初的各被压迫民族都是处于前资本主义社会的落后国家,这样国家中的民族运动只能是资产阶级民主性质的。资产阶级民主运动的开展既可以采用革命的方式,也可以采用改良的方式。落后国家的资产阶级天生具有软弱性和妥协性,往往倾向于改良主义,即一面支持农民群众的民族运动,一面又反对群众的革命运动以及一切革命阶级。显然,这样的资产阶级主导的民族运动不可能接受革命精神。

---

① 《列宁专题文集·论资本主义》,人民出版社2009年版,第279页。

第二篇小结

第二篇主要研究马克思、恩格斯、列宁关于中国、印度、土耳其、伊朗等东方落后国家社会革命与社会发展问题的若干篇著作,阐述其基本观点和理论。

(十)

1853 年,马克思在《中国革命和欧洲革命》中提出,黑格尔常常把"两极相联"视为自然界演进的基本规律,视为适应于人们生活一切方面的不可动摇的真理,视为哲学家所离不开的定理。"两极相联"是否就是这样一个普遍的原则姑且不论,中国革命对文明世界很可能发生的影响却是这个原则的一个明显的例证。西方对中国的作用体现在:第一,英国的大炮打破了旧中国与西方的隔绝状态。马克思指出,与外界完全隔绝曾是保存旧中国的首要条件。当这种隔绝状态通过英国而为暴力所打破的时候,接踵而来的必然是解体的过程,正如小心保存在密闭棺材里的木乃伊一接触新鲜空气便必然要解体一样。第二,鸦片和鸦片战争将中国人从世代相传的愚昧状态中唤醒。鸦片贸易和鸦片战争使得清政府的腐败无能暴露无遗,激发了广大农民群众推翻封建统治的革命精神。第三,外国工业品破坏着中国小农业与家庭手工业相结合的社会经济结构。中国对西方的作用体现在:第一,中国革命将引爆欧洲危机从而引发欧洲大陆政治革命。英国通过鸦片战争在中国开拓出一个大市场,并逐渐依赖这个大市场,而太平天国革命运动却使这个大市场突然变小,这必然影响到英国的工业,从而引发工业危机。第二,中国若使鸦片贸易合法化将导致英印政府国库灾难并引发欧洲危机。第三,第二次鸦片战争提案使得英国代议机关走向政治危机。

马克思此前研究的重点是"资产阶级文明的故乡",突出强调资产阶级文明在征服落后文明方面的历史进步性。在该篇著作中,马克思通过对中国太平天国运动的考察,突破了之前对资产阶级文明作用于落后文明的单方面考察,揭示了落后文明对先进文明的反作用。

(十一)

19世纪50年代中后期,马克思、恩格斯围绕第二次鸦片战争问题相继写了《英中冲突》、《英人在华的残暴行动》、《英人对华的新远征》、《新的对华战争》等通讯稿,论述了中国人民反侵略斗争的正义性。首先,马克思、恩格斯揭露英国通过捏造事实制造对华战争借口的丑恶行径,深刻批判英国对中国发动"海盗式战争"的极端不义性。由于对华战争是一种极端不义的行为,为避免国内人民的反战情绪,英国政府及其报刊篡改事实,丑化中国在国际交往中的行为,斥责中国"损害"英国的利益。马克思对此进行了揭露:一方面,英国政府派报刊篡改事实,迷惑民众。另一方面,英国首相凌驾于议会之上,通过非常手段使自己的对华战争提案付诸实施。其次,基于人道主义立场,马克思痛斥了英国人主导的鸦片贸易和鸦片战争给中国人民和中国社会造成的危害。(1)鸦片贸易摧残中国人的人命并败坏清政府官员的道德。马克思指出,侵蚀到天朝官僚体系之心脏、摧毁了宗法制度之堡垒的腐败作风,就是同鸦片烟箱一起从停泊在黄埔的英国趸船上被偷偷带进这个帝国的。(2)鸦片贸易扰乱了中国的国库收支和货币流通。(3)英国发动的"海盗式战争"使中国人权横遭侵犯。英国人为一己私利,对中国发动的极端不义的侵略战争,给中国人民带来了巨大的灾难。马克思、恩格斯基于人道主义的立场,在文中多次斥责英军屠杀中国居民、抢掠居民财产、毁坏居民住宅等侵犯中国人权的罪恶行径。最后,基于英国等列强殖民侵略中国的极端不义性,马克思、恩格斯热情支持中国人民抵抗外来侵略的斗争。他们认为,既然落后的清王朝奉行的道义原则无法对抗强权国家的利益原则,不论中国人民采取什么样"野蛮的""暴力的"抵抗手段都是正义的。恩格斯提出,我们不要像道貌岸然的英国报刊那样从道德方面指责中国人的可怕暴行,最好承认这是"保护社稷和家园"的战争,这是一场维护中华民族生存的人民战争。

(十二)

1853 年,马克思在《不列颠在印度统治的未来结果》中提出了殖民主义的"双重使命"学说,即:英国在印度要完成双重的使命:一个是破坏的使命,即消灭旧的亚洲式的社会;另一个是重建的使命,即在亚洲为西方式的社会奠定物质基础。关于破坏的使命,马克思提出,英国在印度推行的兼并制度破坏了印度传统的继承关系。印度传统的继承关系被视为印度社会的基石,这种继承关系一旦被破坏,印度社会的基石也就被动摇。马克思还提出,英国资产阶级工业文明摧毁了印度传统的农村公社。印度传统的农村公社是一种近乎静止的社会组织,其长期存在不论对于整个社会的发展还是对于个人的发展都是无益的,因为它造成的是普遍的保守和落后。英国蒸汽机和自由贸易的入侵,打破了村社赖以存在的自给自足的生产方式。关于重建的使命,马克思分析了不列颠人在印度造成的政治统一、印度人军队、自由报刊、新的阶级等新社会因素对于重建印度的重要作用,并高度评价了不列颠人在印度的交通建设对于印度社会发展的积极作用。

马克思提出,英国在印度斯坦造成的社会革命完全是受极卑鄙的利益所驱使的,英国资产阶级实行的一切仅仅为印度人民的解放及生活条件的改善创造物质前提。所以,印度人民只有赶走英国殖民统治者,实现民族独立,才能掌握和支配资产阶级时代的成果。基于此,马克思、恩格斯支持印度人民不择手段地赶走对自己的臣民滥用职权的英国征服者。

马克思还考察了印度社会的历史和现状,指出印度是一个建立在社会成员互相排斥所造成的均势上面的注定被征服的社会,其问题不在于英国人是否有权征服印度,而在于是否宁愿让印度被土耳其人、波斯人或俄国人征服。马克思、恩格斯还进一步分析了印度社会内部的不团结与 1857—1859 年印度民族大起义失败的关系。

(十三)

马克思、恩格斯在《印度问题》、《印度起义》、《英国军队在印度》等文中进一步揭露英国殖民统治下的印度人民的悲惨命运,痛斥英国殖民统治者在印度犯下的罪行:(1)在印度供职和贸易的不列颠臣民从英印关系中牟取巨利。

（2）东印度公司的债务借助议会的魔法变成了印度人民的债务。（3）英国军队在镇压印度人民起义时大肆抢劫印度人民的财富。

马克思、恩格斯在《土耳其问题的真正症结》、《土耳其问题》、《欧洲土耳其前途如何？》等著作中，基于无产阶级和欧洲民主革命的立场，深入分析了土耳其问题的"真正症结"，揭露了西方列强"维持现状"理论的虚伪性，提出土耳其问题要"留待欧洲革命来解决"。第一，马克思、恩格斯分别从贸易地位、军事地位和帝国内部矛盾等方面，考察和揭示了土耳其问题的症结所在。（1）土耳其港口承担着同欧洲和亚洲内陆地区进行的十分重要的、迅速增长的贸易往来，这必然招致列强的觊觎和争夺。（2）达达尼尔海峡和博斯普鲁斯海峡在贸易上的重要性使它们同时成为头等的军事要地。（3）土耳其帝国内部的宗教纷争为列强入侵土耳其提供了借口。第二，马克思、恩格斯提出，"维持现状"的理论解决不了土耳其问题。原因有三个：（1）"维持现状"的原则证明列强完全没有能力为进步或文明做任何事情。土耳其帝国已经是"一匹死马"，维持其完整无益于土耳其社会的进步和整个欧洲文明的发展。（2）"维持现状"的理论成为推动俄国向君士坦丁堡迅速挺进的强大动力。（3）"维持现状"意味着土耳其政府管辖下的基督教臣民永远受土耳其专制征服的压迫。第三，恩格斯深刻地指出，按老办法行事的外交界和各国政府永远也解决不了这个难题；土耳其问题，和其他重大问题一起，都要留待欧洲革命来解决。理由有两点：（1）欧洲革命是具有侵略野心的沙皇俄国的一个充满强大生命力的严峻敌人。（2）欧洲革命将以其永葆青春的活力粉碎欧洲强国及其将军们的一切计划。欧洲革命之后必须在欧洲穆斯林帝国的废墟上建立一个自由的、独立的基督教国家，才能真正解决土耳其问题。

（十四）

19世纪50年代中后期，围绕英伊战争问题，马克思、恩格斯写作《英国—波斯战争》、《对波斯的战争》、《英国—波斯战争的前景》等著作，就资本主义列强殖民侵略伊朗问题、伊朗社会发展问题阐述了重要的思想。第一，基于1856年英国发动的对伊战争，马克思、恩格斯揭露了英国以"莫须有"的罪名发动对伊战争的丑恶本质，批判了英、法、俄等资本主义列强的殖民侵略政策。马克思、恩格斯还通过对英、法、俄对伊朗的侵略及相互间利益争夺的分析以及对英、俄争执的主要目标的分析,表达了他们对伊朗的同情。第二,马克思、恩格斯分析了英国在伊朗的侵略政策及其取得的成果,体现其对英国殖民侵略者的讥讽与批判。(1)分析英、俄两国分别与伊朗、阿富汗的关系,指出英国没有成功利用它在伊朗和阿富汗的优越地位。(2)分析英、俄双方进军赫拉特的路线,指出英国在这次对伊朗的战争中不会取得很多直接的战果。(3)分析英国与伊朗在巴黎签订的条约,认为英国在损害伊朗利益的同时自身却也未从中获利。第三,恩格斯在《波斯和中国》中分析了伊朗军队在战争中溃败的表现,认为欧洲式军事制度在伊朗行不通的根本原因在于伊朗社会的封建落后。恩格斯指出,欧洲式的军事制度被移植到伊朗的亚洲式的野蛮制度上,但欧洲式的教练规则本身不能产生欧洲式的战术和战略。恩格斯认为,只有封建落后的伊朗人摆脱旧的民族偏见和习惯才能培养出欧洲式的军官和士兵。

(十五)

1900年,列宁写作《对华战争》一文,就八国联军侵华问题,驳斥了西方列强的"中国人仇视欧洲文明"论。19世纪末20世纪初,中国北方民众掀起了一场声势浩大的反帝爱国运动——义和团运动。以沙皇俄国为首的帝国主义列强全然不顾侵略中国的事实,发出"中国人仇视欧洲的文化和文明"的谬论,并悍然发动八国联军侵华战争,美其名曰"开导"中国人,实则进一步瓜分大清王朝统治下的中国。列宁以相关事实对上述谬论进行了有力地驳斥。第一,驳"中国人仇视欧洲的文化和文明",阐明中国人憎恶欧洲人是由列强的殖民政策引起的。关于八国联军侵华战争爆发的原因,帝国主义列强宣称是由"中国人仇视欧洲的文化和文明"引起的,从而掩盖其对华战争的殖民侵略实质。列宁则分析指出,战争是由列强的殖民政策引起的。第二,驳"野蛮的中国人触犯文明的欧洲人",揭露文明的欧洲人野蛮侵略和瓜分中国的事实。当西方列强的对华侵略活动遭到中国人反抗时,他们却叫嚣"野蛮的中国人"、"胆敢触犯文明的欧洲人"。列宁剥开资本主义"文明"的面纱,揭露其侵略和瓜分中国的丑恶行径,从而有力驳斥了西方列强的谬论。第三,驳"欧洲的文化击败了中国的野蛮",痛斥沙皇俄国在中国滥杀无辜的罪恶行径。由于西方列强将中国人看作"野蛮人",所以在绞杀和镇压了中国义和团运动后,沙皇政府宣称"欧洲的文化击败了中国的野蛮"。针对此,列宁揭露和批判了沙皇政府借镇压义和团之机扩大对中国的侵略及在中国滥杀无辜的罪恶行径,从而用事实驳斥了沙皇政府的无耻谰言,并表达出他对中国人民的同情。

(十六)

1912—1913 年间,列宁先后写作《中国的民主主义和民粹主义》、《新生的中国》、《中国各党派的斗争》等文,在评价中国资产阶级民主革命的同时,科学地分析了这一时期的中国各阶级的性质及其在革命中的作用。关于"孙中山的党",列宁将其界定为中国先进的资产阶级民主派政党。他从历史的观点出发,高度赞扬"孙中山的党"的先进性,称其是"还能从事历史上进步事业的亚洲资产阶级",并充分肯定该党在唤醒人民、争取自由和建立彻底的民主制度方面所作出的历史贡献。关于"袁世凯的党",列宁将其界定为中国保守的资产阶级自由派政党。他不仅斥责"袁世凯的党"是一个在政治上招摇撞骗的典型,还揭露与批判袁世凯不顾苛刻的借款条件将中国置于欧洲资产阶级的奴役之下。关于农民阶级,列宁认为农民是中国资产阶级民主派的主要社会支柱。他指出,不能充分地吸引中国广大人民群众参加革命是"孙中山的党"的弱点,从而折射出中国农民阶级却处于被资产阶级轻视的境地,而轻视农民、不获取群众支持的结果便是"共和国很难巩固"。关于成长中的无产阶级,列宁认为其是能够将中国民主革命进行到底的先进阶级。辛亥革命时期的中国无产阶级尚未作为一支独立的政治力量登上历史舞台,所以列宁指出,中国没有一个能够将民主革命进行到底的先进阶级。基于"孙中山的党"的弱点和农民阶级的落后性,列宁对中国无产阶级的成长充满着期待,他相信中国无产阶级必将建立无产阶级政党,必将能够克服"孙中山的党"的弱点,同时能够吸收孙中山纲领的革命民主主义内核。

(十七)

列宁在《世界政治中的易燃物》、《文明的欧洲人和野蛮的亚洲人》、《致印度革命协会》、《在全俄哥萨克劳动者第一次代表大会上的报告》等文章和报告中,就印度民族解放运动问题阐述了重要的思想。印度人民为何要开展民族解放运动?列宁在阐述 20 世纪初亚洲民族民主革命运动和英帝国主义殖民政策的过程中,揭露了英国殖民统治者对印度居民的掠夺和蹂躏。列宁指出,英国从印度等殖民地榨取的财富超过榨取国内工人的收入,并进一步指出有近3亿印度居民遭受英国官僚的掠夺和蹂躏。列宁高度赞扬印度人民的革命斗争,称其站在用革命摧毁帝国主义运动的最前列。一方面,英国殖民统治者的暴行促进了印度革命运动的发展。另一方面,第一次世界大战和俄国十月革命促进了印度革命运动的发展。就印度民族解放运动的具体状况,列宁分析指出,印度的市井小民即小农已经觉醒,开始卫护自己的政治领袖;印度的无产阶级已经成长起来,能进行自觉的群众性政治斗争。那么,印度人民怎样才能实现民族解放?列宁认为,印度人民不但要实现内部团结,即穆斯林和非穆斯林的联盟,而且要与东方的一切劳动者乃至全世界劳动者团结一致,携手进行共同的解放事业。当一个国家或一个民族遭受外来民族的侵略和奴役时,只有内部团结起来一致对外,才能有战胜敌人的可能性。所以,印度人民首先要建立穆斯林和非穆斯林联盟。此外,国际援助也至关重要。列宁指出,只有在印度、中国、朝鲜、日本、波斯、土耳其的工人和农民携起手来一起进行共同的解放事业的时候,彻底战胜剥削者才有了保证。

(十八)

列宁在《巴尔干和波斯的事变》、《世界历史的新的一章》、《塞尔维亚和保加利亚的胜利的社会意义》等著作中,就土耳其社会发展的历史与现状、土耳其革命的进展和意义、沙皇俄国和西方列强对土耳其的政策等问题阐发了重要思想。基于土耳其帝国与沙皇俄国政体的相似性,列宁在批判沙皇政治的同时经常将其与土耳其相提并论,从而阐述了土耳其社会发展和人民生活的现状。列宁提出,土耳其社会长期处于"痛苦的衰落和瓦解状态";土耳其人民成为苏丹专制政府的"政治奴隶"。此外,土耳其帝国还保持着一些极不公道、极专横和极可耻的法律。在大国对土耳其的政策方面,俄国十月革命之前,列宁主要揭露和批判沙皇俄国和西方列强推行的瓜分土耳其的政策;十月革命胜利之后,以列宁为首的布尔什维克拒绝第一次世界大战协约国达成的战后瓜分土耳其的协定,并倡导与土耳其政府建立友好关系。关于土耳其革命,列宁充分肯定了土耳其革命和巴尔干人民争取民族独立和自由运动的意义,并呼吁无产阶级支持土耳其民主革命分子。列宁不仅指出土耳其革命将引导人民在争取自由的斗争中建立最伟大的历史功勋,还把1908年土耳其革命看作世界政治中的易燃物之一。基于土耳其革命的意义,列宁提出无产阶级政党应当坚决支持土耳其资产阶级民主革命分子。

(十九)

列宁在《巴尔干和波斯的事变》等著作中,针对伊朗革命和列强"扼杀波斯人民自由"的帝国主义行径阐述了重要思想。1905 年底,伊朗人民为获得自由,掀起了一场声势浩大的民族民主革命运动。伊朗革命作为"亚洲觉醒"的重要组成部分,在动摇伊朗国内的封建专制统治、打击以沙皇俄国为代表的帝国主义和霸权主义、推动亚洲人民的反帝反封建革命运动等方面发挥着重要的作用。然而,这场运动却遭到了沙皇俄国与英国的镇压。基于伊朗人民顽强的革命斗争精神,列宁提出,伊朗人民的革命运动是"不会被消灭的",即使伊朗反动派取得最完全的胜利,那也只能是人民的新的愤怒的开端。针对伊朗革命对殖民主义的影响,列宁提出,伊朗革命使欧洲列强的"势力范围"有"打乱的危险"。这种"打乱的危险"有两层含义:一是指伊朗革命如果取得胜利,帝国主义在伊朗的势力范围化为乌有;二是指伊朗人民顽强斗争,抗议在伊朗划分势力范围,使列强原有的企图难以得逞。列宁还充分肯定了伊朗革命的世界历史地位,认为伊朗革命与中国、俄国和土耳其等东方落后国家的革命开启了亚洲资产阶级民主革命时代。由于沙皇俄国和英国在伊朗有着绝对的利益,它们勾结起来充当绞杀伊朗革命的刽子手,其中又以俄国最为甚。对此,列宁斥责俄国军人已不是第一次充当"国际刽子手"的角色,并揭露俄国反革命在伊朗起着几乎是决定性的作用。基于伊朗革命的正义性及其重要意义,列宁始终对其持同情和支持态度。在革命期间,列宁高度关注伊朗革命的进展并明确提出支持伊朗革命运动。在革命失败后,列宁对"扼杀波斯人民自由"的帝国主义行径表示抗议,对伊朗革命者表示深切同情。

第 三 篇

关于东方落后国家社会发展的基本理论

第二十章　由西方社会主义战略向
东方社会主义战略的转变

　　所谓西方社会主义战略即以西方革命为重心和着力点的社会主义革命的行动路线。由于社会主义革命的必要条件是资本主义生产方式的发展和无产阶级的壮大,在 19 世纪,只有西欧和北美一些国家具备这些条件,所以马克思、恩格斯在考虑革命问题时自然而然地以西欧和北美作为革命的重心和着力点。他们持西方社会主义战略。十月革命以后,特别是苏俄国内战争胜利后,列宁逐渐地实现了由西方社会主义战略向东方社会主义战略的转变。

一、马克思、恩格斯的西方社会主义战略

　　西方的社会条件即资本主义生产方式的发展和无产阶级的壮大,是马克思、恩格斯形成西方社会主义战略的物质基础和前提。

　　18 世纪中后期,英国开始了产业革命。产业革命使英国产生了机器大工业,生产力迅速发展。如煤的产量 1700 年为 260 万吨,1835 年达 4000 万吨。生铁产量 1740 年仅 1.7 万吨,1806 年为 25.6 万吨。海港吞吐船只总吨位 1760 年为 64.6 万吨,1800 年增至 2000 多万吨。产业革命改变了英国的经济地理面貌。苏格兰出现了以格拉斯哥为中心的新工业区,曼彻斯特、利物浦、伯明翰等新兴工业城市发展起来,农村人口大量向城市迁移。1770 年,曼彻斯特居民仅 1 万人,1841 年达到 35.3 万人。全国人口在 1750 年约为 700 万,

1850 年猛增至 2750 万,其中城市人口占 1/2 以上。① 随着机器大工业的确立,资本主义生产方式相对于封建主义生产方式的优越性得到进一步的彰显,资本主义雇佣劳动制度得以巩固和发展。

雇佣劳动制度的巩固和发展,使社会分裂为两个对立的阶级即工业无产阶级和工业资产阶级。工业无产阶级同手工工场时期的"前无产阶级"有很大的区别。前无产阶级大都同农村保持着密切的联系,并且有的人还可能拥有简单的生产工具而成为小生产者。工业无产阶级则完全不同,他们已经割断了同农村的联系,在城市中变成了只靠出卖劳动力为生的雇佣劳动者,成为机器的附属物。1841 年的英国,在工厂、矿场和建筑工地做工的雇佣劳动者约 380 万人,占自立人口的 34%。②

无产阶级遭受资产阶级的残酷剥削,展开了反对剥削和压迫的斗争。他们斗争的第一个阶段,主要形式是捣毁机器。工人们以为由于机器的采用造成了他们的贫困和失业,所以冲击厂房,毁坏机器。第二个阶段是经济斗争的阶段,即工人们建立工会,展开罢工,向厂主提出增加工资和改善劳动条件的要求。第三阶段是政治斗争的阶段,即工人们为政治政权而同统治阶级作斗争的阶段。1836—1848 年间兴起的宪章运动,是英国工人为争取政治权利而展开的斗争,它证明英国无产阶级作为一支独立的政治力量登上了历史的舞台。

19 世纪 30—40 年代的法国,产业革命迅速展开,资本主义工商业得到巩固和发展。1830 年全国有蒸汽机 600 多台,1848 年增至 5200 多台。1830 年工业用煤为 170 万吨,1847 年增至 515 万吨。1831 年铁路线总长为 38 公里,1848 年猛增至 1900 公里。对外贸易总额 1830—1847 年由 11.31 亿法郎增至 24.37 亿法郎。19 世纪 40 年代,法国工业产值在世界上仅次于英国,居第二位。③ 法国工业无产阶级人数众多,遭受残酷剥削,展开了反对资产阶级统治的斗争。1831 年和 1834 年法国里昂工人举行了两次反对统治者的武装起义,证明法国无产阶级作为独立的政治力量登上了历史的舞台。

19 世纪 40 年代的德国,整个说来工业革命才刚刚开始。但是在有些地区

---

① 参见:《世界近代史》,浙江人民出版社 1984 年版,第 87 页。
② 参见:《英法德俄历史 1830—1917》,商务印书馆 1972 年版,第 20 页。
③ 参见:《世界近代史》,浙江人民出版社 1984 年版,第 206—207 页。

如莱茵—威斯特发利亚地区的采煤和冶金业,西里西亚和萨克森地区的纺织工业,已经比较发达。这些地方已经出现了许多资本主义化的大企业。1847年普鲁士已经有蒸汽机1100多台,1835年它建成了由纽伦堡到富尔特的铁路。1845年普鲁士境内的铁路已经达2000多公里。① 1844年6月,西里西亚的织工不堪资本家和封建主的剥削,举行了武装起义。这证明他们作为一支独立的政治力量登上了历史的舞台。

19世纪上半期,美国进行了产业革命,生产飞速发展。1805年美国的棉纺厂只有4家,到1860年已经有1700多家。美国的钢铁业从1816年兴起,当时年产生铁不过2万吨,1860年则上升为98.8万吨。1828年美国开始修建铁路,1831年第一条铁路部分通车,全长21公里,1860年美国的铁路线已达48000公里,居世界第一位。② 随着资本主义工业的发展,美国工人阶级队伍不断壮大起来。1860年美国的产业工人已达130万人。③ 他们建立了工人的组织,展开了反对资本主义制度的斗争。

综上所述,在19世纪前期和中期,西方的一些国家如英国、法国、德国、美国等资本主义生产方式比较发达,产业无产阶级的队伍比较强大。这里具备了进行社会主义革命的各种条件。相比较而言,这个时候的东方国家包括俄国在内,或者资本主义发展处于初始阶段,或者根本没有资本主义经济因素;或者无产阶级很弱小,或者根本没有无产阶级。这里根本不可能发生无产阶级革命运动和社会主义运动。当时马克思、恩格斯在论及社会主义革命问题时,只可能论及西方的社会主义革命,不可能论及其他地方的社会主义革命。

1847年,恩格斯在《共产主义原理》中论及社会主义革命的过程时指出:"因此,共产主义革命将不是仅仅一个国家的革命,而是将在一切文明国家里,至少在英国、美国、法国、德国同时发生的革命,在这些国家的每一个国家中,共产主义革命发展得较快或较慢,要看这个国家是否有较发达的工业,较多的财富和比较大量的生产力。因此,在德国实现共产主义革命最慢最困难,在英国最快最容易。"④这里,他说共产主义革命将在"一切文明国家"发生,至少在

---

① 参见:《世界近代史》,浙江人民出版社1984年版,第226页。
② 参见:《世界近代史》,浙江人民出版社1984年版,第347页。
③ 参见:《世界近代史》,浙江人民出版社1984年版,第348页。
④ 《马克思恩格斯选集》第1卷,人民出版社1995年版,第241页。

英国、美国、法国、德国发生,而且这些国家里革命发展得或快或慢取决于它的工业是否发达、财富是否多和生产力水平是否高。这说明,恩格斯是眼观着西方工业发达国家而说明社会主义革命问题的。1848 年欧洲革命以后,马克思在《1848 至 1850 年的法兰西阶级斗争》中写道:"新的法国革命将被迫立刻越出本国范围去夺取欧洲的地区,因为只有在这里才能够实现 19 世纪的社会革命。"①这里的意思是,由法国革命发展为欧洲革命,等于 19 世纪的社会革命;换言之,19 世纪的社会革命就是法国的以及欧洲的革命。这也证明马克思是着眼于法国以及欧洲工业发达国家而说明社会主义革命问题的。1864 年,马克思在《国际工人协会成立宣言》中论及前些年社会主义运动的经验时写道:"所以,夺取政权已成为工人阶级的伟大使命。工人们似乎已经了解到这一点,因为英国、德国、意大利和法国都同时活跃起来了,并且同时都在努力从政治上改组工人政党。"②这里所论及的是英国、德国、意大利和法国等西方工业发达国家工人运动的事件以及他们的历史使命,说明马克思的视线聚集于西方。1871 年,恩格斯在《致国际工人协会西班牙联合会委员会》的信中写道:"在法国,在英国,在德国,社会主义者过去曾经不得不反对,而且现在也还不得不同旧政党的影响和活动,即贵族的或资产阶级的、君主派的或者甚至是共和派的政党的影响和活动作斗争。……因为劳动和资本之间的基本关系到处都一样,有产阶级对被剥削阶级的政治统治这一事实到处都存在,所以无产阶级政策的原则和目的是一样的,至少在一切西方国家中是这样。"③在这里,恩格斯在论及社会主义运动的政策和原则问题时,视线聚集于法国、英国和德国等西方工业发达国家,并且他明确地使用了"西方国家"的概念,将这些国家视为他观察和考察问题的一个整体。

　　综上所述,19 世纪前期和中期,马克思、恩格斯在论及社会主义革命问题时,视线聚集于英法美德等西方工业发达国家那里,认为 19 世纪的社会主义革命就是这个地区的革命,即就是西方革命,所以有理由说,马克思、恩格斯持西方社会主义战略——以西方为重心和着力点的社会主义战略。

---

① 《马克思恩格斯选集》第 1 卷,人民出版社 1995 年版,第 401 页。
② 《马克思恩格斯选集》第 2 卷,人民出版社 1995 年版,第 606 页。
③ 《马克思恩格斯选集》第 2 卷,人民出版社 1995 年版,第 639 页。

二、马克思、恩格斯的东方社会发展理论从属于
西方社会主义战略

随着俄国国内社会主义运动的兴起,马克思、恩格斯开始关注俄国的或者说东方的社会发展问题,形成了东方社会发展理论。可是他们的东方社会发展理论从属于他们的西方社会主义战略,或者说未摆脱西方社会主义战略。

19世纪70年代以后,俄国国内发生了革命运动。1870年5月,彼得堡爆发了涅瓦纺纱厂工人的罢工,1872年又爆发了克连戈尔姆纺纱厂工人的罢工。在工人罢工的斗争中,产生了工人组织。1875年,在敖德萨成立了"南俄工人协会"。1878年在彼得堡建立了"俄国北方工人协会"。该组织将第一国际的原则吸收到自己的纲领中,明确提出,自己的政治目标和任务是"推翻现存的极不公平的政治经济制度"。它号召俄国工人在争取解放的斗争中,同西欧工人弟兄们"携手前进"。但是,在当时俄国革命运动中,占主导地位的是民粹主义运动。

民粹主义运动是当时俄国青年知识分子群体所发动的社会运动,代表性人物有彼·拉甫洛夫、彼·特卡乔夫等。民粹主义者极端强调平民群众的价值,主张依靠平民大众对社会进行激进的改革,并把普通群众当作政治改革的唯一决定性力量。他们还认为,俄国可以避免资本主义发展的过程,在"农村公社"的基础上实现社会主义胜利。

"农村公社"是原始社会遗留下来的社会组织,具有土地和其他生产资料公有的特点,但是19世纪70年代以后,俄国的"农村公社"正处于瓦解的过程中。民粹主义者看不到这一点,认为"农村公社"正是俄国实现社会主义的优越的条件,认为仅仅依靠农民的力量,推翻沙皇政府的统治,就可以在"农村公社"的基础上实现社会主义。

民粹主义者推进了当时的社会运动。19世纪70年代初,运动是以"到民间去"的形式表现出来的。数千名民粹主义者到民间去,策动农民起来革命,全俄国至少有37个省卷入这场运动。民粹主义者相信农民中蕴藏着"共产主义的本能",用两三年时间就可以完成"社会革命"的任务。但是他们很快在

农民面前碰了壁。农民视民粹主义者为"精神失常者",不相信社会主义和共产主义,而且向沙皇政府告发民粹主义者,致使许多民粹主义者被捕和民粹主义运动失败。

在民粹主义者提出他们的理论特别是提出俄国可能通过农村公社走向社会主义的理论后,马克思、恩格斯很快作出反映,并且在作出反映的过程中修正和完善了关于未来革命的设想。也就是说,19世纪80年代以后,马克思、恩格斯就未来革命提出了一种新设想和新理论,即东方社会发展理论。

关于东方社会发展理论的内容,马克思、恩格斯在《〈共产党宣言〉1882年俄文版序言》中写道:"假如俄国革命将成为西方无产阶级革命的信号而双方互相补充的话,那么现今的俄国土地公有制便能成为共产主义发展的起点。"①恩格斯晚年在有关文章中说,一旦俄国革命爆发,将对西方产生重大的影响,增强西方无产阶级胜利的信心,推动西方社会主义革命的发生,所以,"整个西欧,特别是西欧的工人政党,关心着,深切地关心着俄国革命政党的胜利和沙皇专制制度的崩溃"②。"一旦沙皇政权这个全欧洲反动势力的最后堡垒垮台,整个欧洲的风向就会完全改变。""而这样一来,西方就有可能不受外来干扰地、一心一意地致力于自己当前的任务:解决无产阶级和资产阶级之间的冲突和把资本主义社会改造为社会主义社会。"③"不仅可能而且无庸置疑的是,当西欧各国人民的无产阶级取得胜利和生产资料转归公有之后,那些刚刚进入资本主义生产而仍然保全了氏族制度或氏族制度残余的国家,可以利用公有制的残余和与之相适应的人民风尚作为强大的手段,来大大缩短自己向社会主义社会发展的过程,并避免我们在西欧开辟道路时所不得不经历的大部分苦难和斗争。"④恩格斯特别强调:"但这方面的必不可少的条件是:目前还是资本主义的西方做出榜样和积极支持。只有当资本主义经济在自己故乡和在它兴盛的国家里被克服的时候,只有当落后国家从这个榜样上看到'这是怎么回事',看到怎样把现代工业的生产力作为社会财产来为整个社会服务

---

① 《马克思恩格斯选集》第1卷,人民出版社1995年版,第251页。
② 《马克思恩格斯全集》第22卷,人民出版社1965年版,第57页。
③ 《马克思恩格斯全集》第22卷,人民出版社1965年版,第56页。
④ 《马克思恩格斯选集》第4卷,人民出版社1995年版,第443页。

的时候——只有到那个时候,这些落后的国家才能开始这种缩短的发展过程。"①"这不仅适用于俄国,而且适用于处在资本主义以前的阶段的一切国家。"②即适用于东方经济落后的其他国家。西方的社会主义将对东方人民产生极大的吸引力,"只要欧洲和北美一实行改造,就会产生巨大的力量和作出极好的榜样,使各个半文明国家完全自动地跟着走,单是经济上的需要就会促成这一点"③。

综合上述马克思、恩格斯的论述,东方社会发展理论包含以下几个发展的环节。

第一个环节:俄国反对沙皇专制制度的革命爆发并且成为西方社会主义革命的"信号"。在俄国国内,人民群众同沙皇专制制度的矛盾十分尖锐,资产阶级民主革命已经来临。马克思、恩格斯指出,这个国家正在"接近它的1789年",革命随时都有可能爆发。这个国家就像一颗装满炸药的地雷,差的就是点燃导火线。由于近代以来欧洲各个国家的政治事变呈现相互联系和相互影响的作用,所以如果俄国革命爆发,必将产生一种冲击波,波及西方国家,促使西方国家发生社会主义革命。而且俄国革命必然推翻沙皇制度,从而为西方革命创造一个好的环境。沙皇政府历来是欧洲宪兵,到处镇压革命,只要存在着沙皇政府,西方社会主义革命便不可能取得胜利。俄国革命推翻了沙皇政府,有利于西方社会主义革命走向胜利。

第二个环节:西方社会主义革命的爆发和社会主义社会的建立,从而为俄国人民树立如何建设社会主义的榜样,援助俄国人民走向社会主义道路。由于俄国革命的影响和冲击,西方各国人民都会起来革命,消灭资本主义制度,建设社会主义制度。西方国家建成社会主义制度后,将为俄国树立如何怎样建设社会主义的榜样。社会主义思想和建设社会主义的各种方案,是在西方形成的,是西方人民社会实践的产物,东方人民包括俄国人民不知道或者不能详知什么是社会主义,不懂得或者不怎么懂得怎样建设社会主义。所以西方建立社会主义制度后,能够为俄国人民树立榜样,并能够从物质上、人力上支持俄国人民,有利于俄国革命向社会主义革命过渡并建成社会主义制度。

---

① 《马克思恩格斯选集》第4卷,人民出版社1995年版,第443页。
② 《马克思恩格斯选集》第4卷,人民出版社1995年版,第443页。
③ 《马克思恩格斯选集》第4卷,人民出版社1995年版,第649页。

第三个环节:俄国革命过渡到社会主义革命并建成社会主义制度。由于有西方无产阶级建设社会主义的榜样,有西方社会主义社会的样板,有西方社会主义制度的援助,俄国将缩短和结束资本主义发展的过程,走向社会主义道路,建成社会主义社会。

第四个环节:东方其他的经济文化落后国家在西方社会主义制度的影响和帮助下,走向社会主义道路并取得胜利。由于有西方的样板,有俄国的样板,有这些地区社会主义制度的帮助,东方其他落后国家将跟着走向社会主义道路并取得胜利。

上述马克思、恩格斯的东方社会发展理论,也可称为东西方社会发展相互关系的理论,或者东方社会"跨越卡夫丁峡谷"的理论,或者"四个环节"的理论。对于马克思、恩格斯的东方社会理论,应该如何评价,笔者提出以下意见。

第一,它适应世界社会主义运动的形势,探索了东方社会发展的问题。19世纪70年代以后,俄国资本主义的发展和社会主义运动的兴起,造成了人们探索俄国及东方社会向社会主义发展的物质条件,要求回答俄国及东方社会发展中的问题,揭示东方社会发展的途径。马克思、恩格斯适应新形势的要求,深入地研究了俄国及东方社会发展中的问题,形成和提出他们关于东方社会发展的理论。还需要指出,马克思、恩格斯关于东方社会发展的理论,具有"率先"的性质。所谓"率先"的性质,指它在社会主义思想史上首先论及东方社会发展的问题,具有理论创新的意义。马克思、恩格斯的东方社会发展理论,为后来者继续探讨东方社会发展问题奠定了基础。

第二,它从属于马克思、恩格斯的西方社会主义战略,尚未摆脱以西方为重心的思维方式。如前所述,19世纪前期和中期,英、法、德、美等西方国家的资本主义生产方式已经达到较高的程度或者比较高的程度,无产阶级的队伍比较强大,已经作为一支独立的政治力量登上了历史的舞台。马克思、恩格斯在论及社会主义革命问题时,视线聚焦于这些国家,论述的是这些国家社会主义革命的问题。他们持西方社会主义战略,即以西方为重心和着力点的社会主义战略。认为他们的东方社会理论从属于西方社会主义战略,没有摆脱以西方为重心的思维方式,有下述理由:(1)这一理论强调俄国资产阶级革命的直接作用之一是激发西方的无产阶级社会主义革命。这就是他们所说的,俄国革命是西方无产阶级革命的"信号",它的发生会改变欧洲的"风向",为西方无产阶级社会主义革命的胜利创造极好的条件,所以西方各国的无产阶级关心着、盼望着俄国革命的发生和胜利。(2)它强调西方先于俄国实现社会主义革命胜利并建成社会主义制度。这就是他们所说的,资本主义将在自己的"故乡"和它的发展达到"兴盛"的地方先灭亡,这里的生产资料转归公有,建成社会主义制度。(3)它强调俄国和东方其他国家只有在西方取得社会主义胜利之后,并且在西方社会主义制度的影响和帮助下才能走向社会主义。这就是他们所说的,当西方的生产资料转归社会公有之后,俄国的和东方其他国家的人民看到这个"榜样",看到如何将生产资料和社会财富变成整个社会占有,它们那里才会缩短或者结束资本主义发展的过程,走向社会主义道路并且建立起社会主义制度。

可以看出,在马克思、恩格斯的思想上,在无产阶级社会主义革命的问题上,始终是西方引导东方,西方决定东方。他们的东方社会发展理论从属于西方社会主义战略。

提出马克思、恩格斯的东方社会发展理论从属于西方社会主义战略,是合乎逻辑的。譬如,科学社会主义理论下面,包括有暴力革命的理论,还有革命和平发展的理论。暴力革命的理论、革命和平发展的理论,都是从属于科学社会主义理论的理论。由此看,认为某一个理论从属于另外一个理论,是合乎逻辑的。笔者由此认定,马克思、恩格斯的东方社会发展理论从属于西方社会主义战略这个提法,是合乎逻辑的,在理论上是成立的。

三、1917 年至 1920 年列宁未改变"西方社会主义战略"

1917 年至 1920 年,俄国的历史大体经历了十月革命时期和国内战争时期。在这一段时间里,作为革命领导者的列宁将欧洲各国的革命视为同一个过程的革命,视俄国革命为西方社会主义革命的"序幕"和"阶梯"。在他的思想上,在俄国革命以后会爆发西方各国的社会主义革命,西方的社会主义革命会反过来支持俄国的革命。他还不断地强调,社会主义革命的胜利需要英、法、德等先进国家无产阶级的共同努力,俄国还算不上先进国家。也就是说,在这一段时间里,列宁没有改变马克思、恩格斯的西方社会主义战略,而是以这样的战略指导了俄国人民的革命实践。

从 1917 年十月革命发生的历史背景看,一个事实是,西方国家发生社会主义革命的条件进一步成熟。19 世纪 70 年代以后,在西方国家,科技革命推动了生产力的发展,促进了生产关系的变革,自由资本主义开始向垄断资本主义过渡。到 19 世纪末,西方国家完成了这一过渡,成为垄断资本主义国家或者说帝国主义国家。生活在当时条件下的马克思、恩格斯曾多次指出,西方国家的资本主义生产方式已经有了充分发展,具备了进行社会主义革命的物质条件。在这之后不久,列宁则更明确地指出:"帝国主义是资本主义发展的最高阶段。在各先进国家里,资本的发展超出了民族国家的范围,用垄断代替了竞争,从而创造了能够实现社会主义革命的一切客观前提。因此,在西欧和美国,无产阶级推翻资本主义政府、剥夺资产阶级的革命斗争已经提上日程。"[1]另一个事实是,帝国主义战争激化了西方各国的阶级矛盾,使这些国家形成了无产阶级社会主义革命的形势。第一次世界大战的主战场在欧洲,卷入战争中的有德、意、奥、英、法、俄等主要的帝国主义国家。战争破坏了这些国家的工农业生产,把亿万人民群众推入了苦难的深渊。所以,在这些国家,阶级矛盾空前激化,革命形势日益发展。当时,欧洲大多数国家的主要矛盾是无产阶级同资产阶级之间的矛盾,所以说这些国家形成了无产阶级社会主义革命的形势。对此,列宁在战争爆发后曾正确地指出:"在一切先进国家,战争已把社会主义革命的口号提到日程上来。"[2]"战争使人民群众陷入水深火热之中,这就不能不激起革命情绪,引起革命运动,而国内战争(指各国无产阶级反对资产阶级统治的革命战争——引者)的口号就是要把这种情绪和运动集中起来并加以引导。""目前工人阶级的组织遭到了严重的破坏。但是,革命危机却日益成熟。"[3]他还说:"这场帝国主义战争正在开创一个社会革命的纪元。现时代的一切客观条件正在把无产阶级的群众革命斗争提到日程上来。"[4]

第三个不容忽视的事实是,俄国虽然产生了激烈的革命形势,但它面临的革命是资产阶级民主革命。在欧洲,俄国是一个后起的比较落后的国家。

①《列宁全集》第 27 卷,人民出版社 1990 年版,第 254 页。
②《列宁全集》第 26 卷,人民出版社 1988 年版,第 18 页。
③《列宁全集》第 26 卷,人民出版社 1988 年版,第 165—166 页。
④《列宁全集》第 26 卷,人民出版社 1988 年版,第 296 页。

1917 年以前,资产阶级民主革命的任务没有完成,政治上实行沙皇专制制度,人民群众没有任何"民主权利",经济上实行沙皇以及大地主土地所有制,大多数农民没有土地,人民群众同沙皇专制制度的矛盾是当时的主要矛盾。这说明,俄国面临的革命是资产阶级民主革命。虽然俄国 1917 年的二月革命推翻了沙皇制度,但是革命后建立的临时政府没有也不准备着手解决农民的土地问题,并且在政治上和军事上实行与沙皇政府相同的政策,所以俄国资产阶级民主革命的任务仍然没有完成。1917 年 4 月,列宁在有关文章中分析当时的阶级关系时指出,二月革命使政权转移到资产阶级手中,"就这一点"来说,俄国的资产阶级民主革命已经完成,可是,"君主制还没有正式废除。罗曼诺夫匪帮还在策划保留君主制的阴谋。农奴主—地主的大土地占有制还没有消灭"①。意思是说,就事物的全体和本质而言,二月革命没有完成俄国资产阶级民主革命的任务。他强调指出:"革命的社会民主党在当前这个时代所号召的国内战争,是无产阶级拿起武器反对资产阶级,在先进资本主义国家剥夺资本家阶级,在俄国实行民主革命(建立民主共和国、实行八小时工作制、没收地主土地),在一般落后的君主国建立共和国,等等。"②显然在列宁看来,俄国革命的任务不同于西方国家革命的任务,它面临的是资产阶级民主革命的任务。

　　1917 年春,列宁在确定二月革命结束后革命进一步发展的战略思想时,从上述事实出发,即从西方各国面临着无产阶级社会主义革命的形势而俄国资产阶级革命的任务没有完成的事实出发,认为即将爆发的下一阶段的俄国革命的意义在于——它是西方社会主义革命的"序幕",是走向全欧洲社会主义革命的"阶梯"。这年 3 月中旬,居住在瑞士的列宁,在准备返回俄国的时候,起草《给瑞士工人的告别信》,在布尔什维克会议上通过了此信。他在信中写道:"俄国是一个农民国家,是欧洲最落后的国家之一。在这个国家里,社会主义不可能立刻直接取得胜利。但是,在贵族地主的大量土地没有触动的情况下,在有 1905 年经验的基础上,俄国这个国家的农民性质能够使俄国资产阶级民主革命具有巨大的规模,并使我国革命变成全世界社会主义革命的序幕,变成进到全世界社会主义革命的一级阶梯。""社会主义在俄国不可能立刻直

　　①　《列宁全集》第 29 卷,人民出版社 1985 年版,第 150 页。
　　②　《列宁全集》第 26 卷,人民出版社 1988 年版,第 165 页。

接取得胜利。但是农民群众能够彻底实行不可避免的、条件已经成熟的土地革命,直到没收地主的广袤无垠的全部土地。""这种变革本身还决不是社会主义的。但是它会极有力地推动全世界的工人运动。"①他还写道:"俄国无产阶级单靠自己的力量是不能胜利地完成社会主义革命的。但它能使俄国革命具有浩大的声势,从而为社会主义革命创造极好的条件,这在某种意义上说就意味着社会主义革命的开始。这样,俄国无产阶级就会使自己主要的、最忠实的、最可靠的战友——欧洲和美洲的社会主义无产阶级易于进行决战。"②他甚至指出:"俄国无产阶级十分荣幸的是,帝国主义战争在客观上必然引起的一系列革命由它来开始。但是我们绝对没有这样的想法:俄国无产阶级是各国工人中间最优秀的革命无产阶级。我们清楚地知道,俄国无产阶级的组织、修养和觉悟程度都不及其他国家的工人。并不是特殊的素质而只是特殊的历史条件使得俄国无产阶级在某一时期,可能是很短暂的时期内成为全世界革命无产阶级的先锋。"③在这里,列宁极深刻地阐述了关于"序幕"和"阶梯"的思想。这一战略思想包括相互联系的以下几方面的内容:

其一,布尔什维克认识到俄国是一个落后国家,进行社会主义革命的种种条件尚不充分,不会立刻将革命推向社会主义革命阶段。当时俄国虽然已经发生了二月革命,许多地方建立了苏维埃,群众的情绪继续高涨,革命形势比西方其他国家更为成熟,但是列宁考虑到俄国进行社会主义革命的物质条件尚不够充分,所以不主张立刻将俄国革命推向社会主义革命。如他在上述告别信中反复地说,俄国"是欧洲最落后的国家之一","社会主义在俄国不可能立刻直接取得胜利",俄国所发生的变革从性质上看"决不是社会主义的","俄国无产阶级的组织、修养和觉悟程度都不及其他国家的工人",单靠他们的力量不能完成社会主义革命。4 月下旬,他在起草的有关会议决议里还指出:"俄国无产阶级是在欧洲最落后国家中的一个国家内,在大量小农居民中间进行活动的,因此它不能抱定立即实行社会主义改造的目的。"④当时,党内有的人误解了列宁的思想,指责他"指望"将革命立刻转变为社会主义革命。他反

① 《列宁全集》第 29 卷,人民出版社 1985 年版,第 90—91 页。
② 《列宁全集》第 29 卷,人民出版社 1985 年版,第 91 页。
③ 《列宁全集》第 29 卷,人民出版社 1985 年版,第 90 页。
④ 《列宁全集》第 29 卷,人民出版社 1985 年版,第 442 页。

驳说:"这是不对的。我不但没有'指望'我们的革命'立刻转变'为社会主义革命,而且还直接提醒不要有这种想法。"①值得指出,长期以来,学术界认为列宁在《四月提纲》里提出了俄国革命由民主革命转变为社会主义革命的方针,是对列宁思想的误解。②

其二,俄国革命会产生冲击力,激发西方各国的社会主义革命。如前所述,西方各国已经具备了革命的物质条件,产生了革命的形势。但是,这些国家革命的发生,需要一种外在的促进力量,或者说需要某个国家的某个重大的政治事件作为它的导火线。如同马克思、恩格斯所说的,需要别国的某个地方发出革命的"信号"。列宁认为,俄国革命可以起到这种作用。所以他在上述告别信中反复说,俄国无产阶级可以使俄国革命具有"巨大的规模",可以使它具有"浩大的声势",从而揭开世界社会主义革命的"序幕",以利于欧美各国的无产阶级进行反对资本主义的"决战"。他在这封信里还写道:"帝国主义战争的客观条件,保证了革命不会局限于俄国革命的第一阶段,不会局限于俄国这一个国家。"③在这封信的结尾,列宁高呼了口号:"正在兴起的欧洲无产阶级革命万岁!"④这说明他对西欧各国社会主义革命的发生和胜利充满了信心,寄托着殷切的希望。

其三,在西方社会主义革命和社会主义制度的支持下,俄国无产阶级可以将革命转变为社会主义革命,建立起社会主义制度。如前所述,列宁不主张使俄国革命立刻转变为社会主义革命。但是,他认为俄国无产阶级掌握政权以后可以采取一些走向社会主义的步骤。当时他在一些著作中提出,俄国下一阶段的革命胜利后,将由无产阶级和贫苦农民掌握政权,建立巴黎公社式的政府,进行土地国有化和银行国有化,对产品的生产和分配实行计算和监督等。他认为,实施这些措施,意味着俄国采取了走向社会主义的"步骤"。也就是说,采取这些措施并不是直接搞社会主义,但它有利于以后革命向社会主义革

---

① 《列宁全集》第 29 卷,人民出版社 1985 年版,第 146 页。
② 参见俞良早:《列宁主义研究》,广西人民出版社 1993 年版,第 132—136 页;参见俞良早:《列宁后期思想探要》,湖北人民出版社 1995 年版,第 22—40 页。
③ 《列宁全集》第 29 卷,人民出版社 1985 年版,第 92 页。
④ 《列宁全集》第 29 卷,人民出版社 1985 年版,第 92 页。

命发展。① 在列宁看来,一方面俄国无产阶级在国内采取了走向社会主义的"步骤",另一方面西方各国由于社会主义革命的胜利和建立了社会主义制度而能够给俄国无产阶级以大力的援助,俄国革命就可以走向社会主义革命,像西方一样建立起社会主义制度。正是由此出发,列宁在上述告别信中提出,俄国无产阶级单靠自己的力量不能胜利地完成社会主义革命,但是如果它能使自己的革命具有巨大的规模,"这在某种意义上说就意味着社会主义革命的开始"(俄国革命推动了西方社会主义革命,西方社会主义援助了俄国,这意味着西方和俄国都开始了社会主义革命)。在十月武装起义胜利的当天,列宁在有关会议上的报告中,在讲到消灭资本的任务时说,在意大利、英国和德国已经逐渐展开的世界工人运动,一定会在这方面帮助我们,"苏维埃相信,西欧各国的无产阶级定会帮助我们把社会主义事业进行到取得完全的巩固的胜利"②。

上述列宁的战略思想,根本的内容是把俄国革命和欧洲各国的社会主义革命看成为同一个过程的革命,把俄国革命和西方其他国家的革命密不可分地联系在一起。在他看来,在俄国的十月革命以后,将会有西方各国社会主义革命的爆发,在西方各国的社会主义革命胜利时,俄国革命因为得到其他国家革命的帮助会走向社会主义革命并取得胜利。早在 1915 年 9 月,列宁在《俄国的战败和革命危机》一文中就指出:"帝国主义战争把俄国革命的危机,即在资产阶级民主革命基础上发生的危机,同西欧日益增长的无产阶级社会主义革命的危机联系起来了。这种联系非常密切,以致这个或那个国家的革命任务根本不可能单独解决。这也就是说,俄国资产阶级民主革命现在已不单是西欧社会主义革命的序幕,而且是它的不可分割的组成部分了。"③1917 年 4月,列宁在党的第七次全国代表会议开幕词中针对当时的事实又指出:"现在,开始革命的巨大光荣落到了俄国无产阶级的头上,但它不应当忘记,俄国无产阶级的运动和革命仅仅是世界无产阶级革命运动的一部分,而这个运动——例如在德国——正一天天地壮大起来。只有从这个角度来看问题,我们才能确定自己的任务。"④援引的这些论断,确凿地证明了列宁关于俄国革命过程

---

① 参见俞良早:《列宁主义研究》,广西人民出版社 1993 年版,第 179—187 页。

② 《列宁全集》第 33 卷,人民出版社 1985 年版,第 4 页。

③ 《列宁全集》第 27 卷,人民出版社 1990 年版,第 32 页。

④ 《列宁全集》第 29 卷,人民出版社 1985 年版,第 339—340 页。

和西方其他国家革命过程密不可分的思想。

十月武装起义前夕以及起义胜利时,列宁一直持这种思想。1917年9月,由于布尔什维克组织革命工人和士兵粉碎了科尔尼洛夫反革命叛乱,在群众中的影响大增,彼得格勒、莫斯科以及其他城市的苏维埃纷纷站到布尔什维克一边。另一方面,俄国国内的经济遭到严重破坏,铁路运输中断,工厂无原料生产,城市人们无基本的生活资料,受到饥饿的威胁。这样的形势表明,布尔什维克掌握政权的时机已经成熟。列宁在《关于目前政治形势的决议草案》中,在论及俄国政治经济形势的发展有利于工人阶级夺取政权时说:而工人阶级一旦成功,就会给予和平、面包和自由,就会加速其他各国无产阶级革命的胜利。同一时间,他在《俄国革命和国内战争》一文中,在论述世界革命的形势时指出,世界社会主义革命的成熟和必然性是不容置疑的,要通过推进俄国革命,支持世界革命。还说:"俄国的苏维埃,即俄国工人和贫苦农民的联盟,在自己向社会主义迈进的道路上并不是孤立无援的。……但是我们有极其强大的后备军,即其他国家的更先进的工人大军,而且,俄国同帝国主义决裂,同帝国主义战争决裂,必然会加速这些国家日益成熟的工人社会主义革命。"[1]"俄国无产阶级一旦夺得政权,就完全有可能保持政权,并且使俄国一直坚持到西欧革命的胜利。"[2]1917年10月24日,布尔什维克领导赤卫队和革命士兵发动武装起义。25日晚起义队伍冲击冬宫,逮捕了资产阶级临时政府的成员,武装起义取得胜利。在十月武装起义胜利时,列宁在有关会议上的讲话中说,我们坚信西欧一定会发生革命,现在人们已经感到空中雷电密集,预感到马上会爆发一场大雷雨;虽然不能断言革命在哪一天爆发,"但是我们能够促进革命","帮助西欧人民发动不可战胜的社会主义革命"。[3] 在上述这些地方,列宁是把俄国革命过程同西方其他国家的革命过程密不可分地联系在一起的。可是事实上,在苏俄无产阶级掌握政权后一段时间里,西方其他国家的革命没有马上跟上来。1918年初,德帝国主义对苏俄新政权发动了军事进攻,苏维埃政权面临被颠覆的危险。列宁希望西方立即发生无产阶级社会主义革命,以支持俄国的革命。当时他在俄共(布)七大上的报告中说:"从全世界历史范

①　《列宁全集》第32卷,人民出版社1985年版,第176页。

②　《列宁全集》第32卷,人民出版社1985年版,第179页。

③　参见:《列宁全集》第33卷,人民出版社1985年版,第56—57页。

围来看,如果我国革命始终孤立无援,如果其他国家不发生革命运动,那么毫无疑问,我国革命的最后胜利是没有希望的。""我再说一遍,能把我们从所有这些困难中拯救出来的,是全欧洲的革命。"①他还说:"在这里,俄国革命最大的困难,最大的历史课题就是:必须解决国际任务,必须唤起国际革命,必须从我们仅仅一国的革命转变成世界革命。"②这些论断反映的思想,既是俄国革命的过程同西方各国革命的过程紧密相连的思想,也是以西方革命拯救俄国革命的思想。

1918 年春党和苏维埃政权力图转变工作重心时,列宁也表达了上述战略思想。由于苏维埃政权同德国签订《布列斯特和约》,退出了战争,赢得了和平喘息时机。同时苏维埃政权组织工人赤卫队平息了国内爆发的反革命军事叛乱,以国有化和"没收"的方式粉碎了一部分企业主破坏生产的活动,有力地巩固了苏维埃政权。这时列宁提出转变党和国家政权的工作重心,把工作重心由主要是对资产者进行政治斗争转变到管理俄国上来。他提出这个问题,依据之一自然是国内巩固政权的斗争告一段落,苏维埃政权基本上得以巩固。值得指出的是,另一个重要的原因是欧洲其他国家的革命没有发生,俄国革命不能孤军前进太远。这年 4 月,他在《苏维埃政权的当前任务》一文的结论中说:"国际方面的情况是非常严重、困难的危险的;必须随机应变和退却;这是等待西欧极其缓慢地成熟起来的革命重新爆发的时期。"③同一时期,他在全俄中央执行委员会会议上的报告中,在讲到这个问题时又说,既然我们孤立无援我们的任务就是在其他国家的革命到来之前,在其他部队到达之前把革命坚持下去,哪怕为革命保持一座不够坚固的规模不大的社会主义堡垒也好。他还说:"如果我们不愿意听从空喊家("左派共产主义者"——引者)的意见,我们的策略就应该是:等待,拖延,避免作战,退却。如果我们丢开空喊家,并且'振奋起来',建立真正铁的、真正无产阶级的、真正共产主义的纪律,我们就很有希望赢得好几个月的时间,那时,就是退到了乌拉尔(在最坏最坏的情况下),我们也能使我们的同盟者(国际无产阶级)更加有可能来援助我们。"④这

①　《列宁选集》第 3 卷,人民出版社 1995 年版,第 441 页。
②　《列宁选集》第 3 卷,人民出版社 1995 年版,第 439 页。
③　《列宁全集》第 34 卷,人民出版社 1985 年版,第 186 页。
④　《列宁选集》第 3 卷,人民出版社 1995 年版,第 517 页。

一时期,他主张退却,主张等待西方的无产阶级革命爆发,等待希望西方革命对俄国革命的援助,证明他是把俄国革命过程同西方国家的革命过程紧密联系在一起的。

在以后的国内战争时期,列宁仍然坚持了这样的战略思想。1918 年夏,十几个帝国主义国家将军队开进俄国,以武力干涉俄国革命。他们支持俄国国内的各种反革命势力发动军事叛乱,力图颠覆苏维埃政权。苏俄的历史进入国内战争时期。在这个时期,苏维埃政权一度面临万分危急的形势,除几个中心城市以外,其他地区都被敌人所占领,四处建立起反革命政权。这时列宁进一步强调俄国革命同西方革命的密切联系,认为只有西方发生革命才能拯救俄国革命,盼望西方国家立即发生社会主义革命,使俄国革命摆脱被动的局面。1918 年 11 月,列宁在全俄苏维埃第六次(非常)代表大会上的讲话中,在肯定俄国革命一年以来的成绩时说,我们的口号应该是:再接再厉,牢记着我们不是为俄国革命而是为国际社会主义革命去进行最后的决战。他还说:"社会主义革命要在一个国家内取得完全胜利是不可思议的,它至少需要几个先进国家(我们俄国还算不上先进国家)最积极的合作。因此,我们能使革命在其他国家扩展到什么地步,在那之前能给帝国主义以多大的回击,就成为革命的一个主要问题了。"[1]同一时间,他在马克思、恩格斯纪念碑揭幕典礼上的讲话中说:"我们在斗争中不是孤立的。更先进的国家的工人正挺身奋起同我们并肩奋斗。在我们和他们的面前还有艰苦的战斗。通过共同的斗争,我们一定会粉碎资本的压迫,最终赢得社会主义。"[2]

1920 年 11 月,俄共(布)领导工农群众和红军平息了国内的反革命军事叛乱,赶走了外国武装干涉者,赢得了国内战争的胜利。这时列宁有可能对党和苏维埃政权各方面的工作进行总结。他在有关会议上的讲话中说:"三年前当我们提出关于俄国无产阶级革命的任务及其胜利的条件的问题时,我们总是明确地说:没有西欧无产阶级革命的支持,这个胜利就不可能巩固;只有从国际的观点出发才能正确估价我们的革命。为了取得巩固的胜利,我们必须使无产阶级革命在一切国家或者至少在几个主要的资本主义国家取得胜

---

① 《列宁全集》第 35 卷,人民出版社 1985 年版,第 150 页。
② 《列宁全集》第 35 卷,人民出版社 1985 年版,第 165 页。

利。"①这段话是列宁对十月起义以来自己和党对俄国革命与西欧革命关系的思想认识的历史性总结。这说明,直到1920年底为止,列宁和党是把俄国革命同西欧革命作为同一个过程的革命看待的,是将两个方面的过程紧密地联系在一起的。

上述列宁的战略思想,强调俄国革命可以推动西方社会主义革命,西方社会主义革命可以支持和援助俄国革命,在苏维埃政权面临危急的形势下西方社会主义革命可以拯救俄国革命。这说明,在列宁的思想上,俄国革命同西方社会主义革命紧密地联系在一起,属于同一个过程的革命。在这个过程中,俄国革命是西方革命的"序幕"和"阶梯",通过俄国革命可以走向西方的革命以及全欧洲的革命。列宁关于俄国革命是西方革命的"序幕"和"阶梯"的思想,同马克思、恩格斯关于俄国革命是西方革命的"信号"的思想是一致的。他关于俄国革命需要得到西方革命援助和支持的思想同马克思、恩格斯关于俄国革命在西方社会主义支持下走向社会主义革命的思想是一致的。

以上论述过程说明,1917年至1920年即十月革命时期以及国内战争时期,列宁未改变马克思、恩格斯的西方社会主义战略。

四、列宁社会主义战略的初步转变：
形成俄国先于西方进行社会主义建设的理论

1920年底,苏俄面临的国际国内形势发生了重大变化。从国际上看,一个重要的情况是,十月革命后一度蓬勃发展的欧洲革命风暴渐渐落入低潮。

如同马克思、恩格斯、列宁所预言的,俄国工农革命的胜利,激发了西方各国的社会主义革命。1918年1月,芬兰无产阶级举行武装起义,推翻资产阶级政府,建立人民全权委员会,宣告了芬兰社会主义工人共和国诞生。同年11月,德国爆发以无产阶级为主要力量的人民革命,推翻了霍亨索伦王朝的封建统治。在革命过程中,产生了德国共产党。这个党要求解除反革命武装,武装无产阶级,向资本主义发起进攻,进行社会主义革命和建立社会主义制度。

---

① 《列宁全集》第40卷,人民出版社1986年版,第22页。

1919年春,德国的巴伐利亚建立了苏维埃共和国。1919年3月,匈牙利爆发了无产阶级的革命斗争。许多大工厂建立赤卫队,赶走厂主,成立了工人委员会。革命士兵建立了自己的战斗队伍。农民也组织起来,开始夺取地主的土地。3月21日,布达佩斯的工人赤卫队和革命士兵在共产党的领导下解除了反动军警的武装,占领了各个重要的据点和政府大楼,当晚宣布建立了匈牙利苏维埃共和国。同年6月,在匈牙利无产阶级的帮助下,在斯洛伐克建立了苏维埃共和国。1920年7月,波兰无产阶级经过武装斗争,建立了劳动者的政权——临时革命委员会。在英国、法国、意大利、奥地利等国,反对资产阶级政权的工人运动不断高涨。这些国家的工人群众举行罢工、游行示威,呼喊口号,张贴标语,要求建立苏维埃,反对本国的统治者,反对以武力干涉俄国革命。这说明,俄国革命激发和推动了西方的革命,起到了向西方革命发出"信号"的作用,或者说揭开西方革命"序幕"的作用。

可是,这场革命风暴很快过去了。芬兰、德国、匈牙利等国的革命,由于各种主客观原因,未能取得最后的胜利。如德国革命是由右翼社会民主党人对无产阶级事业的背叛而失败的。匈牙利革命是经国际帝国主义的武力绞杀以及国内反革命势力的军事叛乱而失败的。英国、法国、意大利等国的工人运动虽然对于资产阶级的经济政治制度形成了一定的冲击力,但是未能发展成为无产阶级夺取政权和掌握政权的革命。进入20世纪20年代以后,西方的工人革命运动走向了低潮。列宁看到了这一事实。当时,他在共产国际三大上的有关报告中,在讲到国际革命运动的形势时一再说:革命虽然在发展,"可是实际上运动并没有象我们所期望的那样直线地前进。直到目前,在资本主义特别发达的其他大国中,革命还没有到来"。"我们预言过的国际革命正在向前发展。但是,这种前进运动并不是我们所期望的那种直线运动。"①所谓革命不是"直线地前进",不是"直线运动",指革命运动有曲折,陷入了低潮。

从国际上看,另一个重要的情况是,国际上革命力量同反动势力之间形成了一种"均势"。也就是说,十月革命以后特别是国内战争胜利以后,苏维埃俄国的力量在不断增强,而且殖民地人民的革命运动日益高涨,力量也有大大增强,可是西方帝国主义国家由于受到革命力量的冲击,由于它们内部的矛盾和

---

① 《列宁全集》第42卷,人民出版社1987年版,第40页。

斗争,力量受到了严重削弱,这样国际上革命力量同反动势力之间形成了一种力量平衡或均势。这种均势的直接表现,就是帝国主义国家已经不敢贸然对苏维埃俄国发动军事进攻了。这一事实也被列宁所深刻认识。在共产国际三大上的报告中,列宁指出:"目前俄罗斯联邦所面临的国际形势的特点是存在着某种均势,这种均势虽然极不稳定,但毕竟造成了世界政治中一种特殊的局面。"①他还说:"在一切资本主义国家,反对进攻苏维埃俄国的反战运动风起云涌,它促进了无产阶级的革命运动,而且把小资产阶级民主派的极广大的群众也卷了进来。各帝国主义国家之间的利益冲突尖锐起来了,而且一天比一天激烈,东方被压迫民族亿万人民的革命运动正在蓬勃发展。由于这种种情况,国际帝国主义虽然比苏维埃俄国强大得多,但无力扼杀它,反而不得不暂时承认它或半承认它,不得不和它订立通商条约。这样就形成了一种均势,虽然极不可靠,极不稳定,但社会主义共和国毕竟能在资本主义的包围中生存下去了,——当然不是长期的。"②这是对均势现象的具体描述和对它的意义的深刻说明。

从国内看,苏俄军民取得了国内战争的伟大胜利。如前所述,从 1918 年夏天起,十几个帝国主义国家把军队开进俄国,对俄国革命进行武装干涉,俄国国内的各种反动分子也纷纷发动叛乱,企图颠覆苏维埃政权。苏俄军民在俄共(布)和苏维埃政权的领导下,进行了英勇的国内革命战争。到 1920 年底,国内战争取得了伟大的胜利。这一胜利说明,即便西方未爆发无产阶级社会主义革命,苏俄无产阶级未得到西方社会主义的支持和援助,它依靠自己的力量,可以巩固苏维埃政权。列宁认识到这一点。1920 年 11 月,他在有关会议上的报告中说:"我们谁也没有想到,俄国抗击世界资本主义列强这样一场力量悬殊的斗争竟能延续三年之久。结果,无论这一方还是那一方,无论俄罗斯苏维埃共和国还是整个资本主义世界都没有获得胜利,也没有遭到失败。"这就说明,"即使全世界社会主义革命推迟爆发,无产阶级政权和苏维埃共和国也能够存在下去"③。意思是说,苏俄无产阶级依靠自己一国的力量能够巩固苏维埃政权。他还提出:"我们现在的情况是:我们虽然没有获得国际胜利,

---

① 《列宁全集》第 42 卷,人民出版社 1987 年版,第 1 页。

② 《列宁全集》第 42 卷,人民出版社 1987 年版,第 1—2 页。

③ 《列宁全集》第 40 卷,人民出版社 1986 年版,第 22 页。

即对我们来说是唯一可靠的胜利,但是却给争得了能够同那些现在不得不与我们建立贸易关系的资本主义列强并存的条件。在这场斗争的过程中,我们给自己争得了独立生存的权利。"①意思是说,苏维埃俄国能够在资本主义的包围之中生存下去。

上述国际国内形势的变化给苏俄无产阶级以重要的启示:由于西方国家的革命运动陷入低潮,苏维埃俄国只有单独一个无产阶级专政的国家支撑下去;由于苏俄无产阶级依靠自己的力量可以巩固苏维埃政权,又由于国际关系上出现了"均势",帝国主义国家暂时不会发动对苏俄的战争,苏俄能够先于西方单独一国进行社会主义建设。在这样的形势下,列宁的战略思想发生了转变,形成了苏俄先于西方国家进行社会主义建设的思想。

1920 年 11 月,列宁在俄共(布)莫斯科省代表会议上的讲话中,首先阐述了这一新的战略思想。他在讲到国际形势和俄国无产阶级的任务时说:"只要总的看一下我们所处的国际形势,就会发现:我们已经取得了巨大的成就;我们不仅有了喘息时机,而且得到了某种更为重要的东西。"②"现在我们要谈的已经不只是喘息时机,而是比较长期地进行新建设的重要机会。"③显然,他所谓的"更为重要的东西"和"进行新建设的重要机会",指进行社会主义建设的条件和机会。他有思想是,在西方无产阶级没有走向社会主义胜利的情况下,俄国无产阶级已经先于它们取得了进行社会主义建设的条件和机会。

他还指出:"为了彻底战胜资本主义,第一,必须战胜剥削者和捍卫住被剥削者的政权,这是用革命力量来推翻剥削者的任务;第二,担负起建设任务,就是建立新的经济关系,树立怎样做这件事情的榜样。"④他所说的第二个任务,是建设社会主义经济的任务,即社会主义建设的任务。在他看来,上述两个任务是紧密联系在一起的,如果不完成第二个任务即建设社会主义的任务,那么用武力推翻剥削者和抗击国际帝国主义进攻的任何成就都会付之东流,旧制度的复辟就将不可避免。所以他提出:"现在我们应当采用组织、建设的办法,来代替用革命方式推翻剥削者和抗击暴力者的办法,我们应当向全世界显示

---

① 《列宁全集》第 40 卷,人民出版社 1986 年版,第 23 页。
② 《列宁全集》第 40 卷,人民出版社 1986 年版,第 23 页。
③ 《列宁全集》第 40 卷,人民出版社 1986 年版,第 24 页。
④ 《列宁全集》第 40 卷,人民出版社 1986 年版,第 28 页。

和证明,我们不仅是一种能够抵抗军事扼杀的力量,而且是一种能够树立榜样的力量。"①在这里,列宁提出俄国无产阶级应当在"采用组织、建设的办法"方面向全世界"树立榜样",显然是指俄国无产阶级先于西方进行社会主义建设,树立怎样进行社会主义建设的榜样。在这个讲话中,列宁就苏俄怎样进行社会主义建设,阐述了一系列意见,如实现电气化,使俄国的生产转变到新的技术基础上,提高生产力;帮助农民发展经济,提高农业生产水平;反对官僚主义,提高工作效率;消除党内的派别活动,加强党的团结和党的领导;等等。

　　同年 12 月,列宁在全俄苏维埃第八次代表大会上的报告中,在讲到电气化以及教育问题时说:"必须使每一个工厂、每一座电站都变成教育的据点,如果俄国布满了电站和强大的技术设备组成的密网,那么,我们的共产主义经济建设就会成为未来的社会主义的欧洲和亚洲的榜样。"②这一论断,也包含俄国先于西方和其他地区进行社会主义建设的思想。他的意思是,如果俄国加强了电气化教育并实现了电气化,那么它就会在社会主义建设的道路上大大地向前跨进一步,它就会成为欧洲其他国家和亚洲国家将来进行社会主义建设的榜样。

　　1921 年春,俄共(布)举行十大。列宁在十大政治工作报告中,在讲到欧洲革命的形势在发展时说:"不管怎样,如果我们据此断定欧洲在短期内会用扎实的无产阶级革命来援助我们,那简直是疯了,我相信在这个大厅里不会有这样的人。""三年来,我们已经逐渐懂得,寄希望于国际革命,并不是指望它在一定期限内爆发,现在发展的速度正在不断加快,到春天可能会引起革命,但也可能不引起。因此,我们要善于使我们的工作同国内外的阶级关系相适应,以便能长期保持无产阶级专政,消除(哪怕是逐渐消除)我们遭受的一切灾难和危机。只有这样提出问题,才是正确的,清醒的。"③这一论断表明,列宁已经自觉地放弃了过去那种把俄国革命过程与西方革命过程联系在一起的战略思想。因为他已经明确地说,西方革命可能发生,也可能不发生,不能指望它在短期内一定发生,不能指望得到这种帮助,必须善于根据国内外的各种情况确定俄国无产阶级的工作方针。并且,他还明确地说,只有这样提出问题,才

---

① 《列宁全集》第 40 卷,人民出版社 1986 年版,第 28—29 页。
② 《列宁全集》第 40 卷,人民出版社 1986 年版,第 158 页。
③ 《列宁全集》第 41 卷,人民出版社 1986 年版,第 14—15 页。

是"正确的"和"清醒的"。

　　概括列宁的思想，俄国先于西方进行社会主义建设的可能性，主要由以下两个问题所决定。

　　其一，苏俄无产阶级依靠自己的力量，能够使苏维埃政权在帝国主义国家的包围中生存下去。如前所述，经过了三年的国内战争，国内外敌人颠覆苏维埃政权的企图没有得逞，又由于国际关系上出现了"均势"，帝国主义国家短时间内不可能发动对俄国的战争，苏维埃政权在帝国主义国家的包围中存在下去已经不成问题。列宁认识到了这一点，并且认识到这一事实为苏俄进行社会主义建设提供了可能。1920年底，他在有关会议上的报告中讲到这个问题时说："国际资产阶级不让我们从事生产劳动，因此三年来我们把全部力量都用来同他们作战了。现在必须在国内战线上取得胜利。""应当做到把全部热情和纪律都转而用于和平经济建设的工作，应当争取普通群众参加到这一事业中来。"[①]1921年底，他在全俄苏维埃第九次代表大会上的报告中讲到这个问题时说："社会主义共和国在资本主义包围中生存，这样的事情是否可能呢？无论在政治上或军事上，这似乎都是不可能的。但是在政治上和军事上又都已经证明这是可能的，这已经成为事实了。"[②]从这样的事实出发，他说："我们暗下决心，我们既已着手进行和平建设，就要用一切力量不间断地把它进行下去。"[③]在这些场合，他都是由苏俄军事上、政治上的胜利和国家政权的巩固出发而论及经济建设问题的。在他看来，前者是后者的重要前提和条件。

　　其二，西方资本主义国家希望得到苏俄的经济资源，使得苏俄能够同资本主义国家建立正常的经济联系。进入近代世界以来，任何国家的经济发展，都离不开世界，即必须同其他国家发生和建立经济上的联系。俄国进行社会主义经济建设，也必然是这样。或者说，俄国进行社会主义经济建设，重要的条件之一在于它同资本主义国家建立正常的经济联系。那么俄国能不能做到这一点呢？列宁从当时的实践出发，作了肯定的回答。1920年底，他在有关会议上的报告中说："有一个极大的因素，使我们能够在这种复杂而又十分特殊的情况下存在下去，这一因素就是一个社会主义国家开始同各资本主义国家建

　　①　《列宁全集》第40卷，人民出版社1986年版，第7页。
　　②　《列宁全集》第42卷，人民出版社1987年版，第328页。
　　③　《列宁全集》第42卷，人民出版社1987年版，第328页。

立贸易关系。"①这时国内战争已告结束,苏俄开始同一些资本主义国家建立贸易关系。列宁看到了这一事实,肯定苏俄能够同资本主义国家建立贸易关系,肯定它们之间能够形成正常的经济联系。1921年底,他在有关会议上的报告中回顾了苏俄对外贸易的成就后说,苏俄同资本主义国家建立正常的经济联系,对双方都有利,否则对双方都不利,所以,"先进国家的大工业在帮助我们,资本主义国家的大工业在帮助我们恢复我国经济,虽然这些国家是由那些对我们恨之入骨的资本家领导的"②。"这些国家宣布我们是罪犯,但还是在帮助我们。结果,它们在经济上同我们分不开了。"③"有一种力量胜过任何一个跟我们敌对的政府或阶级的愿望、意志和决定,这种力量就是世界共同的经济关系。正是这种关系迫使他们走上这条同我们往来的道路。"④由这样的事实出发,他要求利用这个条件,开展社会主义经济建设。这就是他所说的:"开端已经有了。我们现在应当把全部注意力、全部精力、全部心思都用在经济的发展上,使这种发展继续下去。"⑤

概括列宁的思想,俄国先于西方进行社会主义建设的必要性,可以用下述两个观点来说明。

其一,苏俄必须开展经济建设事业,以经济建设对国际革命施加自己的影响。当时,苏维埃俄国是资本主义世界汪洋大海中的唯一一艘飘扬着社会主义旗帜的航船,全世界人民都关注着它的命运,期望着它的胜利和成就。在这种情况下,苏俄的政权能否得以巩固,社会主义建设能否顺利进行,对国际革命有直接的影响。1921年5月,列宁在俄共(布)第十次全国代表会议上的讲话中说:"现在我们是通过我们的经济政策对国际革命施加我们的主要影响。可以毫不夸大地说,所有的人,世界各国所有的劳动者,都毫无例外地注视着俄罗斯苏维埃共和国。"⑥还说,各国的资本家也在拼命地找苏维埃政权经济建设中的错误,斗争已经转到这方面来了;"我们一旦完成了这个任务,那我们

---

①　《列宁全集》第40卷,人民出版社1986年版,第25页。

②　《列宁全集》第42卷,人民出版社1987年版,第330页。

③　《列宁全集》第42卷,人民出版社1987年版,第331页。

④　《列宁全集》第42卷,人民出版社1987年版,第332页。

⑤　《列宁全集》第42卷,人民出版社1987年版,第331页。

⑥　《列宁全集》第41卷,人民出版社1986年版,第335—336页。

在国际范围内肯定就取得最终的胜利。因此,经济建设问题对于我们有非常重大的意义。"①意思是说,俄国的经济建设,不仅关系到俄国革命的命运,而且关系到国际革命的前途。他还说:"我们应当同过去诀别,着手进行真正的经济建设,改造党的全部工作,使党能够领导苏维埃的经济建设,取得实际的成就,并且多用行动少用言语来进行宣传。""我们应当抱有这样的观点,这样在今后的经济建设中我们就会取得成就,使我们在国际方面取得彻底的胜利。"②意思是说,苏俄在经济方面的成就关系到苏维埃制度在国际上的形象和影响,关系到苏俄无产阶级事业的最后胜利——它在国际社会主义事业中的胜利。

其二,无产阶级必须完成"主要任务"——建设新经济的任务。如前所述,列宁提出,无产阶级战胜资本主义的任务有两个,一是推翻剥削者的统治,二是建立新的经济。他认为,前后两个任务相比较,后者是"主要任务"。因为建立社会主义经济制度,是无产阶级革命的目的,只有建立起社会主义经济制度,无产阶级才能摆脱剥削,获得真正的解放。而且,在经济文化比较落后的俄国完成建设社会主义经济的任务,尤其艰难和困难。1918年春以来,列宁和俄共(布)曾经几次在国内军事政治形势趋向缓和的时候提出将党和国家的工作重心转向经济工作,即转向主要任务,均因为形势很快趋于紧张而没有达到目的。眼下国内战争已经胜利结束,列宁再次提出这个问题。他说:"我们既然已经证明,我们依靠革命组织能够抵抗加在被剥削者身上的暴力,那么我们在另一方面同样应当证明,我们能够树立这样的榜样,即不用语言来说服,而是用事实向全体广大农民群众和小资产阶级分子以及其他国家表明,在战争中取得胜利的无产阶级能够建立起共产主义制度。"③意思是说,无产阶级应该完成并且能够完成自己的"主要任务"。他还说:"在经济工作中,建设必定更加困难、更加缓慢、更要循序渐进。这是由于经济工作在性质上不同于军事、行政和一般政治工作。这是由于经济工作有特殊的困难和需要更深厚的根基。"④"国家的经济受到严重的破坏,无产阶级被多次几乎是超越人力的拼

---

① 《列宁全集》第41卷,人民出版社1986年版,第336页。
② 《列宁全集》第40卷,人民出版社1986年版,第37页。
③ 《列宁全集》第40卷,人民出版社1986年版,第29—30页。
④ 《列宁全集》第42卷,人民出版社1987年版,第114页。

搏弄得筋疲力尽,我们就是在这样的条件下着手最困难的工作:给真正社会主义的经济奠定基础,建立工业同农业间正常的商品交换。"①他的思想是,由于经济工作是主要的、意义重大的任务,是无比困难和无比艰巨的任务,所以必须立即展开这项任务,全力投入这项工作任务。

需要指出的是,俄国先于西方国家进行社会主义建设,是单独一国进行社会主义建设的实践。因为从事实上看,当时世界上只有苏俄一个无产阶级掌握政权的国家,它的社会主义实践只能在单独一国的条件下进行。列宁从理论上肯定俄国先于西方进行社会主义建设的可能性和必要性,实际上是肯定了俄国单独一国进行社会主义建设的可能性和必要性。但是,他肯定俄国单独一国进行社会主义建设的可能性和必要性,不等于提出了人们通常所说的"一国建成社会主义"的思想或理论。道理十分简单:他只是肯定了"建设的可能性和必要性",没有肯定地提出"建成社会主义"的把握性。而且,他肯定单独一国建设社会主义的可能性和必要性,同他继续对西方革命的发生和胜利抱有希望是不矛盾的。也就是说,他一方面主张俄国先于西方进行社会主义建设,另一方面寄希望于西方社会主义革命早日发生和胜利,盼望形成俄国和西方各国共同建设社会主义的局面。

五、列宁社会主义战略的再转变: 提出东方社会主义战略和国内发展战略

1922 年底 1923 年初,即列宁逝世前夕,他的战略思想发生了进一步转变。这一次转变有两个方面的内容,即由过去的西方社会主义战略转向了东方社会主义战略,同时转向了国内发展战略。从列宁"最后的文章和书信"中,可以看出这种转变。

当时,欧洲的革命形势已进一步向低潮滑落。如果说列宁 1920 年底已经看到欧洲革命形势的发展有曲折和转向了低潮的话,那么现在他则进一步地预见到未来西方革命难以发生了。他在最后的文章《宁肯少些,但要好些》中

---

① 《列宁全集》第 42 卷,人民出版社 1987 年版,第 115 页。

正确地指出："一些国家,而且是西方一些最老的国家,因获得胜利(指第一次世界大战的胜利——引者)而能够利用胜利向本国被压迫阶级作一些不大的让步,这些让步毕竟在推迟这些国家的革命运动,造成某种类似'社会和平'的局面。"①意思是说,这些国家的资产阶级统治者利用从国外掠夺的资源,给国内的工人群众特别是工人领袖一些好处,缓和了国内的阶级矛盾,形成了"社会和平",使这些国家的革命难以爆发了。他还指出,这些国家未来走向社会主义的过程,"不会像我们从前所期待的那样",由国内社会矛盾和阶级矛盾的激化到革命形势的成熟,到无产阶级进行革命和夺取政权,再到进行社会主义建设并建成社会主义和共产主义社会,而是在国际矛盾和国际斗争的过程中实现的。这就是他所说的:"它们完成这一发展过程,不会是经过社会主义在这些国家里平衡'成熟',而将是经过一些国家对另一些国家进行剥削,经过对帝国主义战争中第一个战败国进行剥削,再加上对整个东方进行剥削的道路来完成的。"②意思是说,由于这些国家掠夺和剥削战败国,掠夺和剥削东方落后的民族和国家,遭到被掠夺和被剥削国家人民的强烈反对,造成国际矛盾和国际斗争激化,从而会促进它国内社会主义革命的进程。当然根据列宁的思想,这种结局的产生,不是近期的事,而是遥远的将来的事。

　　同时,列宁看到,东方各国的民族民主革命运动正在不断高涨。1919年中国发生了彻底的反帝反封建的"五四"运动。青年学生是运动的先锋,工人阶级是运动的主力军。运动高举爱国主义的旗帜,弘扬民主、科学的精神,促进了马克思主义在中国的传播,在思想上和干部上为中国共产党的成立准备了条件。它标志着中国旧民主主义革命的结束和新民主主义革命的开端。同年,朝鲜人民举行了声势浩大的"三一"独立运动。3月1日,30万学生和市民在京城府(今首尔)举行游行示威,呼喊"日本军队滚出去"等口号,遭到日本殖民统治当局的镇压,由此发展成为全民族的反日武装起义。从1919年3月1日到4月底,朝鲜218个府、郡就有212个府、郡发生了1214次示威与冲突,参加人数达100万。到5月底,增加到2000多次,参加人数达到200万。由于日本殖民统治当局的镇压,运动失败了。这是朝鲜历史上的一次声势浩大的

---

① 《列宁全集》第43卷,人民出版社1987年版,第389页。
② 《列宁全集》第43卷,人民出版社1987年版,第389—390页。

民族解放运动,也是朝鲜日治时期规模最大的独立运动。在这一时期,在伊朗、印度、阿富汗、土耳其等国,人民群众也展开了反帝武装斗争。列宁注意到这一事实。早在 1921 年 7 月,他在共产国际三大报告中讲到西方国家的革命"没有象我们所期望的那样直线地进展"并取得胜利时,针对东方的情况说,从 20 世纪初开始,东方的亿万人民已经觉醒,现在已经成为独立的、积极的革命因素,他们将在未来的世界革命"决战中"发挥非常重大的作用。1922 年 5 月,他在《庆祝〈真理报〉创刊十周年》一文中又指出,印度和中国"在沸腾",这里有 7 亿人口,再加上周围和它们完全相似的亚洲各国,那就占全世界人口的一大半,那里的革命正在兴起,来势不可阻挡。1923 年初,他在《宁肯少些,但要好些》一文中,在论及西方国家由于统治者实行改良主义政策而使革命"推迟"下去了时再一次指出:"东方已经最终加入了革命运动,最终卷入了全世界革命运动的总漩涡。"①

　　列宁在逝世前夕,鉴于西方国家的革命被"推迟"下去,或者说难以爆发了,而东方人民的革命运动正在发展,力量不断增强,作用不可限量,认为苏维埃俄国应该从东方寻求支持的力量。在《宁肯少些,但要好些》一文中,他提出这样的疑问:苏维埃俄国在其发展过程中能不能避免同帝国主义国家发生冲突呢? 它的力量能不能使它坚持到西方资本主义国家发展到社会主义的那一天呢? 对于这些问题,列宁的回答是:"斗争的结局归根到底取决于如下这一点:俄国、印度、中国等等构成世界人口的绝大多数。正是这个人口的大多数,最近几年来非常迅速地卷入了争取自身解放的斗争,所以在这个意义上说,世界斗争的最终解决将会如何,是不可能有丝毫怀疑的。在这个意义上说,社会主义的最终胜利是完全和绝对有保证的。"②这说明,列宁已经把苏维埃俄国的前途命运同印度、中国等东方国家人民的斗争联系在一起了,已经把俄国社会主义胜利的希望和世界社会主义胜利的希望寄托在东方大多数人的斗争之上了。列宁这一思想的提出,意味着他社会主义战略的转变:完全放弃了把俄国革命过程与西方国家革命的过程联系在一起并从西方寻求支持力量的战略,开始实行东方社会主义战略即寄希望于东方革命运动发展和促进东方革

---

① 《列宁全集》第 43 卷,人民出版社 1987 年版,第 390 页。
② 《列宁全集》第 43 卷,人民出版社 1987 年版,第 391 页。

命运动发展的战略。

列宁的东方社会主义战略，主要有下述内容。

其一，东方经济文化比较落后的国家，可以建立无产阶级政权并展开社会主义建设。上文列宁关于俄国可以先于西方进行社会主义建设的思想，是这一战略的出发点。随着实践的进展，列宁在逝世前夕，从更高的理论高度上，从整个东方的大视角上，进一步阐述了这一问题。在《论我国革命》一文中，他提出，具有东方特点的俄国，能够通过与西方不同的道路来创造实现社会主义的条件并走向社会主义社会。他承认，俄国同西方国家相比较，实现社会主义的物质条件差一些，即生产力水平低一些，人民群众的文化知识水平低一些，而按照马克思主义基本原理，社会主义必须建立在资本主义充分发展的基础上，只有西方发达资本主义国家才较好地具备了实现社会主义的条件。然而，他科学地指出，世界历史发展的一般规律"不排斥个别发展阶段在发展的形式或顺序上表现出特殊性"。俄国的革命过程就深刻地体现出这种特殊性。第一次世界大战激化了俄国的阶级矛盾，十倍地增强了工农的革命力量，形成了工人革命与农民战争相结合的局面，无产阶级政党因势利导地领导人民夺取了政权，此后，他们将利用手中的政权创造物质条件，如发展生产力和提高全体人民的文化水平，逐步实现社会主义。关于这一个问题，他提出："既然建立社会主义需要一定的文化水平，……我们为什么不能首先用革命手段取得达到这个一定水平的前提，然后在工农政权和苏维埃制度的基础上赶上别国人民呢？""为了建设社会主义就需要文明。好极了。那么，我们为什么不能首先在我国为这种文明创造前提，如驱逐地主，驱逐俄国资本家，然后开始走向社会主义呢？"①他的意思是，俄国无产阶级和劳动人民可以先夺取政权和掌握政权，再利用手中的政权来发展生产力和社会文化，从而满足建立社会主义社会对生产力和文化水平的要求。由此看，俄国特殊的发展道路同历史发展的一般规律是不相排斥的。值得指出的是，在列宁看来，不仅俄国革命有这种特殊性，而且东方其他国家未来的革命过程也将有这种特殊性，而且它们的特殊性会更多一些。这就是他所说的："我们的欧洲庸人们做梦也没有想到，在东方那些人口无比众多、社会情况无比复杂的国家里，今后的革命无疑会比俄国

①　《列宁全集》第43卷，人民出版社1987年版，第371—372页。

革命带有更多的特殊性。"①

其二,世界社会主义胜利的希望在东方,即在于东方落后国家人民的革命运动和革命斗争。在肯定西方国家的无产阶级社会主义革命难以发生以后,怎样看待世界社会主义的前途和俄国革命的前途,成为一个需要回答的理论课题,摆在了苏俄无产阶级及其理论界的面前。如前所述,列宁在《宁肯少些,但要好些》一文中深刻地提出,世界斗争的结局取决于俄国、印度、中国等构成世界人口的大多数,世界社会主义胜利的保证也在这里。这一结论的含义有两个方面:(1)苏俄无产阶级将从东方获取支持的力量。当时,苏维埃俄国仍然处在西方帝国主义国家的包围中,面临着被侵略、被颠覆的危险。列宁认识到,只有东方的革命运动进一步发展,革命的力量进一步增强,才能够打击和削弱帝国主义,发展国际关系中的"均势",从而使苏维埃俄国在世界资本主义的包围中存在和发展持续下去。他认为,做到了这一点,等于苏维埃俄国得到了东方革命力量的支持。(2)未来世界社会主义革命的"决战"将发起于东方。如前所述,列宁认识到,未来西方革命的发生不是国内矛盾激化的结果,而是由西方帝国主义对东方落后国家的掠夺和剥削而导致的国际矛盾激化的结果,即它是在国际矛盾和国际斗争中实现的。也就是说,西方国家自身的力量不足以发动革命,这些国家革命的发生需要国际斗争中的某种力量来推动。显然,推动西方发生革命的力量就是东方的革命运动。列宁逝世前夕指出,东方已经最终加入了革命运动,卷入了全世界社会革命运动的总漩涡,这里的人口占全世界人口的绝大多数,这个力量是打击帝国主义并推进世界社会主义革命的力量。他认为,随着历史的演进,西方对东方的剥削愈益严重,东西方之间的矛盾愈益尖锐,东方觉醒的人民愈益增多,东方革命的力量就愈益强大,到一定的时候,东方的革命力量一定会展开对西方帝国主义的强大攻势,同西方国家的无产阶级革命运动汇合在一起,消灭世界上的资本主义制度,迎来世界社会主义的最后胜利。

如果说形成东方社会主义战略是这一时期列宁社会主义战略转变的一方面内容的话,那么形成国内发展战略则是他这一时期战略转变的另一方面内容。

---

① 《列宁全集》第43卷,人民出版社1987年版,第372页。

　　所谓形成国内发展战略,不是一般地指他提出了国内经济文化发展的路线、方针和政策,而是指由过去的西方社会主义战略(即世界革命战略)转向了国内发展战略,或者说列宁的注意力由西方社会主义革命以及世界社会主义革命问题移到了国内发展问题上。在《宁肯少些,但要好些》中,列宁在论及世界社会主义胜利的希望时说:"但是我们关心的并不是社会主义最终胜利的这种必然性。我们关心的是我们俄国共产党,我们俄国苏维埃政权为阻止西欧反革命国家扼杀我们应采取的策略。"①意思是说,同世界社会主义问题相比较,俄国共产党和俄国苏维埃政权的前途命运是更值得关心的问题,必须聚集党和无产阶级的全部力量巩固苏维埃政权和巩固俄共(布)的执政地位,必须使苏维埃国家的各项事业服务于巩固政权和巩固党的执政地位的目的。从列宁这一时期的文章、书信和报告看,他关心的主要问题之一确实是国内发展的问题。如果说,在这以前列宁持西方社会主义战略以及世界革命战略的话,那么这一时期他则实现了由西方社会主义战略向国内发展战略的转变。如果说,1920 年底他提出俄国可以先于西方进行社会主义建设意味着他开始由西方社会主义战略转向国内发展战略的话,那么这一时期他则完成了这一转变。

　　列宁战略思想的这一转变,同样是当时国际形势变化的结果。如前所述,当时国际形势的特点是出现了"均势",即东方革命力量与帝国主义反动势力之间的力量平衡。这种"均势"的结果,表现于帝国主义国家短时间内不敢于或者说不能够发动对苏俄的战争。但是,苏维埃俄国处在帝国主义国家包围之中的事实则是无法改变的。只要存在这一事实,苏俄就面临着国际反动势力侵略和颠覆的危险。所以,在"均势"的国际形势下,苏俄既有和平发展的机遇,又有被侵略和被颠覆的危险。1920 年底,当党和国家的工作重心由国内战争转向经济建设时,列宁较多地强调了"均势"条件下和平建设的机遇,这当然是正确的。列宁逝世前夕,转变工作重心的任务已经完成。这时,为了有利于党和无产阶级正确地认识国际形势和正确地理解俄国先于西方建设社会主义的可能性及必要性,他着重地强调了"均势"条件下的危险。在《宁肯少些,但要好些》中,他反复地提出,苏俄能不能避免同帝国主义国家在不久的将来发生冲突呢? 它能不能坚持到西方走向社会主义胜利的那一天呢? 他还提出:

---

　　①　《列宁全集》第 43 卷,人民出版社 1987 年版,第 391 页。

"在这样的形势下,我国应该采取怎样的策略呢? 显然应该采取这样的策略:为了保住我国的工人政权,为了保持工人政权在我国小农和极小农中间的威望和对他们的领导,我们必须极其谨慎小心。"①他强调必须极其谨慎小心,保住俄国的工人政权,证明他形成和提出了国内发展的战略,他之所以形成和提出这一战略,是因为他看到了国际形势危险的一面。

关于国内的发展应主要从哪些方面着手,列宁阐述了下述重要思想。

第一,节省行政开支,发展电气化和提高生产力水平。当时的俄国,农业人口占大多数,农业的生产条件极差。在工业方面,虽然恢复国民经济的工作进行了几年,但是大工业并未完全恢复起来,全国的生产力水平低下。由此,列宁要求努力提高俄国的生产力水平。早在国内战争结束时,俄共(布)和苏维埃政府集中200多名科学家,制订了全俄电气化计划。该计划制订成功后,列宁称其为俄共(布)的第二个党纲,要求大力宣传电气化计划,促进它的实施。他逝世前夕要求党和国家政权厉行节约,减少行政开支,以节省下来的经费发展工业化和电气化,提高俄国的生产力水平。如他说:"只要我们能够保持工人阶级对农民的领导,我们就有可能在我国靠大力节约把任何一点积蓄都保存起来,以发展我国的机器大工业,发展电气化,发展泥炭水力开采业,完成沃尔霍夫水电站工程,如此等等。"②并且,他从当时苏俄面临的国际形势出发说:"我们的希望就在这里,而且仅仅在这里。只有这样,我们才能够……从一匹马上跨到另一匹马上,就是说,从农民的、庄稼汉的、穷苦的马上,从指靠破产的农民国家实行节约的马上,跨到无产阶级所寻求的而且不能不寻求的马上,跨到大机器工业、电气化、沃尔霍夫水电站工程等等的马上。"③意思是说,必须使俄国的生产力水平有一个较大的提高,综合国力有很大的增强,以利于它在当时的国际形势下摆脱被动的处境。

第二,推行消费合作社制度,促进城乡经济交流和社会主义发展。十月革命以前,俄国存在着消费合作社,如企业的合作社可以以低于商场的价格对本企业职工供应日常生活用品。革命胜利后,这种合作社保留下来。苏俄新经济政策时期,列宁主张利用合作社进行生产者之间以及城乡之间的商品交换。

---

①　《列宁全集》第43卷,人民出版社1987年版,第390页。

②　《列宁全集》第43卷,人民出版社1987年版,第391—392页。

③　《列宁全集》第43卷,人民出版社1987年版,第392页。

也就是说,在这种合作社制度下,生产者仍然以家庭为单位进行生产,仅仅通过合作社进行彼此之间和城乡之间的商品交换。列宁逝世前夕,认为党和国家对合作社的建设关注不够,要求提高对这个问题的认识,大力推行合作社制度。这就是他所说的:"在我国,既然国家政权操在工人阶级手中,既然全部生产资料又属于这个国家政权,我们要解决的任务的确就只剩下实现居民合作化了。"①在他看来,这种合作社制度简便易行,容易为广大居民所接受,是俄国过渡到社会主义的一种好的组织形式。他提出,国家要大力支持合作社的建设,使合作社享受国家的种种优惠政策,特别是要使它享受国家资财上的优惠,即国家贷给合作社的资金应该比贷给私人企业的要多些。关于这样做的意义,他说:"任何一种社会制度,只有在一定阶级的财政支持下才会产生。""目前我们应该特别加以支持的一种社会制度就是合作社制度,这一点我们现在必须认识到而且必须付诸行动。"②列宁认为,这种合作社"合作化"的程度不高,但是它可以逐渐地养成人民群众集体生产和集体生活的习惯,有利于将来条件成熟时向生产合作社过渡,而且它有利于城乡之间的商品交换和经济交流,所以合作社的发展等于社会主义的发展。

第三,开展文化革命,提高全体人民特别是农民的文化水平。当时的俄国,文盲占全国人口的2/3。这种状况不利于进行生产技术革新和提高社会生产力,不利于社会的文明进步特别是社会主义民主生活的开展。列宁逝世前夕,提出必须开展文化革命。他在《论合作社》和《论我国革命》等文中说,为了使俄国过渡到社会主义,需要有一场文化事业上的变革,需要使全体人民群众在文化水平上有一个明显的提高。他特别要求在农民群众中进行文化革命,认为这件事的直接意义在于能够促进合作化的进展。他指出:"完全合作化这一条件本身就包含有农民(正是人数众多的农民)的文化水平的问题,没有一场文化革命,要完全合作化是不可能的。"③意思是说,文化革命可以使农民学会读书看报,增长见识,懂得合作社的好处并积极参加进来。他还提出了开展文化革命的措施,如关心教师的生活和提高他们的社会地位,发挥教师在文化工作中的作用。他针对当时的工作状况说:"我们没有关心或者远没有充

---

① 《列宁全集》第 43 卷,人民出版社 1987 年版,第 361 页。
② 《列宁全集》第 43 卷,人民出版社 1987 年版,第 363 页。
③ 《列宁全集》第 43 卷,人民出版社 1987 年版,第 368 页。

分关心把国民教师的地位提到应有的高度,而不做到这一点,就谈不上任何文化,既谈不上无产阶级文化,甚至也谈不上资产阶级文化。"①他还提出,要削减国家机关各个方面的开支,增加教育人民委员部的开支,支持文化教育事业的发展;要发挥城市文化团体的作用,组织它们下农村开展文化宣传活动。同时列宁认识到,要真正完成文化革命的任务,就当时俄国的物质条件和工作基础看,无疑是十分困难的。

第四,进行机构改革,提高政权机关工作的质量。十月革命胜利以后,苏俄无产阶级本来按照马克思主义原理,打碎了旧的国家机器,建立了新的无产阶级的政权机关。可是在国内战争时期,由于社会事务大大增多,缺少机关管理人员,苏维埃政权又将许多旧政权机关的人员接收到政权机关,使其参与工作。这些人进入苏维埃政权机关时,把旧的官僚主义习气也带了进来。所以国内战争结束后,苏维埃政权机关臃肿庞大,工作中的官僚主义十分严重,严重地影响了经济建设及其他各方面事业的发展。列宁逝世前夕,在考虑国内发展问题时,郑重地提出了改革政权机关的问题。他认为,改革的原则有两个,一是宁可数量少些、但要质量好些,二是认真地、仔细地做工作。这就是他所说的,要像裁制衣服一样:"七次量,一次裁",即十分耐心地、反复地测量衣料以及所制服装的各个部位的尺寸,确认无误后才可进行裁剪。他特别重视工农检查院的改革,提出了如下具体意见:减少工农检查院的工作人员,使工农检查院和中央监察委员会在组织上和工作上结合起来。他说:"我相信,把职员减少到我所说的那个数目,会使工农检查院工作人员的质量和整个工作的质量提高许多倍,同时也会使人民委员和部务委员有可能集中全力安排工作,有步骤地、不断地提高工作质量,而提高工作质量对于工农政权和我们苏维埃制度是绝对必要的。"②他的这一论述虽然是针对工农检查院的改革而言的,但是对当时所有的国家机关的改革均具有指导作用。

第五,提倡大民族对少数民族让步,以利于实现各民族之间的团结。俄国是一个多民族的国家,俄罗斯民族在人口数量超过其他民族,属于大民族。正确处理俄罗斯民族同其他民族的关系,是实现民族团结的关键。1922年,在俄

---

① 《列宁全集》第43卷,人民出版社1987年版,第357页。
② 《列宁全集》第43卷,人民出版社1987年版,第375页。

共(布)的领导下,由俄罗斯、乌克兰、白俄罗斯、南高加索等 4 个加盟共和国,平等地组成了苏联。列宁十分关注这项工作,就建立苏联的原则即处理各民族之间的关系,提出了许多宝贵意见。他说,俄罗斯民族和少数民族之间,由于历史的原因和自然条件上的差异,经济政治发展不平衡,大民族往往处于优势的地位。少数民族对民族关系上的问题十分敏感,所以大民族在处理同少数民族的关系时,要采取让步的政策,而且这种让步要做得"过些",即让步的幅度要大一些。这说是他所说的:大民族的正确政策,"应当不仅表现在遵守形式上民族平等,而且表现在压迫民族即大民族要处于不平等地位,以抵偿在生活中事实上形成的不平等"①。"在对少数民族让步和宽容这方面做得过些比做得不够要好。"②意思是说,在现实生活中,大民族处于优势的地位,少数民族处于劣势的地位。这是客观上的、事实上的不平等。为了消除这种不平等,大民族的政策应该自觉地使自己处于"低下"的不平等的地位。

综上所述,1922 年底 1923 年初,列宁的社会主义战略又一次发生了转变,即一方面由西方社会主义战略转向了东方社会主义战略,另一方面由西方社会主义战略(或者说世界革命战略)转向了国内发展战略。需要提出的是,这两个方面的转变是并行不悖的。也就是说,列宁的注意力由西方转向了东方,同时转向了俄国国内,不存在矛盾。列宁曾经说过,俄国是一个落后的亚洲国家,是一个东方国家。所以列宁转向国内发展战略后,面对的也是东方问题。上述两个转变具有相同的方位和性质。

---

① 《列宁全集》第 43 卷,人民出版社 1987 年版,第 352 页。
② 《列宁全集》第 43 卷,人民出版社 1987 年版,第 353 页。

第二十一章　关于东方社会发展途径
特殊性的理论

19世纪中后期以来,俄国以及东方其他国家的国情同西方国家的国情相比较,有很大的不同。由此可以想见,俄国以及东方其他国家的社会发展途径相对于西方而言,会有许多特殊性。在俄国以及东方其他国家的革命运动中和社会主义建设的过程中,社会主义者总会从这个角度或者那个角度提出这个问题。马克思、恩格斯、列宁关注这个问题,形成和提出了重要的理论。

一、俄国的国情不同于西方,针对西方问题的
理论不能用以说明俄国问题

笔者这里所说的东方社会发展途径,指东方一些国家的社会主义发展途径,或者说东方一些国家的社会主义发展道路,即俄国、中国等在无产阶级及其政党掌握政权以后建设社会主义的道路。马克思、恩格斯在世时,俄国、中国等东方国家的社会主义运动或者尚未形成,或者未得到充分发展,所以马克思、恩格斯不可能就东方社会发展的途径作深入的研究,不可能就东方社会发展途径的特殊性形成和提出深刻的理论。可是,他们的有关思想对人们研究东方社会发展途径的特殊性具有启示的作用。

马克思在俄国社会发展途径能否区别于西方的问题上,持小心谨慎的态度,给人们以重要的启示——俄国也许能够实现一条不同于西方社会发展途径的新途径。从19世纪中叶起,俄国的社会主义者就在积极地探索,力图使

俄国走一条不同于西方社会发展途径的新途径。当时俄国存在着"农村公社"。在"农村公社"里,土地公有,分配给农民使用,定期轮换,农民不得放弃土地,不得买卖土地;农民的住房、菜园以及生产工具个人所有;农民以家庭为单位生产劳动,劳动成果归个人所有;国家通过"农村公社"管理机构向农民征收赋税。显然,这是原始共产主义社会遗留下来的社会组织。可是俄国的民主主义思想家和空想社会主义者赫尔岑、车尔尼雪夫斯基以及他们之后的民粹主义者都认为,俄国可以实现一条不同于西方社会发展途径的新途径,即避免资本主义发展的过程,避免形成人数众多的无产阶级,依靠农民的力量,推翻沙皇制度,在"农村公社"的基础上实现社会主义。他们认为,正是"农村公社",体现出俄国实现社会主义的条件优越于西方,所以俄国的社会发展途径将不同于西方。① 对于俄国民主主义者、空想社会主义者和民粹主义者的观点,马克思持小心谨慎的态度,未作明确的肯定或否定。

　　通过研究马克思的著作,可以看清和确认他提出的一个观点是:针对西欧资本主义起源的理论不能用以论证俄国问题。1877 年 10 月,俄国某革命家在《祖国纪事》杂志上发表文章,断言马克思否定赫尔岑关于俄国"农村公社"作用的观点,曲解马克思关于资本主义起源的理论,认为这一理论在世界各国的社会发展中都起作用。

　　马克思《资本论》第 1 卷有关的章节,论述了资本原始积累的过程和后果。所谓资本原始积累,指资本主义生产方式确立前夕压迫者通过暴力手段使生产者与生产资料分离、使生产资料聚集在少数人手里的过程。英国的"圈地运动"是典型的形式。15 世纪末,英国的毛纺织业成为当时发展迅速的生产部门。毛纺织业的发展扩大了对羊毛的需求,造成羊毛价格的不断上涨,使养羊业变成极有利可图的生产部门。这时大地主和农场主除了把自己原有的耕地变成牧场外,还实施暴力,拆毁农舍,焚烧村庄,强占土地,用栅栏或篱笆把强占的土地围圈起来,将这些土地也变为牧场。这就是英国历史上的"圈地运动"。"圈地运动"使大批农民失去土地,成为无家可归的流浪者。这时英国

<hr>

① 　参见俞良早:《马克思对俄国走新式社会发展道路可能性的评估——研读〈给维·伊·查苏利奇的复信(初稿)〉》,载《湖南师范大学社会科学学报》2013 年第 2 期;《论"马克思主义东方学"的出发点——兼驳关于马克思、恩格斯没有东方社会理论的观点》,载《南京师大学报》2005 年第 5 期。

王朝又颁布种种血腥法律,用鞭打、烙印、监禁以至判处死刑等方法,禁止农民流浪,强迫他们成为雇佣劳动者,接受雇佣劳动制度。英国的资本主义制度正是在经历了这样的过程后,建立起来的。西方其他的一些国家,资本主义制度产生的初期也经历了这样的历史过程。《资本论》第 1 卷有关的章节,反映了上述内容,即反映了西方资本主义制度形成和产生过程中的一般情况。① 可是,马克思没有说过这一理论对于东方的俄国以及东方其他的国家都有思想指导的作用。

马克思针对俄国某革命家文章中的曲解指出,他没有否定过赫尔岑关于"农村公社"作用的观点,《资本论》中关于资本主义起源的理论也只是论证了西欧的情况。他说:"他一定要把我关于西欧资本主义起源的历史概述彻底变成一般发展道路的历史哲学理论,一切民族,不管它们所处的历史环境如何,都注定要走这条道路,……但是我要请他原谅。他这样做,会给我过多的荣誉,同时也会给我过多的侮辱。"②意思是说,他没有就资本主义的起源提出一个在西欧和东方的俄国都起作用的理论,俄国社会发展的情况不同于西方,所以针对西方的理论不能用以说明俄国问题。

1881 年 2 月,俄国女革命家维·伊·查苏利奇给马克思写信,表示马克思的《资本论》在俄国知识界和革命者中间极受欢迎,其中的思想引起了俄国社会主义者浓厚的兴趣,她请求马克思就俄国国内争论着的关于俄国可否以农村公社为出发点实现社会主义的问题发表意见,请求马克思谈一谈关于"世界各国由于历史的必然性都应经过资本主义生产各个阶段的理论的看法"。马克思极为重视这件事,为了给维·伊·查苏利奇复信,先后起草了 4 个复信草稿和正式的复信。他在复信初稿中写道,资本主义生产的起源,实质上是生产者和生产资料的彻底分离,其全部过程的基础是对农民的剥夺。这种剥夺只是在英国才彻底地完成了,但西欧的一些国家都正在经历着同样的运动。由此出发他明确地说:"可见,我明确地把这一运动的'历史必然性'限于西欧各国,为什么呢?""归根到底这里所说的是把一种私有制形式变为另一种私有制

---

① 参见俞良早:《立足于俄国实际探寻社会发展途径的典范——研读〈给维·伊·查苏利奇的复信(二、三、四稿和复信)〉》,载《中共四川省委省级机关党校学报》2013 年第 5 期;本书第一章。

② 《马克思恩格斯选集》第 3 卷,人民出版社 1995 年版,第 341—342 页。

形式。但是,既然俄国农民手中的土地从来没有成为他们的私有财产,那么这一论述又如何应用呢?"①意思是说,资本主义的起源是以资本主义私有制代替了封建社会的个体私有制,社会历史仍然处于私有制的演进过程中,既然俄国农民占有土地的情况与西欧的情况大不一样,存在着公有制的事实,那么论证西欧情况的理论即关于资本主义起源的理论就不能用来说明俄国的情况。

而且可以看出,马克思的有些论断具有俄国可以走不同于西方发展途径的新途径的思想倾向。如他在复信初稿中还写道:"俄国是在全国范围内把'农业公社'保存到今天的欧洲唯一的国家。……一方面,土地公有制使它有可能直接地、逐步地把小地块个体耕作转化为集体耕作,并且俄国农民已经在没有进行分配的草地上实行着集体耕作。俄国土地的天然地势适合于大规模地使用机器。农民习惯于劳动组合关系,这有助于他们从小地块劳动向合作劳动过渡;最后,长久以来靠农民维持生存的俄国社会,也有义务给予农民必要的垫款,来实现这一过渡。另一方面,和控制着世界市场的西方生产同时存在,就使俄国可以不通过资本主义制度的卡夫丁峡谷,而把资本主义制度所创造的一切积极的成果用到公社中来。"②这一论述具有俄国可以走不同于西方发展途径的新途径的思想倾向,因为它强调了俄国走新途径的许多有利条件,如正在实行中的土地公有制有利于把个体耕作(农村公社里以家庭为单位进行生产劳动,实际上是个体耕作)转化为集体耕作即集体生产;土地的天然地势即辽阔和平坦,适合于大规模地使用机器;农民习惯于在劳动过程中互助合作;农村公社与西方大生产同时存在,使它可以吸收西方资本主义制度所创造的一切积极的成果,如吸收大生产所必需的科学技术和管理经验。这样俄国就可以不通过资本主义制度的卡夫丁峡谷,即不经历资本主义长期发展的十分痛苦的过程。马克思强调,俄国的资产阶级期盼着资本主义在俄国的进一步发展,反对任何关于俄国过渡到社会主义的言论和理论,他们的代言人一定会否认由农村公社进化到社会主义社会的可能性。他说,如果真是如此,"那么,可以向他们提出这样的问题:俄国为了获得机器、轮船、铁路等等,是不是一定像西方那样先经过一段很长的机器工业的孕育期呢? 也可以向他们提出

---

① 《马克思恩格斯选集》第3卷,人民出版社1995年版,第761页。
② 《马克思恩格斯选集》第3卷,人民出版社1995年版,第765页。

这样的问题:他们怎么能够把西方需要几个世纪才建立起来的一整套交换机构(银行、股份公司等等)一下子就引进到自己这里来的呢?"①意思是说,俄国既然可以从西方引进机器、轮船、铁路等工业技术,可以从西方引进建立银行、股份公司等经济组织的办法,那么它也可以从西方引进先进的社会制度(即西方先建立起公有制的社会主义制度,俄国可以学习和引进。按照马克思、恩格斯的设想,未来西方各国将先于俄国建立起社会主义制度)。如果这样的话——俄国可以从西方引进先进的社会主义制度,俄国的社会发展途径的确不同于西方,至少它不会像西方那样经历漫长的资本主义发展过程,不会经受资本主义长期发展而带来的折磨和痛苦。

马克思在复信初稿中还写道:"从理论上说,俄国'农村公社'可以通过发展它的基础即土地公有制和消灭它也包含着的私有制原则来保存自己;它能够成为现代社会所趋向的那种经济制度的直接出发点,不必自杀就可以获得新的生命;它能够不经历资本主义制度……而占有资本主义生产使人类丰富起来的那些成果。"②这段话的意思是,从理论上看,事物发展的根本力量在于内因即内部的矛盾,俄国农村公社发展的内部条件是土地公有制,这个条件可以得到保持、增长和强化,消灭内部出现的某些私有制的因素,以利于俄国社会过渡到社会主义社会。外因是事物发展的不可或缺的条件。俄国农村公社发展的外因是西方资本主义面临着崩溃,西方将走向社会主义和共产主义社会。这个外因也有利于俄国社会过渡到社会主义社会。在马克思看来,无论就内因而言还是就外因而言,俄国可以由农村公社过渡到社会主义社会。上述马克思的论断具有俄国走不同于西方途径的新途径的思想倾向。

毋庸讳言,马克思的有些论述又表明俄国不可能走不同于西方发展途径的新途径。他在复信初稿中以大量的事实说明,俄国农村公社面临着崩溃的危险,因为沙皇政府和新生资产阶级联合起来,"要杀死给他们下金蛋的母鸡"。沙皇政府对农民加征捐税,剥削、压榨农村公社和农民。新生资产阶级通过高利贷、压低价格强买农民的粮食等手段吮吸农村公社和农民的血液。种种破坏性影响将导致农村公社走向灭亡。如果这样的话,则俄国不可能走

---

① 《马克思恩格斯选集》第 3 卷,人民出版社 1995 年版,第 766 页。
② 《马克思恩格斯选集》第 3 卷,人民出版社 1995 年版,第 767 页。

不同于西方发展途径的新途径。农村公社的存在,是产生俄国走不同于西方途径的新途径的设想的事实依据,是俄国走向新途径的出发点或起始点。如果农村公社灭亡了,那么这个设想就化作了泡影。俄国将走上资本主义道路,遭受资本主义发展过程中的种种痛苦。

事实说明,马克思在复信初稿中表达的思想是小心谨慎的。他考虑到了事物发展的两个趋向:或者俄国可以走不同于西方发展途径的新途径,或者由于农村公社的灭亡而俄国不得不走同西方发展途径相同的途径。对某个事物发展的前景作两种设想或者多种设想,是科学的和正确的。对事物发展的前景持一种设想,容易导致思想僵化和思想走向某个极端。持两种设想或多种设想,体现出辩证唯物主义的"两点论",体现出理论的实践特性、发展特性和适应特性。①

马克思的正式复信概括地表达了他的小心谨慎的态度以及关于农村公社前景的两种设想。他写道:"由此可见,在《资本论》中所作的分析,既没有提供肯定俄国农村公社有生命力的论据,也没有提供否定农村公社有生命力的论据,但是,我根据自己找到的原始材料对此进行的专门研究使我深信:这种农村公社是俄国社会新生的支点;可是要使它能发挥这种作用,首先必须排除从各方面向它袭来的破坏性影响,然后保证它具备自然发展的正常条件。"②他的意见是,《资本论》中的原理只能有效地运用于西方,不能用来论证俄国问题,不能用来说明俄国农村公社有生命力或没有生命力。俄国农村公社也许可能成为俄国社会新生的支点,但是必须排除对它的各种破坏性影响——做到这一点是十分困难的。关于农村公社的前景,必须考虑到它的两种趋向,即它也许能够成为俄国走向社会主义制度的出发点,也许它将灭亡,俄国走向通常的资本主义发展道路。

马克思在俄国社会发展途径能否不同于西方的问题上持小心谨慎的态度,或者说他关于俄国农村公社前景的"两种设想",给人们的启示是:不要以为东方国家的社会发展途径将会同西方一样,不要以为东西方有一个统一的发展途径或道路,也不要寄希望于在经典著作中找到关于东西方普遍有效的

---

①　参见俞良早:《马克思对俄国走新式社会发展道路可能性的评估——研读〈给维·伊·查苏利奇的复信(初稿)〉》,载《湖南师范大学社会科学学报》2013 年第 2 期。

②　《马克思恩格斯选集》第 3 卷,人民出版社 1995 年版,第 775 页。

社会发展途径的理论。在一定的历史时期，东西方在经济、政治和文化状况上有较大的差别，社会发展的途径也应该有所不同。东方国家的工人阶级执政党应该从本国的国情出发，选择同本国国情相适应的发展途径，而不能盲目地照搬别国途径，特别是不能盲目地照搬西方的社会发展途径。①

二、苏俄社会发展途径有特殊性，东方其他国家
社会发展的途径将会有更多的特殊性

十月革命以后，列宁领导了苏俄的经济、政治和文化建设，并且取得了伟大的成就。特别是通过国内战争赶走了外国武装干涉者，平息了国内的反革命叛乱，巩固了工人阶级以及广大劳动人民当家作主的苏维埃政权。通过实施新经济政策促进了恢复国民经济的工作，改善了工农关系，探索了苏俄建设社会主义的道路。他逝世前夕提出了开展文化革命的任务，力图提高全休人民的文化水平和整个社会的文明水平，建成社会主义社会。他在实践中及时总结经验教训，就苏俄社会发展途径的特殊性，阐述了重要的思想。

早在第一次世界大战期间，列宁在有关文章中分析革命形势、革命前景和革命道路时指出："一切民族都将走向社会主义，这是不可避免的，但是一切民族的走法却不会完全一样，在民主的这种或那种形式上，在无产阶级专政的这种或那种形态上，在社会生活各方面的社会主义改造的速度上，每个民族都会有自己的特点。"②这是列宁在自己的著述活动中最先明确地论及各个国家建设社会主义要选择适合自己国情的、有特点的社会发展途径，也是世界社会主义史上关于这个问题的最早的经典的论断。在这里，列宁是从一般的意义上，即从世界上所有的民族和国家向社会主义过渡的视角来论述这个问题的。也就是说，他尚未从特殊的意义上，即从东方经济文化相对落后国家向社会主义过渡的视角来论述这个问题。

十月革命胜利初期，列宁着眼于经济文化相对落后的俄国向社会主义过

---

① 参见俞良早：《马克思主义东方学》，人民出版社 2011 年版，第 201 页。
② 《列宁全集》第 28 卷，人民出版社 1985 年版，第 163 页。

渡,提出了俄国的社会发展途径区别于西方国家发展途径的思想。1918 年春,俄国的苏维埃政权已经基本得以巩固,列宁决定领导党和国家政权把工作重心转到生产建设上。在 4 月全俄中央执行委员会会议上的报告中,列宁就俄国革命和西欧以后的革命作比较时说:"一个落后的国家开始革命比较容易,因为在这个国家里敌人已经腐朽,资产阶级没有组织起来,但是要把革命继续下去,就需要万分谨慎、小心和坚忍不拔。西欧的情况将会不同,那里开始革命要困难得多,要继续下去却容易得多。"①这里指明,就革命进程而言西方的情况与俄国的情况"不同"。"不同"意味着俄国革命进程有自己的特点。他说俄国革命比西欧革命难以继续,在于他看到俄国由于经济文化落后,无产阶级的力量较弱而反苏维埃阵营的人数较多,而且进行社会主义建设的物质条件差,困难多。他的这一思想里,包含有俄国的社会发展途径将区别于西方国家发展途径的思想。

俄国的工作重心转移以后,党和无产阶级面临的任务之一是管理俄国。根据列宁的思想,苏维埃政权将推行国家资本主义,通过国家资本主义的途径来加强管理。可是以布哈林为首的"左派共产主义者"主张马上进行社会主义改造和社会主义建设,反对推行国家资本主义,认为它是一种倒退。列宁在《苏维埃政权的当前任务》、《论"左派"幼稚性和小资产阶级性》等文章中指出,俄国是一个农民占人口多数的国家,是一个小农经济在经济总量中占很大比重的国家,相对于小农经济而言,国家资本主义是一个巨大的进步,如果德国迟迟不发生无产阶级革命,俄国人民必须学习德国人的国家资本主义,全力仿效这种国家资本主义。他说:"谁不懂得这一点,谁就会犯不可饶恕的经济错误,他们或者是不了解具体事实,看不到实际存在的事物,不能正视现实,或者是只把'资本主义'与'社会主义'抽象地对立起来,而不研究目前我国这种过渡的具体形式和步骤。"②意思是说,"左派共产主义者"看不到俄国小农经济占很大比重的事实,不承认俄国经济落后的现实,不研究俄国经济建设的途径或道路,不懂得俄国因为经济落后社会发展途径将不同于其他国家特别是西方国家,盲目地反对国家资本主义,这是一个严重的错误。显然,列宁在这

① 《列宁全集》第 34 卷,人民出版社 1985 年版,第 233 页。
② 《列宁全集》第 34 卷,人民出版社 1985 年版,第 280 页。

里表明了俄国的社会发展途径将区别于西方国家发展途径的思想。

在这一时期，为了促进经济管理，提高生产效率，苏维埃政权决定吸收旧社会过来的管理人员、技术人员以及某些愿意接受苏维埃国家政策的旧企业主参加生产建设，并且决定付给他们较高的工资。于是，"左派共产主义者"反对说，这是对资产阶级的妥协，是一种危险的倾向。在上述文章中，列宁针对这种论调说："我们目前正处在一种特殊的情况下，就是说，我们俄国无产阶级在政治制度方面，在工人政权的力量方面，比不管什么英国或德国都要先进，但在组织像样的国家资本主义方面，在文明程度方面，在从物质和生产上'实施'社会主义的准备程度方面，却比西欧最落后的国家还要落后。正是由于这种特殊情况，工人们目前有必要对那些最文明、最有才干、最有组织能力、愿意为苏维埃政权服务并且诚心诚意地帮助搞好大的和最大的'国家'生产的资本家实行特殊的'赎买'，这难道还不明白吗？"①这里，他强调了俄国经济条件和社会条件的落后性和发展措施的特殊性，即俄国由于经济文化落后，文明程度低，所以要对旧的管理人员、技术专家和企业主进行"特殊的赎买"，即吸收他们参与工作并给他们较高的生活待遇。显然，在列宁的思想上，这些特殊的措施表明，俄国的社会发展途径不同于西方国家的发展途径。

新经济政策时期，列宁从俄国小农占人口大多数的事实出发，提出了俄国的社会发展途径不同于西方国家发展途径的观点。在这一时期，俄共（布）和苏维埃政权迫切的任务是结束国内战争时期实施的过激政策，用一种新的途径恢复和发展经济，完成俄国向社会主义过渡的任务。这时，列宁在考虑俄国新的过渡途径时，明确地论述了俄国的社会发展途径不同于西方国家发展途径的思想。在俄共（布）十大上，他在代表党中央所作的政治工作报告中讲到过渡问题时说，根据马克思主义的观点，只有具备了实力雄厚的大工业基础，才能保证实现过渡的任务，"而在我国，第一个特点……就是我国的无产阶级不但只占少数，而且是极少数，占大多数的是农民"②。他认为，由于这种情况，俄国无产阶级需要同小生产者打好多年的交道，这样就有必要在经济生活中实行商品买卖和自由贸易，以实现社会主义工业经济同农民个体经济之间

---

① 《列宁全集》第34卷，人民出版社1985年版，第285页。
② 《列宁全集》第41卷，人民出版社1986年版，第21页。

的联系。在这次大会上,在关于以实物税代替余粮收集制的报告中,列宁在讲到无产阶级同小农的关系时再一次说道:"毫无疑问,在一个小农生产者占人口大多数的国家里,实行社会主义革命必须通过一系列特殊的过渡办法,这些办法在工农业雇佣工人占大多数的发达资本主义国家里,是完全不需要采用的。"①他的意思是,在发达资本主义国家里,由于工人占全国人口的大多数,这个阶级由于它的经济地位和社会地位而强烈要求实现社会主义,可以成为在社会上、经济上以及政治上向社会主义过渡的支柱性力量,可以直接地过渡到社会主义社会。俄国由于经济落后,小农占全国人口大多数,这样的国家只有在两个条件下才可能实现向社会主义过渡,一个条件是它的革命能够及时地得到几个先进资本主义国家革命的支持,另一个条件是掌握政权的无产阶级同小农之间达成妥协,即国家政权实行一系列有利于小农生活和生产的措施,使掌握政权的无产阶级同小农长时期的并存,待小农经济过渡到大经济时才可能实现向社会主义社会的过渡。在这里,列宁将俄国的过渡办法同西方发达国家的办法作对比,明确地说俄国的过渡办法有特殊性,西方国家不需要采取这样的办法。同一时期,列宁在《论粮食税》一书中分析了俄国经济十分落后和它不能采取发达国家的过渡办法之后,正确地提出:"在最近这几年,必须善于考虑那些便于从宗法制度、从小生产过渡到社会主义的中间环节。""既然我们还不能实现从小生产到社会主义的直接过渡,所以作为小生产和交换的自发产物的资本主义,在一定程度上是不可避免的,所以我们应该利用资本主义(特别是要把它纳入国家资本主义的轨道)作为小生产和社会主义之间的中间环节,作为提高生产力的手段、途径、方法和方式。"②显然,在列宁的思想上,需要"中间环节",是俄国的社会发展途径同西方国家发展途径的主要区别。

列宁逝世前夕,就俄国过渡途径的特殊性又阐述了重要的思想。当时,前孟什维克理论家苏汉诺夫在国外出版《革命札记》,重弹老调,说俄国的生产力还没有发展到可以实行社会主义的高度,俄国没有实行社会主义的客观经济前提,布尔什维克革命违背了生产力决定生产关系的原理。针对此,列宁指

---

①　《列宁全集》第 41 卷,人民出版社 1986 年版,第 50 页。
②　《列宁全集》第 41 卷,人民出版社 1986 年版,第 217 页。

出,生产力决定生产关系,只有在生产力高度发展的基础上才可进行社会主义革命,这是马克思主义所揭示的世界历史发展的一般规律,可是"世界历史发展的一般规律,不仅丝毫不排斥个别发展阶段在发展的形式上或顺序上表现出特殊性,反而是以此为前提的"①。他还说,俄国是一个情况不同于西方文明国家的东方落后国家,所以它的革命势必表现出某些特殊性,这些特殊性使俄国革命区别于西方国家的革命,但是"它符合世界历史发展的总路线"。在列宁看来,这种特殊性的内容是:第一次世界大战激化了俄国国内的阶级矛盾和社会矛盾,造成了工人革命与农民战争相结合的局面,所以俄国无产阶级及其政党乘势夺取了政权;虽然俄国的生产力水平不高,进行社会主义建设的条件比较差,但俄国人民可以利用手中的政权发展生产力,创造必要的物质条件,并且在这个基础上走向社会主义。在他看来,进行社会主义革命和建设社会主义对社会生产力水平有一定的要求,即要求生产力水平较高,这是世界历史发展的一般规律。俄国在无产阶级掌握政权以后,努力发展生产力,使生产力达到较高的水平,再向社会主义过渡,满足了建设社会主义需要生产力水平较高的要求,所以俄国发展途径的特殊性同世界历史的一般规律是不矛盾和不排斥的。列宁说:"为了建立社会主义就需要文明。好极了。那么,我们为什么不能首先在我国为这种文明创造前提,如驱逐地主,驱逐俄国资本家,然后开始走向社会主义呢?"②意思是说,俄国完全可以先推翻旧政权,建立人民当家作主的苏维埃政权,再发展生产力,创造文明,再走向社会主义。他还预见到:"在东方那些人口无比众多、社会情况无比复杂的国家里,今后的革命无疑会比俄国革命带有更多的特殊性。"③这里他指明,不仅俄国的社会发展途径区别于西方国家的社会发展途径,有自己的特殊性,而且东方其他的国家以后进行革命时,那里会有更多的特殊性。

　　研究十月革命以后列宁的著作,可以发现,在他的思想上,苏俄社会发展途径的特殊性,主要有以下内容。

　　渐进地建设社会主义。人们在经历了种种挫折后深刻地认识到,建设社会主义不能冒进,不能脱离客观条件把速度搞得太快。实际上,列宁在领导苏

---

　　① 《列宁全集》第43卷,人民出版社1987年版,第370页。

　　② 《列宁全集》第43卷,人民出版社1987年版,第372页。

　　③ 《列宁全集》第43卷,人民出版社1987年版,第372页。

俄经济建设的过程中,已经注意到必须渐进地推进事业发展。十月革命胜利初期,列宁认为不能马上消灭资本主义私有制,不能马上剥夺资本家的财产,而只能采取"工人监督"的措施,即以不改变资本主义私有制为前提,建立工人组织并由工人组织对企业的生产和分配过程进行监督,制约资本家的活动,通过一个较长的发展过程,再把资本主义私有制变为公有制。可以看出,"工人监督"意味着不马上消灭资本主义私有制,意味着经济变革中的渐进性,属于渐进发展的措施。1918 年 4 月,当建立新政权和镇压敌对势力反抗的斗争告一段落时,列宁领导党和国家政权把工人重心转到经济建设上来。这时,他主张实施国家资本主义措施,说"国家资本主义是我们的救星",苏俄无产阶级必须学习德国的国家资本主义。所谓国家资本主义,指国家政权同私人资本主义企业建立一定的联系,如选派公务人员参与企业管理,对企业供应原料或订购企业的产品等,干预和引导企业的生产和经营活动。这项措施也是以不改变资本主义私有制为前提的,也是一项渐进发展的措施。

把发展社会生产力和创造雄厚的物质基础置于重要地位。列宁在领导苏俄经济建设过程中,高度重视发展社会生产力。1918 年春巩固新政权的斗争告一段落时,列宁提出,应该转变工作重心,把一个根本的任务即发展生产力和提高劳动生产率的任务提到首位。新经济政策时期,他在讲到新经济政策的意义时说,实行新经济政策就是要发展生产力。他逝世前夕在有关文章中提出,党和国家政权要精简机构,节省开支,反对浪费,厉行节约,把节约下来的钱用于发展机器大工业、泥炭水力开采业,建成沃尔霍夫水电站工程等等。这也是发展生产力的思想。发展了生产力,就能大大提高工农业生产的效率,为建设社会主义创造雄厚的物质基础。列宁曾说:共产主义就是苏维埃政权加全国电气化。苏维埃政权指政治上由人民当家作主,全国电气化指经济上、物质上的基础和条件。他认为,建设社会主义和共产主义需要这样的基础和条件。

充分利用商品货币的作用。1921 年 3 月新经济政策开始时,苏俄恢复了商品买卖和自由贸易。同年 10 月,列宁提出必须发展商业,苏维埃国家要调节好、组织好商业活动。他说:按照马克思主义原理,商业不是社会主义和共产主义的东西,苏俄发展商业似乎离社会主义和共产主义越来越远了,但是只有通过这条道路我们才能逐渐地达到社会主义和共产主义。商业正是我们居于领导地位的共产党"必须全力抓住的环节"。如果我们现在能够紧紧抓住这个"环节",那么不久的将来我们就一定能够掌握整个链条。否则我们就掌握不了整个链条,不能全面地、有效地推进我们的工作,建不成社会主义的经济关系。1922年3月,列宁在俄共(布)十一大报告中提出,共产党员要学习经商,要向私人商店的店员学习,向商人学习,向资本家学习。现在居于各个领导岗位上的都是共产党员或者党的干部,不要以为这样就能够顺利地开展工作,实际情况是共产党员或党的干部不会经商,资本主义企业训练过的一般店员能办到的事,党的干部不会办,处处被动,甚至挨打。所以党员和党的干部必须学习经商,并且要在学习过程中跟商人竞赛。

利用资本主义建设社会主义。新经济政策时期,苏维埃政权实行粮食税制,为小农经济的发展创造了条件。将一部分已经收归国有的小工业企业退还给原企业主,由私人经营,允许和认可了资本主义企业的发展。将一部分大型国有企业租让给外国资本家或租赁给国内资本家,认可了私人资本家的作用。这样,资本主义因素发展起来。党内有的人很忧虑,有的人甚至说风凉话,说这样下去会削弱苏维埃政权和无产阶级政党的领导,丧失革命的成果,导致资本主义复辟。列宁耐心地作思想工作,指出政权掌握在无产阶级手里,国内主要的经济力量集中在无产阶级国家手里,资本主义因素一定程度的发展,没有什么值得害怕的。他还指出,人们经常说社会主义是幸福,资本主义是祸害,不能简单地看问题。相对于具有优越性的社会主义制度而言,资本主义是祸害;相对于俄国经济落后和小生产占很大比重的状况而言,资本主义不是祸害,而且是"幸福"。他提出,作为执政的无产阶级政党,千万不能在国内堵塞资本主义发展的通道,如果一定要堵塞资本主义发展的通道,这样的党或者是"愚蠢",或者是"自杀"。说它"愚蠢",是因为既然有小经济,有商品交换,那么必然有资本主义的发展,堵是堵不住的。说它是"自杀",是因为企图堵塞资本主义通道的党,一定会陷入困境,一定会造成自己事业的失败。

通过合作社培养农民集体生活的意识,引导农民走向社会主义。列宁逝世前夕在《论合作社》一文中说到这个问题。他所说的合作社,不是生产合作社,而是消费合作社。在这种合作社制度下,社员仍然是一家一户进行生产,劳动成果仍然归个人所有,只是通过合作社进行彼此之间的交换和城乡之间的交换。这种合作社虽然合作化的程度比较低,但是它能够为农民所接受,并且有利于渐渐地养成农民的集体生活的习惯和意识,有利于创造条件并且在条件成熟时实现生产合作社。列宁十分重视发展合作社制度。当时他提出了两项划时代的任务,第一项任务就是在农民中间进行文化工作(第二项任务是改革国家机关)。他说,在农民中间进行文化工作,直接的目的是促进合作社的发展。因为在农村开展文化工作,可以提高农民的文化水平,使他们能够读书看报,增长见识,懂得合作社的好处,积极支持和参与合作社。他还说,国家要对合作社的发展予以支持,特别要在财政上予以支持,如国家给予合作的贷款应该多于个体生产者,以此帮助合作社发展。

第二十二章　关于东方落后国家发展社会生产力的理论

马克思、恩格斯高度地重视发展社会力的问题。他们在《共产党宣言》等著作中提出,无产阶级夺取政权和掌握政权以后,要将全部生产资料集中到无产阶级国家手中,尽可能快地发展生产力的总量。他们在研究东方社会发展问题时,考察和评论了这些国家生产力发展的状况,以此作为研究和说明这些国家社会发展其他问题的出发点。列宁结合社会发展实践论述了东方落后国家发展生产力的必要性,提出了东方落后国家发展生产力的措施。

一、评论东方落后国家革命前社会生产力发展的状况

(一) 由于沙皇政府对俄国资本主义工业发展的支持,俄国的生产力在农奴制改革后得以较快发展

19 世纪以来,俄国是一个经济文化落后国家。它的落后突出地表现为生产力水平远远落后于西方先进国家。沙皇政府意识到这个问题,力图改变生产力落后的状况,所以 1861 年俄国发生了农奴制改革。这以后,俄国的生产力得以较快的发展。马克思、恩格斯关注到这些情况,特别是关注到 1861 年农奴制改革以后社会生产力发展的状况,认为沙皇政府支持了俄国资本主义工业的发展。

农奴制改革以后的俄国,资本主义工业得到了迅速的发展。1860—1890

年,棉纺织业的生产价值增长 4 倍,生铁产量增长近 10 倍,钢产量增长 3 倍,煤产量增长 19 倍。石油开采量在 60 年代中叶以前不到 100 万普特(1 普特等于 16.38 公斤),到 1890 年猛增到 24300 万普特。同一时期,铁路线从 1500 公里增长为 53000 多公里。铁路网将农业区域和工业区域、边疆和内地连接起来,扩大了国内市场,进一步促进了工业的发展。这一时期的俄国工业,不但发展速度较快,而且生产集中程度较高。1895 年雇佣 10 至 50 名工人的小型企业占整个企业比重的 15.9%,而雇佣 500 名工人以上的大型企业却占整个企业比重的 45.2%。[①] 在这个过程中,俄国完成了工业革命,主要的工业部门已实现了机器生产,社会生产力大大提高。马克思、恩格斯关注到这些情况。1890 年恩格斯在《俄国沙皇政府的对外政策》一文中指出:"社会革命取得了巨大的;俄国越来越成为西欧式的国家;大工业和铁路的发展,一切实物贡赋之改用货币支付,以及因此而引起的旧社会基础的破坏,——所有这一切都以越来越快的速度在俄国进行着。"[②]1894 年恩格斯在《〈论俄国的社会社会问题〉跋》中再次指出:"克里木战争期间的失败清楚地表明,俄国必须迅速发展工业。首先需要铁路,而大规模修筑铁路不能没有本国的大工业。产生大工业的先决条件是所谓的农民解放;随着农民的解放,俄国进入了资本主义时代,从而也进入了土地公有制迅速灭亡的时代。"[③]意思是说,俄国在农奴制改革以后,大工业和铁路以及社会生产力得到了迅速发展,资本主义得到了迅速发展,旧的生产关系逐渐走向了灭亡。他还指出,铁路的通行,为边远地区开放了谷物销售市场,即边远地区的人们可以将谷物运送到内地来销售,同时将便宜的工业产品运送到边远地区,结果排斥了农民的家庭手工业,因为原来这些工业品是农民的家庭手工业生产的。这样,旧的经济关系被破坏了,资本主义经济关系在边远地区也发展起来。

　　马克思、恩格斯认为,当时俄国社会生产力的发展,得到了沙皇政府的支持。俄国的资产阶级是在沙皇政权的卵翼下成长起来的。如沙皇政权将农奴制改革以来农民向国家交纳的赎金(先由国家代农民垫付再由农民逐年交纳给国家的赎金)用以支持资本主义工业的发展,它以保护关税的手段为本国资

---

① 参见:《世界近代史》,浙江人民出版社 1984 年版,第 559 页。
② 《马克思恩格斯全集》第 22 卷,人民出版社 1965 年版,第 52 页。
③ 《马克思恩格斯选集》第 4 卷,人民出版社 1995 年版,第 444 页。

本主义工业的发展提供良好的环境和条件,它为俄国资产阶级的残酷剥削手段提供政策或制度的保护。1875 年,俄国的民粹主义者特卡乔夫对恩格斯说,俄罗斯国家"是悬在空中的","它和现存的社会制度毫不相干"。针对此,恩格斯批评指出:"彼得堡、莫斯科、敖德萨近 10 年来那批特别由于铁路建设而获得空前迅速发展并在最近的繁荣年代愉快'沾光'的大资产阶级,那些把自己的全部生意建筑在农民贫困上面的经营粮食、大麻、亚麻和油脂的出口商,只有依赖国家恩赐的保护关税才能存在的整个俄国大工业,——难道居民中这一切颇有份量的、迅速成长的因素同俄罗斯国家的存在竟没有利害关系?"①意思是说,俄国的资本主义大工业以及其他相关行业的发展都同沙皇政权和政府有关系,是沙皇政权和政府支持的结果。1894 年恩格斯在有关文章中写道,俄国资产阶级在同沙皇政府的较量中取得的第一个胜利,是同政府签订了铁路租让合同,根据这个合同,将来的利润全部归股东,而亏损则全部由国家承担;接着资产阶级得到了开办工业企业的津贴和奖励金;政府通过保护关税来维护资产阶级的利益,以致许多商品完全不能进口。这些事实证明了沙皇政权和政府对本国资本主义大工业以及社会生产力发展的支持。恩格斯还写道:沙皇政府负有无数的债务,并且它在国外的信用完全丧失,为了缓解财政危机,它必须培植本国的工业,使俄国成为一个不依赖外国的、能够自给的工业国,所以它百般宠爱本国的资产阶级。"在这样的情况下,年轻的俄国资产阶级就把国家完全掌握在自己的手中。国家在所有重要的经济问题上都不得不屈从于它。如果说它仍然容忍沙皇及其官僚的专制独裁统治,那是因为这个独裁统治由于官僚受贿而变得较为温和,它给资产阶级提供的保证,比实行资产阶级自由主义改革所提供的还要多,而在俄国国内目前情况下,这种改革的后果是谁也不能预测的。"②这里,恩格斯说俄国资产阶级在沙皇专制制度下得到的条件和"保证"比实行资产阶级制度时得到的还要多,无比深刻地揭示了沙皇制度对俄国资本主义发展的支持。

　　从长远的观点看,沙皇政府支持俄国资本主义发展,有利于俄国社会生产力的发展,有利于社会的进步,是值得肯定的。但是沙皇以及沙皇政府当时不

---

① 《马克思恩格斯选集》第 3 卷,人民出版社 1995 年版,第 276 页。
② 《马克思恩格斯选集》第 4 卷,人民出版社 1995 年版,第 450 页。

可能有这样的思想认识,他们当时采取的各种措施,其目的只是为了维护自己阶级的统治。

马克思、恩格斯认识到,俄国社会生产力的发展造成了剧烈的社会动荡。俄国由于资本主义发展起步较晚,面临着国际竞争的强大压力,为了在竞争中站稳脚跟,它必须超速发展,在几十年的时间里走完西欧资本主义国家几个世纪走完的路程。它在超速发展过程中,造成了极其剧烈的社会动荡。恩格斯研究了这一事实,他说:"俄国是被资本主义大工业征服的最后一个国家,同时又是农民人口最多的国家,这种情况必然会使这种经济变革引起的动荡比任何其他地方都更强烈。"①

在恩格斯看来,这种动荡的表现之一,是俄国农民遭受着资本主义发展的极其猛烈的打击。在西欧,特别是法国,个体农民经济生存于资本主义发展的早期阶段。在法国大革命进程中,雅各宾派于 1793 年 6 月上台。他们为了团结一切可以团结的力量,平息王党暴乱,抗击反法联盟的武装干涉,采取了激进的土地政策,如将大片土地划分为无数小块,无偿地分配给农民。随后拿破仑政权颁布了《民法典》,将大革命期间建立起来的小农土地所有制以法律的形式肯定下来。从此,法国形成了小农土地所有制。这时,法国尚未展开产业革命。与法国小农经济并存的主要是资本主义的工场手工业经济。法国的小农经济是在资本主义工场手工业经济的打击下逐步走向破产的。俄国农民的情况却与此大不相同,他们的个体经济从形成之日起就遭受到资本主义大工业的猛烈打击。例如,大工业以其廉价的商品摧毁了农民的家庭手工业市场,而家庭手工业是人数众多的俄国农民的货币收入的主要来源。而且随着大工业和商品交换的发展,农民经济由自然经济转入货币经济,他们必须用货币支付赎金和税款,在现金不足的时候不可避免地遭受高利贷者的沉重剥削。恩格斯说:如果说法国农民曾遭受到资本主义工场手工业的排挤和打击的话,"俄国农民则是一下子就掉进了大工业的激烈漩涡,如果说工场手工业是用燧发枪打农民,那么大工业则是用连发枪打他们"②。

在恩格斯看来,这种动荡的表现之二,是工业化造成的环境污染以及农业

---

① 《马克思恩格斯选集》第 4 卷,人民出版社 1995 年版,第 724—725 页。

② 《马克思恩格斯全集》第 22 卷,人民出版社 1965 年版,第 302 页。

生产的自然条件的破坏。他在 1892 年 3 月和 6 月致尼·弗·丹尼尔逊的几封信中,分析了俄国出现的环境污染以及无林化和地力耗损的问题,认为俄国出现的气候改变、江河淤浅、地力耗损、无林化等,比其他国家更为严重,这是资本主义大工业迅猛发展带来的后果。在西方国家,工业化造成的环境污染以及生态破坏,是通过一个比较长的过程而逐渐显现的,而且它们可以在显现的同时进行治理,即在未形成严重危害的时候进行治理。俄国由于发展速度十分迅猛,在很短的时期内暴露出严重的环境污染和生态破坏问题,来不及治理或者根本没有治理的办法。所以它造成的社会危害尤其深重和明显。

(二)中国实行以家庭为生产单位的小生产,外国商品的输入使中国的生产者受到很大的损害

马克思、恩格斯分析和论述了中国社会生产力的状况,认为外国工业品的输入使中国的生产者受到很大的损害。在中国,鸦片战争爆发以前,封建社会的历史延续了 2300 多年。在这个过程中,个体农业和家庭手工业相结合的自给自足的自然经济占统治地位。鸦片战争爆发以前,中国虽然还是一个独立的封建国家,但是各方面都已经走向衰败。

明朝和清朝,全国耕地划分为官田和民田两类。官田主要指皇室和贵族的田地,民田则主要为自耕农的田地。明洪武二十六年(1393 年),官方统计全国耕地有 8.5 亿亩,但到了弘治十五年(1502 年)却只有 4.22 亿亩。万历六年(1578 年)起,用 3 年的时间核实,全国耕地为 7.01 亿亩,仍比洪武年间少 1.5 亿亩。田亩减少的主要原因是大量的民田被占为官田和集中到官僚、豪绅和大地主的手中。官方统计田亩数量,目的是用作征税的依据,故对于官田以及大地主的田地是不可能认真查清并记录入册的。到清朝,土地越来越集中,乾隆的宠臣和珅占有土地 80 多万亩,拥有数万亩、数千亩土地的大地主不在少数。许多自耕农、半自耕农以及小地主,丧失了土地。自己没有土地或者只有极少量土地的农民,只有租种皇帝、贵族、官僚和地主的土地,一般以一半或者百分之六十、甚至百分之八十的收成向地主交租。[①] 农民除了在土地上辛勤耕作以外,还需要从事家庭手工业,如纺纱织布,生产自己和家庭生活所需要

---

① 参见胡绳:《从鸦片战争到五四运动》,人民出版社 1998 年版,第 2—3 页。

的日常用品。这样的生产方式不利于生产力的发展,是造成中国明清以来经济落后的原因之一。

1859年11月,马克思在有关文章中引用当时英国某外交官的报告书,描述了中国社会生产的状况及社会生产力的状况。内容是这样的:在中国广大的农村,在田地的庄稼收获完以后,农家所有的人手,不分老少,不分男女,都一齐去梳棉、纺纱和织布。他们用自家织成的布为料子——这是一种厚粗而结实的、经得起若干年粗穿的衣料,来缝制自己的衣服。而将剩余的布料拿到附近城镇上去卖。如果不能及时卖出,则低价出售给城镇上的小店主。小店主收购这种布料,供应城镇上的居民及河上的船民。在当时世界各国的范围内,也许只有中国具有这个特点,即每一个富裕的农家都有织布机;在别的国家,人们只限于梳棉和纺纱,而将纺成的棉纱送交专门的织工去织成布匹。只有中国人才"一干到底",不仅自己家庭纺纱,而且自己家庭织布。这说明,中国农民不单单是一个农民,"他既是庄稼汉,又是工业生产者"①。马克思的描述证明,当时中国的经济是小农业经济和家庭手工业经济相结合的经济,当时的社会生产是以家庭为生产单位的小生产,而个体的、手工的劳动是当时社会生产力的标志或特征。

第一次鸦片战争以后,中国被迫开放了五个通商口岸,即广州、厦门、上海、宁波和福州。外国商人从中国购买去的主要商品仍然是茶和丝。茶的出口,1843年是1300多万斤,1855年是8400万斤。十二年间增加了5倍多。丝的出口,1843年不到2000包,1855年达到56000多包,十二年增加了20多倍。② 茶和丝出口的增加,刺激了产区的农民更多地生产这些产品。个体生产者将生产的茶或丝卖给收购商贩,收购商贩将其运送到通商口岸去卖,或者卖给经营规模更大的商人,再转卖到洋商手中,再转入国际市场。这样,从事小生产的中国农民就被卷进了他们所完全不了解的国际市场,他们不得不忍受从当地小商贩、中国大商人直到外国商人的重重盘剥。同时,外国机器工业品的输入,以其廉价,更使所有的农民家庭手工业受到了排挤。有关文献中关于嘉定县纺织业当时的状况有以下记载:"往者匹夫匹妇,五口之家日织一匹,赢

---

① 《马克思恩格斯选集》第1卷,人民出版社1995年版,第758页。

② 参见胡绳:《从鸦片战争到五四运动》,人民出版社1998年版,第53页。

钱百文。自洋布盛行,土布日贱,计其所赢,仅得往日之半耳。"①这种状况说明,中国农民的小手工业在外国商品经济的压力下,求生是多么困难! 马克思1853 年 5 月在有关文章写道:"这种外国工业品的输入,对本国工业(指中国的小手工业——引者)也发生了类似过去对小亚细亚、波斯和印度所发生的那种影响。中国的纺织业者在外国的这种竞争之下受到很大的损害,结果社会生活也受到了相应程度的破坏。"②当然,这里所说的对中国纺织业者的"损害"和"破坏",是就他们的眼前利益而言的。

从长远的观点看,旧的生产方式的解体,必然伴随新的生产方式的生长。马克思说,在鸦片战争中,英国的大炮沉重地打击了中国皇帝的权威,迫使长期以来封闭的中国与外部世界接触,即它必须与西方生产力先进国家交往,接踵而来的必然是旧生产方式的解体过程,如同密闭在棺材里的木乃伊一接触空气便必然要解体一样。他说,这个过程也是新生产方式生长的过程,中国不可避免地将出现这样的过程。

二、无产阶级掌握政权后发展生产力的必要性和紧迫性

马克思、恩格斯没有经历无产阶级掌握政权的实践,更没有经历东方国家如俄国、中国无产阶级掌握政权以及建设社会主义的过程,未能就东方国家无产阶级掌握政权后发展社会生产力的问题发表意见。列宁却具有这样的经历,所以他们就无产阶级掌握政权以后发展社会生产力的必要性、紧迫性以及相关的问题,形成和提出了重要的理论。

1918 年春,在转变党和国家工作重心的时候,列宁强调俄共(布)和国家政权的根本任务之一是发展社会生产力。当时俄国同德国签订了《布列斯特和约》,退出了战争,赢得了和平喘息时机。而且就国内形势看,苏维埃政权得以巩固,无产阶级同资产阶级在政治上、军事上的斗争已经告一段落,可以并且应该将党和国家的工作重心转向管理经济和发展生产。他在当时撰写的

---

① 参见胡绳:《从鸦片战争到五四运动》,人民出版社 1998 年版,第 55 页。
② 《马克思恩格斯选集》第 1 卷,人民出版社 1995 年版,第 692 页。

《苏维埃政权的当前任务》一文提出,无产阶级在夺取政权和巩固政权的任务已经基本完成以后,必然要把一个"根本的任务"提到首要地位,这个根本的任务就是提高劳动生产率。他的这一思想里,包含着发展社会生产力的思想内容。如他说:"要提高劳动生产率,首先需要保证大工业的物质基础,即发展燃料、铁、机器制造业、化学工业的生产。"[1]显然,发展这些工业部门,从而促进整个工业生产的发展,必然会促进社会生产力水平的提高。列宁这里论述的,实际上是关于发展社会生产力的问题。他还说,俄国有丰富的资源,如矿石、燃料、森林、水力等等,"用最新技术来开采这些天然富源,就能造成生产力空前发展的基础"[2]。即认为在这样的基础上,俄国的社会生产力必然能够得以发展。当时,为什么必须把发展生产力提到"首要"的地位呢? 因为苏维埃政权虽然摆脱了战争,赢得了和平喘息时机,但它仍然处于十分危险的环境中。国际帝国主义随时有可能对苏俄发动新的侵略战争,苏俄国力屡弱,只有发展生产力,从而增强国力,加强国防力量,才能抵御国际帝国主义进行新的战争的危险。列宁说:"很明显,防御力如此薄弱的我们苏维埃社会主义共和国,处于极不稳固、十分危急的国际环境中。我们必须竭尽全力利用客观条件的凑合给我们造成的喘息时机,医治战争带给俄国整个社会机体的极其严重的创伤,发展国家的经济。不这样做,就谈不到使国防力量真正有所增强。"[3]他的思想很明确,发展生产力,增强国力和国防力量,以利于苏俄摆脱危险的国际环境。在他看来,苏俄发展生产力是十分紧迫的任务。

在这一时期,列宁还着眼于实现社会主义社会,论述了发展社会生产力的必要性。俄国是一个小农占人口多数的国家,小生产在经济上所占的比重很大,在这样的条件下进行社会主义建设,必须发展社会生产力,即必须变小生产为大生产,变落后生产为先进生产,简单地说,必须使苏俄的小生产转变到机器大生产的轨道上。列宁在《关于苏维埃政权的当前任务的报告》、《论"左派"幼稚性和小资产阶级性》等文章中十分明确地说:"觉悟的工人知道:社会主义的起点是在开始进行更大规模生产的地方。""只有这些物质条件,即大机

---

① 《列宁全集》第 34 卷,人民出版社 1986 年版,第 169 页。
② 《列宁全集》第 34 卷,人民出版社 1986 年版,第 169 页。
③ 《列宁全集》第 34 卷,人民出版社 1985 年版,第 153 页。

器工业、为千百万人服务的大企业,才是社会主义的基础。"①在当时的苏俄,要创造这样的条件和基础,需要向资本主义学习,包括向国外的资本主义学习和向国内的资本主义学习,充分利用资本主义的文化成果。列宁说:"我们不能设想,除了建立在庞大的资本主义文化所获得的一切经验教训的基础上的社会主义,还有什么别的社会主义。没有邮电和机器的社会主义,不过是一句空话而已。"②他这里所说的"邮电",指民众对社会生产和生活进行合理的、周密的管理,因为在资本主义社会,邮电业证明无需国家官僚、社会成员可以对社会进行合理的、周密的管理。他这里所说的"机器",自然是指机器大工业。他的意思是说,社会主义需要对社会进行周密的管理,需要有先进的生产力即需要有机器大工业。如前所述,当时的苏俄,正处于转变工作重心的过程中。在列宁看来,转变工作重心的意义之一,在于要造成使资本主义既不能存在也不能再产生的条件。这个条件就是社会生产力高度的发展,在此基础上产生一系列新的经济制度和社会制度。列宁说:"资产阶级在我国已被击败,可是还没有根除,没有消灭,甚至还没有彻底摧毁。因此,同资产阶级斗争的新的更高形式便提到日程上来了,要由继续剥夺资本家这个极简单的任务转到一个更复杂和更困难得多的任务,就是要造成使资产阶级既不能存在也不能再产生的条件。很明显,这个任务是重大无比的,这个任务不完成,那就还没有社会主义。"③意思是说,发展生产力,建立新制度,使资产阶级不能存在和不能再产生,苏俄才真正实现了社会主义。

　　1920年底,苏俄的国内战争结束,列宁从反对和防止资本主义复辟的角度,论述了发展社会生产力的必要性和紧迫性。国内战争的历史证明,国外的帝国主义者和国内的反革命分子敌视苏维埃政权,时刻都想将其扼杀在摇篮中。虽然他们对苏俄的军事干涉以及颠覆活动已经遭到失败,但是他们还会伺机进行资本主义复辟的活动,苏俄前进的道路上仍然存在着危险。由此,列宁提出,苏维埃俄国在战争结束之后,一定要尽快地发展社会生产力,增强国家的实力,反对和防止资本主义复辟活动。列宁在全俄苏维埃第八次代表大会上的有关报告中就这个问题指出:"只要我们还生活在一个小农国家里,资

①　《列宁全集》第34卷,人民出版社1986年版,第240页。
②　《列宁全集》第34卷,人民出版社1986年版,第252页
③　《列宁选集》第3卷,人民出版社1995年版,第479页。

本主义在俄国就有比共产主义更牢固的经济基础。这一点必须记住。每一个细心观察过农村生活并把它同城市生活作过对比的人都知道，我们还没有挖掉资本主义的老根，还没有铲除国内敌人的基础。国内敌人是靠小经济来维持的，要铲除它，只有一种办法，那就是把我国经济，包括农业在内，转到新的技术基础上，转到现代大生产的技术基础上。"[1]他的意思是，国内复辟资本主义的政治力量主要是社会革命党和孟什维克等小资产阶级政党或组织，而这些政党或组织的社会基础是个体小生产者。当前的苏俄存在着大量的小生产者，特别是农村存在着大量的小生产者，社会革命党和孟什维克可以从这里找到他们的支持者，而且在小生产者中间可以自发地产生出背离共产主义的、复辟资本主义的政治思想倾向。所以，要反对和防止资本主义复辟，根本的办法是发展生产力，用大生产取代小生产，消除资本主义复辟的社会基础。列宁认为，要做到这一点，即用大生产取代小生产，依赖于全国电气化。所以在上述话语后面，他接着说："共产主义就是苏维埃政权加全国电气化。不然我国仍然是一个小农国家，……我们不仅在世界范围内比资本主义弱，在国内也比资本主义弱。""只有当国家实现了电气化，为工业、农业和运输业打下了现代大工业技术基础的时候，我们才能得到最后的胜利。"[2]在他看来，有了全国电气化，特别是将电力和机器送到农村的每个村子，苏俄的农业生产以及其他各个行业都将实现机器大生产，消除小生产，根除资本主义复辟的社会基础，并且能够增强国力，反对国外敌对势力的颠覆活动。需要指出的是，列宁认为，实现全国电气化以及各行各业的大生产，意味着发展苏俄的社会生产力。如当时他在《关于电气化的意见》的提纲中指出，这项事业的意义在于："恢复生产力。提高生产力。"[3]

1921年春，列宁从恢复和发展国民经济的新形势和新任务出发，论述了发展社会生产力的必要性和意义。1921年3月俄共（布）十大作出决定，结束"战时共产主义"体制，实施新经济政策。新经济政策的内容包括实行粮食税，允许自由贸易，发展私人小工业企业，发展租让制、租赁制等形式的国家资本主义。实行这些政策的直接目的，在于改善人民群众的生活，调动和利用各个

---

① 《列宁全集》第40卷，人民出版社1986年版，第156页。

② 《列宁全集》第40卷，人民出版社1986年版，第156页。

③ 《列宁全集》第40卷，人民出版社1986年版，第223页。

方面的积极性,医治战争创伤,恢复农业生产和工业生产,特别是恢复和发展大工业生产。需要指出的是,在列宁看来,新经济政策的目的和任务,就是提高和发展社会生产力。1921 年 5 月,他在起草有关文件时,在论及新经济政策问题时提出:苏维埃共和国实行这些政策,"首要任务是恢复生产力,发展农业、工业和运输业"①。同年 10 月,列宁在莫斯科省第七次党代表会议上的报告中指出,苏维埃国家发展国家资本主义,发展自由贸易和商业,目的就在于完成提高生产力和恢复大工业的任务,并且说:"我们既已提出提高生产力和恢复作为社会主义社会唯一基础的大工业的任务,我们就应当努力做到正确地对待这一任务,并且务必完成这一任务。"②租让制作为新经济政策中的重要措施之一,内容是苏维埃政权将一些自己暂时无力恢复生产的大企业如矿山、森林采伐等租给外国资本家,让他们将资金、技术和设备带到俄国来,使这些企业恢复生产。实施这项措施,外国资本家可以得到高于一般利润的"额外利润",苏维埃政权得到的好处是发展生产力。列宁在《论粮食税》一文中就此提出:"苏维埃政权获得的利益,就是发展生产力,就是立刻或在短期间增加产品数量。"还说:"苏维埃政权'培植'租让制这种国家资本主义,就是加强大生产来反对小生产,加强先进生产来反对落后生产,加强机器生产来反对手工生产,增加可由自己支配的大工业产品的数量(即提成),加强由国家调整的经济关系来对抗小资产阶级无政府状态的经济关系。"③他的这些论断,十分明确地表达了通过新经济政策发展苏俄生产力的思想。

三、关于发展社会生产力的措施

　　俄共(布)和苏维埃政权面对俄国生产力落后的面貌,不断地、积极地探索,采取有效的措施发展生产力。列宁在实践中及时总结经验,就发展生产力的政策和措施形成了重要的思想观点。

　　1918 年春,列宁转变工作重心过程中提出,必须学习德国的科学技术和管

---

① 《列宁全集》第 41 卷,人民出版社 1986 年版,第 259 页。
② 《列宁全集》第 42 卷,人民出版社 1987 年版,第 233 页。
③ 《列宁全集》第 41 卷,人民出版社 1986 年版,第 212 页。

理方式,促进苏俄社会生产力的发展。19 世纪 70 年代以后,德国的资本主义工业跳跃式地发展起来。1870—1913 年,德国工业生产总值增加了 4.7 倍。1913 年,德国的钢铁产量超过了英法两国产量的总和。它的机器制造、军火、造船、化学、电气等工业部门的发展尤为迅速。由于涡轮机的发明和电动机、变压器的应用,使许多大工业部门使用了电力。1910 年德国已经有 195 家电气公司,电气工业总产量从 1891 年到 1913 年增加了 28 倍。① 当时德国的科学技术水平和生产力水平远远高于俄国,而且德国由于实施了国家资本主义措施,政府里有管理经济的组织机构。在第一次世界大战期间,德国开始实行国家垄断资本主义,如成立了战时工业委员会和战时原料管理处,全面管制生产和控制原料,实行"经济动员",加强国家对经济的"监督"和调节。对于苏俄来说,要发展社会生产力,必须向德国学习。列宁说:德国有达到"最新成就的现代大资本主义技术",有对经济实施管理的"有计划的组织",苏俄也应该有这些东西。"没有建筑在现代科学最新成就基础上的大资本主义技术,没有一个使千百万人在产品的生产和分配中严格遵守统一标准的有计划的国家组织,社会主义就无从设想。"②还说:"如果德国革命迟迟不'诞生',我们的任务就是要学习德国人的国家资本主义,全力仿效这种国家资本主义。"③在列宁看来,学习德国的科学技术和管理方式,是苏俄发展生产力的重要措施之一。

同一时期,列宁提出,应该发挥旧社会过来的技术人员和管理人员的作用,发展苏俄的社会生产力。十月革命胜利初期,苏俄的社会管理和生产管理十分混乱,生产效率十分低下,这说明,需要有一大批技术专家和管理专家参与对生产的管理和对社会的管理。列宁针对此提出:"没有各种学术、技术和实际工作领域的专家的指导,向社会主义过渡是不可能的,因为社会主义要求广大群众自觉地在资本主义已经达到的基础上向高于资本主义的劳动生产率迈进。"④可是,苏维埃政权由于刚刚建立不久,而且需要投入大量的人力和物力来巩固政权和应对敌对势力的破坏活动,来不及培养自己的技术人员和管理人员。旧俄国留下了一大批技术人员和管理人员,可以为苏维埃政权所利

---

①　参见:《世界近代史》,浙江人民出版社 1984 年版,第 492 页。
②　《列宁全集》第 34 卷,人民出版社 1986 年版,第 279 页。
③　《列宁全集》第 34 卷,人民出版社 1986 年版,第 280 页。
④　《列宁全集》第 34 卷,人民出版社 1986 年版,第 160 页。

用。列宁说,这是资本主义为我们留下的文化遗产,应该利用他们,充分发挥他们的作用。为了能够利用旧俄国留下的技术人员和管理人员,列宁主张对他们采取高薪的措施。他在分析采取高薪措施的必要性时指出,假设苏维埃国家需要1000名技术专家,假设国家需要付给他们每人每年25000卢布,每年总共要付出2500万卢布,又假设这个总数增加一倍甚至增加三倍,采取这种措施仍然是合理的。这就是他所说的:"为了按照最新的科学技术改组国民劳动,苏维埃共和国每年花费5000万或1亿卢布,能不能说是花费过多或担负不起呢? 当然不能。绝大多数觉悟的工人农民会赞成花这笔钱,因为他们从实际生活中认识到:我们的落后使我们不能不损失数十亿卢布。"①即如果不采取高薪的措施,不利用旧的技术人员,国家在生产中的损失将更为严重。在列宁看来,发挥旧社会过来的技术人员和管理人员的作用,可以提高劳动生产率,发展生产力,所以这也是发展生产力的一项重要的措施。

在苏俄新经济政策时期,列宁对发展社会生产力的措施进行了更深入的探索,提出了更丰富、更深刻的思想。他主张以租让制的措施发展社会生产力。如前所述,所谓租让制,就是指苏维埃国家将一些自己无力恢复生产的企业出租给外国资本家,由他们到俄国来经营,使他们把资金、先进的技术和机器设备带来俄国,以促进俄国社会生产力的发展。1921年4月,列宁在《论粮食税》一文中谈到租让的意义时说,苏维埃政权获得的利益,就是发展生产力,就是立刻或在短期间增加产品数量。他还说,实施租让制,就是加强先进生产反对落后生产,加强机器生产反对手工生产,就是发展生产力。他主张恢复小工业企业的生产以对农村供应商品,从而促进农村生产力的发展。在国内战争时期,由于实行余粮收集制和禁止自由贸易,农民的生产积极性遭受挫伤,农村生产力受到了很大的破坏。要恢复农村生产力,必须迅速改善农民的生产条件和生活条件,首先必须对农村供应生产资料和生活资料。由于大工业企业的生产一时难以恢复,所以必须恢复小工业企业,依靠小工业企业的生产向农村提供产品。正是基于这种考虑,列宁指出:"在一定程度上帮助恢复小工业是必要的,因为它不需要机器,不需要国家的和大批的原料、燃料和粮食

---

① 《列宁全集》第34卷,人民出版社1986年版,第162页。

的储备,却能够给农民经济以相当帮助并提高其生产力。"①他主张厉行节约以发展大机器工业和电气化,促进社会生产力的发展。如他在逝世前夕留下的著作《宁肯少些,但要好些》中提出,生存于帝国主义国家包围之中的苏维埃俄国,必须精简国家机关,节省财政开支。必须采取大力节约的办法,把任何一点积蓄都保存起来和集中起来,以发展国家的大机器工业,发展电气化,发展泥炭水力开采业,大大提高社会生产力。他说:"只有这样,我们才能⋯⋯从一匹马上跨到另一匹马上,就是说,从农民的、庄稼汉的、穷苦的马上,从指靠破产的农民国家实行节约的马上,跨到无产阶级所寻求的而且不能不寻求的马上,跨到大机器工业、电气化、沃尔霍夫水电站工程等等的马上。"②这是一个形象的说法,但是意思很明确,即发展大工业,发展电气化,促进生产力的发展。这一时期,他也主张发挥技术专家的作用,以利于社会生产力的发展。在他看来,要提高生产力,必须发展电气化,要发展电气化,必须依靠技术专家。他在1921年6月共产国际三大上的报告中指出,大机器工业的含义就是全国电气化,瑞典、德国、美国都已经接近实现电气化了,尽管它们是资本主义国家。苏俄要实现电气化。苏维埃政权已经设立了一个由优秀的经济学家和技术人员组成的专门委员会,制定了关于全国电气化的计划,这说明旧社会过来的技术人员能够为苏维埃政权服务,能够为苏俄发展生产力工作。他说:"只要我们通过实践证明了这个办法可以提高我国的生产力,专家工程师们就会转到我们方面来。"③他强调说,仅仅从理论上证明这一点是不够的,要用实践和事实向他们作证明,真正把他们争取过来。

---

① 《列宁全集》第41卷,人民出版社1986年版,第209页。
② 《列宁全集》第43卷,人民出版社1987年版,第392页。
③ 《列宁全集》第42卷,人民出版社1987年版,第52页。

第二十三章　关于东方落后国家经济建设的理论

俄、中等东方落后国家的无产阶级在夺取政权后,首先面临着恢复和发展经济进而建设社会主义经济的任务。马克思、恩格斯没有经历过无产阶级掌握国家政权的实践,未能从理论上深入地解决东方落后国家的经济建设问题。但他们在一些著作中提出的相关论断及思想,对于后人的社会主义实践具有重要的参考意义。列宁作为人类历史上第一个社会主义国家的缔造者,在领导苏俄社会经济建设的实践中提出了一系列重要的思想。

一、执政党要学会做经济工作

一国经济建设的好坏首先取决于执政党自身是否善于做经济工作。十月革命胜利后,以列宁为首的俄国无产阶级政党由革命党成为执政党,成为苏维埃俄国的领导者。国内战争结束后,苏维埃俄国的工作重心转到组织经济建设上来。可是,很多党员干部不仅不善于做经济工作,而且意识不到学会做经济工作的重要性。针对此,列宁多次强调指出党员要学习经营,不但指出了学会做经济工作的重要性还提出了学会做经济工作的方法,从而表达了执政党要学会做经济工作的思想。

(一)学会做经济工作的重要性

第一,战胜国内反对社会主义的经济敌人要求执政党学会做经济工作。十月革命和国内战争胜利后的俄国,虽然在政权上推翻了封建主义和资本主义的统治,取得了社会主义政治革命上的胜利,但是还没有取得社会主义经济革命上的完全胜利。一方面,俄国是个传统的农业大国,国内的小农经济还大量存在;另一方面,俄国又是个落后的军事帝国主义国家,大量的生产资料都掌握在少数大资本家的手中。1918 年 4 月,列宁就指出:"资产阶级在我国已被击败,可是还没有根除,没有消灭,甚至还没有彻底摧毁。因此,同资产阶级斗争的新的更高形式便提到日程上来了,要由继续剥夺资本家这个极简单的任务转到一个更复杂和更困难得多的任务,就是要造成使资产阶级既不能存在也不能再产生的条件。很明显,这个任务不完成,那就还没有社会主义。"①十月革命胜利后,苏维埃政权把一些重要的工业部门与银行、铁路、交通等收归国有,对工业企业实行工人监督和计算,但是有些资本家不愿意接受苏维埃政权的经济措施。小资产阶级和私人资本主义合在一起,既同国家资本主义又同社会主义作斗争,他们抗拒任何的国家干涉、计算与监督。投机商、奸商和垄断制破坏者成为反对苏维埃政权经济措施的敌人。为此,要战胜反社会主义的经济敌人,执政党必须要学会做经营工作,学会组织人民群众进行生产和管理工作。可是由于俄国执政党是由革命党转化而来的,他们善于搞军事斗争,却不会做经济工作。1922 年,在俄共(布)第十一次代表大会上,列宁说:"如果我们不能在最近一年内证明我们会经营,那苏维埃政权就无法生存下去。而最大的危险就在于,不是所有的人都认识到这一点。"②列宁对某些不重视学习经济工作的共产党员进行了批评后指出,新经济政策的关键,就是在合营公司及其他场合,同资本家进行斗争,并胜过他们。如果我们不学会做经济工作,人家就可能把我们打垮,即"这是一场严峻的考试,因为在这场考试中人家可能在经济上和政治上击败我们"③。因此,我们必须从头学起,学会做经济工作。

第二,执政党只有学会做经济工作切实提高农民的生活水平才能获得农民的支持。俄国是个农民占人口大多数的国家,以列宁为首的无产阶级政党之所以能取得十月革命的胜利,正是由于获得了广大农民的支持,由于工农联盟这个坚强的后盾。可是出于应对战争的需要,国内战争期间,苏维埃政权实

---

① 《列宁专题文集·论社会主义》,人民出版社 2009 年版,第 85 页。
② 《列宁专题文集·论社会主义》,人民出版社 2009 年版,第 320 页。
③ 《列宁专题文集·论社会主义》,人民出版社 2009 年版,第 322 页。

行了余粮收集制政策,把农民的余粮甚至是口粮都无偿夺走,严重损害了农民的利益,导致广大农民对苏维埃政权不满。国内战争胜利后,由于没有现成的建设社会主义的经验可供借鉴,苏维埃俄国只能靠自己摸索。起初,列宁和布尔什维克党想通过"战时共产主义"政策使小农经济的俄国直接过渡到社会主义的俄国,可是这种政策遭到了广大人民群众的反对。喀琅施塔得水兵叛乱,使列宁和布尔什维克党意识此路行不通。列宁说:"'你们这些人倒是很好,可就是不会干你们所抓的事务,经济事务。'这就是去年农民以及一些工人阶层通过农民对共产党提出的最朴实、最致命的批评。"①因此,作为执政党的俄国共产党学会做经济工作,列宁认为这样做"证明我们能够帮助农民,共产党人在眼下小农破产、贫困、挨饿的困难时刻,正在实际帮助他们。要么我们能证明这一点,要么就被农民撵走。这是完全不可避免的。"②由此可见,执政党学会做经济工作,是获得农民支持的必要条件,否则就会失去农民的支持被农民赶下台。列宁在谈到党员干部应该想方设法活跃工业和农业间的流转工作时说:"谁能在这方面取得最大的成绩,即使是用私人资本主义的办法,甚至没有经过合作社,没有把这种资本主义直接变为国家资本主义,那他给全俄社会主义建设事业带来的益处,也比那些只是'关心'共产主义纯洁性,只是为国家资本主义和合作社起草规章、条文、细则,而实际上却不去推动流转的人,要多得多。"③这里包含着这样一层意思即,执政党不要空谈共产主义纯洁性,而应该学会切实地做经济工作,为提高农民生活水平和全俄国的社会主义建设事业带来一些实在的东西。

第三,增强苏维埃俄国的国防力量要求执政党学会做经济工作。经济是基础,一国的经济实力增强了,其在国际上的政治地位就能提高。拥有强大的经济实力做后盾才能不受外来势力的干涉和侵犯。落后就要挨打。第一次世界大战严重损耗了俄国的经济力量,十月革命胜利后的俄国,百废待兴。为了能够恢复和发展国民经济,医治战争创伤,苏维埃俄国与协约国签订《布列斯特和约》退出战争。尽管《布列斯特和约》对俄国提出了十分苛刻的条件,如德国提出把波兰、立陶宛、爱沙尼亚的局部和拉脱维亚、白俄罗斯的全部割让

---

① 《列宁专题文集·论社会主义》,人民出版社 2009 年版,第 319 页。
② 《列宁专题文集·论社会主义》,人民出版社 2009 年版,第 317 页。
③ 《列宁专题文集·论社会主义》,人民出版社 2009 年版,第 229 页。

给德国并赔款 30 亿卢布,但是它的签订毕竟使俄国退出战争、获得喘息的机会。列宁说:"很明显,防御力如此薄弱的我们苏维埃社会主义共和国,处于极不稳固、十分危急的国际环境中。我们必须竭尽全力利用客观条件的凑合给我们造成的喘息时机,医治战争带给俄国整个社会机体的极其严重的创伤,发展国家的经济。不这样做,就谈不到使国防力量真正有所增强。"①但是俄共(布)作为苏维埃俄国的执政党,必须善于组织经济工作,才能带领人民群众使国家的经济得以恢复和发展。这就对执政党提出了学会做经济工作的要求。

(二)学会做经济工作的方法

第一,要善于学习,不但要向普通店员学习还要向资本家学习。无产阶级执政党是工人中的先进分子,他们大多数没有从事过商业经营活动,没有做经济工作的实践经验。从这个意义上讲,执政党在经济工作方面还没有普通店员知道的多。因此列宁说:"他是共产党员,是完成了世界上最伟大的革命的革命者,即使没有 40 座金字塔,也有 40 个欧洲国家怀着摆脱资本主义的希望看着他,然而他应当向那些在粮食行里跑了十来年而懂得这一行的普通店员学习。可是他这个负责的共产党员,忠诚的革命者,不仅不懂得这一行,甚至还不知道自己不懂得这一行。"②此外,俄国的资本家长期从事生产和经营工作,他们在管理经济方面有很多值得学习和借鉴的地方,而这些是执政党中的很多党员所不具备的素质,因此列宁除了指出要向普通店员学习还要向资本家学习。列宁在讲到关于做农业和工业间的流转工作时指出:"我们还很不善于做这件事;官僚主义就是一个证明。我们应当大胆承认,在这方面还有很多东西可以而且应当向资本家学习。"③他还在俄共(布)十一大的报告中说:"如果共产党员能够用别人的手来建设经济,而自己能向资产阶级学习,使资产阶级走共产党员要走的道路,那我们就能管理这种经济。"④针对学习的态度问题,列宁也提出了要求,他说:"我们毕竟还是革命者(虽然很多人说,甚至不是毫无根据地说,我们已经官僚化了),我们能够了解一个简单的道理,对于新的

---

①　《列宁专题文集·论社会主义》,人民出版社 2009 年版,第 80 页。
②　《列宁专题文集·论社会主义》,人民出版社 2009 年版,第 322 页。
③　《列宁专题文集·论社会主义》,人民出版社 2009 年版,第 228 页。
④　《列宁专题文集·论社会主义》,人民出版社 2009 年版,第 336 页。

异常困难的事业,应当善于三番五次地从头做起,开始了,碰壁了,从头再来——哪怕反复重做十次,但一定要达到我们的目的,不要摆架子,不要狂妄自大。"①这里具体包含三个要求,一是要从头开始学习,不能忽视最基本的东西;二是要有毅力,不要害怕碰壁;三是要放下官架子,虚心学习。

第二,要建设工农经济联盟,同农民经济汇合起来。十月革命胜利时,俄国农民占全国人口的大多数。有关资料显示,当时俄国的无产者有 1000 万人,农民有 2000 万户(每户至少有 2 人)。农民的数量之多,说明这个阶级在国家的政治经济生活中具有举足轻重的作用。可是国内战争期间的余粮收集制损害了农民的利益,引起农民对苏维埃政权的强烈不满,一度造成苏俄的工农关系处于十分紧张的状态之中。② 1921 年 3 月,列宁在党的十大报告中提出,由于战争、经济破坏、战时政策和歉收,农民的处境特别困难,不可避免地使有的农民发生了政治上的动摇,所以必须认真地考察工农关系,修正和改善他们之间的关系,党的十大决定实施新经济政策证明工人阶级已经注意到这个问题,正在着手解决这个问题。为此列宁指出,应当在经济工作中同农民经济汇合起来,建设工农经济联盟。在俄共(布)第十一次代表大会上,列宁指出:"资本家为了发财致富建立了同农民的经济结合;为了加强我们无产阶级国家的经济实力,你也应该建立同农民经济的结合。"③这里强调指出苏维埃同农民经济的结合能够增强国家的经济实力,这理应是执政党应该学会在经济工作中与农民经济结合起来。下文列宁进一步指出了与农民经济结合的重要意义,他说:"我们有国家政权,我们有许多经济手段;如果我们击溃了资本主义,建立了同农民经济的结合,那我们就会成为绝对不可战胜的力量。"④为此,列宁十分注重在经济建设中与农民汇合起来,建立工农经济联盟。他认为,同农民群众,同普通劳动农民汇合起来,开始一道前进,虽然比他们所期望的要慢得多,慢得不知多少,但全体群众会真正同他们一道前进,到了一定的时候,前进的步子就会加快到他们梦想不到的速度。

---

① 《列宁专题文集·论社会主义》,人民出版社 2009 年版,第 322 页。
② 参见俞良早:《马克思主义东方社会理论研究》,中共中央党校出版社 2006 年版,第175 页。
③ 《列宁专题文集·论社会主义》,人民出版社 2009 年版,第 331 页。
④ 《列宁专题文集·论社会主义》,人民出版社 2009 年版,第 331 页。

　　第三,要制定和利用经济法规管理危害社会主义经济的行为。国家的经济要能够平稳有序地发展,必须要制定相应的经济法律规范,把经济工作纳入法制化的轨道,一方面打击破坏经济工作的不法分子,一方面维护个人的合法利益和国家的整体利益。作为执政党,必须要学会对付经济工作中的反动分子,使国家的经济建设工作顺利地进行。苏俄建国后,国内还没有从经济上肃清反社会主义和搞破坏活动的分子,这些人利用贸易自由搞投机倒把活动,攫取国家和人民的钱财,这十分不利于国家经济工作的开展。为此,列宁要求利用经济法规来管理危害苏维埃社会主义经济的行为。他在《粮食税》中针对投机倒把活动说:"难道宣布投机倒把活动可以不受制裁吗? 不。应当重新审查和修改关于投机倒把活动的一切法令,宣布一切盗窃公共财物行为,一切直接或间接、公开或秘密地逃避国家监督、监察和计算的行为,都要受到制裁(事实上要比从前更严厉三倍地加以惩办)。"①意思是说,必须严惩各种违反国家经济法规的不良经济行为。

　　第四,要善于协调经济工作中的利益冲突问题。任何一个社会中都存在代表不同利益的阶级或阶层,对原有的社会经济制度进行变革,必然会影响某些人的利益。换句话说,经济改革必然会遭到某些利益群体的反对或抵制。如果处理不好这种利益上的冲突,轻则引起社会不公感,重则引发暴力抵抗。列宁反对在经济工作中滥用行政手段的行为。1921 年苏俄的恢复工业中心区之一顿巴斯地区的经济工作中,由于上下级之间的意见不和,导致了激烈的冲突,严重影响了经济工作的开展。列宁了解到这个情况后,批评了该地区某些党员在处理问题中犯了过分醉心于行政手段的错误,并且说:"要善于正确地安排工作,使工作不落后,能及时解决所发生的摩擦,不要使行政管理脱离政治——这就是我们的任务。"②接着进一步指出:"这个例子说明,整个关键不在于政治权力,而在于会管理,会正确安排人员,会避免细小的冲突,使国家的经济工作不致被打断。我们没有这种本领,我们的错误就在这里。"③这里列宁指出了执政党中的一些党员不会善于协调和解决经济工作中的利益冲突问题,也就是要求执政党要学会处理利益冲突以保证国家的经济工作不被打断。

---

①　《列宁专题文集·论社会主义》,人民出版社 2009 年版,第 232 页。

②　《列宁选集》第 4 卷,人民出版社 1995 年版,第 690 页。

③　《列宁选集》第 4 卷,人民出版社 1995 年版,第 691 页。

实际上,列宁关于采用渐进方法发展经济的思想很大程度上解决了经济工作的利益冲突问题。

二、采用渐进方法发展经济

"渐进"是相对于"冒进"、"激进"而言的,在经济建设上体现为一种平稳的、逐步的、有序的发展状态。马克思、恩格斯认为,无产阶级在夺取政权之后,不能一下子废除私有制,而应该逐步改造当前社会。列宁在苏俄经济建设的实践中发展了马克思、恩格斯的思想,明确提出采用渐进方法发展经济的思想,实现了私有经济向社会主义经济的平稳过渡。

马克思、恩格斯在著述活动中阐述了渐进发展经济的思想。19 世纪中叶,社会主义实现了由空想到科学的发展。这时,重要的任务之一是向广大工人群众传播科学社会主义,使他们懂得什么是社会主义和怎样建设社会主义。着眼于完成这一任务,恩格斯 1847 年写作《共产主义原理》一文。在此文中,他在回答能不能一下子把私有制废除的问题时提出:"不,不能,正像不能一下子就把现有的生产力扩大到为实行财产公有所必要的程度一样。因此,很可能就要来临的无产阶级革命,只能逐步改造现今社会,只有创造了所必需的大量生产资料之后,才能废除私有制。"[①]在这里,他所谓不能一下子把私有制废除、只能逐步地改造现有社会,具有渐进发展的含义。在此文中,恩格斯还提出,无产阶级掌握政权以后,要实行累进税、高额遗产税、取消旁系亲属继承权、强制公债等,限制私有制;以无产阶级国家同私营企业竞争的办法,或者用纸币赎买的办法,逐步剥夺土地所有者、工厂主、铁路所有者和船主的财产;在国家农场、工厂和作坊中组织劳动,或者让无产者就业,从而消除工人之间的竞争,并迫使厂主支付给工人比较高的工资。他提出的这些措施体现了渐进发展的思想,因为它不同于立即消灭私有制的措施。

1894 年 11 月,恩格斯在《法德农民问题》一文中也阐述了渐进发展的思想。当时,德国社会民主党内的机会主义者福尔马尔在党的法兰克福代表大

---

① 《马克思恩格斯文集》第 1 卷,人民出版社 2009 年版,第 685 页。

会上作关于土地纲领的报告时散布错误观点,并且引述了法国社会党人的土地纲领,表示那个纲领是得到恩格斯赞同的。由此恩格斯写作《法德农民问题》一文,力图对福尔马尔的错误观点以及法国社会党土地纲领中的错误内容进行批评。在此文中,他批评了法国社会党迎合小生产者农民希望保存私有制要求的错误,同时强调无产阶级掌握政权以后不能以强制的手段加速小农经济的灭亡。这就是他所说的:"我们预见到小农必然灭亡,但是我们无论如何不要以自己的干预去加速其灭亡。""当我们掌握了国家政权的时候,我们决不会考虑用暴力去剥夺小农(不论有无赔偿,都是一样),像我们将不得不如此对待大土地占有者那样。我们对于小农的任务,首先是把他们的私人生产和私人占有变为合作社的生产和占有,不是采用暴力,而是通过示范和为此提供社会帮助。当然,到那时候,我们将有足够的手段,向小农许诺,他们将得到现在就必须让他们明了的好处。"①意思是说,掌握了政权的无产阶级不应该采取激进的措施,迅速地将小私有制经济改造为公有制经济,而应该在照顾小农利益的前提下,通过示范逐渐地引导小农走向合作社的生产和占有。

在1917年十月革命过程中,列宁即形成和提出了"渐进发展"的思想。二月革命后,列宁和布尔什维克回到国内,为使政权转到工人和贫苦农民手里而斗争。当时,斗争的形势十分复杂。在革命的队伍中,既有布尔什维克,又有孟什维克,还有左派社会革命党、右派社会革命党,等等。这种情形要求列宁和布尔什维克提出稳妥的、比较能够为其他派别所认同的对俄国社会进行改造的设想。

在此过程中,列宁关于俄国社会改造思想的主要内容是进行"计算和监督"。所谓计算和监督,指在不改变生产资料私人占有制的前提下,由工人组织或国家机关对企业的生产和分配过程进行监督,对企业生产和经营的账目进行计算。1917年4月,列宁在《四月提纲》中论及当前革命的任务时提出:"我们的直接任务并不是'实施'社会主义,而只是立刻过渡到由工人代表苏维埃监督社会的产品生产和分配。"②十月革命胜利后的第二天,列宁起草《工人监督条例草案》,随后领导苏维埃中央执行委员会通过了正式的《工人监督

①　《马克思恩格斯文集》第4卷,人民出版社2009年版,第524—525页。
②　《列宁全集》第29卷,人民出版社1985年版,第116页。

条例》,展开了工人监督的活动。

值得强调的是,"计算和监督"的思想是"非剥夺剥夺者"的思想。也就是说,列宁当时并未形成和提出剥夺资本家财产的思想。1917 年 5 月,俄国由于帝国主义战争及经济破坏,出现严重的饥荒。临时政府的劳动部长、孟什维克斯柯别列夫在报刊上发表文章说,为了改善劳动群众的生活状况,必须把有产阶级的税率提高到利润的 100% ,即"剥光"资本家。列宁在批评这种"高调"和"空话"时说:"我们能够而且应该处理得更适当,逐步实行比较合理的税收,把小股东和大股东区别开来,对前者将征得很少,对后者才征得很多。"①他还说:"甚至对大多数资本家,无产阶级不仅不打算把他们'剥光',……不仅不打算剥夺他们的'一切',而且相反,打算让资本家在工人亲自监督下去做有益的和光荣的事情。"②这里的意思是,不要"剥光"资本家,既不剥夺他们的生产资料,也不对他们征收 100% 的捐税,而只是对少数大资本家征收较多的捐税。列宁说:"这就是无产阶级政党为了摆脱灾难而应该向人民宣传的措施。这就是无产阶级政党在已经取得政权的地区现在就应该部分实现的措施。这就是无产阶级政党在取得国家政权以后应该全部实现的措施。"③列宁主张不剥夺资本家的财产,意味着他否定激进发展的措施,主张采取渐进发展的措施。这说明他当时的思想是"渐进发展"的思想。

需要指出的是,在 1921 年实施新经济政策的过程中,列宁在回忆十月革命胜利初期苏维埃政权的措施时,明确提出当时采取的是"渐进发展"的措施。1921 年 10 月,列宁看到了一份私营的《广告小报》,引起了对 1917 年底苏维埃政权政策的联想。他在当时举行的莫斯科省第七次党代表会议上的报告中讲到这件事,并指出:"在 1917 年底颁布的头一批法令中,有一条关于国家垄断广告业务的法令。这条法令意味着什么呢?它意味着:争得国家政权的无产阶级设想,向新的社会经济关系过渡尽可能采用渐进的办法——不取消私人报刊,而使它们在某种程度上服从国家的领导,把它们纳入国家资本主义轨道。法令规定国家垄断广告业务,也就是设想还保留私营报纸而把它作为一种常规,还保留需要私人广告的经济政策,也保留私有制,即保留许多需要刊

---

① 《列宁全集》第 30 卷,人民出版社 1985 年版,第 107 页。
② 《列宁全集》第 30 卷,人民出版社 1985 年版,第 108 页。
③ 《列宁全集》第 30 卷,人民出版社 1985 年版,第 109 页。

登广告的私营企业。"①以上这一段话,最清楚地表明了十月革命胜利初期列宁的思想。他主张采用"渐进的办法"向新的社会经济关系过渡,这种办法的内容是保留私有制,即保留需要刊登广告的私营企业,保留私人报刊,将这些企业纳入国家资本主义轨道,使它们在一定程度上服从国家的领导(这也就是所谓"计算和监督")。可是,当时资产者不服从苏维埃政权的法令,展开破坏活动,迫使苏维埃政权同他们进行政治斗争和军事斗争。这说明,当时上述苏维埃政权的法令及其指导思想是"天真的"。列宁在上述报告中指出了这一点,同时强调:1917年国家关于垄断广告的法令"有正确的成分,即国家政权(无产阶级)在向新的社会关系过渡时曾试图通过一种可以说是最能适应当时存在的关系的途径,尽可能采用渐进的办法,不作大的破坏"②。在上述报告中,列宁三次提出十月革命胜利初期党和苏维埃政权的措施是渐进的办法或渐进的改变。这不仅证明他十月革命时期的思想确实是渐进发展的思想,而且证明他对此思想是充分肯定的。

1921年春,苏俄进入新经济政策时期。在实践中,列宁深入阐述了"渐进发展"的思想。

在这一时期,列宁首先着眼于无产阶级国家必须正确处理同私有者农民之间的关系,阐述了渐进改造小农经济的思想。小农经济也就是封建社会中典型的自给自足的农民经济,要改造小农经济首先要考察农民的思想特点。俄国是一个传统的农业国,其农奴制经济有三百余年的历史。在这种体制下的农民,常年厮守于土地和村社,沿袭长期以来形成的生活传统。他们在进行价值判断时,习惯于把旧的体制、旧的模式、旧的章法、旧的生活方式和先人圣典作为标准,对于新生事物总是持怀疑态度。③ 因此,改造小农经济必须有一个过程。列宁很清楚农民的这一特点,主张长期发展小农经济,逐步过渡到社会主义。在1918年11月上旬,列宁在中部各省贫苦农民委员会代表会议上的讲话中指出:"一下子就把数量很多的小农户变成大农庄是办不到的。要在短期内一下子把一直分散经营的农业变成公共经济,使之具有全国性大生产的形式,由全体劳动人民普遍地同等地履行劳动义务,同等地公平地享用劳动

---

① 《列宁全集》第42卷,人民出版社1987年版,第222页。
② 《列宁全集》第42卷,人民出版社1987年版,第224页。
③ 参见张建华:《俄国现代化研究》,北京师范大学出版社2002年版,第190页。

产品，——要一下子做到这一点，当然是不可能的 。"①12 月中旬，他在讲到这个问题时又说："我们深深知道，在小农经济的国家中，不经过一系列渐进的预备阶段，要过渡到社会主义是不可能的。"②这表明列宁主张渐进地改造小农。1921 年 6 月，列宁在共产国际第三次代表大会上的报告中，在论及俄国国内无产阶级同农民的关系时，再次提出："俄国无产阶级作为统治阶级的当前主要任务，就是要正确地规定并实行一些必要的办法，以便领导农民，同农民结成巩固的联盟，通过许多渐进的过渡办法实现使用机器的社会化大农业。"③这里，他明确而直接地提出必须使用"渐进的过渡办法"实现社会化大农业，从而表述了"渐进发展"的理论。

　　这一时期，列宁还就俄国恢复经济和经济建设的任务，阐述了"渐进发展"的思想。1921 年 5 月，列宁在俄共（布）第十次全国代表会议上的报告中指出，国内战争结束以后，恢复国民经济和经济建设的任务提到首要地位，苏俄同国外资本主义的斗争也转到经济建设方面，因此完成恢复经济和经济建设的任务至关重要。他说："经济建设问题对于我们有非常重大的意义。在这条战线上，我们应当慢慢地、逐步地——图快是不行的——而又坚持不懈地提高和前进，以取得胜利。"④这里，强调慢慢地、逐步地前进，认为图快是不行的，表达了"渐进发展"的思想。在此会议上的报告中，他还说："党的第十次代表大会所制定的、后来又用一些法令和决定加以肯定下来的政策，无疑是党认为必须认真地和长期地实行的政策。"⑤这里所说的政策就是新经济政策，新经济政策是体现渐进发展的政策，认为新经济政策必须长期实行下去，说明列宁主张长时期的渐进发展。同年 8 月，他在《新的时代和新形式的旧错误》中指出，过去的几年，无产阶级在军事斗争和政治斗争中取得了世所罕见的成绩，现在转入了经济建设，经济建设比军事斗争和政治斗争要困难得多。他说："在经济工作中，建设必定更加困难、更加缓慢、更要循序渐进。"⑥"我们只能

　　① 《列宁全集》第 35 卷，人民出版社 1985 年版，第 170 页。
　　② 《列宁全集》第 35 卷，人民出版社 1985 年版，第 352 页。
　　③ 《列宁全集》第 42 卷，人民出版社 1987 年版，第 4 页。
　　④ 《列宁全集》第 41 卷，人民出版社 1986 年版，第 336 页。
　　⑤ 《列宁全集》第 41 卷，人民出版社 1986 年版，第 335 页。
　　⑥ 《列宁全集》第 42 卷，人民出版社 1987 年版，第 114 页。

一步一步地、一寸一寸地前进,否则象我们这样一支'军队',在这样困难的道路上,在这样艰难和危险的情况下,现在是无法前进的。"①这里提出经济建设中必须更加缓慢、循序渐进,必须一步一步地前进,深刻地表述了"渐进发展"的思想。

三、利用市场发展经济

马克思、恩格斯设想的社会主义通常是指在"资本主义的故乡"即西方所诞生的社会主义。这样的社会主义建立在生产力高度发展基础之上,因而消灭了剥削,也消灭了阶级,没有商品,也没有市场。至于东方落后国家在没有西方社会主义作为榜样的情况下,该怎样发展经济,马克思、恩格斯没有探讨过。十月革命以后,作为马克思主义经典作家的列宁在苏俄经济建设实践中,形成和提出了利用市场发展经济的思想,其主要内容是:

其一,恢复商品交换,发展商业。以余粮收集制为核心的战时共产主义政策在战后遭受挫败表明,在苏俄现有经济条件下的农民生产与生活需要流转自由。1921 年春开始实行新经济政策,以改善农民生活条件和促进农民生产的恢复与发展为直接目的,用粮食税制取代余粮收集制。所谓的粮食税制,是指小农在缴纳国家规定的税额后可以自由支配余粮。如何自由支配余粮? 这需要商品交换和贸易自由,也就是说只有通过商品交换和贸易自由,小农才能在市场上以自己的余粮换取必需的消费资料和生产资料,才能走上正常的发展轨道。鉴于此,在 1921 年 3 月俄共(布)十大的报告中,列宁在讲到必须满足小农的要求时指出:"实质上可以用两个东西来满足小农。第一,需要有一定的流转自由,需要给小私有主一定的自由。第二,需要弄到商品和产品。""流转自由就是贸易自由,……流转自由和贸易自由,这就是指各个小业主之间进行商品交换。"②在同年 5 月举行的俄共(布)第十次全国代表会议上,列宁在起草的有关决议草案中写道:"应当把商品交换提到首位,把它作为新经

---

① 《列宁全集》第 42 卷,人民出版社 1987 年版,第 115 页。
② 《列宁专题文集·论社会主义》,人民出版社 2009 年版,第 204—205 页。

济政策的主要杠杆。"①同年10月,列宁进一步提出了发展苏维埃俄国商业的思想。在莫斯科省党代表会议上的报告中,他指出,苏俄面临着恢复小农经济的任务,面临着振兴大工业和恢复国内正常经济关系的严峻任务,只有通过发展商业的道路才能完成这些任务。他说:"这条道路比我们预料的要长,但是只有经过这条道路我们才能恢复经济生活。……不这样我们就不能摆脱危机。别的出路是没有的。"②为什么这样说呢? 在他看来,由于苏俄各地生产力水平的不平衡性和落后性,由于苏俄经济成分的多层次性和复杂性,只有经过发展商业,才能发挥各个地方、各个方面的人在恢复国民经济过程中的作用,才能实现各种经济成分之间的联系,特别是实现小农与工人阶级之间的联系。如同他在谈到这一时期的工农联盟时所说的:在全国实现电气化以前,"商业就是千百万小农与大工业之间唯一可能的经济联系"③。众所周知,贸易也就是商业,商品交换是商业的题中之义,市场是商品交换的场所。列宁主张发展贸易自由、商品交换和商业,说明他产生了利用市场发展经济的思想。

其二,立足于现有的经济关系发展商业。新经济政策恢复了商品交换和贸易自由,那么该如何发展商业呢? 苏俄当时存在着小农经济、小商品经济、城市私人资本主义等现成的经济形式,列宁主张利用这些经济形式发展商业。他在莫斯科省第七次党代表会议上的报告中,在讲到苏俄发展商业的条件时说:"我们必须立足于现有的资本主义关系。"④1921年11月,他又在《论黄金在目前和在社会主义完全胜利后的作用》一文中提出,苏俄发展商业所应采取的办法,"就是不摧毁旧的社会经济结构——商业、小经济、小企业、资本主义,而是活跃商业、小企业、资本主义,审慎地逐渐地掌握它们"⑤。显然,所谓"立足于现有的资本主义关系",所谓"不摧毁旧的社会经济结构",就是立足于苏俄现有的经济关系发展的商业。这表明,列宁对苏俄现存的非公有制经济形式在恢复和发展国民经济中的作用是持肯定态度的。基于这种认识,列宁还明确地说过:"各种过渡经济形式都可以利用,而且既然有利用的必要,就应该

①　《列宁选集》第4卷,人民出版社1995年版,第533页。
②　《列宁专题文集·论社会主义》,人民出版社2009年版,第283页。
③　《列宁专题文集·论社会主义》,人民出版社2009年版,第293页。
④　《列宁专题文集·论社会主义》,人民出版社2009年版,第284页。
⑤　《列宁专题文集·论社会主义》,人民出版社2009年版,第289页。

善于利用它们来巩固农民同无产阶级的联系,立即活跃我们这个满目疮痍、受尽苦难的国家的国民经济,振兴工业,为今后采取各种更广泛更深入的措施如电气化等创造条件。"①

需要指出的是,列宁清楚地看到,商业的发展会使资本主义因素得到发展。他在《论粮食税》一书中论及商品交换时写道:"既然有交换,那么,小经济的发展就是小资产阶级的发展,就是资本主义的发展;这是无可争辩的真理,这是政治经济学的初步原理,而且被日常经验甚至是普通百姓的观察所证实。"②但是,苏维埃国家不能够堵塞资本主义发展的一切渠道,即不能"试图完全禁止、堵塞一切私人的非国营的交换的发展"。"一个政党要是试行这样的政策,那它就是在干蠢事,就是自杀。"③因为,苏俄当时的经济状况要求通过发展商业活跃经济,否则苏俄就无法恢复和发展经济。这些资本主义性质的经济形势是同市场密切相关的,是市场关系得以产生的条件和赖以立足的基础。

其三,把商业原则引入国有企业。④ 在当时的苏俄,大工业企业基本上属于国有,因为十月革命胜利后国家即展开了国有化运动,完成了大工业企业国有化的任务。列宁认为,在大力发展商业的过程中,应把商业原则引入国有企业。1921 年 10 月,他撰写了《〈按商业原则办事〉一文提纲》,撰写了《一篇文章或讲话的两份纲要》,集中地论述了这一问题,并且在有关会议上的报告中明确地提出了这一问题。在他看来,把商业原则引入国有企业,一是要求企业实行经济核算和商业核算,用有关的经济指标如利税等作为评价企业经营效果的标准;二是力求使企业的效益同职工的个人利益相结合,同工资挂钩。这就是他所说的:"我们不应当规避商业核算,而应当懂得,只有在这个基础上才能创造起码的条件,使工人不仅在工资方面,而且在工作量等方面得到满足。只有在商业核算这个基础上才能建立经济。"⑤"我们说,必须把国民经济的一

---

①　《列宁专题文集·论社会主义》,人民出版社 2009 年版,第 294 页。

②　《列宁专题文集·论社会主义》,人民出版社 2009 年版,第 218—219 页。

③　《列宁专题文集·论社会主义》,人民出版社 2009 年版,第 219 页。

④　参见俞良早:《经典作家利用市场发展经济的思想及其当代发展》,载《南京政治学院学报》2013 年第 1 期。

⑤　《列宁全集》第 42 卷,人民出版社 1986 年版,第 239 页。

切大部门建立在同个人利益的结合上面。"①"应当收回成本",反对懒惰、办事马虎和纪律松弛,讲究"经营有方","使每个国营企业扭亏为盈"②。当时,在列宁思想的指导下,有些企业很快地把商业原则引入了经营管理之中。针对此,列宁在有关会议上的报告中,在讲到商业关系和市场关系正在人们的实践中发展时,用肯定的语气说:"目前已有少数企业开始实行商业核算制度,按自由市场的价格支付工资,改用金卢布结算。"③在列宁看来,把商业原则引入企业管理,要求根据市场的需要组织生产。针对俄国农村市场十分广大的事实,列宁在有关文稿中写道:"为农民市场、农民的消费服务;寻求消费者;满足他们的需要;进行计算;获取赢利;商业核算。"④显然,上述列宁的思想,实际上是利用市场关系和原则搞好国有企业的思想。

其四,实行国家调节买卖和货币流通。在新经济政策实行初期,商品交换主要指按照社会主义方式用工业品换取农产品,并试图通过这种商品交换来恢复作为社会主义结构唯一基础的大工业。但是,这种带有计划性质的商品交换显然满足不了商业发展的需求。所以,商品交换逐渐变成了商品买卖即现金交易,私人市场发展起来。如果任由这种买卖和货币流通自由发展下去,苏维埃国家很有可能失去对国民经济的掌控权。列宁意识到了问题的严重性,他指出:"我们应当认识到,我们还退得不够,必须再退,再后退,从国家资本主义转到由国家调节买卖和货币流通。商品交换没有得到丝毫结果,私人市场比我们强大,通常的买卖、贸易代替了商品交换。"⑤意思是说,商品交换在具体实践中发生了变化,苏维埃国家应当适应新情况,着手调节商品买卖和货币流通,积极引导市场经济的发展,从而将经济发展的主动权掌握在苏维埃国家手中。"否则买卖的自发势力、货币流通的自发势力"会把苏维埃政权卷走。这表明,在社会主义条件下发展市场经济,不是放任市场自由发展,而是有国家政权参与其中,使之朝着有利于社会主义的方向发展。

其五,同外国人做生意,发展对外贸易。市场经济是开放的,不仅对内开

---

①　《列宁专题文集·论社会主义》,人民出版社 2009 年版,第 259 页。

②　《列宁专题文集·论社会主义》,人民出版社 2009 年版,第 299 页。

③　《列宁全集》第 42 卷,人民出版社 1986 年版,第 237 页。

④　《列宁全集》第 42 卷,人民出版社 1986 年版,第 243 页。

⑤　《列宁专题文集·论社会主义》,人民出版社 2009 年版,第 282 页。

放,而且对外开放,实现资源的优势互补。对外开放就是要发展对外贸易。1921 年春,列宁即肯定了苏俄发展对外贸易的必要性。1921 年苏俄的对外贸易有很大的发展,如从国外订购了几千台机车,几百辆油罐车,还进口了一千多万普特粮食。列宁由此得出了一个结论:各资本主义国家同苏俄之间有联带关系,发展相互间的贸易对各方都有利,苏俄应当进一步发展对外贸易。1922 年 4—5 月,欧洲 20 多个国家在意大利的热那亚举行国际经济和财政会议,苏俄派代表出席了会议。在会议举行前夕,列宁在党的十一大报告中说,苏俄共产党人欢迎热那亚会议的举行,并且准备以商人的身份出席会议,去同外国资本家的代表谈生意,只要资本主义国家还存在,苏俄就必须同它们做生意。列宁提出,共产党人要善于同外国人做生意,说:"我们要做生意,他们也要做生意。我们希望做有利于我们的生意,而他们希望做有利于他们的生意。至于斗争将怎样展开,这要看我们外交家的艺术了。"①他根据对资本主义国家政治形势及特点的分析,把这些国家区分为"醉心于武力解决问题的国家"与主张"和平主义"的国家,告诫苏俄代表将它们区别开来,用不同的态度与策略同它们谈生意。他说:"如果一个商人不善于掌握这种区别,不能使自己的策略适应这种情况来达到实际目的,那他就是个蹩脚的商人。"②显然,同外国人做生意的思想,具有国内市场同国际市场接轨的思想因素。

其六,研究市场,为发展市场提供理论指导。利用市场发展经济,是俄共(布)和人民实践中的新课题,既没有实践经验,又缺乏成熟的理论。国家既要引导私有者之间的自由贸易和货币流通,又要组织和发展集体的与国有的商业企业;既要恢复和发展作为社会主义基础的大工业,又要支持私人中小型工业企业的发展;既要实施对内的租赁制,又要实施对外的租让制;等等。只有处理好这一切关系,才能有效地发展商品交换和市场经济。鉴于此,列宁在党的第十次全国代表会议的决议中提出:"研究市场。"③这是他向执政党和理论工作者提出的重大理论与实践任务。就列宁自己而言,作为苏俄国家最高领导人,他在研究市场方面作了种种努力。如,新经济政策提出来后,有人对于新经济政策究竟将使大工业得到更多好处还是使小生产得到更多好处持有怀

---

①　《列宁选集》第 4 卷,人民出版社 1995 年版,第 657 页。
②　《列宁选集》第 4 卷,人民出版社 1995 年版,第 657 页。
③　《列宁选集》第 4 卷,人民出版社 1995 年版,第 534 页。

疑。针对此,列宁在党的会议上说:"是小生产还是大生产得到的好处多,这个问题是一个怎样把利用我国资源和发展市场这两者连接和结合起来的问题,我们正在争取同资本主义达成有关租让的协议,使我国的资源得到利用和市场得到发展,这样就会使我们提高农业生产。"①这里的本意是说,苏维埃国家通过实施租让制等措施,建立和发展了市场关系,能够使苏俄自己暂时无力开发的资源得到有效开发和利用,能够促进农业的发展并使国家获得足够的商品粮,进而为大工业的发展提供原料和发展动力。这表明,列宁在不断地探索如何利用市场发展社会主义经济的问题。

①　《列宁选集》第 4 卷,人民出版社 1995 年版,第 467 页。

第二十四章　关于东方落后国家农民问题的理论

在马克思、恩格斯、列宁时代,中国、印度、俄国等东方落后国家无不是农民占人口多数的国家。农民的生产与生活状况及其价值取向对于东方落后国家的社会发展有着重大的影响。为此,农民问题也就成为了经典作家关注的东方社会发展的主要问题之一,东方农民问题理论也就构成了经典作家关于东方落后国家社会发展的理论之一。

一、东方落后国家农民在多重剥削下的悲苦命运

19 世纪至 20 世纪初,中国、印度等东方被压迫民族国家的农民,内受封建专制制度的剥削和资本主义发展的冲击,外受资本—帝国主义的殖民掠夺,命运十分悲苦。同一时期的俄国农民,虽然没有受到外来势力的剥削,但是沙皇政府的军事扩张政策给他们造成了十分沉重的负担,其命运同样十分悲苦。马克思、恩格斯、列宁深刻地揭示了他们的悲苦命运。

马克思揭示了西方列强侵略下的中国农民苦不堪言的生活状况。早在1840 年鸦片战争之前,中国封建王朝就已经走向衰落,广大农民备受封建地主阶级的剥削和压迫,生活十分悲惨。如,清朝道光年间的一位诗人在给鸿胪寺卿的信中指出:"为大府者,见黄金则喜;为县令者,严刑非法以搜刮邑之钱米,易金贿大府,以博其一喜。至于大饥人几相食之后,犹借口征粮,借名采买,驱迫妇女逃窜山谷,数日夜不敢归里门,归而鸡豚牛犬一空矣。归未数日,胥差

又至矣,门丁又至矣,必罄其家产而后已。"①然而,这还不是最悲惨的。随着鸦片贸易在中国的泛滥、鸦片战争的失败以及外国资本的入侵,中国传统的农业和手工业受到严重的打击,藉此谋生的广大农民在沉重的捐税负担下苦不堪言。1853 年,马克思在《中国革命和欧洲革命》中揭露指出,中国在第一次鸦片战争失败以后,被迫付给英国大量的赔款、大量的非生产性的鸦片消费、鸦片贸易引起的金银外流,加上外国竞争对国内工业的破坏性影响,以及清王朝行政机关的腐化,造成广大人民包括农民沉重的捐税负担,即"旧税更重更难负担,旧税之外又加新税"。他还引用咸丰皇帝上谕中的话说:"小民其何以堪?"②

马克思提出,由于英国的殖民统治和掠夺,印度传统的农村公社被摧毁,农民"被投入苦海"。1600 年,英国成立东印度公司。该公司成立之初,是一个单纯的海外殖民贸易机构。后来在英国政府的支持下,东印度公司拥有军舰和陆军,可以向印度宣战,占领印度土地,向印度居民征税,在印度颁布法律,等等。18 世纪后半期,它在马德拉斯、加尔各答和孟买设立商埠,低价买进货物,然后在欧洲高价卖出,对印度进行疯狂的掠夺。随着英国国内工业革命的完成和扩大市场的需要,1813 年英国议会取消了英国东印度公司在印度的贸易垄断权。从此,印度逐渐成为英国的商品市场和原料产地。从上述事实出发,马克思 1853 年在《不列颠在印度的统治》一文中指出,印度和亚洲其他一些国家一样,从远古的时候起,政府有三个重要的部门,一是财政部门(对内掠夺的部门),二是战争部门(对外掠夺的部门),三是公共工程部门,即负责修筑水利工程的部门。英国殖民统治者从印度政府手里夺取和接管了前两个部门,而忽略了后一个部门即公共工程部门,放弃了政府管理和实施水利工程的责任,这样印度的"农业便衰败下来"③。他还指出,在印度的农村,原本实行着"村社制度"。农民生活在村社里,他们既是农民,也是手工业者,既从事农业生产,又从事纺纱、织布等家庭手工业。可是,"英国起先是把印度的棉织品挤出了欧洲市场,然后是向印度斯坦输入棉纱,最后就使英国棉织品泛滥于这

---

① 李侃等:《中国近代史(1840—1919)》(第四版),中华书局 1994 年版,第 3 页。
② 《马克思恩格斯文集》第 2 卷,人民出版社 2009 年版,第 609 页。
③ 《马克思恩格斯文集》第 2 卷,人民出版社 2009 年版,第 680 页。

个棉织品的故乡"①。这样,英国殖民统治者就消灭了印度的纺工和织工,破坏了印度农业和家庭手工业相结合的生产形式,破坏了印度的村社组织制度。基于此,马克思写道:"从人的感情上来说,亲眼看到这无数辛勤经营的宗法制的祥和无害的社会组织一个个土崩瓦解,被投入苦海,亲眼看到它们的每个成员既丧失自己的古老形式的文明又丧失祖传的谋生手段,是会感到难过的。"②固然,从历史发展的视角看,印度自然经济的瓦解,有利于商品经济的产生和发展,但是马克思明确地说,英国殖民统治者在印度所做的一切,既不会使人民群众得到解放,也不会根本改善他们的社会状况,因为达到这个目的不仅取决于生产力的发展,还取决于生产力是否归人民所有。

马克思、恩格斯提出,俄国农民被旧制度置于"活不成也死不了的境地"。沙皇俄国是个农业大国,曾经一度成为欧洲粮仓,因此俄国农民就像一只会"下金蛋的母鸡"。1861 年 2 月,沙皇亚历山大二世颁布了废除农奴制的法令,俄国农民在法律上获得了人身自由,并且可以拥有私有财产。通过这次改革,农村公社中的每一位农民都可以获得一小块份地。姑且不论这些份地的荒芜和贫瘠程度,它们就像楔子一样嵌在地主的土地之中。这就意味着,农民若想耕种这些土地必须经过地主的土地,从而也就摆脱不了地主的压榨。另外,公社的森林和牧场被划给了地主,这些场地是俄国农民饲养牲畜和日常生活所必需的,因此他们要想获得使用权就得付钱给地主。农奴制改革还促进了俄国资本主义的发展,一小部分富裕农民通过经营逐渐转化成为农村资产者,大量的农民则被抛入无产者的队伍。这些新兴的资产者被称为"社会新栋梁"。可见,沙皇俄国的农民不仅受旧有地主阶级的剥削,还受到新兴资产阶级的剥削。基于此,马克思认为,沙皇封建制度和新生资产者是"合谋要杀死给他们下金蛋的母鸡"③。恩格斯 1891 年在有关文章中指出:"俄国农民从前除了缴纳不多的税以外,几乎用不着进行现金支付,而现在他不仅必须靠划给他的那块比以前更小而且土质更坏的份地生活,必须在废除了自由使用公社森林和牧场以后,在整个冬季里饲养自己的耕畜和改良自己的那块份地,而且他还必须缴纳比以前更重的税,以及年度赎金,而所有这一切都要以现金支

---

① 《马克思恩格斯文集》第 2 卷,人民出版社 2009 年版,第 680—681 页。
② 《马克思恩格斯文集》第 2 卷,人民出版社 2009 年版,第 682 页。
③ 《马克思恩格斯文集》第 3 卷,人民出版社 2009 年版,第 577 页。

付。这样他就被置于活不成也死不了的境地。"①

恩格斯还提出,俄国农民受到资本主义发展的猛烈冲击,如同遭到"连发枪"射击一样。俄国是资本主义后发国家,为了在国际竞争中站稳脚跟,它必须以最快的速度在几十年的时间里走完西欧资本主义国家几个世纪走完的路程。19世纪80年代,沙皇政府采取了积极发展工业的政策,以至于在90年代经历了一个十年工业高涨期。为了支持工业的发展,沙皇政府不惜牺牲农民的利益。如,低价出售农民的粮食,甚至是口粮,以此获取外汇和工业发展所需的资金。因此,俄国资本主义的发展造成了极其剧烈的社会动荡。恩格斯发现和研究了这一事实,他说:"俄国是被资本主义大工业征服的最后一个国家,同时又是农民人口最多的国家,这种情况必然会使这种经济变革所引起的动荡比其他任何地方都更加剧烈。"②在他看来,这种动荡的一种表现,是俄国农民遭受着极其猛烈的打击。在西欧,特别是法国,个体农民经济生存于资本主义发展的早期阶段,它是在资本主义工场手工业经济的打击下逐步走向破产的。俄国农民的情况却与此大不相同。他们的个体经济从形成之日起就遭受到资本主义大工业的猛烈打击。恩格斯说:"法国农民是逐渐地被引入工场手工业的范围,俄国农民则是一下子就掉进了大工业的激烈漩涡,如果说工场手工业是用燧发枪打农民,那么大工业则是用连发枪打他们。"③

在马克思、恩格斯之后,列宁深刻描绘了封建专制主义和资本主义双重压榨下的俄国农民的悲惨生活。俄国是一个农业国,农民占人口的大多数。可是在旧制度下,常常发生饥荒。据史料显示,19世纪末20世纪初的沙皇俄国几乎每年都发生局部饥荒,平均三年有一次中等饥荒,五年有一次大饥荒。1912年春俄国又发生了大饥荒,有3000万居民受灾最严重。陷于灾荒之中的农民,只得以低价出卖本来不多的份地,出卖牲畜和一切可以出卖的东西,甚至卖儿鬻女。列宁就此说:"万恶的奴隶制时代又回来了。"④他还指出,当时俄国的社会制度,是一种用"文明"外壳包裹着的奴隶制度。从前的奴隶制公开用饥饿来折磨奴隶,公开霸占民女,公开对奴隶进行人身摧残。"而现在,他

---

① 《马克思恩格斯文集》第4卷,人民出版社2009年版,第439页。
② 《马克思恩格斯文集》第10卷,人民出版社2009年版,第650页。
③ 《马克思恩格斯文集》第4卷,人民出版社2009年版,第439—440页。
④ 《列宁全集》第21卷,人民出版社1990年版,第216页。

们用种种诡计、用文明的成就和进步成果来掠夺农民,农民饿得全身浮肿,他们吃不到面包,而以野草、泥块充饥,得了坏血病,在病痛的折磨中奄奄待毙,而以尼古拉二世为首的俄国地主和俄国资本家捞到的钱财以千万计,两个首都的娱乐场所的老板说,他们的生意好久没有这么兴隆了,在大都市里,好久没有出现象现在这样的穷奢极侈的生活了。"①在这里,列宁利用对比的方式,将俄国农民遭受饥饿煎熬的惨状和剥削者穷奢极侈的景象揭露得淋漓尽致。列宁提出,在俄国,为什么会出现中世纪的饥馑和"文明的进步成果"并存的情况呢? 这是因为一方面资本这个新的吸血鬼向农民猛扑过来,同时沙皇专制制度捆绑了农民的手脚,所以农民"就象非洲的土人那样没有力量抵御自然灾害和反抗资本"②。也就是说,俄国农民的悲惨生活是由沙皇专制制度和资本主义的发展共同造成的。

二、东方落后国家农民在社会革命中的作用

19世纪末20世纪初,俄国和东方其他一些国家掀起了资产阶级民主革命的高潮,1917年还发生了伟大的十月革命。在东方国家的资产阶级民主革命过程中和十月革命过程中,农民发挥着重要的作用。列宁坚持马克思主义的立场、观点和方法,就东方农民在上述革命斗争中的作用阐述了重要的思想。

早在1905年革命前,列宁就提出俄国无产阶级政党应该支持农民反对农奴制一切残余的斗争。虽然俄国自1861年农奴制改革就已经走上资本主义发展道路,但是国家政权依然掌握在以沙皇为首的封建地主阶级手中。农奴制残余广泛地存在于国家的政治、经济和文化生活中。因此,要实现俄国资本主义充分、自由地发展,从而尽早在俄国实现社会主义,就需要肃清农奴制残余。因此,"对旧经济来说,摆脱一切中世纪束缚的农民经济不是反动的,而是进步的"③。基于此,列宁在1902年制定的俄国社会民主党的土地纲领中明确提出:"在农民反对农奴制一切残余的斗争中,无产阶级政党不仅应该支持农

---

① 《列宁全集》第21卷,人民出版社1990年版,第216页。
② 《列宁全集》第21卷,人民出版社1990年版,第217页。
③ 《列宁全集》第4卷,人民出版社1984年版,第204页。

民,而且应该推动农民前进。"①

俄国1905年革命时期,基于农民在革命中的积极表现,列宁称其"是真正的革命民主派"。从1905年春天起,俄国农民发动起来。他们奋起斗争,焚烧地主的楼房和庄院,捣毁地主的糖厂和酒厂。有的地方,农民夺取地主的土地,砍伐地主的林木,把地主的粮食和其他食品夺来分给饥民。沙皇政府调遣军队去镇压农民的斗争,开枪射击农民,逮捕"祸首",拷打和折磨他们,但农民的斗争并未停止。到秋天,农民斗争的规模进一步扩大,已经席卷了全国三分之一以上的区域。在萨拉托夫、唐波夫、切尔尼果夫、梯弗里斯、库泰依斯等省份,爆发了大规模的农民武装起义。针对此,列宁在有关文章中写道:农民起义已经"震动了农奴制的俄罗斯","这个运动,象一切深刻的人民运动一样,已经激发了并且继续激发着农民的巨大革命热情和革命干劲"。② 他说,革命农民的要求有两个,即夺取地主的"全部土地"和"充分自由"。夺取全部土地意味着不满足于任何局部的让步和小恩小惠,不打算同地主阶级妥协,而要求彻底消灭地主土地所有制。充分自由意味着消灭旧的国家政权,管理国家和社会的公职人员由人民选举产生,意味着不是人民服从官吏,而是官吏必须服从人民。农民的这些要求和主张,体现了真正革命的民主主义。列宁写道:"这些农民是真正的革命民主派,我们应当而且一定要同他们一起为目前革命的彻底胜利而斗争。"③还写道:"现在已经是农民以俄国新生活方式的有觉悟的创造者的姿态出现的时刻了。俄国大革命的进程和结局在很大程度上取决于农民觉悟的提高。"④可以看出,列宁既热情地赞扬了俄国农民在革命中表现出来的精神面貌,又分析和指明了他们在革命中的作用。

十月革命时期,列宁提出,只有农民支持工人,各项革命任务才能得以完成。1917年特别是十月武装起义前夕,俄国各地的农民广泛地发动起来,夺取地主的田地和庄院,赶走地方官吏,有力地支持了城市无产阶级的革命。当时的俄国,正是由于形成了农民战争和工人革命相结合的局面,所以布尔什维克因势利导地发动十月革命,推翻了资产阶级的政治统治,建立了工农政权。列

---

① 《列宁全集》第6卷,人民出版社1986年版,第288页。

② 《列宁全集》第12卷,人民出版社1987年版,第226页。

③ 《列宁全集》第12卷,人民出版社1987年版,第91页。

④ 《列宁全集》第12卷,人民出版社1987年版,第88页。

宁对于农民在十月革命过程中的作用,给予充分的肯定。他在有关会议上的
讲话中说:"只有农民支持工人,各项革命任务才能得到解决。"①还说,俄国进
行的是社会主义革命,而社会主义革命胜利的必要条件,是被剥削的劳动农民
同无产阶级结成巩固的联盟。"工人和被剥削农民的紧密联盟、为苏维埃政权
而进行的坚定不移的斗争,会引导我们走向社会主义。"②他在起草全俄农民
代表苏维埃第二次代表大会告农民书中还写道:"农民同志们! 现在有许多事
情都要靠你们一句有份量的坚决果断的话来决定,能不能停止这场内战,俄国
能不能和平地实现全部土地无偿地交给劳动者,能不能和平地实现社会主义
的胜利,都要靠你们一句话来决定。"③这些论断,体现了列宁对农民革命作用
的充分的、高度的肯定。

　　十月革命以后,基于印度、土耳其等东方国家的农民革命运动,列宁提出
了建立建立农民苏维埃的思想,并且肯定这些国家可以而且应该建立农民代
表苏维埃。受第一次世界大战尤其是俄国十月革命的影响,东方一些国家如
印度、土耳其等爆发了声势浩大的农民运动。1918 年,印度由于贫穷、饥荒以
及流行病造成 1200 万人死亡的悲剧,广大人民同英帝国主义者及其走狗的矛
盾日益激化,工农运动风起云涌。旁遮普爆发了大规模的农民运动,战后复员
回乡的印度士兵不满于殖民主义者和封建地主的重重剥削,积极参加并领导
了家乡的农民斗争。1919 年春,旁遮普的农民斗争向全国扩展,在拉合尔、卡
苏尔等地爆发了农民武装起义。起义者破坏铁路,倾覆军车,炸毁桥梁,袭击
警察局和政府机构。在土耳其,由于帝国主义战争给广大工农群众带来了沉
重的负担,又由于战后英、法、意等西方列强纷纷派军队占领土耳其,瓜分土耳
其,人民群众同外国占领者和封建统治者的矛盾日益加深。从 1919 年 5 月开
始,反对外国占领者和封建地主的游击战争席卷了安纳托利亚的广大农村地
区,贫苦农民成为游击战争的主力军。在南亚、东南亚和西亚的其他国家,都
发生了反帝反封建的农民运动。据此,列宁在共产国际第二次代表大会上的
报告中指出:"帝国主义战争把附属国的人民卷进了世界历史。所以我们现在
最重要的任务之一,就是要考虑如何在各个非资本主义国家内为组织苏维埃

---

① 《列宁全集》第 33 卷,人民出版社 1985 年版,第 89 页。
② 《列宁全集》第 33 卷,人民出版社 1985 年版,第 95 页。
③ 《列宁全集》第 33 卷,人民出版社 1985 年版,第 152 页。

运动奠定头一块基石。在这些国家里组织苏维埃是可能的,但这种苏维埃将不是工人苏维埃,而是农民苏维埃,或劳动者苏维埃。"①还说:"显然,处于半封建依附状态的农民能够出色地领会建立苏维埃组织这一思想,并把它付诸实现。""建立苏维埃组织这一思想很简单,不仅可以应用于无产阶级的关系,而且可以应用于农民的封建和半封建的关系。"②基于这样的认识,他要求东方落后国家的共产党人和准备建立共产党的人积极地宣传建立农民苏维埃的思想,要求他们在条件允许的情况下立即进行建立农民苏维埃的尝试。

三、东方落后国家新政权帮助农民发展生产

不论从无产阶级政权的巩固来看,还是从整个社会的发展来看,农民占全国人口多数的东方落后国家能否帮助广大农民发展生产进而改善他们的生活条件,都是一个不容忽视的极其重要的问题。基于此,马克思、恩格斯、列宁等经典作家阐述了东方落后国家的新政权帮助农民发展生产的思想。

在探讨俄国社会发展问题时,马克思、恩格斯提出了国家和社会应当帮助农民和农村公社发展的思想。形成于 19 世纪六七十年代的俄国民粹主义认为,俄国能够不经过资本主义发展阶段,在农村公社的基础上直接过渡到社会主义社会。80 年代,俄国革命者写信给马克思,请他谈谈俄国的社会发展问题。马克思指出,如果在 1861 年农奴制改革时,农村公社被置于正常的发展条件下,而且农民向国家支付的巨额赎金能够用来发展农村公社,那么农村公社制度就能得以巩固和进一步发展,从而有利于通过它向社会主义社会过渡。他还说:"俄国土地的天然地势适合于大规模地使用机器。农民习惯于劳动组合关系,这有助于他们从小地块劳动向合作劳动过渡;最后,长久以来靠农民维持生存的俄国社会,也有义务给予农民必要的垫款,来实现这一过渡。"③这表达了俄国社会应当帮助农民发展生产的思想。

列宁在领导苏俄恢复和发展经济的过程中,高度关注农民的利益,就无产

---

① 《列宁专题文集·论资本主义》,人民出版社 2009 年版,第 275 页。
② 《列宁专题文集·论资本主义》,人民出版社 2009 年版,第 280 页。
③ 《马克思恩格斯文集》第 3 卷,人民出版社 2009 年版,第 574—575 页。

阶级国家政权帮助农民发展生产问题提出了重要的思想。

十月革命胜利初期,列宁提出党的政策和措施一定要保证农民"得到好处"。十月革命胜利后,特别是1918年夏国内战争爆发后,苏俄陷入严重饥荒之中。战争前线需要粮食,城市人民的生活需要粮食,可是收购粮食极为困难,由此产生了所谓余粮收集制,即国家政权强制性收取农民粮食的政策和措施。众所周知,随着战争以及国内阶级斗争形势的进展,这个政策的内容演变为国家无偿地收取农民的粮食。可是在它的开始阶段,内容却不是这样,而是国家政权以纺织品、农业生产工具等同农民交换粮食,即国家政权从城市将纺织品、农业生产工具等运送到农村,换取农民的粮食。当时列宁提出,一定要使农民在这个活动中得到好处。1918年7月,他在全俄苏维埃第五次代表大会上的报告中指出:国家政权决定按50%的价格即半价将纺织品卖给农民,要保证这些商品卖到农民手中,不能落到投机商手中,"一定要使贫苦农民从粮食和纺织品的分配中得到好处,这是世界上任何一个共和国都没有尝试过的,而现在我们正尝试着这样做"[1]。1919年3月,他在俄共(布)八大有关决议中写道:"社会主义国家应当大力帮助农民,主要是供给中农城市工业品,特别是改良农具、种子和各种物资,以提高农业经营水平,保证农民的劳动和生活。"[2]在这里,他要求党的领导机关和工作者认真做到以下几点:调整农民使用的土地,消除土地零散插花和地块窄长的现象;供给农民改良的种子和人造肥料;改进农民的牲畜品种;推广农艺知识,给农民以农艺指导;由国营工厂修理农民的农具;建立农具租赁站、实验站、示范田;改良农田的土壤,等等。他说,做这些事的目的是帮助贫苦农民和中农,"党认为国家为此拨出巨款是很必要的"[3]。

新经济政策时期,列宁强调指出必须首先改善农民的生活状况。在国内战争时期,苏维埃政权迫于战争形势,实行了余粮收集制和禁止自由贸易等政策。实行这些政策,损害了人民群众的利益,特别是损害了农民的利益。从1920年底开始,苏俄农村的许多地方发生骚乱,尤其是坦波夫省、伏尔加河流域、乌克兰和西伯利亚,情况更为严重,不断发生农民暴动的事件。有的地区,

---

[1]　《列宁全集》第34卷,人民出版社1985年版,第484页。
[2]　《列宁全集》第36卷,人民出版社1985年版,第198页。
[3]　《列宁全集》第36卷,人民出版社1985年版,第198页。

农民向苏维埃政权机关和党的机关写信,对战时国家的政策提出强烈不满。在党的十大上以及十大以后,列宁和党对这个问题进行了深刻的反思,把改善人民群众的生活特别是改善农民生活的问题提到各级党组织和全体党员面前。在党的十大上,列宁起草《关于改善工人和贫苦农民的生活状况的决议草案初稿》,郑重指出,由于几年的帝国主义战争和国内战争,工人群众已经精疲力竭,生活十分艰难,必须立即采取措施改善工人阶级的生活状况。同时指出:由于战争和粮食歉收,农民极端贫困,必须采取更加有力的措施改善贫苦农民的生活状况,改善农民生活状况的措施应该多于改善工人生活状况的措施。随后,列宁在《论粮食税》一书中指出:"1921 年春天形成了这样的政治形势:要求必须立刻采取迅速的、最坚决的、最紧急的办法来改善农民的生活状况和提高他们的生产力。"①国家十分需要粮食和燃料,"要增加粮食的生产和收成,增加燃料的收购和运输,非得改善农民的生活状况,提高他们的生产力不可。应该从农民方面开始"②。意思是说,党和国家首先要改善农民的生活状况,由此出发改善全体人民群众的生活状况。列宁指出:之所以必须首先改善农民的生活状况,在于从政治上看无产阶级作为国家的领导阶级,应当善于指导政治,以便着手去解决最迫切和最棘手的任务,"现在最迫切的就是采取那种能够立刻提高农民经济生产力的办法。只有经过这种办法才能做到既改善工人生活状况,又巩固工农联盟,巩固无产阶级专政"③。

列宁关于使农民"得到好处"和"改善农民的生活状况"的主张,不是只挂在嘴边的口号,他还基于苏俄的现实国情,提出并实行了一些能够帮助农民发展生产的行之有效的措施。

第一,将土地分配给农民实用,满足农民对土地的需求。农民因世代与土地打交道,对土地有着非常深厚的感情。因此,他们十分渴望得到土地。列宁对此十分清楚,早在十月革命胜利初期就提出,为了满足农民的利益和要求,不怕实行小资产阶级政党的土地纲领。1917 年 10 月至 1918 年夏,在俄国农村,是彻底完成资产阶级民主革命任务的阶段。在这一阶段,苏维埃政权通过《土地法令》和《土地社会化基本法》,宣布废除地主土地所有制,地主的田庄

---

① 《列宁专题文集·论社会主义》,人民出版社 2009 年版,第 215 页。
② 《列宁专题文集·论社会主义》,人民出版社 2009 年版,第 216 页。
③ 《列宁专题文集·论社会主义》,人民出版社 2009 年版,第 216 页。

以及一切皇族、寺院和教会的土地,连同所有耕畜、农具、农用建筑和一切附属物,一律由乡土地委员会和县农民代表苏维埃无偿地转让给耕种土地的劳动者使用,从而解决了农民的土地问题。可是,把土地分配给农民的土地革命纲领,是俄国小资产阶级政党——社会革命党提出的。社会革命党在十月革命以前提出了他们关于土地革命的纲领。这个纲领主张"土地社会化",即主张对农民平均分配土地。但在十月革命以前,这个纲领没有得以实现。十月起义胜利后的第二天,在列宁的领导下,全俄工兵代表苏维埃第二次代表大会通过了《土地法令》。这个法令包括社会革命党人拟定的一份《农民的土地问题委托书》,即它反映了社会革命党关于"土地社会化"的观点。这说明,列宁和俄共(布)承认和接受了社会革命党的土地纲领。在全俄工兵代表苏维埃第二次代表大会通过土地法令和委托书的过程中,有人因这个法令和委托书是社会革命党人拟定的而提出异议。列宁说:"就让它这样吧。谁拟定的不都是一样吗?我们既是民主政府,就不能漠视下层人民群众的决定,即使我们并不同意。"还说:"俄国幅员广大,各地条件不同;我们相信农民自己会比我们更善于正确地妥当地解决问题。至于究竟是按照我们的方式,还是按照社会革命党人纲领所规定的方式,并不是问题的实质。问题的实质在于使农民坚信农村中再不会有地主了,一切问题将由农民自己来解决,他们的生活将由他们自己来安排。"①这里的一层意思是说,革命的目的在于消灭地主土地所有制,只要能达到这个目的,不怕利用小资产阶级的土地纲领。另一层意思是说,取得政权的工人阶级执政党要高度重视农民的利益要求,既然农民希望获得土地,就应该把土地分配给他们。第三层意思是说,要相信和依靠农民,让他们自己来安排自己的生活。

第二,以正确的政策和措施调动农民生产积极性。虽然俄国无产阶级通过十月革命建立起无产阶级政权,但这个政权建立在小农经济的废墟上。因此,要恢复和发展苏俄的经济,首先要调动农民生产积极性。1920年12月,全俄苏维埃第八次代表大会提出并讨论了对农民进行物质奖励的问题。有代表认为,只能奖励农村中带有集体化因素的社团,而不能奖励个体农民。列宁则代表人民委员会提出了下述看法:两种奖励都保留,并规定两者的一定比例。

---

① 《列宁选集》第3卷,人民出版社1995年版,第352页。

他说:"现在我国有 2000 万个体农户,都是单个经营,并且也不可能用其他方式经营;如果我们不通过奖励去提高他们的生产率,那就根本错了,那显然太过分了,是不愿看到我们应当加以考虑、应当作为依据的显而易见的现实。"①意思是说,采用单个经营方式的个体农户在全国占有相当大的比例,他们对于恢复和发展苏俄当前的经济具有重要作用,因此对其进行适当的奖励,调动他们的生产积极性是十分必要的。同时列宁也提醒注意一个情况:某个劳动者虽然取得了经营成绩,但是使用了富农手段,如放债、利用工役、投机倒把,那就不应该得到任何奖励。关于奖励的内容,列宁提出,对农民进行奖励时,可以奖给他们生产资料,即用来扩大生产和改进生产的工具、机器,也可能奖给他们消费品,即用来改善他们家庭生活的日用品。

1921 年春新经济政策的实行,极大地调动了苏俄农民的生产积极性。国内战争及其后的一段时期内,苏维埃政权推行的以余粮收集制为特征的"战时共产主义"政策,侵害了农民的利益,不仅严重挫伤了农民的生产积极性,而且引发了农民暴动。在意识到问题的严重性后,列宁决定实行新经济政策,用粮食税取代余粮收集制,并恢复自由贸易。列宁在党的十大有关报告中说:"我们必须尽一切力量来鼓励小农业。实物税就是这方面的一项简单而又绝对必要的措施。它能给予这种鼓励。应当无条件地通过这项措施。"②他还在《论粮食税》中说:"首先必须采取紧急的、认真的措施来提高农民的生产力。要做到这点,就非认真改变粮食政策不可。这种改变就是用粮食税来代替余粮收集制,而这种代替是与交完粮食税之后的贸易自由,至少是与地方经济流转中的贸易自由相联系的。"③通过上述话语可见,新经济政策是符合农民利益要求的、能够提高农民生产力和改善农民生活的政策,所以它极大地调动了农民的生产积极性。

第三,供应必要的生产资料,改善农民的生产条件。苏维埃政权满足了农民的土地要求,农民得到了土地,也有了生产积极性,该如何生产呢?众所周知,长期以来,俄国农民特别是贫苦农民的生产工具极其落后,生产率极端低下。第一次世界大战时期,发达国家的科学技术有了快速的发展,有的科学技

---

① 《列宁全集》第 40 卷,人民出版社 1986 年版,第 183 页。
② 《列宁选集》第 4 卷,人民出版社 1995 年版,第 468 页。
③ 《列宁专题文集·论社会主义》,人民出版社 2009 年版,第 216 页。

术成果运用于战争中,有的则运用于工农业生产中。列宁看到了这一点,要求苏维埃政权不断地向农村供应新机械,改善农民的生产条件,提高农业生产的能力。1918 年 4 月,人民委员会酝酿通过关于向农村供应生产工具和机械的法令,列宁关注分配农业机械的原则,为该法令草案写了一个补充意见。他提出:"分配农业机械等的基本原则应当是,既要首先保证有利于农业生产,有利于全部土地的耕作和农业生产率的提高,又要对贫苦的劳动农民优先供应农业机械等。"①同年 7 月,他又代表人民委员会起草了一个关于向农民提供农业机械的决定草案,其中写道:成立一个由农业人民委员部、最高国民经济委员会和粮食人民委员部代表组成的领导机构,研究向农民供应农业机械的问题;该机构应迅速展开工作,提出工作方案,并尽快落实。

　　列宁还提出向农民提供足够的种子以利于他们完成播种任务。俗话说,巧妇难为无米之炊,种子是农民耕种土地从而获得好收成的前提条件。1918 年 5 月,苏俄的春播任务眼看不能按计划完成。列宁在起草的有关决议草案中提出:必须采取紧急措施,尽可能减少春播谷物播种不足的情况,并且发展蔬菜种植业和作好秋播的准备。同年 8 月,农民仍然普遍的种子不足,不能适应生产的需要。列宁对此极为关心,提出了许多解决困难的办法。他在有关文章中提出:"让贫苦农民委员会从富农那里没收种子粮,无论如何要这样做,如果现在不行,以后也得向富农征收——先暂时从地主农场拿出一部分粮食交给贫苦农民作种子。"②全俄苏维埃第八次代表大会讨论发展农业经济的问题,列宁就种子问题发表了自己的意见。他说,由于粮食供应极为紧张,人们有可能将种子吃光,所以必须抢救种子,必须将种子拿到公共仓库里去,同时应当向农民保证并使他们相信,这些种子在春播时一定会合理地分配给农民,而当前则一定要使播种所需要的种子由国家来保管。同时他提出:"最好把全部力量集中在最紧迫的工作上,即:无论如何要收集到足够数量的种子,保证播种计划的完成,在劳动农民即贫苦农民和中农人数最多的地方开始大规模地推广已试验过的改进农业的措施。"③

　　第四,以合作社制度引导小民经济过渡到社会主义经济。苏维埃政权帮

---

①　《列宁全集》第 34 卷,人民出版社 1985 年版,第 222 页。
②　《列宁全集》第 35 卷,人民出版社 1985 年版,第 81 页。
③　《列宁全集》第 40 卷,人民出版社 1986 年版,第 178 页。

助农民发展生产的目的不是单纯地发展小农经济,而是要让所有小农都参加社会主义建设工作,从而在改善农民生活的同时,逐步过渡到社会主义。即列宁所强调指出的:"幻想出种种工人联合体来建设社会主义,是一回事;学会实际建设这个社会主义,能让所有小农都参加这项建设,则是另一回事。"①这就需要借助一定的手段去引导农民发展生产。列宁想到了合作社制度。合作社是旧社会遗留下来的机构。在旧社会,它是劳动者自愿组建的、以有利于交换和消费为目的的经济合作机构。革命胜利初期,列宁即提出无产阶级国家要善于利用这一资本主义社会遗留下来的机构。在国内战争时期,苏维埃政权曾把合作社变成消费品分配机构,利用它对城乡居民进行粮食和其他消费品的供应。在新经济政策初期,苏维埃政权又利用它进行城乡间的商品交换(当时既有这种形式的交换,又有自由贸易)。列宁逝世前夕,对合作社作用和意义的认识上升到了一个空前的高度。他说:"在采用尽可能使农民感到简便易行和容易接受的方法过渡到新制度方面,这种合作社具有多么重大的意义。"②并进一步指出:"在我国的条件下合作社往往是同社会主义完全一致的。"③但是,要是全体农民参加合作社的业务,并且不是消极地而是积极地参加,就要提升农民的文化,使其能够懂得人人参加合作社的好处。如此,除了要求苏维埃政权在财政上支持合作社制度,列宁还要求在农民中进行文化工作,提升农民的文明程度。他说:"在农民中进行的文化工作,就其经济目的来说,就是合作化。要是完全实现了合作化,我们也就在社会主义基地上站稳了脚跟。"④他这里所说的合作社,仍然是一种商品交换的组织。他的设想是,农民的生产仍然是个体的、以家庭为单位的生产,劳动产品仍然归劳动者个人所有,但需要通过合作社进行城乡之间的商品交换和彼此之间的商品交换。这样的合作社,合作化的程度较低,可以为广大农民群众所接受,并且可以逐步地培养农民群众集体生活的习惯,以便于在条件成熟的时候过渡到集体生产的组织形式上。

---

① 《列宁专题文集·论社会主义》,人民出版社 2009 年版,第 350 页。
② 《列宁专题文集·论社会主义》,人民出版社 2009 年版,第 350 页。
③ 《列宁专题文集·论社会主义》,人民出版社 2009 年版,第 353 页。
④ 《列宁专题文集·论社会主义》,人民出版社 2009 年版,第 355 页。

第二十五章　关于东方落后国家政权建设的理论

在近代,西方国家相继建立起资产阶级政权并走上对外扩张的殖民主义道路,东方国家的封建地主阶级却长期把持着国家政权,固步自封,逐渐沦为资本—帝国主义的附庸。马克思、恩格斯、列宁在考察中国、俄国等东方落后国家社会发展问题的过程中,揭露并批判了这些国家旧政权的腐败无能及其给民众带来的灾难。俄国十月革命胜利后,以列宁为首的俄国无产阶级在帝国的废墟上建立起新式的工农民主政权。在如何巩固和建设这一新政权的问题上,列宁作了十分有益的探索,提出了重要的思想。在当代,回顾经典作家关于落后国家政权建设的理论仍具有重要的现实启示意义。

一、东方落后国家旧政权的弊端

在马克思、恩格斯时代,东方落后国家的政权无不掌握在封建地主阶级之手。在这种政权下,封建君主一人独揽大权,国家行政机关贪污腐化,广大劳动群众横遭压迫,社会经济停滞不前。马克思、恩格斯根据中国、印度、土耳其和俄国的材料,研究和阐述了东方国家旧政权的特点,揭露并批判了这种政权的弊端。

马克思提出,东方一些国家的行政机关的贪污腐化,为外来势力的入侵提供了契机。基于大量的鸦片输入对国家财政和对国民身体健康的危害,早在嘉庆四年即1799年清政府就已下令禁止鸦片进口。可是,在一而再再而三的禁令下,鸦片贸易却有增无减。据资料显示,1800年至1804年间,鸦片输入中国的数量平均每年 3500 箱;1820 年至 1824 年间,增至平均每年 7800 余箱;1838 年至 1839 年度竟达到 35500 箱。① 原因何在? ——中国行政机关的贪污腐化。虽然清王朝颁布了禁烟令,但是由于行政机关的贪污腐化,对于禁烟令的执行极其不力。不仅如此,负责查禁鸦片的官吏们甚至将其视为一种生财之道,即利用这个权力接受烟贩子的贿赂,达到以权谋私的目的。烟贩子们也正是抓住了中国官吏的这种心理,大行行贿之风,从而能够肆无忌惮地向中国输送鸦片。如此,中国在对外贸易中的优势迅速转化为劣势,大量白银外流。对此马克思指出:"除了这些直接的经济后果之外,和私贩鸦片有关的行贿受贿完全腐蚀了中国南方各省的国家官吏。"②他还进一步指出:"侵蚀到天朝官僚体系之心脏,摧毁了宗法制度之堡垒的腐败作风,就是同鸦片烟箱一起从停泊在黄埔的英国趸船上被偷偷带进这个帝国的。"③本就腐化了的中国官吏们,在鸦片贸易中进一步堕落,为一己私利,置民族、国家、人民的利益于不顾,就给资本—帝国主义的入侵提供了契机。鸦片战争爆发后,清政府的腐败无能暴露无遗。这对于中国人民来说,无疑是一种灾难,而要摆脱这种灾难,必须推翻旧政权,建立新政权。

　　恩格斯提出,东方一些国家的政权往往追求形式上的东西,难以建成现代化的军队。18 世纪末 19 世纪初,西方列强相继入侵日渐衰微的伊朗。19 世纪初,伊朗在俄伊战争中的屡战屡败暴露出伊朗军队的极端落后性。为此,伊朗国王决定编练新军。为换取在伊朗的某些利益,英国、法国的统治者先后派军官帮助伊朗编练一支欧洲化的新军。可是,一直不见成效。在 1856 年的英伊战争中,伊朗仍然是溃不成军。恩格斯在《波斯和中国》一文中就英—伊战争中伊朗军队的状况写道,由 600 名士兵组成的英印军队与伊朗正规军交战,经由西方军官训练的且人数有 1 万人的伊朗正规军,在英印军队一次冲击后被"完全扫出了战场","波斯正规军如此心寒胆裂,以致从那以后,除炮兵外,他们在任何地方都没有进行过一次抵抗。"④可是,炮兵在炮台被英印军队击

---

　　① 　参见李伯祥等:《关于十九世纪二十年代鸦片进口和白银外流的数量》,载《历史研究》1980 年第 5 期。

　　② 　《马克思恩格斯文集》第 2 卷,人民出版社 2009 年版,第 608 页。

　　③ 　《马克思恩格斯文集》第 2 卷,人民出版社 2009 年版,第 633 页。

　　④ 　《马克思恩格斯文集》第 2 卷,人民出版社 2009 年版,第 623 页。

中后,立即逃散。恩格斯指出,波斯军队的情况是这样,土耳其军队的情况也是这样。事实说明,在东方一些落后国家,将军队按欧洲的方式进行编排、操练和装备,或者按照欧洲的军事条令来要求和培养军队,都不能产生具有战斗力的军队。究其原因,东方国家封建君主在军队建设上追求形式上的表面化的东西。恩格斯指出:"只要士兵在检阅时可以列队行进,在转换方向、展开队形和排成纵队时不致乱成一团,那么苏丹或沙赫就会很容易认为自己的军队已经无所不能了。"①还指出,东方人的"偏见"、"急躁"和东方宫廷所固有的"宠辱无常"也会阻碍军队的建设。培养有战斗力的军队需要很长的时间,需要坚忍不拔,东方旧政权的统治者往往没有这样的认识和耐心。

马克思、恩格斯提出,中国等东方国家的封建王朝往往不顾时势,安于现状,注定要被打垮。18 世纪 60 年代,英国开始工业革命,产生了资本主义的机器大工业。18 世纪末至 19 世纪,法国、德国、美国等也先后开展工业革命,成为先进的工业国。同一时期的中国、印度等东方其他国家依然是封建君主专制国家,是典型的落后的农业国,在生产力发展水平上远远落后于欧美国家。可是,以中国为代表的东方落后国家的政府及当权者却夜郎自大,固步自封,视西方先进的科技成果为"奇技淫巧",拒绝向西方学习。马克思在论述中国政府及当权者的这种精神状态时说:"一个人口几乎占人类三分之一的大帝国,不顾时势,安于现状,人为地隔绝于世并因此竭力以天朝尽善尽美的幻想自欺。这样一个帝国注定最后要在一场殊死的决斗中被打垮。"②恩格斯也在评论第二次鸦片战争时说:"有一点是毫无疑问的,那就是旧中国的死亡时刻正在迅速临近。"③上述论断表明,在马克思、恩格斯看来,诸如旧中国这样一些不顾时势、安于现状的落后国家在与先进国家的战争必将被打败,其旧政权和旧社会必将瓦解。

如果说,上述几点是马克思、恩格斯对东方落后国家旧政权弊端的揭露;那么,东方落后国家的旧政权为何能够长期存在,它的根基是什么? 马克思、恩格斯在考察印度、俄国农村公社中作了明确的阐述。

马克思、恩格斯提出,东方落后国家的旧政权是与农民生活的孤立性相互

① 《马克思恩格斯文集》第 2 卷,人民出版社 2009 年版,第 624 页。
② 《马克思恩格斯文集》第 2 卷,人民出版社 2009 年版,第 632 页。
③ 《马克思恩格斯文集》第 2 卷,人民出版社 2009 年版,第 627 页。

适应的。19世纪中期,俄国、印度都是农民占全国人口大多数的国家,而且农村都存着原始社会遗留下来的组织——"农村公社"。俄国农村公社的特点是:土地公有私耕;农民互助合作;国家通过村社向农民征收赋税。印度的农村公社除具有上述特点以外,突出地表现为它像一个地方自治体。在它的内部,由推选出来的人管理村社事务,调解居民纠纷,收取农民的捐税;也由推选出来的人管理耕种、收获等生产上的事务;还有专人负责祭祀事宜,或者负责对儿童实施教学。不论是俄国的农村公社还是印度的农村公社,最根本的特点和弊端是农民生活的孤立性,即农村公社相互之间缺少联系,每一个村社就是一个独立体,生活于村社中的农民很少走出村社,他们也不关心村社以外的事情,包括国家由谁来统治。这样的结果,一是农民的思想不开化,不思进取;二是农民不能形成群体的力量或阶级的力量,不能够有力地表达和追求自己的利益要求。与此种状况相适应,在这些国家里出现了高度集权的专制的中央政权和政府。1853年,马克思在《不列颠在印度的统治》一文中指出:"我们不应该忘记,这些田园风味的农村公社不管看起来怎样祥和无害,却始终是东方专制制度的牢固基础,它们使人的头脑局限在极小的范围内,成为迷信的驯服工具,成为传统规则的奴隶,表现不出任何伟大的作为和历史首创精神。"恩格斯1875年在《论俄国的社会问题》一文中指出:"各个公社相互间这种完全隔绝的状态,在全国造成虽然相同但绝非共同的利益,这就是东方专制制度的自然形成的基础。从印度到俄国,凡是这种社会形式占优势的地方,它总是产生这种专制制度,总是在这种专制制度中找到自己的补充。"1881年,马克思在《给维·伊·查苏利奇的复信》中再次论及这个问题。他说,由于农村公社的"孤立性",公社与公社之间的生活"缺乏联系",各个公社是一种与世隔绝的"小天地",所以旧社会总是把"集权的专制制度矗立在公社的上面"。

由于农民生活的孤立性,他们虽然利益相似,但形不成共同的利益要求,形不成阶级力量,从而也就不能有力地表达自己的利益要求,所以他们寄希望于皇帝和皇权,希望有一个"好皇帝"来代表和维护他们的利益。生活于村社之中的俄国农民就是这样的典型代表。当俄国的民粹主义者特卡乔夫鼓吹俄国农民是"本能的革命者"、他们能够发动起义推翻沙皇制度时,恩格斯指出,在俄国历史上,农民曾经举行过无数次起义反对地主和个别官吏,但是除了普加乔夫冒充"已被害死的沙皇"而充当农民起义的首领表示要夺回皇位的场合以外,"从来没有反对过沙皇"。"相反,沙皇被农民看成人间的上帝。"意思是说,俄国历史上的农民起义只是反对地主和个别官吏,而不反对沙皇。东方其他一些国家的农民,也存在着这种对皇帝愚忠的现象。东方集权的中央政权与政府也是与这种现象相适应的。

尽管东方落后国家农民愚忠皇权,旧政权并未因此而给予农民生产与生活方面的支持与帮助,反而在自身剥削农民的同时,帮助新生的资产者剥削农民。马克思、恩格斯对此进行了揭露。19世纪中期的俄国等东方一些国家,资本主义得到初步的发展,形成了新生的资产者。在这些国家里,农民承担着向封建国家缴纳捐税的重任,客观上起着维系封建制度存在的作用。新生的资产者大量聚敛财富,除榨取无产阶级的剩余价值外,通过高利贷等方式剥削农民。在这种背景下,中央政权与政府往往帮助新生的资产者压迫和剥削农民。如政府改实物捐税为货币支付,迫使农民纳税时向高利贷者贷款;政府迫使农民交纳大量的份地赎金并以此向资本家的企业提供资金补助。马克思就此指出:"这样,国家就帮助了那些吮吸'农村公社'本来已经涸竭的血液的新资本主义寄生虫去发财致富。"在俄国,一切最能促进和加速剥削农民并能使新资产者发财致富的技术手段,"都在国家的促进下过早地发展起来"。事实说明,沙皇政权和新生资产者要合谋杀死给他们"下金蛋的母鸡"。为什么会这样呢? 马克思1881年写道:"由于农民的贫困状况,地力已经耗尽而变得贫瘠不堪。丰年被荒年抵消。最近10年来的平均数字表明,农业生产不仅停滞,甚至下降。最后,第一次出现了俄国不仅不能输出粮食,反而必须输入粮食的状况。因此,不能再浪费时间。必须结束这一切。必须创造一个由比较富裕的少数农民组成的农村中间阶级,并把大多数农民干脆都变为无产者。"这里的意思是说,沙皇政府和新资产者都感到原有的剥削方式已经过时,必须尽快在农村创造出资产者和无产者,以新的剥削方式取代过时的剥削方式。恩格斯也指出:"国家在所有重要的经济问题上都不得不屈从于它(指资产阶级——引者)。如果说它(指资产阶级——引者)仍然容忍沙皇及其官僚的专制独裁统治,那只是因为这个独裁统治由于官僚受贿而变得较为温和,它给资产阶级提供的保证,比实行资产阶级自由主义改革所能提供的还要多。"也就是说,俄国资产阶级从沙皇政权那里得到的好处,比自己掌握政权所能得到的还要多。

列宁出生并成长于沙皇专制政权统治下的俄国,对沙皇政权的特点及弊端有着深刻的认识和体会。他指出,沙皇政权专制独裁,君主一人独揽大权,并任命一小撮官吏来管理国家。1896 年,列宁在监狱中用牛奶密写成一份《党纲说明》。其中指出:在西方国家,工人可以展开罢工斗争,可以联合起来迫使资本家让步,也可以通过联合的斗争影响国家的法令,争取修改有关的法令,可是俄国的工人却不能这样做,他们被剥夺了最普通的公民权利,不能集会,不能结社,不能共同讨论自己的事情或与自己的利益相关的事情,不能公开发表自己的要求和声明。他写道:"这种情况的产生,是由于俄国(所有的欧洲国家中也只有俄国)直到现在还保存着专制政府的无限权力,也就是保存着这样一种国家机构,沙皇一个人能够任意发布全国人民必须遵守的法令,而且只有沙皇任命的官吏才能执行这些法令。"[1]这一论断十分深刻而准确地揭露出沙皇政权运作的特点及弊端。1900 年 5 月,哈尔科夫的工人举行了声势浩大五一节游行示威。事后,当地的社会民主党人写了一本小册子,总结斗争的经验。其中写道,必须由工人和厂部分别选出代表组成联合委员会,调解双方的种种纠纷。列宁就此指出,如果工人选举的代表被厂方开除,甚至被警察逮捕,这个委员会对工人就没有任何意义了。所以,必须保证工人不受厂方左右,保证工人的人身不受侵犯,使警察和宪兵不能任意逮捕工人。可是要做到这一点,取决于俄国的根本法律,取决于俄国的管理形式。他写道:"俄国的管理形式是无限君主制。沙皇专制独裁,独自颁布法律,任命全部高级官员,人民和人民代表无权过问。在这种国家制度下,人身不可能不受侵犯,公民结社,特别是工人结社不可能自由。"[2]这里再一次指明了沙皇政权的专制独裁性。在俄国,沙皇的专制独裁与少数官吏对人民的统治是兼容的和统一的。1903 年列宁在有关文章中指出,沙皇拥有独揽的、无限的、专制的权力,可是,"对于国内所发生的事情,沙皇连了解都做不到。沙皇只不过是批准几十个最大最显贵的官吏的意旨罢了。一个人,不管他多么愿意,象俄国这样一个大国,他是管理不了的。管理俄国的不是沙皇……管理俄国的是一小撮最富有最显贵的官吏。沙皇能够知道的,只是这一小撮人愿意告诉他的事情"[3]。这即是说,沙皇通过一小撮最大最显贵的官吏实现对人民的统治,或者沙皇与这

---

① 《列宁全集》第 2 卷,人民出版社 1984 年版,第 83 页。

② 《列宁全集》第 4 卷,人民出版社 1984 年版,第 330 页。

③ 《列宁全集》第 4 卷,人民出版社 1984 年版,第 115 页。

些官吏勾结起来对人民实行统治。

基于沙皇政权的专制独裁性,列宁指出,俄国农民、工人阶级和整个国家深受无权地位之苦。由于沙皇一人独揽大权,其他人就没有权利可言。直到19 世纪末 20 世纪初,俄国工农群众依然没有政治自由可言。所以,在俄国第一次资产阶级民主革命前夕,列宁说:"占俄国人口十分之九的农民的无权地位一天也不能再继续下去了。整个工人阶级和整个国家也都深受这种无权地位之苦;整个俄国生活中的亚洲式野蛮现象都是靠这种无权地位而存在的;由于这种无权地位,俄国各种各样的会议和委员会都搞不出什么名堂(或者给农民带来害处)。"①

那么,沙皇政权是依靠什么来长期推行封建君主专制独裁体制的呢?——愚民教育政策。沙皇政府在教育上一直实行愚民政策,认为受教育是贵族和地主的权利,平民百姓只是沙皇和贵族的奴隶和佣人,没有资格也没有必要接受教育。其结果是,俄国人口中有 90% 以上的人是文盲。列宁认为,俄国文盲极多的状况是与地主政权的愚民政策相适应的。1903 年,他在《告贫苦农民》中指出:"贫苦农民深受愚昧之苦,特别需要受教育。"②众所周知,文盲是站在政治之外的。正因为俄国民众的愚昧,沙皇的农奴制政权才成为欧洲的一支"政治奇葩",长期独立于欧洲资本主义之林。为了维护封建专制统治,沙皇政府压制一切革命的和先进的思想理论。列宁在《论国民教育部的政策问题》一文中,控诉了沙皇的愚民政策,认为沙皇政府及农奴制不但造成俄国农民物质上的贫困还造成农民精神上的贫困。他愤慨地指出,沙皇政府"从 9/10 的人民那里拿钱来开办各种类型的学校,并且用这些钱使贵族受教育,同时却堵塞了小市民和农民受教育的道路!"③他还说:"人民群众这样被剥夺了接受教育、获得光明、求取知识的权利的野蛮的国家,在欧洲除了俄国以外,再没有第二个。"④愚民政策严重阻碍了俄国民众思想的开化,特别是对新事物的认识与接受,这成为俄国现代化进程落后于西欧诸国的决定性因素之一。

---

① 《列宁全集》第 7 卷,人民出版社 1986 年版,第 108 页。
② 《列宁全集》第 7 卷,人民出版社 1986 年版,第 150 页。
③ 《列宁全集》第 23 卷,人民出版社 1990 年版,第 117 页。
④ 《列宁全集》第 23 卷,人民出版社 1990 年版,第 110 页。

由于俄国是一个地处东方且与东方其他一些国家基本国情存在诸多相似指出的国家，列宁对俄国沙皇政权弊端的揭露，对于认识东方其他一些国家政权和政府的特点具有借鉴的意义。

二、东方落后国家新政权建设的理论与实践

以列宁为首的俄国无产阶级首先在东方落后的俄国夺取并掌握了国家政权。可是，在一个经济文化落后的、农民占全国人口的大多数且没有民主基础的国家，该建设什么样的以及怎样建设新政权？列宁以马克思主义国家理论为指导，在领导俄国革命与社会主义建设的实践中，形成并提出了重要的理论观点。

早在十月革命过程中，列宁就提出建立巴黎公社式的政权。巴黎公社运动是无产阶级推翻资产阶级政权、建立无产阶级政权的一次伟大尝试。巴黎公社革命失败后，马克思、恩格斯深入总结了巴黎公社革命的经验与教训，提出了无产阶级必须打碎旧的国家机器并用巴黎公社式的政府取而代之的理论。这一理论的主要内容是：无产阶级只有武装起来，才能夺取政权和巩固政权；公社的公职人员应该通过全体民众选举产生，并接受选举人的监督；对于那些不称职的公职人员，民众可以随时撤换他们；所有公职人员的薪金不得超过熟练工人的薪金，防止有人通过公共权力谋取私利。1917 年 2 月，俄国人民终于推翻了沙皇的专制统治，却产生了两个并存的政权：一个是由十月党人和立宪民主党人组成的、实行资产阶级专政的临时政府；一个是体现工农革命民主专政的工兵代表苏维埃。1917 年 4 月，列宁在从西方回到俄国后的第二天，提出了著名的《四月提纲》。其中第五条的内容是：不要议会制共和国，而要从下到上遍及全国的工人、雇农和农民代表苏维埃的共和国；废除警察、军队和官吏，一切官吏由选举产生，并且可以随时罢免，他们的薪金不得超过熟练工人的平均工资。这正是对巴黎公社经验的阐述，也就是说，他希望按照巴黎公社的经验来建立俄国的新政权即苏维埃政权。同一时期，他在《论两个政权》一文中写道：一切革命的根本问题是国家政权问题，当前俄国出现了一个新的政权形式，"这个政权和 1871 年的巴黎公社是同一类型的政权"，其基本标志

是:权力来自"下面"人民群众的"直接的创举";用全民的武装代替旧的警察和军队;公职人员不仅由人民群众直接选举产生,而且一经人民的要求即可撤换,处于普通的受委托的地位,其报酬不超过熟练工人的一般工资。"巴黎公社这一特殊的国家类型的实质就在于此,而且仅仅在于此。"①同年9月,他在著名的《国家与革命》中全面地、深入地、细致地阐述了巴黎公社革命的经验,重申了马克思、恩格斯关于巴黎公社是终于发现的、可以而且应该用来代替已经被打碎的国家机器的政治形式的思想,并且写道:"俄国1905年革命和1917年革命在另一个环境和另一种条件下继续着公社的事业,证实着马克思这种天才的历史的分析。"②同年12月,即十月武装起义胜利后不久,他在《怎样组织竞赛?》一文中再次强调巴黎公社的经验和精神,并指出:"我们的苏维埃走的也是这条道路。"③上述事实证明,列宁在十月革命过程中希望以巴黎公社的经验和精神来建立新政权,这就解决了俄国新政权的性质问题。十月革命胜利后,列宁宣布苏维埃为新型国家的政治基础,他在《告人民书》中说:"苏维埃从现在起就是国家政权机关,即拥有全权的决策机关。"④

　　1917年十月革命结束了俄国两个政权并存的局面,俄国无产阶级完全掌握了国家政权并建立起巴黎公社式的苏维埃政权。苏维埃政权建立之后,如何巩固政权并使之获得广大人民群众的认可和支持,是一个关系着布尔什维克党及其缔造的社会主义国家生死存亡的重大问题。在十月革命胜利初期,为巩固苏维埃政权,列宁做了两件重要的事情:一是苏维埃政权以赤卫队镇压了敌人的军事反抗,以国有化的手段打击了一部分企业主的破坏活动,有力地巩固了苏维埃政权。二是同德国签订苛刻的《布列斯特和约》,退出第一次世界大战,为苏维埃政权争得一个喘息时机。列宁指出,签订《布列斯特和约》是执行革命的妥协策略,是同帝国主义者的妥协,但这种妥协对于苏俄当时的处境而言是十分必要的。

　　1918年春,列宁提出建立坚强有力但受到有效监督的新政权。在建立和巩固政权的政治斗争和军事斗争告一段落后,布尔什维克党可以并且应当将

---

①　《列宁选集》第3卷,人民出版社1995年版,第20页。
②　《列宁专题文集·论马克思主义》,人民出版社2009年版,第228页。
③　《列宁专题文集·论社会主义》,人民出版社2009年版,第60页。
④　《列宁全集》第33卷,人民出版社1985年版,第62页。

国家的工作重心转到经济建设上来。可是,苏俄当时的社会秩序和生产秩序还很混乱。显然,不加强苏维埃政权及其政府的管理力度,或者说没有坚强有力的国家政权,很难完成管理国家和发展经济的任务。针对此,列宁提出了"两个加强管理"的要求:一是加强对劳动生产过程的管理,反对怠工,反对盗窃,遵守最严格的劳动纪律;二是加强新国家政权的管理力度。在《苏维埃政权的当前任务》一文中,他在阐述了马克思主义关于无产阶级专政的理论后写道:"专政就是铁的政权,是有革命勇气的和果敢的政权,是无论对剥削者或流氓都实行无情镇压的政权。而我们的政权却软弱得很,往往不大像铁,却很像浆糊。"①还说:"认为不要强制,不要专政,便可以从资本主义向社会主义过渡,那就是极端的愚蠢和最荒唐的空想主义。"②这阐述了一个重要的思想,即必须加强新政权的强制力量。列宁认为,在革命运动史上,"个人独裁"往往成为革命阶级掌握政权的一种形式,这同资产阶级民主制无疑是彼此相容的,即在资产阶级民主制发展的过程中,不时有"个人独裁"的情况出现。苏维埃政权与"个人独裁"之间"根本没有任何原则上的矛盾",即在苏维埃制度下,必须组织社会化的大生产,从而必须使所有的生产者服从严格的统一的意志。他写道:"这一必要性无论从技术上、经济上或历史上看来,都是很明显的,凡是思考过社会主义的人,始终认为这是社会主义的一个条件。可是,怎样才能保证有最严格的统一意志呢?这就只有使千百人的意志服从于一个人的意志。"③这就是他所谓的苏维埃制度下的"个人独裁"。需要指出的是,列宁要求对新政权和新政府的不断增强的权力实行有效的监督。他写道:"现在我们愈是要坚决主张有绝对强硬的政权,主张在一定的工作过程中,在履行纯粹执行的职能的一定时期实行个人独裁,就愈是要有多种多样的自下而上的监督形式和方法,以便消除苏维埃政权的一切可能发生的弊病,反复地不倦地铲除官僚主义的莠草。"④

　　苏俄新经济政策时期,列宁进一步探索如何建设国家机关问题,提出建立有文化的、精简与节约的国家机关。十月革命胜利初期,苏俄无产阶级按照马

---

① 《列宁专题文集·论社会主义》,人民出版社 2009 年版,第 104 页。
② 《列宁专题文集·论社会主义》,人民出版社 2009 年版,第 102 页。
③ 《列宁专题文集·论社会主义》,人民出版社 2009 年版,第 107 页。
④ 《列宁专题文集·论社会主义》,人民出版社 2009 年版,第 113 页。

克思主义原理,摧毁了旧的国家机器,建立了新的国家机关。新国家机关包括权力机关全俄苏维埃和它的中央执行委员会,也包括政府机关人民委员会。新的权力机关和政府机关具有精简和精干的特点。可是,1918 年夏国内战争爆发后,鉴于支持战争的需要,俄共(布)和政府将旧政权时期的许多管理人员吸收到苏维埃国家机关,力图发挥他们的作用,促进经济管理和社会管理。这带来的后果是,在整个国内战争时期以及此后的新经济政策时期,苏维埃国家机关急剧膨胀。到 1922 年 3 月,中央政府管辖的部级工作机关达到 120 个,莫斯科的国家机关人员达到 24.3 万人。这不仅给国家造成财政上的负担,更为严重的是造成了官僚主义现象。在这样的背景下,列宁形成和提出了革新国家机关包括权力机关和政府机关的思想。

其一,提高国家机关工作人员的文化水平以及国家机关的整体文化素质。新经济政策时期,列宁特别注重文化建设工作。1922 年以后,他在分析国家机关的缺点和弊端时,也往往从国家机关工作者的文化素质上找原因,认为文化水平低是许多管理问题产生的重要原因之一。他在党的十一大政治报告中指出,就苏维埃国家及其机关领导经济工作而言,政治权力完全够了,主要的经济力量如大企业、铁路等也掌握在国家手里,那么,"究竟缺什么呢?""缺什么是很清楚的:做管理工作的那些共产党员缺少文化。"[1]意思是说,国家机关工作人员的文化水平亟待提高。一个典型的例子是,莫斯科消费合作社准备从法国购买一批罐头食品,法国商人已来到莫斯科,同意用苏维埃卢布结算,这不能不说是一件极简单的事。可是,有关方面就此向党中央政治局递送报告,政治局会议专门作出了同意购买的决议。此后,国家政治保卫局和人民委员会办公厅先后作两次调查,分别写出调查报告,送呈政治局,由政治局再下指令,终于买下了这批罐头。也就是说,本来十分简单的工作,却因为各个环节的审批,变得复杂化。列宁在分析这件事难办成的原因时说:"既有经济权力,也有政治权力。那里一切机关都有。还缺少什么呢? 就是百分之九十九的莫斯科消费合作社工作人员……和对外贸易人民委员部工作人员缺少文化,他们不能文明地处理业务。"[2]从这样的认识出发,列宁在考虑改革国家机关的

---

① 《列宁专题文集·论社会主义》,人民出版社 2009 年版,第 334 页。
② 《列宁选集》第 4 卷,人民出版社 1995 年版,第 686—687 页。

措施时,突出强调开展文化工作,以便提高机关工作人员的文化水平和机关的整体文化素质。他在《宁肯少些,但要好些》一文中说:"为了革新我们的国家机关,我们一定要给自己提出这样的任务:第一是学习,第二是学习,第三还是学习,然后是检查,使我们学到的东西真正深入血肉,真正地完全地成为生活的组成部分,而不是学而不用,或只会讲些时髦的词句。"①为了有利于学习的开展,列宁还提出了以下具体措施:发征稿启事,争取写出几本关于组织劳动和加强经济管理的教科书;目前已经出版的几本书有可以利用的内容,可以作为新教科书的基础;派几个有学问的人到英国或德国去搜集图书资料并作研究,把外国的管理经验反映在新教科书中。列宁还主张以具有一定的文化修养为条件选拔新的机关人员,充实和优化机关工作者的队伍。如他在论及改革工农检查院问题时说,必须把具有真正现代化素质的人才,即同西欧国家里具有文化修养和科学修养的人才相比并不逊色的人才集中在工农检查院里来。当时有人提出,应该由党的某个政治领袖来担任国家计划委员会主席的职务。列宁对此表示反对,认为国家计划委员会主席的职务应该由某位科学修养很深的内行来担任。他说:"我想,领导国家计划委员会的人应该是这样的人,他是有科学修养的人,也就是在技术或农艺方面有修养的人,在技术或农艺方面有几十年实际工作的丰富经验。"②

其二,精简国家机关,厉行节约措施,支持国家经济建设工作。国内战争后的苏俄国家机构臃肿,人员繁冗,国家必须以大量的财政支出维持机关的活动和保证机关工作人员及其家庭成员的日常生活。这对于本来财政经济状况就十分困难的苏维埃国家来说无疑是雪上加霜,以至于没有足够的财力发展重工业和发展电气化。由此,列宁主张精简国家机构,节约财政开支,把节省下来的钱用于发展重工业和发展电气化,促进苏俄社会生产力的发展。他在共产国际第四次代表大会上的讲话中指出,发展重工业可以促进各个生产领域的技术改造,发展生产力,但是重工业是需要国家资助的,目前重工业的发展十分困难。"现在我们正在研究怎样削减我们的国家预算,精简我们的国家机关。""无论如何,我们必须精简我们国家机关,我们必须尽可能节约。我们

---

① 《列宁选集》第 4 卷,人民出版社 1995 年版,第 786 页。
② 《列宁选集》第 4 卷,人民出版社 1995 年版,第 751 页。

在各方面都实行节约,甚至在办学上也实行节约。必须这样做,因为我们知道,不挽救重工业,不恢复重工业,我们就不能建成任何工业,而没有工业,我们就会灭亡,而不能成为独立国家。"①1922年11月,全俄苏维埃工作人员工会中央委员会主席团第一次会议即将举行,列宁致信该主席团说:"当前最主要的迫切任务,也就是最近几年最重要的任务,就是通过缩减苏维埃机关、改善组织、消灭拖拉作风和官僚主义、减少非生产开支,来不断地精简苏维埃机关和减少费用。"②在《宁肯少些,但要好些》的结尾,他还写道:"我们应当使我们的国家机关厉行节约。我们应当把沙皇俄国及其资本主义官僚机关大量遗留在我们国家机关中的一切浪费现象的痕迹铲除干净。""只要我们能够保持工人阶级对农民的领导,我们就有可能在我国靠大力节约把任何一点积蓄都保存起来,以发展我们的大机器工业,发展电气化,发展泥炭水力开采业,完成沃尔霍夫水电站工程,如此等等。"③

需要特别指出的是,列宁在致力于苏维埃俄国政权建设的同时,还积极关注东方其他国家革命运动的发展,并主张在尚未完成资产阶级民主革命的东方国家建立农民代表苏维埃。受第一次世界大战的影响,特别是受俄国十月革命胜利的影响,东方一些落后国家如印度、土耳其等爆发了强大的农民运动。据此,列宁在共产国际第二次代表大会上的报告中指出:"帝国主义战争把附属国的人民卷进了世界历史。所以我们现在最重要的任务之一,就是要考虑如何在各个非资本主义国家内为组织苏维埃运动奠定头一块基石。在这些国家里组织苏维埃是可能的,但这种苏维埃将不是工人苏维埃,而是农民苏维埃,或劳动者苏维埃。"④在列宁看来,在东方一些处于前资本主义阶段的国家,农民或其他劳动者是基本的、主要的革命力量,农民苏维埃或劳动者苏维埃则是农民或其他劳动者可以当家作主的新政权。这种新政权虽不及工人苏维埃,但同原来的封建地主阶级政权或依附于帝国主义统治者的傀儡政权相比较,是一个巨大进步。在列宁思想上,东方一些国家如果能够建立起农民苏维埃或者劳动者苏维埃,并且在此基础上能够得到胜利了的先进国家无产阶

---

① 《列宁选集》第4卷,人民出版社1995年版,第724页。
② 《列宁全集》第43卷,人民出版社1987年版,第303页。
③ 《列宁专题文集·论社会主义》,人民出版社2009年版,第379页。
④ 《列宁专题文集·论资本主义》,人民出版社2009年版,第275页。

级的帮助,则可以突破它目前的发展阶段,即可以避免资本主义的发展过程,同先进国家一起走向社会主义社会。由此看,这种新政权是东方落后国家发展中的一个有力的过渡手段。列宁提出:"农民苏维埃、被剥削者苏维埃这种手段不仅适用于资本主义国家,也适用于还保留资本主义前的关系的国家;无论在落后国家或者在殖民地,普遍宣传建立农民苏维埃、劳动者苏维埃这一思想是各国共产党和准备建立共产党的人责无旁贷的义务;只要是条件允许的地方,都应该立即进行建立劳动人民苏维埃的尝试。"①实际上,中国的新民主主义政权即各革命阶级联合专政的政权,就是对列宁上述思想的继承和发展。

---

① 《列宁专题文集·论资本主义》,人民出版社 2009 年版,第 280 页。

第二十六章 关于东方落后国家社会主义民主建设的理论

建设社会主义民主,是掌握政权后的无产阶级面临的重大任务之一,更是东方落后国家掌握政权后的无产阶级及其政党的一个伟大而艰巨的任务。马克思、恩格斯虽然没有经历无产阶级掌握政权并建设社会主义民主的过程,但是他们根据工人运动和社会主义运动的经验教训,研究和预见了社会主义民主建设的相关问题,形成了重要的思想。列宁领导苏俄无产阶级展开了建设社会主义民主的实践,并且及时总结经验,形成了重要的理论。

一、值得学习和借鉴的思想

如上所述,马克思、恩格斯没有经历无产阶级掌握政权和建设社会主义民主的过程,但是他们根据工人运动和社会主义运动的经验教训而形成的思想,可以为以后掌握政权的无产阶级及其政党所借鉴。他们更没有也更不可能就东方落后国家无产阶级掌握政权后建设社会主义民主的问题提出意见,但是东方落后国家的无产阶级及其政党也可以从他们的思想库里吸收有价值的东西。

马克思、恩格斯在社会主义运动实践中探索了社会主义民主或无产阶级民主建设的问题。19 世纪 40 年代,西方的工人运动走向高潮。1836 年英国成立"伦敦工人协会",该协会拟定了一个争取普选权的纲领性文件,提出了年满 21 岁的男子具有选举权、秘密投票、废除议员候选人的财产资格等要求,以

《人民宪章》的名称发表,从而掀起了轰轰烈烈的宪章运动。1837 年法国工人运动的领袖布朗基建立了"四季社"。这是一个以密谋原则组织起来的革命组织,其成员主要是工人、手工业者和知识分子。它的宗旨是用暴力推翻金融贵族的统治,建立少数革命家的专政,建立一个没有私有财产、无特权、人人平等、主持正义的社会。到 1839 年春,该组织的成员有 4000—5000 人,多次在国内发动武装起义。在德国,许多革命者投入反对封建统治和资本主义剥削的斗争,遭到镇压后流亡到法国,于 1834 年在巴黎建立了德国流亡者的革命组织——"流亡者同盟"。该组织以威·魏特林的空想社会主义为理论基础,要求推翻德国的封建专制制度,建立没有压迫和剥削、虽然不富裕但平均分配的社会制度。马克思、恩格斯考察了当时的工人运动和社会主义运动,认为各国工人运动的直接目标是政权问题,政权问题也就是所谓民主的问题,所以他们就社会主义民主或无产阶级民主阐述了重要的思想。

1847 年,恩格斯在《共产主义原理》中,在回答无产阶级"革命的发展过程将是怎样的"时指出:"首先无产阶级革命将建立民主的国家制度,从而直接或间接地建立无产阶级的政治统治。"还说:"如果不立即利用民主作为手段实行进一步的、直接侵犯私有制和保障无产阶级生存的各种措施,那么,这种民主对于无产阶级就毫无用处。"①这里,他指明了无产阶级民主产生的必然性以及它的历史作用。在他看来,无产阶级民主是无产阶级革命进程中必要的、必然的阶段,是革命的重要手段,它的任务是消灭私有制和保护无产阶级的各种利益。随后,马克思、恩格斯在《共产党宣言》中提出:"工人革命的第一步就是使无产阶级上升为统治阶级,争得民主。""无产阶级将利用自己的政治统治,一步一步地夺取资产阶级的全部资本,把一切生产工具集中在国家即组织成为统治阶级的无产阶级手里,并且尽可能快地增加生产力的总量。"②这里,他们再一次指明了无产阶级民主产生的必然性和它的历史任务。他们还指出:"原来意义上的政治权力,是一个阶级用以压迫另一个阶级的有组织的暴力。如果说无产阶级在反对资产阶级的斗争中一定要联合为阶级,如果说它通过革命使自己成为统治阶级,并以统治阶级的资格用暴力消灭旧的生产关

---

① 《马克思恩格斯选集》第 1 卷,人民出版社 1995 年版,第 239—240 页。
② 《马克思恩格斯选集》第 1 卷,人民出版社 1995 年版,第 293 页。

系,那么它在消灭这种生产关系的同时,也就消灭了阶级对立和阶级本身的存在条件,从而消灭了它自己这个阶级的统治。"①这里所说的,是无产阶级民主消亡的必然性。他们认为,无产阶级民主产生以后,将实现消灭旧的生产关系即消灭私有制的任务,消灭了私有制,也就是消灭了阶级存在的条件,消灭了阶级,这时无产阶级的政治统治即无产阶级民主走向了消亡。

1871 年爆发了巴黎公社革命。巴黎公社是无产阶级建立新政权和建立无产阶级民主的重要尝试。它实行公职人员的民主选举制。经过民主选举,产生了公社委员会即公社的最高权力机关。它下设 10 个委员会,如执行、军事、司法、治安、财政、粮食、劳动交换、社会服务、对外联络和教育委员会。每个委员会由 5 至 8 名委员组成,既是行政机关,也是立法机关,否定了资产阶级的议会制。公社实行选民对公职人员的监督权和罢免权。如它在有关公告中写道:公社的基本原则"在于经常征求大多数人的意见,不断得到大多数人的赞助","委员不断受到舆论的检查、督促和批评,他们是可信赖的、对选民负责的,并且是随时可以撤换的"。为防止公职人员蜕化为人民的"主人",公社还采取了一个重大措施——取消高薪制。如它规定,凡公社公职人员,不论职位高低,年薪都不得超过 6000 法郎,即相当于熟练工人的工资。

马克思高度评价了巴黎公社的上述措施。他在《法兰西内战》中指出:"公社是由巴黎各区通过普选选出的市政委员组成的。这些委员是负责任的,随时可以罢免。其中大多数自然都是工人或公认的工人阶级代表。公社是一个实干的而不是议会式的机构,它既是行政机关,同时也是立法机关。警察不再是中央政府的工具,他们立刻被免除了政治职能,而变为公社的负责任的、随时可以罢免的工作人员。所有其他各行政部门的官员也是一样。从公社委员起,自上至下一切公职人员,都只能领取相当于工人工资的报酬。从前国家的高官显宦所享有的一切特权以及公务津贴,都随着这些人物本身的消失而消失了。"②他还说:"公社的真正秘密就在于:它实质上是工人阶级的政府,是生产者阶级同占有者阶级斗争的产物,是终于发现的可以使劳动在经济上获得解放的政治形式。"③这里马克思探讨了无产阶级民主的形式,认为巴黎公

① 《马克思恩格斯选集》第 1 卷,人民出版社 1995 年版,第 294 页。
② 《马克思恩格斯选集》第 3 卷,人民出版社 1995 年版,第 55 页。
③ 《马克思恩格斯选集》第 3 卷,人民出版社 1995 年版,第 58—59 页。

社是无产阶级民主的形式。

上述马克思、恩格斯的思想，不是针对东方落后国家的情况而形成和提出的，可是东方落后国家无产阶级在掌握政权后可以吸收其重要的精神。譬如，通过无产阶级民主或无产阶级的政治统治维护人民的利益，东方国家的无产阶级及其政党可以学习和借鉴，运用于建设社会主义民主的实践中。对公职人员实行选举制、监督制、撤换制以及让他们领取同普通劳动者相同的薪金，其精神值得东方国家无产阶级及其政党学习和领会，但他们在实践中能够实行到什么程度，则要视各个国家的具体情况，因为能否实现这些制度受限于社会的文明水平、技术手段等等。他们可以朝这个方向努力。

二、苏俄社会主义民主建设的"理想化"

如上所述，马克思、恩格斯关于无产阶级民主建设的思想特别是关于巴黎公社经验的总结，东方落后国家的无产阶级及其政党可以学习和借鉴，可是他们在实践中能够实行到什么程度，则要视各个国家的具体情况，因为能否实现这些制度受限于社会的文明水平、技术手段等等。十月革命时期以及革命胜利后一段时间里，列宁关于苏俄无产阶级民主或社会主义民主建设的思想陷入"理想化"。所谓陷入"理想化"，指脱离了苏俄的社会实际，超越了苏俄社会发展的阶段，按照主观想象来建设民主。之所以这样说，主要表现于他夸大了巴黎公社原则的可适用性，要求完全按照巴黎公社的原则来建立苏维埃国家的民主制度。

巴黎公社的原则是：打碎旧的国家机器，用公社式的政权代替它（公社不是原来意义上的国家）；所有的公职人员由民众群众选举产生，受到选民的监督，如不称职随时将被罢免；所有的公职人员领取同普通工人数额相同的薪金。列宁高度地评价巴黎公社的这种原则，要求完全照此来建设苏维埃国家的民主制度。1917 年俄国二月革命结束时，身处西方的列宁以《远方来信》为题，发表了一组文章。其中指出，俄国革命必须走向"下一个阶段"或者说走向"第二次革命"；下一阶段的革命要将政权从地主资本家政府手中夺取过来，交给工人和贫苦农民的政府；应当打碎旧的国家机器，废除军队、警察和官僚，代之以人人普遍参加的人民武装组织。① 这里的思想,就是完全按照巴黎公社原则建立新政权和民主制度的思想。4 月初,列宁从西方回到俄国,回国后立即提出了著名的《四月提纲》。该提纲的第五条的内容是:"不要议会制共和国(从工人代表苏维埃回到议会制共和国是倒退了一步),而要从下到上遍及全国的工人、雇农和农民代表苏维埃共和国。废除警察、军队和官吏。一切官吏由选举产生,并且随时可以撤换,他们的薪金不得超过熟练工人的平均工资。"②这更可证明,列宁用以指导建设新国家和新民主制度的是巴黎公社的原则。同一时期,他在《论两个政权》一文中论及俄国未来的政权时写道:"这个政权和 1871 年的巴黎公社是同一类型的政权,其基本标志是:(1)权力的来源不是议会预先讨论和通过的法律,而是来自下面地方上人民群众的直接的创举,用流行的话来说,就是直接的'夺权';(2)用全民的直接武装代替脱离人民的、同人民对立的机构即警察和军队;在这种政权下,国家的秩序由武装的工农自己,即武装的人民自己来维持;(3)官吏,官僚,或者也由人民自己的直接政权取代,或者至少要接受特别的监督,变成不仅由人民选举产生、而且一经人民要求即可撤换的官吏,处于普通的受委托者的地位;他们从占有能领取资产阶级高薪的'肥缺'的特权阶层,变为特殊'兵种'的工人,其报酬不超过熟练工人的一般工资。"③这里的思想,也是完全按照巴黎公社的原则建设新国家和新民主制度的思想。这里他说用全民的直接武装代替警察和军队,即新政权下没有警察和军队,由武装的工农自己来维护社会秩序,公职人员不仅由人民选举产生,而且一经人民要求即可撤换,他们的工资不超过熟练工人的工资。实践证明,这样的思想和要求在苏俄是不可能实现的(在东方其他落后国家也不可能实现),因为它脱离了苏俄的社会实际,超越了苏俄社会发展的阶段。

列宁认为,俄国建立巴黎公社式的民主制度,是民主发展过程中的"质的变化",意味着国家已经转化为"不是原来意义上的国家",意味着国家已经开始"消亡"。还在十月武装起义前夕,列宁写作了重要著作《国家与革命》。该著作第三章的主要内容是论述用巴黎公社式的政权取代旧国家机器。这里他

---

① 参见:《列宁全集》第 29 卷,人民出版社 1985 年版,第 132 页。
② 《列宁全集》第 29 卷,人民出版社 1985 年版,第 115 页。
③ 《列宁全集》第 29 卷,人民出版社 1985 年版,第 131—132 页。

援引了马克思、恩格斯评价巴黎公社的大量话语,并且写道:"在这里恰巧看到了一个'量转化为质'的例子:民主实行到一般所能想象的最完全最彻底的程度,就由资产阶级民主转化成无产阶级民主,即由国家(＝对一定阶级实行镇压的特殊力量)转化成一种已经不是原来意义上的国家的东西。"①意思是说,如果俄国建立了巴黎公社式的民主,则意味着实现了最完全、最彻底的民主即无产阶级民主,意味着民主发展过程中的质的变化,或者说国家发展过程中的质的变化,即新国家"已经不是原来意义上的国家的东西"——它不是当时人们所能看到的、在世界上各个民族普遍存在的"国家"了。在这里,列宁还写道:镇压剥削阶级的反抗是必要的,巴黎公社也证明了这一点,"但是实行镇压的机关在这里已经是居民的多数,而不像过去奴隶制、农奴制、雇佣奴隶制时代那样总是居民的少数。既然是人民这个大多数自己镇压他们的压迫者,实行镇压的'特殊力量'也就不需要了! 国家就在这个意义上开始消亡。大多数人可以代替享有特权的少数人(享有特权的官吏、常备军长官)的特殊机构,自己来直接行使这些职能,而国家政权职能的行使愈是全民化,这个国家政权就愈不需要了"②。这里的思想有两点:一是在俄国未来的民主制度下,不需要专门的镇压机关即警察和军队,由大多数人直接行动,打击和镇压敌对势力的反抗;二是由于全体人民实行国家政权的职能,或者说行使国家政权职能的"全民化",国家政权就不需要了,它成为多余的了,已经开始消亡了。可以看出,当时俄国的无产阶级民主或者说社会主义民主还未建立,它前进道路上的困难和曲折有多少尚不清楚,就来预见它和谈论它开始消亡,是脱离社会实际和超越社会发展阶段的。

列宁认为,在俄国的无产阶级民主或者社会主义民主制度下,不需要由国家机器来管理社会,需要的是邮政式的社会事务机关对社会生产进行调节。19 世纪中后期,西方国家将邮政业收为国家有,即邮政业成为国家垄断资本主义样式的经济。但在邮政业的运作过程中,起主要作用的不是国家机器,而是具有社会管理与调节功能的邮政营业机关。列宁在《国家与革命》中指出,以前有些社会主义者说邮政业是未来社会主义经济的模型,是值得肯定的;西方

---

① 《列宁全集》第 30 卷,人民出版社 1985 年版,第 40 页。
② 《列宁全集》第 31 卷,人民出版社 1985 年版,第 40 页。

发达资本主义国家普遍地以这样的方式经营邮政业,无疑是为未来的社会主义社会准备好了管理社会事务的机构;在这些国家,只要推翻了资产阶级的统治,摧毁了官僚机器,粉碎了剥削者的反抗,掌握政权的工人阶级就会得到一个技术装备很完善的社会事务机构,即邮政营业机构;这个机构可以由掌握政权的工人自己所使用,可以雇用一些技术人员、监工和会计在这里工作,付给他们和普通工人一样多的薪金。他写道:"把整个国民经济组织得像邮政一样,做到在武装的无产阶级的监督和领导下使技术人员、监工和会计,如同所有公职人员一样,都领取不超过'工人工资'的薪金,这就是我们最近的目标。"①在他看来,这样的社会里由于没有国家机器和官吏,官吏的职能可以由"监工和会计"的职能所取代。这就是他所说的:"国家官吏的特殊'长官职能'可以并且应该立即开始、在一天之内就开始用'监工和会计'的简单职能来代替,这些职能现在只要有一般市民的水平就完全能够胜任,行使这些职能只须付给'工人工资'就完全可以了。"②十月革命胜利时,列宁力图按照上述民主制度的设想进行实践。如他大力提倡建立"计算和监督"的制度,即主张在企业建立工人团体或组织,对企业的生产和分配过程进行计算和监督,并且组织全民的计算和监督,即动员全体人民对社会所有的生产领域和消费领域进行计算和监督。他关于"计算和监督"的思想,既包含有抛弃国家作用的思想因素,同时也包含有不立即剥夺资本家的财产,渐进地改造资本主义私有制的思想。③

列宁认为,俄国的无产阶级民主比资产阶级民主要"民主百万倍"。1918年,第二国际后期的理论家考茨基出版了《无产阶级专政》的小册子,曲解马克思主义关于无产阶级专政与民主的理论,歪曲和攻击俄国无产阶级民主的实践。列宁当即著文批评考茨基的观点。他在有关文章中指出:苏维埃俄国使占人口大多数的劳动者享受到了任何一个资产阶级民主共和国都从未见过的和决不可能有的那种自由和民主,因为它夺取了资产阶级的宫殿和宅第,剥夺了资产阶级的印刷所和纸张,废除了资产阶级议会制,而代之以民主的程度比

---

① 《列宁全集》第30卷,人民出版社1985年版,第47页。
② 《列宁全集》第30卷,人民出版社1985年版,第46页。
③ 参见俞良早:《马克思主义东方社会理论研究》,中共中央党校出版社2006年版,第142—145页。

最民主的资产阶级议会高出一千倍的民主组织——苏维埃。① 他还写道:"旧的资产阶级机构,即官吏,还有财富特权、资产阶级的教育和联系等等特权(资产阶级民主愈发达,这些事实上的特权也就愈多种多样)——所有这些,在苏维埃组织下正在消失。出版自由不再是假的,因为印刷所和纸张都从资产阶级手里夺过来了。最好的建筑如宫殿、公馆、地主宅邸等等也是如此。苏维埃政权把成千上万座最好的建筑物一下子从剥削者手里夺过来,就使群众的集会权利更加'民主'百万倍,而没有集会权利,民主就是骗局。非地方性的苏维埃的间接选举使苏维埃代表大会易于举行,使整个开支小些、灵活些,在生活沸腾、要求特别迅速地召回或派遣出席全国苏维埃代表大会的地方代表的时期,使工农更便于参加。""无产阶级民主比任何资产阶级民主要民主百万倍;苏维埃政权比最民主的资产阶级共和国要民主百万倍。"②在以上这些地方,他从资产阶级官僚机构以及资产者特权已经消失的角度,从苏维埃政权已有物质条件的角度,从苏维埃代表大会运作方式的角度,论证了苏维埃民主的优越性,得出了俄国苏维埃民主比最民主的资产阶级共和国"要民主百万倍"的结论。列宁在此著作中还指出:在所有的资产阶级国家中,管理者是资产阶级的官吏、资产阶级的议员和资产阶级的法官,千百万劳动者则处于被压迫的社会地位。"在俄国,则完全地彻底地打碎了官吏机构,赶走了所有的旧法官,解散了资产阶级议会,建立了正是使工农更容易参加的代表机关,用工农苏维埃代替了官吏,或者由工农苏维埃监督官吏,由工农苏维埃选举法官。单是这件事实,就足以使一切被压迫阶级承认,苏维埃政权这一无产阶级专政形式比最民主的资产阶级共和国要民主百万倍。"③这里则是从俄国已经打碎旧国家机器的角度论证了苏维埃民主比资产阶级共和国"要民主百万倍"。当时,苏维埃政权的建立只有 1 年的时间,无产阶级民主或者社会主义民主的制度尚未真正建立起来,列宁不是从有无长效的制度以及制度的实际效果出发,只是从眼下可以看到的一些现象出发,得出苏俄的无产阶级民主或者社会主义民主比资产阶级民主"民主百万倍",有脱离社会实际和超越社会发展阶段的可能。

　　上述列宁关于苏俄无产阶级民主或社会主义民主建设的思想陷入"理想

---

① 参见:《列宁全集》第 35 卷,人民出版社 1985 年版,第 106 页。
② 《列宁全集》第 35 卷,人民出版社 1985 年版,第 249 页。
③ 《列宁全集》第 35 卷,人民出版社 1985 年版,第 250 页。

化"，或者说，他主张的民主是脱离社会实际的、超越发展阶段的民主。他之所以会这样，主要原因是：

第一，夸大巴黎公社原则的适用价值，导致实践中民主制度建设的"理想化"。如前所述，巴黎公社有许多值得肯定的原则和精神。所有的无产阶级国家都应该学习和提倡巴黎公社的原则和精神。可是，巴黎公社的原则和精神是在很短的时间内形成的，是在一个城市的实践中形成的，而且是在西方的一个城市内形成的。如果条件发生了变化，不是在很短的时间内而是在很长的时间内，不是在一个城市内而是在全国的范围内，并且不是在西方的一个国家内而是在东方的一个地域很大的、农民占人口大多数的国家内，将如何学习和运用巴黎公社的原则和精神呢？正确的答案只能是：将巴黎公社的原则和精神与本国的实际相结合，使自己的政策和措施既体现出巴黎公社的原则和精神，又在方式上有自己的特点，即它不同于前者。简言之，不能照搬巴黎公社的做法。从列宁当时的思想与实践看，他在著作、文章和讲话中，在涉及苏维埃国家的政权建设时言必称实行巴黎公社的原则。他没有考虑到俄国的无产阶级民主在方式上应该有许多不同于巴黎公社的特点，而这些特点是由俄国的条件所决定的。这样，人们可以看到，列宁有一种夸大巴黎公社原则的运用价值的思想倾向。由此，他主张的无产阶级民主具有"理想化"的特点，即从理想的层面上看它是美好的，可是在俄国的条件下是难以操作和难以实现的。

第二，忽视俄国落后的经济文化对民主建设的不利影响，导致民主建设的"理想化"。如前所述，在列宁的思想上，俄国建立巴黎公社式的民主制度，是民主发展过程中的"质的变化"，意味着国家已经转化为"不是原来意义上的国家"，意味着行使国家政权职能的"全民化"。他还设想，在俄国的无产阶级民主制度下，不需要国家机器对社会进行管理，只需要由邮政式的社会事务机关来调节社会生产。这样的设想符合马克思、恩格斯关于无产阶级掌握政权后民主与国家演进的基本理论。可是，将这一理论运用于俄国，则需要考虑到俄国的具体条件。譬如，行使国家政权职能的"全民化"，即让全体社会成员都来参与国家管理，都来直接行使镇压剥削者反抗的职能，要求全体社会成员具有很高的思想政治素质和文化水平，而全体社会成员是否具有这样高的思想政治素质和文化水平，取决于国家的经济发展水平或者说物质文明水平。显然，当时的俄国不具有这样的物质文明水平，俄国的社会成员不具有这样的思想政治素质和文化水平。从列宁的著作、文章和讲话看,他对俄国经济、文化的落后性有深刻的认识。但是他对这种落后性对民主建设的不利影响估计不足,所以关于民主建设的思想陷入"理想化"。

第三,对无产阶级国家存在的长期性估计不足,导致关于无产阶级民主建设的"理想化"。无产阶级民主或社会主义民主和无产阶级国家是同一个事物的两个方面。或者说,无产阶级民主是无产阶级国家的主要职能和主要内容。根据马克思、恩格斯的设想,无产阶级国家或无产阶级专政是过渡性的事物,是短时期内存在的事物,它的主要任务是保障对生产资料的社会主义改造即变资本主义私有制为公有制,镇压剥削者的反抗。这项任务的完成之时,就是过渡时期的结束之时,也是无产阶级国家或无产阶级民主走向消亡之时。如果世界范围内的各个国家尤其是西方各个先进国家大体上同时展开了社会主义革命和社会主义建设,马克思、恩格斯的上述设想则无疑可以变为现实。可是,事实是无产阶级革命在东方落后的俄国一个国家先爆发并胜利了,西方各个国家的革命未跟上来。这样,不能想象俄国一个无产阶级的国家能够消亡,更不能想象它会很快消亡。如果无产阶级国家走向了消亡或者已经消亡,那么这个地域内的人民凭借什么抵御帝国主义国家对他们发动的侵略战争,凭借什么镇压国内反革命势力的破坏活动,凭借什么来协调内部不同阶级的利益关系? 从列宁当时的思想和实践看,他认为俄国的无产阶级国家已经不是原来意义上的国家,即它不是具有专门的强大的国家机器的"国家",是全体社会成员直接参与管理的国家,并说国家政权职能的行使愈是全民化,这个国家政权就愈不需要了。这说明,他对无产阶级国家及无产阶级民主的状态的认识,对它的消亡过程的认识,过于"理想化"。

第四,未预见到无产阶级民主演进过程的曲折性,导致无产阶级民主建设思想的"理想化"。苏俄的历史和其他社会主义国家的历史证明,无产阶级民主没有也不可能马上消亡,它会持续很长的时间,如几十年,上百年……。在长期的演进过程中,各种不利的因素会导致它前进道路上的曲折,如苏联、中国等社会主义国家在发展过程中均出现过法制与民主遭破坏的现象。无产阶级民主演进的过程出现了曲折,证明无产阶级民主或社会主义民主的建设出现了问题,不顺利,需要继续完善和继续加强。可是,列宁对此缺少预见,在他的思想上,无产阶级民主的建设过于"理想化"。他关于无产阶级民主比任何资产阶级共和国"要民主百万倍"的话语,足以证明这一点。

三、列宁民主建设的思想转向现实化

所谓民主建设的思想转向了现实化,指抛弃了或离开了原来民主建设思想的"理想化"成分,产生了或确立了适应现实需要的、可行的民主建设思想。列宁在经历国内战争的过程中,在充分认识了俄国的国情,以及充分认识了党的地位和作用、国家机关的作用和工会的作用以后,实现了民主建设思想的转变,形成了适应现实需要的民主建设的思想。列宁1920年4—5月间写成并出版的《共产主义运动中的"左派"幼稚病》,标志着他思想的转变。

该著作中,列宁提出了必须由共产党领导无产阶级专政和无产阶级民主的思想。当时,俄共(布)有60余万共产党员。党员的作用和党的领导对于国内战争的胜利发挥了重要作用。然而,当时德国的一些未经过革命斗争锻炼的共产党人即"左派"在政党与阶级、领袖与群众的关系上讲了一些糊涂话,如"是党专政还是阶级专政?""是领袖专政还是群众专政?"针对此,列宁提出了著名的关于领袖、政党、阶级、群众之间关系的论断,即群众是划分为阶级的,阶级通常是由政党来领导的,政党是由最有威信、最有影响、最有经验、被选出来担任领袖的人们所组成的比较稳定的集团来主持的。鉴于德国"左派"的主要错误在于否定共产党的作用。列宁说:"从共产主义的观点看来,否定政党就意味着从资本主义崩溃的前夜(在德国)跳到共产主义的最高阶段而不是进到它的低级阶段和中级阶段。我们在俄国(推翻资产阶级后的第三年)还刚处在从资本主义向社会主义即向共产主义低级阶段过渡的最初阶段。阶级还存在,而且在任何地方,在无产阶级夺取政权之后都还要存在好多年。"[①]意思是说,只有到共产主义的高级阶段,随着阶级和国家的消亡,作为阶级斗争工具的政党才会消亡,俄国尚处于共产主义低级阶段即社会主义社会的阶段,由于仍然存在着阶级和阶级斗争,所以还需要有国家,还需要有政党和政党的领导作用。他强调指出,在任何地方,在无产阶级掌握了政权以后,阶级和阶级斗

---

① 《列宁全集》第39卷,人民出版社1986年版,第24页。

争都会存在很长的时间,所以在很长的时间内都需要有政党和政党的领导作用。显然,列宁这里强调了共产党对无产阶级专政和无产阶级民主的领导作用。

在此著作中,他还写道:"领袖、政党、阶级、群众间的相互关系,以及无产阶级专政和无产阶级政党同工会的关系,现时在我国具体表现如下:专政是由组织在苏维埃中的无产阶级实现的,而无产阶级是由布尔什维克共产党领导的。"①这里,列宁就苏俄的执政党、苏维埃组织和无产阶级之间的关系提出了一个公式:共产党领导无产阶级,通过苏维埃的形式,实现了无产阶级专政或无产阶级民主。在这个公式里,共产党是领导者,无产阶级是被领导者,苏维埃是无产阶级实现本阶级专政和民主的组织,是无产阶级的工具。作为无产阶级工具的苏维埃组织,自然也是属于共产党领导的。他还说,党每年举行一次全国代表大会,由大会选举产生中央委员会,由中央委员会领导全党,而党的最上层领导集体则是由中央全会选举产生的"组织局"和"政治局"。"组织局"和"政治局"各由 5 名中央委员组成。党中央的领导地位十分重要,"我们共和国的任何一个国家机关没有党中央的指示,都不得决定任何一个重大的政治问题或组织问题"②。

在上述著作中,列宁论述了党实现领导的工作方式。他指出,党的工作方式主要是:(1)它依靠工会组织进行工作。当时俄国的工会会员有 400 万,组建了从中央到地方的工会组织。列宁说:"工会形式上是一种非党的组织,而实际上大多数工会的领导机构,首先当然是全俄总工会的中央机构或常务机构(全俄工会中央理事会),都由共产党员组成,执行党的一切指示。"③既然工会的领导机构由共产党员组成,它执行党的指示,那么工会就是党开展工作以实现自己任务的组织。(2)党通过苏维埃组织进行工作。苏维埃里的工作者是共产党员,他们以及苏维埃组织接受党的领导。俄国已经建立了各级苏维埃组织,由基层苏维埃即县苏维埃将觉悟的工人派往乡村担任各种领导职务,实现无产阶级对农民的领导。列宁认为,上述党的工作方式,体现了俄国无产阶级专政或无产阶级民主的"总的结构"。

---

① 《列宁全集》第 39 卷,人民出版社 1986 年版,第 27 页。
② 《列宁全集》第 39 卷,人民出版社 1986 年版,第 27 页。
③ 《列宁全集》第 39 卷,人民出版社 1986 年版,第 28 页。

上述事实说明,列宁由主张全体社会成员直接参与管理的思想转向了由共产党领导工会和领导苏维埃从而实现对国家管理的思想,这体现了他民主思想的一个重大转变。他转变后的思想,在苏俄民主建设的实践中得以实现,并且成为后来社会主义国家现成的民主建设途径,所以他的这个思想是现实化的思想。

综合 1920 年以后列宁民主建设现实化的思想,其主要内容是:

第一,共产党领导实现无产阶级专政和无产阶级民主,同时加强党内监督。1920 年底 1921 年初,俄(共)内围绕着工会的地位和作用展开了一场争论。在这个过程中,列宁就党的地位和作用即由党领导实现无产阶级专政和无产阶级民主,阐述了重要的思想。他说:"无产阶级专政不可能由包括全体无产阶级的组织来实现,因为不仅在我们这样一个极落后的资本主义国家,就是在所有其他资本主义国家,无产阶级都还那样分散,那样被人鄙弃,在某些地方还受人收买(具体来说,在某些国家里被帝国主义收买),以致无产阶级专政不能直接由包括全体无产阶级的组织来实现。只有吸收了阶级的革命力量的先锋队,才能实现这种专政。"①这里所谓"包括全体无产阶级的组织"指工会,"吸收了阶级的革命力量的先锋队"指共产党。他的意思是说,像工会那样的吸收全体工人群众参加的组织不能实现无产阶级专政,只有无产阶级的先锋队即党,才能实现无产阶级专政和无产阶级民主。党实现无产阶级专政和无产阶级民主,指在党的领导下实现无产阶级专政和无产阶级民主。他还说:"难道每个工人都知道如何管理国家吗?有实际经验的人都知道这是神话,都知道我们这里数百万参加工会组织的工人,现在正处在我们所说的阶段,即工会是共产主义的学校,是学习管理的学校这一阶段。如果工人在这所学校里学习若干年,他们就一定能学会,但是这要慢慢来。我们甚至连文盲都还没有扫除。""在工人当中谁来参加管理呢?整个俄国只有几千个人。如果我们说,不是党而是工会自己来提人选和进行管理,这听起来很民主,可能也会争取到一些选票,但是不会长久。这只会葬送无产阶级专政。"②他的意思是,俄国工人的文化水平低和思想政治素质低,现在处于学习管理的阶段,还不能直接进

---

①　《列宁全集》第 40 卷,人民出版社 1986 年版,第 200 页。

②　《列宁全集》第 40 卷,人民出版社 1986 年版,第 253 页。

行管理,只有"几千个人"(泛指占人口少数的无产阶级先锋队)能够进行管理,即只有党才能够进行管理。就这一层意思,他还明确地说:"要管理,就需要有一支经过锻炼的共产主义革命者的大军,这样的大军是有的,这就是党。"①列宁所谓由党来实现无产阶级专政和进行管理,或者说由党实现无产阶级民主,实际上是主张在党的领导下实现无产阶级专政和无产阶级民主,由党来领导管理工作。

在列宁的思想上,党成为无产阶级专政和无产阶级民主的领导者,它就成为拥有很大权力的执政党。为了保障执政党党内的民主并带动整个社会的无产阶级民主,必须加强党内的监察和监督。在列宁的领导下,俄共(布)十大、十一大先后制定了有关决议和条例,就监察委员会的任务、职权以及它的中央机构和地方机构等问题作了一系列规定。这些规定,指导了当时各级监察委员会的建设以及监察工作的展开。列宁逝世前夕,在《我们怎样改组工农检查院》、《宁肯少些,但要好些》等文中,提出了改组和改革监察、检查机构的思想。他主张从组织上和工作上把工农检查院和中央监察委员会结合起来。具体办法是:增选中央监察委员,缩减工农检查院的职员,使中央监察委员会和工农检查院联合办公;工农检查人民委员(即工农检查院院长)和部务委员领导"派来"听他调遣的中央监察委员;工农检查人民委员协同中央监察委员会主席团领导中央监察委员会,分配所有中央监察委员的工作;中央监察委员会必须派成员出席政治局会议和检查送交政治局审理的各种文件,它"应该形成一个紧密的集体,这个集体应该'不顾情面',应该注意不让任何人的威信,不管是总书记,还是某个其他中央委员的威信,来妨碍他们提出质询,检查文件,以至做到绝对了解情况并使各项事务严格按照规定办事"②。在这个时期,党的监察委员会确实起到了对党组织进行监察和监督的作用。

第二,加强国家机构及其管理能力,同时坚决反对官僚主义。十月革命胜利初期,列宁十分赞赏巴黎公社的原则,以全体人民的武装代替常备军。可是后来这一原则在实践中行不通,苏俄建设了强大的红军。在实践过程中,列宁就加强红军建设提出了重要的思想。常备军是国家机器的重要内容之一,列

---

① 《列宁全集》第40卷,人民出版社1986年版,第254页。
② 《列宁全集》第43卷,人民出版社1987年版,第377页。

宁加强红军建设的思想是他关于加强国家机构的思想内容之一。1921年初，列宁在有关文章中针对苏俄的情况写道："国家，这是实行强制的领域。只有疯子才会放弃强制，特别是在无产阶级专政时期。"①意思是说，苏俄需要国家和国家的强制力量，这也是他关于加强国家机构的思想内容之一。列宁关于加强国家机构管理能力的思想，包括他提出的国家资本主义的思想特别是新经济政策时期提出的租让制的思想，无产阶级国家调节商业的思想，充分发挥国家的财政职能作用的思想，等等。譬如：苏俄新经济政策时期，商品交换和商业在国内发展起来。列宁在《十月革命四周年》、《新经济政策和政治教育委员会的任务》等文章中说，无产阶级国家应当成为一个"业主"，成为一个"批发商"，应学会组织商业活动。他提出了下述具体要求："国家必须学会这样经营商业，即设法使工业能满足农民的需要，使农民能通过商业满足自己的需要。办事情应能使每一个劳动者都拿出自己的力量来巩固工农国家。"②这是关于加强国家经济管理能力的思想。

在列宁的思想上，国家机构加强了，它管理的事务多了，有可能产生官僚主义，必须坚决反对官僚主义。在新经济政策时期，在恢复和发展国民经济的任务迫在眉睫的时候，国家机关中有的工作者轻视经济工作，不愿意做经济工作，不懂得怎样做经济工作，也不想学习做经济工作。有的机关工作者不为经济工作服务，不做实事，或者没完没了地开会，下发许多对基层工作无意义的文件，或者想出新花样，成立新的委员会，或者坐在办公室内制订与人们的社会实践不相适应的计划。有些握有较大权力的机关工作者，利用职权贪污受贿，败坏了党和国家政权的声誉和形象。列宁严厉地批判了国家机关内的官僚主义者。1921年10月，他在有关文章中指出，机关内存在着"三大敌人"，其中一个敌人是"共产党员的狂妄自大"，另一个敌人是"贪污受贿"。实际上，这里所指的两个敌人都是机关内的"官僚主义者"。1922年3月，他在有关会议上的讲话中说："我们内部最可恶的敌人就是官僚主义者，这些人都是身居苏维埃要职（也有担任一般职务的）、由于勤勤恳恳而受到大家尊敬的共产党员。""我们必须清除这种敌人，我们要借助所有觉悟的工人农民收拾这种

---

① 《列宁全集》第40卷，人民出版社1986年版，第296页。
② 《列宁全集》第42卷，人民出版社1987年版，第194页。

敌人。"①同一时期,列宁在党的十一大报告中说,苏俄同外国商人的一笔生意没有做成,证明国家机关工作者完全不会做生意。他严厉批评道:"我们的国家是带有官僚主义弊病的工人国家。我们不得不把这个不光彩的——我应当怎么说呢?——帽子,加在它的头上。"②在他看来,当时国家机关中的官僚主义极为严重,工人组织必须起来保护工人的利益。如他说:"我们现在的国家是这样的:组织起来的全体无产阶级应当保护自己,而我们则应当利用这些工人组织来保护工人免受自己国家的侵害,同时也利用这些工人组织来组织工人保护我们的国家。"③他的意思是,官僚主义者既是工人阶级的敌人,也是苏维埃国家的敌人,坚决反对它,既保护了工人的利益,也保护了苏维埃国家。

　　第三,致力于政治稳定和社会稳定,重视法制建设。历史和现实证明,政治稳定和社会稳定是无产阶级民主正常而有序发展的前提。在苏俄国内战争时期,苏维埃国家逼不得已实行余粮收集制,强制性地收走了农民的全部余粮。这种政策遭到了农民的反对。1921 年春,苏俄农村的一些地方发生了反苏维埃政权的事件。这说明,政治生活和社会生活中产生了不稳定的因素,工农联盟面临着破裂的危险。列宁要求改变这种局面,消除不稳定的因素,并且认为以实物税代替余粮收集制有利于改善农民的生活条件和生产条件,是解决此问题的正确办法。他在这年 3 月俄共(布)十大上的报告中指出:"关于以实物税代替余粮收集制的问题,首先而且主要是一个政治问题,因为这个问题的本质在于工人阶级如何对待农民。提出这个问题就意味着我们必须对这两个主要阶级之间的关系……作新的、也许可以说是更慎重更精确的补充考察,并且作一定的修正。"④这里,列宁说改变粮食政策和改善农民的条件是关系到"两个主要阶级之间的关系"的问题,是一个"政治问题",说明他是从国家的政治大局即政治稳定和社会稳定的角度来考虑这个问题的。在他看来,只有改变粮食政策和改善农民的条件,才能实现社会稳定和政治稳定,巩固工农联盟和苏维埃政权,促进无产阶级民主或社会主义民主的建设。同年 4 月,列宁在《论粮食税》一书中,在回答国家为什么要改变粮食政策和改善农民条件

---

① 《列宁全集》第 43 卷,人民出版社 1987 年版,第 14 页。
② 《列宁全集》第 40 卷,人民出版社 1986 年版,第 204 页。
③ 《列宁全集》第 40 卷,人民出版社 1986 年版,第 204—205 页。
④ 《列宁全集》第 41 卷,人民出版社 1986 年版,第 50 页。

的问题时又指出:"无产阶级专政就是无产阶级对政治的领导。无产阶级作为一个领导阶级、统治阶级,应当善于指导政治,以便首先去解决最迫切而又最'棘手的'任务。现在最迫切的就是采取那种能够立刻提高农民经济生产力的办法。"①在这里,列宁将改变粮食政策和改善农民的条件视为最棘手的任务,视为党和无产阶级"指导政治"的活动,证明他是从国家政治生活的大局——实现政治稳定和社会稳定来考虑粮食政策和农民利益问题的。当时列宁领导苏维埃政权采取的一系列措施,有力地巩固了工农联盟,促进了国家的政治稳定和社会稳定,为无产阶级民主的建设提供了良好的条件。列宁在逝世前夕,就加强党中央的团结和稳定,留下了宝贵的意见。当时,党的一位领导人掌握着很大的权力,但对周围的同志态度粗暴,有使用权力不谨慎的苗头。党的另一个领导人虽然具有杰出的才能,但是过分自信,不善于听取同志们的意见。针对此,列宁指出:"现时中央两位杰出领袖的这两种特点会出人意料地导致分裂,如果我们党不采取措施防止,那么分裂是会突然来临的。"②他建议增加中央委员的人数,增强党中央自身的力量,以中央委员会自身很强的力量克服分裂行为,保持党的稳定性。这就是他所说的:"我们党有理由要求工人阶级出50—100个中央委员,而又不致使工人阶级太费力。""这种改革会大大加强我们党的巩固性,……采取了这样的措施,我们党的稳定性将增强千倍。"③在这里,列宁要求保持党中央的稳定性,防止分裂,意图在于消除党内的不稳定因素以及由此产生的国家政治生活中的不稳定因素,促进国内政治生活和社会生活的稳定性,以利于无产阶级民主或社会主义民主的建设。

加强法制建设,是发展无产阶级民主或社会主义民主的根本办法。十月革命胜利初期,鉴于国内敌对分子严重的破坏活动,列宁领导建立了全俄肃反委员会和各级地方肃反委员会。这一时期以及以后的国内战争时期,苏维埃政权以肃反委员会为手段,严厉地打击了敌人的破坏活动。可是列宁意识到,如果这个权力使用不当,或者有人滥用权力,将造成冤、假、错案,造成对劳动群众人身自由的侵害。所以,国内战争结束后不久,列宁即提出必须缩小肃反委员会的权力,制定有关的法律,提倡按法律、法规办事。1921年12月,他在

① 《列宁全集》第41卷,人民出版社1986年版,第207页。
② 《列宁全集》第43卷,人民出版社1987年版,第339页。
③ 《列宁全集》第43卷,人民出版社1987年版,第337—338页。

起草的《关于全俄肃反委员会的决定草案初稿》中提出："缩小权限。""逮捕权
再缩小一些。"①他在全俄苏维埃第九次代表大会上的报告中提出："必须改革
全俄肃反委员会，规定它的职能和权限，……我们的政权愈趋向稳固，民事流
转愈发展，就愈需要提出加强革命法制这个坚定不移的口号，就愈要缩小那些
对阴谋者的袭击给予回击的机关的活动范围。"②根据列宁的这个建议，全俄
中央执行委员会通过了有关决议，肃反委员会从此不复存在。列宁组织了经
济方面的立法。1922 年 10 月，第九届全俄中央执行委员会第四次常会审议并
通过了《劳动法典》、《土地法典》、《省苏维埃代表大会和省执行委员会条例》
等法案。列宁出席会议并作讲话，肯定了这些法律的地位与意义。他说，常会
通过和批准了《劳动法典》，"这是苏维埃政权的一大成就"，因为它规定了保
护工人劳动权利的法律原则，同当时西方各资本主义国家"向工人阶级进攻"
的事实形成了鲜明的对照。他还说，常会批准的《土地法典》，充分满足了农民
对土地的要求，"把农民所绝对必需的、能够保证农民同工人的联盟的一切主
要东西，都规定下来了"③，即认为这是一个维护贫苦农民利益的法典。列宁
主张严格执法。1921 年 12 月，他为全俄苏维埃第九次代表大会起草了《关于
经济工作问题的指令》。在这里，他要求司法人民委员部做好两件事："第一，
要让共和国人民法院严格监督私营工商业者的活动，既不允许对他们的活动
作任何限制，又要让他们始终不渝地遵守共和国的法律，有半点偏离都要严加
惩处。""第二，要让人民法院加倍注意对官僚主义、拖拉作风和经济工作上的
指挥失当进行司法追究。审判这类案件是必要的，……可以达到取得更大经
济成就的实际目的。"④这些要求体现了他严格执法的思想。

　　上述内容构成了列宁民主建设现实化的思想。它贴近苏俄当时的实践，
指导了当时的实践。而且它贴近当前人们的现实生活，具有现实价值和借鉴
的意义。

　　① 《列宁全集》第 42 卷，人民出版社 1987 年版，第 293 页。
　　② 《列宁全集》第 42 卷，人民出版社 1987 年版，第 353 页。
　　③ 参见：《列宁全集》第 43 卷，人民出版社 1987 年版，第 245 页。
　　④ 《列宁全集》第 42 卷，人民出版社 1987 年版，第 361—362 页。

第二十七章　关于东方落后国家文化建设的理论

文化不仅代表着一个国家或民族的文明程度和发展水平,更是一个国家或民族的灵魂。东方落后国家在建立新政权后,如何创建与先进的社会制度相适应的新文化,并提高国民的整体文化水平,对于无产阶级政权的巩固和整个社会的进步与发展尤为重要。马克思、恩格斯时代,东方落后国家尚处于封建半封建时期,广大劳动群众被剥夺了接受教育、求取知识的权利,农民在思想上处于不开化的状态。但马克思、恩格斯对东方落后国家旧文化弊端的揭露与批评,对于建立起新政权之后的东方落后国家的文化建设工作具有重要的启示意义。十月革命胜利后,列宁在探索苏俄社会主义文化建设的实践中,科学阐明了无产阶级文化的形成,分析了文化建设的重要性,并提出了文化建设的方法和措施。经典作家关于文化建设的思想对于当代社会主义国家的先进文化建设仍具有重要的现实启示意义。

一、东方落后国家旧文化的弊端

所谓旧文化,是指不符合先进生产力发展要求的思维方式、价值观念和行为规范。马克思、恩格斯在考察东方落后国家社会发展问题的过程中,揭露并批评了这些国家旧文化存在的弊端及其对社会发展的阻碍作用。

马克思、恩格斯提出,东方落后国家的旧文化具有因循守旧的特点,这不利于现代性因素的产生和发展。英国通过第一次鸦片战争迫使清政府开放五个通商口岸,在表面上打开了中国的市场,但是英国的工业品在中国市场上并不受欢迎。当时在广州的一位英国官员通过调查发现,中国人在生活方面十分的因循守旧,甚至他们穿的衣服都是他们的祖先穿过的,即祖先穿过的服式一代接一代地传下来,不会有大的改进。而且一个靠劳动为生的中国人,一件新衣服至少要穿三年,在这期间还要经得起干最粗的粗活的磨损。如果不是破损不堪,他们是不会购置新衣服的,无论卖给他们的新衣服是多么便宜。针对这种情况,马克思指出:"没有需要以及对传统服式的偏爱,这些是文明商业在一切新市场上都要遇到的障碍。"①意思是说,由于中国人因循守旧,对传统服式的偏爱,西方现代化的服装制造业难以在中国的市场上打开局面。这一时期,马克思还描述了印度人因循守旧的文化传统。当时印度残存着"村社"。马克思在有关文章引用相关资料中说,这种"村社"制度是从远古的时候遗留下来的,村社的边界很少变动,虽然村社本身有时候受到战争、饥荒或疫病的严重损害,甚至变得一片荒凉,可是同一个村名、同一条村界、同一种利益、甚至同一个家族,却一个世纪又一个世纪地保留下来。这里的居民只关心和希望他们的村社完整无损,对于各个王国的崩溃和分裂毫不关心,不在乎他们的村社归哪个政权管辖。他写道:"我们不应该忘记那些不开化的人的利己主义,他们把全部注意力集中在一块小得可怜的土地上,静静地看着一个个帝国的崩溃、各种难以形容的残暴行为和大城市居民的被屠杀,就像观看自然现象那样无动于衷。"②这是对印度人因循守旧、不开化和只顾个人利益的文化传统的深刻揭示。19 世纪 90 年代,恩格斯在有关文章中将俄国称为"一切国家中最停滞不前的国家",称为"欧洲的中国"。他就俄国人的传统文化与性格特点写道:"这些居民在精神上停滞不前,缺乏创造性,但是在其传统的生活方式的范围内,他们无所不能;他们坚韧顽强,大胆无畏,忠贞不贰,吃苦耐劳,对于由密集的人群决定战局的时代的战争来说,他们是最出色的兵源。"③意思是说,俄国人在精神上是因循守旧的,在旧的生活方式的范围内他们有值得肯定的优点,对于旧时代的战争来说,他们能够发挥一定的作用。恩格斯还指出,在旧时代的战争中,在依靠众多的士兵发动进攻而取得胜利的时候,俄国士兵适得其所。他们曾经生活在"公社"的环境中("公社"内部要求协作),或

---

① 《马克思恩格斯选集》第 1 卷,人民出版社 1995 年版,第 757 页。
② 《马克思恩格斯选集》第 1 卷,人民出版社 1995 年版,第 765 页。
③ 《马克思恩格斯文集》第 4 卷,人民出版社 2009 年版,第 365 页。

者生活在城市"劳动组合"的环境中,养成了"彼此负责"与"团结"的文化传统。所以在战争过程中,越是危险,他们就越紧密地结成一个整体。"这种在拿破仑远征时代还是无价之宝并且足以补偿俄国士兵的许多欠缺方面的团结的本能,现在已成为直接的危险。现在密集的人群已从战场上消失;……现在每个士兵都要善于独立地采取在当时情况下所要采取的行动,同时不失掉同整个分队的联系。这种联系不能依靠俄国士兵原始的群居本能来建立,而只有在每一个人智力发展的情况下才能建立。"①这里指明,俄国士兵遵循的"彼此负责"与"团结"的文化传统,或者说他们原始群居的本能,同现在战争的情况和要求不相适应。这也说明,俄国人在战争方面的文化传统具有因循守旧的特点。

马克思、恩格斯指出,东方落后国家的旧文化具有愚忠皇权的成分,这不利于革命思想的产生。在经济文化落后的国家,尤其是这些国家的农民,由于不懂得依靠自身的力量解放自己的道理,以为皇帝是自己利益的代表者,将自己的"好命运"及幸福的希望寄托于皇帝身上,形成了对皇帝的愚忠。在俄国、中国等落后国家,具有这样的文化传统。1875年,恩格斯在有关文章中指出了俄国农民对沙皇愚忠的文化传统。当时俄国的民粹主义者特卡乔夫散布言论:俄国人民是"本能的革命者",只要在几个地方同时激起人民胸中的不满情绪,革命就会"自然而然地发生",而斗争就"一定会有利于人民事业"。恩格斯针对此说:"其实情况完全不是这样。俄国人民,这些'本能革命者',固然曾经举行过无数次零星的农民起义去反对贵族和反对个别官吏,但是,除掉冒名沙皇的人充任农民首领并要夺回王位的场合以外,从来没有反对过沙皇。"②这里所说的事实是:18世纪中叶,叶卡捷琳娜发动政变,夺取皇位,囚禁了沙皇彼得三世(他是叶卡捷琳娜的丈夫)。几天后,彼得三世神秘死亡。然而这一时期,俄国发生了大规模的农民起义。起义军的首领普加乔夫自称是沙皇彼得三世,说自己尚未被叶卡捷琳娜杀死,只是关进了牢狱,现在逃出监牢,要从叶卡捷琳娜手中夺回皇位。这个事实证明,俄国农民起义只是反对贵族和官吏,而不反对沙皇,甚至以夺回皇位作为激励农民群众斗争的口号。恩

---

① 《马克思恩格斯全集》第22卷,人民出版社1965年版,第453页。
② 《马克思恩格斯选集》第3卷,人民出版社1995年版,第283页。

格斯说:"沙皇被农民看成人间的上帝。""上帝高,沙皇远——这就是他们绝望中的叹声。"①在这里,俄国农民对沙皇愚忠的文化传统揭示得十分清楚和明白。马克思在有关文章中指出,中国也存在着农民对皇帝愚忠的文化传统。他写道:"正如皇帝通常被尊为全中国的君父一样,皇帝的官吏也都被认为对他们各自的管区维持着这种父权关系。"②意思是说,在中国,皇帝被看成为全国人民的"父亲",甚至被看成为比"父亲"更慈爱、更具权威性的"君父"(而皇帝统帅下的各个地方官员则自认为对本辖区内的居民具有这种父权关系)。或者说,皇帝的权威是由农民的尊崇而产生的,是农民愚忠的产物。由于农民对皇帝的愚忠,中国历史上爆发的一些农民起义,总打着"替天行道"的旗帜或匡扶皇室的旗帜,表示起义的目的或者是为了帮助皇帝治理天下,或者是为了支持和维护皇帝的统治,而不是为了推翻封建君主的专制统治,并以新的社会制度取而代之。所以,封建社会的历次农民起义和改朝换代运动都不具有革命的性质。

上述马克思、恩格斯关于东方落后国家旧文化弊端的思想,虽然不直接涉及先进文化建设问题,但是它对先进文化建设具有警示作用:一是先进文化应该具有解放思想、与时俱进的特点;二是先进文化应该消除个人崇拜,充分发挥人民群众在社会实践中的主动性和创造性。

二、无产阶级文化的形成及作用

无产阶级作为社会最先进生产力的代表,其思想文化也应该是最为先进的。那么,何为无产阶级文化? 它是怎样形成的? 它又有何作用? 列宁在领导苏维埃社会主义文化建设的实践中给予了科学的回答。

列宁提出,无产阶级文化是人类在旧社会创造的全部知识合乎规律的发展。在自然界和人类社会,新旧事物之间是辩证否定的关系。如同新社会制度是对旧社会制度的辩证否定一样,新社会制度下的先进文化也是对旧文化

①　《马克思恩格斯选集》第 3 卷,人民出版社 1995 年版,第 283 页。
②　《马克思恩格斯选集》第 1 卷,人民出版社 1995 年版,第 691 页。

的辩证否定。所谓辩证否定,指否定和抛弃其糟粕,继承和发扬其优秀的内容。然而,十月革命胜利后,以波格丹诺夫为首的俄国的无产阶级文化派却认为:(1)每个阶级的文化都是独立的,无产阶级应该建立独立的无产阶级文化;(2)无产阶级文化同过去时代的一切文化是绝缘的,即没有任何关系。列宁认为上述无产阶级文化观是不是错误的。1920 年 10 月,他在《青年团的任务》一文中提出:"无产阶级文化并不是从天上掉下来的,也不是那些自命为无产阶级文化专家的人杜撰出来的。如果硬说是这样,那完全是一派胡言。无产阶级文化应当是人类在资本主义社会、地主社会和官僚社会压迫下创造出来的全部知识合乎规律的发展。"①也就是说,无产阶级文化不是无产阶级孤立地闭门造车的产物,而是在传统文化基础上发展而来的,是人类在旧社会所创造的全部知识合乎规律的发展。他还举例说,马克思主义之所以是科学,之所以是先进文化,是因为马克思以人类在资本主义制度下创造的全部知识为基础,研究了人类社会发展的规律,认识到资本主义的发展必然会导致共产主义。凡是人类社会所创造的文化知识,马克思都有批判地进行探讨,在工人运动中进行检验,得出新的结论。由此,列宁进一步强调指出:"应当明确地认识到,只有确切地了解人类全部发展过程所创造的文化,只有对这种文化加以改造,才能建设无产阶级的文化,没有这样的认识,我们就不能完成这项任务。"②

为纠正无产阶级文化派其组织"无产阶级文化协会"的错误观点和做法,列宁在全俄无产阶级文化协会第一代表大会期间写作《关于无产阶级文化》的决议草案,重申了两个重要问题:一是无产阶级文化是马克思主义思想,必须以马克思主义世界观为指导。他提出:"现代历史的全部经验,特别是《共产党宣言》发表后半个多世纪以来世界各国无产阶级的革命斗争,都无可争辩地证明,只有马克思主义的世界观才正确地反映了革命无产阶级的利益、观点和文化。"③二是无产阶级文化是对现有文化的扬弃,而不是无产阶级主观创造出来的文化。列宁分析道,马克思主义作为无产阶级的思想体系和先进文化,赢得了世界历史上的重要地位,"是因为它并没有抛弃资产阶级时代最宝贵的成

---

① 《列宁全集》第 39 卷,人民出版社 1986 年版,第 299 页。
② 《列宁全集》第 39 卷,人民出版社 1986 年版,第 299 页。
③ 《列宁全集》第 39 卷,人民出版社 1986 年版,第 332 页。

就,相反却吸收和改造了两千多年来人类思想和文化发展中一切有价值的东西"①。在决议草案要点中,他还强调指出:"不是臆造新的无产阶级文化,而是根据马克思主义世界观和无产阶级在其专政时代的生活与斗争的条件的观点,发扬现有文化的优秀的典范、传统和成果。"②在他看来,苏俄无产阶级只有坚持这样的方法,按照这样的方向,在无产阶级专政的条件下努力工作,认真总结经验,才能发展无产阶级的先进文化。

关于文化建设的意义,列宁提出,加强文化建能够促进社会主义经济和政治的发展,能够提高整个社会的文明程度,从而建成社会主义。众所周知,以列宁为首的俄国无产阶级是在俄国资本主义不发达的条件下夺取政权的,也就是说当时的俄国社会经济文化水平还相当的落后,还不具备直接过渡到社会主义的条件。所以,反对十月革命和反对苏维埃政权的孟什维克说,俄国生产力水平低,文化十分落后,不够条件实现社会主义,发动十月革命是错误的行为。列宁针对此提出:"我们的敌人曾不止一次地对我们说,我们在一个文化不够发达的国家里推行社会主义是冒失行为。但是他们错了,我们没有从理论……所规定的那一端开始,我们的政治和社会变革成了我们目前正面临的文化变革,文化革命的先导。"③意思是说,按照社会主义理论的规定和要求,只有在文化比较发达的国家里才能进行无产阶级革命,从而开展社会主义建设并建成社会主义社会,俄国却走了一条特殊的道路,即先行展开政治变革和社会变革,由无产阶级掌握了政权,然后在这个政权的领导下进行文化革命和文化建设,进而建成社会主义社会。这个思想,强调了文化落后国家无产阶级掌握政权的可行性和掌握政权后加强文化建设对于建成社会主义社会的意义。关于这个问题,他还说过:"既然建立社会主义需要有一定的文化水平,……我们为什么不能首先用革命手段取得达到这个一定水平的前提,然后在工农政权和苏维埃制度的基础上赶上别国人民呢?"④意即工农政权和苏维埃制度是达到一定的文化水平的前提,可以在这个前提下加强文化建设,使国家的整体文化水平赶上西方发达国家,并且建成社会主义社会。

---

① 《列宁全集》第39卷,人民出版社1986年版,第332页。
② 《列宁全集》第39卷,人民出版社1986年版,第334页。
③ 《列宁全集》第43卷,人民出版社1987年版,第368页。
④ 《列宁全集》第43卷,人民出版社1987年版,第371—372页。

十月革命胜利后,苏俄进入恢复国民经济的阶段,或者说处于创造条件准备向社会主义过渡的阶段,远未建成社会主义社会。建成社会主义社会,是下一个阶段党和人民面临的伟大任务。可是,只有生产力水平提高,社会物质财富极大丰富,才有可能建成社会主义社会。只有社会主义民主政治得以不断发展,人民群众真正当家作主,他们的愿望和意志在国家政治生活中得以充分体现,出现政通人和、安定和稳定的政治局面,才有可能建成社会主义社会。只有苏维埃国家的国防力量日益增强,能够战胜帝国主义国家的侵略和颠覆,才有可能建成社会主义社会。然而这一切都依赖于苏维埃国家文化建设的进展。也就是说,只有文化建设的发展,从而使社会整体文化水平得以提高,才能发展生产力,才能提高人民当家作主和管理国家的能力,才能增强国防力量,即才能建社会主义社会。由这种认识出发,列宁在有关文章中提出,此前党把工作重心放在政治斗争上,全力进行夺取政权和巩固政权的工作,"现在重心改变了,转到和平的'文化'组织工作上去了"①。"如果把国际关系撇开不谈,只就国内经济关系来说,那么我们现在的工作重心的确在于文化主义"②。即认为在安排国内各项事业的发展序列时,应把文化工作置于十分重要甚至优先发展的地位。他还提出,必须由全党重视和努力,发动全体人民积极参与,在城市和农村来一个文化革命,"现在,只要实现了这个文化革命,我们的国家就能成为完全社会主义的国家了"③。意思是说,加强了文化建设,促进了文化发展和社会整体文化水平的提高,苏俄的社会主义社会就可建成。

需要特别指出的是,基于文化建设的重要性,列宁将宣传和学习国家经济建设方针、政策和计划上升为无产阶级文化建设的任务。

1920 年初,列宁提出制定全俄电气化计划的任务。国家集中 200 多名科学技术专家,进行大量的工作,于年底编制出了《俄罗斯社会主义联邦苏维埃共和国电气化计划》,并由全俄苏维埃第八次代表大会一致通过。该计划规定,除恢复和改建现有的电站以外,在 10—15 年以内新建 30 个区域电站,包括 20 个火电站和 10 个水电站。列宁称这个计划为俄共(布)的"第二个党纲",要求大力宣传这个计划。他在为全俄苏维埃第八次代表大会起草的有关

---

① 《列宁全集》第 43 卷,人民出版社 1987 年版,第 367 页。
② 《列宁全集》第 43 卷,人民出版社 1987 年版,第 367 页。
③ 《列宁全集》第 43 卷,人民出版社 1987 年版,第 368 页。

决议草案中提出:"共和国所有的学校毫无例外地都应当学习这个计划,每座电站和每个办得还可以的工厂和国营农场都应当成为介绍电和现代工业的中心,成为宣传电气化计划并且系统地讲解这个计划的中心。"①当时的这个电气化计划,是新的科学技术的结晶,而且具有"第二个党纲"的意义,可以说是先进文化的体现。列宁和党要求宣传这个计划,等于要求宣传先进文化和发展先进文化。进入新经济政策时期后,列宁不断地强调这个问题。1921年12月,他在全俄苏维埃第九次代表大会上的讲话中说,关于宣传电气化计划的工作做得很不够,因此要求每个电站动员一切适当的人力经常举办座谈会、讲座、实习课,向工人农民介绍电的常识、电的意义和电气化计划,尚没有电站的县要尽快办起电站,并使它成为宣传电气化计划的中心。1922年初,列宁委托伊·斯捷潘诺夫写作《俄罗斯联邦电气化与世界经济的过渡阶段》一书。这本书写作完成后,列宁非常高兴地为它作序,认为它是一本很好的宣传电气化的参考书。他说:"我们应当并且一定能够做到:使每个县图书馆(以后是每个乡图书馆)有几本这种'参考书';使俄国的每个发电站(总共有800多个)不仅有这本书,而且还一定要举办关于电力、关于俄罗斯电气化以及关于一般技术的大众通俗讲座。"②同时他说:"我们是贫困的和文化落后的人。这没有关系。但要认识到必须学习。要乐意学习。"③这里所说的学习,指学习电气化计划,学习新的科学技术,或者说指学习和发展先进文化。

　　1921年春,苏俄开始实行新经济政策。在此以前的国内战争时期,党和国家政权迫于战争的形势和支持战争的需要,在经济生活中采取了许多非常措施,如余粮收集制、禁止自由贸易、普遍的工业国有化等。从客观上看,这些非常措施具有消灭资本主义或对资本主义采取进攻态势的性质。转向新经济政策后,允许城乡私人资本主义的存在和发展,允许自由贸易,具有对资本主义让步或"战略退却"的性质。对于国家体制和经济政策的这一转变,党内许多人不能正确地认识。有的人提出,列宁和党推行了一条错误的右倾路线,俄国正在走向通常的资本主义,十月革命的成果将一步步丧失。针对此,列宁和党提出,必须正确地认识新经济政策,而这正是无产阶级文化即先进文化的任

　　①　《列宁全集》第40卷,人民出版社1986年版,第192页。
　　②　《列宁全集》第43卷,人民出版社1987年版,第52页。
　　③　《列宁全集》第43卷,人民出版社1987年版,第52页。

务。1921年10月,列宁在《新经济政策和政治教育委员会的任务》一文中指出:由"战时共产主义"转向新经济政策是一场伟大的政治变革,"必须使群众都深刻认识到这一点,不仅是认识,还要使他们把这种认识付诸实现。我认为政治教育总委员会的任务就是由此产生的。在任何一次深刻的政治变革以后,人民需要用很长时间来消化这种变革。"①"现在摆在我们面前的是文化任务,是消化那个应该而且能够得到贯彻的政治经验。"②实现了政策转变以后,"摆在我们面前的已是另一类任务,即可称为'小事情'的文化任务。必须消化这个政治变革,使它为人民群众所理解,使它不致仅仅是一纸宣言。"③这些论断的含义,都是把完成文化任务与实现人们对新经济政策的正确认识联系起来,把后者提高到完成文化任务的高度来认识。

三、建设先进文化的方法和措施

在东方落后国家建设无产阶级文化建设或者说建设先进文化,对于当时的苏俄而言,没有任何可资借鉴的经验,只能在实践中探索。列宁立足于苏俄的历史与现状,以马克思主义为指导,就如何建设先进文化问题提出了一系列科学的方法和措施。

第一,利用旧社会过来的科技专家。先进文化对于社会发展的作用在于能够提供精神动力和智力支持。十月革命胜利后的苏俄,亟需恢复和发展经济。可是,经济建设离不开先进的科学技术和管理经验,而刚刚上升为执政党的布尔什维克党还十分缺乏科技知识,也还没有自己培养出来的科技专家。所以,利用旧社会过来的科技专家,是非常必要的。在1918年春第一次提出转变国家工作重心时,列宁就在有关文章中提出:"没有各种学术、技术和实际工作领域的专家的指导,向社会主义过渡是不可能的,因为社会主义要求广大群众自觉地在资本主义已经达到的基础上向高于资本主义的劳动生产率迈

---

①　《列宁全集》第42卷,人民出版社1987年版,第194页。
②　《列宁全集》第42卷,人民出版社1987年版,第195页。
③　《列宁全集》第42卷,人民出版社1987年版,第194页。

进。"①这些旧专家曾服务于资本家,新政权要利用他们,就要拿出一大笔钱,付给他们较高的报酬。针对这个问题,列宁说,假设苏维埃国家需要1000名各种学术和技术专家,假设国家需要给他们每人每年25000卢布,假设这个数目再增加三倍,国家每年要付出1亿卢布,为了按照最新的科学技术改组国民劳动,每个有觉悟的工人和农民都会赞成花这笔钱,因为他们从实际生活中了解到因为我们的落后使我们不得不每年损失数十亿卢布。在国内战过程中,新制度与旧制度之间进行着生死存亡的斗争。建设苏俄国家军队和组织社会生产需要一大批专家。只有利用这些专家的作用,才能巩固无产阶级政权,为新经济和新文化的建设奠定基础。因此,列宁和党提出,必须大胆利用旧社会的遗产。列宁说:"资本主义给我们留下了一大笔遗产,给我们留下了一批大专家,我们一定要利用他们,广泛地大量地利用他们,把他们全都用起来。"②党内有的人对此有异议,列宁指出:"是我们抛弃过去的偏见、号召我们所需要的一切专家参加我们工作的时候了。我们的一切集体管理机构,我们所有身为共产党员的工作者,都必须了解这一点。只有采取这种态度,我们的胜利才有保证。"③过去的空想社会主义者,不赞成利用资本主义社会的人才建设新社会,而幻想在某种特别的环境里培养出某种特别高尚的人才,利用这种人才建设新社会。列宁针对此说:"现在,这种可笑的想法,人人都觉得可笑,人人都加以唾弃。但并不是人人都愿意或善于认真思考与此相反的马克思主义学说。"④这里的意思,一是肯定马克思主义者主张利用旧社会过来的专家,为建设新经济和新文化服务,二是认为国家机关中的某些工作人员对利用旧社会过来的专家的认识不足,需要提高认识并推进这方面的工作。

第二,增加对教育事业的投资。要提高国民的整体文化水平,必须大力发展教育,使人人都有接受教育的机会和权利。1923年,列宁在《日记摘录》中根据有关统计资料提出,苏俄做到人人识字,还有很大距离,甚至同沙皇时代比,进步也太慢,这说明必须经过长期的、认真的努力,"才能达到西欧一个普通文明国家的水平","才能在我国无产阶级所取得的成就的基础上真正达到

---

① 《列宁全集》第34卷,人民出版社1985年版,第160页。
② 《列宁全集》第35卷,人民出版社1985年版,第395页。
③ 《列宁全集》第35卷,人民出版社1985年版,第394页。
④ 《列宁全集》第35卷,人民出版社1985年版,第403页。

稍高的文化水平"。他认为,为了达到这个目的,必须发展教育事业,必须增加对教育事业的投资。这就是他所说的:"应当在最近修改我国季度预算的时候,实际着手干起来。"①应当削减其他部门的经费,"以便把削减下来的款项转用于教育人民委员部"②。基于这一思想,列宁给党和国家其他领导人写信,要求把修造大型舰只的数量减少1/3,节省经费,并把节省下来的经费转给教育人民委员部,发展学校教育。他写道:目前这样规模的舰队对我们来说是过分奢侈,"我确信我们的海军专家实在过分热心了。舰队我们不需要,而增加学校经费却迫切需要"③。按照列宁的意见,党中央政治局会议就此问题进行讨论,并作出决议,削减修造舰只的经费,增加对教育事业的投资。列宁还注意到,苏维埃国家的一些国家机关编制太大,人员太多,浪费太大,国家的财政负担过重。他特别批评指出,国家出版总局的编制大得不像话,这说明人们没有关心读书的人,没有关心有没有书读的问题,而是关心了出版机构。甚至教育人民委员部、职业教育总局,也存在编制过分庞大的问题。解决这类问题的办法,就是把那些臃肿的、形同虚设的机构一律撤销,节省财政支出,发展教育事业,从而提高国民的整体文化水平。

第三,提高教师的地位。加强先进文化建设,需要发展教育事业;发展教育事业,需要充分发挥教师的教书育人作用。教师这一作用能否得到充分发挥,要看国家能否调动教师的工作积极性。在沙皇俄国,实行的是愚民教育政策,因而教师的社会地位十分低下。他们工资低,收入少,物质生活条件差,工作本身也得不到统治阶级的尊重。苏维埃政权建立以后,面对建设无产阶级新文化和发展教育的任务,党和国家政权采取有关措施,提高教师的地位,并积极改善教师的生活,但由于许多因素的制约,问题尚未根本解决。但列宁并未忽视这个问题,他逝世前夕在《日记摘录》中强调指出:"应当把我国国民教师的地位提到在资产阶级社会里从来没有、也不可能有的高度。这是用不着证明的真理。"④"而不做到这一点,就谈不上任何文化,既谈不上无产阶级文

①　《列宁全集》第43卷,人民出版社1987年版,第357页。
②　《列宁全集》第43卷,人民出版社1987年版,第357页。
③　《列宁全集》第43卷,人民出版社1987年版,第305页。
④　《列宁全集》第43卷,人民出版社1987年版,第358页。

化,甚至也谈不上资产阶级文化。"①在这一时期,列宁从尊重教师和提高他们地位的角度出发,主张称教师为"人民教师"。有一次,中央政府负责教育工作的同志给列宁打电话,在谈到教师问题时对教师使用了一个不太礼貌的称呼。列宁听后十分气愤地说:"用这样难听的字眼来称呼教师,真太不象话了! 他们有自己的光荣称号——人民教师。这个称号应保持不变。"②教师被称为"人民教师",这是历史上前所未有的事,意味着在无产阶级专政国家里教师的社会地位发生重大变化。称呼上的改变是精神上的,列宁认为,提高教师的地位,还需要落实到物质上,即改善他们的物质生活条件和工作条件。他说:我们必须通过不懈的工作,振奋教师的精神,"而最重要的是提高他们的物质生活水平"③。1923 年,苏俄的经济状况和粮食供应状况尚未根本好转,但列宁要求有关部门增加对教师的面包分配额。

第四,积极发展社会教育。要提高全民的文化素质,仅仅依靠学校教育是不够的,还必须发展社会教育。在当时,所谓的社会教育,主要指学校教育以外的、对广大工农群众进行的教育,是把文化知识学习和思想政治教育结合在一起的教育工作。列宁和俄共(布)主张通过成人教育学校推进这一工作。列宁在起草的供党的八大讨论和通过的党纲草案中提出,苏维埃政权从各方面帮助工人和劳动农民学习文化知识,包括创办成人学校、人民大学、讲习所等等。党的八大通过的《俄国共产党(布尔什维克)纲领》载入了这样的条文。在具体推进社会教育工作的措施上,列宁提出了两个手段,一是通过报纸推进这一工作。1921 年 2 月,他在《论教育人民委员部的工作》一文中指出,在资本主义制度下,报纸是统治阶级欺骗和愚弄劳动群众的工具,十月革命后,"我们开始使报纸成为启发群众、教导他们在赶跑了地主和资本家之后怎样生活,怎样建设自己经济的工具"④。当时,《消息报》的发行量是 35 万份,《真理报》的发行量是 25 万份,它们对于推进社会教育和传播先进文化作出了很大的贡献。列宁要求进一步办好这两份报纸,如要求它们少发表一些"空泛议论和抽象口号"式的文章,多发表一些"切实的、在行的、适合群众水平"的文章,要求

---

① 《列宁全集》第 43 卷,人民出版社 1987 年版,第 357 页。
② 《回忆列宁》第 4 卷,人民出版社 1982 年版,第 210 页。
③ 《列宁全集》第 43 卷,人民出版社 1987 年版第 358 页。
④ 《列宁全集》第 40 卷,人民出版社 1986 年版,第 335 页。

增设文化知识教育的栏目，"通过这两种报纸每天都可以给人民提供重要的和有价值的文献资料、优秀的和古典的文学作品、普通教育的教材、农业教材和工业教材"①。二是通过编写和发行工农读物推进这一工作。1918年12月，列宁提出编写一套工农读物并作了具体的指示，还亲自拟定了一系列题目，如什么是苏维埃政权，怎样管理国家，土地法，国民经济委员会，工厂国有化，劳动纪律，帝国主义，帝国主义战争，我们是怎样提出和约的，什么是共产主义，政教分离，等等，还特别提出："叙述要非常通俗，是给文化程度极低的农民看。""该读物提供的材料应当做到可供当众宣讲，也可供家庭阅读，可以单篇翻印，也可以稍加补充译成其他语言。"②工农读物编写出来后怎样发挥其推进社会教育和发展先进文化的作用呢？——搞好读物发行工作。从这一点出发，列宁提出在全国建立图书馆网和阅览室网，有组织地、合理地把读物送到这些网点，供工农群众阅读。他说：我们将把读物合理地分配下去，"分配给合理地为全国，为广大工人、士兵和农民服务的图书馆网和阅览室网。那时人民就会以百倍的干劲、百倍的速度、百倍的成效来要求获得文化、光明和知识"③。

第五，提升机关工作者的文化素质和工作能力。列宁曾指出，文盲是站在政治之外的。苏维埃政权建立后，国家机关的工作人员绝大部分来自工农群众，他们中的大多数在旧社会中被剥夺了接受教育的权利，因此文化水平比较低，不善于做经济工作和社会管理工作。要改变这种状况，必须提升机关工作者的文化素质。为此，列宁要求国家机关工作人员努力学习业务知识。在党的十一大政治报告中，他提出，任何一个资本主义大企业训练的店员会办的事，百分之九十九的机关工作者不会办，因此机关工作者要进预备班重新学习，切实掌握业务知识。他逝世前夕在《宁肯少些，但要好些》中再次强调提出："为了革新我们的国家机关，我们一定要给自己提出这样的任务：第一是学习，第二是学习，第三还是学习，然后是检查，使我们学到的东西真正深入血肉，真正地完全地成为生活的组成部分，而不是学而不用，或只会讲些时髦的

---

① 《列宁全集》第40卷，人民出版社1986年版，第337页。
② 《列宁全集》第35卷，人民出版社1985年版，第396页。
③ 《列宁全集》第40卷，人民出版社1986年版，第336页。

词句。"①在这里,列宁一是反复强调学习,把学习业务提到无比重要的地位来认识;二是强调学习与运用相结合,不搞形式主义,在学习过程中切切实实地提高管理能力,改善机关工作。为了有利于机关工作者业务学习的开展,列宁建议采取以下具体办法:发征稿启事,争取写出几本关于组织劳动和加强经济管理的教科书;目前已经出版的几本书有可以利用的内容,可以作为新教科书的基础;派几个有学问的人到英国或德国去搜集图书资料和作研究,把外国的管理经验反映在新教科书中。为了营造机关学习的氛围,提高机关的整体文化水平,促进管理文化的建设,列宁还主张选拔那些文化修养好的人进机关,充实机关工作者的队伍。

　　第六,开展文化下乡活动,促进农村文化建设。在沙皇俄国,由于封建专制的政治制度及其腐朽的意识形态,城市给予农村的往往是消极的、落后的文化影响。苏维埃政权建立以后,这种状况得到了改变。在十月革命发展过程中,在国内战争过程中和实施新经济政策过程中,俄共(布)和苏维埃政权通过对农村派工作队的方式,通过制定正确的方针、政策和法令的形式,对农村实施了积极的思想影响和文化影响。列宁逝世前夕审视了上述情况后提出,以前党和国家政权虽然在这些方面做了一些工作,但是工作中自觉性不够,或者说计划性、组织性和系统性不够,效果不够好。他说:"如果使这个工作带有自觉性、计划性和系统性,这一切就可以加强起来(而且以后更会百倍地加强起来)。"②那么,如何才能做到更有自觉性呢?列宁提出了下述意见:一是要形成城市工人团体经常下农村的制度。相对于农村而言,城市的整体文化水平较高,工人群众的政治素质较好。如果在工人群众中建立许多以帮助农村发展先进文化为宗旨的团体,经常下农村开展工作,则有利于农村的文化建设。就此列宁说:关于农村的文化建设,"经常下农村的做法在这方面一定会起特别重要的作用,这种工作我们已经在进行,还必须有计划地加以发展"③。他还说:"在城市工人和农村雇工之间建立交往,在他们之间建立一种他们之间可以很容易建立起来的友好互相形式,这是我们的责任,这是执政的工人阶级

①　《列宁全集》第 43 卷,人民出版社 1987 年版,第 380 页。
②　《列宁全集》第 43 卷,人民出版社 1987 年版,第 360 页。
③　《列宁全集》第 43 卷,人民出版社 1987 年版,第 359 页。

的基本任务之一。"①二是使城市党支部与农村党支部之间建立固定的联系，由城市党支部帮助农村党支部推进农村文化建设工作。党支部是苏维埃国家加强文化建设的基层领导组织，具有一定的调配人力、物力和财力的权力。由于城市的条件较之于农村的条件而言，具有一定的优越性，城市党支部较之于农村党支部，工作基础和工作条件较好。由城市党支部帮助农村党支部推进文化建设工作，当时的确是加强农村文化建设的一种好办法。列宁就此提出："能不能做到把所有的城市支部都'分配'给各农村支部，使每一个'分配'给相应的农村支部的工人支部经常注意利用一切机会、一切场合，来满足自己的兄弟支部的各种文化需求呢?"②

---

① 《列宁全集》第 43 卷，人民出版社 1987 年版，第 359—360 页。
② 《列宁全集》第 43 卷，人民出版社 1987 年版，第 360 页。

第三篇小结

第三篇研究和阐述马克思、恩格斯和列宁关于东方落后国家社会发展的基本理论和基本思想。

(二十)

在马克思主义发展史上,由西方社会主义战略转向东方社会主义战略,过程是怎样的,是什么时候实现的,是一个认识颇不明确的问题,也可以说是一个看法颇不一致的问题。

斯大林时期以来的传统观点认为,列宁于1915年即第一次世界大战期间提出了社会主义革命"一国首先胜利论",实现了马克思、恩格斯革命理论的重大发展,体现了马克思主义发展史的一个重大转折。关于列宁是否于1915年提出了社会主义革命"一国首先胜利论"以及这个"理论"的意义何在,笔者在以前撰写的著作《列宁主义研究》(广西人民出版社1993年版)、《东方视域中的列宁学说》(中共中央党校出版社2001年版)中,从不同的角度进行过详细的论述。在这里,笔者力图从另一个角度即由"西方"向"东方"的战略转变,来研究马克思主义革命理论的发展。

马克思、恩格斯持西方社会主义战略。所谓西方社会主义战略即以西方革命为重心和着力点的社会主义革命的行动路线。在19世纪前期和中期,西方的一些国家如英国、法国、德国、美国等资本主义生产方式比较发达,产业无产阶级的队伍比较强大。这里具备了进行社会主义革命的各种条件。相比较而言,这个时候的东方国家包括俄国在内,或者资本主义发展处于初始阶段,或者根本没有资本主义经济因素;或者无产阶级很弱小,或者根本没有无产阶级。这里根本不可能发生无产阶级革命运动和社会主义运动。当时马克思、恩格斯在论及社会主义革命问题时,论及了也只可能论及西方的社会主义革命,未论及也不可能论及其他地方的社会主义革命。所以说他们持西方社会主义战略。

随着俄国国内社会主义运动的兴起,马克思、恩格斯开始关注俄国的或者说东方的社会发展问题,形成了东方社会发展理论。可是他们的东方社会发展理论从属于他们的西方社会主义战略,或者说未摆脱西方社会主义战略。理由是:(1)东方社会理论强调俄国资产阶级革命的直接作用之一是激发西方的无产阶级社会主义革命;(2)它强调西方先于俄国实现社会主义革命胜利并建成社会主义制度;(3)它强调俄国和东方其他国家只有在西方取得社会主义胜利之后,并且在西方社会主义制度的影响和帮助下才能走向社会主义。

1917 年至 1920 年,俄国的历史大体经历了十月革命时期和国内战争时期。在这一段时间里,作为革命领导者的列宁将欧洲各国的革命视为同一个过程的革命,视俄国革命为西方社会主义革命的“序幕”和“阶梯”。在他的思想上,在俄国革命以后会爆发西方各国的社会主义革命,西方的社会主义革命会反过来支持俄国的革命。他还不断地强调,社会主义革命的胜利需要英、法、德等先进国家无产阶级的共同努力,俄国还算不上先进国家。也就是说,在这一段时间里,列宁没有改变马克思、恩格斯的西方社会主义战略,而是以这样的战略指导了俄国人民的革命实践。

1920 年底,苏俄面临的国际国内形势发生重大变化,给无产阶级以重要的启示:由于西方国家的革命运动陷入低潮,苏维埃俄国只有单独一个无产阶级专政的国家支撑下去;由于苏俄无产阶级依靠自己的力量可以巩固苏维埃政权,又由于国际关系上出现了“均势”,帝国主义国家暂时不会发动对苏俄的战争,苏俄能够先于西方单独一国进行社会主义建设。在这样的形势下,列宁的战略思想发生了转变,形成了苏俄先于西方国家进行社会主义建设的思想。

1922 年底 1923 年初,即列宁逝世前夕,他的战略思想发生了进一步的转变,即由过去的西方社会主义战略转向了东方社会主义战略。列宁的东方社会主义战略,主要有下述内容:(1)东方经济文化比较落后的国家,可以建立无产阶级政权并展开社会主义建设;(2)世界社会主义胜利的希望在东方,即在于东方落后国家人民的革命运动和革命斗争。

（二十一）

19世纪中后期以来,俄国以及东方其他国家的国情同西方国家的国情相比较,有很大的不同。由此,俄国以及东方其他国家的社会发展途径相对于西方而言,会有许多特殊性。在俄国以及东方其他国家的革命运动中和社会主义建设的过程中,社会主义者总会从这个角度或者那个角度提出这个问题。

从19世纪中叶起,俄国的社会主义者就在积极地探索,力图使俄国走一条不同于西方社会发展途径的新途径。当时俄国存在着"农村公社"。显然,这是原始共产主义社会遗留下来的社会组织。可是俄国的民主主义思想家和空想社会主义者赫尔岑、车尔尼雪夫斯基以及他们之后的民粹主义者都认为,俄国可以实现一条不同于西方社会发展途径的新途径,即避免资本主义发展的过程,避免形成人数众多的无产阶级,依靠农民的力量,推翻沙皇制度,在"农村公社"的基础上实现社会主义。

对于俄国民主主义者、空想社会主义者和民粹主义者的观点,马克思持小心谨慎的态度。他考虑到了事物发展的两个趋向:或者俄国可以走不同于西方发展途径的新途径,或者由于农村公社的灭亡而俄国不得不走同西方发展途径相同的途径。对某个事物发展的前景作两种设想或者多种设想,是科学的和正确的。马克思的态度和设想给人们以启示:不要以为东方国家的社会发展途径将会同西方一样,不要以为东西方有一个统一的发展途径或道路,也不要寄希望于在经典著作中找到关于东西方普遍有效的社会发展途径的理论。在一定的历史时期,东西方在经济、政治和文化状况上有较大的差别,社会发展的途径也应该有所不同。

十月革命胜利初期,列宁着眼于经济文化相对落后的俄国向社会主义过渡,多方面提出了俄国的社会发展途径区别于西方国家发展途径的思想。新经济政策时期,列宁从俄国小农占人口大多数的事实出发,提出了俄国的社会发展途径不同于西方国家发展途径的观点。列宁逝世前夕,就俄国过渡途径的特殊性又阐述了重要的思想,即第一次世界大战激化了俄国国内的阶级矛盾和社会矛盾,造成了工人革命与农民战争相结合的局面,所以俄国无产阶级及其政党乘势夺取了政权;虽然俄国的生产力水平不高,进行社会主义建设的条件比较差,但俄国人民可以利用手中的政权发展生产力,创造必要的物质条件,并且在这个基础上走向社会主义。他还说,东方其他的国家以后进行革命时,那里会有更多的特殊性。

(二十二)

马克思、恩格斯在研究东方社会发展问题时,考察和评论了这些国家生产力发展的状况。他们指出,由于沙皇政府对俄国资本主义工业发展的支持,俄国的生产力在农奴制改革后得以较快发展;中国实行以家庭为生产单位的小生产,外国商品的输入使中国的生产者受到很大的损害。

十月革命后,列宁就无产阶级掌握政权以后发展社会生产力的必要性、紧迫性以及相关的问题,形成和提出了重要的理论。1918年春,在转变党和国家工作重心的时候,列宁强调俄共(布)和国家政权的根本任务之一是发展社会生产力。他说,苏维埃政权虽然摆脱了战争,赢得了和平喘息时机,但它仍然处于十分危险的环境中。国际帝国主义随时有可能对苏俄发动新的侵略战争,苏俄国力屡弱,只有发展生产力,从而增强国力,加强国防力量,才能抵御国际帝国主义进行新的战争的危险。1920年底,苏俄的国内战争结束,列宁从反对和防止资本主义复辟的角度,论述了发展社会生产力的必要性和紧迫性。他说,国内复辟资本主义的政治力量主要是社会革命党和孟什维克等小资产阶级政党或组织,而这些政党或组织的社会基础是个体小生产者。当前的苏俄存在着大量的小生产者,特别是农村存在着大量的小生产者,社会革命党和孟什维克可以从这里找到他们的支持者,而且在小生产者中间可以自发地产生出背离共产主义的、复辟资本主义的政治思想倾向。所以,要反对和防止资本主义复辟,根本的办法是发展生产力,用大生产取代小生产,消除资本主义复辟的社会基础。1921年春,列宁从恢复和发展国民经济的新形势和新任务出发,论述了发展社会生产力的必要性和意义。他说,新经济政策的目的和任务,就是提高和发展社会生产力。实施租让制这种国家资本主义,就是加强大生产来反对小生产,加强先进生产来反对落后生产,加强机器生产来反对手工生产。

列宁提出了发展生产力的政策和措施。1918年春,列宁转变工作重心过程中提出,必须学习德国的科学技术和管理方式,促进苏俄社会生产力的发展。在苏俄新经济政策时期,他主张以租让制的措施发展社会生产力;主张恢复小工业企业的生产以对农村供应商品,从而促进农村生产力的发展;主张厉行节约以发展大机器工业和电气化,促进社会生产力的发展。

（二十三）

俄、中等东方落后国家的无产阶级在夺取政权后,首先面临着恢复和发展经济进而建设社会主义经济的任务。列宁作为人类历史上第一个社会主义国家的缔造者,在领导苏俄社会经济建设的实践中提出了一系列重要的思想。

列宁阐述了执政党要学会做经济工作的思想。一个过经济建设的好坏首先取决于执政党自身是否善于做经济工作。十月革命胜利后,俄国布尔什维克党由革命党转变为执政党,很多党员干部不仅不善于做经济工作,而且意识不到学会做经济工作的重要性。列宁从三个方面阐明了执政党学会做经济工作的重要事:一是战胜国内反对社会主义的经济敌人要求执政党学会做经济工作;二是执政党只有学会做经济工作切实提高农民的生活水平才能获得农民的支持;三是增强苏维埃俄国的国防力量要求执政党学会做经济工作。那么,如何学习做经济工作呢？列宁提出,要善于学习,不但要向普通店员学习还要向资本家学习;要建设工农经济联盟,同农民经济汇合起来;要制定和利用经济法规管理危害社会主义经济的行为;要善于协调经济工作中的利益冲突问题。

列宁阐述了采用渐进方法发展经济的思想。"渐进"是相对于"冒进"、"激进"而言的,在经济建设上体现为一种平稳的、逐步的、有序的发展状态。马克思、恩格斯认为,无产阶级在夺取政权之后,不能一下子废除私有制,而应该逐步改造当前社会。列宁在俄国革命与建设实践中发展了马克思、恩格斯的思想。早在十月革命时期,列宁就提出了"渐进发展"的思想。1917 年 4 月,他在《四月提纲》中论及当前革命的任务时提出,他们的直接任务并不是实施社会主义,而只是立刻过渡到由工人代表苏维埃监督社会的产品生产和分配。这种"计算和监督"的思想是"非剥夺剥夺者"的思想,意味着列宁否定激进发展的措施,主张采取渐进发展的措施。1921 年春,苏俄进入新经济政策时期。在实践中,列宁深入阐述了"渐进发展"的思想。他首先着眼于无产阶级国家必须正确处理同私有者农民之间的关系,阐述了渐进改造小农经济的思想。他指出,在小农经济的国家中,不经过一系列渐进的预备阶段,要过渡到社会主义是不可能的。他还就俄国恢复经济和经济建设的任务,阐述了"渐进发展"的思想。他指出,在经济建设这条战线上,图快是不行的,应当慢慢地、逐步地而又坚持不懈地提高和前进。

列宁阐述了利用市场发展苏俄经济的思想。马克思、恩格斯设想的社会主义通常是指在"资本主义的故乡"即西方所诞生的社会主义。这样的社会主义建立在生产力高度发展基础之上,因而没有剥削、没有阶级、没有市场、没有商品。至于东方落后国家在没有西方社会主义作为榜样的情况下,是否应该利用市场和商品来发展经济,马克思、恩格斯没有探讨过。十月革命以后,作为马克思主义经典作家的列宁,形成和提出了利用市场发展经济的思想,其主要内容是:恢复商品交换,发展商业;立足于现有的经济关系发展商业;把商业原则引入国有企业;实行国家调节买卖和货币流通;同外国人做生意,发展对外贸易;研究市场,为发展市场提供理论指导。

(二十四)

在马克思、恩格斯、列宁时代,中国、印度、俄国等东方落后国家无不是农民占人口多数的国家。农民的生产与生活状况及其价值取向对于东方落后国家的社会发展有着重大的影响。为此,农民问题也就成为了经典作家关注的东方社会发展的主要问题之一。

经典作家深刻揭示了东方落后国家农民在多重剥削下的悲苦命运。随着鸦片贸易在中国的泛滥、鸦片战争的失败以及外国资本的入侵,中国传统的农业和手工业受到严重的打击,藉此谋生的广大农民在沉重的捐税负担下苦不堪言。对此,马克思引用咸丰皇帝上谕中的话说:小民其何以堪? 早在1600年,英国就开始入侵印度并建立东印度公司。1849年,印度全境都被英国占领,完全沦为英国的殖民地。马克思提出,由于英国的殖民统治和掠夺,印度传统的农村公社被摧毁,农民"被投入苦海"。沙皇俄国虽是一个主权独立的国家,但是生活在农奴制和专制制度下的俄国农民,生活也十分悲苦。1861年农奴制改革后,资本主义在俄国发展起来,农民被置于活不成也死不了的境地。马克思认为,沙皇封建制度和新生资产者是"合谋要杀死给他们下金蛋的母鸡"。恩格斯还提出,俄国农民受到资本主义发展的猛烈冲击,如同遭到"连发枪"射击一样。在马克思、恩格斯之后,列宁深刻描绘了封建专制主义和资本主义双重压榨下的俄国农民的悲惨生活。

列宁高度肯定了东方落后国家农民在社会革命中的作用。在东方落后国家,农民占全国人口的绝大多数,他们深受封建主义和资本—帝国主义的压迫,有革命要求,是社会革命的主力军。早在1905年革命前,列宁就提出俄国无产阶级政党应该支持农民反对农奴制一切残余的斗争。俄国1905年革命时期,基于农民在革命中的积极表现,列宁称其"是真正的革命民主派"。十月革命时期,列宁提出,只有农民支持工人,各项革命任务才能得以完成。十月革命以后,基于印度、土耳其等东方国家的农民革命运动,列宁提出了建立农民苏维埃的思想,并且肯定这些国家可以而且应该建立农民代表苏维埃。

经典作家阐述了东方落后国家的新政权帮助农民发展生产的思想。不论从无产阶级政权的巩固来看,还是从整个社会的发展来看,农民占全国人口多数的东方落后国家能否帮助广大农民发展生产进而改善他们的生活条件,都是一个不容忽视的极其重要的问题。马克思、恩格斯曾在探讨俄国社会发展问题时,提出了国家和社会应当帮助农民和农村公社发展的思想。列宁在领导苏俄恢复和发展经济的过程中,高度关注农民的利益,就无产阶级国家政权帮助农民发展生产问题提出了重要的思想。十月革命胜利初期,列宁提出党的政策和措施一定要保证农民"得到好处"。新经济政策时期,列宁强调指出必须首先改善农民的生活状况。他还进一步阐述了改善农民生活状况的方法和措施:(1)将土地分配给农民使用,满足农民对土地的需求;(2)以正确的政策和措施调动农民生产积极性;(3)供应必要的生产资料,改善农民的生产条件;(4)以合作社制度引导小民经济过渡到社会主义经济。

(二十五)

在马克思、恩格斯时代,东方落后国家的政权无不掌握在封建地主阶级之手。在这种政权下,封建君主一人独揽大权,国家行政机关贪污腐化,广大劳动群众横遭压迫,社会经济停滞不前。马克思、恩格斯根据中国、印度、土耳其和俄国的材料,研究和阐述了东方国家旧政权的特点,揭露并批判了这种政权的弊端。马克思提出,东方一些国家的行政机关的贪污腐化,为外来势力的入侵提供了契机。恩格斯提出,东方一些国家的政权往往追求形式上的东西,难以建成现代化的军队。马克思、恩格斯提出,中国等东方国家的封建王朝往往不顾时势,安于现状,注定要被打垮。那么,东方落后国家的旧政权为何能够长期存在,它的根基是什么? 马克思、恩格斯在考察印度、俄国农村公社中作了明确的阐述。他们指出,东方落后国家的旧政权是与农民生活的孤立性相互适应的。农民生活的孤立性致使农民愚忠皇权,但旧政权并未因此而给予农民生产与生活方面的支持与帮助,反而在自身剥削农民的同时,帮助新生的资产者剥削农民。

列宁出生并成长于沙皇专制政权统治下的俄国,对沙皇政权的特点及弊端有着深刻的认识和体会。他指出,沙皇政权专制独裁,君主一人独揽大权,并任命一小撮官吏来管理国家;俄国农民、工人阶级和整个国家深受无权地位之苦。沙皇政权是依靠什么来长期推行封建君主专制独裁体制的呢? ——愚民教育政策。列宁指出,人民群众这样被剥夺了接受教育、获得光明、求取知识的权利的野蛮的国家,在欧洲除了俄国以外,再没有第二个。

列宁以马克思主义国家理论为指导,在领导俄国革命与社会主义建设的实践中,就如何建设新政权问题形成并提出了重要的理论观点。早在十月革命过程中,他就提出在俄国建立巴黎公社式的政权。十月革命结束了俄国两个政权并存的局面,俄国无产阶级完全掌握了国家政权并建立起巴黎公社式的苏维埃政权。列宁通过军事斗争和政治斗争等手段镇压了国内反革命势力,巩固了苏维埃政权;并退出第一次世界大战,为新政权赢得喘息的机会。1918 年春,列宁提出建立坚强有力但受到有效监督的新政权。他提出,专政就是铁的政权,是有革命勇气的和果敢的政权,是无论对剥削者或流氓都实行无情镇压的政权。苏俄新经济政策时期,列宁进一步探索如何建设国家机关问题,提出建立有文化的、精简与节约的国家机关。在他看来,国家机关工作人员在经济建设和社会管理工作中出现问题的一个重要原因是,他们缺少文化,缺少相关的业务知识。为此,他提出国家机关工作人员要加强学习。国内战争及其以后,苏俄国家机关急剧膨胀,国家财政负担加大。列宁强调指出,无论如何,必须精简国家机关,必须尽可能节约;不这样做,就不能建成任何工业,而没有工业,苏俄就会灭亡。

(二十六)

马克思、恩格斯在社会主义运动实践中探索了社会主义民主或无产阶级民主建设的问题。他们在《共产主义原理》中,在回答无产阶级"革命的发展过程将是怎样的"时指出:首先无产阶级革命将建立民主的国家制度,从而直接或间接地建立无产阶级的政治统治。在《共产党宣言》中提出:工人革命的第一步就是使无产阶级上升为统治阶级,争得民主。无产阶级将利用自己的政治统治,一步一步地夺取资产阶级的全部资本,把一切生产工具集中在国家即组织成为统治阶级的无产阶级手里,并且尽可能快地增加生产力的总量。他们高度地评价巴黎公社的措施和原则,说公社委员会是由普选产生的委员组成的。这些委员是负责任的,随时可以被罢免。公社是一个实干的而不是议会式的机构,它既是行政机关,同时也是立法机关。警察不再是中央政府的工具,他们被免除了政治职能,而变为公社的负责任的、随时可以罢免的工作人员。上述马克思、恩格斯的论断不是针对东方落后国家的情况而形成和提出的,可是东方落后国家无产阶级在掌握政权后可以吸收其重要的精神。巴黎公社的原则和精神值得东方国家无产阶级及其政党学习和领会,但他们在实践中能够实行到什么程度,则要视各个国家的具体情况,因为能否实现这些制度受限于社会的文明水平、技术手段,等等。

十月革命时期以及革命胜利后一段时间里,列宁关于苏俄无产阶级民主或社会主义民主建设的思想陷入"理想化"。所谓陷入"理想化",指脱离了苏俄的社会实际,超越了苏俄社会发展的阶段,按照主观想象来建设民主。这主要表现为他提出了如下主张:即主张俄国无产阶级掌握政权后用全民的直接武装代替警察和军队,即新政权下没有警察和军队,由武装的工农自己来维护社会秩序,公职人员不仅由人民选举产生,而且一经人民要求即可撤换,他们的工资不超过熟练工人的工资。实践证明,这样的思想和要求在苏俄是不可能实现的(在东方其他落后国家也不可能实现)。列宁认为,俄国建立巴黎公社式的民主制度,是民主发展过程中的"质的变化",意味着国家已经转化为"不是原来意义上的国家",意味着国家已经开始"消亡"。他认为,在俄国的无产阶级民主或者社会主义民主制度下,不需要由国家机器来管理社会,需要的是邮政式的社会事务机关对社会生产进行调节。

列宁在经历国内战争的过程中,在充分认识了俄国的国情,以及充分认识了党的地位和作用、国家机关的作用和工会的作用以后,实现了民主建设思想的转变,形成了适应现实需要的民主建设的思想。1920年4—5月间写成并出版的《共产主义运动中的"左派"幼稚病》中,他就苏俄的执政党、苏维埃组织和无产阶级之间的关系提出了一个公式:共产党领导无产阶级,通过苏维埃的形式,实现了无产阶级专政或无产阶级民主。在这个公式里,共产党是领导者,无产阶级是被领导者,苏维埃是无产阶级实现本阶级专政和民主的组织,是无产阶级的工具。作为无产阶级工具的苏维埃组织,自然也是属于共产党领导的。

综合 1920 年以后列宁民主建设现实化的思想,其主要内容是:(1)共产党领导实现无产阶级专政和无产阶级民主,同时加强党内监督;(2)加强国家机构及其管理能力,同时坚决反对官僚主义;(3)致力于政治稳定和社会稳定,重视法制建设。

(二十七)

所谓旧文化,是指不符合先进生产力发展要求的思维方式、价值观念和行为规范。马克思、恩格斯在考察东方落后国家社会发展问题的过程中,揭露并批评了这些国家旧文化存在的弊端及其对社会发展的阻碍作用。他们提出,东方落后国家的旧文化具有因循守旧的特点,这不利于现代性因素的产生和发展;东方落后国家的旧文化具有愚忠皇权的成分,这不利于革命思想的产生。

十月革命胜利后,列宁在探索苏俄社会主义文化建设的实践中,科学阐明了无产阶级文化的形成,分析了文化建设的重要性,并提出了文化建设的方法和措施。

列宁提出,无产阶级文化是人类在旧社会创造的全部知识合乎规律的发展。十月革命胜利后,以波格丹诺夫为首的俄国的无产阶级文化派认为,每个阶级的文化都是独立的,无产阶级应该建立独立的无产阶级文化;无产阶级文化同过去时代的一切文化是绝缘的,即没有任何关系。针对这种错误观点,列宁指出,无产阶级文化并不是从天上掉下来的,也不是那些自命为无产阶级文化专家的人杜撰出来的;无产阶级文化应当是人类在资本主义社会、地主社会和官僚社会压迫下创造出来的全部知识合乎规律的发展。众所周知,苏维埃政权建立在落后的经济文化基础之上,而落后的文化基础与先进的社会主义制度是不相符合的。所以,文化建设对于苏俄具有特别突出的意义。列宁提出,加强文化建能够促进社会主义经济和政治的发展,能够提高整个社会的文明程度,从而建成社会主义。基于文化建设的重要性,列宁将宣传和学习国家经济建设方针、政策和计划上升为无产阶级文化建设的任务,如宣传和学习全俄电气化计划、新经济政策。

列宁立足于苏俄的历史与现状,以马克思主义为指导,就如何建设先进文化问题提出了一系列科学的方法和措施:第一,利用旧社会过来的科技专家。经济建设离不开先进的科学技术和管理经验,而刚刚上升为执政党的布尔什维克党还十分缺乏科技知识,也还没有自己培养出来的科技专家。所以,利用旧社会过来的科技专家,是非常必要的。第二,增加对教育事业的投资。要提高国民的整体文化水平,必须大力发展教育,使人人都有接受教育的机会和权利。第三,提高教师的地位。列宁逝世前夕在《日记摘录》中强调指出,应当把苏俄国民教师的地位提到在资产阶级社会里从来没有、也不可能有的高度,这是用不着证明的真理。第四,积极发展社会教育。列宁主张通过成人教育学校推进这一工作。第五,提升机关工作者的文化素质和工作能力。

主要参考文献

《马克思恩格斯全集》第 1—3 卷,第 10—13 卷,第 16、19、21、25 卷,人民出版社 1995—2007 年版。

《马克思恩格斯全集》第 1—50 卷,人民出版社 1956—1985 年版。

《马克思恩格斯选集》第 1—4 卷,人民出版社 1995 年版。

《马克思恩格斯文集》第 1—10 卷,人民出版社 2009 年版。

《列宁专题文集》共 5 卷,人民出版社 2009 年版。

《列宁全集》第 1—60 卷,人民出版社 1984—1990 年版。

《列宁选集》第 1—4 卷,人民出版社 1995 年版。

《邓小平文选》第 1—3 卷,人民出版社 1993—1994 年版。

江泽民:《论党的建设》,中央文献出版社 2001 年版。

江泽民:《论"三个代表"》,中央文献出版社 2001 年版。

《毛泽东、邓小平、江泽民关于社会主义的论述》(专题摘编),中共中央党校出版社 2007 年版。

《江泽民论有中国特色社会主义》(专题摘编),中央文献出版社 2002 年版。

《中国共产党第十七次全国代表大会文件汇编》,人民出版社 2007 年版。

《中国共产党第十八次全国代表大会文件汇编》,人民出版社 2012 年版。

《中国共产党第十八届中央委员会第三次全体会议文件汇编》,人民出版社 2013 年版。

胡锦涛:《在深圳经济特区建立 30 周年庆祝大会上的讲话》,人民出版社 2010 年版。

中共中央宣传部编:《习近平总书记系列重要讲话读本》,学习出版社、人民出版社 2014 年版。

靳辉明主编:《社会主义历史、理论与实现》,安徽人民出版社 2000 年版。

李会滨主编:《社会主义:20 世纪的回顾与前瞻》,华中师范大学出版社 1999 年版。

高放:《马克思主义与社会主义》,黑龙江教育出版社 1994 年版。

程又中:《苏联模式的兴衰》,湖北人民出版社 2000 年版。

顾海良主编:《斯大林社会主义思想研究》,中国人民大学出版社 2008 年版。

陆南泉主编:《苏联兴亡史论》,人民出版社 2002 年版。

宫达非主编:《中国著名学者苏联剧变新探》,世界知识出版社 1998 年版。

余金成:《社会主义的东方实践》,上海三联书店 2005 年版。

严书翰:《经济全球化背景下社会主义与资本主义关系》,当代世界出版社 2003 年版。

王永贵:《经济全球化与社会主义意识形态建设研究》,人民出版社 2005 年版。

叶书宗:《俄国社会主义实践研究》,安徽大学出版社 2005 年版。

张云飞:《跨越"峡谷":马克思晚年思想与当代社会发展理论》,人民出版社 2001 年版。

丰子义、杨学功:《马克思"世界历史"理论与全球化》,人民出版社 2002 年版。

秦宣、刘保国:《邓小平理论与中国现代化》,北京出版社 2004 年版。

孙承叔:《打开东方社会秘密的钥匙》,东方出版中心 2000 年版。

安启念:《东方国家的社会跳跃与文化滞后》,中国人民大学出版社 1994 年版。

文晓明、王立新:《社会主义民主政治运行机制研究》,人民出版社 2004 年版。

韦定广:《"世界历史"语境中的人类解放主题》,人民出版社 2004 年版。

孙伯鍨、张一兵主编:《走进马克思 》,江苏人民出版社 2001 年版。

张一兵:《回到马克思》,江苏人民出版社 2005 年版。

陈学明、马拥军:《走近马克思》,东方出版社 2002 年版。

俞良早:《马克思主义东方社会理论研究》,中央党校出版社 2006 年版。

俞良早:《马克思主义东方学》,人民出版社 2011 年版。

郑永廷等:《社会主义意识形态发展研究》,人民出版社 2002 年版。

曹长盛、张捷、樊建新主编:《苏联演变进程中的意识形态研究》,人民出版社 2004 年版。

梅荣政:《中国特色社会主义基本问题研究》,武汉大学出版社 2007 年版。

许耀桐主编:《中国基本国情与发展战略》,人民出版社 2001 年版。

顾钰民:《马克思主义制度经济学:理论体系·比较研究·应用分析》,复旦大学出版社 2005 年版。

[英]埃里克·霍布斯鲍姆:《如何改变世界:马克思和马克思主义的传奇》,吕增奎译,中央编译出版社 2014 年版。

俞良早、王红续:《邓小平理论发展史》,中共中央党校出版社 2004 年版。

俞良早等:《邓小平理论与列宁后期思想》,中共中央党校出版社 1997 年版。

俞良早等:《东方社会主义行进中:共产党执政与党的建设》,中共中央党校出版社 2006 年版。

唐鸣、俞良早主编:《共产党执政与社会主义建设》,人民出版社 2008 年版。

[美]赫伯特·马尔库塞:《单向度的人:发达工业社会意识形态研究》,刘继译,上海译文出版社 2008 年版。

[俄]季诺维也夫:《列宁主义——列宁主义研究导论》,郑异凡、郑桥译,东方出版社 1989 年版。

[苏]瓦西利耶夫:《列宁和社会预见》,汤正方译,商务印书馆 1980 年版。

[苏]娜·康·克鲁普斯卡娅:《列宁回忆录》,哲夫译,人民出版社 1971 年版。

[苏]恰金等:《列宁历史唯物主义思想研究》,李昭时编译,北京大学出版社 1986 年版。

[苏]卓·沃斯克列先斯卡娅:《列宁流亡记》,张敏鳌等译,新华出版社 1987 年版。

[苏]邦奇·布鲁耶维奇:《列宁三次被害记》,柏森等译,福建人民出版社1984年版。

[苏]叶夫盖尼·柳法诺夫:《列宁闪光的青春》,何智群等译,新华出版社1982年版。

[苏]莉·亚·福齐也娃:《列宁生活片断》,童树德译,湖北人民出版社1983年版。

[德]蔡特金:《列宁印象记》,马清槐译,三联书店1979年版。

李忠杰:《列宁主义论纲》,广西人民出版社1992年版。

叶卫平:《西方"列宁学"研究》,中国人民大学出版社1991年版。

宋才发:《列宁社会主义建设思想研究》,华中师范大学出版社1991年版。

王邦佐、柳振铎主编:《列宁晚年政治思想研究》,学林出版社1994年版。

杨会春:《列宁经济思想新探》,解放军出版社1992年出版。

王元璋:《列宁经济发展思想研究》,武汉大学出版社1995年版。

尹彦:《列宁时期的党内民主》,厦门大学出版社2003年版。

彭大成:《列宁的社会主义观》,湖南师范大学出版社2002年版。

郭泽洲等:《列宁关于执政党建设的理论与实践》,武汉出版社1992年版。

赵云献:《列宁建党学说概述》,北京出版社1984年版。

商德文:《列宁经济思想的形成和发展:1883—1913》,北京大学出版社1983年版。

舒风:《列宁人才思想研究》,解放军出版社1988年版。

徐秉让:《列宁社会主义建设理论》,四川人民出版社1985年版。

中国人民大学马列主义发展史研究所编著:《列宁思想史》,上海人民出版社1988年版。

校纪英等选编:《列宁与社会主义建设:纪念列宁逝世六十周年论文集》,人民出版社1985年版。

杨运忠:《列宁对外经济思想研究》,华中师范大学出版社1988年版。

肖功达:《学习列宁关于落后国家建设社会主义的理论》,福建人民出版社1983年版。

詹一之:《论列宁的社会主义道路》,四川省社会科学院出版社1987年版。

杨承训主编:《历史性的飞跃——列宁后期思想探索》,华中师范大学出版社 1989 年版。

陈安:《列宁对民族殖民地革命学说的重大发展》,三联书店 1981 年版。

华辛芝:《列宁民族问题理论研究》,内蒙古人民出版社 1987 年版。

张一兵:《回到列宁》,江苏人民出版社 2008 年版。

国家教委社会科学发展研究中心编:《列宁主义的历史地位》,中国人民大学出版社 1991 年版。

黄楠森等编:《列宁哲学思想的产生和发展》,广西师范大学出版社 1987 年版。

张翼星等:《读懂列宁》,四川人民出版社 2001 年版。

姜丕之:《列宁与黑格尔的辩证法》,福建人民出版社 1985 年版。

顾玉兰:《列宁的社会发展理论研究》,中共党史出版社 2005 年版。

刘志明:《列宁社会主义建设理论与实践研究》,经济科学出版社 2013 年版。

龚廷泰:《列宁法律思想研究》,南京师大出版社 2000 年版。

俞良早:《东方视域中的列宁学说》,中共中央党校出版社 2001 年版。

俞良早:《创论"东方列宁学"》,南京师大出版社 2004 年版。

俞良早:《关于列宁学说的论争》,中共中央党校出版社 2006 年版。

俞良早:《列宁主义研究》,广西人民出版社 1993 年版。

俞良早:《列宁后期思想探要》,湖北人民出版社 1995 年版。

俞良早:《经典作家东方学说的当代发展》,人民出版社 2013 年版。

商务印书馆选编:《英法德俄历史》下册,商务印书馆 1972 年版。

苏州大学历史系编《世界近代史》,浙江人民出版社 1984 年版。

张建华:《俄国史》,人民出版社 2004 年版。

张建华:《俄国现代化研究》,北京师范大学出版社 2002 年版。

[俄]鲍里斯·尼古拉耶维奇·米罗诺夫,《俄国社会史》上卷,张广翔等译,山东大学出版社 2006 年版。

周尚文等:《苏联兴亡史》,上海人民出版社 2002 年版。

[苏]诺索夫主编:《苏联简史》第 1 卷(下册),武汉大学外文系译,三联书店 1977 年版。

[苏]梁士琴科:《苏联国民经济史》第 3 卷,中国人民大学编译室译,人民

出版社 1960 年版。

　　孙成木等:《十月革命史》,三联书店 1980 年版。

　　李侃等:《中国近代史(1840—1919)》,中华书局 2012 年版。

　　胡绳:《从鸦片战争到五四运动》,人民出版社 1998 年版。

　　林承节:《印度史》,人民出版社 2006 年版。

　　汪熙:《约翰公司:英国东印度公司》,上海人民出版社 2007 年版。

　　张桂枢:《克里木战争》,商务印书馆 1986 年版。

　　刘明:《奥斯曼帝国》,商务印书馆 1986 年版。

　　赵伟明:《近代伊朗》,上海外语教育出版社 2000 年版。

主题索引

后 记

　　本著作是2011年国家社会科学基金重点项目"经典作家关于落后国家社会发展的重要著作和基本理论研究"（11AKS002）的结项成果。该项目在实施的过程中，还得到江苏省高校优势学科建设工程二期项目"马克思主义理论"的资助，得到江苏省高校重点研究基地——马克思主义研究院的资助，得到南京师范大学"211工程"四期重点学科建设项目"马克思主义与当代中国政治发展"的资助。我们的研究工作，始终得到南京师范大学学科建设管理办公室、211工程办公室、社会科学处和公共管理学院领导和同志们的帮助和支持，得到国内学术界朋友的支持和帮助。本著作的出版，得到人民出版社马列编辑室崔继新主任的支持和帮助。在此一并向上述各个方面的领导和同志们致以衷心的感谢。

　　本著作的第一篇和第三篇的第20章、21章、22章、26章，由俞良早撰写。第二篇和第三篇的第23章、24章、25章、27章，由徐芹撰写。

　　本著作难免有谬误之处，恳请国内外学术界朋友们批评指正

作　者

2014年9月19日

策划编辑:崔继新

责任编辑:崔继新　谭　牧

封面设计:汪　莹

版式设计:姚　雪

图书在版编目(CIP)数据

经典作家东方落后国家社会发展的重要著作和基本理论/俞良早,徐芹 著.

　－北京:人民出版社,2015.1

ISBN 978－7－01－014288－3

Ⅰ.①经…　Ⅱ.①俞…②徐…　Ⅲ.①东方国家-发展-研究　Ⅳ.①D5

中国版本图书馆 CIP 数据核字(2014)第 294755 号

经典作家东方落后国家社会发展的重要著作和基本理论

JINGDIAN ZUOJIA DONGFANG LUOHOU GUOJIA SHEHUI FAZHAN DE

ZHONGYAO ZHUZUO HE JIBEN LILUN

俞良早　徐芹　著

人民出版社 出版发行

(100706　北京市东城区隆福寺街 99 号)

环球印刷(北京)有限公司印刷　新华书店经销

2015 年 1 月第 1 版　2015 年 1 月北京第 1 次印刷

开本:710 毫米×1000 毫米 1/16　印张:31

字数:491 千字

ISBN 978－7－01－014288－3　定价:80.00 元

邮购地址 100706　北京市东城区隆福寺街 99 号

人民东方图书销售中心　电话 (010)65250042　65289539